U0637530

涉海文献研究丛书

中国涉海图书目录提要

民国卷

解登峰 宋旅黄 主编

吴金华 齐东峰 袁玉红 副主编

中国社会科学出版社

图书在版编目（CIP）数据

中国涉海图书目录提要·民国卷／解登峰，宋旅黄主编 . —北京：中国社会
科学出版社，2016.9
（涉海文献研究丛书）
ISBN 978 - 7 - 5161 - 8285 - 7

Ⅰ.①中…　Ⅱ.①解…②宋…　Ⅲ.①海洋—图书目录—中国—民国
Ⅳ.①Z88：P7

中国版本图书馆 CIP 数据核字（2016）第 116742 号

出　版　人　赵剑英
责任编辑　黄　山
责任校对　张文池
责任印制　李寡寡

出　　　版　中国社会科学出版社
社　　　址　北京鼓楼西大街甲 158 号
邮　　　编　100720
网　　　址　http：//www.csspw.cn
发　行　部　010 - 84083685
门　市　部　010 - 84029450
经　　　销　新华书店及其他书店

印刷装订　北京君升印刷有限公司
版　　　次　2016 年 9 月第 1 版
印　　　次　2016 年 9 月第 1 次印刷

开　　　本　710×1000　1/16
印　　　张　51
插　　　页　2
字　　　数　795 千字
定　　　价　158.00 元

凡购买中国社会科学出版社图书,如有质量问题请与本社营销中心联系调换
电话:010 - 84083683
版权所有　侵权必究

前　言

一

2005 年，我开始从事中国海洋大学图书馆文献资源建设工作，同时开始与同事有意识地收集涉海特色文献，遗憾的是国内竟没有一本比较全面和准确反映我国涉海图书出版情况的专科目录以供参考，这给我们的工作带来很多不便。我和同人用了几年时间一道编辑《中国涉海图书目录提要》，力求尽可能全面、清晰地展示海洋学术成就，其初衷就是为海洋领域研究者检索资料提供便利。

海洋约占地球表面积的 71%，与人类的生存息息相关，与国家的兴衰紧密相连。走向海洋方能拥抱世界。历史证明，一个大国如果在海洋上没有自己的位置，就不能算是真正意义上的大国，而拥有海洋的话语权，才算跻身世界大国之列。综观世界历史，许多国家都曾走过因海而兴、依海而强的道路。500 年来，在人类现代化大舞台上，相继出现了葡萄牙、西班牙、荷兰、英国、法国、德国、日本、俄罗斯和美国九个世界性大国，它们几乎都是从海洋发迹，用坚船利炮敲开国际市场，赢得生存空间，争得大国地位。300 年前，荷兰是个仅有 150 万人口的小国，却能利用海洋，将势力延伸到地球的每个角落，被马克思称为当时的"海上第一强国"，是当时整个世界的经济中心和最富庶的地方。进入 21 世纪，海洋在国际政治、经济、军事、外交格局中的地位更加凸显。

我国既是一个陆地大国，也是一个海洋大国，有长达 18000 余公里海岸线、473 万多平方公里领海海域面积、6000 余个大小岛屿。我国是世界上利用海洋最早的国家之一，古人很早就已从海洋收取"渔盐之利"和"舟楫之便"，在漫长的观察和认识海洋历程中积累了大量的海洋知识，形成丰富的涉海文献，在历史上也曾创造过优秀的海洋文明。自明朝中叶以后，由于封建统治阶级的腐朽没落，特别是第一次鸦片战争失败以后，帝国主义的入侵和掠夺，中国逐步沦为半殖民地半封建国家。新中国成立后，中国的海洋事业快速发展，现已进入历史上最好的发展时期。

当前，中国经济已发展成为高度依赖海洋的外向型经济，对海洋资源、空间的依赖程度大幅提高，需要不断维护和拓展海洋权益。2012年中共十八大报告提出，"提高海洋资源开发能力，发展海洋经济，保护海洋生态环境，坚决维护国家海洋权益，建设海洋强国"。探索认知海洋是海洋强国战略的先决条件，只有全面、准确、深刻地认识海洋，才能为建设海洋强国提供坚实的科学依据。认识海洋，一是要强化海洋科学研究；二是要强化海洋专门人才的培养；三是要强化全民族的海洋意识。文献目录是学术研究工作的指南，因为学术研究具有连续性和继承性特点，前人的研究成果大都会用文献形式保留下来。在开始从事研究的时候，任何一个研究人员都必须详细地调查研究文献资料，以便了解本学科的历史、现状和发展趋向，然后在此基础上进行新的探索。可见要想实现全面认识海洋的目标，离不开对涉海文献资源的全面调查与清理。

学界对我国丰富的涉海历史文献有着深刻的认识，也曾在个别领域进行过整理。1975年，由中国科学院海洋研究所、山东海洋学院（现在的中国海洋大学）、华东师范大学三个单位组成"古潮汐史料整理研究小组"，由海洋所牵头收集古潮汐史料，获得了丰硕成果。随着海洋科学研究的快速发展，我国在20世纪中后期相继出版了一些海洋学专科目录，其中有：1951年青岛市图书馆主编《海洋水产图书联合目录》、1959年青岛市科学技术委员会科学院海洋研究所图书室主编《青岛地区科技图书联合目录》、1965年国家海洋局海洋科技情报研究所编《海洋学专题文献索引》、1970年国家海洋局海洋仪器研究所编《海洋仪器文献资料目录》、1995年国家海洋局第三海洋研究所编《台湾海峡及其邻近海域海洋科学文献目录》等。但自此之后，涉海文献的书目式整理论述一直处于空白阶段，而这几十年里，又恰恰是海洋研究突飞猛进、研究领域不断拓展、交叉学科与边缘学科不断涌现、研究著作大量出版时期。海洋研究已不再囿于科学技术领域，正不断向更广阔的社会领域和更深的层次发展。海洋专科目录也应随着海洋事业的发展而发展，把海洋社会领域的研究成果纳入海洋专科目录之中已具备条件，也是现实需要。

对涉海文献从古到今进行全面调查与整理并以目录形式呈现，在图书馆界和学术界尚属首次,从这个意义上讲,《中国涉海图书目录提要》具有开拓性、原创性与总结性。

二

在编辑本书的过程中,我们组织了一支具有图书馆学、海洋学等专业知识的人员队伍,经过近五年的辛勤工作,在查询、收集、查证了大量文献资料的基础上编成此书。这些扎实的基础工作使本书具备以下特点:

第一,涉海图书的完整性。编辑人员通过综合运用各种类型的数据库,查阅《民国时期总书目》、《中国古籍总目》、《全国总书目》等大型综合目录,并通过国家图书馆、上海图书馆及多家知名高校图书馆查阅了30余万条古籍信息、20余万条民国时期图书信息、450余万条新中国成立后的书目信息,从中筛选涉海图书。同时在涉海的标准上进行了分析与研究,科学合理地将社会科学领域进行的海洋研究与创作收录其中,能够比较全面、客观地反映我国海洋事业在各历史时期、各研究领域形成的智力成果。

第二,涉海书目的准确性。为保证书目著录信息的准确性,首先编辑人员对每一条记录都进行多重检索,通过多家收藏机构的书目记录互相印证、补充,剔除了存疑的版本信息及书目记录。同时,编辑人员对每种图书的涉海内容都进行了查证,未见实物及书影的涉海图书都进行被引查证,无翔实记录者也未收录,保证了书目的涉海专科性质。

第三,编排的合理性。中国的海洋研究历史悠久、内容丰富并形成独特体系,其文献记载历数千年而未中断,涉海文献载体形态多种多样,从甲骨、竹简、帛书到线状书直至当下的电子设备,而涉海内容也是从对海洋直接的感官认识到深入的学术研究,涉海内容在文献中呈现的方式与形式也不断变化。编辑人员根据不同历史时期涉海图书的特点将其分古代、民国、新中国三部分进行组织揭示,根据每部分涉海图书的具体情况,设计科学合理的分类体系,保证了书目编制的规范性和科学性,便于读者查阅。

这本内容完整、书目准确、体例合理的《中国涉海图书目录提要》,作为填补涉海图书专科目录空白的工具书,具有重要的参考价值,若能为海洋研究的同人以及关注我国海洋事业发展的广大读者提供些许帮助,将是编者最大的欣慰。

三

本书的编写，由我本人负责全书的策划、体例设计，制定收录范围、立目原则、分类表、著录规则、编纂工作流程，除此之外还先期进行涉海图书线索的筛选并与其他编辑人员分担了书目的查寻、整理和编辑工作，后期负责统稿、修订和增补校对。在整个编辑期间，大家同心同德、群策群力，在完成了本书的同时，还积累了丰富的经验、掌握了专业技能、培养了一支高素质的研究队伍。我们将把这项工作持续开展下去，根据海洋研究的进展，每隔一段时间，对这期间出版的涉海文献进行整理编目。

《中国涉海图书目录提要·民国卷》由本人负责文学、天文学、地球科学、生物科学及传记等类，袁玉红负责历史、地理等类，吴金华负责政治、法律、军事等类，齐东峰负责经济、农业科学、工业技术、交通运输等类的编写，宋旅黄承担统稿工作。本书在书目整理和编纂过程中，得到中国海洋大学图书馆副馆长胡远珍教授的悉心指导，朱泳瑛在数据汇总阶段提供技术支持，在此谨表深深的谢意。借此机会，我对所有先后参与编纂的同人所付出的辛勤劳动，表示诚挚的谢忱。

我们努力尽可能完整、系统地在文献角度反映海洋事业发展历程，但毋庸讳言，要达到这一理想目标还有待今后的继续努力。一方面是我们的研究队伍还不够强大，水平有限和经验不足，疏漏及错误之处在所难免；另一方面由于是首次对涉海文献进行全面的整理，涉及领域广、文献数量庞杂，其查证难以一蹴而就。我们欢迎各位专家以及广大读者提出宝贵意见、提供书目线索，以便在今后编目整理时一并补充、完善。

解登峰
二〇一六年一月
于青岛

本卷编纂说明

收录范围

1. 本书目收录从 1911 年至 1949 年 9 月这一时期我国出版的涉海中文图书，含 1911 年前出版发行之后又连续出版的多卷图书。

2. 涉海文献是源于海洋而生成的文献，人类基于认识、研究、开发、利用、保护海洋的实践活动，通过在科学、技术、文化、艺术等领域进行智力劳动创造与海洋直接相关的成果，记录这些智力成果的载体即为海洋文献。涉海图书是指如果该书内有单独篇、章、节为涉海文献，则该书视为涉海图书。

3. 本书目未收录以下出版物：

（1）期刊、中小学教辅。

（2）线装书及连环画。

（3）我国少数民族文字的图书。

著录项目

4. 本书收录图书的著录项目包括流水号、题名、责任者、出版发行项、载体形态项、丛编项、涉海内容附注七个项目。

（1）流水号：为每种图书分配用于检索的唯一顺序编号，是全书的统一编号。

（2）题名：是识别图书的重要特征，包括题名、副题名以及题名的说明性文字。

（3）责任者：指对图书的知识内容负主要责任的个人或团体，包括著者、编者、译者等责任者，三个以上责任者的只著录第一个责任者名称。

（4）出版发行项：主要包括图书出版发行地、出版发行者名称、出版发行年等信息，多版图书只著录具有代表性的版本信息。

（5）载体形态项：主要包括对图书形态特征方面的特定资料标识和文献的数量及单位、图及其他形态细节的描述。

（6）丛编项：一组相互关联的单独出版物，各出版物除了有各自的正题名外，还有一个适用于整组出版物的总题名，丛书项加圆括号。

（7）涉海内容附注：图书所含涉海部分的内容提要或文摘。

5. 规定信息源：各著录项目的规定信息源为题名页，无题名页时依照封面、版权页等信息详尽的部分代为题名页。

6. 原书著录项目缺漏，通过二次文献或其他信息考证添加的著录内容加方括号以示区别。

分类与编排

7. 本书目原则上按学科分章，参考《中国图书馆图书分类法》（第五版）进行分类，根据本章所收录图书的情况按需设置多级目次。

8. 本书目为这一时期涉海图书专题目录，类目不作交替，图书不作互见。图书中含多种学科内容时按照涉海部分的内容决定分类，其他内容仅作参考。

9. 本书目在分类的基础上，再依据题名、出版时间进行编排。

索引及字体

10. 本书目附有题名拼音字母为序的题名索引。

11. 本书目除了必须使用的繁体字和异体字外，以现在通行的汉字形体为标准，除了习惯使用的汉字数字，一般使用阿拉伯数字。

分类体系

一　B　哲学、宗教

二　C　社会科学总论

三　D　政治、法律

　　D0/7　政治

　　D8　外交、国际关系

　　D9　法律

四　E　军事

五　F　经济

　　F1　世界各国经济概况、经济史、经济地理

　　F2　经济管理

　　F3　农业经济

　　F4　工业经济

　　F5　交通运输经济

　　F7　贸易经济

　　F8　财政、金融

六　G　文化、科学、教育、体育

七　H　语言、文字

八　I　文学

　　I1　世界文学

　　I2　中国文学

　　I3/7　各国文学

九　J　艺术

十　K　历史、地理

　　K1　世界史

　　K2　中国史

　　K3/7　各国史

　　K81/83　传记

　　K87　文物考古

　　K9　地理

十一　N　自然科学总论

十二　O　数理科学和化学

十三　P　天文学、地球科学

十四　Q　生物科学

十五　R　医药、卫生

十六　S　农业科学

十七　T　工业技术

十八　U　交通运输

十九　Z　综合性图书

目　　录

一　B　哲学、宗教 ……………………………………………（1）

二　C　社会科学总论 ………………………………………（1）

三　D　政治、法律 …………………………………………（3）

　　D0/7　政治 ………………………………………………（3）

　　D8　外交、国际关系 …………………………………（30）

　　D9　法律 ………………………………………………（84）

四　E　军事 ………………………………………………（109）

五　F　经济 ………………………………………………（174）

　　F1　世界各国经济概况、经济史、经济地理 ………（174）

　　F2　经济管理 …………………………………………（216）

　　F3　农业经济 …………………………………………（217）

　　F4　工业经济 …………………………………………（226）

　　F5　交通运输经济 ……………………………………（231）

　　F7　贸易经济 …………………………………………（277）

　　F8　财政、金融 ………………………………………（285）

六　G　文化、科学、教育、体育 ………………………（288）

七　H　语言、文字 ………………………………………（294）

八　I　文学 ………………………………………………（299）

　　I1　世界文学 …………………………………………（299）

　　I2　中国文学 …………………………………………（306）

　　I3/7　各国文学 ………………………………………（341）

九　J　艺术 ………………………………………………（391）

十　K　历史、地理 ………………………………………（391）

　　K1　世界史 ……………………………………………（391）

　　K2　中国史 ……………………………………………（426）

　　　K3/7　各国史 ……………………………………（466）

　　　K81/83　传记 …………………………………（480）

　　　K87　文物考古 ………………………………（517）

　　　K9　地理 ………………………………………（517）

　　　K90　地理学 …………………………………（518）

　　　K91　世界地理 ………………………………（525）

　　　K92　中国地理 ………………………………（542）

　　　K93/97　各国地理 ……………………………（596）

　　　K99　地图 ……………………………………（650）

十一　N　自然科学总论 ……………………………（651）

十二　O　数理科学和化学 …………………………（659）

十三　P　天文学、地球科学 ………………………（660）

十四　Q　生物科学 …………………………………（679）

十五　R　医药、卫生 ………………………………（692）

十六　S　农业科学 …………………………………（694）

十七　T　工业技术 …………………………………（699）

十八　U　交通运输 …………………………………（707）

十九　Z　综合性图书 ………………………………（723）

题名索引 ………………………………………………（737）

参考文献 ………………………………………………（803）

一　B　哲学、宗教

B　哲学、宗教

0001

中国回教近东访问团日记／中国回教近东访问团编

重庆：中国文化服务社，1943年9月初版

[639] 页；32开

主题：伊斯兰教—访问记—中国—民国

中图分类号：B969.2

包含航行第一日、西贡路上流连海岸、遥望苏门答腊、温度及海程、锡兰大岛之科仑布、波斯湾里、急流之红海等内容。

二　C　社会科学总论

C　社会科学总论

0002

汉语声纽变转之定律／学林社编

上海：编者刊，1941年8月初版

170页；16开

主题：社会科学—杂著—文集

中图分类号：C539

收《汉语声纽变转之定律》（傅东华）、《中国南海关系史料述要》（苏乾英）、《法兰西的演义诗》（李健吾）、《上海金石录》（泽人）4篇文章。

0003

青岛市统计年鉴：中华民国三十五年／青岛市政府统计室编

青岛：编者刊，1947年5月出版

13，245页：图，表；16开

主题：统计资料—青岛—1946—年鉴

中图分类号：C832.523 - 54

1946年统计图表。分民政、气象、地政、社会、教育、财政、农林、港务与运务等18类。

0004

青岛市行政统计汇编：十八年度．上期／青岛市政府秘书处编

青岛：编者刊，1931年2月出版

16，178页：图，表；16开

主题：统计资料—青岛—1929

中图分类号：C832.523

分总务、财政、港务、工务、社会、教育、公用、卫生、土地、公安、农林等12类。

0005

青岛市行政统计汇编：十九年度／青岛市政府秘书处编

青岛：编者刊，1932 年 1 月出版

23，300 页：图；16 开

主题：统计资料—青岛—1930

中图分类号：C832.523

　　分总务、财政、港务、工务、社会、教育、公用、卫生、土地、公安、农林等 12 类。

0006

青岛市行政统计汇编：二十年度／青岛市政府秘书处编

青岛：编者刊，1933 年出版

24，314 页：照片，表；16 开

主题：统计资料—青岛—1931—1932

中图分类号：C832.523

　　1931 年 7 月 1 日至 1932 年 6 月 30 日期间的统计图表。分总务、社会、公安、工务、财政、教育、港务、卫生、土地、公用、观象、农林等 12 类。

0007

青岛市行政统计汇编：二十一年度．上期／青岛市政府秘书处编

青岛：编者刊，1934 年 7 月出版

10，147 页：图；16 开

主题：统计资料—青岛—1932

中图分类号：C832.523

　　1932 年上半年统计资料。分总务、社会、公安、工务、财政、教育、港务、卫生、土地等 13 类。

0008

世界名人言论集．军事篇／李剑萍编辑

上海：军事新闻社，1935 年 1 月出版

149 页；32 开

主题：演讲—社会科学—文集

中图分类号：C53

　　包含未来的太平洋之战、太平洋诸仇敌之军事状况、太平洋问题、如果日本要开战、未来的海权斗争等内容。

0009

台湾省统计要览．第 1 期，接收一年来施政情形专号／台湾省行政长官公署统计室编

台湾省行政长官公署统计室，1946 年 10 月出版

139 页；14 开

主题：统计资料—台湾—民国

中图分类号：C832.58

　　全部为表。内容为抗战胜利后台湾省在行政、民政、财政、农林（含水产，主要包括水产概况、水产船舶、水产业务概况）、工矿、交通（含航务和港务内容）、教育、警务等各方面所取得的成就的统计数字。

0010

台湾省统计要览．第 2 期／台湾省
行政长官公署统计室编

台湾省行政长官公署统计室，
1946 年 12 月出版

148 页；14 开

主题：统计资料—台湾—民国

中图分类号：C832.58

全部为表。内容为台湾省的气
象、土地、人口、政治组织、省
务、农业（含渔船和水产等统计
表）、粮食、林业、矿业、工业、
商业、财政、金融、交通（包括
进出港船只及吨数等表）、土木工
程、教育、卫生、社会、警卫等方
面的统计资料。

0011

台湾省统计要览．第 3 期／台湾省
行政长官公署统计室编

台湾省行政长官公署统计室，
1947 年 3 月出版

250 页；14 开

主题：统计资料—台湾—民国

中图分类号：C832.58

全部为表。内容为台湾省的气
象、土地、人口、政治组织、省
务、农林业、水产、矿业、工业、
商业、财政、金融、交通（包括
省航业公司轮船航行业务等表）、
土木工程、教育、卫生、社会、警
卫等方面的统计资料。

0012

台湾省统计要览．第 4、5 期合刊／
台湾省行政长官公署统计室编

台湾省行政长官公署统计室，
1947 年 9 月出版

101 页；14 开

主题：统计资料—台湾—民国

中图分类号：C832.58

全部为表。内容为台湾公营生
产事业（石油、铜矿、糖业、工
矿、火柴、农林、水产等）的统
计资料。

0013

厦门大学演讲集／厦门大学编译
委员会编辑

厦门：编者刊，1931 年 6 月出版

250 页；25 开

主题：演讲—社会科学—文集

中图分类号：C53

包含《海生动物》（陈子英）、
《国际上我们的责任》（姜琦）等
内容。

三　D　政治、法律

D0/7　政治

0014

白人在亚洲之将来／彭剑岑译

南京：国立编译馆，1941 年 6 月
出版

92 页；24 开

主题：政治—中国政治—文集

主题：国际关系—文集

中图分类号：D602 - 53

中图分类号：D81 - 53

包含白人在南支那海（南海，
下同）之权益、中美关系、日美
关系、日本势力膨胀、南支那海的
防卫等内容。

0015

操艇专科 / 孙移新，赵慰祖合编

上海：少年用品供应社，［出版
日期不详］

43 页：图，表；34 开

主题：童子军—船艇—驾驶术—
中国—教材

中图分类号：D432.9

童子军用书。介绍驾驶船艇方
法及船艇之拢岸法、结绳法、罗盘
使用法等知识。

0016

大战与南侨：马来亚之部 / 南洋华
侨筹赈祖国难民总会编

新嘉坡①：新南洋出版社，1947
年 1 月初版

264 页：图；16 开

主题：华侨—抗日斗争—马来
西亚

中图分类号：D634.333.8

介绍新加坡、槟榔屿、马六
甲等地概况，揭露日本侵略者的残
暴统治情况和南洋人民的反日
斗争。

0017

敌情研究 / 卢冠群著

福建连城：建国出版社，1941 年
7 月出版

164 页；32 开 . —（文化丛书乙
种）

主题：政治—概况—日本—现代

中图分类号：D731.30

共 8 讲。包括神的子孙、明治
维新的研究、日本资本主义的发展
过程及其特质、日本军部的透视、
日本的军备、日本的外交与国际关
系等。有主编者《本丛书编辑旨
趣》。

0018

敌情研究 / 熊大迈著

［出版地不详］：江西省地方行政
干部训练团附设县教育长特班，
1941 年 6 月出版

84 页；32 开

主题：政治—概况—日本—现代

---

① 新嘉坡，即新加坡。

中图分类号：D731.30

分 8 章。评述日本的政治机构、战时体制、投机主义的日本军部、侵略主义的日本外交、大陆政策与海洋政策的检讨以及最近日本国内概况等。

0019

敌情研究 ／ 军事委员会战时工作干部训练团第四团编

［出版地不详］：编者刊，［出版日期不详］

176 页；32 开 . —（政治教程）

主题：政治—概况—日本—现代

中图分类号：D731.30

分 7 章。叙述日本侵华目的、政策及方式，日本战时政治、经济、军事、社会情况及国际关系等。有《敌情研究例言》。

0020

东北边防形势论 ／ 汪宇平著

重庆：中外时事研究社，1946 年 1 月初版

280 页；32 开 . —（中外丛书）

主题：政治—概况—东北地区—民国

中图分类号：D693

共 14 章。回顾古代东北对外战争、清末的中日战争，介绍东北的战略地位、资源，日本朝鲜与东北的关系等。有著者序。

0021

烽火话南洋 ／（日）柴田贤一著；汪宇平译

重庆：时与潮书店，1942 年 4 月初版

203 页；32 开

主题：政治—概况—东南亚—现代

中图分类号：D733.0

分上、下编。叙述葡、西、英、日、法、美等国在南洋的侵略扩张，南洋各地的历史、政治、经济、军事、外交等概况。有译者序。

0022

福建集美学校童子军周年纪念刊 ／［福建集美学校编］

［福建］：编者刊，1924 年 1 月出版

120 页；32 开

主题：童子军—福建—纪念文集

中图分类号：D432.9 - 53

包含我之海童子军观（水产部主任冯立民）、海童子军、海上童子军规律、海上童子军等内容。

0023

福建省地方自治五年计划 ／ 福建省政府民政厅编

［福建］：福建省政府，1940 年

出版

56 页；16 开

主题：地方自治—五年计划—福建—民国

中图分类号：D693.62

分两部分。第一部分为地方自治理论及有关论著 7 篇；第二部分为民政、财政、教育、建设、卫生等 10 个方面的五年计划。

0024

改进南洋华侨计划纲要 ／ 唐耕成草拟

［出版地不详］：［出版者不详］，［出版日期不详］

40 页：表；32 开

主题：华侨事务—计划—东南亚—现代

中图分类号：D693.73

介绍南洋的历史、地理、物产、人口及华侨现况，从经济、航运、情报、外交机构、教育及党务等方面提出改进侨务工作办法。

0025

港侨须知 ／ 戴东培编纂；龙永英校订

香港：永英广告社，1933 年 8 月出版

541 页：图，表；16 开

主题：政治—概况—香港—民国

中图分类号：D693.62

介绍香港的卫生、土地、遗产、商务、交通、公用、会所、医院、婚葬、教育、娱乐等各方面情况。

0026

国际大事记．第十二集 ／［国防部第二厅编］

［出版地不详］：编者刊，1947 年10 月出版

24 页：图；16 开

主题：世界—概况

中图分类号：D5 - 53

收《加拿大之国防建设》、《荷印近况》、《美国国防大学训练概况》、《战时战后英国军舰让予各国情形》等 5 篇。

0027

国际的动乱相 ／ 叶高著

杭州：杭州正中书局，1940 年 10月出版

185 页；32 开

主题：国际政治—概况

中图分类号：D50

分上、下编共 14 章。包含不太平的太平洋、列强角逐下的地中海、有 60 余年历史的中日问题、殖民地问题。世界军备竞赛等内容。

0028

国际帝国主义史论 ／ 马哲民著

上海：昆仑书店，1929 年 6 月
出版

11，394 页；24 开

主题：帝国主义—研究

中图分类号：D033.3

包含非战条约与英法海军协
定、英美的海军问题、英法海协起
源、英法海协内容、英法海协影响
等内容。

0029

国际漫写／陶菊隐著

上海：昆仑书店，1939 年 6 月第
1 辑初版，1939 年 11 月第 2 辑
初版

2 册（442，412 页）：图；24 开

主题：政治—概况—欧洲

中图分类号：D750.0

包含北海的直布罗陀、德国海
军力、北库页岛、巴尔干半岛篇、
伊比利安半岛篇等内容。

0030

国际问题概观／贾书法著

南京：独立出版社，1946 年 12
月出版

12，320 页；32 开

主题：国际政治—概况

中图分类号：D50

分 3 编，共 13 章。包括中日
战争问题与太平洋问题、欧洲战争
的历史因素、太平洋问题与列强远

东政策等内容。

0031

国际现势／袁道丰著

南京：正中书局，1936 年 2 月初
版，1937 年 10 月 3 版

144 页；32 开 . —（国防教育丛
书）

主题：国际形势—研究

中图分类号：D5

包含海军平等的争执、波兰与
波罗的海国家、英德海军协定等
内容。

0032

国际现势／（奥）弗洛恩（R. Freund）
著；萨师炯，林琼光，周书楷译

长沙：商务印书馆，1938 年 8 月
初版，1939 年 2 月再版

328 页；32 开

主题：国际形势—研究

中图分类号：D5

分述波罗的海的均势，地中海
的危机，印度及其邻邦，中国形
势，日、美、苏概况及国际局势的
前景等 17 章。

0033

国际现势大纲／贾书法编著

浙江南岳：南岳游击干部训练
班，1939 年出版

124 页；36 开

主题：国际政治—概况

中图分类号：D50

本书共分5讲。包含火药库在欧洲（地中海的斗争讲述了地中海沿岸各国的斗争）、太平洋的不太平（含有日苏、日美、日英的冲突问题，涉及各国海军实力）、各国最近外交政策等内容。

0034

国际现势教程／税叔钧编著

[出版地不详]：中央陆军军官学校，1940年10月初版

19，240页：表；36开 . —（黄埔丛书）

主题：国际形势—研究

中图分类号：D5

讲述第一次世界大战后的国际形势。包含太平洋问题与华盛顿会议、海军军缩问题与五强海约、日内瓦海军会议与伦敦海军会议、华盛顿海约与伦敦海约失效后列强造舰竞争等内容。

0035

国际现势抉微／许天虹编译

福建永安：改进出版社，1942年7月初版

160页；32开 . —（改进文库）

主题：国际形势—文集

中图分类号：D5 - 53

收《冰岛和格陵兰的现状》、

《跨过大西洋的跳板》、《北极圈内的宝藏》、《日人在库页岛的活动》等24篇。

0036

国际纵横谭／杜绍文著

金华：民国出版社，1940年7月初版

2册（312页）；32开

主题：国际形势—研究

中图分类号：D5

包含封锁与反封锁、波罗的海的风云、地中海的全貌、远东之交响乐、英日关系新检讨、美日摩擦生火花等内容。

0037

国家论／（德）佛兰兹·奥本海末尔（Frang Oppenheirmer）著；陶希圣译

上海：新生命书局，1929年4月出版

234页；32开 . —（社会科学名著译丛）

主题：国家理论

中图分类号：D03

分国家论、国家的发生、海国等7编。包含海国的发生、海国的本质与结果、商业与原始国家等内容。

0038

海南岛／张维汉著

香港：著者刊，1937 年 7 月初版
54 页；32 开
主题：政治—概况—海南—民国
中图分类号：D693.62

分琼崖对于远东之重要、琼崖对于国防之重要、防守琼崖之计划、国民政府军事委员会之批词、琼崖之产业状况、琼崖与台湾之比较等 13 部分。

0039
海员特别党部法规方案汇编
〔出版地不详〕：〔出版者不详〕，〔出版日期不详〕
116 页；16 开
主题：中国国民党—海员—法规
中图分类号：D693.74

分条例法规类、表册类、附录3 项。

0040
火事船中的日本／碧泉著
上海：时事新闻刊行社，1937 年5 月初版
208 页；32 开 . —（时事丛书）
主题：政治—研究—文集—日本—现代
中图分类号：D731.3 - 53

著者 1936 年 8 月至 1937 年 3月期间发自东京的通讯稿，共 18篇。包含《日本陆军的发展与现势》、《日本军部的内情》、《日本海军的发展与现势》、《日本思想界的动向》、《"火事船"中的日本》、《日本外务省的内情》、《日本的底流》等。有夏衍代序《日本在过阴天》。

0041
间谍横行的世界／国际时事研究会编
〔出版地不详〕：大公书局，1938年 1 月出版
100 页；32 开 . —（时事问题小丛书）
主题：间谍—情报活动—史料
中图分类号：D526

分间谍的历史（含海底间谍秘史）、各国间谍组织及工作概况、国际间谍战、日本间谍在中国、未来的假想等 5 部分。

0042
胶澳商埠行政纪要续编／胶澳商埠局编纂
青岛：〔编者刊〕，1929 年 4 月出版
〔16〕，486 页：图，表；长 18 开
主题：地方政府—青岛—1927 - 1929—资料
中图分类号：D693.62

分保安、财务、交涉、交通、实业、卫生、养恤、教育、水道、工程行政 10 部分。介绍胶东半岛

各商埠 1927 年 4 月至 1929 年 4 月行政概况。附《民国十四年七月到任布告施政方针》、《十八年四月去职通电历年办事经过》。

0043

胶州行政 ／（德）沙美著；朱中和译

上海：民智书局，1923 年出版

226 页；32 开

主题：地方政府—青岛—民国—资料

中图分类号：D693.62

记述德国统治下的胶州各方面情况及行政措施。

0044

今日的苏联 ／王悦芬编

上海：天马书店，1937 年 3 月初版

11，401 页；32 开

主题：政治—概况—苏联

中图分类号：D751.20

分 5 章。介绍苏联的经济、国防、文化、民众生活和新宪法。

0045

近代欧洲政治社会史／（美）海斯原著；曹绍濂译

上海：国立编译馆，上卷 1935 年 3 月初版

860 页；表；32 开

长沙：国立编译馆，下卷 1940 年 8 月初版

1195，17 页：表；32 开

主题：政治—历史—欧洲—近代

中图分类号：D750.9

《近世欧洲政治社会史》的另一译本。包含探险时代、英国海权之效用等内容。

0046

卢斯福文集／（美）罗斯福著；匡熙民译

［出版地不详］：个人刊，1913 年 1 月出版

220 页；24 开

主题：罗斯福（Roosevelt, Theodore 1858—1919）—文集

中图分类号：D771.209

分大丈夫之本领、美国人之真精神、高祖华盛顿之遗训、大国民之人格及理想等 24 部分。包含何故要强大之海军乎等 170 余篇。

0047

论远东时局／朱进等著

上海：求知出版社，1941 年 8 月出版

89 页；36 开．—（求知文丛）

主题：政论—远东—1939—1942

中图分类号：D731.009

收《略论远东时局》（朱进）、《从日本舆论观察远东局势》（鸿

九）、《美国资本家的资敌贸易》
（丁山译）、《澳洲新西兰和印度的
军力与军事生产》（瓦列夫）、《论
目前的土地政策》（苏明）、《意大
利故事》（高尔基）共 6 篇。

0048

码头警察服务要则／余晋龢编

青岛：青岛市公安局警士教练
所，1932 年 7 月出版

［34］页：图，表；18 开

主题：码头—警察—中国—
民国—教材

中图分类号：D693.65

本书为青岛市公安局警士教练
所的讲义。

0049

美国内幕／上海战时文化研究
会编

上海：新世纪月刊社，1945 年 3
月初版，1945 年 5 月 8 版

86 页：图；36 开 . —（战时文化
研究丛书）

主题：政治—概况—美国—现代

中图分类号：D771.20

共 20 篇。包含《美国制霸太
平洋的起步》、《美国内讧》、《美
国陆战队真相》、《金元国的苦
难》、《美国战时经济的烦恼》、
《美国现形记》、《要作东亚的主
人》等。

0050

美国手册／柯柏年主编

北京：中外出版社，1949 年 8 月
初版

536 页：地图；36 开

主题：政治—概况—美国

中图分类号：D771.20

分地理、历史、经济、财阀统
治、政府组织、财政、军事、工
会、教育、出版及广播等 14 章。
书末有《美国人物小辞典》、《美
国政治名词浅释及其他》、《美国
领土扩张表》等 5 篇附录。

0051

美国谈薮／陈菊隐编译

上海：中华书局，1941 年 5 月
初版

152 页；32 开 . —（菊隐丛谈）

主题：时事评论—美国—现代

中图分类号：D771.209

收集有关美国的时事评论及杂
谈，共 23 篇。包含《美国总统和
平建议之真意》、《日本太平洋之
航空战》、《美国远东政策之透
视》、《美国发展空军过程》、《美
国社会面面观》、《英人眼中之美
人》等。

0052

民治国的危机／国民新闻社译述

上海：国民新闻图书印刷公司，1942 年 7 月出版

177 页：图；32 开 . —（国民新闻丛书）

主题：国际形势—研究

中图分类号：D5

　　收《以澳大利亚为中心的英美对立》、《太平洋上美国攻势的假想》、《濒临危境的美领太平洋诸岛》、《夏威夷马来海战英美海军惨败内幕》等 25 篇。

0053

南洋华侨：东方杂志社三十周年纪念刊／李长傅等著

　　上海：商务印书馆，1933 年 12 月初版

104 页；50 开 . —（东方文库续编）

主题：华侨状况—东南亚—现代

中图分类号：D693.73

　　东方杂志社三十周年纪念刊，共 5 篇。李长傅《中国殖民南洋小史》，李钧节译《在荷属东印度的华侨》，黄泽苍《英属缅甸华侨概况》，姚蔚生《新嘉坡历届人口统计中之华侨地位》，刘元亨《澳洲与在澳洲的华侨》。

0054

南洋华侨通史／温雄飞著

　　［上海］：［东方印书馆］，［1929

年］出版

300 页：图，表；23 开

主题：华侨—历史—东南亚

中图分类号：D693.73

　　分 3 卷共 17 章。上卷 12 章，从东西亚交通、黄巢起义、蒙古进犯中原、清兵入关等叙述华侨南迁的历史；中卷 5 章，叙述华侨遭受迫害、屠杀及近代华侨经济的发展；下卷杂传，年表。附霹雳政府规定劳工契约等 7 件。

0055

南洋与中国／陈序经著

　　广州：岭南大学西南社会经济研究所，1948 年 12 月初版

114 页；32 开 . —（岭南大学西南社会经济研究所专刊甲集）

主题：华侨状况—东南亚—现代

中图分类号：D693.73

　　阐述南洋与中国的历史关系及华侨的人口、经济、教育等问题。有自序，附《新南洋的展望》等 7 篇。

0056

欧亚大势／谢雪影编撰

　　［出版地不详］：梅县文萃月报社，1941 年 10 月出版

74 页；32 开

主题：国际政治—概况

中图分类号：D50

　　分 6 章。第 1 章中国之部；第

2 章倭国之部；第 3 章欧美之部；第 4 章德苏战争；第 5 章南太平洋问题；第 6 章附录。其中各章（第 1、6 章除外）含有各国海陆空军的实力调查。

0057

欧战后暴日与世界／王孤山编著

[出版地不详]：个人刊，1932 年夏出版

[384] 页；24 开

主题：政论—日本—现代

中图分类号：D731. 309

分 4 编。评述第一次世界大战后日本阴谋宰割世界经济的野心，对中国、朝鲜及南洋群岛的侵略及计划，以及英、美、苏等国间的矛盾冲突。认为日本帝国主义的发展将导致全世界被压迫者的大联合与全世界帝国主义者的大混战。

0058

欧洲风云／陶菊隐编译

北京：中华书局，1940 年 10 月出版第 1 集

昆明：中华书局发行所，1941 年 5 月出版第 2 集

2 册（202，222 页）；32 开 . —（菊隐丛谭）

主题：时事评论—欧洲—1939—1940

中图分类号：D750. 09

有《英国白皮书内容》、《现阶段的英美苏关系》、《宣而不战之谜》、《从苏芬停战写起》、《荷比被侵》等，包含北海战与欧战前途、近东与地中海之争、苏联与波罗的海形势、地中海形势、德国新海军的对象等内容。

0059

青岛市政府行政纪要／青岛市政府秘书处编

[青岛]：编者刊，[1932 年]出版

[438] 页：表；16 开

主题：地方政府—青岛—民国—史料

中图分类号：D693. 62

1932 年施政纲要。分总务、财政、社会、公安、工务等 10 编。

0060

青岛市政府行政纪要／青岛市政府编

青岛：编者刊，[1933 年]出版

[344] 页：图，表；16 开

主题：地方政府—青岛—民国—史料

中图分类号：D693. 62

内分总务、财政、社会、公安、工务、教育、港务、观象、农林、乡村建设 10 编。封面书名：青岛市行政纪要。

0061

青岛市政府三年来行政摘要：自民国二十一年至民国二十三年／青岛市政府秘书处编

[青岛]：编者刊，[1934年]出版

20，[150]页：图，表；16开

主题：地方政府—青岛—民国—史料

中图分类号：D693.62

内分总务、社会、公安、财政、公务、教育、港务、观象、农林9项。摘要自1932—1934年。

0062

青岛特别市公署工作报告.三十年七月份／（伪）[青岛特别市公署①]编

[出版地不详]：[出版者不详]，[1941年7月]出版

[52]页：表；16开

主题：地方政府—调查报告—青岛—1941

中图分类号：D693.62

1941年7月工作报告。分总务、社会、警察、财政、教育、建设、卫生、海务、乡区行政9项。

0063

青岛特别市公署施政述要／（伪）青岛特别市公署编

青岛：编者刊，[1943年]出版

30页：图；21开

主题：地方政府—工作—青岛—民国

中图分类号：D693.62

记述市机关的设置、人事更迭、经济、治安、财政、教育、工程建设等施政概要。

0064

琼崖临时政府施政概略／（伪）琼崖临时政府秘书处编

[出版地不详]：编者刊，1942年7月出版

172页：表；24开

主题：地方政府—海南—民国—史料

中图分类号：D693.62

分文电、法规、调查3项。

---

① 伪青岛特别市公署：1938年1月10日，日本海军陆战队在青岛登陆，侵占青岛，随即拼凑傀儡政权。1939年1月4日，在日军当局的操纵下，成立"青岛特别市公署准备委员会"。1939年1月9日，伪"华北临时政府"任命赵琪为青岛特别市市长并授命组织伪政府。10日，赵琪在青岛就职，成立"青岛特别市公署"。伪市公署直隶于"中华民国临时政府"，设置"特别市"市长，综理市政，同时配备顾问、辅佐官，概由日本人充任，伪市公署的所有重要文件和来往公文，都要经过日本顾问和辅佐官的同意才能通过。1945年8月15日，日本投降，9月13日，国民党接收青岛市，伪政权组织随之灭亡。

0065

琼崖应改设行省之重要文件／王毅编

　　［出版地不详］：［出版者不详］，［1945年1月］出版

　　52页；32开

　　主题：地方政府—海南—民国—史料

　　中图分类号：D693.62

　　收《国父主张琼州改设行省理由书》、《国父主张琼州改省及批修铁路谈话》、《蒋介石关于日寇占领海南岛的谈话》。附琼崖守备司令王毅呈国民政府请将琼崖改省电文和致琼崖旅渝同乡请赞襄琼崖改省电文。

0066

屈巡按使视两浙文告／屈映光著

　　［出版地不详］：［出版者不详］，1915年出版

　　136页

　　主题：政论—中国—民国—文集

　　中图分类号：D693.09

　　包含吴兴海岛学校、海宁柴坦盘头、塔山海塘（一）、塔山海塘（二）、小尖山海塘形势等内容。

0067

日本备战论／王造时编译

　　上海：开明书店，1937年4月初版，1938年2月修订再版

　　216页；32开

　　主题：政论—日本—现代

　　中图分类号：D731.309

　　据谭宁（Tanin）、郁罕（Yo-han）合著 *When Japan Goes to War* 第1章至第4章及绪论、结论部分撮要编译而成，共6章。评论日本反苏战争，日本一年战争的需要，国民经济的军事组织，军备工业产量，以及战争中的经济困难等。有编译者序言，附《为中日问题敬告日本国民书》。

0068

日本便览／八路军总政治部敌工部日本问题研究会编

　　［出版地不详］：编者刊，［出版日期不详］

　　324页；64开

　　主题：政治—概况—日本—现代

　　中图分类号：D731.30

　　分10章。叙述日本对中国的侵略，日本的政治、军备、经济概况，日本人民的悲惨生活和斗争，日帝国主义铁蹄下的台湾及朝鲜，日本对外关系，以及最近形势等。附《日本指导人物名录》等6篇。

0069

日本的危机／铁血抗日团编

［出版地不详］：编者刊，［出版
日期不详］

18 页：50 开

主题：政治—概况—日本—现代

中图分类号：D731.30

评述"九一八"事变后，日
本在财政、军事、外交、政治及人
民思想等方面存在的危机。

0070

日本果能称霸于太平洋乎／（英）
爱色尔登（Etherton），替尔特曼
（H. H. Tiltman）著；沈绍薪译；王
卓然校订

北平：外交月报社，1934 年 9 月
初版

184 页：图；24 开．—（外交丛
书）

主题：侵略—政策—研究—日本

中图分类号：D731.322

分 11 章。评述日本侵略政策
的基本因素，日本的生产、军备、
财力，以及日英、日美、日苏之间
的矛盾冲突。认为日本称霸太平洋
的企图不过是一种奢望。

0071

日本还能支持多久／（英）诺爱
尔·拜勃著；邬侣梅译

桂林：良友复兴图书印刷公司，
1943 年 5 月初版，1938 年 2 月
修订再版

220 页：图，表；36 开．—（双
鹅丛书）

主题：政论—日本—现代

中图分类号：D731.30

共 8 章。包含日本还能支持多
久、日本的海军、日本的陆军、日
本的空军、经济战争、日本的工
业、幕后的人物，走向战争。附录
Friz Sternberg《日本的弱点及其实
力》等 6 篇，有编者言。

0072

日本海外侵略与华侨／刘士木编

［上海］：国立暨南大学南洋文化
事业部，1931 年 6 月出版

585 页：图；25 开

主题：华侨状况—东南亚—现代

中图分类号：D693.73

包含日南航业的发展、航路与
移民有密切的关系、日人扩充爪哇
航路的新造船、日本海产事业将移
其趋向、日人注意南洋渔业、渔户
的南进、日人以海军的威力外交的
智力占领到南洋联珠一般的根据地
等内容。

0073

日本面孔／卜少夫著

上海：国民出版社，1937 年 11
月初版

154 页；32 开

主题：政治—研究—文集—日

本—现代

中图分类号：D731.3 - 53

著者于 1937 年 3 月至 8 月自东京寄往中国各报刊发表的文章汇编，共 20 篇。包含《对华再认识》、《林内阁的实质》、《杂谈日本的国民性》、《铁钢恐慌》、《海军最近情态》、《与增田涉杂谈》等。

0074

日本南进论／（日）室付高信著；龚心印译

长沙：湖南育才中学校，1937 年 5 月出版

209 页；32 开 . —（湖南育才中学丛书）

主题：政治—概况—日本—现代

中图分类号：D731.30

评述日本向外扩张的有利因素及不利因素，主张日本南进（向南亚地区扩张）。

0075

日本内幕／（美）佛里雪尔（Wil-frid Fleisher）著；董德芳编译

［出版地不详］：国防部史政局，1947 年 9 月初版

93 页；32 开 . —（战史丛刊）

主题：政治—概况—日本—1854—1941

中图分类号：D731.30

叙述自 1854 年 3 月至 1941 年 12 月 7 日期间的日本概况，共 9 章。包括军国主义的恢复、日德关系、日本领袖、军队与经济实力、美日华盛顿谈判等。

0076

日本全貌／叶提纾编

梅县：文萃月报社，1942 年 1 月初版

60 页：图；32 开

主题：政治—概况—日本—现代

中图分类号：D731.30

分 4 章。介绍日本政治、经济、军事及社会方面的概况。

0077

日本舞台之要角／吴伯明著

重庆：青年书店，1940 年 2 月初版

318 页：表；32 开

主题：政治—概况—日本—现代

中图分类号：D731.30

介绍日本战时军政概况。包括政党、派系、团体、军事制度及编制等，以人物为主。

0078

日本研究讲授大纲／国民政府军事委员会战时工作干部训练团第三团政治部编

［出版地不详］：编者刊，［出版

日期不详]

45 页；25 开

主题：政治—概况—日本—现代

中图分类号：D731.30

　　分 7 章。介绍日本地理、人口、历史、政治机构、经济、军事和外交概况。

0079

日本有多强 ／ 巴克尔（Noel Barker）著；王学武译

　　重庆：商务印书馆，1943 年 8 月初版

　　145 页：图，表；36 开

　　主题：政论—日本—现代

　　中图分类号：D731.309

　　共 9 章。通过对日本军事与经济实力的分析，对美、英等国的军事与经济实力的比较，得出日本必败的结论。附录日本面积、人口、行政区划等资料。

0080

日本之面面观 ／ 周宪文等著

　　上海：中华书局，1934 年 12 月初版

　　140 页；32 开 . —（新中华丛书社会科学汇刊）

　　主题：政治—研究—文集—日本—现代

　　中图分类号：D731.3 - 53

　　共 10 篇。包含《日本政治经济的过去与今后》（瞿荆洲）、《经济恐慌中日本的军事预算与军事产业》（符涤尘）、《最近日本政潮之解剖》（唐槐）、《波澜重叠之日本政局》（帅云风）、《新旧交替的日本内阁》（张健甫）、《日本法西斯蒂运动与天皇主义》（周宪文）等。

0081

日本之实况 ／ 文公直著

　　上海：民智书局，1932 年 7 月初版

　　［15］，244 页：表；24 开

　　主题：政治—概况—日本—现代

　　中图分类号：D731.30

　　共 3 编。首编"日本帝国主义内容之一般的考察"，包括政治、经济、思想等方面；第 2 编"日本帝国主义国外发展之现势"，包括对外政策、殖民政策、对外贸易及军备等；第 3 编"日本帝国主义之前途"，包括日本革命运动现势，日本无产阶级政党革命的趋势等。

0082

如此日本 ／（美）O. T. Tolischus；曹未风译

　　重庆：中外出版社，1945 年 10 月初版

　　159 页；32 开

　　主题：政治—概况—日本—现代

中图分类号：D731.30

阐述日本民族意识形态的特点及对美作战的原因。包括日本作战的目的、征服世界的计划、日本外交、天皇及日本军队的神道教育等。有著者原序。

0083

三周纪要：青岛特别市市公署成立三周纪念／（伪）青岛特别市公署编

青岛：编者刊，［1942年］出版

104页：图，表；23开

主题：地方政府—大事记—青岛—1942

中图分类号：D693.62

分总务、社会、警察、财政、教育、建设、卫生、海务、乡区行政、警备、农事合作社11章。

0084

汕头近况之一斑／马育航编

［出版地不详］：编者刊，1921年4月出版

244页；22开

主题：地方政府—调查报告—汕头—1918

中图分类号：D693.62

1918年调查报告。分学校、交通、公用事业、物产、商业等6部分。

0085

汕头市政府施政纪略：汕头市更生二周年纪念／（伪）汕头市政府①秘书处编

汕头：编者刊，1941年6月出版

［34］页：图，表；18开

主题：地方政府—汕头—民国—史料

中图分类号：D693.62

记述伪汕头市政府成立两年的施政概况。收许少莫《汕头市政府施政纪略》。附何丽闻《从庆祝汕头市更生二周年纪念说到我的工作经过》等8篇及图表。

0086

汕头市政概况／汕头市政府编

汕头：编者刊，1948年10月出版

70页：图，表；16开

主题：政治—概况—汕头—1948

中图分类号：D693.62

---

① 伪汕头市政府：1939年6月21日，日本陆军在海、空军的配合下对汕头市发动袭击，22日凌晨占领汕头市，随后积极扶植傀儡建立伪政权。1939年7月1日，汕头市汉奸陈觉民等粉墨登场，组成"岭东治安维持会筹备处"，后改为"汕头市善后委员会"，由陈觉民任会长。1940年2月，伪汕头市政府成立，周之桢任市长。1945年9月28日，粤北地区日军投降，伪政权组织随之灭亡。

1948 年度上半年施政概况。分民政、户政、财政、建设、教育、兵役、人事、统计等 12 项。

0087

世界面面观 / 中学生社编

上海：开明书店，1935 年 6 月初版

208 页：表；32 开 . —（中学生杂志丛刊）

主题：国际形势—研究

中图分类号：D5

收《第二次世界大战前夕的各国武装形势》（张明养）、《海军竞争与世界危机》（李宗武）、《风雨将至的太平洋》（樊仲云）等 12 篇。

0088

世界王者谁 / 日本国际问题研究会编；陈辛木译

［出版地不详］：神州国光社，1931 年 8 月出版，1933 年 1 月 2 版

376 页；32 开

主题：国际政治—概况

中图分类号：D50

分政治经济和军事军略两编。其中后编“军事军略”中第 2 章“世界列强军备的比较”包括陆军、海军、航空军和海陆军费之支出 4 节。

0089

世界新形势 / 鲍曼著；林光澄译

上海：商务印书馆，1934 年 2 月初版

976 页：表；32 开 . —（汉译世界名著）

主题：国际形势—研究

中图分类号：D5

包含不列颠帝国诸问题、远东、太平洋与澳洲（澳大利亚洲的简称）、南斯拉夫及亚得里亚海（意大利与巴尔干半岛之间的海湾）等内容。

0090

世界政治经济概况 / 白瑜，沈清尘，柳克述编

［出版地不详］：中央陆军军官学校政治训练处，1929 年 4 月初版

350 页；32 开 . —（政治丛书）

主题：国际政治—概况

中图分类号：D50

包含苏联及波罗的海诸国中立保障条约之订定、五国海军协定的经过及其内容、三国海军会议、三国海军会议的起缘及会前的纠葛等内容。

0091

世界最近之局势 . 第 2 卷：巴黎和会 / 孟宪章著

北京：京城印书局，1926 年 1 月初版

134，38 页；16 开

主题：巴黎和会—1918—研究

中图分类号：D5

　　包含亚得里亚海东岸问题、海峡问题、海洋自由问题、岛屿与河川之规定、太平洋群岛之处分等内容。

0092

双周纪要：青岛特别市市公署成立二周纪念／（伪）青岛特别市公署编

　　［青岛］：编者刊，［1941 年］出版

98 页：图，表；25 开

主题：地方政府—大事记—青岛—1939—1941

中图分类号：D693.62

　　分总务、社会、警察、财政、教育、建设、卫生、海务、乡区行政、警备等 11 章。

0093

水上警察概论／刘怀璞编著

　　南京：中华警察学术研究社，1948 年 3 月初版

96 页：图；36 开 . —（警察丛书）

主题：水上运输—警察—中国—民国—教材

中图分类号：D693.65

　　讲述水上警察的沿革、意义、分类，训练及编制工作，设备及勤务，中国航政简史及第二次世界大战前的列强水上警察概况等。附《缉盗护航章程》等 7 篇。

0094

四年来的敌情／中国国民党中央执行委员会宣传部编

　　［重庆］：编者刊，1941 年 7 月出版

92 页；32 开 . —（抗战第四周年纪念小丛书）

主题：政治—概况—日本—1937—1941

中图分类号：D731.30

　　分 4 章。介绍日本 1937 年 7 月至 1941 年 7 月期间的政治、经济、外交及军事概况。

0095

四周纪要／（伪）青岛特别市公署编

　　青岛：编者刊，［1943 年］出版

120 页：图；23 开

主题：地方政府—大事记—青岛—1943

中图分类号：D693.62

　　书口书名题：青岛特别公署四周纪要，共 10 章。内分总务、社

会、警察、财政、教育、建设、海
务、宣传、警备、乡区行政等。

0096

绥远省政府年刊 / 绥远省政府秘
书处编

归绥：和平书局，1933 年出版

453 页；32 开

主题：地方行政—绥远—民国
时期

中图分类号：D693.62

包含海上捕获条例、商港条例
等内容。

0097

台南市政二年 / 卓高宣编著

台南：台南市政府，1948 年出版

200 页：图；16 开

主题：地方政府—台南—民国—
史料

中图分类号：D693.62

介绍台湾台南市政府组织系
统，人员编制，施政概况，以及地
理、气象、人口、古迹等。

0098

台湾，又名，台湾视察报告书 / 汪
洋编

上海：中华书局，1917 年 6 月出
版，1928 年 9 月再版

196 页：图；25 开

主题：地方政府—考察报告—台
湾—1916

中图分类号：D693.62

共 29 章。包括土地、行政区
划、气候、户口、教育、财政等。
附有《日本占领后台湾重要史
表》、《中日度量衡对照表》、《台
湾日记》。

0099

台湾省接收工作报告

［出版地不详］：［出版者不详］，
1946 年 2 月出版

42 页；大 32 开

主题：地方政府—台湾—1945—
史料

中图分类号：D693.62

1945 年 11 月 1 日开始接收日
方所有军民机构，并监管日方各公
司事业资产等工作的简略报告。分
民政、财政、金融会计、教育、农
林渔牧、工矿、司法等 14 项。

0100

太平洋内幕 / 孙翔华编辑

［出版地不详］：文史编刊社，
1942 年 2 月初版

172 页；36 开 . —（文史丛刊）

主题：政治—概况—亚太地区

中图分类号：D730.0

介绍泰国、越南、缅甸、香
港、马来半岛、澳大利亚、荷属东
印度、夏威夷等的政治、经济、军

事、文化风俗等情况。

0101

太平洋现势手册／沈志远，石啸冲
编著

　　重庆：读书出版社，1944 年 10
月初版

　　226 页：图；32 开

　　主题：政治—概况—亚太地区

　　中图分类号：D730.0

　　　　介绍太平洋地理形势，战略据
点，经济资源，民族问题及民族革
命运动，太平洋战争的由来、现势
及展望，并简要介绍太平洋区域的
国家，廿世纪太平洋的重要条约及
宣言。附《太平洋大事年表》
（1510 年至 1943 年）。

0102

太平洋战场提要／北达著

　　湖南永顺：湖南省立第一民众教
育馆，1942 年 1 月出版

　　［24］页：图；32 开

　　主题：政治—概况—亚太地区

　　中图分类号：D730.0

　　　　分 8 节。介绍太平洋战场上越
南、泰国、新加坡、荷属东印度、
菲律宾、夏威夷、阿拉斯加等国家
或地区的情况。

0103

外论：两周年纪念刊／［外论编译

社编］

　　上海：外论编译社，1934 年 4 月
出版

　　66 页：表；16 开

　　主题：国际政治—文集

　　中图分类号：D5 - 53

　　　　包含王善继《第二次世界大
战之预言》、沈志远《各国海军竞
赛之新阶段》、金奎明《美国远东
政策之原则》等 9 篇。

0104

威海卫管理公署二十三年度行政报
告／威海卫管理公署秘书处编

　　威海卫：编者刊，［1935 年］出版

　　11 册：表；16 开

　　主题：地方政府—威海—1934—
行政报告

　　中图分类号：D693.62

　　　　1934 年度行政工作概况。每
月 1 册，每册分奉行中央法令事
项，颁行本行政区单行法规事项，
行政会议决议事项摘要，财政事
项，土地事项，社会行政事项，教
育文化风纪事项，工务事项，警务
事项，卫生事项 10 部分。

0105

威海卫管理公署二十四年度行政报
告／威海卫管理公署秘书处编

　　［威海卫］：编者刊，［1936 年］
出版

11 册：表；16 开

主题：地方政府—威海—1935—行政报告

中图分类号：D693.62

1935 年度行政工作概况。每月 1 册，每册分奉行中央法令事项，颁行本行政区单行法规事项，行政会议决议事项摘要，财政事项，土地事项，社会行政事项，教育文化风纪事项，工务事项，警务事项，卫生事项 10 部分。

0106

威海卫管理公署年报：民国二十三年份／威海卫管理公署编

山东威海卫：编者刊，[1934 年] 出版

161 页：图，表；16 开

主题：地方政府—威海—1934—年报

中图分类号：D693.62

分 16 章。介绍威海卫的沿革、疆域、党务、民政、警政、建设、社会、教育、农业、工业、商业、水产、交通、卫生、外交、人事等情况。

0107

倭寇内容／奇丕彰著

[出版地不详]：[出版者不详]，1939 年 6 月出版

22 页；36 开

主题：政治—概况—日本—现代

中图分类号：D731.30

著者曾任"伪蒙军"总部秘书，1934 年被送往日本训练四年，后任伪伊盟公署保安厅长。本书系其脱离"伪蒙军"后所作的报告，经转译而成。记述赴日期间的见闻，包括日本国内军事、经济、政治等方面的困难及民众的不满情绪等。

0108

现代日本讲话／郭真著

上海：经济社会学会，1929 年 1 月出版

299 页：表；28 开 . —（社会科学丛书）

上海：平凡书局，1929 年 1 月初版，1929 年 12 月订正再版

296 页；32 开

主题：政治—概况—日本—现代

中图分类号：D731.30

著者 1928 年 6 月至 9 月所写短文经编纂而成，共 10 篇。分述日本政治组织、政党、经济、社会阶级、社会思想，以及日本统治下的殖民地情况。附《日本社会民主党》等 13 篇。

0109

现代日本讲话／惠民编

上海：中学生书局，[1929 年]

再版

299 页：表；32 开

主题：政治—概况—日本—现代

中图分类号：D731.30

郭真《现代日本讲话》经修订后的再版本。著者 1928 年 6 月至 9 月所写短文经编纂而成，共10 篇。分述日本政治组织、政党、经济、社会阶级、社会思想，以及日本统治下的殖民地情况。

0110

香港如何应变／何建章，甘天听合著

香港：香港华侨日报社，1949 年9 月初版

60 页：图；32 开

主题：政论—香港—民国

中图分类号：D693.09

共 9 章。讨论香港的战略地位及对于中、英的价值，以及香港如何对待中国大陆的彻底解放等问题。

0111

新海南岛之建设问题／穆亚魂著

广州：国立中山大学琼崖农业研究会，1935 年出版

138 页；32 开 . —（琼崖农业研究会丛书）

主题：地方政府—海南—民国—史料

中图分类号：D693.62

分从史实方面探讨海南岛、海南岛在海防上所占之位置、从理论到实践的开建问题 3 章。

0112

星洲十年／星洲日报社编

[出版地不详]：编者刊，1940 年1 月初版

5 册；24 开

主题：政治—研究—新加坡—现代

主题：报纸—新闻工作—新加坡

中图分类号：D733.80

包含英属马来亚开辟史略、海峡殖民地开辟史略、新加坡之防务、新加坡军港、港务、海运、渔业等内容。

0113

演变中的远东国际政治／张忠绂著

贵阳：文通书局，1942 年 9 月初版

188 页：25 开 . —（求知文丛）

主题：政治—远东—1939—1942

中图分类号：D731.009

收著者 1939 年至 1942 年 7 月间发表于报刊上的政治评论 34 篇。包含《英美商约在国际政治上的意义》、《美国政府的远东外交政策》、《苏日关系的前途》、《国际关系的展望》、《苏日条约我

观》、《反侵略阵营已在胜利途中》等。

0114

一个反间谍对于倭寇的分析 / 奇丕彰著；徐昔编

杭州：正中书局，[出版日期不详]

18 页；36 开

主题：政治—概况—日本—现代

中图分类号：D731.30

著者曾任"伪蒙军"① 总部秘书，1934 年被送往日本训练四年，后任伪伊盟公署保安厅长。本书系其脱离"伪蒙军"后所作的报告，经转译而成。记述赴日期间的见闻，包括日本国内军事、经济、政治等方面的困难及民众的不满情绪等。

0115

一九三六年 / 章乃文著

上海：乐华图书公司，1934 年 11 月初版

324 页：图；32 开

主题：国际形势—研究

中图分类号：D5

分 12 章。介绍世界经济、政

治危机、各国扩军备战情况，预测未来的战争。包含中国海军、太平洋阵势、英美日苏的备战等内容。

0116

一九三六年的国际政治经济概况 / 谌志远主编；大夏大学编辑

长沙：商务印书馆，1938 年 6 月出版

2 册（[10]，[866] 页）；32 开

主题：国际政治—概况—1936

中图分类号：D50

包含军缩问题与列强军备概况、中日关系、土耳其海峡地带重行设防等内容。

0117

一九三五年的国际政治 / 万良炯编

上海：商务印书馆，1936 年 7 月初版，1937 年 4 月再版

246 页；32 开 . —（一九三五年世界概况丛书）

主题：国际政治—概况—1935

中图分类号：D50

介绍前途暗淡的军缩，德国重整军备，法俄互助协定及英德海军

---

① 伪蒙军，是指"蒙军政府"、"蒙联盟自治政府"、"蒙疆联合自治政府"的军队，原系国民党军骑兵第九旅部队的一部，1933 年 2 月，在崔兴武、李守信率领下投敌，后被日军改编为伪"满多伦警备师"。1936 年，蒙奸德王在日本唆使下成立伪"蒙军政府"，该师改名为"蒙疆自治军"。1937 年 10 月 28 日，德王在归绥成立"蒙古联合自治政府"，李守信任蒙古军总司令。1945 年 9 月，伪蒙军一部被苏联红军消灭，一部被国民党政府收编。

协定，意阿冲突，以及远东现势等，包含本年的海缩会议、英德海军协定。

0118

战后世界经济政治概观．下／罗波克著

上海：明日书店，1931 年 5 月出版

256 页；24 开

主题：国际政治—概况

中图分类号：D50

包含华盛顿海缩会议、英法海军协议等内容。

0119

战后世界新形势／储玉坤著

上海：永祥印书馆，1946 年 2 月初版，1947 年 4 月再版

81 页；36 开．—（青年知识文库）

主题：国际形势—研究

中图分类号：D5

评述战后国际政治趋势，原子弹和美国海军与世界和平的关系，远东问题与日本政局等。

0120

战时的福建／徐学禹著

江西上饶：战地图书出版社，1940 年 12 月初版

36 页：表；32 开．—（战地文化综合小丛书）

主题：政治—概况—福建—1940

中图分类号：D693.62

分 6 部分。介绍抗战三年来福建省的党务、政治、保卫、金融、经济、交通诸方面的措施和成绩。

0121

战时的日本动态／余仲瑶著

汉口：华中图书公司，1937 年 11 月初、再版，1938 年 2 月 8 版

62 页：图，表；32 开．—（武汉留日同学会日本问题研究丛书）

主题：政治—研究—文集—日本—现代

中图分类号：D731.3 – 53

共 6 篇。包含《恐怖政治下之暴日对华舆论》、《日本文化人之苦闷》、《中日战争与日本之宣传工具》、《战时体制下之日本劳动大众》、《日本物价之暴腾》、《暴日海军青年将校之中日外交观》。初版本末附《留日归国同学的状况之一》。

0122

战时日本全貌／吴斐丹，刘思慕主编

香港：日本研究社，1940 年 7 月初版

[13]，597 页：图；36 开

主题：政治—概况—日本—现

代

中图分类号：D731.30

共 7 编。包括军事、政治与外交、财政金融经济、社会与文化、日本殖民地动态、日本在华占领区等。附《日本国家总动员法案全文及其实施状况》等 3 篇。

0123

战时英帝国／国民新闻社译述

上海：国民新闻图书印刷公司，1942 年 10 月出版

223 页：图，表；36 开 . —（国民新闻丛书）

主题：政治—概况—英国—现代

中图分类号：D756.10

共 27 篇。包含《英帝国往何处去》、《英国的战后领土分割计划》、《英国战时配给制度》、《孤岛英国的危机》、《大西洋争霸战中的爱尔兰》、《战时英属殖民地》等。

0124

中国国民党国民革命军海军特别党部第二届执行委员会工作总报告

［出版地不详］：［出版者不详］，［出版日期不详］

104 页：图，表；16 开

主题：中国国民党—海军—工作报告

中图分类号：D693.74

收工作概况、法规及统计图表等。

0125

中国国民党国民革命军海军特别党部第三届执行委员会工作总报告

［出版地不详］：［出版者不详］，［出版日期不详］

［200］页：图，表；16 开

主题：中国国民党—海军—工作报告

中图分类号：D693.74

内分第三次全军党员代表大会情形、本会沿革及本届工作概述、工作报告、法规、统计图表等 8 项。

0126

中国青年怎样应付非常时期／罗伽著

上海：教育书店，1937 年 7 月出版

731 页；32 开 . —（青年必读）

主题：青年工作—基本知识—中国

中图分类号：D432.6

包含列强在华租借港湾始末、中日关系的初期、侵略台湾与合并琉球、各国海军实力及其扩张、海上军事利器等内容。

0127

中南周刊汇编. 第 1 集／吴泽林等
著；俞君适汇编

上海：国立暨南大学海外文化事
业部，1937 年 2 月初版

282 页：表；32 开 . —（国立暨
南大学海外丛书）

主题：华侨状况—东南亚—现
代

中图分类号：D693.73

分政治、经济、教育等 5 类，
共 59 篇，包含《星洲华工失业与
限制人口条例》（俞君适）、《新加
坡之军港完成与驻屯军之加强化》
（苏鸿宾）、《日本商人将变更南进
政策欤》（志钟）、《本刊的使命》
（吴泽林）。

0128

最后胜利是我们的

长春：中国文化服务社东部区
社，1946 年 1 月初版

51 页；32 开

主题：政论—中国—民国—文集

中图分类号：D693.09

收《从"九一八"事变到日
本受降》、《海陆空配合行动保证
了战争胜利》、《运输舰队克服了
长距离供应》等 11 篇。

0129

最近的日本／李宗武著

上海：开明书店，1929 年 8 月初
版；1930 年 8 月再版

[10]，229 页；32 开

主题：政治—概况—日本—1910 -
1930

中图分类号：D731.30

分 9 章。介绍日本简史、政治
组织机构、政党、军备、外交、教
育、金融及日本对满蒙的侵略政策
等，大部分为 1910 年至 1930 年间的
情况。包含日本地理简说、最近海
军实况、日俄国交近况等内容。

0130

最近欧洲政治史／袁道丰著

南京：正中书局，1934 年 9 月
初版

32，437 页；24 开 . —（大学丛
书）

主题：政治—历史—欧洲—近
代

中图分类号：D750.9

包含海上战争、德国海外舰队
的鏖战、鞑靼海峡之战、北海战事
的终止、海上的战争、海峡问题、
波罗的海的国际地位等内容。

0131

最近之日本／陈懋烈编

上海：中华书局，1926 年 12 月
初版，1929 年 12 月再版

162 页：表；32 开 . —（常识丛

书）

主题：政治—概况—日本—现代

中图分类号：D731.30

介绍日本政治、外交、经济、教育、文化、社会风俗及殖民地等方面的情况。有编者序。

D8　外交、国际关系

0132

八十五年之中英／顾器重编

上海：国民图书馆，1927年4月出版

277页；24开

主题：中英关系—国际关系史—近代

中图分类号：D829.561

分17章。记述自1840年鸦片战争至国民革命军北伐期间的中英关系。

0133

白浪滔天的太平洋问题／钱亦石著

上海：生活书店，1936年10月初版，1937年11月汉口8版

208页；32开

主题：国际政治关系—亚太地区—文集

中图分类号：D815-53

收《日本与太平洋政治问题》、《苏联所见的东北问题及其远东政策》、《日苏备战与美苏复交》、《美国重申"史汀生宣言"》、《水鸟外交》、《英日同盟能复活乎》、《以中国问题为中心的太平洋现势》等22篇。

0134

暴日与美交战最后必败之自白，原名，日美若战／（日）水野广德述；傅无退编译

上海：日本检讨会，1932年12月出版

32页．—（暴日侵略排外之自供录）

主题：日美关系—研究

中图分类号：D831.32

包含日本海军在质的方面亦优于美国、海陆军战术之不同、失去海军以后等内容。

0135

被包围的日本／（日）石丸藤太著；卜少夫译

汉口：光明书局，1938年7月初版

143页；32开

主题：对外政策—评论—日本

中图分类号：D831.30

评论日本对外政策。原著共11章，本书选辑第1章至第5章内容，经删节后改为3章，包含对日包围的展望、日本何故被包围、

北进乎南进乎。有前记。

0136

被侵害之中国，又名，中国最低限度应取消之不平等条约／刘彦著

上海：太平洋书店，1928 年 7 月出版，1928 年 10 月再版

24，294 页：表；24 开

主题：不平等条约—研究—中国—近代

中图分类号：D829.15

包含海关税之协定、中国海关之国际义务制度、外国军舰横行于沿海沿江与内河等内容。

0137

本党五十年来外交奋斗史研讨大纲／国民党中央组织部编

［出版地不详］：编者刊，1943 年 2 月出版

72 页；64 开

主题：外交史—中国国民党

中图分类号：D829

收《本党五十年来外交奋斗史讨论大纲》、《本党五十年来外交奋斗史》、《二十年国民会议废除不平等条约宣言》。附参考资料。

0138

出席国际军缩筹备会报告／黄慕松著

［出版地不详］：［出版者不详］，［出版日期不详］

［18］页；16 开

主题：裁军问题—世界—1932—资料

中图分类号：D815.1

分 9 部分。介绍会议的缘起、经过、重要议案，中国代表团的态度，中国将来应有的准备等。

0139

出席日来佛国际军缩大会会议报告：中国民国二十一年一月至七月／黄慕松编著

［出版地不详］：［出版者不详］，［1932 年］出版

［142］页：表；16 开 .—（东方文库续编）

主题：裁军问题—世界—1932—资料

中图分类号：D815.1

1932 年日内瓦国际军缩会议，中国出席代表的会议报告书。包括军缩总委员会、陆军委员会、海军委员会、航空委员会、军费委员会、政治委员会、化学战特组委员会等的会议报告。

0140

达衷集／许地山编

上海：商务印书馆，1931 年 4 月

初版

236 页；32 开

主题：中英关系—国际关系史

中图分类号：D829.561

鸦片战前中英交涉史料。共两卷。第 1 卷为英人胡夏未商船到厦门、上海、朝鲜进行贸易活动时，与各地官吏、商人往来文件；第 2 卷汇录乾隆、嘉庆两朝公班衙与广州督抚关部等交涉文件，其中有关于租界、领事裁判及外国金融在华发展等史料。

0141

大英帝国之基础及其近百年来之外交政策／孙中山著

北京：民生周刊社，1925 年 6 月出版

30 页；36 开

主题：对外政策—英国—现代

中图分类号：D856.10

为著者《中国存亡问题》中的一部分。

0142

德国的远东利益与远东政策／（德）库尔曼（R. V. Kuhlmann）著；谢承平译

成都：国魂书店，1938 年出版

31 页；24 开

主题：对外政策—德国—现代

中图分类号：D851.60

共 9 章。评述自第一次世界大战以来德德国远东政策，与中日德关系，以及军事、商务、航业、殖民地等有关情况。

0143

德皇统一世界策／张献公译述

上海：中华书局，1916 年 12 月出版，1933 年 6 月 4 版

［176］页；22 开

主题：外交史—德国—1913—史料

中图分类号：D851.69

德皇威廉二世 1913 年 1 月 27 日告谕陆海军高级官员敕书。内容为德国称霸世界的计划，包括德日之战终无可免、俄罗斯帝国果可畏耶、英国海军之实力、朕与俾斯麦之关系、对波政策等 103 章。

0144

德皇雄图秘著／（德）威廉二世著；（法）柯留尔原译；（日）樋口丽阳转译；傅世说，黄骥重译

杭州：光华编译社，1916 年 5 月初版，1916 年 12 月再版

250 页：图；24 开

主题：外交史—德国—1913—史料

中图分类号：D851.69

内容详见 0143《德皇统一世界策》。

0145

德皇作战计划书／黄中译述

上海：中华书局，1916 年 12 月
出版，1931 年 9 月 3 版

[182] 页；24 开

主题：外交史—德国—1913—
史料

中图分类号：D851.69

内容详见 0143《德皇统一世
界策》。

0146

地中海为什么常有风波／赵镜
元著

浙江：浙江省抗日自卫委员会战
时教育文化事业委员会，1939 年
6 月初版

35 页：图；64 开．—（国际问题
小丛书）

主题：地中海问题—研究

中图分类号：D815.9

用问答方式介绍地中海地区的
政治形势。

0147

地中海问题／（苏）耶尔马塞夫
著；君达译

大连：光华书店，1948 年 3 月
初版

57 页；36 开．—（国际问题译
丛）

主题：地中海问题—研究

中图分类号：D815.9

评论地中海的战略地位及地中
海额外难题的实质，以及战后地中
海问题的民主解决等。

0148

帝国主义者在太平洋上之争霸／
（英）福克斯（Frank Fox）著；陈宗
熙译

上海：华通书局，1929 年 12 月
初版

162 页；32 开

主题：国际政治关系—研究—亚
太地区

中图分类号：D815

分 12 章。评述日、中、美、
英等国的太平洋政策及其相互
关系。

0149

第七次日内瓦国际裁军会议之经过

[出版地不详]：[出版者不详]，
[出版日期不详]

74 页：表；24 开

主题：裁军问题—世界—资料

中图分类号：D815.1

记述国际裁军会议历次开会
概况，第六次裁军会议的内幕，
各国军备状况，历届会议重要提
案和第六次裁军会议决定的条
款等。

0150

东北事变与日本／程旨云著

上海：东方舆地学社，1931 年 11
月出版

128 页；32 开

主题：满洲问题—研究

中图分类号：D829.12

　与著者所著《东北事变之由
来》内容相同。

0151

东北事变之由来／程旨云著

浙江：浙江省教育厅，1931 年 10
月出版

128 页；32 开

主题：满洲问题—研究

中图分类号：D829.12

　介绍日本侵华的政策及措施；
分析我国东北的历史、地理、经济
状况；记述日本在东北的经济势
力、文化侵略、两路两港政策、我
国三路一港之对策。最后论述日本
五位一体之强暴政策、日本之危
机、列强之军备与远东形势及目前
问题。书后附《国际联盟条约》、
《九国协约》、《凯洛格非战公约》。

0152

东行三录／程演生辑录；中国历史
研究社编

上海：神州国光社，1936 年 7 月

初版，1947 年 3 版

260 页；32 开 . —（中国内乱外
祸历史丛书）

主题：中日关系—国际关系史—
近代

中图分类号：D829.313

　收光绪朝中日关系史资料 5
篇，包含《东行初录》、《东行续
录》、《东行三录》（著者马建忠）、
《甲午战争电报录》、《马关议和中
日谈话录》（李鸿章文牍）。

0153

东行三录／（清）马建忠等著；程
演生辑录

上海：神州国光社，1938 年初
版，1940 年修增版，1942 年 1 月
出版

260 页；32 开 . —（中国历代逸
史丛书）

主题：中日关系—国际关系史—
近代

中图分类号：D829.313

　收光绪朝中日关系史资料 5
篇，包含《东行初录》、《东行续
录》、《东行三录》（著者马建忠）、
《甲午战争电报录》、《马关议和中
日谈话录》（李鸿章文牍）。

0154

二次世界大战中美国外交政策／
谢仁钊著

重庆：国民外交协会，1942年1月初版

288页；32开．—（国民外交协会丛书）

主题：对外政策—美国—现代

中图分类号：D871.20

共8编。包含中日战争与美国外交、欧洲战争与美国外交、三国同盟与美国外交。有张忠绂序及自序。

0155

二十六年来的日苏关系 / 张友渔著

桂林：国光出版社，1942年12月初版

126页；32开．—（二次大战国际问题研究丛刊）

主题：日苏关系—研究

中图分类号：D831.32

分基本上不可调和的日苏关系、日苏关系史的发展、日苏关系的发展前途3章。

0156

二十年来之中日关系 / 中华书局编

上海：中华书局，1917年5月初版，1919年3月再版，1925年1月6版，1926年6月8版，1928年5月9版

170页；32开．—（学生丛书）

主题：中日关系—国际关系

史—近代

中图分类号：D829.313

分3章。叙述中日甲午战争、义和团运动及日俄战争。

0157

分类编辑不平等条约 / 北京外交委员会编纂处编辑

上海：商务印书馆，1929年1月初版

2册（96，365，334，74页）：表；21开

主题：不平等条约—中国—近代—汇编

中图分类号：D829.15

按内容分为六大门类：领土主权、领海主权、外国人之权利、关税、交通、最惠国条款。共收中外不平等条约（包括合同、协定）七百余件。附录《中国现行重要条约表》、《分类不平等条约中西文校勘录》。

0158

烽火中的南太平洋 / 许维汉著

［西安］：建国编译社，1942年1月初版

86页：表；32开．—（国际问题丛书）

主题：国际政治关系—研究—亚太地区

中图分类号：D815

分美国卵翼下的菲律宾、美日竞逐中的荷属东印度、悲惨的越南、附敌的泰国、中英亲善下的缅甸、英日争夺中的马来亚等 8 章。

0159

古代中日关系之回溯 / 李毓田著

长沙：商务印书馆，1939 年 1 月初版，1940 年 6 月再版

66 页；32 开 . 一（日本知识丛刊）

主题：中日关系—国际关系史—古代

中图分类号：D829.313

叙述自周至明代中日关系及中国文化对日本的影响。

0160

古代中日关系之研究 / 洪启翔著

重庆：商务印书馆，1944 年 9 月初版

104 页：图，表；36 开

主题：中日关系—国际关系史—研究—古代

中图分类号：D829.313

阐述古代日本与中国的关系，中日两国的人种研究等。有著者序。

0161

国耻之一 / 留日学生总会编辑

［出版地不详］：编者刊，1915 年出版

［215］页；20 开

主题：中日关系—国际关系史—近代—史料

中图分类号：D829.313

评述近代中日交涉。分报告、条文、译述、论著 4 部分。论著中收李大钊《国民之薪胆》。

0162

国防与外交 / 谢彬著

上海：中华书局，1925 年 12 月初版，1926 年 4 月再版

340 页；28 开

主题：中外关系—国际关系史—民国

中图分类号：D829

分间岛问题、片马问题地理及历史、海南岛发展建议、西沙群岛地理与交涉、港湾经营及交通机关等 25 章。

0163

国防与外交 / 洪勋编著

南京：正中书局，1936 年 5 月初版，1937 年 3 月 2 版

150 页：图像；24 开 . 一（国防教育丛书）

主题：外交史—中国

中图分类号：D829

包含海战法规、海战时之中立国、沿海及内河航行权、割地赔款等内容。

0164

国际裁军问题／张明养著

上海：中华书局，1934 年 9 月出版

182 页：图，表；32 开．—（国际丛书）

主题：裁军问题—研究—世界

中图分类号：D815.1

共 9 章。介绍裁军问题的发生及主要分歧，国际联盟的裁军工作，裁军公约草案，第一次国际裁军大会及最后阶段的裁军会议等。有著者序。

0165

国际分争与和平／（美）卑尔著；肖文哲译述

上海：光华书局，1932 年 9 月出版

375 页；24 开

主题：国际问题

中图分类号：D815

包含军备竞争、海军的竞争、飞机与潜艇的竞争等内容。

0166

国际条约大全／商务印书馆编译所编纂

上海：商务印书馆，1914 年 3 月初版，1920 年 11 月 3 版

［461］页；16 开

上海：商务印书馆，1925 年 12 月增订 4 版，1928 年 4 月 5 版

［894］页；16 开

主题：不平等条约—中国—汇编

中图分类号：D829.15

包含《粤海关原定轮船往来港澳章程》、《粤海关更定轮船往来港澳章程》、《俄国译送航海管驾章程》、《俄国译送航海防碰章程》、《俄国续译航海防碰章程》、《德国译送航海防碰章程》、《德国续译航海防碰章程》、《各国会定航海防碰章程》、《各海关管辖灯塔浮椿划分界限章程》、《万国海船免碰章程新增第八款引水轮船悬灯及第九款渔船应用灯号新章》等内容。

0167

国际条约分类辑要／郭延谟编

［出版地不详］：编者刊，［1914 年］出版

4 册（［648］页）：表；18 开

主题：不平等条约—中国—清代—汇编

中图分类号：D829.15

辑清康熙至宣统年间与各国签订的条约。分中外立约年表（附立约地点）及交际、文书、优待保护、偿恤、禁令、税则、疆界、租建、行船等 24 类。

0168

国际问题讲话／张琴抚，姜君辰著

上海：生活书店，1936 年 7 月初版，1937 年 5 月增订再版，1939 年 1 月 3 版

363 页：表；24 开

主题：国际问题—学习参考资料

中图分类号：D815

包含华盛顿会议中的军缩问题、军备问题、1930 年的伦敦海军会议的失败、五强海军会议与英苏海约等内容。

0169

国际问题研究会通讯：民国二十三年十月／国际问题研究会编

上海：编者刊，1934 年 10 月出版

38 页；32 开

主题：国际问题

中图分类号：D815

收（美）Thomas Arthur Bisson 著《近代中国边疆宰割史》，按地区论述我国边疆领土被宰割的实况及历史背景，有海陆边陲，人种和宗教，蒙古 3 部分。

0170

国际问题研究会通讯：民国二十三年十一月／国际问题研究会编

上海：编者刊，1934 年 11 月出版

50 页；32 开

主题：国际问题

中图分类号：D815

收《太平洋安全问题》、《海军问题与太平洋问题》、《和平的曙光》等 9 篇。

0171

国际现势的演变与太平洋争霸战的趋向／刘庐隐著

广州：先导社，1934 年 8 月出版

130 页；32 开

主题：国际政治关系—研究—亚太地区

中图分类号：D815

评述太平洋上日、美、俄的对立，罗斯福的复兴计划，希特勒的外交政策，裁军会议的崩溃，经济会议的失败，欧战的争夺与太平洋的角逐，第二次世界大战的准备以及中国的存亡等问题。

0172

国际重要条约／陈锡畴，沈豫善合编

镇江：启润书社，1913 年 12 月出版，1914 年再版

2 册（98，170 页）；24 开

主题：国际条约—汇编

中图分类号：D816

上编"东亚之部"为中外及各国间条约，自《中俄黑龙江条

约》至《中俄外蒙协定》共 33 件；下编"世界之部"，自《欧洲大陆同盟之宣言书》至《伦敦宣言（亦称关于海战法规之宣言）》共 10 件。

0173

国民政府外交史. 第 1 集／洪钧培著

上海：华通书局，1930 年 7 月初版，1932 年 11 月初版

389 页；23 开

主题：外交史—中国—民国

主题：史料—中国—近代

中图分类号：D829

中图分类号：K250.6

分 16 章。记述民国以来重大涉外事件。有沙基惨案、关税会议之抗议、收回租界的交涉、撤销俄领承认案、加入非战公约、缔结通商条约与关税条约、中东路事件等。

0174

海军军缩会议之回顾／（日）石丸藤太著；杨宣城译

［出版地不详］：［出版者不详］，［出版日期不详］

［280］页：图，表；18 开

主题：海军—裁军问题—世界—现代—资料

中图分类号：D815.1

分华府会议前之形势、华府会议之回顾、自华盛顿迄日内瓦、日内瓦三国军缩会议、英美之海权争霸、不战条约之成立、英美之军缩交涉、海洋之自由与霸权、伦敦军缩会议等 9 章。

0175

黑海海峡问题／巴兹列维奇著；君达译

大连：生活书店，1947 年 1 月初版，1948 年 9 月哈尔滨初版

51 页；42 开

主题：黑海海峡问题—研究

中图分类号：D815.9

阐述黑海的战略地位，沙俄与土耳其争夺黑海的历史，苏、土、英等国就黑海海峡问题交涉的情况，认为苏联 1946 年 8 月 7 日和 9 月 24 日致土耳其照会中所提建议符合苏土两国利益。

0176

华会见闻录／贾士毅编

上海：商务印书馆，1923 年 10 月初版，1928 年 1 月 3 版，1937 年 6 月国难后 1 版

320 页：表；24 开

主题：华盛顿会议（1921）—史料

中图分类号：D819

讲述华盛顿会议的发端、开

幕、会议内容及议案、有关中国交涉问题及得失等。并述及编者从上海到华盛顿的游览活动、旅途见闻等内容。

0177

华盛顿会议／黄惟志编

上海：商务印书馆，1923 年 12 月初版，1925 年 5 月 3 版

94 页；64 开 .—（东方文库）

主题：华盛顿会议（1921）—史料

中图分类号：D819

分上、中、下 3 编。简述会议由提议到召开的经过、美英日法中等国代表的方针，以及有关提案、决议案等。

0178

华盛顿会议小史／周守一著

上海：中华书局，1922 年 11 月初版，1925 年 4 月 3 版，1933 年 10 月 8 版

[403] 页；表；23 开 .—（新世纪丛书）

主题：华盛顿会议（1921）—史料

中图分类号：D819

介绍华盛顿会议（1921 年 11 月）的起因、会议经过、议题，以及中国在会议上交涉失败的原因等。附录《四国协约原文》等

3 件。

0179

甲午以来中日军事外交大事纪要／杨家骆著

重庆：商务印书馆，1941 年 9 月初版

165 页；36 开 .—（中山文化教育馆抗战特刊）

主题：中日关系—军事—国际关系史—1894 – 1937

中图分类号：D829.313

记述自 1894 年 3 月至 1937 年 7 月 7 日间军事外交大事。

0180

胶澳租借始末电存：章高元与当道往来电／柳培荣辑

[北平]：[文殿阁书庄]，1933 年 10 月出版

61 页；32 开 .—（国学文库）

主题：山东问题—资料

中图分类号：D829.12

收光绪二十二年（1896）10 月 19 日至 11 月 26 日为胶东租界事宜，守将章鼎臣（高元）与山东抚署和北洋大臣李鸿章互通的电文。

0181

今日的太平洋／拓荒编著

上海：英商今日书局，1938 年 6

月出版

67 页；32 开

主题：国际政治关系—研究—亚太地区

中图分类号：D815

共 4 章。评述自西人东航以来，由于列强角逐而形成的太平洋地区紧张形势，"九一八"后日本独霸太平洋的野心，美、英、苏等国的远东政策，中国抗战所产生的重大影响，并展望太平洋地区的前景。

0182

近百年来中外关系／胡秋原著

重庆：中国文化服务社，1943 年 12 月初版，1945 年 12 月沪 1 版，1946 年 7 月沪 2 版

294 页；32 开 . —（青年文库）

主题：国际关系史—中外关系—近代

中图分类号：D829

分 15 章。记述自鸦片战争至第二次世界大战太平洋战争爆发期间的中外关系。附《战后中外关系》、《近代中外关系年表》。

0183

近百年外交失败史／徐国桢编著

上海：世界书局，1929 年 5 月初版，1930 年 8 月再版，1932 年 10 月 4 版

[12]，206 页：表；32 开

主题：外交史—中国—近代

中图分类号：D829

分 4 章。叙述鸦片战争以来的列强侵华史，依年代分述历次国耻的起因、经过及损失。再版本到 1928 年济南惨案止。8 版本加"后编"包括"中东铁路"事件、万宝山案及"日本蹂躏东北"事件等。

0184

近百年中国外交史．下卷／周敦礼编著

[出版地不详]：中央航空学校，1937 年出版

[620] 页；32 开

主题：外交史—中国—民国

中图分类号：D829

又名《国民政府外交史》，共 20 章。包括沙基惨案，南京惨案，济南惨案，中国之外交机构等。附录《中西近百年间年历对照表》等 6 件。

0185

近代中国边疆宰割史／（美）别生（Bisson，Thomas Arther）著；国际问题研究会译

上海：译者刊，1934 年 11 月初版

35 页；22 开

主题：边界问题—研究—中国—近代

中图分类号：D829.13

分 7 章。按地区论述我国边疆领土被宰割的实况及历史背景，有海陆边陲，人种和宗教，蒙古 3 部分。

0186

近代中国外交史资料辑要 ／ 蒋廷黻编

上海：商务印书馆，1931 年 11 月至 1934 年 11 月出版

2 册（413，584 页）；24 开

主题：外交史—中国—近代—史料

中图分类号：D829

分为上、中卷（下卷作者未刊），是我国著名历史学家和外交家蒋廷黻先生的代表作之一。收辑了鸦片战争至中日甲午战争之前的外交资料。上卷 6 章。包括鸦片战争，伊里布、耆英之抚绥政策，徐广缙、叶名琛之强硬政策，修约战争，俄国友谊之代价，同治新政。中卷 7 章，包括立新约及修旧约，教案，边省与藩属，伊犁问题，越南问题，朝鲜问题，甲午之战。蔡元培题书名。

0187

近代中日关系略史：1971—1924 ／ 国民外交丛书社编；左舜生校阅

上海：中华书局，1924 年 12 月初版，1925 年 6 月再版，1933 年订正 7 版

48 页；50 开 . —（国民外交小丛书）

主题：中日关系—国际关系史—近代

中图分类号：D829.313

讲述自 1871 年 9 月 13 日签订《中日修好条规暨通商章程》以来 53 年间的中日关系。附"廿一条"全文。

0188

近代中日关系史纲要 ／ 左舜生编

上海：中华书局，1935 年 5 月初版

172 页；32 开 . —（中华百科丛书）

主题：中日关系—国际关系史—近代

中图分类号：D829.313

共 9 章。叙述自 1894 年中日甲午战争以来的中日关系。附索引 8 页。

0189

近六十年来的中日关系 ／ 张建甫著

上海：生活书店，1937 年 8 月初版，1937 年 11 月武汉再版

232 页；32 开 . —（青年自学丛书）

主题：中日关系—国际关系史—
近代

中图分类号：D829.313

著者以 60 年来的中日关系全
部历史事实说明，日本帝国主义的
目的是灭亡中国，而中国则无时无
刻不在受日本的侵略。有序。附
《中日大事年表》。

0190

近世中日国际大事年表／杨家骆著

重庆：中山文化教育馆，1941 年
4 月初出版

212 页；24 开 . —（中山文化教
育馆抗战特刊）

主题：中日关系—国际关系史—
大事记

中图分类号：D829.313

分 6 期。依年记述清光绪二十
年（1894 年）至中国抗战（1937
年）期间的中日关系。每期前有
大事述略。有著者序。

0191

"九·一八"以来之中日关系／贺
岳僧著

重庆：独立出版社，1943 年 8 月
初版

144 页；32 开

主题：中日关系—国际关系史

中图分类号：D829.313

共 5 章。分述历代中日关系，

"九一八"事变及事变的延续，
"九一八"后的中日外交，五年来
抗战经过等。有著者序言。

0192

军缩会议之史的检讨／周咸堂著

上海：亚东图书馆，1934 年 10
月出版

90 页；32 开

主题：裁军问题—研究—世界

中图分类号：D815.1

评述军缩会议的意义，欧战前
后军缩状况，并展望军缩会议的前
途。正文前有《军缩会议年表
（1899—1933 年）》。

0193

军缩问题／李光，邵令江译

南京：国际译报社，1932 年出版

244 页；表；32 开 . —（国际政
治丛书）

主题：裁军问题—世界—现代—
资料

中图分类号：D815.1

共 11 章。叙述华盛顿会议前
的各国军备情况及华盛顿会议决
议，日内瓦预备会议的努力，三强
会议（柯立芝会议）的破裂，英
法及英美协商，帝国主义海军政策
的演进以及伦敦会议的结果等。

0194

军缩问题和列强军备竞争 / 王纪元
著

［出版地不详］：北新书局，1936
年 6 月初版

86 页；长 50 开 . —（大众文化
丛书）

主题：裁军问题—研究—世界

中图分类号：D815.1

分 8 节。包括帝国主义倡议
"军缩"的作用、资本主义列强的
备战、苏联军备的扩张、主体战争
的恐怖、国家总动员、军缩问题的
史的发展等。

0195

军缩战债赔款三大问题 / 袁道丰
等著；外文评论社编

南京：正中书局，1934 年 9 月
初版

196 页；32 开

主题：裁军问题—研究—世界

中图分类号：D815.1

共 8 篇。包含《裁军会议之回
顾与前瞻》（袁道丰）、《军缩会议之
破裂与美国态度》（赵迦德）、《将来
的列强海军形势》（关根群平）、《德
意志与军缩危机》（A. W. Dulles）等。

0196

2000 年中日关系发展史 / 李季著

广西柳州：学用社，1938 年 11

月出版第一册，1940 年 6 月出版
第二册

2 册（306，417 页）：图；32 开

主题：中日关系—国际关系史

中图分类号：D829.313

包含日本民族的成分与日本国
家的起源、朝鲜半岛与中日关系、
汉魏西晋时代的中日交通等内容。

0197

列强军缩外交战斗史 / 张一凡著

上海：世界书局，1935 年 2 月
出版

290 页：表；24 开 . —（内外政
治经济编译社丛书）

主题：裁军问题—研究—世界

中图分类号：D815.1

共 10 章。叙述欧战前后有关
军缩问题的国际会议情况，各国军
备竞争现状及军缩会议的失败，并
指出战争即将来临。

0198

琉球问题 / 程鲁丁著

上海：文献书局，1949 年 4 月
初版

102 页：表；32 开

主题：琉球问题—研究

中图分类号：D815.3

分 5 部分。介绍琉球的历史沿
革、地理环境、风俗、人口物产以
及琉球与我国的关系。作者从历

史、人种、文化、地理等方面看，琉球和中国的关系非常密切，抗战胜利后琉球应该归还中国。

0199

琉球与中国／吴壮达编著

上海：正中书局，1948 年 9 月初版

188 页；32 开

主题：国际关系史—中国—琉球

中图分类号：D829.313

介绍琉球群岛的地理形势、自然环境、琉球国的历史概况、琉球与明清两朝的关系及中国对琉球在政治、经济、文化诸方面的影响等问题，共 6 章。

0200

六十年来中国与日本／王芸生著

天津：大公报社出版部，1932 年 4 月至 1934 年 5 月出版

7 册（302，402，312，356，394，402，384 页）：图像；24 开

主题：中日关系—国际关系史—研究—1871 - 1931

中图分类号：D829.313

记述自 1870 年至 1930 年中日关系史。卷首有《古代关系之追溯》，详记古代中日关系的发展。书中各章原于《大公报》上连载。第 2 卷附论《李鸿章之功罪》，第 4 卷附论《辟所谓秘密议定书》，第 8 卷附论《中俄密约辨伪》。每卷前均有照片多幅。

0201

伦敦海军裁减会议：东方杂志社三十周年纪念刊

上海：商务印书馆，1933 年 12 月初版

123 页：表；64 开 . —（东方文库续编）

主题：海军—裁军问题—世界—现代—资料

中图分类号：D815.1

东方杂志社三十周年纪念刊。收 3 篇，包含《海军裁减问题》（傅坚白）、《伦敦会议前各国意见之交换》、《伦敦会议之经过及新海军条约之分析》。

0202

伦敦海军会议／邹兆琦著

南京：正中书局，1936 年 7 月初版

74 页；32 开 . —（时代丛书）

主题：海军—裁军问题—世界—现代—资料

中图分类号：D815.1

分 6 章。介绍海军会议的历史背景、日本退会前后的伦敦海军会议、伦敦海军会议与世界政局等。

0203

伦敦会议记／葛宇心，尉迟浩著

北平：中华印书局，1932 年 3 月
出版

284 页：图，表；32 开

主题：海军—裁军问题—世界—
1930—会议资料

中图分类号：D815.1

共 7 章。介绍 1930 年 1 月 21
日至 4 月 22 日伦敦五国海军会议
经过。有著者《致读者》。附《华
盛顿五国海军条约》。

0204

马凯条约之研究

［出版地不详］：个人刊，1925 年
5 月出版

124 页；24 开

主题：条约—研究—中国—1901—
1903

中图分类号：D829.15

张造卿刊印。收录《英国续
议通商行船条约》、《中美续议通
商行船条约》、《中日通商行船条
约续约》、《续改进口税则善后章
程》。为 1901—1903 年间签订。

0205

马来半岛与欧洲之政治关系／（荷）
缪勒（P. N. Muller）著；范文涛译
述；张礼千校订

重庆：商务印书馆，1943 年 4 月

初版

43 页；36 开

主题：国际关系—研究—马来
亚—欧洲

中图分类号：D833.82

据英译本转译。叙述马来半岛
与欧洲政治关系的开端，荷葡争
霸，荷英先后统治马来半岛的
经过。

0206

美国的扩张政策／潘朗等著；华北
新华书店编辑部编辑

［出版地不详］：华北新华书店，
1947 年 8 月出版

66 页；32 开 . —（国际问题参
考资料）

主题：对外政策—美国—研究—
现代

中图分类号：D871.20

收《美国怎样控制太平洋》
（潘朗）、《托管制与美国太平洋基
地》（梁纯夫）、《美国海军的扩
张》（E. 施威德）、《关于非敌性
国领土上的外国军队》（多尔巧诺
夫）、《美国反苏真相》（乔木）
5 篇。

0207

美国美洲与世界／周子亚著

重庆：商务印书馆，1946 年 2 月
重庆初版，1947 年 6 月上海初版

205 页：表；32 开

主题：外交史—美洲

中图分类号：D870.9

　　包含美国对加勒比安海之发展、渔业海獭与阿拉斯加边界问题、美国在太平洋的战略地位、初期的美日关系等内容。

0208

美国太平洋的边界／（美）约翰·根室（John Gunther）著；张明溪译；高励华校阅

　　香港：太平洋出版公司，1940 年 9 月初版

　　34 页；42 开 . —（时事丛刊）

　　主题：国际关系—研究—美国—亚洲

　　中图分类号：D871.22

　　评论美国的"外交边界"与"军事边界"，美国在太平洋的利益，比较美日军事实力，强调海军在太平洋战争中的重要性。

0209

美国外交政策／（美）李普曼（Walter Lippmann）著；经纬等译

　　桂林：立体出版社，1944 年 3 月初版

　　14，205 页；32 开

　　主题：对外政策—美国—现代

　　中图分类号：D871.20

　　分上、下编，共 10 章。阐述

美国外交政策的宗旨、原则、责任及失败之处，美国在国防方面和在太平洋集团中的地位，美国与中国的关系等。附《美国外交政策》等 4 篇。

0210

美国外交政策史／（美）［莱丹］（J. H. Latane）著；王造时译

　　上海：商务印书馆，1936 年 8 月初版

　　951 页；32 开 . —（汉译世界名著）

　　主题：对外政策—美国—外交史—1788—1924

　　中图分类号：D871.20

　　记述 1788 年至 1924 年美国外交政策史。分共和的原理与理想、对于旧世界的挑战、边界的完成与海洋的瞰视、联邦的保全、加利比海与太平洋上的发展、欧洲方面的干涉 6 部分。有译者序。

0211

美国外交政策史／（美）莱丹（J. H. Latane）著；温浩斯（D. W. Wainhouse）增订；王造时译

　　上海：商务印书馆，1937 年 7 月初版

　　834，29 页；24 开 . —（大学丛书）

　　主题：对外政策—美国—外交

史—1788—1933

中图分类号：D871.20

记述 1788 年至 1933 年美国外交政策史。分共和的原理与理想、对于旧世界的挑战、边界的完成与海洋的瞰视、联邦的保全、加利比海与太平洋上的发展、欧洲方面的干涉、美国在战后 7 部分。

0212

美国与太平洋／李絜非著

重庆：中华书局，1945 年 12 月初版

116 页；32 开

主题：国际关系—研究—美国—亚洲

中图分类号：D871.22

共 8 章。讲述美国国势发展趋向，19 世纪的太平洋国际政治，美国与中国及日本的关系，美国在太平洋上势力的发展，并展望战后美国与太平洋的关系。

0213

美日战云／黄珙君著

上海：中国国际宣传社营业部，1932 年 10 月初版

145 页：图；24 开

主题：日美关系—研究

中图分类号：D831.32

分美日海军之比较及潜水艇之将来、日本对太平洋的防备、日本海军根据地及海军阵容布置、美国在太平洋上的海军设备等 13 章。

0214

美日争霸太平洋／蔡可成编

金华：国民出版社，1939 年 10 月初版

54 页；32 开 . —（国际新知丛书）

主题：国际政治关系—研究—亚太地区

中图分类号：D815

阐述远东问题对太平洋局势的重要意义，从军备竞争方面叙述美日争夺太平洋霸权的情形，并介绍华盛顿会议、日内瓦会议及伦敦会议情况。

0215

明史佛郎机传考证／梁嘉彬著

［广州］：国立中山大学文史学研究所，1934 年 1 月出版

49 页；16 开

主题：中葡关系—国际关系史—古代

中图分类号：D829.552

佛郎机即葡萄牙。作者根据明、清史籍考证《明史》中的《佛郎机传》。说明其地理位置、历史、来华路线及对华贸易、交往等。

0216

欧战期间中日交涉史／刘彦著

上海：太平洋印刷公司，1921 年
5 月初版；1921 年 7 月再版；
1921 年 8 月 3 版

[382] 页；24 开 . —（学生丛
书）

主题：中日关系—国际关系史—
第一次世界大战

中图分类号：D829.313

《中国近时外交史》续编，共
12 章。记述第一次世界大战期间
的中日交涉。包括日军袭击青岛签
订"廿一条"，袁世凯复辟与日本
的关系，日俄同盟及日本侵略中国
东北等。附国联条约、"廿一条"、
巴黎和会文件等。

0217

欧战前十年间国际真相之分析／
（英）狄更生著；杨懿熙译述；吕
金录校订

上海：商务印书馆，1935 年 4 月
初版

362 页；32 开 . —（汉译世界名
著）

主题：国际政治关系—1904—
1914

中图分类号：D819

包含地中海协定、海湾部分、
海牙平和会、英德之海军竞争、英
德之海军讨论、英法与俄之海军协

定等内容。

0218

清光绪朝外交史料之编纂经过／
杨鼎甫，李冷衷编

[北平]：[北海图书馆]，
[1929] 年出版

22 页；32 开

主题：外交史—中国—清代—
史料

中图分类号：D829

《清光绪朝外交史料》为王彦
甫任职期间手录的奏章、谕旨、函
电等，共 110 册，后经编者编纂而
成 180 卷。本书记述编纂经过，包
括编纂只缘起、方针、校勘、选
题、分类目录等工作。

0219

清季四十年外交与海防，又名，总
理各国事务衙门／刘熊祥著

重庆：三友书店，1943 年 9 月
初版

182 页；表；32 开

主题：外交史—中国—清代

中图分类号：D829

分 7 章。记述总理各国事务衙
门自清咸丰十年至光绪二十七年
（1860—1901）共 40 年期间的制
度沿革、组织机构、历任大臣、对
外政策及海防建设等。

0220

清季外交史料附图／外交史料编
纂处编

北平：编者刊，[出版日期不详]

[16]页；4开

主题：外交史—中国—清代—
史料

中图分类号：D829

清末外交史料地图，全册图
16张，存13张。甲午奉天地图
（1—2）、清光绪九年勘定俄国借
地界图（3）、续勘喀什噶尔界图
（7）、松花江图（8）、科塔边界图
（9）、秦晋陇三省边境图（10）、
新疆全境图（11）、中法战时滇越
边界驻兵图（12）、长江炮台总图
（13）、内兴安岭鄂伦春营制衙署
图（14）、浙江沿海图（15）、全
蒙道路略图（16）。

0221

清前中日关系论／孙伟佛著

[出版地不详]：中央军校七分校
政治部，1940年10月出版

140页；32开．—（政治小丛
书）

主题：中日关系—国际关系史—
古代

中图分类号：D829.313

分5篇。叙述唐朝、唐、唐后
元前、元、明五个时期的中日关系。

0222

日本军人眼中之日美危机／（日）
匝瑳胤次著；杨敬慈译述

[天津]：大公报社，1932年11
月出版

446页：照片，地图；23开

主题：日美关系—研究

中图分类号：D831.32

包含日美抗争之史实、军备限
制之真相和行将爆发之日美危机等
4章。其中附图九幅，包括美国舰
队、日本主力舰队、日本最新式潜
水艇、防御巴拿马运河之美国舰
队、巴拿马运河之风景、马尼之美
国驱逐舰队、美国陆海军在夏威夷
海岸演习等。

0223

日本侵略满蒙之研究／朱偰编

上海：商务印书馆，1930年3月
初版

154页；32开

主题：满洲问题—研究

中图分类号：D829.12

分析日本侵略满蒙的历史及其
对国际的影响，包含铁路问题与筑
港问题、大连湾、连山湾、清津与
罗津、海参崴等内容。

0224

日本侵略中国外交秘史／（日）陆
奥宗光著；龚德柏译

上海：商务印书馆，1929 年 4 月初版，1933 年 4 月国难后第 1 版

269 页：图；24 开

重庆：商务印书馆，1944 年 3 月 1 版

119 页；32 开 . —（小学生战时常识丛书）

主题：中日关系—国际关系史—1894 – 1895

中图分类号：D829.313

共 21 章。讲述 1894 年至 1895 年期间的中日交涉。著者时任日本外务大臣，为答复日人因三国干涉还辽一事对日本外交的责难而写本书。附李鸿章电稿 90 余页。

0225

日本蹂躏山东痛史 / 唐巨川著

上海：大东书局，1928 年 10 月出版，1929 年再版

62 页：图；32 开

主题：山东问题—资料

中图分类号：D829.12

分 8 章。叙述山东与中国全局的关系、德日侵略山东情况、日本两次出兵山东、山东之形势及富源等内容。

0226

日本与荷印 /（伪）立法院①编译处编

上海：编者刊，1941 年 11 月出版

74 页：图，表；32 开

主题：国际关系—研究—日本—印度尼西亚

中图分类号：D831.32

记述荷印概况、与各国的关系，宣传日本南进政策与大东亚共荣圈，日、荷印谈判及其前途等。

0227

日本之南洋委托治理地 / 蒋震华著

南京：日本评论社，1934 年 8 月出版

46 页：表；32 开 . —（日本研究会小丛书）

主题：国际政治关系—研究—亚太地区

中图分类号：D815

介绍委托治理地制度的由来、性质及统治权，日美为南太平洋诸岛进行的外交斗争，南太平洋诸岛的价值及日本统治情况等。

0228

日俄关系概观 / 太平洋书店编

上海：编者刊，1933 年 8 月初版

156 页：表；32 开 . —（现代百

---

①　伪立法院：中国抗日战争期间，日本扶持汪精卫等在南京建立傀儡政权的立法机构。

科文献 2）

主题：日苏关系—研究

中图分类号：D831.32

收《日俄关系之历史的研究》（高宗武）、《东北外交史中的日俄密约》（蒋廷黻）、《俄国革命以后之日俄协定》（幼雄）、《日俄关系之观察》（汤中）、《日俄备战》（季廉）等 9 篇。

0229

日俄关系论／（日）古田信治著

［南昌］：内外通讯社，1934 年 3 月出版

43 页：表；24 开. —（内外类编）

主题：日苏关系—研究

中图分类号：D831.32

分 6 章。论述日俄间在外交、通商、渔业、交通、文化等方面的关系。

0230

日俄关系论／外交评论社主编

南京：正中书局，1936 年 10 月初版

125 页；32 开. —（外交丛书）

主题：日苏关系—研究

中图分类号：D831.32

收《日俄关系之今昔》（李象林）、《日俄关系之历史的研究》（高宗武）、《日俄形势之观察》（吴颂皋）、《日俄战争的分析》（钱振海译）、《日俄和战论》（曾声译）等 10 篇。

0231

日俄外交之回顾／黄甘棠著

南京：日本评论社，1934 年 3 月出版

28 页：表；32 开. —（日本研究会小丛书）

主题：日苏关系—研究

中图分类号：D831.32

讲述日俄外交之发展及双方在政治、经济等方面的关系。

0232

日俄怎样大战／史天行编

汉口：华中图书公司，1938 年 3 月出版

105 页；36 开

主题：日苏关系—研究

中图分类号：D831.32

共 12 篇。包含俄国的实力、俄国的远东国防、远东的海军兵力、苏联潜水舰的活跃等内容。

0233

日美必战论／（日）佐藤清胜著；王知白译

重庆：大时代书局，1940 年 2 月初版，1940 年 4 月再版

81 页；32 开

主题：日美关系—研究

中图分类号：D831.32

分7章。包含不平等海军比率、海洋政策的来历、美国军备扩张、美国的海军政策、华府海军会议等内容。

0234

日美远东对立之史的考察 / 蔡可成编

南京：日本评论社，1935 年 3 月出版

50 页；32 开 . —（日本研究会小丛书）

主题：日美关系—研究

中图分类号：D831.32

分明治维新的日美关系、美国在太平洋方面的突进、"九一八"后的日美对立、日美对立的趋向等7章。

0235

日美战乎？日俄战乎？/ ×生著

上海：生活书店，1933 年 11 月初版

49 页；48 开 . —（时事问题丛刊）

主题：日苏关系—研究

中图分类号：D831.32

评述"九一八"后的远东形势，美日的海军军备竞争和苏日的陆军军备竞争，英国的造舰计划等。

0236

日美战争 . 第 1 卷：可怕的日本 /（美）达威士著；北平晨报编辑处译

北平：晨报书品部，1932 年 8 月初版，1932 年 9 月再版、3 版，1932 年 10 月 4 版，1933 年 1 月 6 版

161 页：图；25 开 . —（北晨丛书）

主题：日美关系—研究

中图分类号：D831.32

分日本在太平洋上之位置、日本海军之发达迅速、美国海上通商之威胁、太平洋上美国舰队之无力、海上武力中心已移至太平洋等14章。

0237

日美战争 . 第 2 卷：日美可战乎 /（日）关根郡平等著；北平晨报编辑处译

北平：晨报书品部，1932 年 9 月初版，1932 年 10 月再版、3 版，1932 年 11 月 4 版

347 页：图，表；25 开 . —（北晨丛书）

主题：日美关系—研究

中图分类号：D831.32

分北里之来航日本、美国进向太平洋、美国海军政策、美国与太平洋、夏威夷之合并、美国太平洋领土之前进根据地等18章。

0238

日美战争 . 第 3 卷：日美果战乎 /

（日）石丸藤太著；北平晨报编辑处译

北平：晨报书品部，1932 年 11 月初版；1932 年 12 月再版、3 版

324 页：图，表；25 开 . —（北晨丛书）

主题：日美关系—研究

中图分类号：D831.32

分日美海军竞争、美国大海军论者之盲动、伦敦海军会议之成果、一九三六年日美海军之对势、太平洋上日美海军根据地等 21 章。

0239

日美战争 . 第 4 卷：日美果战乎／（日）石丸藤太著；北平晨报编辑处译

北平：晨报书品部，1932 年 11 月初版，1932 年 12 月再版、3 版

324 页：图，表；25 开 . —（北晨丛书）

主题：日美关系—研究

中图分类号：D831.32

分日美海军现势、日美海军根据地、日美海军之实质、菲律宾及杆魔岛之占领等 21 章。

0240

日美战争之预测／郭绍宗著

沈阳：长城书局，1929 年 9 月出版

134 页；32 开

主题：日美关系—研究

中图分类号：D831.32

包含海权问题、海军、远东根据地俱不足恃、促成新加坡军港、占领瓜囊及菲律宾群岛等内容。

0241

日苏冲突论／钱斌英著

金华：正中书局，1939 年 5 月初版

［124］页；32 开

主题：日苏关系—研究

中图分类号：D831.32

分 5 章。评述历史上的日苏冲突，渔业纠纷，日苏关系的紧张化以及日苏外交战等。附《苏联军队的实力》、《日苏渔业谈判经过及渔业协定全文》。

0242

日苏关系论／周伊武著

长沙：商务印书馆，1938 年 7 月初版

110 页；32 开 . —（日本知识丛刊）

主题：日苏关系—研究

中图分类号：D831.32

评论甲午战争与俄国、帝俄远东政策与日本，日俄协商与英日同盟，日俄战争及日苏关系等问题。

0243

日苏问题 / 吴友三著

上海：商务印书馆，1938 年 1 月
初版

185 页；32 开 . —（现代问题丛
书）

主题：日苏关系—研究

中图分类号：D831.32

　　评论日苏在渔业、边境、中东
铁路及蒙古问题等方面的纠纷，日
苏军备状况及两国的未来关系等。

0244

日苏战争预测 / 华光出版社编

［出版地不详］：华光出版社，
1938 年 1 月出版

105 页；32 开

主题：日苏关系—研究

中图分类号：D831.32

　　包含日苏实力的比较、苏联远
东军事设备、日本的军备、水道的
开辟、日本海军的构成等内容。

0245

山东问题汇刊 / 张一志编纂

上海：上海欧美同学会，1921 年
11 月出版

2 册（348，354 页）：图；16 开

主题：山东问题—资料

中图分类号：D829.12

　　关于山东问题的各项条约及调
查评论汇编，分 3 编。包括中德、

中日有关条约、巴黎和会以来的有
关文件、山东权利丧失之始末、地
理经济上总观察，以及有关报刊评
论等。上卷末附《中德租界胶澳
租借条约》（德、英文对照）等
11 种。

0246

山东问题始末 / 谭天凯著

上海：商务印书馆，1935 年 1 月
出版

279 页；32 开 . —（史地小丛
书）

主题：山东问题—资料

中图分类号：D829.12

　　近代帝国主义侵略山东史。分
德人占据青岛之始末、日管时代之
青岛及山东问题、巴黎和会与山东
问题、华盛顿会议中之山东问题、
山东问题之解决、鲁案善后及青岛
接收等 7 章。书尾附参考书目及
《与山东问题有关条约及文件一览
表》。

0247

苏俄军备与日俄战争 /（日）佐佐
木一雄著；北平晨报编辑处译述

北京：北平晨报编辑处，1932 年
10 月初版，1932 年 11 月再版

230 页：图，表；23 开 . —（北
晨丛书）

主题：日苏关系—研究

中图分类号：D831.32

分苏联海军、日本北洋鱼权之压迫与搏击、北库页岛之煤油问题、苏联之远东政策等23章。

0248

苏联目中的太平洋争霸战 ／（苏）蔡伦契夫（L. Tcherenchev）著；邢墨卿译

上海：新生命书局，1933年1月出版

[132] 页：图；24 开 . —（社会与教育社丛书）

主题：国际政治关系—研究—亚太地区

中图分类号：D815

莫斯科世界政治经济研究社出版的通俗丛书之一，分10章。评述太平洋争霸战的沿革，太平洋问题与资本主义危机的关系，列举英美、英日及美日在太平洋上的矛盾斗争，法国对太平洋区域的政策，指出在太平洋区域存在对苏战争的威胁。有樊仲云代序《太平洋战争与中国》及《译者的话》。

0249

苏联所见之太平洋争霸战 ／（苏）蔡伦采夫（L. Tcherenchev）著；方天白，徐翔穆合译

上海：神州国光社，1933年2月初版

210 页：图，表；32 开 . —（国际经济政治批判会丛书）

主题：国际政治关系—研究—亚太地区

中图分类号：D815

分太平洋争霸战的沿革，太平洋问题与资本主义危机的关系，列举英美、英日及美日在太平洋上的矛盾斗争，法国对太平洋区域的政策，指出在太平洋区域存在对苏战争的威胁10章。有樊仲云代序《太平洋战争与中国》及《译者的话》。

0250

苏维埃的俄国及帝国主义的日本 ／（苏）Mihail Pavlovich, M. P. Velltman 原著；王之相编译

[北京]：北平大学俄文法政学院出版课，1932年1月出版

218，10 页；24 开

主题：日苏关系—研究

中图分类号：D831.32

共8编。包含日俄战争前后、帝俄和日本在远东的帝国主义政策、日俄海上战事、内海日本海等内容。

0251

太平洋大势 ／方乐天撰述

上海：商务印书馆，1934年4月初版

278 页：图，表；32 开．—（新时代史地丛书）

主题：国际政治关系—研究—亚太地区

中图分类号：D815

共 3 编。首编"自海洋交通以至欧战"，叙述自西、葡等国向太平洋地区扩张至第一次大战，列强为争夺太平洋霸权而展开的斗争；2 编"自欧战以至'九一八'"，介绍华盛顿会议和伦敦会议的有关情况；末编"'九一八'以后"，着重指出日本称霸太平洋的野心及各大国间的海上争夺。

0252

太平洋岛的解剖／（日）佐藤定胜著；郭秀岩译

长春：五星书林，1942 年 10 月出版

[10]，183 页：图；32 开

主题：日美关系—研究

中图分类号：D831.32

从日美关系角度，剖析太平洋诸岛。

0253

太平洋的新形势怎么样／赵镜元著

[出版地不详]：浙江省抗日自卫委员会战时教育文化事业委员会，1939 年 6 月初版

32 页：图；64 开．—（国际问题小丛书）

主题：国际政治关系—研究—亚太地区

中图分类号：D815

以问答方式通俗介绍太平洋形势。

0254

太平洋国际关系的分析：东方杂志社三十周年纪念刊／张耀华等著

上海：商务印书馆，1933 年 12 月初版

83 页；50 开．—（东方文库续编）

主题：国际政治关系—亚太地区—文集

中图分类号：D815－53

东方杂志社三十周年纪念刊，共 4 篇。包含《太平洋现势的分析》（张耀华），《太平洋战争之新阶段的观察》（胡秋原），《太平洋上国际关系的分析》（樊仲云），《远东之法日关系》（王检）。

0255

太平洋会议面面观／朱镜宙著

[出版地不详]：[出版者不详]，1921 年 11 月出版

26 页：表；32 开

主题：华盛顿会议（1921）—史料

中图分类号：D819

介绍太平洋会议、各国形势及态度等。

0256

太平洋会议与中美俄同盟／陈震异著

北京：著者刊，1921 年 9 月初版

68 页；32 开

主题：华盛顿会议（1921）—史料

中图分类号：D819

对抗日英同盟修筑亚美联络铁路评述凡尔赛会议后的远东问题、太平洋会议的由来及性质、美国门罗主义、中美俄同盟及修筑亚美联络铁路问题，以及我国提出的议案等。

0257

太平洋会议之参考资料／项衡方编

上海：申报馆，1921 年 10 月出版

［655］页：图，表；32 开

主题：华盛顿会议（1921）—史料

中图分类号：D819

分前、后编。前编收有太平洋会议经过、重要文件、太平洋地区形势等。

0258

太平洋局势之演变／邓熙著

［出版地不详］：航空委员会政治部，［1939 年］出版

40 页；32 开 . —（政治丛书）

主题：国际政治关系—研究—亚太地区

中图分类号：D815

从英、美、俄的外交活动评估三国"九一八"后的远东政策。

0259

太平洋上的争霸战／何伟译

上海：亚东图书馆，1937 年 4 月出版

112 页；36 开 . —（太平洋问题丛书）

主题：国际政治关系—亚太地区—文集

中图分类号：D815 – 53

译自日本《世界政治经济情报》第 3 辑。收《海军协定与太平洋问题》（柏拉宾斯基）、《美国对华"门户开放"主义的根据及其将来》（契列恩特夫）、《法兰西在太平洋上的地位》（伊文思）。

0260

太平洋上的争霸战／梅剑父著

上海：中华书局，1937 年 2 月初版，1937 年 7 月再版

202 页；32 开 . —（国际丛书）

主题：国际政治关系—研究—亚太地区

中图分类号：D815

分帝国主义的太平洋政策，英、美、日等国在太平洋区域的经济斗争、政治角逐和军备竞赛，并评论苏联的反帝国主义斗争和中国民族革命运动的作用及影响等7章。

0261

太平洋问题 / 陈立廷编辑

上海：青年协会书报部，1927年5月出版

112页；32开 . —（国际问题丛书）

主题：国际政治关系—研究—亚太地区

中图分类号：D815

分太平洋局面之重要、欧战后美国之新地位、欧战后之日本、英国帝制之最近局势、俄国革命对于固有社会之挑战、中国国民性之勃兴6课。附讨论题及参考资料。

0262

太平洋问题 / 周光倬著

上海：会文堂新记书局，1934年9月出版

[13]，132页：图，表；32开

主题：国际政治关系—研究—亚太地区

中图分类号：D815

介绍太平洋问题的由来，太平洋沿岸各国地理概况，太平洋上各国的冲突，以及中国应采取的对策等。有自序。

0263

太平洋问题 / 张谅芙著

上海：青年协会书局，1935年出版

43页；64开 . —（社会问题小丛书）

主题：国际政治关系—亚太地区—文集

中图分类号：D815 - 53

收《世界经济政治斗争的中心的太平洋》、《太平洋上的诸对立》、《太平洋大战前夕各国的军备竞争》、《太平洋战争与中国》等5篇。

0264

太平洋问题 / 文振家著

[出版地不详]：大众文化社，1936年6月初版，1936年9月再版

81页；42开 . —（大众文化丛书）

主题：国际政治关系—研究—亚太地区

中图分类号：D815

评述帝国主义国家在太平洋地

区的侵略及其相互竞争，太平洋地区的民族解放运动，以及中国在太平洋问题中的地位。附参考书目。

0265

太平洋问题 / 中央电讯社调查处编

南京：中央电讯社，1941 年 5 月出版

62 页：图；32 开 . —（中央电讯社丛书）

主题：国际政治关系—研究—亚太地区

中图分类号：D815

从日美关系方面评述太平洋在外交、军事、经济方面的问题。包括日美太平洋政策的对立，美军增防及英、美、澳联防，美国对日禁运等。并述及太平洋问题与苏联的关系。

0266

太平洋问题十讲 / 世界知识社编

上海：生活书店，1935 年 11 月初版，1937 年 1 月 8 版

197 页；32 开 . —（世界知识丛书）

主题：国际政治关系—亚太地区—文集

中图分类号：D815 - 53

收《太平洋问题之史的展开》（章乃器）、《关于太平洋的政治原则

和发展的阶段》（于育才）、《太平洋问题从人口分布上的考察》（孙怀仁）、《太平洋市场争霸战》（钱泽夫）、《太平洋投资竞争的尖锐化》（姜君辰）、《太平洋上原料的争夺战》（陈宏道）、《太平洋上的航业交通》（沈志远）、《太平洋上的军备竞争》（张弼）、《太平洋上的航空斗争》（金仲华）、《太平洋民族解放的展望》（钱亦石）等 10 篇。

0267

太平洋问题与中国 / 程国璋著

北平：求知学社，1924 年 10 月初版

[362] 页：表；23 开

主题：国际政治关系—研究—亚太地区

中图分类号：D815

分 7 章。评述列强在太平洋区域的扩张，欧战后太平洋形势及发展趋势，华盛顿会议与太平洋问题，中国与太平洋的关系等。附《五国海军条约》等 6 件。

0268

太平洋问题之解剖 / 葛绥成编

上海：中华书局，1932 年 1 月出版，1933 年 10 月再版，1936 年 9 月 3 版

[14]，206 页：图，表；24 开

主题：国际政治关系—研究—亚

太地区

中图分类号：D815

　　介绍太平洋区域的形成，列强间的相互关系，中国在太平洋的地位，以及第二次世界大战是否发生在太平洋等问题。

0269

太平洋现在及将来／（英）富克司著；朱清华译

　　北京：自觉社，1921年2月出版

　　72页；18开

　　主题：国际政治关系—研究—亚太地区

　　中图分类号：D815

　　介绍俄、英、日等国在太平洋的地位及军事实力，太平洋与各国工业及军事战略的关系，以及太平洋的将来等，有译者小引。

0270

太平洋宪章／Hallet Abend 原著；金永祚，朱光底译

　　上海：中华书局，1947年2月初版

　　154页；32开.—（国防研究院丛书）

　　主题：国际政治关系—研究—亚太地区

　　中图分类号：D815

　　评述日本帝国主义、法西斯主义的罪恶侵略活动，认为联合国家

定能打败轴心国。提出战后各国建设计划，并指出应立即宣布专为亚洲制订的战后计划——《太平洋宪章》。

0271

太平洋新形势／君萱等著

　　上海：求知出版社，1940年9月出版

　　[71]页；36开.—（求知文丛）

　　主题：国际政治关系—亚太地区—文集

　　中图分类号：D815-53

　　收《论太平洋新形势》（君萱）、《最近日本军需财阀的危机》（鸿九）、《谈文学的任务及其他》（季裔）、《超然先生列传（第4回）》（方生）4篇。

0272

太平洋形势鸟瞰／外交评论社编

　　南京：正中书局，1937年4月初版，1939年5月3版

　　164页：表；32开.—（外交丛书）

　　主题：国际政治关系—亚太地区—文集

　　中图分类号：D815-53

　　收《太平洋上之国际经济冲突》（赵兰坪）、《太平洋上列强殖民地概观》（凌纯声）、《美国在太平洋的地位》（梁鋆立）、《美国与

太平洋》（R. L. Buell 著、李琴译）等 8 篇。

0273

太平洋巡礼／金仲华著

　　上海：开明书店，1936 年 5 月初版，1936 年 12 月再版

　　121 页：图；32 开 . —（开明青年丛书）

　　主题：国际政治关系—研究—亚太地区—1935 - 1936

　　中图分类号：D815

　　　　对 1935 年初至 1936 年期间太平洋地区的形势分析与展望。介绍上海、东京、海参崴、阿拉斯加与阿留申群岛、美国西海岸、巴拿马运河、夏威夷、南太平洋诸岛、菲律宾，新加坡和香港等地的地位和形势。卷首有著者《我怎样游历太平洋一周——写在〈太平洋巡礼〉的前面》。

0274

太平洋争霸战／（美）盖恩（M. J. Gayn）著；时与潮社编辑部译

　　重庆：时与潮社，1942 年 1 月初版，1942 年 7 月再版

　　332 页：图；32 开 . —（时与潮译丛）

　　主题：国际政治关系—研究—亚太地区

　　中图分类号：D815

　　　　原著共 22 章，经译者删去其中 6 章，重编为 7 部分译出。评述英、苏、美及德、意、日在远东的斗争，日本内幕及太平洋战争的爆发等。

0275

太平洋之风云／赵云弢编辑

　　上海：新文艺书店，1932 年 2 月出版

　　392 页：图；32 开

　　主题：国际政治关系—亚太地区—文集

　　中图分类号：D815 - 53

　　　　封面及书脊编者署名赵巩，共 51 篇。包含《反日运动之转变与宣传工作》、《反帝大同盟宣言》、《东北事变的分析》、《国际联盟和非战公约》、《日本青年的反帝运动》、《基督教与殖民地》等。

0276

太平洋之将来／（英）爱斯尔登（Etherton），提尔登门（H. H. Tiltman）著；许复七译

　　上海：民智书局，1929 年 6 月初版

　　158 页；36 开

　　主题：国际政治关系—研究—亚太地区

　　中图分类号：D815

　　　　论述太平洋地区的历史发展，

各国人口及经济问题，开发中国资源及调整各国在华的利害冲突等问题。

0277

太平洋中的冲突／J. A. Bisson, R. A. Goslin 著

桂林：前导书局，1937 年 8 月初版

50 页：图，表；32 开 . —（国际问题小丛书）

主题：国际政治关系—研究—亚太地区

中图分类号：D815

评论太平洋局势，包括中国及日本的历史、经济情况，与俄、英、美等国的矛盾等。

0278

土耳其的外交政策／钱能欣编著

[出版地不详]：军事委员会政治部，1941 年 8 月出版

47 页；32 开 . —（时事问题）

主题：对外政策—土耳其—现代

中图分类号：D837.40

分海峡问题、凯末尔统治时期、慕尼黑会议至第二次世界大战爆发、"英、法、土三国协定至意希战争"、土保互不侵犯宣言及其发展 5 部分。

0279

威海卫筹收接管行政工作报告书／威海卫管理公署编

烟台：编者刊，1931 年 4 月出版

[240] 页：图，表；16 开

主题：中英关系—租界—威海—1930 – 1931

中图分类号：D829.12

1930 年 6 月至 1931 年 4 月期间接管威海卫报告书。包括租借及筹收经过，英国管理威海卫时期的有关情况等。

0280

威海卫问题往返公文／[外交部]编

[出版地不详]：编者刊，[1922 年]出版

4 页；21 开

主题：中英关系—租界—威海—史料

中图分类号：D829.12

收《译英代表白尔福致施代表函》（1922 年 2 月 3 日），《译施代表复白代表函》。

0281

威海问题／朱世全著

上海：商务印书馆，1931 年 9 月初版

170 页：图，表；20 开

主题：中英关系—租界—双边条

约—威海—1930

中图分类号：D829.12

记述威海卫租界地于 1930 年订约收回的经过，英国管理时的地方概况。包括地方政府、财政金融、商业物产、教育、交通、公安、司法及卫生等项。

0282

委托统治制度与日本南洋统治地问题／梅宝昌编译

天津：个人刊，1935 年 2 月初版

118 页：表；32 开

主题：国际政治关系—研究—亚太地区

中图分类号：D815

共 6 章。介绍委托统治制度的起源、性质，日本及其南洋统治地，讨论日本退出国联后的南洋统治地问题。

0283

未来的美日战争／中央宣传部国际宣传处编译

重庆：大时代书局，1941 年 4 月初版

129 页；32 开

主题：日美关系—研究

中图分类号：D831.32

分 8 章。包含太平洋上未来的海军大战、保卫我们的太平洋权益、日本扩充海军的经过及其目

的、日本的海军政策等内容。

0284

未来的美苏战争／（美）恩格尔，毕勒著；王检译

上海：进修书店，1948 年 1 月初版

189 页；32 开

主题：美俄关系—研究

中图分类号：D871.22

包含开战、亚洲争夺战、北极战争等 12 章。

0285

未来日苏战争的透视／国际时事研究会编

［上海］：一般书店，1938 年 2 月出版

96 页；32 开

主题：日苏关系—研究

中图分类号：D831.32

分未来日苏战争概况（含日苏海军实力比较）、日本对苏作战的实力（含日本的军备，其中包括日本海军军备）、苏联对日的防御（含苏联的军备，其中包括苏联的海军军备）、苏联之敌的两种观察、结论 5 章。

0286

未来世界大战之想象／（美）恩格尔，毕勒著；王检译

[出版地不详]：国防部史政局，1948 年 7 月出版

124 页；32 开 . —（军事丛刊）

主题：美俄关系—研究

中图分类号：D871.22

与 1948 年 1 月上海进修书店版《未来的美苏战争》为同一原著的不同译本。

0287

五强海缩会议全史／李次民著

上海：商务印书馆，1937 年 10 月初版

267 页：表；32 开 . —（新时代史地丛书）

主题：海军—裁军问题—世界—现代—资料

中图分类号：D815.1

分 6 章。介绍华盛顿、日内瓦、伦敦等历次国际海军缩减会议情况，评述列强的海军竞争，指出军缩难成，国际呈现扩军备战的趋势。

0288

咸丰朝中国外交概观／郭斌佳著

[出版地不详]：[出版者不详]，[出版日期不详]

[46] 页；16 开

主题：国际关系史— 中外关系—清代

中图分类号：D829

由于太平天国时期不便分割，本书截止于 1884 年（同治三年）天京被陷。

0289

现代国际关系史纲／孙乾若编

[成都]：东方书社，1945 年 11 月初版

234 页；32 开

主题：国际关系史— 研究—现代

中图分类号：D819

包含日本南进、太平洋上美日之冲突、太平洋战争及其影响、珍珠港事件后之太平洋、苏联控制波罗的海等内容。

0290

现代国际关系史纲／曹未风著

上海：上海杂志公司，1948 年 7 月初版

200 页；32 开 . —（自我教育丛书）

主题：国际关系史— 现代

中图分类号：D819

包含地中海之战、中日大战爆发、东地中海之战、太平洋战争爆发、日本投降大战结束等内容。

0291

现代中国外交史／金兆梓著

上海：商务印书馆，1930 年 8 月

初版，1932 年国难后第 1 版

222 页；32 开 . —（新时代史地丛书）

主题：外交史—中国

中图分类号：D829

分驭夷政策之外交、不平等条约之缔结、边境之侵削与藩属之丧失、国权恢复运动之发轫等 7 章。所述内容止于中东路事件。

0292

一九三〇年伦敦海军会议 ／ 张泽善编

上海：海军部海军编译处，1930 年 6 月初版

158 页；表；25 开

主题：海军—裁军问题—世界—1930—会议资料

中图分类号：D815.1

分 13 章。包括美、英、法、意、日五国的海军实力、军缩方针，1930 年伦敦海军会议的经过及其条约全文等。

0293

一九三六年伦敦海军条约全文 ／ 张泽善译

［出版地不详］：海军部海军编译处，1936 年初版

56 页；32 开

主题：海军—裁军问题—条约—世界—1936

中图分类号：D815.1

全文共 32 条。后附签字议定书、附加议定书等。

0294

一九三六年之中日关系 ／ 周开庆编著

南京：正中书局，1937 年 5 月初版

306 页；23 开

主题：中日关系—国际关系史—1936

中图分类号：D829.313

分 8 章。阐述世界形势下的中日问题，回顾"九一八"后中日关系的发展。分述 1936 年间的中日交涉，日本对华北的侵略，中日纠纷事件，"九一八"后日本对东北的统治，以及对中日关系的展望等。

0295

一九三五年至三六年伦敦海军会议 ／ 张泽善编

［出版地不详］：海军部海军编译处，1936 年 9 月初版

160 页；24 开

主题：海军—裁军问题—世界—1935—1936—会议资料

中图分类号：D815.1

分 11 章。叙述 1935 年 12 月 9 日至 1936 年 3 月 25 日伦敦海军会

议概况，列强海军舰只实力比较，会议所签订的条约及备忘录等。附19222 年《华盛顿条约》及 1930《伦敦条约》限制海军一览表。

0296

一九一八至一九三五年国际联盟与法治／阿忽烈·齐门著；郭子雄译

上海：商务印书馆，1937 年 5 月初版

428 页；18 开

主题：国际联盟（1920—1946）—研究

中图分类号：D813.1

包含海上权力、海牙会议等内容。

0297

英国百年来的外交政策／刘南峰编译

〔出版地不详〕：〔出版者不详〕，1930 年 4 月出版

117 页；24 开

主题：对外政策—英国—近代

中图分类号：D856.10

叙述 19 世纪至 20 世纪初英国外交政策。包括英国外交原则，对东方及南非的政策，以后与日、法、俄等国的关系。附《英国领土及人口统计》。

0298

英国的远东政策／黄淑良编著

上海：文化书局，1938 年 5 月初版

164 页；32 开

主题：对外政策—英国—现代

中图分类号：D856.10

共 6 章。包含英国外交政策与远东问题、英日合作与远东局势、十五万磅之英国新国防计划、帝国会议后的英国立场、英在远东的军事根据地、英远东政策的检讨。

0299

英美日斗争下之太平洋／余汉华著

上海：华风书店，1932 年 10 月出版

222 页：图，表；32 开 . —（世界政治丛书）

主题：国际政治关系—研究—亚太地区

中图分类号：D815

评述列强在太平洋割据的形势，英、美、日在太平洋斗争中的政治手段，未来太平洋战争及中国危机等。

0300

英日必战之趋势／王干一，张冀声编译

上海：一心书店，1938 年 4 月

出版

89 页；42 开

主题：英日关系—研究

中图分类号：D856.12

包含英国在香港的策划、英国的远东政策、太平洋上英帝国的防务、英国在远东的新军略、日本威胁下的香港、英日战斗力的比较等内容。

0301

英日由对立摩擦而将怎样？／章元凤著

［出版地不详］：战时国际关系研究社，1938 年 2 月出版

44 页；32 开 . —（战时国际关系研究会丛书）

主题：英日关系—研究

中图分类号：D856.12

分英日经济上的斗争无法消减、日本以威胁来酬报英国的慎重、两面兼顾英国布置着外交阵线、内松外紧英国展开了军事准备等 6 章。

0302

远东现势与太平洋问题／刘邦绂编著

汉口：白鹤印刷公司经售，1932 年 9 月初版

110 页；32 开

主题：国际政治关系—研究—亚

太地区

中图分类号：D815

分太平洋与海洋洲、中国与所谓满洲问题、日本与移民问题、太平洋上英、美、日对立之尖锐化与中国、苏俄与远东被压迫民族解放运动等 9 章。

0303

远东隐忧／（美）阿本德著；赵恩源译

重庆：书林出版社，1944 年 5 月初版

231 页；36 开

主题：国际政治关系—研究—亚太地区

中图分类号：D815

封面题：原名太平洋宪章，共19 篇。包含《为成见分辩》、《需要和平方案》、《剪掉日本的爪牙》、《中国与日本》、《中国及其盟邦》、《自由——仍待争取》、《关于菲律宾》、《法国在远东》、《泰国人的泰国》、《荷印的命运》等。

0304

战后各国外交政策／袁道丰著

上海：商务印书馆，1933 年 12 月初版，1939 年 2 月 3 版

263 页；36 开 . —（万有文库）

主题：对外政策—国外—现代

中图分类号：D801

包含海上霸权政策、华盛顿会议、美日冲突与中日问题、日本侵华史略等内容。

0305

战后太平洋问题／姚鑫振编译

上海：泰东图书局，1919 年 10 月初版

[378] 页；32 开

主题：国际政治关系—亚太地区—文集

中图分类号：D815 - 53

共收著、译文 34 篇（译文由阿部丰治的日译本转译）。有《战后太平洋问题之中国》、《日俄战后之秘密外交》、《日本在西半球之野心》、《日美新关系之好机会》、《对东洋之政策》等。内容侧重于日美之间的矛盾。

0306

中俄关系述略／陈登元著

上海：商务印书馆，1926 年 9 月初版，1929 年再版

187 页：表；32 开 . —（新知识丛书）

主题：中俄关系—国际关系史

中图分类号：D829.512

包含海之门户、海参威与库页、旅顺大连湾、航权之略取等内容。

0307

中法外交史／束世澂著；金兆梓校阅

上海：商务印书馆，1928 年 6 月初版，1933 年 3 月国难后第 1 版

142 页；32 开 . —（新时代史地丛书）

主题：中法关系—国际关系史

中图分类号：D829.565

分 7 章。记述中法交通的起源，不平等条约的缔结，法国对华的政治、经济侵略及对华干涉事件等。附《中法大事年表》等。

0308

中国被侵略之领土与利权／路韦思著

上海：亚细亚书局，1935 年 8 月出版

178 页：表；32 开 . —（基本知识丛书）

主题：边界问题—研究—中国—近代

中图分类号：D829.13

分 3 章。讲述鸦片战争前中国的国际地位，鸦片战争后帝国主义以各种手段侵占中国领土、领海，破坏中国主权等情况。

0309

中国边疆问题十讲／方秋苇著

上海：引擎出版社，1937 年 3 月
出版，1938 年 7 月 3 版

78 页；32 开

主题：边疆问题—中国—民国

中图分类号：D829.13

讲述边远省份的对外关系，包
含太平洋局势与福建、日本对福建
之侵略、海南岛地理之重要、日本
对海南岛的觊觎、海南岛与英法的
关系等内容。

0310

中国的失地／民团周刊社

南宁：编者刊，1939 年出版

20 页：表；32 开 . —（丙种丛
刊）

主题：边界问题—研究—中国—
近代

中图分类号：D829.13

分 5 节。介绍历来中国版图变
化情况，包括失地的种类、领土的
丧失、藩属的丧失、领海的丧失。
各节均有附表。

0311

中国对外问题／陈毅夫著；赵剑秋
校对

［出版地不详］：社会书店，1927
年 4 月出版

252 页；32 开

主题：中外关系—国际关系史—
近代

中图分类号：D829

记近代以来的中外关系及签订
的旁边的条约，历次废约运动经过
有关宣言、文件等。

0312

中国国民党五十年来外交奋斗的成
功／国民党中央执行委员会宣传
部编

［出版地不详］：编者刊，1943 年
2 月出版

110 页；32 开

主题：外交史—中国—民国

中图分类号：D829

收《本党五十年来外交奋斗
史讨论大纲》、《本党五十年来外
交奋斗史》、《二十年国民会议废
除不平等条约宣言》。附参考
资料。

0313

中国国民党五十年来外交奋斗的成
功／彭文凯编

重庆：国民图书出版社，1943 年
2 月初版

110 页；32 开

主题：外交史—中国—民国

中图分类号：D829

介绍中国国民党五十年来的外
交活动。附《国民会议废除不平
等条约宣言》、《中外法权交涉史
略》及条约文件、函电、中外舆

论等。有关文献。

0314

中国国民党五十年来外交奋斗史

[出版地不详]：实业印务公司，
1943 年 2 月出版

28 页；32 开

主题：外交史—中国—民国

中图分类号：D829

宣传中国国民党的"外交成
就"。附《国民会议废除不平等条
约宣言》。

0315

中国今日之边疆问题／凌纯声著

南京：正中书局，1934 年 10 月
初版，1939 年 4 月渝 3 版

156 页：图，表；32 开 . —（外
交丛书）

主题：边疆问题—中国—民国

中图分类号：D829.13

包含法国占领九小岛事件、法
日觊觎中之南海诸岛、对于西沙群
岛应有之认识、法人谋夺西沙群岛
等内容。

0316

中国近百年外交史纲／刘朴著

[出版地不详]：湖南省军事政治
训练班，1935 年出版

166 页；32 开

主题：外交史—中国—近代

中图分类号：D829

政治训练教材。记述自鸦片战
争以来的中国外交。

0317

中国近代边疆沿革考／葛绥成著

上海：中华书局，1934 年 2 月
出版

304 页：图；22 开

主题：边界问题—研究—中国—
近代

中图分类号：D829.13

分 7 部分。记述自清代以来中
国与苏、英间的未定界，中国与英
属地及诸小国部落的境界，中国与
法、葡、日属地的境界等。并收录
有关条约及文件，附图 23 幅及参
考书目。

0318

中国近代外交概要／王正廷著

南京：外交研究社，1928 年 11
月出版

226 页；32 开

主题：外交史—中国—近代

中图分类号：D829

共 4 章。记述自 1557 年葡萄
牙占领澳门至 20 世纪 20 年代中国
收回租界期间的中国近代外交史。
对中外签订的条约叙述较详。有著
者序。附国际条约一览表。

0319

中国近代外交略史／何思源讲；林霖笔记

上海：商务印书馆，1927 年 10 月初版，1928 年再版

26 页；50 开 . —（国立中山大学政治训育丛书）

主题：外交史—中国—近代

中图分类号：D829

分 3 期分中外冲突时期（1834—1860 年）、外国压迫兼征服中国时期（1861—1919 年）、中国反抗时期（1919—1926 年）3 期讲述中国外交史。

0320

中国近代外交史／苏乾英著

南平：国民出版社，1944 年 5 月初版

128 页；32 开 . —（"中国之命运"研究丛书）

主题：外交史—中国—近代

中图分类号：D829

分 3 编。叙述自鸦片战争至"七七"事变期间清末、北京政府、南京政府外交。主要内容为帝国主义者历次侵华事件。

0321

中国近时外交史／刘彦著

上海：太平洋印刷公司（印），1911 年 6 月初版，1914 年 8 月订正增补再版，1921 年 6 月订正增补 8 版

636 页；24 开

主题：外交史—中国—近代

中图分类号：D829

初版本书共 14 章。介绍鸦片战争至民国前外交失败的历史。再版本增补民国成立后的外交，三版本增补老西开事件、西藏及外蒙问题、中俄及中德关系等共 20 章。

0322

中国近世外交史概要

重庆：国民书店，1926 年 9 月初版，1927 年 1 月再版，1927 年 5 月 8 版

46 页；32 开

主题：外交史—中国—近代

中图分类号：D829

简述自鸦片战争至 1921 年 11 月华盛顿会议期间的中外交涉史。

0323

中国境界变迁大势考／苏演存编

上海：商务印书馆，［1915 年］初版

218 页：图；25 开

主题：边界问题—研究—中国—民国

中图分类号：D829.13

分概论（附中外交界地域表）、边徼之山川形势、中俄边界、中俄

界约会要、俄人东侵史、中日边界、中英边界、片马交涉、中法边界、澳门边界等 10 编。收地图 22 幅，书后有本书所载界约目录。

0324

中国南海古代交通丛考／（日）藤田丰八著；何健民译

上海：商务印书馆，1936 年 7 月出版

582 页；32 开 . —（汉译世界名著）

主题：国际关系史— 中国—东南亚

中图分类号：D829.33

译自《东西交涉史之研究·南海篇》收论文 24 篇，均研究中国古代与南海诸国的交通。论文有：《狼牙修国考》、《唐宋时代关于南海之中国史料》、《大小葛兰考》、《南蛮考》、《葡萄牙人占据澳门考》等。书后附南海地图。

0325

中国南洋交通史／冯承钧著

上海：商务印书馆，1937 年 1 月出版

296 页；32 开 . —（中国文化史丛书）

主题：国际关系史— 中国—东南亚

中图分类号：D829.33

分上、下篇。上篇分 10 章，记中国与南洋各国交通关系，分为汉与南海之交通、法显之归程、南北朝时往来南海之僧人、唐代往来南海之僧人、宋元之南海及明郑和下西洋等。下篇分 7 章，辑南洋各国史传、舆地记。分记扶南、真腊、三弗齐、南海群岛诸国、马来半岛诸国、印度沿海诸国等传。

0326

中国日本交通史／王辑五著

上海：商务印书馆，1937 年 5 月初版

224 页；32 开

主题：中日关系—国际关系史—古代

中图分类号：D829.313

历述自秦以前至清末的中日交往，侧重于文化交流，按朝代分 15 章。史料来源，中文多采用历朝正史本纪及东夷传等；日文来源于《增订海外交通史话》、《和汉交通史》、《日支交通史》。包含中日最古之自然航路、宋代与日本之贸易、元代之与日本贸易往来、明日贸易往来、倭寇、最近中日往来之航线等内容。

0327

中国丧地史／谢彬著

上海：中华书局，1925 年 11 月

初版，1936 年 2 月 8 版

148 页；32 开 . —（常识丛书）

上海：中华书局，1936 年 2 月初版，1941 年 1 月 4 版

84 页；32 开 . —（初中学生文库）

主题：领土问题—研究—中国—近代

中图分类号：D829.13

历述我国自清乾嘉以来丧失领土、领海两权的史实，重点在 1875 年俄国侵占我东北库页岛期至 1898 年英军扩大侵占九龙半岛止。书后附《中国丧失领土、领海图》。

0328

中国土地丧失史／唐守常著

上海：大东书局，1928 年初版，1929 年 5 月再版

102 页；32 开

主题：领土问题—研究—中国—近代

中图分类号：D829.13

分界说、近世我国极盛时代之版图、失地之初期、俄罗斯之蚕食、南藩之脱离、日本之鲸吞、军港之租界及滇边之损失、蒙藏之悬案、结论等 9 章。

0329

中国外交关系略史／（英）怀德

（Frederick White）著；王葳孙译

上海：商务印书馆，1928 年 11 月初版

154 页；24 开

上海：商务印书馆，1934 年 7 月国难后 1 版

138 页；32 开 . —（史地小丛书）

主题：外交史—中国—近代

中图分类号：D829

分 5 节。叙述中国由于闭关自守政策的失败而遭帝国主义列强侵略的近代外交史。

0330

中国外交年鉴 . 民国二十四年一月至十二月／章进主编；外交年鉴社编

南京：正中书局，1936 年 3 月初版

601 页：表；32 开

主题：外交—中国—1935—年鉴

中图分类号：D829 - 54

包含航海信号协定及离开所驻地灯船协定之批准（附协定正式译文）、日轮侵入我国领海捕鱼交涉等内容。

0331

中国外交失败史／廖德珍编

上海：新建设书店，1929 年出版

120 页；32 开

主题：外交史—中国—1689—1921

中图分类号：D829

叙述自 1689 年中俄签署《尼布楚条约》至 1921 年华盛顿会议期间的外交活动及中国历次被迫与帝国主义列强签订不平等条约的情况。

0332

中国外交史／曹友豪编

上海：商务印书馆，1926 年 10 月初版，1928 年再版

466 页；24 开 . —（政法丛书）

主题：外交史—中国

中图分类号：D829

共 3 卷。叙述自明代以来的中国外交史。包括中国与欧美各国的关系，中日交涉史，中国与列强。书前有《中外国际大事年表》。

0333

中国外交史／柳克述著

［出版地不详］：中央陆军军官学校政治训练处，1931 年 6 月初版

183 页；24 开 . —（政治教程）

主题：外交史—中国—1840—1920

中图分类号：D829

共 6 章。记述自鸦片战争至 20 世纪 20 年代的中国对外交涉、斗争史。

0334

中国外交史／钱亦石著

［出版地不详］：生活书店，1939 年 1 月再版，1947 年 5 月胜利后沪 1 版

247 页；32 开

主题：外交史—中国

中图分类号：D829

分 8 章。叙述自国际资本主义前期至世界经济危机时期的中国外交（起于明代，止于塘沽协定）。

0335

中国外交史／潘梓年著

上海：法政学院，［出版日期不详］

106 页；16 开

主题：外交史—中国

中图分类号：D829

叙述自 1497（明弘治十年）至 1925 年"五卅"事件时期的中国外交史。为著者授课讲义。

0336

中国外交史／吴建邦著

［出版地不详］：［出版者不详］，［出版日期不详］

184 页；20 开

主题：外交史—中国

中图分类号：D829

分 6 章。叙述鸦片战争，英国

联军之役，琉球的丧失，英人玛加利被杀事件及烟台条约，中俄交涉及伊犁事件，安南的丧失等。

0337

中国外交史纲要／任启珊编

上海：中华书局，1934 年 12 月初版，1937 年 6 月再版

203 页；32 开 . —（中华百科丛书）

主题：外交史—中国

中图分类号：D829

分中国对欧外交的开始，国土的丧失，列强的共同侵略，日本对华的独霸，国民外交的活跃，国民政府的外交等 7 章。有舒新城丛书总序及自序。附《中、西文名词索引》等。

0338

中国外交史及外交问题／夏天著

上海：光华书局，1932 年 11 月出版

430 页；24 开

主题：外交史—中国

中图分类号：D829

分 10 章。评述自 16 世纪葡萄牙首航中国至"九一八"事变期间的中国外交。包括中外交通的开始、鸦片战争后列强对华侵略、广东及武汉国民政府时代的外交、国民外交与革命外交等。柳亚子题封

面书名。

0339

中国外交之史的分析／万仲文著

桂林：广西建设研究会，1940 年出版

145 页；32 开 . —（广西建设研究会丛书）

主题：外交史—研究—中国

中图分类号：D829

分 3 部分。叙述鸦片战争以来的中国外交史。包括开国外交、护边外交、图存外交。

0340

中国与日本：论中日历史之发展／郑学稼著

重庆：文苑社，1938 年 7 月出版

110 页；32 开

江西吉安：中国国民党江西省党部，1940 年 4 月

180 页；32 开 . —（抗战建国丛书）

主题：中日关系—国际关系史—近代

中图分类号：D829.313

分 9 章。记述自鸦片战争至西安事变期间的中日关系。

0341

中国最近八十年来的革命与外交／杜冰波著

上海：神州国光社，1933 年 1 月初版

2 册（［1030］页）；32 开

主题：国际关系史—中国—近代

中图分类号：D829

分 45 章。记述自鸦片战争至国民革命军北伐期间中国革命与外交史。

0342

中华民国外交史．卷上／张忠绂著

北平：北京大学出版组，1936 年 6 月出版

602 页；16 开

主题：外交史—中国—1911—1921

中图分类号：D829

叙述自辛亥革命至 1921 年华盛顿会议期间的中国外交史。包括山东问题，中国参加第一次世界大战，巴黎会议等。

0343

中华民国外交史．一／张忠绂著

重庆：正中书局，1943 年 12 月初版，1945 年沪 1 版

430 页；24 开

主题：外交史—中国—1911—1921

中图分类号：D829

叙述自辛亥革命至 1921 年华盛顿会议期间的中国外交史。包括

山东问题，中国参加第一次世界大战，巴黎会议等。

0344

中华民族拓殖南洋史／刘继宣，束世激合著

［出版地不详］：国立编译馆，1934 年 8 月初版

［18］，336 页：表；21 开

主题：国际关系史— 中国—东南亚

中图分类号：D829.33

分 12 章。叙述中国历代与南洋关系，主要为唐代以后与南洋的关系，列强瓜分南洋的经过，以及南洋华侨概况等。

0345

中美外交关系／李抱宏著

长沙：商务印书馆，1940 年 6 月初版

上海：独立出版社，1946 年 2 月初版

227 页；24 开 ．—（外交研究会外交丛书）

主题：中美关系—国际关系史

中图分类号：D829.712

包含中西海通至清初开放海禁、琉球问题、朝鲜问题及中日战争等内容。

0346

中葡外交史／周景濂著

上海：商务印书馆，1936 年 10 月初版

184 页；32 开．——（新时代史地丛书）

主题：中葡关系—国际关系史

中图分类号：D829.552

记述自 16 世纪葡人来华至 1887 年中葡条约期间的中葡关系。共 15 章。包括葡使比留斯之来中国、葡人西蒙安剌德在广东之暴行及其被逐、葡人居住澳门之由来、清代葡萄牙于中国之关系等。

0347

中日关系简史／张建甫著

上海：黑白丛书社，1937 年 4 月初版，1937 年 11 月再版

103 页：表；36 开．——（黑白丛书）

主题：中日关系—国际关系史—近代

中图分类号：D829.313

讲述自中日甲午战争以来的关系。记日本多次侵华事件，包括"廿一条"、"五卅"、"五三"、"九一八"等事件。

0348

中日关系小史／祖澄著

上海：一般书店，1938 年 5 月初版，1938 年 6 月再版

53 页；42 开．——（一般文库）

主题：中日关系—国际关系史

中图分类号：D829.313

讲述日本侵华简史，发展中的中日战局，历史的教训及中日关系的未来等。

0349

中日国际编年史详目：近代部分／杨家骆编

［出版地不详］：民族文化书局，1940 年 5 月出版

178 页；32 开．——（民族文化协会丛书）

主题：中日关系—国际关系史—近代—目录

中图分类号：D829.313

《中日国际编年史》共 80 卷，本册为第 37 卷至第 80 卷目录（自清光绪二十年至"七七"事变）。

0350

中日国际史／史俊民著

北京：鸣报社，1919 年 12 月出版

366 页；16 开

主题：中日关系—国际关系史

中图分类号：D829.313

分 4 章。叙述自中国汉代至中华民国时期的中日关系（截至第一次世界大战）。

0351

中日甲午战争之外交背景／王信忠著

北平：国立清华大学，1937 年 4 月初版

16，414 页：表；16 开．—（国立清华大学研究院毕业论文丛刊）

主题：中日关系—国际关系史—1653—1894

中图分类号：D829.313

叙述 1653 年海禁开放后的朝鲜至 1894 年中日甲午战争前的中日关系。包含朝鲜锁国、清军之渡韩、中日琉球问题之纠葛、日本海军之动员、丰岛海战等内容。

0352

中日交涉秘史／王梅笙编著

［出版地不详］：［个人刊］，1919 年 7 月出版

2 册（96，72 页）；16 开

主题：中日关系—国际关系史—现代

中图分类号：D829.313

共 9 章。上册 4 章，记述"廿一条"签订经过及内容。下册 5 章，记述日本对华政策及调查中国经济、军事、地理、交通运输等情形的报告。有附论。

0353

中日交涉年表／汪向荣著

北平：中国公论社，1945 年 2 月初版

149 页；32 开．—（中国公论丛书）

主题：中日关系—国际关系史—前 1100—1937

中图分类号：D829.313

编制自公元前 1100 年至 1937 年 7 月 7 日的中日交涉年表，侧重于清代及民国以后。使用中、日年号纪年及公元纪年法 3 种纪年方法。

0354

中日交通史／（日）木宫泰彦著；陈捷译

上海：商务印书馆，1931 年 5 月初版，1932 年 8 月国难后 1 版

2 册（363，462 页）；22 开

上海：商务印书馆，1935 年 9 月初版

7 册；32 开．—（万有文库）

主题：中日关系—国际关系史—古代

中图分类号：D829.313

分上、下卷。上卷 11 章，从原始时代述至北宋末年。其中以 5 章的篇幅叙述隋唐时代的中日交通史。下卷 13 章，记南宋至明末清

初。包括日本与南宋之贸易、元师征日、日本与元人之贸易、入元僧与文化之移植、足利幕府与明之交通贸易等。

0355

中日历代战史／嵇翥青著

上海：著者刊，1930 年 7 月初版，1936 年 1 月再版

2 册（368，299 页）；28 开

主题：中日关系—国际关系史

中图分类号：D829.313

共 6 卷，分 25 章。记述自宋代征日至丰臣秀吉侵占朝鲜时期的中日交涉史。

0356

中日外交史／陈博文著；金曾澄校阅

上海：商务印书馆，1928 年 5 月初版，1933 年 4 月国难后第 1 版，1934 年 1 月国难后第 2 版

168 页；32 开 . —（新时代史地丛书）

主题：中日关系—国际关系史

中图分类号：D829.313

分 4 章。叙述元明以前、清代及"五四"运动前后的中日外交。

0357

中日外交史／徐学正著

[出版地不详]：正报馆丽水印刷部，1938 年 7 月初版

94 页；32 开 . —（公民常识丛书）

主题：中日关系—国际关系史

中图分类号：D829.313

分 5 章。叙述中日关系的五个阶段：明代以前、清代、辛亥革命至"五四"运动、"五四"运动至"九一八"事变、"九一八"事变至"七七"事变。

0358

中外关系：1514—1834／庄恭著

杭州：之江大学之江学报社，1936 年出版

93 页；16 开

主题：国际关系史— 中外关系—1514—1834

中图分类号：D829

分 7 章。记述中国与西方的关系，包括通商往来、传教、司法及通史大情况，截至清代道光朝。

0359

中外交通小史／向达著

上海：商务印书馆，1933 年 10 月初版，1934 年 6 月再版

112 页；32 开 . —（百科小丛书）

主题：中外关系—国际关系史

中图分类号：D829

分希腊罗马与中国之交通、中

国与中亚、中国与伊斯兰文化、中国与阿拉伯之交通、印度文化之东来、中国文化之东渐与南传、影教、中古外国人来华、明清之际中西交通与西学等 9 章，包含中国与其他国家和地区的海上往来。

0360

中西交通史／向达编

上海：中华书局，1934 年 3 月初版，1941 年 1 月 3 版

18，167，32 页：图，表；36 开．——（中华百科丛书）

主题：国际关系史— 中外关系

中图分类号：D829

分古代中西交通梗概、元代之西征、马可波罗诸人之东来、15 世纪以后中西交通之复兴、明清之际之天主教士与西学、18 世纪之中国与欧洲、鸦片战争与中西交通之大开等 10 章。

0361

中西交通史料汇篇／张星烺著

北平：辅仁大学图书馆，1930 年出版

6 册；25 开．——（辅仁大学丛书）

主题：中外关系—国际关系史—古代

中图分类号：D829

中西交通史史料集。分篇叙述

上古时代中外交通、古代中国与欧洲之交通、古代中国与非洲之交通、古代中国与阿拉伯、亚美尼亚、伊兰、西部土耳其斯坦及印度之交通。

0362

中英关系略史／国民外交丛书社编

上海：中华书局，1928 年 3 月初版，1929 年 10 月再版

42 页；50 开．——（国民外交小丛书）

主题：中英关系—国际关系史

中图分类号：D829.561

简略介绍自 1637 年至 1926 年期间的中英关系。包括英国概说、中英关系的渊源、中英关系年表等。

0363

中英国际交涉痛史／杨祥荫著

［出版地不详］：陕西教育月刊编辑处，1925 年出版

69 页；32 开

主题：中英关系—国际关系史

中图分类号：D829.561

讲述英国来华通商的失败，鸦片战争与南京条约，英法联军与天津条约，滇案与芝罘条约，并吞缅甸侵略西藏，以及辛亥革命后英国在华利益等情况。

0364

中英交涉史 / 蒋子奇著

　上海：大东书局，1933 年 11 月
　初版

　46 页；32 开 . —（高小社会科
　学丛书）

　主题：中英关系—国际关系史

　中图分类号：D829.561

　　简略叙述英帝国主义侵华及在
华划分势力范围等史实。

0365

中英交收威海卫专约及协定 / 中
华民国国民政府外交部编

　南京：编者刊，［1930 年］出版

　24 页；21 开

　主题：中英关系—租界—双边条
　约—威海—1930

　中图分类号：D829.12

　　1930 年 4 月 18 日签订于南
京，同年 10 月 1 日互换批准书。
专约全文共 21 条（附件 2 件），
协定全文共 6 条（附件 1 件）。

0366

中英外交史 / 束世澂撰述；金兆梓
校阅

　上海：商务印书馆，1933 年 11
　月出版

　220 页：表；32 开 . —（新时代
　史地丛书）

　主题：中英关系—国际关系史

　中图分类号：D829.561

　　记述中英交通的起源，中英间
的战争及签订的不平等条约，英国
对中国的领土侵略及经济侵路，以
及英帝国主义者在华制造的"五
卅"、沙基、万县和江宁炮击等
惨案。

0367

中英外交与鸦片战争 / 田亮渊著

　成都：成都杂说月刊社，1942 年
　8 月初版

　50 页；32 开 . —（杂说丛书）

　主题：中英关系—国际关系史

　中图分类号：D829.561

　　分中英交通溯源、中英初期之
商务关系、英吉利遣使来华、英派
商务监督来华、鸦片贸易及清廷历
禁之情形、战争酝酿与经过等 10 章。

0368

准备对日抗战的苏联 / 芜名编译

　［上海］：怒吼出版社，1938 年 4
　月出版

　68 页；32 开

　主题：日苏关系—研究

　中图分类号：D831.32

　　包含准备对日抗战的苏联、苏
联海军、准备对日抗战的苏联红军
等内容。

0369

租借地／金保康著

上海：商务印书馆，1927 年 7 月
初版

53 页；32 开 . —（百科小丛书）

上海：商务印书馆，1929 年 10
月初版

45 页；32 开 . —（万有文库）

主题：租借地问题—中国—近
代—史料

中图分类号：D829.12

包含胶州湾、旅顺大连、广州
湾、威海卫、九龙等内容。

0370

最近的国际纠纷：伦敦会议／葛宇
心，尉迟浩著

天津：大道书社，1930 年 9 月
出版

280 页：图；32 开

主题：海军—裁军问题—世界—
1930—会议资料

中图分类号：D815.1

介绍 1930 年 1 月 21 日至 4 月
22 日召开的伦敦会议的背景、酝
酿经过以及各界评论等。

0371

最近六十年间中日关系略史／左
舜生著

[出版地不详]：中央政治学校，
[出版日期不详]

[142] 页；16 开

主题：中日关系—国际关系史—
近代

中图分类号：D829.313

著者在中央政治学校任教时的
讲义，分 8 章。叙述自 1871 年至
1935 年期间的中日关系。附大
事记。

0372

最近三十年中国外交史／刘彦著

上海：太平洋书店，1930 年 12
月初版，1931 年再版，1932 年
11 月 4 版

252 页；24 开

主题：外交史—中国—1900—
1930

中图分类号：D829

共 23 章。记述 1900—1930 年
中国与帝国主义列强进行交涉的重
大事件。附《中国国民党第三次
全国代表大会外交报告及外交决议
案》。

0373

最近太平洋问题／陈立廷，应元
道编

上海：太平洋国交讨论会，1927
年 12 月出版

[669] 页：图，表；32 开

主题：国际政治关系—亚太地
区—文集

中图分类号：D815 - 53

太平洋国交讨论会第二届会议发表的演讲词合集，原为英文本，经译编而成。全书分 8 编，共 34 篇。内容涉及太平洋各国现状，中国的国际问题，各国的实业、地亩，原料、文化、经济及移民等方面情况。有序。附《太平洋国交讨论会总章》等 4 篇。

0374

最近太平洋问题：太平洋国际学会第四届大会报告书 / 刘驭万编辑

上海：中国太平洋国际学会，1932 年 10 月出版

864 页；图；16 开

主题：国际政治关系—亚太地区—文集

中图分类号：D815 - 53

太平洋国际学会第四届大会报告书，分上下卷。上卷为会议记录，分别记述太平洋国际的经济、政治及文化关系，并收大会演讲词 8 篇。附录《中国太平洋国际学会章程》等 8 篇。下卷为大会资料论文译要，收 16 篇，包含《中国经济建设中之财政》（贾士毅）、《银价问题与远东》（W. F. Spalding）、《中国劳工生活程度》（陶孟和）、《东三省之内地移民研究》（何廉）等。

0375

最近中国外交关系 /（美）波赖著；曹道明译

南京：正中书局，1935 年 2 月初版

322 页；22 开

主题：国际关系史—中外关系—民国

中图分类号：D829

记述自第一次世界大战至 1931 年期间的中国外交关系。

0376

最近中日外交史略 / 李季谷著

上海：开明书店，1933 年 5 月初版

114 页；表；32 开

主题：中日关系—国际关系史—近代

中图分类号：D829.313

讲述近代中日关系史。包括日本驱除中国在韩势力、中日战争及《马关条约》、"廿一条"、济南惨案、"万宝山"事件、"九一八"事变及"一二八"沪战等。附《上海停战协定》全文。

D9　法律

0377

奥本海国际法：战争与中立 /（德）奥本海著；（德）赖克思堡编；岑德彰译

上海：商务印书馆，1934 年 7 月
初版，1939 年 4 月长沙再版
525 页；32 开．—（汉译世界名
著）

上海：商务印书馆，1935 年 3 月
初版，
4 册；36 开．—（万有文库）
主题：奥本海国际法
中图分类号：D99

包含海牙公约内之仲裁办法、
海战、海战概论、将波罗的海划出
战区之要求、正式陆海军、捕获商
船、商船该作军用、敌船之转让等
内容。

0378
船舶法详解／上海法政学社解释
上海：上海法政学社，1936 年 9
月出版
89 页；32 开．—（现行法律丛
书）
主题：海商法—法律解释
中图分类号：D996.19

分通则、船舶检查、船舶丈
量、罚则等 6 章。后附《船舶登
记法》、《船舶检查章程》等 5 种。

0379
大理院判决例全书／郭卫编
上海：会文堂新记书局，1931 年
10 月初版，1932 年 7 月 3 版
860 页；16 开

主题：最高法院—判例—中国—
1912 – 1927
中图分类号：D929.6

包含海船、海船关系人、海船
契约、海损、海难救助、海船债权
之担保、海军审判条例等内容。

0380
国际法 ABC／朱采真著
上海：世界书局，1929 年 7 月
出版
102 页：表；32 开．—（ABC 丛
书）
主题：国际法—基本知识
中图分类号：D99

包含公海领海和内海、海湾和
海峡、陆战海战和空中战等内容。

0381
国际法大纲／周鲠生著
上海：商务印书馆，1929 年 10
月初版，1932 年 11 月国难后
1 版
366，45 页；24 开．—（现代社
会科学丛书）
上海：商务印书馆，1934 年 12
月初版，1944 年 12 月渝 2 版
184 页；25 开．—（大学丛书）
主题：国际法—基本知识
中图分类号：D99

包含领海、国家对于公海上的
船舶之法权、海战法规等内容。

0382

国际法概论／（日）泉哲著；彭学沛译

上海：神州国光社，1930 年 4 月初版

[20]，348 页；24 开

主题：国际法—概论

中图分类号：D99

共 5 编。第 1 编总论，概述国际法的概念、渊源、沿革及国际法上的人格等；第 2 编国家的国际的绝对权，论述国家的起源、领土权、国家对国境外的权利、对人民的权利、国家生存的权利等；第 3、5 两编为平、战时的国际关系，包括外交机关、领事、条约、纷争的解决、陆海空法规等；第 4 编则专介国际联盟组织。译者对中国国籍法、国际联盟组织、领海湾港的概念、无害通过权、连续航海主义等问题有所补充，并对著者的错误有所修正。

0383

国际法要览，公法编／群益书社编辑部译述

上海：群益书社，1914 年 3 月初版

168 页；50 开

主题：国际公法—概论

中图分类号：D99

分平时、战时两部，前者包括总论、国际主体、客体、国际固有权、国际机关、国际条约、国际争议 7 编；后者包括交战通则、陆战、海战、局外中立等 5 编。

0384

国际法要论．战时之部／（日）远藤源六著；沈豫善，陈钖畴译

镇江：启润书社，1914 年 7 月初版

402 页；23 开

主题：国际法—平时法—概论

中图分类号：D99

本册为全书的 6—10 编，即总论、陆战法规、海战法规、交战者间之协约、局外中立。

0385

国际公法／宁协万著

长沙：湖南省立法政专门学校，1919 年 5 月出版

2 册（404 叶）；环筒叶装

主题：国际公法—概论

中图分类号：D99

共分 4 部。第 1 部总论，概述国际法的定义、效用、沿革及国际法与国内法的关系等；第 2 部和平法，包括国际主体、客体、国际固有权、国际机关、国家礼式、国际会议、国家条约、国际获得权、国际义务、争议之解决等 10 编；第

3 部战争法，讲述交战通则、陆海战法规等；第 4 部中立法，讲述交战国与中立国的关系及交战国与中立人的关系等。

0386

国际公法 ／ 赵理海著

上海：商务印书馆，1947 年 8 月初版，1948 年 1 月再版

221，53 页；32 开

主题：国际公法—概论

中图分类号：D99

包含内海与湖沼、海湾、海峡、海洋运河、对于公海的法权、早期瓜分公海的要求、公海的法律地位、海床与海床下的法律地位、游弋领海外的船舶、海盗、海上的公船、海上的私船等内容。

0387

国际公法纲要 ／ 吴昆吾著

上海：商务印书馆，1936 年 7 月出版

13，227 页；25 开

主题：国际公法—概论

中图分类号：D99

包含领海、海湾、海峡、公海、公海自由说、公海内之渔业权、海底电线及无线电、海战法规等内容。

0388

国际公法要略 ／ （英）卢麟斯著；钟建闳译

上海：商务印书馆，1924 年 1 月初版

126 页：表；25 开

主题：国际公法—概论

中图分类号：D99

共分 4 部。第 1 部导言，概述国际法的定义、沿革、主体、渊源及分类；第 2 部平时法，论述国家独立、国家财产、国家司法权、国际平等及外交等权利责任；第 3 部战时法，讲述关于敌人、陆地敌产、海上敌产的战争法，以及交战国的非战事件交涉等；第 4 部中立法，说明中立的性质、分类，以及交战国与中立国间的权责。

0389

国际公法原论 ／ 谭焯宏编著

广州：南越大学，1922 年 5 月初版

578，18 页；23 开

主题：国际公法—概论

中图分类号：D99

共 3 编。第 1 编总论，论述国际公法的由来、定义、性质、分类、渊源、学派等；第 2 编平时国际公法，概述国际法权利义务主体的国家，包括国家的成立、灭亡、权利义务、版图、国际机关、条

约，以及国际纷争和解决方法等；余编战时法，概论战争及陆、海、空战法规、中立法规等。

0390

国际公法原论 / 谭焯宏编著

上海：中华书局，1934 年 9 月初版

392 页；23 开 . —（社会科学丛书）

主题：国际公法—概论

中图分类号：D99

共 3 编。第 1 编总论，论述国际公法的由来、定义、性质、分类、渊源、学派等；第 2 编平时国际公法，概述国际法权利义务主体的国家，包括国家的成立、灭亡、权利义务、版图、国际机关、条约，以及国际纷争和解决方法等；余编战时法，概论战争及陆、海、空战法规、中立法规等。

0391

国际航空公法：平时 / J. Kroell 原著；徐砥平译述；上海法学编译社编辑

上海：上海法学编译社，1935 年 5 月初版，1937 年再版

406 页；25 开

主题：航空法—研究

中图分类号：D993.4

包含空际与海之关系、领海与海陆领空、空中海湾等内容。

0392

国际私法新论 / 周敦礼编著

上海：中华书局，1931 年 6 月出版

217 页；32 开

主题：国际私法—概论

中图分类号：D997

包含海商法、海损、海难救助等内容。

0393

国民政府法规汇编 . 第 6 编：1934 年份 / 国民政府文官处编

南京：国民政府文官处，1935 年 4 月出版

448 页：冠像；16 开

主题：法规—中国—1933—汇编

中图分类号：D929.6

所收法规自 1933 年 1 月至 12 月公布者。分官制、行政、司法、考试 4 类。其中有《戒严法》、《陆海空军军人婚姻规则》、《海关缉私条例》、《工业奖励法》等。

0394

国民政府现行法规补录 . 第 6 次 / 俞钟骆主编；吴学鹏编校

上海：上海律师公会，1931 年 3 月出版

154 页；16 开

主题：法规—中国—民国—汇编

中图分类号：D929.6

不分类。辑《民法》第 4、5 编（亲属、继承）、《民事诉讼法》、《海商法施行法》、《船舶法》等 11 种。

0395

海船法 / 李浦述

北京：朝阳大学，1927 年 10 月出版

110 页；21 开

主题：海商法—概论

中图分类号：D996.19

除绪论概述《海船法》的定义、沿革、法源外，分海船及海船所有者、海员、运送、保险、海损、海难救助、海船债权人担保等 7 章。

0396

海船律案

［出版地不详］：［出版者不详］，［出版日期不详］

54 页；16 开

主题：海商法—概论

中图分类号：D996.19

分总则、海船关系人、海船契约、海损、海难之救助 5 编，共 263 条。

0397

海法与空法 / 黄右昌著

［北京］：［北京大学］，1930 年出版

96 页；16 开

主题：海洋法—研究

主题：航空法—研究

中图分类号：D993.5

中图分类号：D993.4

共 10 章。包括海法、空法的定义及领水、领空主权、海空法的鸟瞰等。

0398

海商法

上海：商务印书馆，1930 年 6 月出版

39 页；50 开

主题：海商法—中国—1929

中图分类号：D996.19

1929 年 12 月 30 日国民政府公布，共 8 章，174 条。

0399

海商法 / 王孝通编著

上海：华通书局，1932 年 9 月初版

134 页；24 开 . —（华通法学丛书）

主题：海商法—概论

中图分类号：D996.19

分绪论、通则、船舶、海员、运送契约、船舶碰撞、救助和捞救、共同海损、海上保险等 9 章。

绪论概述海商的定义、性质、中外《海商法》的沿革及《海商法》的法系等。其余各章按国民政府《海商法》（共 174 条）条文进行综合编述。

0400

海商法 / 郭卫校勘

上海：上海法学书局，1934 年 10 月出版

42 页；25 开

主题：海商法—中国—1929

中图分类号：D996.19

1929 年 12 月 30 日公布，1931 年 1 月 1 日施行，共 8 章，174 条。后附该法施行法。

0401

海商法 / 王孝通编著

上海：商务印书馆，1935 年 7 月初版

112 页；32 开 . —（新时代法学丛书）

主题：海商法—概论

中图分类号：D996.19

分绪论、通则、船舶、海员、运送契约、船舶碰撞、救助和捞救、共同海损、海上保险等 9 章。绪论概述海商的定义、性质、中外《海商法》的沿革及《海商法》的法系等。其余各章按国民政府《海商法》（共 174 条）条文进行综合编述。

0402

海商法 / 徐鸿安编著

南京：徐鸿安律师会计师事务所，1948 年 9 月初版

240 页；32 开

主题：海商法—概论

中图分类号：D996.19

原是著者在重庆大学等校的讲稿，共分 9 章。除论述中国《海商法》外，还择要介绍大陆法学与英、美、中海商法规，以资比较，对一些学者的论述亦加评论。

0403

海商法 / 耿光编述

北京：[中国大学]出版，[出版日期不详]

142 页；16 开

主题：海商法—高等学校—教材

中图分类号：D996.19

分"绪论"、"本论"两部分。"绪论"编讲授《海商法》的意义、沿革、发展趋势及该法的渊源；"本论"编包括通则、船舶、海员、运送契约、碰撞、救助及捞救、海损 7 章，诠释及讲解我国"海商法"各款、旁及其他各国《民法》、《商法》或《海船法》中有关规定。

0404

海商法／上海法学院编

　　上海：上海法学院，[出版日期不详]

　　150 页；25 开

　　主题：海商法—概论

　　中图分类号：D996.19

　　分海船及海船关系人、海员、海损、海难救助、海船债权之担保等 6 章。

0405

海商法概要／朱鸿达编著

　　上海：世界书局，1930 年 5 月出版

　　134 页；50 开．—（"考试准备"政法概要丛书）

　　主题：海商法—基本知识—中国

　　中图分类号：D996.19

　　按照国民政府 1929 年 12 月 30 日公布的《海商法》（8 章 174 条）拟题作答，共 69 题。包括何谓海商法、何谓船舶及海员、运送契约、船舶碰撞、救助、捞救、共同海损、海上保险等问题。

0406

海商法讲义／胡文炳编

　　南京：中央政法学校，1934 年出版

　　170 页；16 开

　　主题：海商法—概论

　　中图分类号：D996.19

　　分绪论、本论。绪论概述海商法的定义，欧洲海商法规之沿革与比较，海商法的法系，及中国海商法规。本论则讲述本国海商法的规定，引述各国法例以为资证。

0407

海商法讲义／瞿曾泽讲述

　　[出版地不详]：[出版者不详]，[出版日期不详]

　　220 页；23 开

　　主题：海商法—概论

　　中图分类号：D996.19

　　除绪论外，分海船及海船关系人、海员、海船契约、海损、海难救助、海船债权之担保 6 章。

0408

海商法精义／王宏谟著

　　上海：著者刊，1940 年 9 月出版

　　211 页；32 开

　　主题：海商法—概论

　　中图分类号：D996.19

　　参考英美法与大陆法论述。绪论包括海商法的定义、沿革、法系 3 章；本论包括通则与分则共 9 章，论述船舶的意义、性质、文书及标志，船舶所有权，所有人责任的限制，抵押权，海员，运送契约，船舶碰撞，救助，共同海损，

海上保险等。

0409

海商法论 / 王效文著

上海：上海法学编译社，1933 年
4 月出版

286 页；25 开 . —（法学丛书）

主题：海商法—概论—中国—
1929

中图分类号：D996.19

著者 1926 年在上海法政大学
授课时，根据民初的《海商法草
案》写成。出版时又根据 1929 年
12 月 30 日国民政府公布的《海商
法》加以修订。与作者的《中国
公司法论》、《中国保险法论》、
《中国票据法论》为姊妹篇。内分
绪论和本论。绪论叙述海商法的定
义、沿革等；本论则根据《海商
法》章次论列。

0410

海商法论 . 第 1 分册 / 刘笃著

上海：国立同济大学法学院法律
学会，1947 年 8 月初版

156 页；25 开

主题：海商法—概论

中图分类号：D996.19

绪论 6 章，本论 5 章。论述海
商法的定义、沿革及船舶所有权、
所有人、担保权、海员等。

0411

海商法释义 / 朱鸿达编著

上海：世界书局，1930 年 8 月
出版

205 页；32 开

主题：海商法—法律解释—中国—
1929

中图分类号：D996.19

对 1929 年 12 月 30 日国民政
府公布的《海商法》，共 174 条，
逐条解释，说明立法意旨，有的还
与德、法、英、美、日等国立法
比较。

0412

海商法释义 / 王效文著

上海：上海法学编译社，1936 年
9 月初版

220 页；25 开

主题：海商法—法律解释—中国—
1929

中图分类号：D996.19

对国民政府 1929 年 12 月 30
日公布的《海商法》逐条诠释。
绪论叙述海商法的概念、沿革及编
制等。书后附《海商法施行法》
（1930 年 11 月 25 日公布，1931 年
1 月 1 日施行）。

0413

海商法问答 / 上海法学编译社编

上海：上海法学编译社，1931 年

初版，1937 年 1 月再版

156 页；25 开．—（法政问答丛书）

主题：海商法—基本知识—中国—民国

中图分类号：D996.19

据国民政府《海商法》拟题、作答，共 106 题。

0414

海商法新论 / 杨鹏编著

北平：朝阳学院出版部，1934 年 1 月初版

188 页；25 开

主题：海商法—概论

中图分类号：D996.19

分船舶、船舶所有人、优先权及抵押权、海员、船员、运送货物契约、载货证券、旅客运送契约、海损、海难救助、海上保险等 11 章。各国关于船舶规定不同，如德国不分海船与内水船，英国规定只包括海船，国民政府则取后一种。

0415

海商法新论．上册 / 张时雨著

上海：上海法政学社，1932 年 5 月初版

246 页；24 开

主题：海商法—概论

中图分类号：D996.19

参考日人松波、加藤等人的著

作编述。本册包括绪论和本论。绪论概述海商法的定义、沿革、法源等，介绍英、法、德、法系及海商法与其他学制的关系；本论分通则、船舶所有权、船舶优先权和船舶抵押权、海员，共 4 章。

0416

海商法要论 / 李浦编著

北平：朝阳学院出版部，1932 年 2 月初版

156 页；21 开

主题：海商法—概论—中国—1929

中图分类号：D996.19

著者任教北平大学法学院、朝阳大学时所编讲义。据 1929 年 12 月 30 日公布的《海商法》论述，并与旧海商法相比较。分绪论和本论。绪论概述海商法的定义、沿革、法源及改进与统一；本论分通则、船舶、海员、船舶碰撞、救助及捞救、共同海损、海上保险等 8 章。

0417

海上保险法要论 / 魏文翰著；周式民校阅

上海：上海市保险业同业公会，1933 年 12 月初版

[12]，379 页；25 开

主题：海上运输保险—保险

法—研究

中图分类号：D929.6

据自序："依英国海上保险之法律习惯，以 Keate 著之《海上保险法》为宗，而以 Arnould 著之《海上保险法》为辅，并译出英国 1906 年《海上保险法》及参考我国《海上保险法》而成此书。"附录 1906 年《英国海上保险法》等，并附英文原文。

0418

海上国际法／包遵彭著

南京：海军总司令部新闻处，1948 年 3 月初版

106 页；32 开 . —（海军小丛书）

主题：海洋法—概论

中图分类号：D993.5

共 4 篇。第 1 篇绪论，概述国际法的意义、性质、海上国际法的演进等；第 2 篇海上平时法，讲述国家对领海和公海的管辖、海上劳动公约、海上礼节，以及国际争议中扣船及和平封锁等；第 3 篇海战法，包括海战概论、海战合法战斗员、海上作战手段等 4 章；第 4 篇海上中立法，阐述中立的意义、中立国的权利义务、交战国与中立国人民的关系等。

0419

海运法／魏文翰编译

上海：青光书局，1933 年 5 月初版

730 页；24 开

主题：海商法—概论

中图分类号：D996.19

分载货证券、船舶所有人（运送人）责任、共同海损、船舶碰撞、运费等 6 章。将世界所共同遵守的海商习惯、公约及通用文件译成中文，并附英文原文。

0420

海战法规宣言

［出版地不详］：［出版者不详］，［出版日期不详］

［490］页：图，表；25 开

主题：海战法规—资料

中图分类号：D995

共 8 卷。收有《海战法规宣言》、《第二次保和会条约》、《红十字及病院船条约》、《第一次保和会条约》、《巴黎宣言》、附录甲部、附录乙部、附录丙部。

0421

航政法规／［交通部］编

［出版地不详］：交通部，1933 年后出版

［144］页：表；24 开

主题：水路运输—法规—中国—

民国—汇编

中图分类号：D929.6

收《海商法及其施行法》、《船舶法》、《船舶登记法及其施行细则》、《船舶检查、丈量、国际证书章程》、《小轮船丈量检查及证册给照章程》、《拖驳船管理章程》、《交通部船员检定委员会暂行章程》、《船员检定、证书暂行章程及施行细则》、《海员管理暂行章程》、《国民政府交通部码头船给照章程》、《商港条例》、《航政局组织法》、《交通部航政局船舶碰撞纠纷处理委员会章程》及各项证书粘贴印花费表、收费简明表等，共21种。

0422

航政法规汇编／周经为编辑

上海：海事编译社，1933年11月—1935年3月出版

2册（20，416，20，431，25页）：表；50开

主题：水路运输—法规—中国—民国—汇编

中图分类号：D929.6

此书第1集辑入《海商法》、《船舶法》、《船舶登记与丈量法》、《船舶载重线法》、《航政局组织法》、《团体协约法》、《工会法》等约40种；第2集为第1集的修正本。卷末增加附表及附录，包括

《船只吨数之计算法》、《海关税则之说明》、《船钞计算法》等。

0423

航政法规选编／交通部编

［出版地不详］：交通部，1945年12月出版

［286］页；23开

主题：水路运输—法规—中国—民国—汇编

中图分类号：D929.6

辑录《交通部航政局组织法与办事细则》、《海商法》、《船舶及其登记法》、《船舶检查章程》等有关法规26种。

0424

建设法规汇刊／广东省政府建设厅编辑

广州：广东省政府建设厅，1932年11月出版

7册（［2544］页）：表；25开

主题：经济法—广东—民国—汇编

中图分类号：D929.6

分12类。汇录广东省建设法规及中央适用于广东省的法规640余种，官规27种、渔业法规12种、公路法规39种、航政法规38种、电政法规53种、邮政法规16种、铁路法规155种、

农林法规 76 种、蚕丝法规 11 种、
矿业法规 30 种、工商法规 155
种、其他法规 31 种。附第 6 集续
编 1 册。

0425

交通部各种工作竞赛办法汇编．第
1 辑／交通部设计考核委员会编

　　［重庆］：交通部设计考核委员
会，1943 年 12 月出版

　　92 页；16 开

　　主题：交通运输管理—人事管
理—法规—中国—民国

　　中图分类号：D929.6

　　收录抗战期间交通部核准施
行，包括一般行政工作、铁路、公
路、电信、邮政、航政、驿运、制
造 8 类从业人员的工作考核、奖
惩、竞赛办法 47 种。

0426

交通部航政法令汇刊．第 1 集／交
通部航政司编

　　［出版地不详］：交通部航政司，
1935 年 4 月出版

　　546 页：表；23 开

　　主题：水路运输—法规—中国—
民国—汇编

　　中图分类号：D929.6

　　内分组织、人事与财务、船
舶、海事、航务 5 类，辑入有关法

规 210 余种。

0427

交通部人事法令汇编／交通部编

　　［重庆］：交通部，1943 年 6 月出
版

　　4 册（1294 页）：表；16 开

　　主题：交通运输管理—人事管
理—法规—中国—民国

　　中图分类号：D929.6

　　内分组织、考试、甄审、薪
费、服务、奖惩、差假、养邮、劳
工、育才、福利及附录 12 类。辑
录有关铁路、公路、邮政、电信、
航政、驿运等单位人事法规 891
种。所收资料截至 1941 年年底。
卷末附《人事登记工作程序表》。

0428

交通法规汇编／交通部法规委员
会编

　　［南京］：交通部法规委员会，
1935 年 12 月出版

　　2 册（22，1150 页）：图，表；16 开

　　主题：交通法—中国—1927—
1935—汇编

　　中图分类号：D929.6

　　内分官制官规、总务、电政、
邮政、航政 5 编。辑录 1927 年 5
月 17 日交通部成立后至 1935 年 7
月公布的有关法规 321 种。

0429

交通法规汇编：民国二十年四月／
交通部法规委员会编

[南京]：交通部法规委员会，
1931年出版

10，784页：冠像；21开

主题：交通法—中国—民国—
汇编

中图分类号：D929.6

内分官制官规、总务、电政、
邮政、航政5类。除辑有少数沿用
旧章外，主要收录1930年12月以
前公布的有关法规。

0430

交通法规汇编：民国二十年四月／
交通部法规委员会编

[南京]：交通部法规委员会，
1931年出版

[22]，872页；21开；重订本

主题：交通法—中国—民国—汇
编

中图分类号：D929.6

继前编补辑、续辑（包括修
正）1927年5月17日至1930年
10月10日公布的有关法规143
种。卷首有废止失效法规、修正法
规、新增法规一览表3种。其中第
五类航政法规主要包括《海商
法》、《船舶法》、《航海避碰章
程》等。

0431

交通法规汇编：民国二十一年十月
十日／交通部法规委员会编

[南京]：交通部法规委员会，
1933年出版

[20]，884，[26]页：冠像；21
开；增订本

主题：交通法—中国—民国—
汇编

中图分类号：D929.6

继前编补辑、续辑（包括修
正）1927年5月27日至1932年8
月31日的有关法规共191种。末
附废止失效法规、修正法规、新增
法规一览表3种。其中第五类航政
法规辑录《海商法》、《中华海员
工会组织规则》等46中法规。

0432

交通法规汇编补刊／交通部参事
厅编

[重庆]：交通部总务司，1940年
1月出版

2册（[28]，676，14页）：表；
16开

主题：交通法—中国—民国—汇
编

中图分类号：D929.6

内分一般法规及铁道、公路、
航政、电政、邮政法规6类。辑录
1939年12月底前未编入《交通法
规汇编》（包括续编）、《铁道法规

汇编》、《全国经济委员会公路处法规汇编》及《公路交通规章图表汇编》的现行及修订的交通法规 271 种。

0433

交通法规汇编续编／交通部编审委员会编辑

南京：交通部编审委员会，1936年 11 月出版

298 页；16 开

主题：交通法—中国—民国—汇编

中图分类号：D929.6

民国二十五年六月三十日订。内分官制官规、总务、电政、邮政、航政 5 类。

0434

胶澳商埠现行法令汇纂／胶澳商埠局编

［青岛］：胶澳商埠局，1926年 10 月出版

20，640 页：图，表，冠像；18 开

主题：地方法规—青岛—民国—汇编

中图分类号：D929.6

"胶澳商埠"指青岛市。收录《胶澳商埠港务局组织规则》、《胶澳商埠港工局组织规则》、《胶澳商埠港政局组织规则》、《胶澳商埠渔业暂行取缔规则》、《胶澳商

埠港政局招商扫海暂行办法》等法令。卷首有当时山东保安司令张宗昌及该埠总办赵琪等人的照片数幅。

0435

经济法规汇编．第 3 集／［经济部］编

［重庆］：经济部，1939 年 1 月出版

198 页；16 开

主题：经济法—中国—民国—汇编

中图分类号：D929.6

包括《农本局办事章程》、《农会法》、《森林法》、《狩猎法实施细则》、《各省市奖励农产通则》、《整理中华海员办法》等。

0436

抗战与国际公法／汪馥炎著

长沙：商务印书馆，1938 年 2 月初版

44 页；32 开．—（抗战小丛书）

主题：抗日战争—战争法—研究

中图分类号：D995

分战争的观念、中立的观念、战争的宣告、战争在法律上的效果、抗战中的几个法律问题（含海岸封锁问题）5 部分。

0437

宁波市政府现行法规汇编／宁波市政府编辑委员会编

宁波：宁波市政府编辑委员会，1928 年 8 月出版

238，122 页：图；32 开

主题：地方法规—宁波—民国—汇编

中图分类号：D929.6

收录《宁波市码头捐章程》、《调查船户办法》、《修正宁波市暂行条例》、《违警罚则》、《图书馆条例》、《新出图书呈缴条例》等 86 种。

0438

农工商业法规汇辑／吴其焯编

天津：律师吴其焯事务所，1935 年 2 月初版

468 页：表；16 开

主题：经济法—中国—民国—汇编

中图分类号：D929.6

收农业、牧业、渔业等类法规 31 种；工业、工会、度量衡、广播等类法规 36 种；商业、银行、盐业、烟酒等类专卖法规 105 种。包括《海商法》、《海员工会组织规则》、《船舶法》等。

0439

农矿法规汇刊．第 1 辑／农矿部总务司编

南京：农矿部总务司，1929 年 12 月初版

200 页：图；23 开

主题：矿业—法规—中国—民国—汇编

中图分类号：D929.6

辑录该部自 1928 年 3 月成立至 1929 年 11 月所颁布的各项法规 70 种。其中包括《渔业法》和与《渔会法》等。

0440

农矿法规汇刊．第 2 辑／农矿部总务司编

南京：农矿部总务司，1930 年 10 月出版

160 页：图；23 开

主题：矿业—法规—中国—民国—汇编

中图分类号：D929.6

辑录该部自 1929 年 11 月以后所颁布的各项法规 37 种。其中包括《渔会法施行规则》、《渔业法施行规则》、《渔业登记规则》、《渔业登记规则施行细则》等。

0441

农林法规汇编／农林部参事处编

重庆：农林部总务司，1943 年 12 月出版

322 页；16 开

主题：农业法—中国—民国—汇编

中图分类号：D929.6

汇集 1943 年 7 月底以前中央所颁法规，分总类、农事、农村经济、林业、渔牧、垦务、附录等 7 类，共 21 余种。

0442

农商法规 ／ 农商部参事厅编

北京：农商部，1925 年出版

［560］页：图，表；16 开

主题：北洋军阀政府法律—经济法—1913－1917—汇编

中图分类号：D929.6

辑录农商部颁行的有关该部官制、官规、总务、矿政、农林、工商、渔牧、附属机关等 8 类的法令章则 161 种。

0443

农商法规汇编 ／ 农商部参事厅编

北京：农商部，1918 年 3 月出版

［405］页：图，表；16 开

主题：北洋军阀政府法律—经济法—1913－1917—汇编

中图分类号：D929.6

辑录 1913—1917 年农商部颁行的有关该部官制、官规、总务、矿政、农林、工商、渔牧、附属机关等 8 类的法令章则 100 余种。

0444

农业法规汇辑 ／ 陆费执编

上海：中华书局，1937 年 9 月出版

［342］页；32 开

主题：农业法—中国—民国—汇编

中图分类号：D929.6

内分农业、蚕丝、渔牧，林垦（附狩猎）、金融、仓库、合作 5 编，辑有关法规 200 余种。

0445

青岛市市政法规汇编 ／ 青岛市政府编

青岛：青岛市政府，1936 年 4 月出版

9 册（［1200］页）；16 开

主题：地方法规—青岛—民国—汇编

中图分类号：D929.6

收该市法规，止于 1935 年 12 月。分总务、社会、公安、财政、工务、教育、港务、观象、农林等 9 编。每类一册。

0446

日本商法论，手形编 海商编 ／ （日）松波仁一郎著；郑剑译述

上海：商务印书馆，1911 年 5 月初版

［371］页；25 开．—（法学名

著）

主题：商法—概论—日本

中图分类号：D931.322.9

本册为《日本商法论》第四、五编。第四编"手形"，包括总则、为替手形、约束手形、小切手形 4 章；第五编"海商"，包括船舶及船舶所有者、船员、运送、海损、保险、船舶债权者 6 章。

0447

日本统治下的台湾工商交通法规辑要．第 1 辑／台湾行政干部训练班编

重庆：台湾行政干部训练班，1945 年 2 月出版

396 页：表；32 开

主题：敌占区—经济法—台湾—民国—汇编

中图分类号：D929.6

分 5 部分，收录《邮政法》、《邮政汇兑法》、《电气事业法》、《船舶法》、《船舶法施行细则》、《航空法》、《电信法》、《无线电信法》等 30 部法规。

0448

日本统治下的台湾工商交通法规辑要．第 3 辑／台湾行政干部训练班编

重庆：台湾行政干部训练班，1945 年 2 月出版

180 页；32 开

主题：敌占区—经济法—台湾—民国—汇编

中图分类号：D929.6

收录《特许法》、《办理士法》、《工业所有权战时法》、《商标法》、《船员法》、《海员惩戒法》、《海上冲突预防法》、《台湾总督府交通局铁道信号规程》、《台湾私设轨道规程》、《铁道船舶之联运规则》等 17 部法规。

0449

日本统治下的台湾渔业法规辑要／台湾行政干部训练班编

［台湾］：台湾行政干部训练班，1945 年 4 月初版

170 页：图，表；36 开

主题：渔业法—台湾—民国—汇编

中图分类号：D929.6

0450

商法．有价证券 船舶／熊元楷等编

北京：安徽法学社，1911 年 6 月初版

94，94 页；27 开

主题：商法—中国—民国—汇编

中图分类号：D929.6

为《商法》的第四、五编。"有价证券"分总论、无记名证

券、指图证券、记名证券 4 章；"船舶"包括总论、船舶物权、债权 3 章。

0451

商法，有价证券 船舶／北平明治学社编

北京：北平明治学社，1930 年 5 月出版

94，94 页；27 开 . —（法律丛书）

主题：商法—中国—民国—汇编

中图分类号：D929.6

为商法的第四、五编。"有价证券"分总论、无记名证券、指图证券、记名证券 4 章；"船舶"包括总论、船舶物权、债权 3 章。

0452

商法海商／陈鸿慈编译

上海：丙午社，1913 年 7 月 4 版

314 页；25 开

主题：海商法—日本

中图分类号：D931.339.93

据日本海商法家青木徹二氏的著述及志田钾太郎的讲授编译而成。分船舶、船员、海上运送契约、共同海损、海上保险、船舶债权者 6 卷。日本无海商法单行法规，而为商法中之一篇，故名《商法海商》。

0453

商法要览 . 第三卷，票据编 海商编／东方法学会编

上海：泰东图书局，1914 年 5 月初版

190 页；50 开 . —（法政要览丛书；11）

主题：票据法—海商法—中国—民国

中图分类号：D929.6

自清光绪二十九年（1903 年）颁行《商人通则》、《公司律》，光绪三十二年（1906 年）又颁布《破产律》，我国始有商事单行法。清光绪三十四年（1908 年）修订法律馆聘请日本志田钾太郎起草商法。清宣统二年（1910 年）编定《大清商律草案》，包括第一编总则、第二编商行为，以及公司法草案、海船法草案、票据法草案，但未颁行。本书参考这些法编述。票据编分总论、汇票、期票、兑票、国际票据五编；海商编分总论、船舶所有者、船员、海上运送、海损、海难救助、海上保险、船舶债权者八编。

0454

实业法规／实业部参事厅编

南京：实业部总务司，1933 年 6 月出版

503，18 页：照片；16 开

主题：经 济 法—中 国—1928—
1932—汇编

中图分类号：D929.6

所收法规自 1928 年 3 月至 1932
年 12 月，经行政院及实业部或会同
其他各部公布施行。分官制、官规、
总务、林垦、农业、工业、商业、
渔牧、矿业、劳工 10 类。书后有补
遗，至 1933 年 5 月底。

0455

实业法规续编／实业部参事厅编

实业部参事厅，1935 年出版

［223］页；16 开

主题：经济法—中国—民国—汇
编

中图分类号：D929.6

收有关法规 91 种，补遗 20
种。其中，第九部分为渔政法规。

0456

岁计法令汇编／国民政府主计处
岁计局编

［出版地不详］：编者刊，1935 年
3 月出版

436 页；表；23 开

主题：国家预算—财政法—中
国—民国—汇编

中图分类号：D929.6

包含《海军军官佐任官暂行
条例（同前）》、《海军部及所属人
员薪俸表》、《海军部职员现行俸

给表》、《海军舰队司令及舰队官
佐薪俸表》、《海军平战时抚恤暂
行条例》等内容。

0457

台湾农林法规辑要．第 1 集／台湾
省农林处技术室编辑

台北：台湾省农林处技术室，
1948 年 7 月出版

256 页；表；32 开

主题：农业法—森林法—台湾—
民国—汇编

中图分类号：D929.6

分农业、林业、渔业、畜牧、
土地、水利、农业合作、农业团
体、农产物检验及附录 10 类，辑
录 1948 年 6 月底以前中央及该省
所颁布的有关农林法规 168 种。

0458

台湾省单行法令汇编．第 1 辑／台
湾省行政长官公署法制委员会编

台北：台湾省行政长官公署法制
委员会，1946 年 10 月出版

2188 页；图，表；25 开

主题：地方法规—台湾—1945—
1946—汇编

中图分类号：D929.6

收 1945 年 10 月 25 日台湾光
复至 1946 年 8 月底止的该省单行
法令。分行政纲要、组织法、服务
法、民 政、教 育、财 政、农 林

（包括渔业）、工矿、交通（包括航政）、警政、主计、宣传、专卖、日侨管理日产处理、杂件等15类。

0459

现行六法全书／朱方编；法政学社编译部校勘

上海：上海法政学社，1933年3月出版

［384］页；50开

主题：法令—中国—1912—1932—汇编

中图分类号：D929.6

其中《商法》包括《商人通例》、《票据法》、《公司法》、《海商法》、《破产法》、《保险法》、《船舶登记法》等。

0460

新编实业法令／施泽臣编

上海：中华书局，1924年5月初版

［538］页；32开

主题：经济法—中国—1912—1923—汇编

中图分类号：D929.6

内容分上下编。上编为一般实业界所公用之法令；下编则以营业种类分门编辑（分垦荒业、森林业、棉业、糖业、蚕桑业、出版业、银行业、交通业、电气业

等）。所辑各法令自1912年至1923年6月止。其中交通业法令包括航业奖励条例、修正《轮船注册暂行章程》、《海军部汇同交通部拟订海军军官充任商船职员服务证书暂行规定》等；《渔业法令包括公海渔业奖励条例》、《修正公海渔业奖励条例实施细则》、《修正公海渔船检查规则》等。

0461

渔业登记规则及施行细则

农矿部，1930年9月初版

6页；16开

主题：法规—渔业—中国—民国

中图分类号：D929.6

0462

渔业法规／浙江省政府农矿处编

杭州：浙江省政府农矿处，1930年12月出版

45页；16开

主题：渔业法—中国—民国

中图分类号：D929.6

辑录《渔业法》、《渔会法》、《渔业登记规则及其施行细则》等。

0463

渔业法规汇刊／实业部渔牧司编

南京：实业部渔牧司，1933年6月出版

116 页：表；32 开

主题：渔业法—中国—民国—汇
编

中图分类号：D929.6

收有关渔业法规 21 种。

0464

渔政法规／浙江省第三区渔业管
理处编

[浙江]：浙江省第三区渔业管理
处，1941 年 12 月初版

208 页：表；32 开

主题：渔业—法规—中国—民
国—汇编

中图分类号：D929.6

收《渔业法》、《渔业法施行
规则》、《渔业警察规程》、《渔会
法》等，共计 62 种。

0465

战时国际法／郑斌编

上海：商务印书馆，1933 年 1 月
初版

169 页；32 开 . —（百科小丛
书）

主题：战争法—概论

中图分类号：D995

分 2 编。第 1 编交战法，共
12 章，前 3 章概述战争的概念、
战争的开始及交战者的协约；余各
章讲述陆、海、空战法规及有关理
论。第 2 编中立法，共 7 章，除叙

述中立的概念、种类、中立国的义
务等一般理论外，阐述战时禁制品
的运送、军事帮助、封锁等规定。

0466

战时国际法／林昌恒，张良修编

[出版地不详]：陆军军官学校第
四分校政训处，1938 年 4 月出版

114，36 页；32 开

主题：战争法—概论

中图分类号：D995

本书是中央陆军军官学校第四
分校的国际法教材，分 3 讲，包括
国际争执及其解决方法、战争、战
争法规。附录收《日内瓦公约》、
《海牙陆战法规》、《国际联盟盟
约》、《潜水艇毒气条约》。有林昌
恒序。

0467

战时国际法概要／黄浩然编

武昌：战争丛刊社，1937 年 12
月初版

22 页；32 开 . —（战争丛刊）

主题：战争法—概论

中图分类号：D995

共 5 章。概述战争，包括战争
的定义、战争的开始、交战国通知
第三国、交战国对国内敌国人民的
处置、交战国间条约的效力、战时
对敌国外交官的待遇等，并介绍
陆、海、空法及中立法。

0468

战时国际法论／陈顾远编

上海：上海法学院，［出版日期不详］

172，142 页；25 开

主题：战争法—概论

中图分类号：D995

该校讲义。分总论和各论。论述战争的概念、战争的主体、战争的发生、开始、间断、完结；介绍；陆、海、空战法规和中立法规。

0469

战时国际法述要／季灏编

重庆：国民图书出版社，1944 年 6 月初版

52 页；32 开

主题：战争法—概论

中图分类号：D995

共分 5 讲。除第 1 讲概论战争外、余 4 讲介绍陆、海、空战及中立法规。

0470

战时国际公法／金保康编著

上海：丙午社，1913 年 4 月再版

149 页；25 开

主题：战争法—概论

中图分类号：D995

绪论概述战争，包括战争的开始、战争开始的效果、战争的种类等；本论分 3 编，讲述陆、海战法规及中立问题等。

0471

战时国际公法／（日）中村进午著；陈时夏译

上海：商务印书馆，1914 年 8 月 5 版

159 页；24 开

主题：战争法—概论

中图分类号：D995

除绪论概述战争及国际法的历史外，分 3 编。讲述陆、海战法规及中立问题。

0472

战时国际公法／丁教官编

［南京］：陆军大学，1930 年出版

244 页；24 开

主题：战争法—概论

中图分类号：D995

该校 1930 年度讲义。分 6 编。第 1 编总论，概述战争，包括定义、战争开始、效果等；第 2 编至第 4 编讲述陆、海、空战法规；余两编讲述交战者间的协约和局外中立法。

0473

战时国际公法／郑允恭编著

上海：大东书局，1931 年 10 月初版

14，234 页；24 开 . —（国立暨
南大学法律丛书）

主题：战争法—概论

中图分类号：D995

　　共 5 编。概述战争概念、交战
法规、交战团体、交战者、敌对
性、交战区域、战争开始与终了、
效果，以及陆、海、空战、中立法
规等。

0474

战时国际公法／李圣五，郑阮恭著

　　长沙：商务印书馆，1938 年 11
月初版

　　122 页；32 开 . —（战时常识丛
书）

　　主题：战争法—概论

　　中图分类号：D995

　　分战争、《陆战法》、《海战
法》、《空战法》和《中立法》5
部分。

0475

战时国际公法／陶百川编著

　　重庆：正中书局，1938 年 9 月
初版

　　60 页；32 开 . —（战时民众训
练小丛书）

　　主题：战争法—普及读物

　　中图分类号：D995 - 49

　　共 5 章。概述战争，包括定
义、目的、效果、开始与终结，介

绍陆、海、空战法及中立法规。

0476

战时国际公法／胡永龄编著

　　上海：中华书局股份有限公司，
1948 年 4 月初版

　　2 册（846 页）；24 开

　　主题：战争法—概论

　　中图分类号：D995

　　除导论概述战时国际公法的发
展史外，共分 12 章。第 1 章至第
6 章概述战争、交战国间因开战所
生的效果、交战国的关系，以及伤
病员、俘虏、战时违禁等问题；第
7 章至 9 章介绍陆、海、空战法
规；余各章论述中立法和战争的终
了。后有《世界著名战争及外交
大事表》、《巴黎宣言》等 30 余种
附录及各章适用简要参考书目。

0477

战时国际公法：朝阳大学法律科讲
义／金保康述；王懋麟疏

　　北京：朝阳大学，1927 年 10 月
出版

　　190 页；23 开

　　主题：战争法—概论

　　中图分类号：D995

　　分总论、陆战法规、海战法
规、空战法规、交战者间之协约、
局外中立 6 编。

0478

战时国际公法表解 / 胡英编

上海：科学书局，1913 年 3 月初版

65 页；50 开 . —（法律政治经济学表解丛书）

主题：战争法—表解

中图分类号：D995 - 64

共 5 章。表解战时国际法基本理论、陆海战法规及中立、休战等问题。

0479

战时国际公法问答 / 邱培豪编

上海：大东书局，1930 年 1 月初版

［12］，96 页；50 开 . —（百科问答丛书）

主题：战争法—基本知识

中图分类号：D995

分战争通论和陆、海战法规及陆上海上之中立等 5 章。共拟 89 题，并解答。

0480

浙江省建设厅法规汇编 / 浙江省建设厅编

［杭州］：浙江省建设厅，1941 年出版

331 页；16 开

主题：经济法—浙江—民国—汇编

中图分类号：D929.6

内容为总务、农业牧畜、渔业、工矿、商业、合作事业、农业金融、路政、电政、航政、水利等 11 类的法规。

0481

浙江省现行建设法规汇编 / 浙江省建设厅编

杭州：浙江省建设厅，1929 年 6 月出版

［228］页：表；16 开

主题：经济法—浙江—民国—汇编

中图分类号：D929.6

收该省 1929 年 5 月底前颁行的有关建设行政、交通、农矿、工商、水利、工业等方面的重要建设法规 99 种。其中包括《渔业机关或团体代征渔船牌照费办法》、《浙江省取缔船舶水手茶役规则》、《浙江省管理船舶规则》等法规。

0482

浙江省现行建设法规汇编 / 浙江省建设厅第一科编译股

［杭州］：浙江省建设厅第一科编译股，1936 年 9 月出版

［373］页：表；16 开

主题：经济法—浙江—民国—汇编

中图分类号：D929.6

分总务、会计、交通、工商、水利等 6 部分。其中交通部分第 3 节航政，包括渔业机关或团体代征渔船牌照费办法等 16 种法规，工商部分第 2 节渔业，包括浙江省水产试验场组织规程等 4 种法规。

0483

中国海商法论 / 王效文著

上海：上海法学编译社，1930 年 8 月初版

286 页；25 开 . —（法学丛书）

主题：海商法—概论—中国—1929

中图分类号：D996.19

著者 1926 年在上海法政大学授课时，根据民初的《海商法草案》写成。出版时又根据 1929 年 12 月 30 日国民政府公布的《海商法》加以修订。与作者的《中国公司法论》、《中国保险法论》、《中国票据法论》为姊妹篇。内分绪论和本论。绪论叙述海商法的定义、沿革等；本论则根据《海商法》章次论列。

0484

中国海商法论 / 王孝通编著

上海：世界法政学社，1933 年 2 月出版

15，187，23 页；表；25 开 . —（世界法学丛书）

主题：海商法—概论—中国—1929

中图分类号：D996.19

对 1929 年 12 月 30 日国民政府公布，1931 年 1 月 1 日施行的海商法作系统论述，解释条文，旁采各国法例以资比较。分绪论、通则、船舶、海员、运送契约、船舶碰撞、救助及捞救、共同海损、海上保险 9 章。后附《海商法》全文，共 174 条。

0485

中华民国海商法 / 郭元觉辑校

上海：上海法学编译社，1930 年 4 月初版

39 页；32 开

主题：海商法—中国—1929

中图分类号：D996.19

分通则、船舶、海员、运送契约、船舶碰撞、救助及捞救、共同海损、海上保险等 8 章，共 174 条。

四　E　军事

E　军事

0486

兵舰的种种 / 张鹏飞著

上海：中华书局，1937 年 10 月初版，1938 年 5 月再版

14 页：照片；50 开

主题：军用船

中图分类号：E925.6

目录页、正文前、版权页书名：非常时期补充读物兵舰的种种。介绍战斗舰、巡洋舰、航空母舰、驱逐舰、潜水舰、特务舰等。

0487

兵器图说 ／ 刘维宣，孙惠道编著

长沙：商务印书馆，1938 年 7 月初版

56 页：图；50 开 . —（民众战时常识丛书）

主题：武器—图解

中图分类号：E92 - 64

分 5 节。介绍陆、海、空军用兵器，以及化学兵器和"可怕的"新武器。

0488

兵学辞典粹编 . 第 3 辑 ／ 吴石著

桂林：国防书店，1941 年 4 月 7 版，1944 年出版

104 页；32 开 . —（民众丛书）

主题：军事科学—词典

中图分类号：E - 61

分战争通说、军制、战略及战术、各兵种战术、要塞攻防、交通及输送、情报宣传及谋略等。其中登陆用新兵器中介绍了登陆艇、上陆艇、机动艇、登陆艇母舰、橡皮

冲锋艇、水陆两用艇、护航航空母舰、航空巡洋舰、潜水飞行两用艇、不沉母舰、游动岛屿、海底航空母舰和空中母舰等舰艇等 12 章。

0489

兵学辞典粹编初续 ／ 吴石著

桂林：个人刊，1941 年 10 月初版

[214] 页：图；36 开

主题：军事科学—词典

中图分类号：E - 61

分战争要论、新战略战术概要、新兵器概要、近代战车、空军、海军 6 章。有凡例及索引。

0490

兵学记要汇编 ／ 童元亮编

南京：监务缉私督察人员训练班，1935 年 10 月出版

48 页：图；23 开

主题：军事—基本知识

中图分类号：E - 49

军事常识，共 15 篇。包含国防、战略、动员、军制、战术、兵器、筑城、地形、交通、通信、战车、化学战、航空、防空、海军。

0491

玻根维尔吉尔贝特海空战 ／ 中华日报社编纂室编

上海：中华日报社，1944 年 1 月

出版

84 页；32 开 . —（中华日报社时局小丛书）

主题：太平洋战争—史料

中图分类号：E195.2

日伪出版物。收《玻根维尔岛战争发生之原因》、《玻根维尔岛海空战始末》、《日本军事专家谈太平洋战局》、《松岛大佐发表太平洋战况》、《松永少将谈玻岛空战》、《第一次吉尔贝特岛海空战》《吉尔贝特之战》等 28 篇。

0492

长期抗战中的国防计划／葛扶南编译

上海：南华出版社，1938 年 1 月初版

120 页；32 开

主题：抗日战争—国防计划—中国

中图分类号：E296.1

分中国的国防、国防中心区、陆军的国防计划、海军的国防计划、空军的建设及其计划、铁道国防计划、国防资源的诸问题、国防工业的建设、国防财政、食粮政策、广义国防计划等 12 章。

0493

城塞工程／罗云平著

重庆：商务印书馆，1946 年 3 月

初版，1946 年 12 月沪初版

158 页：图，表；32 开 . —（国防科学丛书）

主题：军事工程

中图分类号：E951.1

分总论、今日国防筑城之方式、城塞之设计及建筑、陆疆筑城、海疆筑城、城塞之局部构造及附属设施、筑城应用力学 7 章。

0494

重庆灵甫接舰专刊／长风社主编

香港：星岛日报，1948 年出版

168 页；16 开

主题：海军—中国—民国—资料

中图分类号：E296.53

介绍接收"重庆号"、"灵甫号"二兵舰的情形，并有生活素描、海外留痕等部分。

0495

船舶输送学／黄家濂编

［出版地不详］：［出版者不详］，1939 年出版

53 页；32 开

主题：水路运输—运输勤务

中图分类号：E296.43

分 2 编：海岸防御、上陆作战。

0496

船舶输送学

北平：武学印书馆，1945 年 1 月

出版

22 页：表；23 开

主题：水路运输—运输勤务

中图分类号：E296.43

沧陷区出版物，分 4 章。介绍船舶运输的沿革、特点、种类，以及海运的机关业务、基地、计划、作战等。附《第某师配船表》等。

0497

船舶输送应用作业 ／ ［陆军大学］编

［出版地不详］：［编者刊］，［1931］年出版

64 页：图，表；24 开

主题：水路运输—运输勤务—中国—民国

中图分类号：E296.43

包括调查敌国船舶送力应注意文件若何、连山湾之筑港、第四军各部队单位所需船舶吨数一览表等。附《连山湾海运基地设备略图》等 17 种。

0498

船舶运输勤务 ／ 谢海泉编著

南京：联勤干训班，1947 年 8 月初版；1948 年 6 月 3 版

316 页；32 开 .—（军事丛书）

主题：水路运输—运输勤务—中国—民国

中图分类号：E296.43

分绪论、船舶、航路、港埠、船用器材、船用燃料、平时水路军运勤务、战时水路军运勤务、船舶运输勤务之管理与组织 9 章。附《水路军运规则》等 9 种。

0499

船艺 ／（美）朱廷杰译

［出版地不详］：海军部总司令部编纂处，1947 年 1 月—1948 年 2 月出版

3 册（28，110，100 页）：图，照片；32 开

主题：船艺—军用船

中图分类号：E925.6

第 1 册介绍舰艇的组织和值更的组织；第 2 册介绍索锥船艺、锚艺、驾驶军舰等；第 3 册介绍救火和损伤管制等。

0500

达达尼尔海峡登陆战史 ／ 万祖章编

［出版地不详］：陆军大学，1947 年出版

［194］页：图，表；25 开

主题：第一次世界大战战役—登陆战役

中图分类号：E194.3

正文书名前题《第一次世界大战东战场》，分 14 章。介绍1915 年英法联军进攻达达尼尔海

峡的作战计划及经过。附录：《中西译文名对照表》。

0501

大东亚战争与日本海军／大本营海军报道部著

上海：《申报》社，1943 年 5 月出版

139 页；32 开

主题：太平洋战争—海军—日本—史料

中图分类号：E195.2

日伪出版物。收《夏威夷大海战》、《特别攻击队》、《马莱附近大海战》、《潜水艇作战》、《南方战线报告》等 12 篇。有陈彬和序。

0502

大炮飞机坦克车，又名，新兵器常识／浦震鸥著

汉口：全民出版社，1938 年 6 月初版

36 页；36 开 . —（民众抗战知识丛书）

主题：武器

中图分类号：E92

介绍枪、炮、军舰、潜水艇、机械化兵器、军用飞机等新兵器。

0503

大战后欧陆军务之一瞥／余乃仁编著

上海：大东书局，1930 年 2 月出版

[26]，334 页：表；32 开

主题：军事实力—欧洲

中图分类号：E505

分别介绍法、德、意、苏四国的军政机关、军役制、军队编制、军事教育，及实力统计、军费等。

0504

大战前夜的各国军备／沙尼编

上海：大陆出版社，1938 年 5 月出版

114 页：图，表；32 开

主题：军备—第二次世界大战—世界

中图分类号：E118

分 19 篇。包含日本军备异态、美国的国际实力、德国上下积极备战、法英商定军事合作、苏联的海军、远东前线等。

0505

大众军事知识／陶晓光编

[上海]：战时大众知识社，1937 年 10 月初版，1937 年 12 月汉口再版

90 页：表；36 开 . —（战时大众知识丛书）

主题：军事—基本知识

中图分类号：E - 49

分 10 章。介绍战争、国家总

动员和陆海空军常识。

0506

德国的实力 / 中央宣传部国际宣传处编译

［出版地不详］：正中书局，1941年3月初版

82页；32开 . —（国际问题小丛书）

主题：军事实力—德意志第三帝国

中图分类号：E516.5

选译自美国杂志，共10篇。包含《革命性的战争》（勒纳），《德国军事上的成功》（维拉德），《德国军事学新原理》（尼克生），《希特勒的武备》、《第五纵队的组织和任务》（多立司高氏），《德国的新海军》（爱立奥脱）等。

0507

德国军备 / 军令部第二厅第二处编

［出版地不详］：陆军大学校（印），1943年4月初版

142，［38］页：图，表；23开 . —（敌国兵备丛书）

主题：军备—德意志第三帝国

中图分类号：E516.18

分8章。介绍德意志概况、德国国防方针及国军机构、德国当代著名将领，以及德国陆海空军的编制与装备。

0508

德意志最高统帅 /（德）福根海著；训练总监部军学编译处译

南京：军用图书社，1933年3月出版

282页：图，表；25开

主题：第一次世界大战—德国—资料

中图分类号：E516.9

从日译本转译，分9章。包含参谋总长之更迭、以最耳河畔之会战并罗兹附近之会战、革次力—塔诺甫之突破及其成果、一千九百十五年夏秋季对俄国作战停止无限制潜水艇战等。

0509

地形学教程 / ［中央陆军军官学校］编

［出版地不详］：编者刊，［1931年1月］出版

2册（150，217页）：图；24开

主题：军事地形学—教材

中图分类号：E991

包含海洋、海流、潮汐、波浪、海岸、海部诸设备等内容。

0510

第二次世界大战东西两洋海战简史 / 雷龙浴改编

［出版地不详］：海军总司令部新

闻处（印）

44 页；32 开 . —（海军小丛书）

主题：第 二 次 世 界 大 战—海战—战争史

中图分类号：E195.2

分前言、大西洋海战、太平洋海战、东西洋海战总检讨等 4 章。

0511

第二次世界大战实录／江嵩译

上海：国民图书编译社，［出版日期不详］

76 页；36 开

主题：第二次世界大战战役

中图分类号：E195.2

分 7 节。波兰之战，挪威之战，法、比荷之战，南斯拉夫及希腊之战，非洲之战，苏联之战，吨位之战（指潜艇战）。所录截至 1943 年 7 月。

0512

第二次世界大战述要／卢凤阁编

［出版地不详］：陆军大学印，1946 年出版

26 页；32 开

主题：第二次世界大战—战争史

中图分类号：E195.2

收《关于编纂第二次世界大战史内容应如何排列之商榷》和《关于第二次世界大战各战役所得之教训》两篇文章。

0513

第二次世界大战与各国军备／国民新闻社译述

上海：国民新闻图书印刷公司，1942 年 6 月出版

242 页：图；36 开 . —（国民新闻丛书）

主题：军备—第二次世界大战—世界

中图分类号：E118

收《世界战争与各国之去就》、《全世界在战争旋涡中》、《不可轻视的美国海军》、《英军的实力和编制》、《德国海陆空军力》等译文 28 篇。

0514

对倭作战资料 . 第 2 辑／桂林行营参谋处编

［桂林］：［编者刊］，1939 年 5 月出版

140 页：图，表；32 开

主题：抗日战争—作战—资料—中国

中图分类号：E296.93

分 3 部分。第 1 部分军事，包括在华日军兵力部署、损失情况，日国防预算情况等；第 2 部分政治，包括日内阁调整阵容，苏日渔业纷争续记等；第 3 部分附录，包含《第三战区敌军伤亡调查统计

表》、《第三战区敌特务机关名称及活动概况调查表》等 3 种。

0515

二次大战之前夕与世界军备／萧剑青编著

上海：合众书店，1939 年 6 月出版

262 页：图；32 开

主题：军备—第二次世界大战—世界

中图分类号：E118

分回忆之页、最近国防动乱之概况、第二次世界大战之前夕、最近各国军备及其他、第二次世界大战预测等 5 编。

0516

二次大战中战术与武器之新姿态／张叔方著

［出版地不详］：中国工程师协会辰溪分会（印），1944 年 3 月出版

112 页：图，表；32 开 . —（海军小丛书）

主题：第二次世界大战—战术

中图分类号：E195.2

分 5 部分。介绍步兵、炮兵、战车兵、空军、海军的战术与武器。

0517

二次世界大战简史：地中海战争之

部／陈素农讲述

［出版地不详］：中央陆军军官学校，［出版日期不详］

38 页：图；36 开

主题：第二次世界大战—战争史

中图分类号：E195.2

包含英军北非登陆、突尼西亚战役的经过、西西里岛的争夺战、意大利本土的进攻、盟军与轴心军空军的比较、意大利投降、打通缅甸通路等内容。

0518

二次世界大战秘密武器荟谭／王钟琴编

重庆：文通书局，1946 年 8 月出版，1947 年 3 月沪再版

108 页；36 开 . —（海军小丛书）

主题：第二次世界大战—武器

中图分类号：E195.2

共 129 小节。介绍二次世界大战美、中、英、法、德、日、苏等国有关军事的新发明、新武器、新装备、新措施及新消息等。附《中国抗战大事记》、《太平洋战事大事记》、《欧战大事记》等 4 种。

0519

二次世界大战之教训／威廉·齐夫著；周新译

重庆：时代生活出版社，1943 年

11 月初版

38 页；36 开

主题：第二次世界大战战役—研究

中图分类号：E195.2

评述苏德战争、英伦之战、挪威之役、珍珠港袭击等战役的教训，论证迅速击溃德日法西斯应采用的军事战略。

0520

非常时期之军事知识／陈沐编

上海：中华书局，1937 年 5 月初版，1937 年 8 月再版，1938 年 7 月 3 版

174 页：图，表；32 开 . —（中国新论社非常时期丛书）

主题：军事—战时—基本知识

中图分类号：E - 49

分 14 章。介绍现代战争的形态，中国的国防机关、陆海空军的组织、兵种性能、任务、武器，以及国家总动员等。其中海军介绍了海军的组织、舰种性能、任务和武器等，共 3 章。

0521

各国海军概要／内外通讯社编译

[南昌]：编译者刊，1934 年 2 月出版

65 页：表；23 开 . —（内外类编）

主题：海军—概况—世界

中图分类号：E153

译自《国联军备年鉴 1933 年》，该年鉴据各国供给国联秘书处的军备报告编成，截至 1932 年 3 月 1 日。包括英、美、日、法、意、德、荷、西班牙、丹麦、挪威、瑞典、希腊、阿根廷、巴西、智利等 15 国的海军装备统计。

0522

各国军备年鉴／国际联盟会编；陈懋林译

[出版地不详]：参谋本部第一厅，1935 年出版

[328] 页：表；18 开

主题：军备—世界—1935—年鉴

中图分类号：E118 - 54

译自国际联盟会出版的《各国军备年鉴1934 年》，分欧美列强军备年鉴、亚洲各国军备年鉴 2 部分。介绍法、意、英、德、苏、日、暹罗、伊朗、土耳其、阿富汗等国的情况，包括人口、领土、军费、陆海空军兵力、装备、兵役制度、军令军政机关、军管区域分配等。

0523

各项船舶旗帜图说

[出版地不详]：[出版者不详]，[出版日期不详]

36 页：图；8 开

主题：军用船—军旗—中国—民国

中图分类号：E296.2

0524

国防常识／吴光杰著

上海：中华书局，1937 年 10 月出版

232 页：图，表；32 开 . —（国民军事常识丛书）

主题：国防—基本知识—中国—民国

中图分类号：E296.1

据《国防刍议》修订而成，本书共 8 章。书前有著者的《国民军事常识丛书国防常识缘起及再版弁言》。其中，海军之研究包括各种兵舰之性能及装备之概要、鱼雷及水雷之构造及其功用、军港及海岸要塞、我国海军建设应取之步骤等。

0525

国防刍议／吴光杰著

南京：著者刊，1932 年 6 月初版，1933 年 10 月出版

170，32 页：图，表；23 开 . —（国民军事常识丛书）

主题：国防—概论—中国—民国

中图分类号：E296.1

分总说、国民军事教育之研

究、我国陆军征兵制度之研究、空军之研究、海军之研究、兵工政策、兵工厂之规划、粮食及移民问题等 8 章。

0526

国防地理／胡焕庸著

重庆：国防文化出版社，1938 年 8 月初版

142 页；32 开 . —（国防丛书）

重庆：青年书店，1938 年 8 月出版，1939 年 10 月 3 版，1944 年 2 月出版

116 页；32 开

重庆：青年出版社，1939 年出版，1940 年 1 月再版，1944 年 2 月出版

116 页；32 开 . —（国防丛书）

主题：国防—军事地理—中国—民国

中图分类号：E993.2

分疆域、人民、资源、交通、边防、海防 6 章。

0527

国防地理新论／沙学浚著

重庆：商务印书馆，1943 年 9 月初版，1944 年 12 月再版，1946 年 6 月沪初版

201 页：表；16 开 . —（国防丛刊）

主题：国防—军事地理学

中图分类号：E993

分地位价值、海洋国家、日本绝不能以苏代美、美日经济力量之比较、日本南进之比较、太平洋战争之地理基础、印度洋上的地理形势等 19 篇。

0528

国防工程／张峻，杜拱辰著

重庆：现代防空出版社，1944 年 7 月初版，1945 年 8 月再版

55 页：图，表；16 开 . —（军事工程丛书）

主题：国防工程

中图分类号：E95

分国防线之布置、城市建设与国防、铁道与国防、公路与国防、筑港与国防、城塞建设、飞机场建设、工业与资源等 8 章。

0529

国防基本兵器讲话／李鸿琼著

[出版地不详]：上海杂志公司，1938 年 3 月粤初版

184 页：图；32 开 . —（新军事学丛书）

主题：武器—基本知识

中图分类号：E92

分 6 章。介绍枪、炮、战车、装甲汽车、军舰、水雷、军用飞机、飞艇、枪弹、炸弹、军用毒瓦斯、信号剂等现代战争中基本兵器

的性能及使用。

0530

国防建设／李藩昌著

汉口：法租界泰兴里十六号（总发行所），1933 年 6 月出版

212 页：图，表；16 开

主题：国防建设—研究—中国—民国

中图分类号：E296.1

分交通、陆军、海军、空军、兵器、化学战、化学人才与化学工业、海防、江防、边防、工业与国防、主要生活品 12 章。附《东三省森林调查表》等 3 种。

0531

国防建设刍议／田西原著

北平：陆军大学校，1931 年 9 月出版

[414] 页：图，表；24 开

主题：国防建设—概论—中国—民国

中图分类号：E296.1

分 7 篇。包含绪论、列强兵备之观察、空防、海防、陆防、国防之完成、结论。

0532

国防论／周亚卫著

北京：著者刊，1926 年 3 月出版

[70] 页：图，表；23 开

主题：国防—概论—中国—民国

中图分类号：E296.1

分 10 章。包含总论、兵役制度及陆军兵额、陆军编制、国防费、警察与国防、海军等。附《军区及军队配置表》、《军区配置图》、《陆军统辖系统图》、《列国军队配概观》等。

0533

国防论讲义／曹让尊编

[出版地不详]：广西省会公安局警士教练所，1932 年 6 月初版，[1932] 年出版

164 页；32 开

主题：国防—概论—中国—民国

中图分类号：E296.1

分总论、陆军、海军、空军、中国国防之攻守形势与边防问题、物力、财政问题等 7 章。

0534

国防与潜艇／（德）保尔（Bauer）著；王光祈译

上海：中华书局，1935 年 1 月初版，1936 年 8 月再版

68 页：表；32 开 . —（国际丛书）

主题：潜艇

中图分类号：E925.66

原名《潜艇》，1931 年出版，分 2 篇。介绍潜水艇的作用、种类

及性质。附《世界五大海国潜艇实力表》。

0535

国防原论／（日）佐藤六平著；训练总监部军学编译处译

南京：军用图书社，1934 年 2 月初版，1935 年 7 月再版

198，108 页：表；25 开

主题：国防—概论—世界

中图分类号：E115

附《国际联盟规约》、《一九三〇年海军条约》等 8 种，原书著于 1930 年，著者为日本海军大佐、法学士，分 14 章。包含国家、国家与国防、军备、战争、军纪纲纪、统帅权与国务大臣、国防费、列强海军方针、列强海军之现势、现代国防（广义国防）等。

0536

国际联盟军备年鉴：1933／内外通讯社译

[出版地不详]：中国文化学会，1934 年 6 月出版

1085 页：图，表；18 开

主题：军备—世界—1934—年鉴

中图分类号：E118 - 54

根据 1923 年 7 月国联大会及理事会议案所定纲领编行。介绍法、比、德、奥、匈、葡、西、荷、意、土、英、苏、中、日、美

等 64 国的陆海空军情况，包括组织编制机构、实力、征募服役制度、国防经费等。有蒋中正序及原序（未署名）。

0537

国民军事常识／蒋愧吾主编

　　上海：国民军事常识编译社，1937 年 5 月再版

　　270 页：图，表；25 开

　　主题：军事—基本知识

　　中图分类号：E-49

　　　分 4 编。介绍陆海空军、防空的一般常识、世界列强的发展概况。

0538

海防炮兵笔记／陆军炮兵学校要塞干部训练班第一期编

　　[出版地不详]：编者刊，1947 年 10 月出版

　　[380] 页；32 开

　　主题：海军—海防战术—中国—民国

　　中图分类号：E296.53

　　　分 8 部分。介绍海防战术、海防炮兵战术，高射炮兵战术。

0539

海军部海岸巡防处二十年工作报告书／[海军部]编

　　[出版地不详]：[编者刊]，[出版日期不详]

　　35 页：冠像，表；36 开

　　主题：海军岸防兵—军事机关—工作报告—中国—民国

　　中图分类号：E296.53

　　　收报告 21 篇。包含本处各舰艇全年重要工作、派兵随护商轮、编译气象专用术语及地名对照表、调整海军上海电台波长之经过等。

0540

海军部海岸巡防处二十年工作报告书

　　[出版地不详]：[出版者不详]，[出版日期不详]

　　[20] 页：冠像，表；16 开

　　主题：海军岸防兵—军事机关—工作报告—中国—民国

　　中图分类号：E296.53

　　　收报告 19 篇。附《巡防工作一览表》。

0541

海军部所属各机关编制表

　　[出版地不详]：[出版者不详]，[出版日期不详]

　　629 页：表；16 开

　　主题：海军—军事机关—军队编制—中国—民国

　　中图分类号：E296.53

　　　包括航艇、军港司令部、海道测量局、海岸巡访处、海军学校、

海军医院、弹药库、造船所、陆战队等机关的编制表。每表分职别、阶级、任别、人数、薪俸、饷洋、薪俸饷洋结数、备考8栏。

0542

海军采访 / 海军总司令部新闻处编

[出版地不详]：编者刊，[出版日期不详]

72页；32开.—（海军小丛书）

主题：海军—中国—民国—文集

中图分类号：E296.53–53

收文15篇。包含《桂永清将军访问记》（铁面）、《第二批官兵赴英按舰剪影》（齐国勋）、《海军军官学校素跰》（员文）、《喜记海军浦口工厂》（诚云）等。

0543

海军常识 / 刘维宜，孙惠道编著

长沙：商务印书馆，1938年7月初版

26页；50开.—（民众战时常识丛书）

主题：海军—基本知识

中图分类号：E153

以甲乙问答形式介绍海军的基本知识。

0544

海军大事记 / 海军总司令部编

重庆：编者刊，1943年出版

28，178页；16开

主题：海军—大事记—中国—1867—1941

中图分类号：E295

逐年记载中国海军大事。上卷前清同治六年（1867年）至宣统三年（1911年），下卷民国元年（1912年）至民国三十年（1941年）。

0545

海军赴日视察团笔记 / 姜西园著

[出版地不详]：[出版者不详]，1943年11月出版

56页；32开

主题：海军—日本

中图分类号：E313.53

日伪出版物。此书为其1943年9月26日至11月11日赴日视察时每日活动的情况记录。

0546

海军监察工作概述：教字第37号 / 中央训练团监察官训练班编

[出版地不详]：编者刊，1948年3月出版

18页；表；25开

主题：海军—军事监察—中国—民国

中图分类号：E296.53

分7部分。介绍海军监察机构

的设置、海军监察业务实施情况、海军舰队、海政单位的监察等。附:《青岛海军学校美顾问视察某舰报告书》。

0547

海军建设:中央训练团党政训练班讲演录 / 陈绍宽讲

　　[出版地不详]:中央训练团,1943 年 11 月出版

　　13 页;32 开

　　主题:海军—军队建设—中国—民国

　　中图分类号:E296.53

　　讲述中国需要海军的原因,海军的任务,海军的水上建设(舰队建设)、岸上建设及训练人才等。

0548

海军舰炮操典 / 海军部编订

　　[出版地不详]:京华印书馆,1932 年 1 月出版

　　2 册([416],[396] 页):表;64 开

　　主题:舰炮—操作

　　中图分类号:E924.91

　　收文 44 篇。介绍英、法、德、俄、日、荷、奥等国所造各种炮的操法。附《海军龟雷炮操法》等。

0549

海军舰艇图表 / 海军部编

　　[出版地不详]:编者刊,1933 年出版

　　[106] 页:图,表;横 16 开

　　主题:军用船

　　中图分类号:E925.6

　　介绍 1933 年中国海军 53 艘舰艇(包括巡洋舰、驱逐舰、鱼雷艇、炮艇)的简单情况,每艘舰艇配有照片。

0550

海军抗战事迹 / 海军总司令部编译处编

　　[出版地不详]:编者刊,1941 年 12 月出版

　　[43],418 页:冠像,表;16 开

　　主题:国民党军—海军—抗日战争时期战役战斗—史料

　　中图分类号:E296.93

　　分 5 类。海军抗战纪事、论述、舰队战绩、炮队战绩、雷队战绩。共 79 篇。附《海军现有及抗战损失舰艇吨位一览表》。

0551

海军庆祝蒋总统李副总统就职特刊 / 海军总司令部政工处编

　　[出版地不详]:编者刊,[1948]年出版

　　25 页:照片;32 开

主题：海军—中国—民国—资料

中图分类号：E296.53

0552

海军通信辑要 ／ （美） James M. Lewis 编；海军部海军编译处译

　上海：译者刊，1930 年 12 月出版

　96 页；23 开

　主题：军用通信—海军

　中图分类号：E967.3

　　分 11 章。介绍海军通信的任务，陆地、水上通信，无线电罗经与水下传音器，无线电官信号官及舰书记官的职责，机密与秘密刊物及明密号码，有形通信法等。

0553

海军通语旗书 ／ 海军总司令部编

　［出版地不详］：编者刊，1946 年再版

　465 页：图，表；16 开

　主题：旗语—海军

　中图分类号：E967.3

　　分 48 类。包含通语旗表、夜号表、手号表、布阵类、对敌类、追逐类、布置行列类、行驶类等。

0554

海军统计：中华民国廿年 ／ 海军部编

　［出版地不详］：［出版者不详］，

［1931 年］出版

　152 页：图，表；16 开

　主题：海军—统计资料—中国—1931 年

　中图分类号：E296.53 - 66

　　分总务、军务、舰政、军学、军械 5 类。收表 117 个。

0555

海军统计：中华民国廿一年 ／ 海军部编

　［出版地不详］：［出版者不详］，

［1932 年］出版

　170 页：图，表；16 开

　主题：海军—统计资料—中国—1932 年

　中图分类号：E296.53 - 66

0556

海军统计：中华民国廿二年 ／ 海军部编

　［出版地不详］：［出版者不详］，

［1933 年］出版

　145 页：图，表；16 开

　主题：海军—统计资料—中国—1933 年

　中图分类号：E296.53 - 66

　　分总务、军务、舰政、军学、陆战队、军械 6 类。收表 113 个。

0557

海军战记 ／ 大本营海军报道部编；

（伪）治安总署译

[出版地不详]：译者刊，1943 年 6 月出版

[220] 页：图，表；32 开

主题：太平洋战争—海军—史料

中图分类号：E195.2

日伪出版物。收《圣战之大使命》（岛田繁太郎）、《武力战与思想战》（小川贯尔）、《全面胜利之建设战》（平出英夫）、《珊瑚海海战》、《雄厚无比爆击作战》、《第二次特别攻击队》、《东太平洋作战》、《中国方面的作战》、《所罗门海战》、《南太平洋海战》等 10 篇。附：《大东亚战争海军作战经过一览表》（1941 年 12 月 8 日至 1942 年 10 月 31 日）。

0558

海军战纪：二次大战间的海军实录／（英）塔佛累尔著；田其吉译

重庆：文摘出版社，1944 年 1 月出版

229 页；32 开

主题：第二次世界大战—海军—史料

中图分类号：E195.2

收《挪威海湾的战斗》、《海军在荷兰》、《丹刻克的故事》、《海军的水雷战》、《无处不有的海军》、《"格拉夫斯比上将"号的最后巡行》等 12 篇。

0559

海军战略／（美）马罕（A. T. Mahan）著；蔡鸿干译

[出版地不详]：海军第二工厂学术研究室，1944 年 10 月初版

69，424 页：图；36 开

主题：海军战略

中图分类号：E815

书名页题名后题：《海陆军战略原理与应用之比较研究》，1887 年至 1911 年美国海军大学讲义。分 15 章。包含绪论、史例与批判、基础与原理、墨西哥湾与加勒比海之战略形势、日俄战争之研究，海岸设防与海军战略之关系等。有马罕年表（1840 年 9 月 27 日—1914 年 12 月 1 日），记录了马罕一生所得的荣誉学位，及马罕著作一览。

0560

海军战略讲义．第 3 编／（日）寺冈谨平著

[出版地不详]：[出版者不详]，[出版日期不详]

71 页；16 开

主题：海军战略

中图分类号：E815

1935 年至 1937 年在南京海军部的讲稿，分 7 章。讲述战略计划的要素、作战目标与作战目的、作战计划、战策、海岸作战等。

0561

海军战史／海军总司令部编

[出版地不详]：编者刊，1941 年
10 月出版

72 页；16 开

主题：国民党军—海军—抗日战
争时期战役战斗

中图分类号：E296.93

1937 年 7 月至 1941 年 10 月海
军抗战史，共 7 篇。分别介绍第
一、二、三阶段的战斗，沿海各地
战役，以及其他任务等。

0562

海军战术讲义／何希琨编

[出版地不详]：陆军大学，1945
年出版

2 册（136，104 页）：图，表；
25 开

主题：海军—战术—中国—民国

中图分类号：E296.53

分海战概念、战术与兵术、海
军战术之要素、海军战术、陆海空
联合作战 5 编。附录《海军战术
应用之参考资料》。

0563

海军战术讲义／（日）寺冈谨平著

[出版地不详]：[出版者不详]，
[出版日期不详]

2 册（58，95 页）：图，表；16 开

主题：战术—海军

中图分类号：E153

第 2 编为 1920 年至 1923 年讲
稿，为具体海战法。第 3 编为
1935 年至 1937 年讲稿，讲述兵棋
演习。

0564

**海军战术讲义. 第 1 编／（日）寺
冈谨平著**

[出版地不详]：陆军大学印，
1945 年出版

67 页；16 开

主题：战术—海军

中图分类号：E153

著者 1935 年至 1937 年间对国
民党海军干部的讲稿。分总论、命
令、报告及通报、命令报告及通报
之传达、航行、碇泊、补充、人员
补充、舰队工作等 9 章。

0565

海陆空军在苏联／邵芙编译

[出版地不详]：新生出版社，
1938 年 4 月出版

97 页；36 开

主题：军事实力—苏联

中图分类号：E512.5

分 12 节。介绍红海陆空军的
童年时代，红海陆空军的实力、成
分、政治教育和文化修养，军事交
通问题，远东军的总司令——加伦

将军，大演习的实况等。

0566

海南岛抗战概观与我的抗战自写／
周栽彬著

[出版地不详]：[出版者不详]，
[1945 年] 出版

65 页；32 开

主题：国民党军—抗日战争时期
战役战斗—海南—1939

中图分类号：E296.93

内分海南岛抗战概观、我的抗
战自写、战时文献等 3 部分，收文
20 余篇。

0567

海外军事写真／周氏编译

广州：广州九曜坊真平印务局
（印），1932 年 4 月出版

164 页：图；25 开

主题：军事—概况—世界

中图分类号：E1

分坦克车、飞行机、防空武
器、战舰、潜水艇、射击、钢甲
车、各国军队近况 8 部分。

0568

海洋国之日本／（伪）华北政务委
员会①政务厅情报局编

[出版地不详]：编者刊，1943 年
7 月出版

24 页；32 开 . —（时局丛书）

主题：海军—日本—现代—文集

中图分类号：E313.53 - 53

日本同盟社为纪念第 38 次日
本海军纪念日，以"谈海洋国日
本"为题，采访日本海军将领的
报道，共 4 篇。包含《高桥三吉
大将与同盟社记者对谈》、《小林
济造大将与同盟社大平编译局长对
谈》、《山本大将与大平局长对
谈》、《末次大将与大平局长对
谈》。

0569

海战史／唐宝镐编

[出版地不详]：海军部海军编译
处，1932 年 9 月出版，1933 年 9
月出版

258 页；23 开

主题：第一次世界大战—海
战—战争史

中图分类号：E194.3

第一次世界大战中海战史，共
4 编。介绍欧洲大战起源经过，
1914 年 8 月至 1915 年 8 月、1915
年 8 月至 1916 年 8 月的海战状况，

---

① 伪华北政务委员会：1937 年 12 月，在日本侵略者的扶植下，汉奸王克敏、王揖唐等在
北平（今北京市）成立傀儡政权"华北临时政府"，其全称为"中华民国临时政府"。1940 年 3
月 30 日，入"汪伪"政权，改称"华北政务委员会"。

1916 年 8 月至休战时的状况等。
有编者绪言。1933 年版目录页及
书名页书名:《最近世界海战史》。

0570

航空母舰／航空委员会编

[出版地不详]:编者刊,[出版
日期不详]

20 页:表;32 开 . —(航空小丛
书)

主题:航空母舰

中图分类号:E925.671

　分 4 节。介绍航空母舰的沿
革、性能、任务,以及各国航空母
舰的概况。

0571

后方勤务令八种

[出版地不详]:[出版者不详],
[出版日期不详]

[274] 页:表;16 开

主题:条令—军队后方勤务—中
国—民国

中图分类号:E296.43

　包括《战时辎重兵大队勤务
令》、《辎重监视队勤务令》、《弹
药大队勤务令》、《预备马厂勤务
令》、《兵站勤务令》、《海岸监视
哨勤务令》、《卫生队勤务详说》。

0572

甲午战前李鸿章的海防建设／刘

雄祥著

[出版地不详]:[出版者不详],
[出版日期不详]

[6] 页;18 开

主题:海防—国防建设—研究—
中国—清后期

中图分类号:E295.2

0573

甲午战争的教训／钱安毅编著

重庆:正中书局,1939 年 2 月
初版

47 页;32 开 . —(战争问题丛
刊)

主题:中日甲午战争—研究—
中国

中图分类号:E295.2

　分 6 节。包含战前的中国日本
与朝鲜、大战的先兆、大战的前
夕、战事之进行、和议和历史的教
训等。附《甲午战争有关大事年
表》和《甲午战争重要关系人物
表》。

0574

甲午中东战事之回溯及余评／万
耀煌著

[出版地不详]:中央陆军军官学
校教育处图书馆,1943 年 2 月初
版

52 页:图;36 开 . —(黄埔丛
书)

主题：中日甲午战争—研究—中国

中图分类号：E295.2

0575

甲午中国海军战绩考／张荫麟著

北平：国立清华大学，1935 年 1 月出版

36 页；18 开

主题：中日甲午战争—战绩—中国

中图分类号：E295.2

《清华学报》抽印本。分丰岛之战、黄海之战、威海卫之守御 3 部分。考证甲午战争时中国海军的成绩。

0576

舰队航海术讲义／（日）寺冈谨平著

南京：海军部，1935 年出版

70 页；16 开

主题：战术—海军

中图分类号：E153

分 8 章。讲述舰队的运动法要旨、运动力要素、出港入港，以及战略与战术运动等。

0577

舰机名目分图初集／张斌元编

[出版地不详]：[出版者不详]，[1914 年]出版

212 页：图；16 开

主题：舰用机枪

中图分类号：E922.16

中英两种文字刊印。1914 年 10 月北洋政府海军部准刊行。本书为图集，共收 94 幅图。书前有海军部总长刘冠雄题词。

0578

将来的列强海军情势／（日）关报郡平著；洪涛译

[南昌]：内外通讯社，1934 年 2 月出版

16 页；25 开 . —（内外类编）

主题：海军—军事实力—世界

中图分类号：E153

原文载《外交时报》新年号，研究 1936 年后列强的海军情势，说明列强尤其是英、美、日、法、意五大海军国的国策与海军力量，检讨其相互间的关系。分 8 章。包含国策与海军的关系、日本的对外政策与海军、列强的建舰情况、中俄两国的海军及空军充实计划、日本的建舰事业、海军军备缩小问题与日本之立场等。

0579

将校袖珍／金式等编

南京：军用图书社，1935 年 4 月出版

[898] 页：图，表；32 开

主题：战略战术

中图分类号：E8

分上、下册。上册包括第 1—8 篇，包含各国战略单位之编制及装备概要表、战术上常用数量概数表、各种计划范例、各种命令范例、辎重及兵战、输送、筑城、爆破。下册包括第 9—17 篇，包含渡河（架桥）、通信联络、谍报、兵器（炮兵在内）、化学战、航空及防空、机械化、海军、附录。

0580

交通学附录

[出版地不详]：中央陆军军官学校成都分校，1938 年出版

182 页：图，表；25 开

主题：军事交通—教材

中图分类号：E951.3

分 4 篇。包含电话勤务，闪光勤务，旗语，信号板，陆空连络。

0581

交通学教程／陆军训练总监编

[出版地不详]：编者刊，1916 年出版

2 册（232，181 页）；32 开

主题：军事交通—教材

中图分类号：E951.3

第 1 卷 4 篇，包含道路、渡河、铁路、船舶。第 2 卷 4 篇，包含通信、特种交通机关、照明机关、交通机关的沿革。本书包含港湾、船舶、港口、水深、海面积、防波堤、航路标识等内容。

0582

决战阶段／新中国编译社编

上海：新中国报社，1944 年 11 月出版

157 页；36 开 . —（新中国丛书）

主题：太平洋战争—史料

中图分类号：E195.2

敌伪宣传品。收《决战第三年之日本国力》、《太平洋敌军战略》、《血战塞班岛》等 35 篇。

0583

军舰／赵璧，归心编译

上海：国民图书编译社，[出版日期不详]

132 页：照片；36 开 . —（战事知识丛书）

主题：军舰

中图分类号：E925.6

分古代的海战和战舰、战斗舰、巡洋舰、驱逐舰、航空母舰、鱼雷、水雷、炸雷、袭舰作战记 9 部分。

0584

军舰及潜水艇之新智识／（日）平田润雄，秋田保郎著

南京：军用图书社，1933 年 3 月
出版

158 页：图，照片；32 开

主题：军用船

中图分类号：E925.6

分军舰、军舰之机关、潜水
艇、军舰及船舶之通信法、轮船、
蒸气机关发明人"简姆斯·瓦
特"、轮船发明人"洛巴脱·佛尔
通"等 9 部分。

0585

军事参考资料选集. 第 2 集／东北
联军总司令部辑

［出版地不详］：辑者刊，1947 年
5 月出版

182 页；32 开

主题：第二次世界大战—军事史
—参考资料

中图分类号：E195.2

收文 27 篇，包含《市街突击
战斗之研究》、《美军对倭军的战
术之观感》、《渡河作战之研究》、
《关于通讯联络诸问题》、《现代骑
兵战术与编制之诸问题》、《哥萨
克骑兵之训练与战术》等。

0586

军事工程学／（美）W. A. Mitchell
著；顾康乐译

［出版地不详］：译者刊，1937 年
5 月初版

286 页：图，表；32 开

主题：国防工程—理论

中图分类号：E95

共 14 章。讲述军用地图，军
用庇所、道路、铁路、桥梁、筑堡
工程，伪装，爆药及爆破，围攻工
作，化学战争，汽油引擎的军事用
途，军用动力厂，海疆防御建筑，
河港工程及港埠等内容。

0587

军事气象学大纲／朱槟海著

重庆：商务印书馆，1944 年 11
月初版，1946 年 12 月沪初版

64 页：图，表；32 开 . —（国防
科学丛书）

主题：军事气象学

中图分类号：E915

分 5 章。介绍气象通论，海、
陆、空军与天气，军事设计与气
候，以及如何发展我国的军事气象
工作等。其中，包含航海的天气障
碍和军港及飞机场地位之选择等。

0588

军事委员会海军分防计划／军令
部编；军事委员会核转

［出版地不详］：编者刊，1945 年
8 月出版

12 页：表；16 开

主题：海军—计划—中国—民国

中图分类号：E296.53

抗战胜利前拟定。附《复员时补充现有舰艇所需物资估计表》等 5 种。

0589

军事委员会海军整编计划 / 海军总司令部编造；军事委员会核转

[出版地不详]：编者刊，1945 年 8 月出版

4 页：表；16 开

主题：海军—整编—计划—中国—民国

中图分类号：E296.53

附《现有海军机关舰艇部队学校暨人员表》。

0590

军事文摘．第 4 辑 / 总政宣传部编

[出版地不详]：编者刊，[1944]年出版

178 页；32 开

主题：军事理论

中图分类号：E

汇编报章杂志译载的苏、美、英等国关于军事问题的论述与指导文章，共 18 篇。包含《苏军是怎样收复失地的》([苏]科洛美柴夫中校等)、《一九四二年十一月盟军北非登陆记》(解放军日报)、《大西洋上海战一幕》(解放军日报)、《英美空运兵团》([美]阿林)等。有编者的话。

0591

军事学讲话 / (美) G. F. 艾略忒，R. E. 杜柏著；许天虹译

福建永安：改进出版社，1941 年 8 月初版

254 页：表；32 开 . —(改进文库)

主题：未来战争

中图分类号：E81

该书原是译者与蒋学楷合译的《假如大战爆发》一书的上编，共 9 章。包含永不改变的基本法则、战士的精神、可怕的新军器、今日的空军、未来的陆上战争、未来的海上战争、关于毒气、宣传战与间谍战、战争与非武装人民。附《军队编制及军械参考资料》等 2 种。

0592

军事研究资料．第 1 期 / [(伪)参谋部①]编

南京：编者刊，1940 年 11 月出版

① 伪参谋部：1938 年底，汪精卫抵达河内宣布投敌后，即着手拼凑伪军事机关。1940 年 3 月 22 日，"参谋本部"成立，直属伪国民政府并受军事委员会统辖，是最高参谋机关并掌国防用兵事宜。1942 年 8 月 20 日，"汪伪"军事机构改组，改"参谋本部"为"总参谋部"。

42 页：图，表；32 开

主题：军事—世界

中图分类号：E1 – 55

 日伪出版物，收文 10 篇。包含《特载——蒋介石的磁铁战》、《欧战前途预测》、《新加坡军港》、《指导的地位之意义》、《落下伞部队之效能》等。

0593

军事研究资料．第 3 期／［（伪）参谋部］编

 南京：编者刊，1941 年 5 月出版

64 页：图，表；32 开

主题：军事—世界

中图分类号：E1 – 55

 日伪出版物，收文 11 篇。包含《德意志之新战争理论》（续前）、《美国国防计划之检讨》（续前）、《大英帝国的致命伤—纳粹的潜艇政策》、《美国航空科学现状》、《新加坡军港的战略地位》等。

0594

军事研究资料．第 4 期／［（伪）参谋部］编

 南京：编者刊，1941 年 10 月出版

108 页：图，照片；32 开

主题：军事—世界

中图分类号：E1 – 55

 日伪出版物，收文 12 篇。包含《德苏战争目标——乌克兰》、《美国国防计划之检讨》（续前完）、《德国战胜后的美洲》、《德英空战的检讨》、《战术研究》、《日本军事强化之我见》、《论德俄战争》等。

0595

军事研究资料．第 5 期／［（伪）参谋部］编

 南京：编者刊，1941 年 12 月出版

144 页：图，表；32 开

主题：军事—世界

中图分类号：E1 – 55

 日伪出版物，收文 16 篇。包含《第二次欧战德英军之想定与现实》、《英美对日包围线的鸟瞰》、《美军的援英战略》、《欧战与美国应采之方针》、《德国装甲部队的威力》、《苏联红军之剖析》等。

0596

军事研究资料．第 6 期／［（伪）参谋部］编

 南京：编者刊，1942 年 5 月出版

118 页：图；32 开

主题：军事—世界

中图分类号：E1 – 55

 日伪出版物，收文 14 篇。包

含《英国的危机就是美国的危机》、《美国空军的解剖》、《苏俄两大事件》、《德国之战时经济政策》、《越南与远东》、《英国的海军实力》、《太平洋之直布罗陀—珍珠港、军港一瞥》等。

0597

军事要览／陈鸿达编

江苏江阴：江苏南菁中学，1935年12月出版

154 页：图，表；23 开

主题：军事科学—青年读物

中图分类号：E - 49

青年读物。共 67 则：我国历代军事家姓名录、我国历代兵制概述、中国火器发明史、陆军师系统表、各种炮兵之性能表、日本军事最高组织、列强海军一瞥、日军费预算、防空常识等，介绍古今中外有关军事常识。附录：沈阳兵工厂、世界大屠杀、日本现役志愿兵等。

0598

军事知识／武德报社①编

北平：编者刊，1939 年 11 月出版

160 页；32 开 . —（民众丛书）

主题：军事—基本知识

中图分类号：E - 49

日伪出版物。收有关军事知识的短文 132 篇。有《气球是航空的基础》、《轰炸机》、《飞行技术》、《坦克车改变了技术》、《鱼雷》、《欧战回忆录》等。

0599

军政法规 . 第 3 辑／军政部编

南京：军政部陆军署军法司收发室，1932 年 12 月出版

3 册：照片，表；25 开

主题：军事—法规—中国—民国

中图分类号：E296.0

分 3 类：陆军（包括官制，官规、军务人事，经理、卫生、交通；军法、绥靖，教育、测量等 11 项），海军（包括官制，官规，人事，教育、测量等 5 项），空军（包括航空 1 项），收法规 176 种。

0600

抗战中的海军问题／翁仁元著

上海：黎明书局，1938 年 5 月初版

57 页：表；36 开

主题：抗日战争—海军—中国

---

① 武德报社：抗战时期，日本人在北平（今北京市）创办的报社。1938 年成立，社址在原《华北日报》旧址，龟谷一郎任社长，编辑人员多为汉奸。该社经常派遣中日记者分赴战地，配合"宣抚班"颂扬日军武功，编印中日亲善的文字和照片，配合日本的侵略战争。

中图分类号：E296.53

分最近列强海军的动态、中国海军未能扩充的原因、对于海军各个问题的剖析、抗战期内海军的战绩、确定海军政策与海军建设方案、必须研究新的战略与战术等 10 节。

0601

考察列强海军报告书 / 杜锡珪著

［出版地不详］：［出版者不详］，［1931］年出版

662 页；表；20 开

主题：海军—考察报告—世界

中图分类号：E153

著者曾考察日、美、英、法、德、意等国，报告书共 12 部分。介绍各国海军的实况和发展趋势，提出中国海军的复兴策略。有著者序。正文及书口书名：《欧美日本海军报告书》。

0602

考察欧美各国海军报告 / 陈策著

［出版地不详］：［出版者不详］，［1934 年］出版

270 页：图，表；23 开

主题：海军—考察报告—西方国家

中图分类号：E153

著者 1933 年奉命赴欧美考察海军。报告书分 3 篇。包含首篇叙述美、英、法、德、意等国海军实况；中篇介绍东西洋海军之沿革；末篇提出中国海军建设方案。

0603

考察欧美各国军事报告书 / 徐庭瑶等著

［出版地不详］：［出版者不详］，［1935］年出版

620 页：表；16 开

主题：军事—考察报告—西方国家

中图分类号：E1

记国民政府军事考察团 1934 年 5 月 21 日赴意、瑞士、德、捷、苏、丹麦、比利时、法、英、美等 11 国考察的情况。分概况、一般军事事项、军事教育、军队、军事工业、非军事部分，考察之所见 7 部分。

0604

科学国防新知识 / 吴沧撰

上海：永祥印书馆，1946 年 8 月初版

113 页：图，照片；32 开 . —（青年知识文库）

主题：武器—课外读物

中图分类号：E92 - 49

中学生课外读物，分 10 章。讲述火药、枪炮、子弹、毒气、坦克车与装甲汽车、海军舰艇等的基本知识。

0605

科学战争／卢南生编译

天津：天津益世报馆，1934 年
出版

[14]，326 页：图，表；23 开

主题：战争理论

中图分类号：E8

分波谲云诡之舣装、钩心斗角
之侦察与警备、军事通信战、技术
战、海上战、空中战、化学战、列
强之陆军、列强之海军、列强之空
军等 18 章。

0606

科学战争／训练总监部军学编译
处译

南京：军用图书社，1935 年 8 月
出版

12，388 页：图；32 开

主题：战争理论

中图分类号：E8

包含海上大都市的幻影、海军
机、海岸炮和攻城炮等内容。

0607

科学战争／（日）寺岛柾史著；赵
立云，吕鹏博译述

上海：商务印书馆，1936 年 2 月
初版，1938 年 5 月 4 版

142 页；32 开

主题：战争理论

中图分类号：E8

介绍未来的科学战争和科学
兵器，包括运用随意的鱼雷、潜藏
水中的机雷、怎么制服潜水艇呢、
无铆钉的军舰、同不倒翁似的汽艇
等内容。

0608

科学之军事．第 1 篇，海军篇／谢
成荣著

天津：协成印刷局，1931 年 2 月
出版

[16]，134 页：图，照片；23 开

主题：海军—军事技术

中图分类号：E9

分火药与炸药、战舰之分类、
潜艇、海上速率、原机与推进机、
战海、结论 8 节。

0609

空袭下之日本／（日）匝瑳胤次等
述；黄宇宙译

北平：和济印书局（印），1934
年 5 月初版

92 页；32 开 ．—（国防知识丛
书）

主题：防空—日本—会议录

中图分类号：E313.14

1933 年 9 月，日本东京举行
防空大演习后召开各有关人员座谈
会的记录。分陆军如何保护空袭下
之日本、海军如何防御敌机之来

袭、民间航空界如何才能防空 3
部分。

0610

两栖战由船到岸攻击法／罗宏彦著

[出版地不详]：陆军大学，1947
年出版

[20] 页：图；25 开

主题：两栖进攻—战术—中国—
民国

中图分类号：E296.53

分原因、部队编组、位置与行
动区域、下船、前进、冲锋 6
部分。

0611

两洋海空战报

[出版地不详]：[出版者不详]，
[出版日期不详]

142 页：图，表；18 开

主题：第二次世界大战—海
战—史料

中图分类号：E195.2

目录前题：《两洋海空战报及
美国空军概况》。分两洋海空战
报，美国空军概论（一）、（二）3
部分。

0612

列国海军与其国民／（英）赫克
忒·拜窝忒（Hector C. Bywater）
著；训练总监部军学编译处译

南京：军用图书社，1933 年 8 月
出版

117 页；32 开

主题：海军—世界

中图分类号：E153

据日译本重译，介绍第一次世
界大战后各国海军政策及有关问题。

0613

列强海军活动范围及其实力之比
较／（法）Chateauneuf 著；张兆译；
世界政治社编

重庆：中国国际联盟同志会，
1939 年 12 月出版

19 页：图；32 开 . —（世界政治
社丛刊）

主题：海军—军事实力—西方
国家

中图分类号：E153

原文载 1939 年 2 月《巴黎日
报》，分 6 节。介绍英、法、德、
意、日、美六国的海军实力。附
《列强海军实力最近之统计》。

0614

列强军备／江文新编著

长沙：商务印书馆，1937 年 11
月初版，1938 年 4 月再版

362 页：图，表；23 开

主题：军备—概况—世界

中图分类号：E118

介绍德、法、英、意、苏、

波、美、日等国陆海空军情况。

0615

列强军备概况 / 朱在勤，柯瀛编

上海：中华书局，1935 年 2 月初发行，1936 年 8 月再版

224 页：表；32 开 . —（国际丛书）

主题：军备—概况—世界

中图分类号：E118

分 8 章。叙述苏、美、英、法、德、意、日等国的陆、海、空军概况，以及化学的准备，军缩会议，国民训练等。

0616

列强军备概略 /［陆军大学校］编

［出版地不详］：编者刊，1936 年出版

152 页：图，表；18 开

主题：军备—概况—世界

中图分类号：E118

介绍日、苏、英、德、法、美、意的兵要地理，军管区，兵役制度，军权系统，陆海空军概况，军费等。

0617

列强军备概要 / 徐祖冶讲述

［出版地不详］：庐山暑期训练团，1937 年 7 月出版

2 册（34，48 页）：图，表；32 开

主题：军备—概况—世界

中图分类号：E118

第 1 册讲述日本军备概况；第 3 册讲述英、美、法、意、德等 5 国军备概况。

0618

列强军备及国情 . 上卷，俄日之部 / 吴光杰著

南京：个人刊，1933 年 3 月初版

192 页：照片，表；23 开 . —（国民军事常识丛书）

主题：军备—世界

中图分类号：E118

共 2 部分。分别介绍苏俄（俄罗斯苏维埃联邦社会主义共和国的简称）、日本的地理、国体，国防计划及军备情况、军事最高组织，兵役制度，青少年军事训练，陆海空军，军人待遇，军事工业，要塞，近年国防军费等。

0619

列强军备及国情 . 下卷，欧美之部 / 吴光杰著

南京：著者刊，1934 年 2 月初版

248，16 页：图，表；23 开 . —（国民军事常识丛书）

主题：军备—世界

中图分类号：E118

共 5 部分。分别介绍美、英、法、意、德的地理、政体，国防计

划及军备情况、军事最高组织，兵役制度，陆海空军，国防军费等。

0620

列强军队比较论／（日）神田孝一著；何济翔编译

上海：申报馆，1934 年 4 月初版

213 页；32 开 . —（申报丛书）

主题：战备—比较—世界

中图分类号：E118

内容基本同 1933 年 12 月军用图书社《世界列强战备比较论》一书。

0621

列强军力论／（德）维尔纳（马克斯·温纳尔，Max Werner）著；宾符等译

重庆：生活书店，1939 年 12 月初版

457 页；32 开

主题：军事实力—世界

中图分类号：E15

分武装的欧洲、苏联的军事实力、红军的进攻力量、红军的战略、德国的军事力量、国社党德国的战争原则、德国与几面前线的战争、法国的军事力量、英国扩军的结束、作为军事因素之一的意大利、红军与德国的陆军、欧洲和平阵线中的红军、站在两大阵营间的波兰、日本与苏联、美国欧洲和太

平洋等 15 章。其中第 9 章含英国海军的军备和战略等。

0622

列强军力现势／（德）维尔纳（马克斯·温纳尔，Max Werner）著；伍淑民译

上海：棠棣社，1939 年 9 月初版

395 页；32 开 . —（大时代丛书）

主题：军事实力—世界

中图分类号：E15

分军事准备中的欧洲、苏联的军事实力、红军的战略、德国的战斗力、德国和数面作战、法国的军事力量、英国重整军备的后果、军事因素中的意大利、两个对立阵线之间的波兰、日本和苏联、美国欧洲和太平洋等 15 章。有英译者序（爱德华·费次奇·霍尔德序于伦敦，1939 年 3 月 17 日）。

0623

列强军事实力／（美）G. F. 爱里华脱著；张肖海译

[出版地不详]：中国国民经济研究所，1939 年 12 月初版

87 页：表；32 开 . —（中外经济拔萃月刊丛书）

主题：军事实力—世界

中图分类号：E15

分 5 节。介绍欧战中双方的实

力及战略，以及英、法、德、苏的军事实力。

0624

列强现在之军势 ／（日）西垣新七著；训练总监部军学编译处译

南京：军用图书社，1934 年出版

367 页；32 开

主题：国防—世界

中图分类号：E115

介绍日、美、英、法等国的兵役制度，国防预算，军事训练及化学战准备情况等。

0625

列强新军器 ／ 王蔚然编译

［出版地不详］：大中国出版社，1938 年 1 月出版

81 页；32 开 . —（青年知识丛书）

主题：武器—现代

中图分类号：E92

共 5 章。分别介绍海、陆、空军及其他军种的新兵器。

0626

列强战备比较论／（日）神田孝一著；傅无退编

上海：商务印书馆，1934 年 3 月初版，1938 年 10 月长沙再版

208 页：表；32 开

主题：战备—比较—世界

中图分类号：E118

内容与 1933 年 12 月军用图书社所出版的《世界列强战备比较论》一书基本相同。

0627

陆海军警服制图说 ／ 临时大总统府公布

［出版地不详］：［出版者不详］，［1911］年出版

［250］页：图，表；16 开

主题：军服—制图—中国—民国

中图分类号：E296.2

1911 年 10 月公布。封面书名为收藏者装订后所题。

0628

陆海空军 ／ 沙米编

［出版地不详］：天真出版社，1940 年出版

44 页；32 开

主题：军事—基本知识

中图分类号：E－49

儿童读物。以问答体裁介绍陆、海、空军的常识。

0629

陆海空军各种勋表图式简说

［出版地不详］：［出版者不详］，1947 年 7 月出版

［9］页：图，表；16 开

主题：军队—勋章—中国—民国

中图分类号：E296.2

0630

陆海空军军队符号 / 军事委员会军令部编

［出版地不详］：军用图书社，1944 年出版

123 页：图；64 开

主题：军队标识—中国—民国

中图分类号：E296.2

据军令部 1938 年 3 月《军队符号草案》修正增补而成，1941 年 1 月 1 日颁布。分 5 章。包含总则、野战之部、后方勤务之部、海军之部、空军之部、要塞之部。

0631

美国的海军 / 中央宣传部国际宣传处编译

贵阳：文通书局，1942 年 1 月初版

34 页；32 开 . —（国际时事丛刊）

主题：海军—美国

中图分类号：E712.53

收文 2 篇。包含《美国的海军政策与海军问题》、《美国的海防》（鲍尔温）。

0632

美国的军备 / 美国新闻处编译

重庆：美国新闻处，1945 年 3 月出版

90 页：表；32 开

主题：军备—美国

中图分类号：E712.18

包含海军部的组织、美国的海军、海军部队及其基地、海军作战队、海军警备队等内容。

0633

美国国防形势及战略 / 中央宣传部国际宣传处编译

贵阳：交通书局，1942 年 1 月初版

38 页；32 开

主题：国防—美国—文集

中图分类号：E712.14 - 53

选译英美报刊论文。有《美国在太平洋上的防务》（《英国国际新闻公报》），《如何击败日本》（《美民族周刊》），《论英美舰队联合作战》及《美国的太平洋战略》等。

0634

美国海军概况 /（美）尔尼斯特·金氏（Admiral Ernest J. King）著

［出版地不详］：［出版者不详］，［出版日期不详］

135 页；32 开

主题：海军—概况—美国

中图分类号：E712.53

分 5 章。介绍美国海军和平战

争时期的情况、战斗情况，以及群策群力的工作作风。书前有致海军部长函（1944 年 3 月 27 日）及序言。

0635

美国在太平洋上的根据地 ／ 关根郡平著；吕一鸣译

北平：世界编译所，1932 年 11 月初版

80 页；23 开 . —（世界集刊）

主题：军事基地—美国

中图分类号：E712.13

介绍夏威夷群岛、菲律宾群岛、阿拉斯加及亚里新群岛、甘模岛、三毛亚岛的简况。

0636

美日海军比较 ／ 贞士编译

重庆：南方印书馆，1942 年 10 月出版

34 页；32 开 . —（国际问题小丛书）

主题：海军—军事实力—对比研究—美国

主题：海军—军事实力—对比研究—日本

中图分类号：E712.53

中图分类号：E313.53

收《美日海军比较》（连士升）、《日本海军与美国》（美达格辣斯）、《正视美国海军》（日伊藤

正德）3 篇。

0637

美日海战纪要 ／（美）普拉特（Flacher Pratt）著

［出版地不详］：［出版者不详］，［1944 年 3 月］出版

190 页；32 开

主题：太平洋战争—海战—战争史

中图分类号：E195.2

分 13 章。包含爪哇海之役、第一次大袭击、珊瑚海之战、中途岛的神秘（上）——进攻、中途岛的神秘（下）——反击、太平洋潜艇战、所罗门战役（上）——血染爪岛、所罗门战役（中）——东京捷运、所罗门战役（下）——夜间决战等。

0638

美日两国海军实力之比较 ／ 中央宣传部国际宣传处编译

贵阳：文通书局，1942 年 1 月初版

60 页；表；32 开 . —（国际时事丛刊）

主题：海军—军事实力—对比研究—美国

主题：海军—军事实力—对比研究—日本

中图分类号：E712.53

中图分类号：E313.53

此书以美国普尔斯顿（W. D. Puleston）著《太平洋的武力》一书第 5 章《美日海军实力的分析比较》一文为主体，与中央宣传部国际宣传处编制的《美日海军五种主要舰艇一览表》合编而成。分主力舰、航空母舰、巡洋舰、驱逐舰、潜水舰 5 项进行比较。

0639

美日陆海空军实力比较／（美）普尔斯顿（W. D. Puleston）著；沈锜译

重庆：商务印书馆，1942 年 11 月出版，1944 年 7 月赣再版

[200] 页：表；36 开

主题：军事实力—对比研究—日本—美国

中图分类号：E313.5

中图分类号：E712.5

分日本的兴起、日本的军事机构、美国的最高指挥部、美国在远东的地位、日美两国的海军、战略与战术、结论等 7 章。书前有美国退休海军上将颜露尔序、著者前言（1941 年 3 月 15 日）、译者赘言。

0640

美日苏三国军备／杨伯恺著

上海：申报馆，1933 年 6 月初版

116 页：表；32 开 . —（申报丛书）

主题：军备—美国

主题：军备—日本

主题：军备—苏联

中图分类号：E118

概述美国、日本、苏联三国的海军、陆军、空军的军备状况，对三国军备作了详细比较。作者从地理等方面，分析了各国对海、陆、空军发展侧重不同的原因。

0641

民权军舰特刊／国民政府海军部编

[出版地不详]：编者刊，1929 年 10 月出版

34，60 页：图，表；16 开

主题：海军—中国—民国—资料

中图分类号：E296.53

收文 9 篇。有陈绍宽的《民权与海军之建设》及何应钦、熊式辉、张群、王正廷、陈季良的训词、演词等。

0642

挪威战役／（苏）吉夏托夫著；蒋开国译

河南叶县：三一出版社，1942 年 2 月初版

28 页：图；36 开

主题：第二次世界大战战役—挪威

中图分类号：E195.2

分挪威兵要地理概论、挪威军备实力、双方作战计划、战斗经过、双方伤亡统计等 7 部分。介绍德国侵犯挪威的战役。

0643

挪威战役／国防研究院编译组编

　［出版地不详］：国防部史政局，1947 年 2 月出版

　28 页；16 开 . —（战史丛刊）

　主题：第二次世界大战—战争史

　中图分类号：E195.2

分战役经过、战略、最初部署及任务、经验教训等 5 节。附《挪威略图》等 4 幅。

0644

挪威战役纪实／（德）阿尔道夫·希特勒等著

　［出版地不详］：［出版者不详］，［出版日期不详］

　42 页：照片；50 开

　主题：第二次世界大战战役—挪威

　中图分类号：E195.2

包括《德军勇武绝伦之代表人物》（亚尔道夫·希特勒，1940 年 6 月 13 日）、《海陆空军之联合收获》（未署名）、《英国军队遗弃

那维克，挪威宣告屈服》（达勒中校之报告书，1940 年 6 月）等。

0645

欧美军事交通考察记／蒋锄欧著

　上海：中华书局，1937 年 7 月出版

　528 页：图，表；32 开

　主题：军事交通—考察报告—西方国家

　中图分类号：E144.4

著者 1934 年 4 月随欧美军事交通考察团前往意、瑞（士）、德、奥、捷、苏、波、比、法、英、美等 11 国考察军事与军事交通情况，此为记录。有自序。

0646

欧美考察记／黄公柱著

　［出版地不详］：著者刊，1935 年 9 月初版

　412 页：图；24 开

　主题：军事—概况—西方国家

　中图分类号：E1

介绍意、德、捷、奥、匈、苏、波、法、英、美等国中的军事工业，军事设施及军事技术。

0647

欧战实录／申报馆编

　上海：申报馆，1941 年 1 月—11 月出版

2 册（224，242 页）：图，照片；
25 开

主题：第二次世界大战—战争史
—欧洲

中图分类号：E195.2

第 1 辑收文 30 篇，包含《德
国的新军事学》、《七年以来德国
总动员分析》、《德国空军建设事
略》、《德军战车及其战术》、《欧
美的间谍恐慌》、《英国的空军战
士》、《德军占领下的巴黎》、《法
国溃败的原因》等。第 2 辑收文
44 篇，包含《美国外交上的秘
闻》、《英国苦战中的实况》、《德
国实力的透视》、《战时德国内
幕》、《大西洋战争面面观》、《沙
漠战争的苦乐》、《欧战战略泛
论》等。

0648

欧洲强者谁？／（德）［维尔纳］
（Max Werner）著；梁纯夫等译

［出版地不详］：时与潮社，1940
年 8 月出版

72 页；32 开

主题：第 二 次 世 界 大 战—研
究—欧洲

中图分类号：E195.2

包含论德国的总裁战与闪击战、
苏德两军事力量的对比（关梦觉
译）、意大利军事实力总检阅（吴一
凡译）、地中海争霸战等内容。

0649

潜航艇／孙毓修编

上海：商务印书馆，1918 年初
版，1922 年 3 版

32 页；32 开 . —（常识谈话）

主题：潜艇

中图分类号：E925.66

本书是少儿读物，虽然当时发
行量很大，但鲜有人收藏，加上年
代久远，损毁殆尽，目前已属希见
图书。本书主要介绍 20 世纪初发
明的新式武器，穿插了许多故事，
配有插图。

0650

潜水舰／袁伯褚编著

上海：新生命书局，1934 年 4 月
出版

68 页；32 开 . —（新生命大众
文库）

主题：潜艇

中图分类号：E925.66

分 12 节。介绍潜水舰的威力、
构造、种类、作用，以及当时各国
潜水舰的情况。

0651

潜水艇／徐燕谋译

上海：商务印书馆，1917 年 3 月
初版，1917 年 4 月再版

92 页：图，表；32 开

主题：潜艇

中图分类号：E925.66

分 10 章。介绍潜水艇的变迁史，种类，结构，兵略战术，以及鱼雷、水雷的一般知识。有丹麦海军少将霍夫格（著者老师）的序（英、中文）。

0652

潜水艇／叶之安，赵繁人编译

［出版地不详］：国民图书编译社，［出版日期不详］

68 页：照片；36 开 . —（战事知识丛书）

主题：潜艇

中图分类号：E925.66

分 5 章。介绍潜水艇的构造式样和性能、海底战士的生活、潜水艇的管理和指挥、在第二次世界大战中的战绩、潜水艇"海豹号"的投降。所引材料源自德意日纳粹。

0653

潜水艇与潜水战 . 上册／王孝琦译

［出版地不详］：［出版者不详］，［出版日期不详］

153 页；20 开

主题：潜艇

中图分类号：E925.66

原书 1917 年 3 月在日本出版。分 2 编。第 1 编为欧洲战争与潜水战，共 3 章，包含潜水艇之认识、

可惊之战绩、英德潜水艇战；第 2 编为潜水艇原论，共 6 章，包含意义及种类、发达消长之迹、潜水法与机能、潜水艇之武器、航海用机关、航海原动力。有日本海军大臣加藤友三郎序。

0654

潜艇／李北海编

上海：海军部海军编译处，1930 年 7 月出版

290 页：图，表；23 开

主题：潜艇

中图分类号：E925.66

分 14 章。介绍潜艇的概念、性能、任务、攻击法、防御法、发达史、各国建造潜艇的配备，以及欧战中潜艇的活动等。有编者绪言。

0655

青年海军常识／王锡纶编译

上海：商务印书馆，1936 年 1 月初版，1936 年 4 月再版，1936 年 7 月 3 版，1938 年 6 月长沙 4 版

60 页：图，表；32 开 . —（民众战时常识丛书）

主题：海军—概况—中国—民国

中图分类号：E296.53

分 4 部分。介绍我国海军的组织、海军舰艇的种类和任务、海军

的兵器，以及世界列国海军的现状。

0656

青年军事常识／林朝岚，胡希明著

汉口：上海杂志公司，1938 年 1 月出版

80 页；32 开．—（大时代丛书）

主题：军事—基本知识

中图分类号：E－49

书前有编者的《大时代书刊行缘起》，分 4 部分。介绍陆、海、空军常识。其中海军常识介绍了海军的作战与舰种机能、海军兵力编成与其任务等。

0657

琼崖抗战概况／王毅著

［出版地不详］：琼崖守备军司令部驻韶办事处，1945 年 4 月出版

16 页；64 开

主题：国民党军—抗日战争时期战役战斗—海南—1939

中图分类号：E296.93

介绍自 1939 年 2 月 10 日日军由琼山县登陆后，琼崖国民党军队抗战的情况。

0658

全世界和平的堡垒：苏联红军／黄操良编著

汉口：中苏文化杂志社，1938 年

5 月初版

120 页；32 开．—（中苏文化杂志社丛书）

主题：苏联红军—文集

中图分类号：E512.9－53

收《苏联红军的产生及其成长》、《苏联强大的海军与太平洋舰队》、《在远东的苏联潜艇》、《苏联红军新战术的思想要点》、《红军与苏联人民》等 8 篇。

0659

日本的海军／孙公度著

上海：申报，1933 年 5 月初版

130 页：表；32 开．—（申报丛书）

主题：海军—日本

中图分类号：E313.53

分日本与海军，日本海军的历史、地理、组织、人事行政、军舰，日本海军航空队，日本海军国防第二线，日本海军与华盛顿及伦敦会议等 9 章。

0660

日本的海军／周行素著

南京：日本评论社，1934 年 2 月出版

67 页：表；32 开．—（日本研究会小丛书）

主题：海军—日本

中图分类号：E313.53

分 6 节。介绍日本海军史概要、日本海军的组织与舰队、日本海军的第二线、日本海军兵役法提要及武官俸给等。

0661

日本的海军 / 申报资料室编

　　[出版地不详]：编者刊，[出版日期不详]

　　33 页：表；32 开

　　主题：海军—日本

　　中图分类号：E313.53

　　日伪出版物。分绪言、日本海军发展简史、现有军备一览、组织与机构、海军的训练及其传统精神、结论 6 部分。

0662

日本的军备 / 钟梯之编

　　上海：日本研究社，1931 年 11 月初版

　　90 页；50 开 . —（日本问题一角丛书）

　　主题：军备—日本

　　中图分类号：E313.18

　　介绍日本军事机关组织，军费支出实况、陆、海、空军情况，内阁在军事上的地位，军人的特殊地位等。

0663

日本的陆海空军 / 包刚著

　　汉口：上海杂志公司，1937 年 11 月初版

　　62 页：表；36 开 . —（安徽皖报社丛书）

　　主题：军事实力—日本

　　中图分类号：E313.5

　　介绍日本陆海空军实力及其优劣。

0664

日本国防力的剖视 / 一氓著

　　上海：今日出版社，1938 年 4 月初版

　　54 页：表；32 开 . —（日本研究丛书）

　　主题：军事实力—日本

　　中图分类号：E313.5

　　分 5 章。剖视日本的陆军、海军，以及国家的总动员准备等。

0665

日本海军 / 谭文山编著

　　重庆：正中书局，1938 年 8 月初版

　　26 页；50 开

　　主题：海军—日本

　　中图分类号：E313.53

　　分 3 节。介绍日本海军的组织、编制、实力。书名前题《抗战常识讲话日本国情》。

0666

日本海军／（伪）华北政务委员会
总务厅情报局编

[出版地不详]：编者刊，1944 年
5 月出版

20 页；32 开 . —（时局丛书）

主题：海军—日本

中图分类号：E313.53

分日本海军发展史略、日本海
战情况之变迁 2 部分。附《克列
西德尔岛形势》、《克列西德尔岛
占领经过》。

0667

日本海军的发展／申报资料室编

[出版地不详]：编者刊，[出版
日期不详]

26 页；32 开

主题：海军—日本

中图分类号：E313.53

介绍日本海军的实力、战果及
其作战展望等。

0668

日本海军区及其海军根据地

[出版地不详]：[出版者不详]，
[出版日期不详]

36 页；23 开

主题：海军—日本

中图分类号：E313.53

介绍日本海军区的分划及军港
要港的配置、海军临时根据地、各
军港管区及其价值、军港要港规
则、防御海面令、防务条例等。

0669

日本军情／俞浩编著

湖南武冈：个人刊，1940 年 4 月
初版，1941 年 3 月增订再版

134 页：表；32 开 . —（敌情研
究）

主题：军事—日本

中图分类号：E313

敌情研究，分 10 节。介绍日
本陆海军的历史、日本军事机构、
编制、兵役制度、军队的补充及其
教育制度，日本军队的专横及其内
部的矛盾，日本在华作战的检讨，
日本侵华军事的危机等。附《日
本的军人圣经—明治天皇的诏
谕》、《日本的武士道精神—德川
家康家训》、《日本现内阁阁员一
览》等 7 种。

0670

日本军事要览／徐伯申著

安庆：安徽皖报社，1933 年 6 月
初版

114 页：表；25 开 . —（安徽皖
报社丛书）

主题：军备—日本

中图分类号：E313.18

分 8 章。介绍日本陆、海、空
军的发展概要、实力、编制，新兵

器，军需工业，征兵法等。附《陆军常备团队配备表》等。

0671

日本联合舰队之战时编制及其战法之研究

　　[出版地不详]：参谋本部第二厅第一处，1933 年 8 月初版

　　34 页；23 开．—（敌国兵备丛书）

　　主题：第二次世界大战—舰队—军队编制—日本

　　中图分类号：E313.53

　　介绍日本联合舰队的战时编制及对美的战法、日美海军实力比较、海战原则等。

0672

日本陆海空军国防观 / 张孤山译著

　　南京：正中书局，1937 年 7 月初版，1937 年 11 月再版

　　[31]，281 页：图；32 开．—（国防知识丛书）

　　主题：国防—日本

　　中图分类号：E313.14

　　集日本近 3 年来国防论文 8 篇，分陆、海、空军 3 部分编译而成。包括《国防之本义及其强化之提倡（日本陆军省新闻班）、《陆军军备之允实及其精神》（日本陆军省新闻班）、《日本国防与

海军（海军要览，1931 年版）、《日英之战略》（石丸藤太）、《空中国防之趋势》（日本陆军省新闻班）。

0673

日本人所见之一九三六年 /（日）桥爪明男等著

　　南昌：内外通讯社，1933 年 11 月初版

　　64 页；24 开

　　上海：现代书局，1934 年 6 月再版

　　100 页；32 开

　　主题：第二次世界大战—预测—1936

　　中图分类号：E195.1

　　收《1936 年之危机》（桥爪明男），《下届世界大战——日俄日美战争之预测》（平田晋策）、《中美协同对日之空中作战》、《处于非常时国民对于空中武力之认识与觉悟——列强空军现状》（杉山元）、《将来之国际情势与帝国海军》（关根郡平）等 6 篇。

0674

日俄海战史 / 刘华式译

　　青岛：海事编译局，1928 年 3 月初版

　　3 册（13，235，[182]，[286]页）：图；18 开

主题：日俄战争—海战

中图分类号：E313.9

分6篇。记述 1904 年至 1905 年日俄战争中的海战情况。卷首有译者序，说明本书是日本海军军令部在战后编辑的，书名为《明治三十七八年海战史》。

0675

日俄中英美远东政略战略的检讨／（日）平田晋策著；郭祖勣译

北平：四十年代杂志社，1935 年 10 月初版

160 页；32 开 . —（四十年代丛书）

主题：军事战略—研究—世界—1936

中图分类号：E195.1

目录页书名：《（一九三六年日俄中英美）远东政略战略的检讨》，分 17 部分。包括 1936 年之政治的意味、国防目标论、远东军事地理概观、特别远东军论、红军战术论、红军产业根据地论、将来战争的战略、中国军事的研究、英国海军之政略论、海军检讨的方针、美国海军状势等。

0676

日军登陆作战／美国作战部陆军情报服务处编；王镇编译

南京：国防部史政局，1947 年 2 月初版

46 页：图；16 开 . —（战史丛刊）

主题：太平洋战争—日本—史料

中图分类号：E195.2

分6章。记述 1941 年 12 月至 1942 年 6 月太平洋战争初期日军在香港、菲律宾、马来亚、西南太平洋等处作战情况，并论述日军成功的因素。

0677

三军喋血记：太平洋海陆空作战实录／（美）李卡生等著；张若虚编译

上海：言行社，［出版日期不详］

102 页；36 开

主题：太平洋战争—史料

中图分类号：E195.2

收《太平洋作战日记》（李卡生）、《菲岛海面喋血记》（未署名）、《劫后余生》（芬勃洗纳口述）、《扫荡塞班岛》（麦克歌芬）等。附《缅甸远征军》（徐参谋长）等 10 篇。

0678

杀人利器图／李英侯编

上海：大众书店，1933 年 9 月初版

161 页：图；16 开

主题：武器

中图分类号：E92

分3编。介绍陆、海、空军的各种武器，包括步枪、手枪、机关枪、迫击炮、坦克、火箭、毒瓦斯、航空母舰、巡洋舰、潜水艇、鱼雷、战斗机、侦察机、飞艇等。

0679

少年科学未来战 ／ 刘振汉译述

上海：开明书店，1937年6月初版，1937年11月再版

232页：图，照片；32开 . —（开明少年丛书）

主题：未来战争—少年读物

中图分类号：E81 - 49

分战场上的伪装术、光的魔术、波的兵器、战场上的土术技师、地下战争、炮兵战争和大炮、空中战争、机械化军队、化学战争、海上战争、未来的兵器等11章。

0680

世界大战对于海岸防御与海岸筑城之教训 ／ 军事委员会办公厅第四处编译

南京：军用图书社，1937年5月出版

56页：图；32开

主题：海防—研究—世界

中图分类号：E115

分海岸战之主要战场、实验经验之检讨2篇。

0681

世界大战英国海军秘密舰队作战小史 ／（英）康伯尔（Gordon Campbell）著；曾宗巩译

[出版地不详]：海军部海军编译处，1934年1月初版

276页：图，表；16开

主题：第一次世界大战—海军—作战—英国

中图分类号：E561.9

介绍该舰队1915年至1917年间与德舰艇作战的经过。分16章。包含潜艇恐吓、秘密艇计划、秘密舰队组织与训练、末次战争等。

0682

世界的海军 ／（英）A.C.哈第（A. C. Hardy）著；李秉钧，郭森麟译

重庆：中国书店，1942年5月出版

86页：表；32开 . —（世界大战文库）

主题：海军—世界

中图分类号：E153

分海军国家的因素与政策、战舰的功能、主力舰、战斗巡洋舰、航空母舰、驱逐舰、潜艇、低舷战舰和海防船只、扫雷舰、巡逻船和摩托鱼雷艇等13章。

0683

世界各国军备现势／陈汉达编译

上海：中外编译社，1938 年 5 月初版

97 页：表；32 开

主题：军备—概况—世界

中图分类号：E118

分一九三八年的战争、美国军备的现况、大英帝国军力之发展、法国的军事自卫能力、苏联红军之作战实力、日本军队之摩托化及技术改进、德国军备的轮廓、意大利法西斯的武装、波兰之惊人的军事努力、比利时及荷兰之军事形势、小协约国之军力等 11 部分。

0684

世界海军竞争的现势／舒恬波著

上海：珠林书店，1938 年 8 月初版

102 页：42 开 . —（世界现势丛书）

主题：海军—竞争—世界

中图分类号：E153

分关于海军会议的回顾、现行海军条约一瞥、伦敦会议后的质的造舰竞争、现阶段的重要各国海扩计划（量的造舰竞争、海军根据地的重行调整与开拓、现代各种舰艇的性能等 6 章。

0685

世界海军军备／欧阳格著

南京：正中书局，1936 年 10 月初版，1939 年 4 月渝 3 版

293 页：图，表；25 开 . —（国防教育丛书）

主题：海军—军备—世界

中图分类号：E153

分各国（主要指中、英、美、日、法、意等国）海军军舰、海军新武器、各国海军制度、海军根据地、列强海军政策、国际限制海军军备条约、将来海上军备的动向等 8 章。

0686

世界军备／史无弓辑译

南京：正中书局，1934 年 9 月初版，1937 年 2 月 3 版

[176] 页：图，表；32 开

主题：军备—世界

中图分类号：E118

分 2 部。第 1 部含列强军备扩充之方向、陆军、海军、空军、化学兵器、病菌战争、列强之军事预算、战争之经济准备、列强军备扩充之一般的总结；第 2 部含列强军备之图示说明。有辑译者前言。

0687

世界军备竞争的现势／吕茫编著

上海：中流书店，1939 年 3 月初版

114 页：表；32 开

主题：军备—概况—世界

中图分类号：E118

　　收《日本军备异态》、《美国的国防实力》（Alexander R. George 著、叶英译）、《太平洋上的海军竞争》、《苏联的海军》、《绵亘世界的英国防线》、《德国上下积极备战》、《战云笼罩中之欧洲》、《日苏空军实力比较》、《国防第一线——马其诺》等 19 篇。

0688

世界军备与世界大战／谭辅之著

　　上海：新垦书店，1936 年 10 月初版

244 页：表；32 开．—（世界大战丛书）

主题：军备—世界

中图分类号：E118

　　分绪论、世界军备与经济动员、军备之扩充、军事技术和技术之进步、军国主义教育与战争、国防线之布置与军事联盟、第二次世界大战的展望等 7 章。

0689

世界列国军备现状之调查／参谋本部编制

　　［出版地不详］：编者刊，1925 年

6 月出版

［20］页：图，表；16 开

主题：军备—调查—世界

中图分类号：E118

　　收图表 18 种：列军陆军军备现状一览表、列国海军主力舰一览表、英美法意海军舰队配备一览图等。

0690

世界列强战备比较论／（日）神田孝一著；训练总监部军学编译处译

　　南京：军用图书社，1933 年 12 月初版

378 页：表；32 开

主题：战备—比较—世界

中图分类号：E118

　　分陆军、海军、陆军航空、海军航空、化学战准备 5 部分。比较列强的军备现状及未来状况。书前收文 4 篇，包含《日本国民不要忘记三国干涉时的惨痛》、《悲愤的屈辱与东洋和平的破坏》、《远东民族对于白祸应有相当的准备》、《日本军备果没有缺陷吗?》。附《列国新兵器整备一览表》。

0691

世界十大战争／陆军大学校函授处编译

　　南京：编译者刊，1937 年 2 月出版

［347］页；18 开

［出版地不详］：空军军官学校，1939 年出版

［328］页；32 开

主题：军事史—世界

中图分类号：E19

本书根据日本矢桥三子雄著作编译。论述了美国独立战争、克里米亚战争、鸦片战争、普法战争、普奥战争、英法战争、美国南北战争、日俄战争、欧洲大战的原因、经过及其后果。

0692

世界战争研究会纪录／［国防部史政局］编

［出版地不详］：［正编者刊］，［1946 年 12 月］出版

5 册：图，表；32 开．—（机密参考资料第 3 种）

主题：军事—世界军事—军事史

中图分类号：E19

第 1 部收录 1942 年度（自 2 月 28 日起）第 1—36 次会议记录。第 2 部收 1943 年度第 1—54 次会议记录。第 3 部收 1944 年度第 1—60 次会议记录。第 4 部收 1945 年度第 1—60 次会议记录。第 5 部收 1946 年度（至 5 月 29 日）第 1—20 次会议记录。每次记录包括会议程序及研究内容、一般报告、专题报告、讨论事项、会议主席指示等。一般报告项目有国内外各战场敌情及战况、盟轴双方全部战况及有关作战之指导、敌动员概况及兵力配备之判断、敌内情（包括政治、经济、外交等）、奸伪动态、各次会战经过概况、国军受降进展状况等。专题报告项目有苏联在远东兵力之判断、东北四省兵要地志、珊瑚海附近形势、美日海军力之比较、关于总力战之研究、战后和平与中英美苏关系、苏军作战上之特点、原子弹之试验等。讨论项目有南太平洋敌作战最终目的何在、轴心国今后整个动向如何、苏日问题、大战形势检讨、日军动向之研究、太平洋战场战略问题等。有刘斐（参谋次长）的序言。军委会世界战争研究会由刘斐主持，自 1942 年 2 月起至 1946 年 6 月底，每周举行例会一次。

0693

世界战争与中国国防新军／征夫和吟著；张孤山校订

上海：自强书社，1933 年 11 月初版

306 页；32 开．—（治强丛书）

主题：国防—中国—民国

中图分类号：E296.1

分弱小民族自决之策略、欧战后国际之新形势、将来世界战争之几种预测、中国自决战略之研究、

国防新军之编制、国防新军之军备、国防空军之计划、中国海军改造案刍议等 27 章。

0694

世界之水中战／杨启祥编著

北平：中华印书局，1934 年 11 月出版

280 页：图，表；25 开

主题：潜艇战

中图分类号：E925.66

分潜水艇之解说、列强潜水艇之政策、水中战纪 3 编。

0695

输送学／游凤池编

［出版地不详］：军需学校军需特别训练班，1935 年 4 月出版

56，［15］页：图，表；23 开

［出版地不详］：中央陆军军官学校军官高等教育班，1936 年出版

92 页：图，表；24 开

主题：运输勤务

中图分类号：E296.43

正文前书名：《民国二十四年度军需学校训练班输送学》。目录页书名：《民国二十四年度军需学校军需特别训练班输送学》。分 5 章。包含总论、铁道输送、船舶输送、汽车输送、空中输送。附《西方战场之主要铁道网图》等 5 幅、《我国国有铁道重要素质调查

表》等 10 种。

0696

输送学讲义

［出版地不详］：河南省公务人员训练委员会，1936 年 9 月出版

102 页：图，表；32 开

主题：运输勤务—教材

中图分类号：E951.3

书口及目录页书名《输送学》。分 5 章。讲述铁道输送、船舶输送、陆路输送、空中输送的基本知识。附联合军后方部队集中要图等图，兵力及车辆数目表等表。

0697

输送学讲义／苏焕宗编

［出版地不详］：陆军辎重兵学校，1942 年 5 月出版

［185］页：图，表；32 开

主题：运输勤务

中图分类号：E075

分铁路军运、船舶及汽车输送 2 部分。附《铁道输送学附表》等 17 种。

0698

输送学摘要

［出版地不详］：训练总监部，1937 年 3 月出版

109 页：图，表；64 开

［出版地不详］：［国民政府军事

委员会政治部］，1938 年 6 月出版

88 页：图；32 开

主题：运输勤务

中图分类号：E075

正文、目录、书口书名：《输送学讲义》。共 4 章。介绍输送机关组织：铁道、船舶输送、自动车输送、空中输送，包含海上输送等内容。

0699

水雷 ／ 钟毓灵著

广州：时敏书局，1936 年 7 月初版

90 页：图；16 开

主题：水雷

中图分类号：E925.21

介绍水雷的种类、性能、装置等。

0700

水雷战 ／ 海讯社编

桂林：编者刊，1941 年 5 月初版

208 页：图，照片；32 开 . —（海讯社丛书）

主题：水雷—战术—中国—民国—文集

中图分类号：E296.53 – 53

分水雷概说、水雷战、战地实录 3 辑，共收文 31 篇。包含《国产水雷之制造》（郭诚）、《海军湘

江封锁与湘北大捷》（许文）、《水雷歼敌记》（虞起）等。有陈绍宽的代序（二十九年一年间海军战绩之检讨）。附《海军抗战事迹》（曾万里）。

0701

思想的国防 ／ 王世昭著

桂林：国防书店，1941 年 4 月初版

305 页：表；32 开 . —（国防丛书）

主题：国防—中国—民国

中图分类号：E296.1

分中国民族的起源与发展、伟大的民族精神、历代要政举隅、文化、兵制、人口与殖民事业、疆域沿革与交通现状、边疆问题与失地、论国防、总论等 10 章。有自序。

0702

苏俄的红军 ／ 梁秀予编

长沙：商务印书馆，1939 年 5 月出版

111 页：表；32 开 . —（国际时事问题丛书）

主题：苏联红军

中图分类号：E512.9

分 2 篇：红军思想篇，介绍红军的战争观，建军本义，战略，兵术；红军构成篇，介绍陆军、海

军、空军的沿革，主管机关，官制，兵役、教育，装备等。

0703

苏联的国防／羊枣著

　上海：大时代出版社，1937 年 12 月出版

　40 页；32 开 . —（抗战文库）

　主题：国防—苏联

　中图分类号：E512.14

　　分伟大的国防力底基础、最现代化的陆军、世界最强大的空军、正在急起直追中的海军、军事交通与边防、寄托于民众的国防力等 9 节。

0704

苏联的远东红军／汪馥泉著

　长沙：商务印书馆，1938 年 7 月初版，1941 年 1 月再版

　54 页：表；32 开 . —（国际时事问题丛书）

　主题：苏联红军

　中图分类号：E512.9

　　分苏联一般的军容、苏联在远东的建设、远东陆军及战备、远东空军、远东海军、日苏的危机 6 节。

0705

所罗门／中国文化社编

　上海：中国文化社，1943 年出版

28 页；32 开 . —（中国文化社丛书）

　主题：太平洋战争—海军—日本—史料

　中图分类号：E195.2

　　日伪出版物。宣扬第二次世界大战中日本海军的"战绩"。

0706

太平洋各国实力／周安国主编

　[出版地不详]：黄埔出版社，1942 年 2 月初版

　176 页：表；36 开 . —（黄埔丛书）

　主题：军事实力—世界

　中图分类号：E15

　　分 6 编。介绍中、美、英、日、苏、荷印的简况，军实，军备，军事据点及其对太平洋地区的影响等。

0707

太平洋军事地理／蒋震华著

　杭州：大风社，1935 年 11 月出版

　68 页；50 开 . —（大风文库）

　主题：军事地理—太平洋

　中图分类号：E993.1

　　分太平洋海军根据地一般的形势、巴拿马运河、菲律宾、关岛、夏威夷、日本南洋委托治理地、小笠原群岛、新加坡军港、南洋九小

岛、计划中的尼加拉瓜运河等
10节。

0708

太平洋军事地理／蒋震华著

重庆：生活书店，1939年3月
初版

[22]，334页：图；32开

重庆：国讯书店，1942年1月
初版

334页：图；32开

主题：军事地理—太平洋

中图分类号：E993.1

分5篇。介绍美国、日本、英
国、荷兰、法国、中国、苏联在太
平洋上的军事地位。有金仲华序及
自序。国讯书店版前增《太平洋
军事地理序》（黄炎培）。

0709

太平洋战斗概要／王镇著

[出版地不详]：陆军大学校，
1944年出版

64页：图；25开

主题：太平洋战争—战争史

中图分类号：E195.2

与《太平洋作战概要》内容
相同，但无《第二次大战太平洋
战争》一文。

0710

太平洋战争速写．第1集／时与潮

社编辑部编

重庆：时与潮社，1942年12月
初版

124页；32开

主题：太平洋战争—文集

中图分类号：E195.2 - 53

收《珍珠港被袭记》、《却敌
号沉没亲历记》、《菲律宾战史》、
《威克岛喋血记》、《日本准备奇袭
英美经过》、《日本打胜仗的秘密
战术》、《珊瑚海海战记》、《中途
岛海战记》、《鱼雷机第八中队》
9篇。

0711

太平洋战争战略形势／第七战区
司令长官司令部编纂委员会编

广东曲江：新建设出版社，1942
年2月出版

64页：图；36开．—（时事小丛
书）

主题：太平洋战争—战略态
势—文集

中图分类号：E195.2 - 53

收《太平洋大战形势》（沈天
冰）、《太平洋大战的战略形势》
（惠予）、《美日在太平洋上的战略
形势》（阿互林）、《在太平洋战争
中荷印的战略价值》（仲颖）、《非
民主国家敌手的日本海军》（苏更
生）等12篇。

0712

太平洋作战概要／王镇著

　［出版地不详］：陆军大学校，
1944 年出版

　64，30 页：图；25 开

　主题：太平洋战争—战争史

　中图分类号：E195.2

　　介绍第二次世界大战中日军与
美英军在香港、菲律宾、马来亚的
战斗经过，并对其军事战术加以评
论。附《第二次大战太平洋战
争》一文。

0713

未来的海战 ／ 爱德华著；余敬豪
等译

　长沙：商务印书馆，1940 年 11
月初版

　［20］，339 页：图，表；32 开

　主题：未来战争—海战

　中图分类号：E815

　　分军备竞争的序幕、战舰与战
略、战争 3 部。评述自英日同盟解
体后，列强各国军备、海军及战
略，以及地中海、北海、波罗的海
的战争等。

0714

倭寇陆海空军战力便览／军令部
第二厅第一处编

　［出版地不详］：［编者刊］，1942
年出版

26 页；64 开．—（敌国兵备丛
书）

　主题：军事实力—日本

　中图分类号：E313.5

　　介绍日本陆海空军实力分布
情况。

0715

武器／唐廷仁编著

　［出版地不详］：正中书局，1948
年 4 月初版

　26 页：图；32 开．—（儿童科学
丛书）

　主题：武器

　中图分类号：E92

　　介绍枪、炮、战车的种类和效
用，军用飞机和炸弹，各种军舰及
其效用等。

0716

武装的欧洲／（美）哈特（L. Hart）
著；周新节译

　广州：新兴书店，1938 年 4 月
初版

　99 页；32 开．—（时代知识丛
书）

　主题：军事—概况—欧洲

　中图分类号：E5

　　分 8 章。介绍欧洲的空、陆
军，法、英两国的陆军，阿比西尼
亚战争及西班牙战争的教训等。

0717

西伯利亚出征私史／（日）西川虎
次郎著；训练总监部军学编译处译

南京：军用图书社，1933 年 9 月
出版

112 页：图；25 开

主题：日苏关系—战争史

中图分类号：E313.9

著者曾参加"西伯利亚战
争"，即日本对苏俄的武装干涉。
本书记述该次战争中日本第十三师
与俄军作战经过。共 12 节。介绍
战争的起因，战斗前的状况，以及
海参崴、奥克安斯卡亚、息科特
瓦、帕斯卡亚等次战斗。

0718

咸宁军舰为海军建设之嚆矢／陈
绍宽著

［出版地不详］：［出版者不详］，
［出版日期不详］

［14］，19 页：照片；长 21 开

主题：海军—军用船—资料—中
国—民国

中图分类号：E296.53

内有《附记咸宁军舰下水典
礼盛况》（1928 年 8 月 16 日下水
典礼）及有关下水典礼、试航等
的照片。

0719

咸宁肃宁崇宁义宁正宁长宁六炮舰

特刊／海军部编

［出版地不详］：编者刊，1934 年
10 月出版

14，［51］页：照片，表；23 开

主题：海军—军用船—资料—中
国—民国

中图分类号：E296.53

收陈绍宽的《威肃崇义正长
六宁炮艇线咸之感想》，照片 39
幅，表 6 种（威宁炮艇调查表
等）。

0720

现代列强之军势／曹重三著

北平：知彼社，1933 年 6 月初版

14，178 页：表；32 开

主题：国防—世界

中图分类号：E115

分 3 部分。介绍日本、欧洲、
美国的国防设施等。

0721

现代战争之兵器／黄殿英著

［出版地不详］：［出版者不详］，
［1946 年］出版

324 页：图，表；36 开

主题：武器—现代

中图分类号：E92

分陆军、空军、海军、新兵器
4 章。介绍第二次世界大战中的新
兵器及以后可能产生的兵器，并对
中国兵工概况、广义兵工政策作简

略的分析。

0722

现代战争之兵器 / 黄殿英著

[出版地不详]：陆军大学，1947年出版

324 页：图，表；32 开

主题：武器—现代

中图分类号：E92

分陆军、空军、海军、新兵器、我国兵工 5 章。介绍第二次世界大战中的新兵器及以后可能产生的兵器，并对中国兵工概况、广义兵工政策作简略的分析。

0723

现代政略与战略的关系

[出版地不详]：[出版者不详]，[出版日期不详]

51 页；32 开

主题：军事—关系—政治

中图分类号：E0 - 053

共 6 节。讲述 1866 年普奥战争，1870 年、1871 年普法战争，1877 年、1878 年俄土战争，1904年、1905 年日俄战争等。有附图 3种。附《国防筹备军制的必要》。

0724

现代之日本：陆海空实况 / 文公直编

上海：太平洋书店，1933 年 3 月初版

208 页：表；32 开 . —（现代百科文献）

主题：军备—日本

中图分类号：E313.18

分 5 章。介绍日本的黩武政策，陆、海、空军，以及武器与军费。有编者序。附《日本一年来对于世界大战的准备》。

0725

新兵器丛谈 / 史天行编

汉口：大时代书店，1938 年 5 月初版

128 页；32 开

主题：武器—文集

中图分类号：E92 - 53

收文 26 篇。包含《火箭》、《飞机的种类及其功能》、《防空的新利器》、《大炮的种类和它的应用》、《关于机关枪》、《谈水雷》、《高射炮》、《火箭冲空战》等。

0726

新海军知识 / 李冠礼著

上海：商务印书馆，1937 年 4 月初版，1938 年 11 月长沙再版

292 页：图，表；32 开

主题：海军—基本知识

中图分类号：E153

分海洋论、太平洋上的兵势、我国海军论、现代的军舰、海军的

兵器、银翼的守护——海军航空队、世界海军等 7 章。有著者序。附《海军的术语》。

0727

新军与新战略／国民出版社编

金华：国民出版社，1939 年 10 月初版

69 页；32 开 . —（国民知识丛书）

主题：国防政策—中国—民国—文集

中图分类号：E296. 1 – 53

收《逐步增强的中国抗战兵力》（策昂节译，Haldore Hauson 原作）、《中国的空军》（毛邦初）、《中国的海军》（梁翌周）、《我国的机械化部队》（汪止豪）、《南岳游击训练班》（高咏）、《广西的学生军》（赞昇）等 15 篇。

0728

沿海一带要塞考查报告书

［出版地不详］：［出版者不详］，［出版日期不详］

24，［17］页：图，表；16 开

主题：海军岸防兵—要塞—考察报告—中国—民国

中图分类号：E296. 53

收《整顿虎门长洲要塞计划之意见》、《整顿虎门要塞之意见》、《青岛旧要塞暨葫芦岛山海关秦皇岛等地情形》等 3 篇。

0729

要塞灯旗号／朱勉仙编著

［出版地不详］：江阴区要塞司令部，1935 年 4 月 2 版

238 页：图，表；64 开

主题：军用通信—信号—海军

中图分类号：E967. 3

介绍要塞灯旗信号的使用方法、国际船舶信号，以及这个沿海岸的气候信号等。

0730

一九三六年与日美海军／（日）佐藤铁城著；于伟译

南京：日本评论社，1934 年 11 月出版

46 页：图，表；32 开 . —（日本研究会小丛书）

主题：海军—日本—1936

主题：海军—美国—1936

中图分类号：E313. 53

中图分类号：E712. 53

分日本与太平洋、华盛顿海军军缩会议、美国的造舰热、日本海军的第二次补充计划、美国向远东之发展与美俄携手、日本之海上生命线的南洋群岛、日美海军实力的比较、想象中之未来的日美战争等 10 部分。

0731

逸仙军舰特刊／海军部编

　　[出版地不详]：编者刊，1931 年
出版

　　52 页；32 开

　　主题：海军—军用船—资料—中
国—民国

　　中图分类号：E296.53

　　介绍逸仙军舰建造及下水
的情形。

0732

英国大舰队：自 1914 年至 1916
年／（英）谢利苛著；刘华式译述

　　辽宁：东北海事编译局，1930 年
4 月出版

　　320，28 页：图；16 开

　　主题：第 一 次 世 界 大 战—
海战—英国

　　中图分类号：E561.9

　　介绍第一次世界大战英德海军
作战情况及检讨，共 17 章。包含
开战、在本国海上之一般战略、海
上之经过、一九一六年五月之对
势、实战之教训、吉梯拉元帅之死
等。附《遮特兰海战之报告》等
2 种。

0733

英国的攻势／陈素农讲述

　　[出版地不详]：[出版者不详]，
[出版日期不详]

　　34 页：图；20 开

　　主题：第二次世界大战战役—
史料

　　中图分类号：E195.2

　　分 7 章。包含由海上进攻，
1940 年夏、地中海之战、俾斯麦
号的沉没、践约……解放阿比西尼
亚（即埃塞俄比亚）、英国的空中
优势、北非大捷。

0734

英国海军秘史／（英）施格铁
（Percy Scott）著；秦翰才译述

　　上海：文明书局，1923 年 8 月
出版

　　2 册（190，178 页）；32 开

　　主题：海军—军队史—英国

　　中图分类号：E561.9

　　著者服务英国王家皇家海军五
十年记录，分 19 章。包含初入海
军、巡行世界、在中国练习射击、
英王陛下好望角和海峡舰队、战争
回想——从 1915 年到 1917 年等。

0735

英国海军之成绩／（英）马太门著

　　[出版地不详]：[出版者不详]，
[出版日期不详]

　　8 页；18 开

　　主题：海军—英国

　　中图分类号：E561.53

0736

英国扩充军备之计划／外交部情报司编

　　[出版地不详]：编者刊，1936 年出版

　　49 页；32 开 . —（国际丛刊）

　　主题：军备—英国

　　中图分类号：E561.18

　　分起因及背景、军备计划之内容、英国朝野之态度、对远东之影响等 4 章。其中，起因及背景含海军会议之失败等章节。附《伦敦海军新约》全文。

0737

英国陆海空军新论／（英）霍克氏（Elison Hamks）著；王可襄译

　　重庆：商务时报，1944 年 4 月初版

　　248 页；28 开

　　主题：军队—概论—英国

　　中图分类号：E561.5

　　介绍英国陆海空军的组织，编制及其在战斗中的统一指挥等。有译者序，庞德原序，著者绪论。原书名《不列颠的作战部队》。

0738

英国战争史：英国与世界作战之经过／格拉尔著；邵中汉译

　　[出版地不详]：[出版者不详]，[出版日期不详]

　　30 页；24 开

　　主题：战争史—英国

　　中图分类号：E561.9

　　分英国内部的战争、欧洲与海外战争的时期、对中国的战争、英国对法国的联合战争、征服非洲的战争、英国对德国的战争 6 部分。

0739

英国阵中要务令 . 第 2 卷／训练总监部军学编译处译

　　南京：军用图书社，1933 年 5 月出版

　　392 页：表；32 开

　　主题：阵中勤务—条令—英国

　　中图分类号：E561.44

　　转译自日本教育总监部出版本。分战争之原则、军事政略及计划，指挥官具备之特质及指挥之原则，战斗部队、其特性及装备，战略集中，战斗一般之要领，情报及搜索，警戒，攻击，防御，夜间行动，对于未开化及半开化国之战斗，海上及陆上之行动，宿营，命令及报告，弹药补充等 15 章。有附表 2 种。

0740

英国之海军／冯琦编译

　　[出版地不详]：海军部海军编译处，1933 年 8 月出版

　　170 页；16 开

主题：海军—英国

中图分类号：E561.53

分 20 章。介绍英国海军的组织、机构、任务、纪律、装备、习惯等。

0741

英汉陆海空军军语字典 ／ 吴光杰编

重庆：大东书局，1945 年 8 月出版

392 页：图，照片；32 开

主题：军事科学—英语—汉语—词典

中图分类号：E - 61

附录中外重要地名及军港，英美度量衡及货币，英美海空军阶级、编制及勋章名称，英美会议及各部名称对照表等。

0742

英美日海军争霸战 ／ 薛农山著

上海：四社出版部，1934 年 4 月初版

122 页；32 开 . —（四社文库甲部）

主题：军事史—世界

中图分类号：E19

讲述世界军事形势，分 6 章。包含从地中海到太平洋、英美日太平洋的海军港、从大战到华盛顿会议、英美日到哪里去等。

0743

永久筑城

［出版地不详］：［出版者不详］，［出版日期不详］

102，［27］页：图，表；16 开

主题：筑城

中图分类号：E951.1

分总则、陆地要塞、海岸要塞、要地防空之要领 4 章。

0744

鱼雷讲义 ／ 林献炘编

［出版地不详］：海军部，1931 年 1 月出版

［105］页：图，表；长 16 开

主题：鱼雷—教材

中图分类号：E925.23

分 5 部分。讲述鱼雷的发明、沿革、质料及使用等。

0745

远东军备现势 ／（日）及川六三四著；张一正译

［出版地不详］：文摘社，1938 年 2 月初版

99 页：表；32 开 . —（文摘小丛书）

主题：军备—概况—远东

中图分类号：E118

介绍外蒙、苏、英、美、法、荷、暹罗、意、日等环绕太平洋的

主要国家及与远东有密切利害关系的国家置于远东方面的军备情况。书后有《日本绝不后退》一节，原为日本杂志《中央公论》1938年正月号的特别附录。

0746

远东军备现势 / 王干一, 张翼声译

上海：一心书店, 1938 年 2 月出版

99 页; 32 开

主题：军备—概况—远东

中图分类号：E118

1938 年 2 月文摘社《远东军备现势》一书的不同译本。

0747

运输勤务. 第 4 篇, 船舶输送 / 谢海泉著

[南京]：联合勤务干部训练班, 1948 年 3 月出版

256 页: 图, 表; 32 开

主题：水路运输—运输勤务—中国—民国

中图分类号：E296.43

内容与 1947 年 8 月谢海泉著《船舶运输勤务》相同。

0748

在前线 / 汪吉人编译

上海：国民图书编译社, [出版日期不详]

121 页: 图; 36 开

主题：第二次世界大战—战争史—欧洲

中图分类号：E195.2

从"第二次世界大战"初期德国发动进攻至法国投降的战况纪实, 分 9 部分。包含海上地狱、潜水艇苦战记、侦察机脱险记、伞兵大血战、战车师团的进击、马奇诺防线的突破等。

0749

战后世界各国之军备 / 刘荫堂著

汉口：大东书局, 1929 年 6 月出版

263 页: 表; 32 开

主题：军备—世界

中图分类号：E118

介绍第一次世界大战后英、美、法、意、日、德、捷、罗马尼亚、保加利亚、土耳其、波、荷、西班牙、比、瑞典、芬兰、阿根廷、巴西、智利等 20 国的军备状况（包括兵役制、编制、陆海空军实力等）。

0750

战时统制经济论 / （日）森武夫著；陈绶荪译述

[南京]：国立编译馆, 1935 年 5 月初版

22, 627 页; 21 开

主题：军事经济—统制经济

中图分类号：E0 - 054

　　包含陆海空军之军备、战时贸易与海运之统制、战时海运之统制等内容。

0751

战事知识／金泽华编译

　　上海：大中国出版社，1938 年 2 月出版

　　204 页：照片，表；32 开 . —（青年知识丛书）

　　主题：军事—战时—基本知识

　　中图分类号：E - 49

　　分 4 编：陆军之部，包括陆军是战斗的主力、我国陆军的编制、步兵的性能及其火器、陆军的战略等 10 章；海军之部，包括我国海军的组织、军舰的种类和任务、各国海军的实力、海军的根据地等 8 章；空军之部，包括空中战斗的历史观、各国空军的实力、我国的空军、军用飞机的种类和任务等 10 章；化学战争之部，包括历史上的化学战争、毒瓦斯的种类和其性质、毒瓦斯的防护法、防毒面具种类构造和使用等 6 章。

0752

战术学教程／赖恺元编著

　　[出版地不详]：军需学校，1935 年 2 月出版

　　[318] 页：图；23 开

　　主题：战术学—教材

　　中图分类号：E83

　　分 2 编。第 1 编为陆军之部，讲述陆军各兵种的战术、战斗指挥与部署、阵中要务、野战、要塞战等。第 2 编为海空军之部，分别介绍海军、空军。附《军舰之类别任务及其性能》、《现代之海军战法并战斗概况》2 种。

0753

战争地理总论／（日）小川琢治，太田喜久雄著；张其春译

　　南京：钟山书局，1933 年 4 月初版

　　20 页；16 开 . —（国防丛刊）

　　主题：军事地理学

　　中图分类号：E993

　　分 6 节。包含战争之意义、战争地理学之意义、影响战争之地理学的三大要素（人口、军资、地势及地形），由海陆分布上观察之地势之大势与战争、战争之技术、地形之细论与战略及战术。

0754

浙江国防地理史话／孟锦华著

　　[出版地不详]：中国史地学社，1943 年 11 月初版

　　96 页；32 开 . —（史地丛书）

主题：国防—军事地理—浙江

中图分类号：E993.255

分 19 节。介绍浙江省的海陆要塞、天然屏障、险关、要镇及其在历代战争中的重要地位。

0755

阵中勤务令：满文／（伪）军政部①编

编者刊，1936 年 7 月出版

236，[13] 页：表；72 开

主题：条令—阵中勤务—中国—民国

中图分类号：E296

伪满出版物，实为汉文，分 12 篇。包含指挥及联络，搜索，谍报，警戒，行军，宿营，通信，给养、补充及卫生，战场整理，铁道及船舶输送，宪兵，阵中日记、留守日记。附《飞行机与地上部队之联络规定》等 8 种。

0756

阵中勤务令草案／军事委员会军训部编

[出版地不详]：中央陆军军官学校教育处（重印），1940 年 5月—1941年 2月出版

2 册（360，198 页）；64 开

主题：条令—阵中勤务—中国—民国

中图分类号：E296

上卷包括搜索、警戒、行军、宿营、通信等 8 篇，共 565 条；下卷包括战场扫除、政治工作，宪兵勤务等 7 篇，共 344 条。

0757

阵中勤务令草案／[军事委员会军训部] 编

重庆：军用图书社，1940 年 10月出版

558 页：表；64 开

主题：条令—阵中勤务—中国—民国

中图分类号：E296

分 15 篇。包含战斗序列、军队区分、命令、通报、报告，搜索，谍报，警戒，行军，宿营，通信，给养，补充、卫生、兵站勤务，战场扫除，铁道、船舶、汽车及飞机输送，阻绝及阻绝之排除，政治工作，宪兵勤务，阵中日记、留守日记。共 910 条。附《战斗序列及军队区分释例》、《飞机与地上部队之联络法》等 16 种。

---

① 伪军政部：日本扶植的傀儡政权伪"满洲国"的统治机构，其前身是 1932 年 3 月成立于沈阳的"军政部筹备处"，同年 4 月移至长春。1937 年 7 月 1 日，伪"军政部"与伪"民政部"的警务司合并，改为"治安部"。1943 年 4 月，日本帝国主义侵略战争每况愈下，伪"治安部"改为"军事部"，掌管国防、兵事、军政。

0758

阵中要务令

南京：军用图书社，1931 年 1 月
出版，1933 年 9 月 5 版，1939
年 11 月出版

330 页：图，表；64 开

南京：共和书局，1931 年出版

278 页：表；64 开

［出版地不详］：训练总监部国民
军事教育处，1936 年 4 月出版

330 页；64 开 . —（国民军事教
育教材丛书）

［出版地不详］：训练总监部，
1937 年 4 月出版

330 页；64 开

［出版地不详］：（伪）治安总署
（印）

318 页：图，表；64 开

主题：条令—阵中勤务—中国—
民国

中图分类号：E296

1930 年 12 月 31 日国民政府
公布，分 13 篇。包含战斗序列、
军队区分、命令、通报、报告，搜
索、谍报、警戒、行军、宿营、通
信、给养补充及卫生、战场扫除、
铁道及船舶输送，宪兵，阵中日
记，留守日记。附《战斗序列及
军区分释例》等 18 种。伪治安总
署印刷本的附录为 17 种。

0759

阵中要务令之参考 ／（日）教育部
总监部编；训练总监部军学编译处
编译

南京：军用图书社，1929 年 9 月
初版

198 页：表；32 开 . —（军队教
育丛书）

主题：阵中勤务—条令—日本

中图分类号：E313.44

日本陆军教导学校教科书，
1927 年出版，共 13 篇。包含军队
区分，令、通报、报告，搜索，谍
报，行军，宿营，警戒，通信，给
养、补充及卫生，战场扫除，铁路
及船舶输送，宪兵，阵中日记、留
守日记。其中，船舶章节中介绍有
乘船上陆和航海中之勤务及心
得等。

0760

整理海防案 ／ 朱清华著

［出版地不详］：［出版者不详］，
［1925］年出版

76 页：图，表；18 开

主题：海防—提案—中国—民国

中图分类号：E296.1

1925 年 2 月 13 日在善后会议
上的提案。结合英、德、法、意、
俄、美、日等国海军政策、实力，
以及在远东使用的海军力量，说明
中国海军为与各国抗衡所需的装

备，提出整理中国海防的计划。

0761

直隶地理兵要说略／曹锳编

[出版地不详]：编者刊，1918 年
2 月出版

[306] 页：表；18 开 . —（国防
丛书）

主题：兵要地志—河北—民国

中图分类号：E993.222

　包括直隶省管辖县道沿革里数
一览表，直隶省形势、沿海要隘、
河道的说略，顺天府、天津府、沧
州的形势说略等。

0762

中国国防论／香棣方著

上海：民智书局，1931 年 11 月
初版

406 页：图；25 开

主题：国防—概论—中国—民国

中图分类号：E296.1

　包含陆海空军组成及其国是、
陆主海从政策、海主陆从政策等
内容。

0763

中国国防十年计划／陆为震著

上海：良友图书印刷公司，1932
年 3 月初版

62 页；64 开 . —（一角丛书）

主题：国防计划—中国—民国

中图分类号：E296.1

　包括 6 个计划。内容有整理军
政、改革并扩展海陆空军、工厂、
原料、产业的动员等。

0764

中国海军现状／海军总司令部新
闻处编

[出版地不详]：编者刊，[1947
年 2 月] 出版

46 页；32 开 . —（海军小丛书）

主题：海军—中国—民国—文集

中图分类号：E296.53 - 53

　收《建设新海军的重要性》
（白崇禧）、《对美赠八舰官兵训
词》（陈诚）、《中国海军现状》
（桂永清）、《海军之过去与现在》
（新闻处编）等 7 篇。

0765

中国海军现状及其展望／桂永
清著

[出版地不详]：海军总司令部新
闻处，[出版日期不详]

42 页；32 开 . —（海军小丛书）

主题：海军—中国—民国—文集

中图分类号：E296.53 - 53

　收《中国海军现状》、《中国
海军建设之期待》、《海军与行宪
戡乱》、《海军与新生活运动》等 4
篇。附载桂永清的《三十五年国
庆日告海军全体官兵书》等 3 种。

0766

中国新海军／[行政院① 新闻局]编

[出版地不详]：行政院新闻局，1947 年 9 月出版

28 页：照片，表；32 开

主题：军队史—海军—中国—民国

中图分类号：E296.53

分海军的草创、初试战阵的教训、黄海大战、威海卫的覆灭、国民革命海军的成长、战前海军的实力、抗战中海军的牺牲、新海军的建立、新海军的前瞻等 15 节。

0767

中华舰队首次游巴志／苏海山主编

[出版地不详]：[出版者不详]，1946 年 8 月出版

48，[20] 页：图；20 开

主题：海军—中国—民国—资料

中图分类号：E296.53

记载 1946 年 4 月 21 日中国驻美舰队假道巴拿马运河回国，顺访巴拿马事。书前有余浩川、编者序各 1 篇，以及《蒋主席宣慰侨胞书》。

0768

中华民国海军接受美国舰艇典礼纪念特刊／中央海军训练团编

[出版地不详]：编者刊，1946 年 5 月出版

17 页：图，表；32 开

主题：海军—军用船—资料—中国—民国

中图分类号：E296.53

0769

驻美军事代表团报告书．第 2 部／驻美军事代表团编

[出版地不详]：[出版者不详]，[1942 年] 出版

150 页：图，表；24 开

主题：军事—概况—美国

中图分类号：E712

第 2 部为美国之军事概况，分 4 章。介绍美国的陆军组织，教育训练，以及空军、海军概况。

0770

筑城学教程．卷二／中央税警学校干部训练班

[出版地不详]：编者刊，1941 年 7 月出版

---

① 行政院：国民政府五院之一，最高行政机构，内设内政、外交、国防、财政、经济、教育、交通、司法行政等部以及侨务、蒙藏等委员会，各部、委设首长一人。行政院设院长和副院长各一人，院长由总统提名，经立法院同意后任命。

［出版地不详］：中央陆军军官学校，1942 年 4 月出版

102 页：图；24 开

主题：筑城—教材

中图分类号：E951.1

包含海岸大要塞之编成、海中障碍物及其附属设备、海岸小要塞之编成、关于潜水舰之设备等内容。

0771

最近各国军事概况：**1932** ／（德）埃尔森（Oerssen）主编；曾连胜译

南京：译者刊，1933 年 2 月初版

253 页：表；24 开

主题：军事—概况—世界—1932

中图分类号：E1

原名《军备与军缩》（亦即军备年鉴）。分亚洲各国、欧洲各国、美洲各国 3 编，介绍日、苏、阿富汗、土耳其、法、比、波、德、意、英、荷、美、阿根廷、巴西等 33 国军事概况，包括国土面积、人口，军制，陆海空组织、编制及兵力装备，训练，动员等。

0772

最近列国军备充实状况／（日）冈村宁次著

［出版地不详］：［出版者不详］，［出版日期不详］

56 页：表；32 开

主题：军备—概况—世界

中图分类号：E118

分 7 部分。介绍中、苏、德、法、意、英、美 7 国陆、海、空实力，以及充实军备的趋向。

0773

最近列强海军政策实力与太平洋问题／郭寿生编

上海：华通书局，1929 年 10 月出版

140 页：表；32 开

主题：海军—军事实力—世界

中图分类号：E153

分华盛顿回忆之回顾、日内瓦军缩会议之失败、英法军事协定之内幕、列强在太平洋之地位与东海军力、太平洋战争与中国等 17 章。

0774

最近日本之军备概况／公度编

南京：日本评论社，1933 年 4 月出版

54 页：表；32 开．—（日本研究会小丛书）

主题：军备—日本

中图分类号：E313.18

分 9 部分。略述日本海陆空三军的历史沿革、兵役制度、主要军衔、军费趋势、三军现状和兵器制造厂等。

0775

最新兵器与国防／谌国钧主编

上海：军事编译社，1933 年 8 月初版

386 页：图；32 开 . —（国民军事必读国防丛书）

主题：武器—现代

中图分类号：E92

共 3 编。分别介绍陆、海、空军的新兵器。

0776

最新国防地理／胡焕庸著

[出版地不详]：国防文化出版社，1944 年 10 月初版

142 页；32 开 . —（国防丛书）

主题：国防—军事地理—中国—民国

中图分类号：E993.2

同青年书店 1944 年 2 月版《国防地理》一书。分 6 章。包含疆域、人民、资源、交通、边防、海防。

0777

最新陆海空军协同作战／谭家骏著

南京：军事参谋院出版部兵学新书社，1933 年 10 月再版

370 页；16 开

主题：协同作战

中图分类号：E837

包含近代陆海空军之特征及最高统帅、近代海战之特征、最近及将来海战之扩大性等内容。

五　F　经济

F1　世界各国经济概况、经济史、经济地理

0778

大战以来的欧洲经济概况／（美）阿格（F. A. Ogg），（美）沙尔蒲（W. P. Sharp）著；傅子东译

上海：乐群书店，1929 年 6 月初版

384，50，35 页：表；32 开

主题：经济—概况—欧洲—现代

中图分类号：F150.95

分 5 章。介绍 1914 年后欧洲人口食物生产和地权改变、战时的工业和海运、1918 年后工业和商业的恢复、劳动经济、劳动运动和社会政治、战时和战后的财政问题等。

0779

德国全国实业联合会中国考查团报告书／德实业视察团报告委员会编译

德实业视察团报告委员会，1935 年 4 月出版

[12]，244 页：表；16 开

主题：经济—考察报告—中国—民国

中图分类号：F129.6

德国工业协会应中国政府邀请，组织"实业视察团"，于1930年2月至6月来华考察中国经济实况的报告书。内容包括中国之政治发展、中国经济问题之鸟瞰、法制、财政、币制、私人经济、银行制度、交通、发展中国电气事业之意见、中国机器事业、矿业及冶金等11章。

0780

帝国主义经济侵略下之中国／杨先钧著

上海：太平洋书店，1929年5月出版

118页：表；36开．—（建设文库）

主题：经济—中国—民国

中图分类号：F129.6

内容包括进出口贸易中之外商势力、外商在华设厂之计划及其概况、沿海及内河航线之洋商势力、列强对华铁路物资竞争之概况、外国银行在华之特殊势力、吾人所受经济侵略损失数目之统计。共6节。

0781

第二次世界大战中美国生产力之研

究：国际经济的借镜／陈浴新著

南平：星云书屋，1946年1月出版

［14］，382页：表；23开

主题：第二次世界大战—生产力—研究—美国

中图分类号：F171.295.2

分7章。论述美国国土资源（含鱼类水产）、人力资源、产业与贸易、军需工业（含造船业）、交通运输（含海洋航运）、战时统制经济、战时财政金融等问题。

0782

第六、七年倭寇经济侵略／中央调查统计局特种经济调查处编

［重庆］：中央调查统计局特种经济调查处，1945年5月出版

108页：表；18开

主题：侵华—经济扩张—日本

中图分类号：F129.6

分4篇。包含总论、产业、财政金融、交通（分华中、华南、华北三部分，针对各地区均论述了水路的经济侵略），记录1943年至1944年日寇对我国经济侵略的事实及其经济体制、侵略政策的变化。有叶秀峰序、李超英序。

0783

第五年之倭寇经济侵略／中央调查统计局特种经济调查处编

［重庆］：中央调查统计局特种经济调查处，1943 年夏出版

112 页：表；18 开

主题：侵华—经济扩张—日本

中图分类号：F129.6

分为总论、物资、财政与金融、交通（含水路）4 个部分。记录 1942 年日寇对我国经济侵略的事实、其经济体制、侵略政策的变化、物资的配给、封锁、对各地区的掠夺、实行的金融政策以及交通状况等。

0784

调查琼崖实业报告书／彭程万，殷汝骊编

琼州：海南书局，1926 年 10 月出版

［132］页：地图；16 开

主题：区域经济—调查报告—海南—1919

中图分类号：F129.6

此书为编者 1919 年奉西南军政府命令对海南岛的实业进行考察后所写的调查报告。内容包括交通、黎族、森林、农产、矿产、盐田等各项专题报告书。其中交通部分包括河船、海船等水运交通现状。

0785

东北的资源／詹自佑著

上海：东方书店，1946 年 9 月出版

234 页 表；32 开 . —（东北经济丛书；1）

主题：资源—东北地区—民国

中图分类号：F129.6

分 6 章。详述东北的农产、矿产、林产、水产与畜产资源的分布、开发、利用（第五章第二节含海洋渔业内容）。

0786

俄罗斯经济状况／刘秉麟编

上海：商务印书馆，1925 年 7 月初版

55 页；44 开 . —（百科小丛书）

主题：经济—概况—苏联—现代

中图分类号：F151.295

分 7 章。介绍苏联各大经济区及资源、交通、国外贸易、工业、财政、沿海军港等内容。

0787

发展福建全省经济之具体计划：民国二十二年四月拟应福州国光日报征文／林荣向编

编者刊，1933 年 4 月拟

50 页：表；25 开

主题：地区计划—福建—1933

中图分类号：F129.6

内分闽省经济概况（含渔业概况）及其危机、闽省固有物产及其衰落之原因、发展经济具体计

划（含渔业、航业、港口建设等计划）、结论 4 章。末附《该省北部重要渔区》、《公路公债还本附息》、《农户田地》、《主要作物》、《工业产品》等统计表 7 种。

0788

福建经济发展的途径 ／ 朱代杰著

[福建]：福建省政府建设厅经济研究室，1946 年 10 月出版

24 页：表；窄 25 开

主题：地区经济—经济发展—福建—民国

中图分类号：F129.6

分析福建的经济地理状况和生产发展现状，指出经济发展的方向与途径。目录附表《十每千人所得航船吨数比较》。

0789

福建经济概况 ／ 福建省政府建设厅编；黄金寿，季天祜主编

[福州]：福建省政府建设厅，1947 年 9 月出版

328 页：表，折表；窄 25 开

主题：区域经济—概况—福建—民国

中图分类号：F129.6

分 12 章。记述福建省之自然环境、农业、特产、渔盐业、工业、矿业、交通、水利、财政、金融、贸易等情况。第一章第二节河流海岸与岛屿；第四章渔盐业；第七章第二节水空交通。

0790

福建经济研究 ／ 福建省政府秘书处统计室编辑

永安：福建省政府秘书处统计室，1940 年 9 月出版

2 册（252，344 页）：图，表；23 开

主题：区域经济—研究—福建—民国

中图分类号：F129.6

上册分 5 部分：一般经济、地理、人口、农业、工业。下册分 6 部分：贸易、财政、金融、特产、盐业、交通。书前有杜俊东所作丛书总序。下册交通中含闽省水路之现状及战时航运之管理。

0791

福建省经济建设五年计划：草案 ／ 福建省政府建设厅编

福建省政府建设厅，1947 年 6 月出版

[318] 页：表；16 开

主题：地区计划—五年计划—福建—民国

中图分类号：F129.6

分"总论"和"分论"两部分。总论记述计划的编订经过、建设的目标与重点、建设机构、资金

筹划等内容；分论为福建省农业、工业、矿业、交通、水利、金融、贸易等各业的具体计划。附《福建省经济建设方案》、《五年计划纲要》等 4 种。分论一（六）水产；分论四（三）水运；分论六（三）海港工程

0792

福州市政建设计划完成与未完成之概况

[出版地不详]：[出版者不详]，1929 年 10 月出版

32 页：图；16 开

主题：区域经济—经济建设—概况—福州—民国

中图分类号：F129.6

分市政、公路、各县建设行政、工业、商业、劳工、国货、度量衡、农林、垦务、渔业、矿业、电气、水利等 16 项。其中渔业部分包括调查沿海渔业状况的相关内容。

0793

各省市各项革新与建设：中国国民党中央执行委员会统计处报告，第 3 类．第 3 号．第 4 集，上海特别市／中国国民党中央执行委员会统计处编

[出版地不详]：中国国民党中央执行委员会统计处，1930 年出版

32 页；16 开

主题：经济建设—中国—民国

中图分类号：F129.6

全书为统计表格。分财政、工务、公安、公用、教育、土地、港务、社会、卫生等 9 类。附《各特别区成绩》。

0794

各省市经济建设一览／实业部统计处编

南京：实业部总务司第四科，1937 年 1 月出版

450 页：照片，地图；16 开

主题：区域经济—概况—中国—民国

中图分类号：F129.6

收罗敦伟、沈百先等 26 人所写论文 26 篇，介绍江苏（导淮入海工程）、浙江（海塘工程）、安徽等 20 余省及南京、上海（港务、码头）、汉口、广州、青岛（港务、船坞建设）等五城市的经济建设概况。

0795

广东建设／广东省政府秘书处编译室编

[广州]：广东省政府秘书处编译室，1941 年后出版

93 页：表；32 开．—（广东省政丛书）

主题：区域经济—经济建设—广东—民国

中图分类号：F129.6

记录该省行政组织、农林、工业、矿业、交通、合作事业等项的建设实绩。附录：该省工程、工商、垦殖、水利等各类贷款办法、条例 20 种。其中第六章交通第乙节为船务部分。

0796

广东建设统计：十六年十一月 / 广东省政府建设厅统计室制

广州：广东省政府建设厅统计室，1947 年出版

[132] 页；18 开

主题：经济统计—统计资料—广东—1947

中图分类号：F129.6

内分工业、商业、度量衡、矿业、农要、畜牧、水利、渔盐、合作、公路、陆运、电讯、航运等 14 类，共收图表 124 种。

0797

广东建设统计撮要 / 广东省政府建设厅统计室编

广州：广东省政府建设厅第一科，[出版日期不详]

12 页；16 开

主题：经济统计—统计资料—广东—民国

中图分类号：F129.6

全部为表。内容为该省历年经费预算及交通、水利、工商业、矿业、合作社、渔盐业等项的统计资料。

0798

广东经济纪实 / 刘懋初编

[出版地不详]：编者刊，1934 年 5 月初版

360 页：图，表；32 开

主题：区域经济—广东—民国

中图分类号：F129.6

分 8 章。述及广东省的矿业、农业、工业、海产、盐业、蚕业、航业等方面。

0799

广东经济年鉴：二十九年度 / 广东经济年鉴编纂委员会编

[广州]：广东省银行经济研究室，1941 年 12 月出版

2 册（[1293]，[1420] 页）：图，表，折表；25 开

主题：区域经济—广东—1940—年鉴

中图分类号：F129.6 - 54

大部分为图表，分 21 章。上册包括经济地理、土地、人口、经济历史、机关组织、交通、农业、水利、合作事业、粮食、盐业；下册包括渔业、工业、商业、矿业、

贸易、财政、金融、经济法规、物价指数。附《一年来经济大事记》、《广东省政府二十九年度行政设计与考核工作概况》（关于财政金融经济建设部分）。

0800

广东经济年鉴续编：三十年度／广东经济年鉴编纂委员会编

[广州]：广东省银行经济研究室，1942 年 12 月出版

[1512] 页：图，表，折表；25 开

主题：区域经济—广东—1941—年鉴

中图分类号：F129.6 - 54

大部分为图表。分农业、林垦、工业、商业、财政、金融、合作、粮食、盐业、贸易、交通、水利、物价指数、经济法规等 14 章。附《三十年度广东经济大事日志》、《广东省政府三十年度行政设计与考核工作概况》（关于财政金融经济建设部分）。并附《勘误表》一册（102 页）。

0801

广东两年来建设事业之回顾／陈元瑛编

广州：广东建设厅，1934 年出版

260 页：照片；12 开

主题：区域经济—经济建设—广东—1932—1934

中图分类号：F129.6

主要为图表及摄影，介绍广东 1932 年 6 月至 1934 年 7 月间农林、水利、工商、矿业、交通及其他建设情况。（乙）交通建设之（卯）航政。

0802

广东实业投资指南

[广州]：广东省政府，1943 年 11 月出版

127 页；16 开

主题：投资环境—广东—民国

中图分类号：F129.6

分 12 章。前 6 章论述兴办实业的意义、有利因素，说明政府奖励发展国内实业的政策、广东省急待投资的实业；后 6 章介绍了兴办工业、开发矿产资源、经营垦殖、投资兴办水利工程、发展渔业的途径等。附《非常时期工矿业奖励暂行条例》、《水利贷款补充办法》、《修正工厂登记规则》、《矿业法》、《矿业法施行细则》等 25 种。

0803

国父实业计划研究报告／国父实业计划研究会编

重庆：新新文记印刷公司，1943 年 8 月初版

[286] 页：折表；18 开

主题：孙中山—《实业计划》—著作研究

主题：经济规划—中国—民国

中图分类号：F129.6

中图分类号：D693.0

中国工程师学会国父实业计划研究会于1941年组织学者专家编写的研究报告。内容包括：铁路、机车、公路、自动车、水利、商船、筑港、服装工业、食品工业、机械工业、矿冶等项的建设计划概要或有关基本数据。

0804

国父实业计划要义／彭学沛讲

[重庆]：中央训练团党政训练班，1943年11月出版

26页；32开

主题：孙中山　—《实业计划》—著作研究

主题：经济规划—中国—民国

中图分类号：F129.6

中图分类号：D693.0

内容为孙中山的《实业计划》要点。内容包括著述时期、缘起、特点、内容等，并附有各国铁路、汽车、商船、民航机、煤、钢、铜等实业比较。

0805

国外情报选编. 第180期／外交部情报司编

[出版地不详]：编者刊，1937年3月初版

65页：表；23开. —（四十年代丛书）

主题：经济—世界

中图分类号：F11

收《马来亚当局训练人民之防空知识》、《英国积极防备马来亚后门》、《日本航空事业之发展》等4篇。

0806

海南岛之产业／林缵春编著

海口：琼崖农业研究会，1946年4月初版

220页：图；32开

主题：区域经济—概况—海南—民国

中图分类号：F129.6

分8章。第1章至第3章概述海南岛的地理、人口、交通及气候情况；第4章至第6章分述该地区的农业、林业、矿业的自然条件及生产状况；后两章述及该地区产业今后的发展，并回顾战时日本侵略者的所谓"开发"的情况。末附《开发琼崖意见书》。

0807

海南岛资源之开发／陈植编著

上海：正中书局，1948年11月初版

323 页：图，表；25 开

主题：资源开发—海南—民国

中图分类号：F129.6

介绍农林部海南办事处及华南区海洋渔业督导处委托日本技术人员编纂的开发海南的计划书内容，分 14 章。记述海南重要资源的种类、藏量、品位、产量，并分别讨论有关农林、开矿、制铁、盐业、化工、工业、电气、电信、铁路、公路桥梁、汽车运输、内河运输、港湾、海运、都市建设等各项开发计划。

0808

淮南盐垦工程初步计划 / 朱延平著

[出版地不详]：财政部盐政总局，1946 年 10 月出版

38 页：图；16 开

主题：地区计划—华东地区—民国

中图分类号：F129.6

有淮南盐垦之疆域及亩数、淮南盐区之现状及其垦务之经营、淮南盐垦与淮河之关系、导淮排洪航运灌溉之计划等。

0809

建国方略：总理遗教之四，物质建设 / 孙文著

[出版地不详]：国民政府军事委员会政治部，[出版日期不详]

248 页：图；32 开

主题：经济规划—中国—民国

中图分类号：F129.6

孙中山制订的我国经济建设远景规划。内容包括交通之开发，商港之开辟，水力、矿业、农业之发展，以及第一计划至第六计划等。附《关于广州至重庆与兰州支线之借款与建筑契约草案》、《驻京美国公使芮恩施君复函译文》等文件、信函 6 件。

0810

建国方略问答．中，物质建设 / 教育部教科用书编辑委员会编

重庆：学生之友出版社，1941 年 10 月出版

127 页；64 开

主题：孙中山—《实业计划》—著作研究

主题：经济规划—中国—民国

中图分类号：F129.6

中图分类号：D693.0

以问答形式介绍孙中山的实业计划。

0811

建设海南岛刍议 / 徐逸樵著

[出版地不详]：[出版者不详]，1945 年 7 月出版

32 页；32 开

主题：经济建设—区域经济—海南—民国

中图分类号：F129.6

论述海南岛的建设目标、前提，提出政治、教育、农业、水利、交通、工矿等方面的开发纲领。

0812

建设计划／广东建设厅编辑处编

广州：广东建设厅编辑处，1930年出版

124，292 页：冠像，表，折表；23 开

主题：地区计划—广东—1929—1930

中图分类号：F129.6

分 2 编。上编为广东省建设厅制订的 1929 年下半年至 1930 年上半年该省电政、市政、农业、矿业、森林、水产、蚕桑、工业、商业、公路、航政、统计等月进度建设计划；下编为各项具体建设的计划书。

0813

建设委员会工作计划概要／建设委员会编

南京：建设委员会，1930 年 10月出版

82 页：地图，折表；21 开

主题：基本建设—委员会—工作

计划—中国—民国

中图分类号：F129.6

分 3 部分。收录由该会主管的水利、电气及部分厂矿的建设计划概要 23 份。含建设东方北方两大港计划。

0814

建设中的新中国／中华出版社编

上海：中华出版社，1940 年 5 月出版

190 页；32 开

主题：经济建设—中国—民国

中图分类号：F129.6

分中国之新姿态、中国金融之建设、进步中的农业、中国民族工业之新生与发展、工业合作运动的推进、交通建设概况及政策（含水路网之建设）6 章。概述战时中国在金融、农业、民族工业、工业合作运动、交通等方面的建设成果。封面印有"胜利书社出版"，书名页印有"上海胜利书社出版"，版权页出版者为中华出版社，总经销胜利书社。

0815

江苏物产志略／江苏全省物品展览会宣传股编

南京：江苏全省物品展览会宣传股，1934 年 10 月出版

92 页：图，表；32 开

主题：资源—江苏—民国

中图分类号：F129.6

　　介绍该省物产的种类和分布情况，并收有省政府 1934 年度的建设计划、"展览会"的宣言、职员名录等资料。无专门章节论述涉海内容，附表中含渔产资料。

0816

经济地理学／鲍文熙著

　　上海：世界书局，1949 年 9 月初版

　　178 页：表；25 开 . —（银行学会银行丛书）

　　主题：经济地理学

　　中图分类号：F119.9

　　内分经济地理学之意义、经济地理学之基础、主要经济区域之划分、植物及动物之分布、人类经济生活之典型、农牧业与渔业、矿业与工业、商业与运输业等 8 章。

0817

经济地理学大纲／夏承法，冯达夫编译

　　上海：开明书店，1931 年 1 月初版

　　[10]，338 页：表；32 开

　　主题：经济地理学

　　中图分类号：F119.9

　　第一篇第一章第四节海洋和原料品的关系；第四章第四节造船业的分布。第二篇第一章第三节海洋和交通的关系；第三章水上交通。第三篇第一章第四节港的种类，第六节商港。

0818

经济地理学概论／蔡源明著

　　上海：商务印书馆，1934 年 10 月出版，1935 年 5 月再版，1940 年 11 月长沙 4 版

　　[18]，288 页：图，表；23 开

　　主题：经济地理学

　　中图分类号：F119.9

　　包含海之经济的利用、气圈与经济、陆圈与经济、水圈与经济等内容，卷首有著者序。

0819

经济地理学原理／王庸著

　　上海：商务印书馆，1926 年 9 月初版

　　172 页；32 开 . —（新智识丛书）

　　主题：经济地理学

　　中图分类号：F119.9

　　分为经济地理要素分论和经济生活概要等 2 编。包括经济地理学之定义及其要素、土壤与物产、健康与作业纸气候的影响、渔牧业、热带农业、林业和商业等。其中第一篇第九章为运输之地理基础；第二篇第一章为渔牧业。

0820

经济地理与中国问题／韩亮仙著

南京：神州国光社，1934 年 1 月初版

245 页：表；23 开

主题：经济地理—中国

中图分类号：F129.9

分 7 章。研究经济地理的任务和方法、中国经济活动的因素与发展的趋势、中国三大河流系统的经济意义、中国的海岸线与对外贸易、中国农村经济与农民问题、中国产业资本的发展和中国的革命问题。

0821

经济海防／方杨著

[杭州]：致知社出版部，1935 年 8 月出版

[12]，116 页：图，表，摄影；32 开

主题：国防经济—海防—中国—民国—文集

中图分类号：F129.6

内容为作者考察各县后，写出的建议及有关文章。包括《浙江编组海防保甲建议书》、《渔业统制与海防保甲》、《人口问题与渔业殖民》、《经济海防机构略说》、《浙江渔团史之研究》等 11 篇。

0822

"九一八"后我国之损失／日本评论社编辑

南京：正中书局，1933 年 6 月出版

30 页：表；32 开

主题："九一八"事变—经济影响—东北地区

中图分类号：F129.6

分 4 个部分：前言、"九一八"后东北损失统计、"一·二八"沪变损失统计、结语。其中物产损失中统计了关东租借地、黄海沿岸、北部直隶湾沿岸等地的水产损失。

0823

烂头岛开发／吴曦等编

香港：天下通讯社，1941 年 6 月初版

[56] 页：图；30 开

主题：区域开发—香港—民国

中图分类号：F129.6

考察香港烂头岛的情况。有关于开发大屿山、大澳全貌等 10 余篇。附《烂头岛开垦图》，《烂头岛全图》。

0824

两次大战间美国国民经济之发展／吴致平著

南京：新中国出版社，1947 年 11

月初版

82 页：表；32 开

主题：国民经济—经济发展—美国

中图分类号：F171.295

内容包括美国国民经济的一般特征、工业经济、农村经济、交通运输事业（含海上运输）、财政与金融、对外经济关系及美国经济地理的研究等。代序《美国的昨日今日和明日》。

0825

两淮水利盐垦实务／胡焕庸编订

南京：国立中央大学地理系，1934 年 12 月出版

272 页：图，表，摄影；16 开

主题：区域经济—华东地区—民国

中图分类号：F129.6

内分纪程、水利、连云港、盐务、垦务 5 编，介绍两淮流域水、盐资源的开发和利用，港口建设和农业发展情况。

0826

两年来之浙江建设概况／浙江省政府建设厅编

浙江省政府建设厅，1929 年 6 月出版

128 页；16 开

主题：区域经济—经济建设—浙江

中图分类号：F129.6

概述浙江省 1926 年至 1928 年间交通、水利、农矿、工商、航政、渔业等方面的建设情况。

0827

六十年来之岭东纪略／萧冠英编

广州：中华工学会，1925 年 5 月初版

159 页：表，折图，折表；12 开

主题：区域经济—经济史—广东

中图分类号：F129.6

分 16 章。介绍广东省潮梅地区自八国联军侵略中国后的六十余年来，在贸易、工业、农业、交通等各方面的发展情况，并附各种统计资料。

0828

美国工商发达史／叶建伯编

上海：商务印书馆，1918 年 8 月出版

11，333 页：照片；21 开

主题：工业史—美国

中图分类号：F171.29

内分美国工商业之幼稚时代，国内商务之发达、工业之发达、工商业一致之发达，美国的商业、交通、工业等。（第二卷（甲）第三篇第十五章水运；第三卷第一篇第二十五章渔猎）。

0829

美国经济地理／胡焕庸编著

重庆：正中书局，1941 年 12 月初版

124 页：图，表；32 开．—（史地丛刊）

主题：经济地理—美国

中图分类号：F171.299

分 28 章。介绍美国的自然地理环境、物产、交通、对外贸易、居民构成、属地经济，以及美国与中国、日本的经济关系（第二章地形；第三章气候；第十七章交通等）。

0830

美国经济动员及其经济战斗力／徐培根编著

[重庆]：陆军大学，1945 年出版

108 页：图，表；25 开

主题：第二次世界大战—经济—美国

中图分类号：F171.295.2

叙述第二次世界大战时期美国经济动员经过，以及军需资源、海运、对外租借等情况。

0831

美国社会经济史／（日）猪谷善一著；张定夫译

上海：商务印书馆，1936 年 7 月初版

[10]，350 页；32 开．—（各国社会经济史丛书）

主题：经济史—美国—1492—1929

中图分类号：F171.29

分殖民地时代、西渐运动时代、工业发展时代 3 编，记述 1492 年哥伦布发现美洲新大陆至 1929 年美国社会经济发展的历史。

0832

美国实业发展史／（美）格罗弗（J. G. Glover），（美）康乃尔（W. B. Cornell）编；中国计划建设学会译

上海：商务印书馆，1947 年 5 月初版

2 册（539，962 页）：表；25 开

主题：经济史—美国

中图分类号：F171.29

由美国各实业领袖与专家执笔，纽约大学格罗弗、康乃尔二教授汇编，共 41 章。叙述美国主要工、农、商实业的发展史，包括早期史、地理分布、原料、产品、制造方法、用途、推销方法、资本、劳工、公司组织、有关法令和未来的发展方向，等。首尾两章还论述了劳工对美国实业的贡献和同业公会的作用等 [（上册）第四章渔

业；（下册）第二十九章造船与航运业]。

0833

美国远东经济考察团调查中国报告书／美国远东经济考察团原著；实业部国际贸易局摘译

[南京]：实业部国际贸易局，1935年出版

36页；16开

主题：经济—考察报告—中国—民国

中图分类号：F129.6

　1935年美国远东经济考察团赴东亚调查经济，返美后发表的考察报告。内容包括日本、中国、菲律宾三部分。此书为中国部分，叙述美国在华商业之缺点、中国经济概况和潜力、美国应采取的对华经济政策和措施等（14—15页：航业）。

0834

美国战时计划经济／（日）森武夫著；陈文鹭译

上海：申报，1933年8月初版

[20]，274页：表；32开.—（申报丛书）

主题：第一次世界大战—计划经济—美国

中图分类号：F171.294.3

　分17章。论述第一次世界大战前后美国经济实况，包括战前美

国的军械工业，工业动员政策，劳动、铁路、海上运输的统制，战时财政及金融等。

0835

民国二十五年全国实业概况／实业部统计处编

南京：实业部统计处，1937年3月初版

192页：表；23开

主题：经济—概况—中国—1936

中图分类号：F129.6

　分4章。记录该年度农、工、商、矿、渔牧、林垦各业概况与建设的情况。附该处组织、任务与一年来工作情形，以及各种统计图表50余种。第四章第二节渔牧。

0836

南洋荷属东印度之经济／刘士木译

上海：国立暨南大学南洋文化事业部，1929年8月初版

68页：表；32开.—（南洋丛书）

主题：经济发展—东南亚

中图分类号：F133.094

　介绍第一次世界大战前，南洋地区的经济发展状况，以及战时南洋的经济问题。

0837

南洋建设与澳洲危机 ／ 国民新闻
社译述

上海：国民新闻图书印刷公司，
1943 年 4 月出版

156 页：图，表；32 开

主题：经济—概况—亚太地区

中图分类号：F119.52

文集。辑有关南洋群岛及大洋
洲经济形势的报道 20 篇（含战时
海运业与贸易之变迁）。

0838

南洋经济地理 ／ 严清萍编著

重庆：正中书局，1942 年 6 月
初版

122 页：图，表；32 开．—（历
地丛刊）

主题：经济地理—东南亚

中图分类号：F133.099

分 8 章。概述南洋地区的人文
地理及自然环境，分章叙述该地区
的农林、渔牧、矿产、工业、交
通、贸易等各业的配置与发展
情况。

0839

南洋印度之产业 ／ 李裕编著

上海：中华书局，1943 年 10 月
初版

174 页：表；32 开

主题：产业—概况—印度

中图分类号：F135.19

介绍印度及东南亚诸国的农业、
工矿业、交通和国际贸易的状况。

0840

南洋资源论

北京：北京新闻协会，1942 年 3
月出版

46 页：图，表；32 开．—（时局
小丛书）

主题：资源—东南亚

中图分类号：F133.099

日伪出版物。主要包括南洋的
水产与林产、南洋的粮食资源、南
洋的商业关系等内容。

0841

青岛市建设成绩概况 ／ 青岛市政
府编

［青岛］：青岛市政府，［出版日
期不详］

26 页；28 开

主题：地方经济—经济建设—青
岛—民国

中图分类号：F129.6

记述地方自治、社会行政、财
政、土地、公安、卫生、教育文
化、港务、工务等方面工作情况。

0842

青岛在华北之地位及其发展之趋
势 ／ 青岛工商学会编

[青岛]：青岛工商学会，1933 年
8 月出版

14 页：折表；21 开

主题：区域经济—青岛—民国

中图分类号：F129.6

　　叙述青岛之地理位置、自然条件、贸易情况、工商、业情况等。附《胶海关近十年海关贸易值比较表》及《青岛市工厂一览表》。

0843

请拨美棉麦借款改进青岛农产水利港务实业方案／青岛工商学会拟

青岛：青岛工商学会，1933 年 10
月出版

48 页：表；21 开

主题：地区计划—青岛—民国

中图分类号：F129.6

　　内容为改进青岛农林、畜牧、水利、港湾建设的实业计划建议书。

0844

琼崖实业调查团报告书／广东省建设厅编辑股编

[广州]：广东省建设厅编辑股，1932 年 12 月出版

262 页：图，表；16 开

主题：区域经济—调查报告—海南—1919

中图分类号：F129.6

　　内容涵盖农艺、土壤水利、畜牧兽医、昆虫、森林、渔盐、工

商、公路建设等。其中包括《海南岛渔盐调查报告书》。

0845

日本产业概论／陈湜编译

南京：正中书局，1939 年 12 月初版

181 页：图，表；32 开．—（时代丛书）

主题：产业—概论—日本

中图分类号：F131.395

　　分绪论、日本之面积及人口、自然资源之贫乏、农林业、水产业、矿业、工业、商业、交通事业、殖民地之产业、结论——近十年来之日本产业等 11 章。书前有例言、《七十年来中西日本纪年对照表》及本书主要参考资料。

0846

日本的产业／曙梦编辑

上海：日本研究社，1931 年 11 月初版

90 页：表；50 开．—（日本问题一角丛书）

主题：经济—概况—日本

中图分类号：F131.395

　　概述日本的农业、矿业、水产业、工业、商业的发展状况。

0847

日本帝国主义对华经济侵略／侯

厚培，吴觉农著

上海：黎明书局，1931 年 11 月初版

[14]，380 页：图，表；25 开

主题：经济—中国—民国

中图分类号：F129.6

用实际材料阐明日本对华的经济侵略政策。内容包括日本在铁路、航权、种植渔牧、矿权、工业、贸易、金融等各方面的侵略事实。第三章日本对华之航权侵略，第三章附表 19 个。

0848

日本对华经济侵略／邹鲁著

广州：国立中山大学出版部，1935 年 6 月初版

332 页；23 开

主题：侵华—经济扩张—日本

中图分类号：F129.6

叙述日本对华经济侵略史实，包括领土、关税、铁路、邮政、电政、航政、金融、水产、矿业、林业、农业、工业、商业等各个方面。其中第八章航政包括日本在华航业的实况、垄断中日航线、"九一八"事变后侵我航业概况等；第十章水产包括盐业和渔业。

0849

日本对华经济侵略之检讨／赵毅民编

北平：朝野书店，1932 年出版

80 页：图，表；32 开

主题：经济—中国—民国

中图分类号：F129.6

分绪论、交通侵略（第二节航路之侵略）、工业上之侵略、商业上之侵略、金融上之侵略、农、植、林、渔之侵略（第四节渔业之侵略）、结论 7 章。

0850

日本国力的剖视／邬翰芳编著

上海：国际书局，1938 年 11 月初版

[16]，218 页：摄影；32 开

主题：经济—研究—日本

中图分类号：F131.395

分 2 编。第 1 编日本国力之来源与自然界，简要介绍日本的地理环境（第二章日本领海的价值）；第 2 编日本人力与物力之总汇，包括日本的文化活动力（含渔港等内容）、经济活动力（含水产业等内容）、政治活动力（含日本的海军等内容）、交通建设力（含水路交通等内容）及日本最近之军事政治经济（含日本最近陆海空军之配置等内容）5 章。

0851

日本国力的再估计／张友渔著

桂林：远方书店，1942 年 6 月

出版

52 页；36 开 . —（国际问题丛刊）

主题：经济—日本

中图分类号：F131.395

包括 10 篇，依次为：如何估计日本的国力、日本国力的基本弱点、从资源估计日本的国力、从工业估计日本的国力、从农业估计日本的国力、从对外贸易估计日本的国力、从财政金融估计日本的国力、从军备估计日本的国力（含日本海军内容）、从阶层关系估计日本的国力、如何促成日本帝国主义崩溃。

0852

日本经济地理／陈湜著述

上海：商务印书馆，1935 年 7 月初版

241 页：图，表；32 开

主题：经济地理—日本

中图分类号：F131.399

本书包括上、下两编。上编分 3 章，包含绪说、日本经济地理之特征、日本各地方地理之特征；下编分述日本各地区经济地理情况。附《日本重要都市概况》和《日本贸易概况》。

0853

日本经济地理／（苏）康斯坦金·波波夫著；（日）松崎敏太郎译；

顾志坚重译

昆明：中华书局，1939 年 3 月初版

506 页：表；23 开 . —（社会科学丛书）

主题：经济地理—日本

中图分类号：F131.399

叙述日本地理环境及经济状况。附《日本重要都市概况》。

0854

日本经济概况／赵兰坪编译

上海：黎明书局，1931 年 3 月初版

10，330 页：表；23 开

主题：经济—概况—日本

中图分类号：F131.395

据日本评论社出版的《现代经济学全集》第 25 卷和猪间骥一所编《日本经济图表》一书编译，分 8 章。叙述日本经济的发展过程及其与世界经济的关联，历次战争对日本经济的影响，以及日本的人口、交通（含海运）、工商、农矿（含水产业）、财政、金融、劳工、财阀等情况。

0855

日本经济论／（苏）波朴夫（Popof）著；赵南柔译述

上海：商务印书馆，1937 年 1 月初版

472 页：表；21 开 . —（日本研究会丛书）

主题：经济地理—日本

中图分类号：F131.399

分 3 编，共 27 章。首编日本的自然资源与居民，介绍日本列岛的地理位置与自然境界、海洋、地形、气候与地质、动植物、能源、矿物资源及日本的人口状况等；次编日本的经济的区划，叙述日本区划的演变和日本的南北方领土、日本的殖民地领土等；第 3 编日本国民经济及其最重要部门的地理，分述日本国民经济发展的一般历程、经济的相互关系，介绍日本的农、林、牧及水产业、工业及纺织、食品加工、冶金、机械、化学，陶瓷工业、并述及日本的贸易及其商品、贸易的地理区域问题。

0856

日本在华经济势力／实业部编

上海：中华书局，1933 年 3 月初版

[94] 页；16 开

主题：侵华—经济扩张—日本

中图分类号：F129.6

用图表数字表明日本对华投靠情况，如经营纱厂、金融网、掠夺矿产、在华交通网、对华贸易、在华侨民、港埠租界开辟等。附材料来源索引。涉海内容含日本在华交通网（铁路—航线）、日本对华航线、日本在中国沿海通商大埠出入之船只、南满铁路与大连港历年收支状况等。

0857

日本在太平洋上之经济战／日本评论社编辑

南京：日本评论社，1934 年 4 月出版

56 页；32 开 . —（日本研究会小丛书；第四十九种）

主题：对外经济关系—经济扩张—日本

中图分类号：F131.395

分绪言、日本帝国主义之成长、战后太平洋上的经济阵容、经济恐慌中之日本、"九一八"以来日本在太平洋上之经济战、英美在太平洋上之经济现势、太平洋上经济争霸中日本的新武器、结论 8 部分。

0858

日本之产业／日本三菱经济研究所编；郑君平译述

长沙：商务印书馆，1937 年 12 月初版

5 册（1400 页）：表；36 开 .

主题：产业—概论—日本

中图分类号：F131.395

分 4 编，共 21 章。首编日本

产业发展的背景，概述日本产业的基础、原料，以及产业统制、合理化等；次编基础产业，详述日本的农业、渔业、矿业及电气事业的发展状况；第3编主要工业，介绍日本的纺织、机械、化工、窑业（玻璃、水泥、陶瓷）、食品等工业部门的生产情况；末编专论金融、保险、仓库及运输业。

0859

日本之南生命线／（日）松村金助原著；刘士木译述

上海：中南文化协会，1935年12月初版

［20］，［156］页：照片，地图；32开.—（中南丛书）

主题：对外经济关系—经济扩张—日本

中图分类号：F131.395

分南洋群岛之经济的展望、南洋经济建设之秘史、秘密境之新几尼亚、极乐境之爪哇、铁之生命线与马来半岛等6章，以帝国主义侵略者的观点，叙述南洋群岛的经济及风俗习惯，说明南洋群岛对日本帝国的重要性。附《南洋旅行须知》。

0860

日本最近之经济／（日）神原周平著；潘文安，殷师竹译

上海：文艺书局，1932年1月初版

96页：表；32开

主题：经济危机—日本

中图分类号：F131.395

分世界经济之大势、日本不景气之概观、日本对外之贸易、日本之商业状态、日本之工业状态、日本劳工状态等。内容论及日本的对外贸易、商业、工业、劳工、农村、殖民地、渔业、国家财政等12章。

0861

日寇在沦陷区的经济掠夺／沈敬亭著

桂林：文化供应社，1940年8月初版

140页：表；32开

主题：侵华—经济扩张—日本

中图分类号：F129.6

分绪论、掠夺方式与掠夺机构、资源的掠夺、工业的掠夺与经营、交通的控制与扩张、贸易的统制与垄断、捐税、结论8章。其中第三章资源的掠夺中的第三节为畜产与水产；第五章交通的控制与扩张中的第二节为航业。

0862

山东省政府建设厅施政纲要／山东省建设厅编

［出版地不详］：山东省建设厅，

1928 年 12 月出版

40 页：表；16 开

主题：经济建设—国家行政机关—工作—山东—民国

中图分类号：F129.6

内容包括水利、河道、港政、公路、铁路、新市、新村、电气、土地测量等 10 个方面。

0863

山东省政府建设厅现行各项章则汇编／山东省政府建设厅编

山东省政府建设厅，1935 年 5 月出版

12，394 页；23 开

主题：经济建设—国家行政机关—规章制度—山东—民国

中图分类号：F129.6

辑各项章则 145 种。其中总务类 24 种，公路类 18 种，农林类 27 种（含山东省水产试验场组织章程），水利类 20 种，电话类 23 类，工商类 25 种，矿业类 3 种，补遗 5 种。

0864

十年来之中国经济建设／中央党部国民经济计划委员会主编

南京：扶轮日报社，1937 年 2 月初版

[790] 页：图，表；8 开

主题：经济建设—中国—民国

中图分类号：F129.6

上编 6 章，记录有关交通、实业、财政、水利、蚕棉、电力等建设情况的资料；下编 22 章，记录全国各省及部分大城市的经济建设情况。上编第三章第七节航业；下编部分滨海城市有水产业内容。

0865

十五年来中国经济／关吉玉编

沈阳：经济研究社辽沈分社，1947 年 3 月初版

194 页：表；32 开 .—（经济研究社丛书）

主题：经济—中国—民国

中图分类号：F129.6

分 8 章。叙述"九一八"事变以来国内财政、金融、贸易、交通（含水运）、工矿、地政、农林、粮食、水利、物价管理情况。附《对日宣战文告》、《工农业建设实施原则》，《接收敌伪资产办法》等资料 18 种。

0866

实业计划／孙文著

上海：国民书店，1926 年 3 月初版

[175] 页：图；28 开

主题：经济规划—中国—民国

中图分类号：F129.6

孙中山制订的我国经济建设远

景规划。内容包括：交通之开发，商港之开辟，水力、矿业、农业之发展，以及第一至第六计划等。附《关于广州至重庆与兰州支线之借款与建筑契约草案》、《驻京美国公使芮恩施君复函译文》等文件、信函 6 件。

0867

实业计划表解／民团周刊社编

南宁：民团周刊社，1938 年 8 月初版

38 页；38 开．—（丙种丛刊）

主题：经济规划—中国—民国—表解

中图分类号：F129.6

包括实业计划总论及第一至第六计划，共 7 部分。其中第一、二、三计划包括北方大港、东方大港及广东商港及渔业港建设之计划的内容。

0868

实业计划汇编／中央侨务委员会编

［南京］：中央侨务委员会，1931 年 10 月出版

178 页；表；32 开

主题：经济规划—中国—民国

中图分类号：F129.6

根据孙中山《实业计划》要旨，介绍全国可行投资建设的项目，包括交通、矿务、水利、蚕丝、纺织、渔业、制造事业、化学工业、农林等方面。

0869

实业计划辑要／苏易日编辑

新时代教育社，1928 年 3 月初版

132 页：图；32 开

主题：经济规划—中国—民国

中图分类号：F129.6

摘录孙中山所著《实业计划》中的要点，并附图 17 幅加以说明。涉海内容包括商港、造船业等。

0870

实业计划浅说／中国国民党上海特别市执行委员会编

［上海］：中国国民党上海特别市执行委员会，1931 年 12 月出版

50 页：表；32 开．—（预备党员训练丛书）

主题：孙中山—《实业计划》—著作研究

主题：经济规划—中国—民国

中图分类号：F129.6

中图分类号：D693.0

0871

实业计划水道要论／陈遵楷编

上海：商务印书馆，1930 年 6 月初版

172 页：表；32 开

主题：孙中山—《实业计划》—
著作研究

主题：经济规划—中国—民国

中图分类号：F129.6

中图分类号：D693.0

　　内分绪论、流域总论、流域各论3编，着重从各山川系统及地方经济角度，浅释孙中山的实业计划。第一编第一章第二节海岸线及港湾。

0872

实业计划提要／中国国民党中央执行委员会宣传委员会编

　　［出版地不详］：中国国民党中央执行委员会宣传委员会，［出版日期不详］

　　98 页；32 开 . —（宣传丛刊）

　　主题：经济规划—中国—民国—文摘

　　中图分类号：F129.6

　　孙中山《实业计划》摘要重编本。共分四编。第一编总论；第二编交通之开发；第三编商港之开辟；第四编工业本部之发展及其他。

0873

实业计划演讲集／印水心著

　　上海：中央图书局，1927 年出版

　　79 页；48 开

　　主题：孙中山—《实业计划》—

著作研究

　　主题：经济规划—中国—民国

　　中图分类号：F129.6

　　中图分类号：D693.0

　　对《实业计划》第一至第六计划的演述。

0874

实业计划与国防／薛贻源著

　　南京：国民图书出版社，1946 年12 月出版

　　42 页；36 开

　　主题：经济规划—中国—民国

　　中图分类号：F129.6

　　论述铁路、海港建设，移民计划的贯彻与国防建设的关系。

0875

实业计划摘要／刘光华编

　　上海：商务印书馆，1928 年 1 月初版

　　81 页；50 开 . —（新时代民众丛书）

　　主题：经济规划—中国—民国—文摘

　　中图分类号：F129.6

　　包括总说及第一至第六计划，共 7 部分。其中第一、二、三计划包括北方大港、东方大港及广东商港及渔业港建设之计划的内容。

0876

实业计划摘要

［衢县］：衢县县政府，1929 年
10 月出版

48 页；23 开

主题：经济规划—中国—民国—
文摘

中图分类号：F129.6

摘录孙中山《实业计划》中
的"总说"及第一项至第六项。

0877

实业计划之解说／刘泮珠编述

上海：江南美术印刷公司，1932
年 12 月 2 版

412 页；32 开

主题：孙中山—《实业计
划》—著作研究

主题：经济规划—中国—民国

中图分类号：F129.6

中图分类号：D693.0

对孙中山之《实业计划》加
以解说，并略叙中国铁路交通之
概况。

0878

实业计划之理论与实际／吴晦
华著

上海：新世纪书局，1930 年 2 月
初版

355 页：图标，彩色折图；32 开

主题：孙中山—《实业计划》—

著作研究

主题：经济规划—中国—民国

中图分类号：F129.6

中图分类号：D693.0

分两编论述孙中山所著《实
业计划》的意义、方法、目的，
实业计划进行的途径与原则，以及
第一、二、三、四、五、六计划。

0879

实业计划之综合研究总论．二，
"技术方面之考察"参考资料／叶
秀峰选

重庆：中央训练团党政高级训练
班，1944 年 2 月出版

96 页；32 开

主题：孙中山—《实业计
划》—著作研究

主题：经济规划—中国—民国

中图分类号：F129.6

中图分类号：D693.0

分实施实业计划设计提要、化
学工业计划书总论、化学工业基本
数字、煤矿建设计划、矿山机械建
设计划、农业建设数字初步计划、
水运部门轮航计划等 11 节。

0880

实业计划综合研究各论．（一）／
顾毓琇等讲；中央训练团党政高级
训练班编

［重庆］：中央训练团党政高级训

练班，1943 年 6 月出版

190 页；32 开

主题：孙中山—《实业计划》—著作研究

主题：经济规划—中国—民国

中图分类号：F129.6

中图分类号：D693.0

收《实业计划上之工业建设与国防教育》（顾毓琇）、《实业计划上之农业建设》（钱天鹤）、《实业计划上之水利建设》（沈百先）、《实业计划上之公路建设》（赵祖康）、《实业计划上之国防工业建设》（杨继曾）、《实业计划上之电讯建设》（朱一成）、《实业计划上之港埠建设》（邵福昕）7 篇专论。

0881

实业四年计划草案／实业部编

[出版地不详]：实业部，1933 年 9 月出版

[16]，196 页：肖像，地图；16 开

主题：经济计划—中国—民国

中图分类号：F129.6

据中央政府决议，由当时的"实业部长"陈公博起草。内容包括煤矿、钢铁、石油、机械、制糖、造纸、农林、渔牧等项建设计划草案。

0882

世界的重要资源／许逸超编

上海：中华书局，1948 年 2 月初版

82 页：表；32 开 . —（中华文库）

主题：自然资源—资源地理—世界

中图分类号：F119.9

介绍世界重要资源，如铀、石油、水力、煤、铁、盐、特种金属矿物的地理分布及产量等。其中第六章水和盐，介绍了各国的盐产及用途。

0883

世界经济地理讲座／胡明编著

[上海]：光华出版社，1947 年 5—7 月初版，1947 年 8 月再版，1949 年出版

2 册（1152 页）：表；32 开

华北韬奋书店，1948 年 12 月翻印

2 册（380 页）：表；32 开

北平：新华书店，1949 年 4 月翻印

5 册（1170 页）：表；32 开

主题：经济地理—世界

中图分类号：F119.9

包含三洋与两极、北海道岛、国界及海岸线、国家和海岸线等内容。

0884

四年来之倭寇经济侵略／中央调

查统计局特种经济调查处编

[重庆]：中央调查统计局特种经济调查处，1941 年出版

222 页：表；16 开

主题：侵华—经济扩张—日本

中图分类号：F129.6

收有关日寇在沦陷区进行经济侵略的调查统计资料，包括财政金融、产业（其中农业掠夺与经营中含水产部分）、贸易、交通（含水路部分）等部分。总论中述及日寇之经济作战力、战时经济体制和对华经济侵略政策。

0885

苏联的农工和交通／王文萱著

长沙：商务印书馆，1939 年 2 月初版

166 页：图，表；32 开．—（苏联小丛书）

主题：经济地理—苏联—现代

中图分类号：F151.299

介绍苏联"十月革命"以后的经济地理状况，内分 4 章。包含今日的苏联、农业、工业、交通（含苏联海运概况）。

0886

苏联国力的基础／（美）葛德石（G. B. Gressey）著；王勤堉译

上海：开明书店，1947 年 11 月初版

214 页：表，地图；25 开

主题：经济地理—苏联

中图分类号：F151.299

叙述苏联的经济地理情况。内容包括苏联的自然环境，矿产资源，工业化，欧洲（含波罗的海诸国的内容）、中亚和西伯利亚的经济区域（含北冰洋边缘的内容）等。

0887

苏联经济地理／（日）平竹传三著；陈此生，廖璧光译

上海：商务印书馆，1936 年 11 月初版

347 页：图，表，地图；21 开

主题：经济地理—苏联—现代

中图分类号：F151.299

从经济地理角度介绍第一次五年计划的成果，第二次五年计划的执行情况及将来的发展方向。上篇第四章第二节为河川运输及海运。

0888

苏联经济地理／胡焕庸，袁著编著

重庆：青年书店，1940 年 10 月出版

350 页：表，折图，图；32 开

主题：经济地理—苏联

中图分类号：F151.299

分 26 章。叙述苏联的疆域、民族、气候、土地、农业、矿藏、

能源、工业、交通（涉及航路及海港）、贸易等状况，并分述各种经济区域的经济地理概况。附《中国与苏联》、《苏联地理译名对照表》。

0889

苏联经济生活／威廉著；蒋学楷译

汉口：黎明书局，1938 年 4 月初版

117 页；32 开

主题：经济工作—苏联

中图分类号：F151.295

　　介绍苏联的资源、计划经济、工农业生产方式、交通概况（水陆空交通情形怎样）、科学、工会、社会保险、人民生活、货币银行等。

0890

苏联力量的基础／（美）葛德石著；程鸿，叶立群译

上海：中华书局，1948 年 4 月初版

[10]，252 页：地图；32 开

主题：经济地理—苏联

中图分类号：F151.299

　　叙述苏联的经济地理情况。内容包括苏联的自然环境，矿产资源，工业化，欧洲（含波罗的海诸国的内容）、中亚和西伯利亚的经济区域（含北冰洋边缘的内容）等。

0891

苏联之资源及远东国防／中央宣传部国际宣传处编译

贵阳：交通书局，1942 年 3 月初版

24 页：表；32 开．—（国际时事丛书）

主题：国际经济—苏联—文集

中图分类号：F151.295 - 53

　　译文集。收《苏联的资源及其分布状况》（译自 1941 年 7 月 12 日《英国国际新闻公报》）和《苏联远东区的国防情形》（原载 1941 年 8 月 9 日《英国国际新闻公报》），两篇论文论述了苏联的战备与国防问题。

0892

孙中山实业计划／孙文编辑

上海：三民公司，1929 年 5 月重版

208 页：图；32 开

主题：经济规划—中国—民国

中图分类号：F129.6

　　孙中山手订的我国经济建设远景规划。内容包括交通之开发，商港之开辟，水力、矿业、农业之发展，以及第一至第六计划等。附《关于广州至重庆与兰州支线之借款与建筑契约草案》、《驻京美国公使芮恩施君复函译文》等文件、

信函 6 件。

0893

台湾参观记录 / 俞飞鹏著

　　[南京]：中央宣传部，1947 年 1
月出版

　　94 页：表；16 开

　　主题：区域经济—台湾—民国—
资料

　　中图分类号：F129.6

　　俞飞鹏、陈大径、黄本立三人
于 1947 年 1 月赴台湾参观各种建
设事业（包括农业、林业、渔业、
工业、港务、盐业）的记录。

0894

台湾产业界之发达 / 林履信编

　　上海：商务印书馆，1947 年 6 月
初版

　　131 页：图，表；32 开

　　主题：区域经济—概况—台湾—
民国

　　中图分类号：F129.6

　　分 12 章。介绍台湾的史略、
土地、气候、民族、人口、财政、
商业、金融、生产、运输等方面的
发展情况。附录参考书目及中日度
量衡对照表。第六章第三部分为水
产业；第九章第二部分为海运。

0895

台湾产业经济梗概 / 刘绍辅著

　　[出版地不详]：编者刊，1948
年 5 月初版

　　56 页：图，表；16 开

　　主题：区域经济—概况—台湾—
民国

　　中图分类号：F129.6

　　分 8 章。概述台湾省的农业、
水产业、工业、矿业、林业等经济
部门的历史发展和状况。

0896

台湾经济提要 / 张泽南编著

　　台北：天众出版社，1948 年 5 月
初版

　　[14]，197 页：表；25 开

　　主题：区域经济—概况—台湾—
民国

　　中图分类号：F129.6

　　此书材料多采自作者在"善
后救济总署台湾分署"工作期间
编写的《台湾省经济调查报告》、
《台湾省主要经济统计》、《台湾省
之米谷与肥料》等报告。分 8 章，
介绍台湾省的自然环境、农业、工
业、矿业、渔牧业、贸易、运输
业、财政金融等。附《战灾损害
概况》、主要参考书目。

0897

台湾经济展望 / （英）格来顿齐夫
（A. J. Graidanzev）著；北京联华银
行经济研究室译

北京：北京联华银行经济研究室，1945年11月初版

147 页：表；23 开

主题：区域经济—台湾—民国

中图分类号：F129.6

概述台湾的自然环境、史略、人口分布、农、渔、林、工业、交通、银行、对外贸易等情况。

0898

台湾省经济调查报告 / 善后救济总署台湾分署经济技正室编

后救济总署台湾分署经济技正室，1947年5月出版

91 页：表；16 开

主题：区域经济—调查报告—台湾—民国

中图分类号：F129.6

报告内容包括台湾省的自然环境、农业、工业、矿业、渔牧业（第四章）、贸易（含港口贸易）、交通（第七章）、财政金融等方面的情况。

0899

台湾省经济调查初稿 / 台湾省工业研究所技术室编

台湾省工业研究所，1946年5月出版

514 页：图，表，折表；16 开

主题：区域经济—调查报告—台

湾—民国

中图分类号：F129.6

大部分为表。反映台湾省财政、贸易、交通（含港湾）、工业、矿业、农业、林业、水利、电力、水产、食品工业等情况，并专节记述战前状况和战时的破坏程度，提出恢复与发展计划。

0900

台湾省主要经济统计 / 善后救济总署台湾分署经济技正室编

善后救济总署台湾分署经济技正室，1946年9月出版

107 页：图，表；12 开

主题：经济统计—统计资料—台湾—民国

中图分类号：F129.6 - 66

全部为表。内容包括台湾省经济概况及农业、工矿业、商业、贸易、金融、财政等方面的统计数字、渔船及其工作人数。

0901

台湾统计地图 / 台湾省行政长官公署统计室编

台湾省行政长官公署统计室，1946年12月出版

[176] 页；16 开

主题：经济地图—统计图—台湾—民国

中图分类号：F129.958

内有反映台湾省地理、交通、气象、人口、农业、农产、水果、牲畜、森林、水产、矿产、工业、贸易等各类情况的统计地图88幅。包括《台湾海运路线图》、《台湾在太平洋上的地位》、《台湾水产总值统计图》、《台湾各式渔船吨数统计图》等。

0902

太平洋各国经济概况／（美）菲尔特（Frederick V. Field）著；王成组等译

上海：商务印书馆，1936年8月初版

791页：图，表；25开

主题：经济—概况—亚太地区

中图分类号：F119.5

分9章。详论太平洋各国的人口、土地利用、食物的出产和消耗、运输、财政、资本流动、贸易、矿产、农业及棉织业等经济概况。

0903

太平洋诸国的经济斗争与二次大战／傅任达著

北平：佩文斋，1934年11月初版

14，530页：表；32开

主题：国际经济关系—经济斗争—亚太地区

中图分类号：F119.52

分8章。论述帝国主义国家对太平洋地区的政策及其相互斗争，该地区的殖民地、半殖民地现状与爆发战争的可能性。

0904

太平洋资源战／叶俊，吴寄安编译；张居仁，李仲南校订

上海：中国商报馆，1941年3月初版

[16]，216页：地图；32开

主题：国际经济关系—经济斗争—亚太地区

中图分类号：F119.52

分6辑。介绍东亚经济势力圈、越南之政治与经济现状、荷印之军事与经济现状、菲岛概述、今日之澳洲与新西兰、太平洋战争之观测（含美日海军力之比较观）。

0905

天津的经济地位／李洛之，聂汤谷编著

天津：经济部冀热察绥区特派员办公处结束办事处驻津办事分处，1948年3月出版

364，32页：图，表，折表；16开

主题：地方经济—天津—民国

中图分类号：F129.6

论述天津在经济上的重要性、在日本占领下的经济情况、抗战结

束时天津工业、天津的未来发展。
书中统计资料甚多。附图表目录、
专题索引。含塘沽新港之建设等
内容。

0906

天津市主要统计资料手册／天津
市政府统计处编

天津：天津市政府统计处，1948
年3月出版

131页；32开

主题：经济统计—统计资料—天
津—民国

中图分类号：F129.6-66

本资料包括该市土地、人口,
工矿生产，商业，财政、金融，进
出口贸易，交通、公用，物价及指
数等8大类。以近两年天津市政统
计月报及天津经济统计月报的资料
为主。附《三十六年度上海市生
产事业概况及交通事业概况表》。
第七类交通及公用中含北洋航线由
天津至各港里程、天津市主要轮船
公司、天津市主要轮船码头、天津
港登记船舶数等。

0907

唯物史观日本经济／（苏）埃尔·
纪莽著；刘披云译

上海：译者自刊，1937年6月
出版

188页；表；32开

主题：资本主义经济—发展
史—日本

中图分类号：F131.39

论述日本资本主义发展诸阶
段、自然环境、人口、土地、农
业、工业、运输、国内外贸易、国
家财政、帝国主义特殊性等。

0908

我看台湾经济／黄铭，陈霞洲著

上海：金融日报社，1949年3月
初版

216页；32开．—（金融日报社
丛刊）

主题：地区经济—台湾—民国

中图分类号：F129.6

记述台湾自然环境、社会情
况，以及台湾金融、动力、交通、
农、工、商、矿、渔、林、糖、
茶、水利、港湾等情况。

0909

五年来之广东建设／广东建设厅
编

广州：广东建设厅，1930年6月
出版

[1050]页：摄影，地图；16开

主题：地区经济—经济建设—广
东—民国

中图分类号：F129.6

分上、下编。上编记述公路、
航政、邮电、铁路及农业概况；下

编记述蚕丝、林牧、渔业、矿业、工商业及市政概况。附《广东省建设厅造产初期物质建设纲领》、《民国十九年之广东建设》、《民国二十年广东建设施政大纲》。

0910

物质建设 / 孙文著

军事委员会政治部，1938 年 6 月出版

180 页：图；32 开

主题：经济规划—中国—民国

中图分类号：F129.6

即孙中山所著《实业计划》。《实业计划》为孙中山手订的我国经济建设远景规划。内容包括：交通之开发，商港之开辟，水力、矿业、农业之发展，以及第一至第六计划等。附《关于广东至重庆与兰州支线之借款与建筑契约草案》、《驻京美国公使芮恩施君复函译文》、美国商务总长复函一通等。

0911

物质建设浅说 / 陈载耘编

上海：中华书局，1929 年 6 月初版

22 页；32 开. —（党义小丛书）

主题：孙中山—《实业计划》—著作研究

主题：经济规划—中国—民国

中图分类号：F129.6

中图分类号：D693.0

浅释建国方略之二——实业计划。

0912

暹罗之物产 / 周汇潇译

上海：国立暨南大学海外文化事业部，1936 年 5 月初版

92 页；32 开. —（海外丛书）

主题：资源—泰国

中图分类号：F133.699

内容述及农林、牧畜、水产、矿产等。

0913

新经济地理学 /（日）高桥次郎著；周宋康译

上海：中华书局，1939 年 8 月出版，1941 年 5 月再版

16，312 页：图，表；32 开. —（地理丛书）

主题：经济地理学

中图分类号：F119.9

分 4 编，共 16 章。包含、海运、海路及轧轹地带、地中海的英法对立等内容。

0914

新中国经济地理教程 / 陆象贤著

上海：一般书店，1941 年 1 月初版

360 页：图；32 开

主题：经济地理—中国

中图分类号：F129.9

分 11 章。记述中国的自然环境（含海岸线）、民族、工农业状况、交通运输（含航路）、区域经济等。附图含《中国南海形势图》。

0915

一九四二年的日本国力／龚德柏著

重庆：商务印书馆，1943 年 2 月初版

162 页：表；24 开

主题：经济—日本—1942

中图分类号：F131.395.2

分 2 编。上编从船舶、钢铁、石油、煤炭、粮食、财政、经济和贸易等方面分析日本的国防潜力；下编从海、陆、空三军的装备与实力、工业与军工生产状况、殖民地掠夺计划遭受挫折等方面评价1942 年日本国力的削弱情形。

0916

依据实业计划我国可开发之富源／金心衷编著

青年印刷所，1945 年 9 月初版

65 页；32 开

主题：经济规划—中国—民国

中图分类号：F129.6

分省编写，内容包括修治水道、建造港埠设立场厂、建筑铁路，发展水利、提倡农牧、移民实边、建造森林等项。

0917

英国的实力／（德）普克勒（Count Puckler）著；祝伯英译

重庆：复旦大学文摘出版社，1940 年 6 月初版

72 页；32 开

主题：经济—概况—英国—现代

中图分类号：F156.195

分 11 章。对英国工农业生产、航运、金融、投资、贸易等经济实力及军事力量的评估。

0918

英国有多么强／（德）皮克拉尔著；李春霖译

重庆：时与潮社，1940 年 6 月出版

49 页；32 开

主题：经济—概况—英国—现代

中图分类号：F156.195

分 13 章。包含英国海运业、英国战斗力、英国军备的实际情形。

0919

战后南洋经济问题／姚枬著

重庆：商务印书馆，1945 年 9 月

初版

110 页：表；25 开 . —（中央银行经济研究处丛书）

主题：经济—东南亚—现代

中图分类号：F133.095.3

分论战后中国与南洋经济合作之必要、战后南洋资源分配问题、战后南洋华侨经济问题、战后国货南销问题、战后吾国发展南洋金融事业问题、战前发展中南交通问题（含海运）6 章。书前有孔祥熙序。

0920

战后欧洲经济史／（美）沙普（W. R. Sharp）著；林光澄译

上海：商务印书馆，1933 年 3 月初版

[10]，338 页：表；22 开

主题：经济史—欧洲—现代

中图分类号：F150.95

《近世欧洲就发达史》一书增订再版的补编续作。包括 1914 年以来的人口粮食和土地改良、战时的工业和航业、1918 年后工商的复兴、过去 7 年中的劳动经济、劳工运动和社会政治、战时和战后的财政问题等 6 章。

0921

战后日本的实业状况／中华学艺社编译

上海：大成出版公司，1947 年 12 月初版

31 页：表；32 开 . —（日本研究资料）

主题：经济—概况—日本

中图分类号：F131.395.3

分 7 章。介绍第二次世界大战后日本的农业（含渔业状况）、工业、矿业、动力、贸易、运输（含海运状况）和通信。

0922

战时的中国经济／张锡昌等著

桂林：科学书店，1943 年 7 月初版

301 页：折表；32 开

主题：经济—抗日战争—中国

中图分类号：F129.6

分 9 章。介绍抗战时期中国的财政、金融、交通、农业、工矿业、贸易、物价及敌我经济战等方面的情况。第四章第三部分航运。

0923

战时经济论／林蔚人编著

[出版地不详]：中央军校政治部，1944 年 3 月出版

211 页：图；32 开

主题：经济—抗日战争—中国

中图分类号：F129.6

分 10 章。前 3 章主要概述战时经济的性质、国防经济动员等问题；第 4 章至第 8 章分别阐述战时

的人力、物力、物价、财力、经济等问题；后两章论述经济作战、经济复员及建设问题。书前有著者自序。附录收《中国工业现状》（翁文灏）、《中国粮食近况》（徐堪）、《中国当前交通概况》（曾养甫）、《中国战时财政概况》（林蔚人）、《中国财政政策中之金融措施》（祝百英）。

0924

浙江经济纪略／魏颂唐编

[出版地不详]：[出版者不详]，1929 年 3 月出版

539 页：折图；16 开

主题：区域经济—浙江—民国

中图分类号：F129.6

共收文 75 篇。分县叙述县治沿革，自然环境、资源物产、工农商业等。

0925

浙江经济年鉴／浙江省银行经济研究室编

杭州：浙江省银行经济研究室，1948 年 7 月出版

[11]，774 页；32 开

主题：区域经济—浙江—1947—年鉴

中图分类号：F129.6-54

大部分为表。主要为该省近年来气象、土地、人口、财政、粮

政、金融、交通（含水运）、水利（含塘工）、特产、农业、林业、垦殖、渔业、盐业、矿业、工业、商业、合作、救济与灾害等方面的调查统计资料。附《杭州市工商团体一览表》、《有关浙江经济之图书杂志索引》、《三十六年浙江经济大事记》。

0926

浙江省廿九年度建设工作报告／浙江省建设厅编

[杭州]：浙江省建设厅，1940 年 10 月出版

68 页；16 开

主题：区域经济—经济建设—工作报告—浙江

中图分类号：F129.6

大部分为表。内容为该省农业、工业、贸易、金融、交通、渔业、矿业等方面战时发展状况的统计资料。

0927

浙江省十九年度农矿事业实施计划／浙江省政府农矿处编

杭州：浙江省政府农矿处，1930 年 12 月出版

46 页：表；16 开

主题：矿业—经济计划—浙江—1930

中图分类号：F129.6

收第一次农矿会议中提出的各种农矿事业实施计划 20 种，其中包括农业推广计划，蚕丝计划，棉业、稻麦、茶业、园艺、治虫、畜牧兽医计划，农田水利、垦殖、水产、渔民经济、矿业、地质调查、气候测量、土壤肥料计划等。

0928

浙江省五年来建设工作报告 / 浙江省建设厅编

[杭州]：浙江省建设厅，1942 年 12 月出版

[259] 页：图，表，折图，折表；16 开

主题：区域经济—经济建设—工作报告—浙江—1937—1942

中图分类号：F129.6

记述自 1937 年至 1942 年浙江五年来建设工作之成就，分农、工、合作、交通（含水陆联运、船舶管理等内容）4 部分。

0929

中国的资源 / 张沦波著

上海：世界书局，1947 年 6 月初版

95 页：表；32 开 . —（世界集刊）

主题：资源—中国—民国

中图分类号：F129.6

此书以经济地理学的观点论述

我国富源。分地势、气候、农产品、畜产品、林产品、矿产品、鱼盐、台湾和东北之资源等节。附录：中国资源与经济建设。

0930

中国工商要览 / 傅润华，汤约生主编

南京：中国工商年鉴编纂社，1948 年 6 月出版

322 页：表；25 开

主题：工业经济—中国—民国

中图分类号：F129.6

分 3 部，共 16 编。上部中国工商经济综述，记录我国农业、矿业、工业、商业及贸易、财政与金融、交通等各业的发展情况；中部中国各省工商经济分志，介绍各省经济发展概况；下部工商应用便览，收入一般法规 3 种，工业及劳工法规 7 种，商业法规 4 种，以及金融法规 7 种。另有工商名家广告汇编。上部第六编第三节为水运。

0931

中国国民经济概况 / 何汉文著

上海：神州国光社，1930 年 6 月初版

622 页：彩图；32 开

主题：经济—概况—中国—民国

中图分类号：F129.6

分 6 章。叙述中国工业、农

业、贸易、财政、金融、交通运输
的概况，并分析了帝国主义列强对
华经济侵略的各方势力。第五章第
二节为航业。

0932

中国经济地理／王金绂著

北平：文化学社，1929 年 8 月
初版

2 册（564，748 页）：表；21 开

主题：经济地理—中国

中图分类号：F129.9

分上下册，共 8 部分。详细记
述我国黄河、沽河、长江、之江、
粤江、闽江、黑龙江、辽河各流域
及海岸、喜马拉雅山、昆仑山、天
山各山脉，以及西北大漠横亘区域
的自然地理、生产、交通运输和民
生状况。末篇为《中国经济地理
概观》。

0933

中国经济地理／张其昀著

上海：商务印书馆，1930 年 4 月
初版

168 页：表，地图；32 开 . —
（万有文库）

主题：经济地理—中国

中图分类号：F129.9

第一章第九节为鱼类；第四章
第二节为航路。

0934

中国经济地理／（苏）卡赞宁原著；
焦敏之译

上海：光明书局，1937 年 4 月
初版

［10］，253 页：图，表；32 开

主题：经济地理—中国

中图分类号：F129.9

记述中国的自然地理（含海
岸界）、人口、交通（含航路）、
农村经济、工业及工业的分布情
况，着重阐明自然地理与社会经济
的相互关系。

0935

中国经济地理／胡焕庸编著

重庆：青年出版社，1941 年 2 月
初版

220 页：表；32 开

主题：经济地理—中国

中图分类号：F129.9

本书从地形、气候、农业区
域、人口、铁路、水道、陆路、稻
米、小麦、棉花、棉纺织、丝织、
茶、桐油与大豆、畜产、苹果与纸
烟、糖、盐、煤、铁、石油等各方
面介绍中国经济地理状况，特别对
抗战前后的对外贸易、经济抗战及
经济建设等问题进行了讨论。

0936

中国经济地理讲话／胡明编著

上海：光华出版社，1949 年 3 月
出版

55 页；36 开

主题：经济地理—中国

中图分类号：F129.9

《世界经济地理讲座》中国部分
的抽印本，共 7 节。其中第一节为地
理环境；第五节为运输（含海上运
输）。

0937

中国经济建设概论／翁文灏讲

［重庆］：中央训练团党政训练
班，1943 年 6 月出版

30 页：表；32 开

主题：孙中山—《实业计
划》—著作研究

主题：经济规划—中国—民国

中图分类号：F129.6

中图分类号：D693.0

讲解《实业计划》纲要，介
绍抗战前和战时中国实业概况，探
讨战后中国实业建设的方针。正文
第 16 页为航业。

0938

中国经济年鉴 . 1947 ／ 容若思等
编；狄超白主编

香港：太平洋经济研究社，1947
年 4 月初版

［438］页：表；16 开

主题：经济—中国—1947—年鉴

中图分类号：F129.6 – 54

包含战时船舶之损失、胜利后
船舶之接收、全国航运状况、造船
计划等内容。

0939

中国经济现势讲话／申报月报社
编

上海：申报月报社，1935 年 1 月
初版

155 页：表；32 开 . —（申报月
刊社丛书）

主题：经济概况—中国—民国

中图分类号：F129.6

分 8 讲：第 1 讲为中国经济现
势概观（孙怀仁）；第 2 讲为中国
财政金融之现势（章乃器）；第 3
讲为中国国内外贸易与国际收支的
状况（武堉干）；第 4 讲为工业
（中国经济情报社）；第 5 讲为农
业现势（中国经济情报社）；第 6
讲为交通（中国经济情报社），第
三节航业；第 7 讲为列强在华经济
势力（中国经济情报社）；第 8 讲
为中国国民经济的出路（钱亦
石）。增订本附《中国经济建设之
路何在》、《中国钢铁业的过去现
在和将来》两篇论文。

0940

中国社会经济结构／何干之著

［出版地不详］：中国文化社，

1939 年 3 月初版

150 页：表；32 开 . —（中国文化社丛书）

主题：经济结构—中国—民国

中图分类号：F129.6

共 5 章。分论中国的工农业、财政、金融、交通运输状况和体制，并叙述了战时的变动。第四章第四节为航业问题。

0941

中国实业志：全国实业调查报告之二，浙江省／实业部国际贸易局编

上海：实业部国际贸易局，1933 年 11 月初版

[1820] 页：地图；21 开

主题：区域经济—经济史—浙江—民国

中图分类号：F129.6

包括浙江省地理、地势、气候等自然概况，经济概况，商埠及都市，农林畜牧，水产及渔业，矿产，工业，特种商业，金融机关，交通（含水道）等 10 编。

0942

中国实业志：全国实业调查报告之一，江苏省／实业部国际贸易局编

上海：实业部国际贸易局，1933 年 2 月初版

[2390] 页：图，表，地图；21 开

主题：中国经济史—民国—史料

中图分类号：F129.6

为 1932 年实业部提呈行政院会议通过的调查报告，记录该省的历史沿革，自然环境，全省经济概况，主要都会商埠及重要市镇，农、林、畜、牧、工、矿、商各业及本省金融机关、交通运输等方面的情况。第六编为水产及渔业；第十编为交通，其中第三章为水道。

0943

中国实业志：浙江省样本／实业部国际贸易局编

上海：实业部国际贸易局，1933 年 10 月出版

[46] 页：表；21 开

主题：区域经济—经济史—浙江—民国

中图分类号：F129.6

分总说、经济概况、商埠及都市、农林畜牧、水产及渔业、矿产、工业、特种商业、金融机关、交通 10 编。

0944

中国战时经济建设／沈雷春，陈禾章编著

上海：世界书局，1940 年 12 月初版

[175] 页：表；32 开

主题：经济建设—抗日战争—中国

中图分类号：F129.6

分4部分。介绍战时农业、工业、矿业、交通等方面的建设和进展情况；其中水道交通方面主要介绍了水道交通的改进，包括战时的航业管理、招商局内部的调整、战时造船及修船的鼓励等内容。

0945

中国战时经济教程／姜庆湘著

桂林：科学书店，1943年1月初版

234页；32开

主题：经济—抗日战争—中国

中图分类号：F129.6

分11章。概述战时经济的重要性，分析中日双方战时的经济情况和中国战时经济的几个特性，并论述抗战以来的中国农村经济、工业、财政、金融、贸易、交通运输以及物价问题，指出中国战经济的前途。其中第九章三为航运的衰落和开关。

0946

中国战时经济问题／中国国民党中央执行委员会训练委员会编

［重庆］：中国国民党中央执行委员会训练委员会，1943年12月出版

126页：表；32开．—（训练教程；17）

主题：经济—抗日战争—中国

中图分类号：F129.6

分9章。包含绪论、战时工矿问题、战时农林问题、战时财政问题、战时金融问题、战时贸易问题、战时交通问题、战时物价问题、战地经济问题。第七章第三节为水运。

0947

中南半岛经济地理／蔡文星著

重庆：国民图书出版社，1943年9月初版

118页：表；32开

主题：经济地理—东南亚

中图分类号：F133.099

分6章。介绍泰、越、缅及马来亚的自然地理、物产、工商业、交通及其重要城市等。

0948

中山实业计划概要／黄旭初编

上海：世界书局，1929年5月出版

137页；50开．—（"考试准备"党义概要丛书）

主题：经济规划—中国—民国

中图分类号：F129.6

包括总论及第一至第六计划，共7章。其中，第二、三、四章包括北方大港、东方大港及广东商港及渔业港建设之计划的内容。

0949

中山实业浅说／万扶风编

上海：中央图书局，1927 年 4 月初版

127 页；32 开

主题：孙中山—《实业计划》—著作研究

主题：经济规划—中国—民国

中图分类号：F129.6

中图分类号：D693.0

分 8 章。解说孙中山的实业计划。

0950

中山先生实业计划图解／秦翰才编

昆明：中华书局，1940 年 5 月初版

49 页：地图；12 开 . —（经济建设丛书）

主题：经济规划—中国—民国—表解

中图分类号：F129.6

孙中山《实业计划》及其有关文件表解说明，共有图解 18 张，地图一幅。其中第六部分为开辟海港渔业港图解。

0951

中央暨各省市经济建设事业一览／国民经济建设运动委员会总会编

[南京]：国民经济建设运动委员会总会，1937 年 2 月初版

138 页：表；22 开 . —（国民经济建设运动委员会总会乙种丛刊）

主题：经济建设—中国—民国

中图分类号：F129.6

分交通、水利、实业三部分，介绍铁路、公路、电业、水利工程、矿业、工商、农林渔牧、金融各项建设事业。

0952

资源及产业 . 上／东北物资调节委员会研究组编

沈阳：中国文化服务社沈阳印刷厂，1947 年 7 月出版

174 页：图；18 开 . —（东北经济小丛书）

主题：区域经济—东北地区—民国

中图分类号：F129.6

包含水产，渤海、黄海、东海浮游生物分布图，渤海、黄海、东海（对虾、黄花鱼）回游图，东北海区别渔获量等内容。

0953

总理实业计划表解／欧阳缨编

武昌：亚新地学社，1929 年 5 月初版

[60] 页：折图，折表；窄 16 开

主题：经济规划—中国—民国—

表解

中图分类号：F129.6

内有表解 53 个，解说孙中山《实业计划》的内容。其中包括建筑北方大港表解、完成沿海港埠表解等图表。

0954

总理实业计划表解分图 / 项衡方编

福建永安：改进出版社，1941 年 6 月初版，1943 年 12 月再版

[70] 页；12 开 . —（建设丛刊）

主题：经济规划—中国—民国—表解

中图分类号：F129.6

包含建设沿海商埠及渔业港、创立造船厂、北方大港与渤海各港位置之比较等内容。

0955

总理实业计划之研究 / 蒋静一著

重庆：国民图书出版社，1943 年 5 月初版

[10]，296 页：表；32 开

主题：孙中山—《实业计划》—著作研究

主题：经济规划—中国—民国

中图分类号：F129.6

中图分类号：D693.0

论述《实业计划》之要点，基本原则，实业建设的重心，交通建设，农业建设，工业建设等问题。第五章第四节为航业计划。

0956

最新物质建设精解 / 白眉初著

北平：建设图书馆，1931 年 8 月初版

2 册（440，506 页）：冠像，图，表；18 开

主题：孙中山—《实业计划》—著作研究

主题：经济规划—中国—民国

中图分类号：F129.6

中图分类号：D693.0

诠释孙中山《建国方略》"物质建设"篇。卷首有《中山事略》、《中山自传》两篇文章及孙中山的"年表"。共六个计划，其中第一计划为北方大港之建设，第二计划为东方大港之建设，第三计划为广州港改良及建设沿海商埠及和盐业港、创立造船厂等内容。

F2 经济管理

0957

省县公营事业 / 胡次威等编著

上海：大东书局，1948 年 9 月初版

100 页；32 开 . —（地方行政实务丛书）

主题：公用事业—中国—民国

中图分类号：F299.29

分 5 章。论述电气事业、给水工程、轮船轮渡、码头仓库、公路汽车运输等省县公营事业之筹备、计划、组织、管理等问题。

F3　农业经济

0958

北方大港港址渔业调查报告 / 交通部，铁道部北方大港筹备委员会编

交通部：铁道部北方大港筹备委员会，1935 年 7 月出版

28 页；16 开

主题：渔业经济—调查报告—华北地区—民国

中图分类号：F326.49

分述张网渔业、大网渔业、钓渔业、挂网及围网渔业概况及渔产状况。

0959

创造厚生副业大成 / 苍德玉编

旅顺：农业进步社，1942 年 7 月初版

284 页；25 开

主题：农村经济—副业—中国—民国

中图分类号：F329.06

介绍副业的利益和原则，畜产、果树与蔬菜栽培，水产、农

产品加工等各类副业经营管理办法。

0960

大元仓库、海运记

北平：文殿阁书庄，1936 年 9 月重印

123 页；32 开 . —（图学文库）

主题：粮仓—中国—民国—资料

中图分类号：F329.06

收大元仓库记（据广仓学宭丛书重印）、大元海运记（据雪堂丛刻重印）、元海运志（据学海类编重印）。

0961

定海县①渔业调查报告 / 金之玉编

定海：浙江省水产试验场，1935 年 8 月初版

30 页；16 开 . —（浙江省水产试验场水产汇报）

主题：渔业经济—调查报告—定海县—民国

中图分类号：F326.49

0962

东北渔业图志 / 宋修阜编译

青岛：青岛市渔场，1949 年 5 月初版

76 页：图；32 开

---

① 定海县，现为舟山市定海区。

主题：渔业经济—东北地区—民国—图集

中图分类号：F326.49 - 64

分淡水渔业和海洋渔业 2 篇。介绍拉网、挂网、掩网、堵沟网、撒网渔业及其他网渔业和杂渔业等。

0963

福建省渔业调查报告：民国二十三年／陈子英主编

厦门：厦门大学理学院生物学系，1935 年 5 月初版

[340] 页；16 开．—（厦门大学理学院生物学系刊物）

主题：渔业经济—调查报告—福建—1934

中图分类号：F326.49

福建省沿海 17 县的渔业情况调查报告，包括渔区的交通、风俗、渔具、产量等。

0964

广东水产建设计划汇刊．第 1 集／广东建设厅水产试验场编辑

广州：广东建设厅水产试验场，1931 年 6 月初版

82 页；32 开

主题：渔业经济—经济计划—广东—民国

中图分类号：F326.49

0965

广东渔业概况／广东农林局编

曲江：新建设出版社，1941 年 1月初版

14 页：表；32 开．—（广东施政常识小丛书）

主题：渔业经济—概况—广东—民国

中图分类号：F326.49

分 2 章。介绍广东省重要鱼类、鱼汛，各县渔民渔船分布概况及广东渔业设施。附《修正小规模渔业章程》。

0966

海军与渔业／沈遵晦著

海军总司令部政工处，1948 年出版

50 页；32 开

主题：渔业经济—概况—世界

主题：海军—关系—渔业

中图分类号：F316.49

介绍我国海洋渔业区概况、渔业技术发展史、世界渔业国状况、渔业的科学研究、海军与渔业的关系。附《海南岛之渔业》。

0967

河北省渔业志／张元第著

天津：河北省立水产专科学校出版委员会，1936 年 6 月初版

122 页：图；23 开．—（水产丛

书)

主题：渔业经济—河北—民国

中图分类号：F326.49

分旧式渔业、渔民生活状况、本省需要之水产制品、本省渔业行政和本省水产教育等5章。

0968

江苏省上海市改进渔业宣传会纪念册／江苏省上海市改进渔业宣传会编

上海：江苏省上海市改进渔业宣传会，1931年12月出版

[281]页：图，表；16开

主题：渔业—概况—江苏—民国

中图分类号：F326.49

内分前后两编。前编收入侯朝海、李兆辉、马饮冰、黄文沣、蓝渭滨等人及江苏省农矿厅所提供的论文近40篇，包含《对于吾国水产行政设施之意见》《振兴渔业与国民经济》《关于流通渔业金融中应有之设施》《提倡渔业合作社为改进渔业之基础》《江苏省立渔业试验场及海洋调查所进行计划》《江苏沿海渔业发展问题》《江苏省各县渔会章程范式》《上海市渔业经济概况》《一年来日本渔轮在江苏沿海捕鱼及侵占上海渔业中心之计划》等，另有统计资料；后编收入该会组织大纲、办事细则、会议规则、职员名录、会议记录、

展品目录、来往文件录要。

0969

江苏省沿海渔业保护会议纪录／江苏省政府编

[江苏]：江苏省政府，1931年3月初版

50页；16开

主题：渔业经济—江苏—民国—会议录

中图分类号：F326.49

分报告事项及决议事项2部分，其中决议事项中包括关于防止海盗治标治本办法案、外国渔轮侵渔之制止方法案、确定渔民自卫办法案等。附原案及会员录。

0970

闽东八县渔业调查报告／高哲理编

永安：福建省农业改进处，1942年5月出版

15页：图，表；16开

主题：渔业经济—调查报告—福建—民国

中图分类号：F326.49

论述各县重要渔村及其港湾概况、渔业种类，并有各县渔业概况表及闽东八县渔村分布图等。

0971

瓯海渔业志／方扬编

[浙江]：[浙江省政府建设厅第三区渔业管理处]，1938 年 8 月出版

253 页：图；16 开

主题：渔业经济—浙江—民国

中图分类号：F326.49

内分绪言、渔业概况、海区鸟瞰、渔业行政等 4 章。

0972

全国农产地理新书／王汝通著

上海：国华书局，1922 年 8 月初版

[310] 页：图，摄影；25 开

主题：农业地理—中国

中图分类号：F329.9

共 26 章。分省记述编者的实地考察资料，其中包括地势、气候、土质、农副产品等（含水产）。

0973

日本复兴农村经济计划及新生活运动／龚心印译

上海：育才中学校，1936 年 1 月初版

174 页：表；32 开

主题：农业计划—日本—现代

中图分类号：F331.331

译自日本《改造》杂志。内有 12 个问题。卷末附《竹田村复兴计划中的农、林、渔业五年计划》，《五年计划实施后该村产业与教育、精神复兴计划》。

0974

日本之水产业／刘百闵编辑

南京：南京正中书局，1933 年 10 月出版

82 页：表；32 开

主题：渔业—概况—日本

中图分类号：F331.364

分引言、日本水产业在世界水产业中之地位、日本水产业在其国内产业中之地位、日本产之鱼类、日本水产业之成分、日本之水产贸易、日本之水产行政与水产教育 7 部分。附《朝鲜之水产业概况》、《台湾之水产业概况》、《日本水产品倾入中国市场概况》、《日本渔船在中国领海侵渔概况》等文。

0975

日俄渔业争霸战／屈若搴著

上海：良友图书公司，1933 年 2 月初版

58 页：表；64 开 .—（一角丛书）

主题：渔业—日苏关系—经济斗争

中图分类号：F331.364

中图分类号：F351.264

介绍两国渔业及其争端。

0976

日苏渔业纠纷之检讨／田鹏编著

　　重庆：航空委员会政治部，1940年9月出版

　　36页：表；32开．—（时事报导丛书）

　　主题：渔业—日苏关系—经济斗争

　　中图分类号：F331.364

　　中图分类号：F351.264

0977

山东全省沿岸渔业概况／山东省建设厅合作事业指导委员会编

　　[出版地不详]：山东省建设厅合作事业指导委员会，1935年4月出版

　　34页：图；16开

　　主题：渔业经济—概况—山东—民国

　　中图分类号：F326.49

0978

上海市渔轮业之回顾：民国二十一年／上海市渔业指导所编

　　上海：上海市市立渔业指导所，1933年2月出版

　　[123]页：照片，图，表；32开

　　主题：渔业—概况—上海—1932

　　中图分类号：F326.49

　　共4章。包括轮船渔业的历史与现状、渔场情况、该市各轮船渔业公司一年来的营业状况、渔业市场与渔轮业的关系等。末附《上海港港务规则》、《航行规则》、《万国通用旗语应用规则摘要》、《上海港报风信号释意》、《吴淞口潮水信号释意》、《国民政府最近修正公布之渔业法》、《渔业法施行规则》。

0979

上海之农业／上海市社会局编

　　上海：中华书局，1933年12月出版

　　[12]，322页：图，表；23开

　　主题：农业经济—上海—民国

　　中图分类号：F329.51

　　内分农业、园林、畜产、渔业4编。述及上海农林渔牧的规章、计划、统计等的改革。

0980

实业部水产产销管理局周年工作概况／实业部水产产销管理局编

　　南京：实业部水产产销管理局，1939年9月出版

　　190页：图，表；16开

　　主题：渔业—国家行政机关—概况—中国—民国

　　中图分类号：F326.49

　　内有该局设置的缘起、组织暂行规程、工作概况、调查报告、各种水产品进口数值比较图表、法

规、计划、专载等。

0981

世界之渔业 / 黄肇曾译

［出版地不详］：［出版者不详］，
1947 年 9 月出版

15 页；23 开

主题：渔业经济—概况—世界

中图分类号：F316.49

内有各洲渔业之产量，主要鱼
产国之渔民、渔船及鱼产统计，各
洲各国渔民、渔船、鱼产额及价值
统计，海洋之产量表等。

0982

水产 / 东北物资调节委员会研究
组编辑

沈阳：东北物资调节委员会，
1948 年 2 月出版

208 页：表；32 开

主题：渔业经济—东北地区—
民国

中图分类号：F326.49

分 5 编。介绍东北水产的沿
革、概况，水产行政管理机关、各
时期的水产政策，淡水渔业与海洋
渔业的加工、养殖、水产品的供求
及运销。

0983

水产调查报告 / 山东省建设厅编

济南：山东省建设厅合作事业指

导委员会，1934 年出版

10 页；16 开

主题：渔业经济—调查报告—山
东—民国

中图分类号：F326.49

分 8 章介绍山东沿海渔民生活
情形，山东产鱼期、产区、产量及
其价值，渔具与捕鱼方法等。

0984

泗礁岛渔业调查 / 江苏省立渔业
试验场编

［江苏］：江苏省立渔业试验场，
［出版日期不详］

48 页；24 开

主题：渔业经济—调查—江苏—
民国

中图分类号：F326.49

0985

苏鲁沿海鱼盐之调查 / 张乃高，陈
厚载著

［出版地不详］：［出版者不详］，
1935 年以后出版

58 页；16 开

主题：海洋渔业—盐—应用—华
东地区—民国

中图分类号：F326.49

收有关苏鲁沿海渔业用盐的情
况调查及渔业用盐章程。

0986

台湾农林．第 1 辑／台湾省行政长官公署农林处编

台北：台湾省行政长官公署农林处，1946 年 11 月出版

378 页：图；16 开

主题：农业经济—工作—台湾—1945 – 1946

主题：林业经济—工作—台湾—1945 – 1946

中图分类号：F329.58

介绍台湾省 1945 年 11 月至 1946 年 11 月的农林工作成绩，其中包括农业生产、农田水利、林业、渔业、畜牧、农产检验、农业团体、农林法规、工作近况等。

0987

台湾农业与渔业／行政院新闻局编

南京：行政院新闻局，1947 年 8 月出版

51 页：表；32 开

主题：农业经济—渔业经济—台湾—民国

中图分类号：F329.58

概述该省农业生产、病虫害的防治、农田水利、林业建设，以及渔业团体、渔业管理、渔业经营及水产试验等情况。

0988

台湾水产有限公司概况：中华民国三十五年／台湾水产有限公司编

台湾水产有限公司，1946 年出版

21 页：表；16 开

主题：渔业—股份有限公司—概况—台湾—1946

中图分类号：F326.49

介绍该公司的筹备经过及组织、人事、业务概况。

0989

台湾一年来之农林／台湾省行政长官公署农林处编

台北：台湾省行政长官公署农林处，1946 年出版

52 页；32 开．—（新台湾建设丛书）

主题：农业经济—工作—台湾

主题：林业经济—工作—台湾

中图分类号：F329.58

概述农业、林业、渔业及畜牧业接收时期状况及一年来工作。

0990

我国战后农业建设计划纲要／邹秉文，章之汶主编

成都：金陵大学农学院农业教育学系，1945 年 1 月出版

180 页：表；32 开

主题：农业计划—中国—民国

中图分类号：F329.06

分 2 编。第 1 编建设计划大纲，包括战后建设方针、事项、机构以及经费、金融、人才等；第 2 编专业计划提要，包括食粮、衣被原料、畜产、水产、木材、园艺、牧畜等类。

0991

香港渔民概况／谢愤生著

上海：中国渔民协进会，1939 年 8 月出版

167 页：照片；32 开 . —（中国渔民协进会丛书）

主题：渔民—概况—香港—民国

中图分类号：F326.49

分 7 章。概述渔民生活、渔市萧条的景象，提出实行渔民教育、组织渔业合作社、改良渔市及捕鱼法、设立渔业银行等措施与计划。

0992

烟台渔业汇编／王品三主编

烟台：烟台市渔会，烟台市渔业同业公会，1948 年 6 月初版

88 页；32 开

主题：渔业经济—烟台—民国

中图分类号：F326.49

介绍烟台渔业沿革和现状，以及将来的发展计划。

0993

渔盐问题／杨勋民著

[出版地不详]：著者刊，1937 年 4 月出版

62 页；16 开

主题：盐—应用—海洋渔业—中国—民国

中图分类号：F326.49

介绍我国海洋渔业概况，渔业用盐的种类、销量、运销制度、领放手续、税率与税收、私弊的取缔及存在问题。附《渔业用盐章程》、《渔业购盐执照及清折式样》、《渔业用盐变味变色办法》、《长芦区渔业用盐章程施行细则》、《山东东岸区渔业用盐章程施行细则》。

0994

渔业／张仁琦编辑

[天津]：河北省立水产专科学校出版委员会，1935 年 1 月出版

38 页：照片；32 开

主题：渔业经济—概况—世界

中图分类号：F316.49

介绍我国渔业的沿革、地位、种类及世界渔业概况。

0995

渔业／行政院新闻局编

南京：行政院新闻局，1947 年 9 月出版

35 页：照片；32 开

主题：渔业经济—中国—民国

中图分类号：F326.49

概述抗战前我国渔业状况及其衰落的原因，全国沿海主要渔场、渔区概况，胜利后复员设施与现状等。

0996

渔业经济与合作／王刚编著

南京：正中书局，1937 年 6 月初版

150 页；表；32 开

主题：渔业经济—合作经济—中国—民国

中图分类号：F326.49

分 2 编。首编论述渔业经济的性质、定义，我国渔业生产的资本状况，我国水产贸易、渔市行情；次编介绍渔业合作的意义、种类、业务、目的等。

0997

战时日本农业问题／欧阳樊著

重庆：独立出版社，1944 年 8 月初版

71 页；表；32 开

主题：第二次世界大战—农业经济—日本

中图分类号：F331.39

内分日本农业和国力的脆弱性、战时日本农业问题之剖视、掠夺物资和船舶问题（这是作为海国的生命之必要条件，第三章第二节涉及此内容"船荒在掠夺物资上的困难"）、日本农村社会未来的危机，共 4 章。

0998

浙江省渔业概况与今后发展计划／杜伟著

[出版地不详]：[出版者不详]，1945 年 12 月出版

17 页；16 开

主题：渔业经济—概况—浙江—民国

中图分类号：F326.49

0999

浙江沿海各县渔盐概况／浙江省立宁波民众教育馆编

宁波：浙江省立宁波民众教育馆，1936 年 10 月出版

28 页；16 开

主题：海洋渔业—盐—应用—浙江—民国

中图分类号：F326.49

1000

浙江渔业建设会议特刊／杜时化，陈言编辑

[浙江]：浙江渔业事务局，1928 年 11 月出版

[138] 页；照片；16 开

主题：渔业经济—经济建设—浙江—民国—会议资料

中图分类号：F326.49

收会议公牍摘要、议事录、议决案及附录等。

1001

中国海洋渔业现状及其建设／李士豪著

上海：商务印书馆，1936 年 5 月初版

360 页：照片；32 开

主题：海洋渔业—渔业经济—中国—民国

中图分类号：F326.49

共 6 章。第 1 章总论我国海洋渔业天然资源的丰富；第 2 章分省叙述沿海七省海洋渔业现状；第 3 章介绍日本侵略我沿海渔业的情况；第 4 章讲沿海渔民的经济实况，特别介绍了上海及山东沿海新式渔轮业组织及年收支状况；第 5、6 章分析我国渔业衰落的原因并提出建议。

1002

中国渔业史／李士豪，屈若搴著

上海：商务印书馆，1937 年 4 月初版

235 页：照片；32 开

主题：渔业—历史—中国—民国

中图分类号：F326.49

内分渔政设施、渔业试验与调查、渔业技术之进展、水产贸易、国际渔业交涉与外轮侵渔等 9 章。

1003

中国之渔业／钱承绪编

上海：中国经济研究会，1942 年 1 月出版

150 页：表；16 开

主题：渔业经济—中国—民国

中图分类号：F326.49

内分 2 编。首编概述世界渔业及中国渔产资源，特别介绍了江苏、浙江、山东、江西各省的渔业情况；次编提出了我国渔业的振兴计划。

1004

中外渔业概观／费鸿年著

上海：商务印书馆，1931 年 4 月初版

107 页：表；32 开.—（万有文库）

主题：渔业经济—概况—世界

中图分类号：F316.49

分各国渔业之现状、中国渔业概况、各种特殊渔业、渔业上之设施、渔业与科学研究 5 章。

F4　工业经济

1005

海军江南造船所民国二十一年工作报告书／海军江南造船所编

上海：海军江南造船所，1932 年

12 月出版

[140] 页：照片；16 开

主题：船厂—工作报告—上海—1932

中图分类号：F426.474

介绍该所 1932 年的工作情况。包含开办以来的概况、本年大事记、承造舰艇详情、造船情形、制造飞机处工作情形等。

1006

海军江南造船所民国二十二年工作报告书／海军江南造船所编

上海：海军江南造船所，1933 年 12 月出版

[340] 页：照片；16 开

主题：船厂—工作报告—上海—1932

中图分类号：F426.474

有该所史略、1933 年大事记、造船修船业务报告、制造飞机略史等。

1007

江南造船所纪要／廖骙编辑

上海：江南造船厂，1922 年 4 月出版

86 页；16 开

主题：船厂—上海—民国—资料

中图分类号：F426.474

概述该所自清同治四年（1865 年）至民国十年（1921 年）

的发展历史。

1008

两淮水利／胡焕庸编著

上海：正中书局，1947 年 12 月初版

92 页：图，表；25 开

主题：水利经济—考察报告—华东地区—民国

中图分类号：F426.9

两淮水利考察报告。附《连云港述略》（李旭旦著）。

1009

美国的国防工业／国民新闻社译述

上海：国民新闻图书公司，1942 年 11 月出版

134 页：表；32 开 . —（国民新闻丛书）

主题：国防工业—美国

中图分类号：F471.264

内容包括美国国防工业鸟瞰，工业生产能力，造船厂、商船损失与造船能力，军需生产，扩军状况、经济战争能力、军事资源及其自给力，美国与南美的军需资源，生产管理局内幕等。

1010

美国之盐业／毕部纳编；林寿椿译

重庆：财政部盐务总局，1945 年

1 月初版

72 页：表；16 开．—（盐政丛书）

主题：制盐工业—美国

中图分类号：F471.268

分 7 节。概述盐的产制、销售、用途，盐的化学作用等。末附《改进中国盐业之检讨与建议》。

1011

美国之重工业／熊式辉主编

重庆：商务印书馆，1945 年 10 月初版

213 页：图，表；25 开

主题：重工业经济—美国

中图分类号：F471.26

"绪论"部分概述美国重工业制度与发展状况，分析工业经济发展的条件与原因；"专论"部分介绍美国的电力、煤炭、石油、钢铁、化学、机械、电机、铁路机车、汽车、航空、造船等工业简史与发展概况。附《英国兵工机械概况调查》。

1012

美印盐业鸟瞰／沈祖堃等著

南京：财政部盐务总局，1948 年 5 月初版

73 页：图，表，照片；16 开

主题：制盐工业—世界—资料

中图分类号：F416.82

论文资料集。收《考察美国盐业报告书》（沈祖堃）、《美国盐业透视——兼论我国盐业改进之途径》（初致）、《印度之盐业与盐政》（钮建霞）、《印度之盐产》（刘楷）、（印度达达工厂制造盐副产物概况）《程日光》 等 6 篇文章。

1013

民主国家的兵工厂：美国战时生产／美国新闻处北平分处编

北平：美国新闻处北平分处，1945 年 10 月出版

30 页：照片；16 开

主题：第二次世界大战—军工厂—工业生产—美国

中图分类号：F471.264

全部为照片，附说明。记录了一系列第二次世界大战时期美国兵工厂的生产状况，其中包括建造货轮、走进造船厂等照片。

1014

求新制造机器厂／求新制造机器厂编

上海：求新制造机器厂，1911 年出版

232 页：照片；横 10 开

主题：机械工厂—上海—民国—摄影集

中图分类号：F426.4 - 64

为单面印照片集，有中英文字说明。介绍该厂厂房、设备、产品、承建的船舶、车辆及桥梁等。

1015

全国场产调查报告书：福建／盐务署编

[北京]：盐务署，1915 年 12 月出版

10，[386] 页；18 开

主题：制盐工业—调查报告—中国—民国

中图分类号：F426.82

报告书内容包括盐区的地理、建筑、制造、经济、运输等情况。

1016

全国场产调查报告书：淮北／盐务署编

[北京]：盐务署，1915 年 11 月出版

[246] 页：照片；18 开

主题：制盐工业—调查报告—中国—民国

中图分类号：F426.82

报告书内容包括盐区的地理、建筑、制造、经济、运输等情况。

1017

全国场产调查报告书：两浙／盐务署编

[北京]：盐务署，1916 年 12 月出版

12，[604] 页；18 开

主题：制盐工业—调查报告—中国—民国

中图分类号：F426.82

报告书内容包括盐区的地理、建筑、制造、经济、运输等情况。

1018

全国最近盐场录／胡翔云编

北京：求志学社，1915 年 5 月出版

[150] 页：图，表；16 开

主题：制盐工业—概况—中国—民国

中图分类号：F426.82

共 11 编。分述全国盐场名称、位置、生产情况等。附彩色折图表，末附有关法规 6 种。

1019

山东产盐区详图

[出版地不详]：[出版者不详]，[出版日期不详]

[7] 页；8 开

主题：盐田—山东—民国—图集

中图分类号：F426.82

山东省石岛区盐场全图。盐场分 7 个区域，每区一图，共 7 幅影印图。

1020

上海求新制造及其轮船厂／上海
求新制造机器轮船厂编

上海：求新制造机器轮船厂，
1911 年出版

116 页：图，照片；横 12 开

主题：机械工厂—上海—民国

中图分类号：F426.4

内容有厂房图说、轮船图说、
机器设备图说、火车应用部件图
说等。

1021

台湾盐业概说／（日）出泽鬼久太
著

［台南］：［财政部台湾盐务管理
局台南盐业公司］，1946 年 5 月
出版

25 页；32 开

主题：制盐工业—概况—台湾—
民国

中图分类号：F426.82

作者时任该公司咨询。分 5
章。介绍台湾盐业历史、沿革、制
盐方法、统收统销和盐运情况。

1022

盐业类／福建省政府统计处编

［永安］：福建省政府统计处，
1942 年出版

11 页；16 开．—（第 2 回福建省
统计年鉴分类）

主题：制盐工业—统计资料—福
建—民国

中图分类号：F426.82

大部分为表。有全省盐场概
况、主要盐场盐质分析、全省销盐
区域、各省各岸食盐销量、全省主
要盐运线路及运价等统计表，共
14 种。

1023

盐业资料汇编．第 1 集／黄铭彝辑

中国盐业股份有限公司，1948 年
出版

252 页：图，表；32 开．—（盐
业丛书）

主题：制盐工业—概况—中国—
民国

中图分类号：F426.82

内容包括海水及滷水之比重、
海水及海水中镁盐类之含量、海水
之新利用法等。

1024

中国石油有限公司业务设备现况报
告／中国石油有限公司工程室编

上海：中国石油有限公司，1949
年 3 月出版

46 页：照片，图；24 开

主题：石油工业—股份有限公
司—报告—中国—民国

中图分类号：F426.22

分述西北、江海沿岸和台湾各

地的储油设备状况。

1025

中国盐业／陈沧来著

上海：商务印书馆，1933 年 5 月初版

60 页；32 开．—（商学小丛书）

主题：制盐工业—中国—民国

中图分类号：F426.82

论述中国盐业的制造、课税、运销、改革等。

1026

中国盐业述要／冷家骥编

［北平］：［出版者不详］，1939年 11 月初版

124 页：冠像，表，彩图；16 开

主题：制盐工业—概况—中国—民国

中图分类号：F426.82

分 4 章。介绍盐制，全国盐区、盐场的产销，税务，制盐方法及成本等。

1027

中国盐业最近状况．第 1 编／凌文渊著

北京：北京盐政计论总会，1913年 10 月出版

408，16 页：表，照片；25 开

主题：制盐工业—概况—中国—民国

中图分类号：F426.82

共 4 编。第 1 编介绍当时奉天、直隶、山东三省盐业概况。末附《青岛德国租界盐业状况》、《金州日本租界盐业状况》、《黑龙江呼伦贝尔盐业状况》、《奉直鲁三省盐业论》。

F5　交通运输经济

1028

北方大港之现状及初步计划／建设委员会编

［出版地不详］：建设委员会，1929 年 11 月出版

38 页：表；18 开

主题：港口—水路运输—华北地区—民国—史料

中图分类号：F552.9

对孙中山《实业计划》中提出的拟于大沽口与秦皇岛间建设"北方大港"的地理位置、交通状况、工程规划、筹款办法等情况的介绍。

1029

北方大港之现状及初步计划／交通、铁道部北方大港筹备委员会编

［出版地不详］：交通部北方大港筹备委员会，1935 年 7 月出版

32 页：图；16 开

主题：港口—水路运输—华北地区—民国—史料

中图分类号：F552.9

对孙中山《实业计划》中提出的拟于大沽口与秦皇岛间建设"北方大港"的地理位置、交通状况、工程规划、筹款办法等情况的介绍。

1030

被侵害之中国航权 / 李云良讲

［出版地不详］：［出版者不详］，［1930 年］出版

30 页；32 开

主题：水路运输—中国—史料

中图分类号：F552.9

分 4 节。讲述列强侵略下的航业、中国航权丧失经过以及收回中国航权的方策。

1031

船舶运输学讲义 / 姚铁编

运输学校，1948 年 8 月初版

150 页：图，表，折图；32 开

主题：水路运输—教材

中图分类号：F550

分 6 章。介绍船运基本知识及各国航业政策、吨位、军用品装载、平时与战术水路军运勤务。

1032

船员名簿．第二期 / 交通部航政司①编

南京：交通部航政司，1934 年 6 月出版

202 页；16 开

主题：船员—中国—民国—人名录

中图分类号：F552.9 - 62

收 1928 年 7 月至 1933 年 12 月经考核者领有交通部颁发的商船职员证书及轮船船员证书名录。

1033

帝国主义者在华航业发展史 / 张心澂著

上海：日新舆地学社，1930 年 6 月初版

186 页：图，表；36 开

主题：水路运输

中图分类号：F552.9

共 12 章。以 1927 年各国在华船舶进出口吨数多少为序，分述英、日、美、德、挪威、荷兰、法、意、丹麦、瑞典、俄等 11 国在华轮船所属公司、航线、船数、

---

① 交通部航政司：中国至清代末年始设邮传部，作为交通事业的专管机关。1912 年 4 月，南京临时政府废止邮传部，改设交通部主管路、电、邮、航四政。1926 年 11 月，武汉国民政府组设交通部，特派孙科为部长。1927 年，南京国民政府成立，5 月 16 日，在国民政府之下组设交通部，设总务厅及路政、电政、邮政三司。航政事务由路政司第四科兼理。10 月 20 日，该部由国民政府改隶行政院。11 月 11 日，该部增设航政司。

吨数等情况，并列出民国以来中外船舶进出口情况表，说明帝国主义在华船数占我国总数 80% 以上。书中通过对我国海关自主权的丧失、国家资源的被掠夺、国内市场洋货之充斥等，进一步揭露帝国主义对我国的侵略。

1034

东北铁路问题／袁文彰编

上海：中华书局，1932 年 1 月出版

100，10 页：表，地图；32 开

主题：南满铁路问题—史料

中图分类号：F532.9

分绪言、东北铁路一瞥、东北各铁路的竞争关系、列强东北铁路政策、我国东北铁路政策、结论 6 章。附《东北铁路一览表》、《葫芦岛驻港合同》。

1035

东北之交通／（日）田中秀著；沈钟灵译

［重庆］：东北问题研究社，1932 年 8 月初版

103 页：表；32 开

主题：交通运输业—东北地区—民国

中图分类号：F512.9

节译自《满蒙地志研究》一书。内容分道路、铁道、计划铁道、海运、内陆水运、附录 6 章。附《过去二十五年来之满蒙铁道发达观》、《日本对东北的交通政策及三大港主义》，两篇文章均节译自日人中沟新一《日本之满洲开发》一书。

1036

东方大港之曙光／建设委员会①编

［出版地不详］：建设委员会，［出版日期不详］

8 页；32 开 . —（建设小丛书）

主题：港口工程—规划—杭州—民国

中图分类号：F552.9

根据孙中山的《实业计划》，介绍杭州湾北岸乍浦澉浦间建设"东方大港"的地理位置、港湾形势、气象、工程规划、实施步骤等。

1037

东方大港之现状及初步计划／建设委员会编

---

① 建设委员会：国民政府主管水利、电气事业建设的机构，成立于 1928 年 2 月，直隶于国民政府，10 月，改隶于行政院。1930 年 2 月，其职责改为水利、电气事业的指导、监督与改良。1930 年 12 月，改隶于国民政府，负责拟制全国建设事业的具体方案及办理经国民政府核准试办的各种模范事业。

［出版地不详］：建设委员会，1929 年出版

14 页：图；16 开

主题：港口工程—规划—杭州—民国

中图分类号：F552.9

　　共 2 章。第 1 章为东方大港之现状；第 2 章为东方大港初步计划。附《东方大港形势图》、《东方大港水道计划图》、《东方大港测量成绩图》等。

1038

发展中国运输四计划／霍宝树著

　　［出版地不详］：［出版者不详］，1928 年 8 月初版

　　［74］页：地图；22 开

　　主题：交通运输经济—中国—民国

　　中图分类号：F512.9

　　全书分为全国铁路建设计划、建筑全国车路计划、发展水航计划、发展空航计划。

1039

非常时期之交通／胡祥麟，陈世材编

　　上海：中华书局有限公司，1937 年 4 月初版

　　82 页：表；32 开．—（非常时期丛书）

　　主题：交通运输业—世界

中图分类号：F511

　　叙述第二次世界大战前，各国备战时期的路政、邮政、电政、航政状况，以及我国的现状与改良的途径。

1040

福建交通：福建省统计年鉴分类．13／福建省政府秘书处统计室编

　　福建省政府秘书处公报室，1938 年出版

　　48 页；16 开

　　主题：交通运输业—福建—民国

　　中图分类号：F512.9

　　大部分为表格。内容为该省公路、航业、邮政、电政方面的统计资料。

1041

福建省之交通／［福建省政府秘书处］编

　　福建省政府秘书处，1939 年后出版

　　34 页：图，表；32 开．—（闽政丛刊）

　　主题：交通运输经济—福建—民国

　　中图分类号：F512.9

　　分 4 章。介绍福建省水陆交通运输、旅行社及电信事业等。

1042

复兴高雄港意见书 ／ 台湾省政府
交通处高雄港务局编

[高雄]：台湾省政府交通处高雄
港务局，1947 年 6 月出版

15 页：表；16 开

主题：港口工程—高雄—民国—
史料

中图分类号：F552.9

　　主要包括船舶出入、航道疏通
及禁船、各项设备整修、港湾建设
计划等内容。

1043

港政纪要．第 1 册 ／ 青岛市港务局
编

青岛：青岛市港务局，1931 年 7
月出版

[64] 页：照片，地图；16 开

主题：港务局—青岛—民国—
史料

中图分类号：F552.9

　　共 4 册。辑有该港务局各类
（总务、海务、业务、工务）档案
文牍材料、当年工作计划、事迹报
告等。

1044

港政纪要．第 2 册 ／ 青岛市港务局
编

青岛：青岛市港务局，1932 年
出版

122 页：照片；16 开

主题：港务局—青岛—民国—
史料

中图分类号：F552.9

　　共 4 册。辑有该港务局各类
（总务、海务、业务、工务）档案
文牍材料、当年工作计划、事迹报
告等。

1045

港政纪要．第 3 册 ／ 青岛市港务局
编

青岛：青岛市港务局，1933 年
出版

279 页：照片；16 开

主题：港务局—青岛—民国—
史料

中图分类号：F552.9

　　共 4 册。辑有该港务局各类
（总务、海务、业务、工务）档案
文牍材料、当年工作计划、事迹报
告等。

1046

港政纪要．第 4 册 ／ 青岛市港务局
编

青岛：青岛市港务局，1934 年 7
月出版

215 页：照片；16 开

主题：港务局—青岛—民国—
史料

中图分类号：F552.9

共 4 册。辑有该港务局各类
（总务、海务、业务、工务）档案
文牍材料、当年工作计划、事迹报
告等。

1047

高雄港纪略 ／ 高雄港务局编

高雄：高雄港务局，1948 年出版

13 页：表，照片；32 开

主题：港口工程—高雄—民国—
史料

中图分类号：F552.9

介绍该港形势，船舶停泊情
形，仓库、港湾设备，挖泥船、航
业与航政，港务管理等。

1048

高雄港务报告书：中华民国三十六
年六月一日 ／ 台湾省政府交通处
高雄港务局编

［高雄］：台湾省政府交通处高雄
港务局，1947 年 6 月出版

76 页：表；16 开

主题：港口工程—高雄—民国—
史料

中图分类号：F552.9

内分组织、财产、经济状况、
事业扩展计划等部分。附《海事
工程事务的概况及扩充计划》、
《港湾工程事务所概况及扩充计
划》（附船舶详细表）。

1049

各国航业竞争 ／ 国民外交丛书社
编；左舜生校阅

上海：中华书局，1926 年 9 月
出版

55 页；50 开 . —（国民外交小
丛书）

主题：海上运输—水路运输政
策—世界

中图分类号：F551

概述英、美、法、意、日诸国
的航海政策。

1050

各国航业政策实况与收回航权问
题 ／ 郭寿生著

上海：华通书局，1930 年 3 月
出版

274 页：表；25 开

主题：水路运输政策—世界

中图分类号：F551

分 11 章。前 5 章叙述各国航
业政策、航业状况及国际航业竞争
情形；后各章着重叙述中国航业现
状及帝国主义的侵略与我国收回航
权的问题。附《中国现行之商
法》、《世界主要海事年表》。

1051

工业化与中国交通建设 ／ 韩稼夫
著

重庆：商务印书馆，1945 年 3 月

初版

72 页：表；32 开

主题：交通运输经济—中国—民国

中图分类号：F512.9

　　分 7 章。介绍抗战前及战时的交通运输事业状况及其发展方向、与工业化的关系等问题。其中第二章第二节讲述航运建设（涉及海运）。

1052

广东全省港务管理局两年来港务工作报告／广东全省港务管理局编

　　［广东］：广东全省港务管理局，1935 年 5 月出版

276 页；冠像；25 开

主题：港务局—工作报告—广东—民国

中图分类号：F552.9

　　分 10 章。分述该局成立过程，省河航政局归并该局之办理经过，收回该省各海关管理船舶事权及三成船钞附捐，收回广东内河航业联防办事处及其两次改组，两年来该局港务、航务行政工作及船税收入，该局对港务、船务之建设计划，潮汕、琼崖两分局两年来之工作，筹备航海讲习所（后改为航海学校）及将来发展计划等。附《广东省政府建设厅管理港务船舶暂行规程》、《轮拖渡雇用替渡计

划》、《交通部发给船牌办法及船牌式样》等有关法规 33 种，并有苏鼎新撰写的编后语。

1053

国防与海员／杨虎著

　　［出版地不详］：中国海员工会特派员办事处，1941 年 10 月出版

58 页；32 开 . —（海员丛书）

主题：海上运输—中国—民国—文集

中图分类号：F552.9

　　论文集。收《普及国民海洋思想》、《海员与国防建设》、《如何推进战时海员工运》、《中华海员应有的修养和努力》、《海员工运干部当前应有之认识与努力》5 篇。

1054

国防与交通事业／吴一鸣著

　　上海：汗血书店，1937 年 1 月出版

130 页：表；32 开 . —（国防实用丛书）

主题：交通运输业—世界

中图分类号：F511

　　分交通与国防之关系、战时各国交通设施（介绍了法国海运统制、英国战时航业、美国战时航运等内容）、国防交通建设方案（包含中国航业建设方案等）、战时交

通组织及其管理、结论 5 部。

1055

国籍轮船明细表：中华民国二十四年 ／ 上海市轮船业同业公会编

上海：上海市轮船业同业公会，[1935 年出版]

256 页；16 开

主题：船舶—注册—中国—民国—名录

中图分类号：F552.9

内容为中国籍 256 艘轮船之船名、所有者、吨位、速率、机器、设备等项的记录。

1056

国营招商局产业总录 ／ 国营招商局编

[出版地不详]：国营招商局，1947 年 5 月出版

324 页：图，表，照片；18 开

主题：轮船招商局—清产核资—民国

中图分类号：F552.9

共 9 章。内容包括最近清理的历年房地产购置情况、战前向银行抵押借款及胜利后清偿债务经过、局产管理组织之变更、该局码头仓库一览表、1946 年度修理上海各码头仓库一览表、总产综录、该局房地产价值面积总表、接收敌伪房地产及运用概况、船舶分类及价值

表。附《该局史略》、《投资台湾航业公司及中国油轮公司的经过》等。

1057

国营招商局船舶内容表：江轮及海轮 ／ 国营招商局编

[出版地不详]：国营招商局，1947 年 7 月出版

[34] 页；18 开

主题：轮船招商局—船舶—简介—民国

中图分类号：F552.9

包括船名、船型、船质、等级、建造年月、建造地点、吨位、运率、尺度、吃水、载重、油舱容量、装货容积、乘客定额等 20 余项。

1058

国营招商局船员服务须知 ／ 国营招商局编

[出版地不详]：国营招商局，1946 年 11 月出版

152 页；23 开

主题：船员—基本知识—中国—民国

中图分类号：F552.9

分 14 章。讲解船员职务、待遇、制服、驾驶、船舶与船具保管、无线电台、船用消耗品与文件、船具遗失注销、客货、海滩、

船内卫生等内容。附《旗帜之式样及尺寸》等 11 种。

1059

国营招商局七十五周年纪念刊 ／国营招商局七十五周年纪念刊编辑委员会编

上海：国营招商局七十五周年纪念刊编辑委员会，1947 年 12 月出版

301，128 页：图，表，照片；18 开

主题：轮船招商局—民国—纪念文集

中图分类号：F552.9

收徐学禹、黄幕宗等人所写介绍该局沿革的文章及有关论文 12 篇，施洒徵、许旺善等人所作实习报告 5 篇。另有该局的船舶、职工、资本、仓库、码头等统计图表。

1060

海港与开港计划 ／ 夏开儒著

重庆：青年书店，1941 年 6 月初版

148 页：图，表；32 开 . —（三民主义丛书通俗读物）

主题：海港—简介—中国—民国

中图分类号：F552.9

分 4 章。介绍全国港口概况（包括沿海、内地及东北地区）、

孙中山的建港计划、抗战期间利用国际港口的情况。

1061

海洋运输原理 ／ 胡继瑗著

上海：商务印书馆，1935 年 6 月初版

［10］，326，18 页：图，表；21 开

主题：海上运输—经济理论

中图分类号：F550.72

内容多取材于英、美有关专著。分 3 编。首编船舶论，系统论述船舶的进化与沿革，轮船的结构、吨位、乾舷、载线、级别等理论与实况；次编航路论，述及公海、航路安全、货运及国际运河、商港等；末编业务论，具体介绍业务管理、组织、货运凭单、船舶文书、租船合同、水险、装载技术等实务。各章后附参考书目，卷末并有船壳各组成物名词释义、《美国船舶院租船合同》、《世界航运公会会员名单》、《世界重要商船集团会员名单》等附录 9 种。

1062

海员之路 ／ 杨啸天讲述

上海：长风出版社，1946 年 9 月初版

54 页；32 开 . —（海洋丛书）

主题：海上运输—中国—民国—文集

中图分类号：F552.9

收作者在"海员训练班"及其他场合的讲演稿 13 篇，包括《我国应成为一个海洋国家》、《从抗战到建国》、《祝首届海员节》、《海员四要》、《海运界当前的三大课题》、《加强海洋建设的文化工作》等。

1063

航道网／行政院新闻处编

［南京］：行政院新闻处，1947 年 12 月出版

48 页：表，折图；32 开

主题：水路运输—概况—中国—民国

中图分类号：F552.9

介绍全国航线网及开辟航道的原则、标准、计划等。

1064

航海安旅会十周纪念特刊／航海安旅会十周纪念大会筹备委员会编

上海：航海安旅会，1937 年出版

76 页：插图；16 开

主题：水路运输—中国—民国—文集

中图分类号：F542.9

内容包括纪念文辑、论著、专载、会务插图等。安旅会系由沪甬线各轮专司服务职责之茶房、工友组成。

1065

航海联义会纪念特刊／航海联义会编

上海：航海联义会，1933 年以后出版

125 页：图；25 开

主题：水路运输—中国—民国—文集

中图分类号：F552.9

收联义会宣言、王永盛等人纪念文章及航业专论 10 余篇，并辑执行理事会议记录、职表录及有关章程等。

1066

航旅之友．第 1 号／轮船招商总局总管理处营业科编

上海：轮船招商总局总管理处营业科，1928 年 10 月出版

70 页：表，彩照；32 开

主题：轮船招商局—民国—史料

中图分类号：F552.9

内容有招商局创办人照片、小传，最近整顿概况，所有轮船一览表，各线客舱价目表，各线沿岸名胜简介及风景照片等。

1067

航业复员及建设意见书／中国航业学会编

中国航业学会，［1943 年 4 月］

出版

7 页；16 开

主题：水路运输—中国—民国—史料

中图分类号：F552.9

本书提出船舶复员、恢复航运、建设造船厂、培养人才、设管理机构等意见。文后由该学会理事长魏文翰，常务理事沈仲毅、伍极巾、金月石及秘书吴昌遇署名。

1068

航业年鉴：中华民国二十四年／上海市轮船业同业公会全体执行委员编辑

上海：上海市轮船业同业公会全体执行委员，1936 年 6 月 15 日出版

[653] 页：表；16 开

主题：水路运输—年鉴

中图分类号：F551－54

分论说、译述、专载、法规、调查、统计 6 栏。收王更三、宁墨公、林炎西、魏文达等人的论文及评述，包括《船舶运输上世界海运史之研究》、《冰险之研究》、《昭和十年中的海难》、《芜湖小轮业之概况》等 13 篇及 1935 年公布的法规 17 种、各项调查及统计资料 12 种，以及 1935 年 1 年中之航讯及该会之主要会务等资料。附录：上海市轮船业同业公会组织系统、章程规则及会员录等 8 种。

1069

航业与航权／王洸著

上海：学术研究会，1930 年 11 月出版

183 页：表；32 开

主题：水路运输政策—世界

中图分类号：F551

叙述我国及外国在华经营的轮船公司及洋行现状，对中外航海业加以比较，并介绍英、美、日、德、意等国的航业政策，提出我国应采取统一航政、制定法规以及收回航权等建议。

1070

航业政策／王洸著

南京：交通杂志社，1934 年 12 月出版

106 页：冠像；20 开

主题：水路运输政策—世界

中图分类号：F551

论述英、美、德、法、意、日等国的航业政策以及我国在收回航权、保护与发展航业、改进航业制度、培养人才等方面的政策。附《中国航政制度》一文。

1071

航运／行政院新闻局编

[出版地不详]：行政院新闻局，1947 年 11 月出版

34 页：表；32 开

主题：水路运输—概况—中国—民国

中图分类号：F552.9

介绍抗战前后各地航运工作状况。

1072

航政特刊／广东建设厅编辑处编

广州：广东建设厅编辑处，1931 年 8 月出版

[354] 页：图，表，照片；16 开

主题：水路运输—广东—民国—史料

中图分类号：F552.9

分 11 个专栏。辑谢子刚、林若时、何绍文等 10 余人所著有关广东省航业、航政的论文、报告、建议、调查等文章 23 篇，调查表 16 种，并辑有公牍、法规、规则多种及介绍国外航业的文章 12 篇。

1073

葫芦岛建设实录／张含英编辑

天津：交通部北方大港筹备委员会，铁道部北方大港筹备委员会，1934 年 6 月出版

102 页；照片；16 开．—（交通部、铁道部北方大港筹备委员会辟港参考丛书）

主题：港口工程—葫芦岛—民国—史料

中图分类号：F552.731.4

分葫芦岛筑港之历史、19 年兴修之计划及成绩、葫芦岛市初步计划草案 3 编。

1074

葫芦岛筑港开工典礼纪念册／北宁铁路管理局编

[出版地不详]：北宁铁路管理局，1930 年 7 月出版

[60] 页：照片；32 开

主题：港口工程—葫芦岛—民国—史料

中图分类号：F552.9

介绍典礼盛况，该岛的形势、沿革，筑港的经济价值、工程计划，该岛地图及摄影等。

1075

基隆港／基隆港务局编

基隆：台湾省政府交通处基隆港务局，1946 年 11 月出版

207 页：图，表，照片；16 开

主题：港口—基隆—史料

中图分类号：F552.9

介绍基隆港的历史、现状、未来展望及港务局所辖各港概况。卷末附表 28 张。

1076

基隆港务局业务统计提要：三十六年度 ／ 台湾省交通处基隆港务局统计室编

基隆：台湾省交通处基隆港务局统计室，1948 年 2 月出版

43 页；18 开

主题：港务局—统计资料—基隆—民国

中图分类号：F552.9

全部为图表。内容系该港港务、航政、工务、财务、人事、检疫等方面的统计数字。

1077

基隆市港湾起卸业职业公会改组成立周年纪念特刊 ／ 杨蔓清等编

基隆：基隆市港湾起卸业职业公会，1948 年 6 月出版

36 页：表，照片；16 开

主题：港口工程—基隆—民国—史料

中图分类号：F552.9

此刊除介绍该会沿革与会员活动情况外，收下列文章，包含《周年感言》（简有勇）、《咱们的工作岗位》（丰僧）、《劳工与勘建》（唐山）、《风雨滩头话努力》（浪人）、《张华水先生访问记》（郭民锋）、《苦力救灾》（梦英）、《我和起卸公会这段因缘》（杨蔓清）等。

1078

建设地理 ／ 张粒民著作

上海：新中国书局，1932 年 12 月初版

155 页；32 开

主题：运输地理—世界—小学—教学参考资料

中图分类号：F511

分 40 部分。叙述中国境内铁路、轮船、商港、水利之建设，略及世界各国铁路概况、外洋之航业等。

1079

建设葫芦岛海港合同 ／ 北宁铁路管理局编

［出版地不详］：北宁铁路管理局，［1930 年 1 月］出版

56，93 页；23 开

主题：港口工程—葫芦岛—民国—史料

中图分类号：F552.9

该合同为北宁铁路管理局奉国民政府铁道部之令与荷兰治港公司于 1930 年 1 月 24 日在天津签订。附《工程说明书》及附件。

1080

江亚轮惨案专集 ／ 东方日报编辑室编辑

上海：明州出版社，1949 年 4 月

出版

76 页：照片；16 开

主题：水路运输—中国—民国—史料

中图分类号：F552.9

辑 1948 年 12 月 3 日招商局江亚轮在吴淞口外失事之沉没与善后处理纪实资料及有关统计数字、罹难者名录、照片等。

1081

交通 ／ 刘光华著

上海：商务印书馆，1927 年出版

111 页；32 开

主题：交通运输学

中图分类号：F50

内分 12 章。分述交通的意义，公路、铁路、海运、航空等各种运输手段，交通对社会、经济政治的影响，以及有关交通政策的制定、交通事业的经营及运费率的分析研究等。

1082

交通便览 ／ 交通部编

[南京]：交通部总务司，1937 年 6 月出版

142 页：图，表，照片；16 开

主题：交通运输业—中国—民国

中图分类号：F512.9

分电政、邮政与储记、航政、民用航空 4 章。卷首有绪言及航空

部组织系统图。

1083

交通部促进航业讨论会、航政讨论会会议汇刊 ／ 交通部促进航业讨论会编

[出版地不详]：交通部促进航业讨论会，1934 年出版

164 页；16 开

主题：水路运输—中国—民国—会议资料

中图分类号：F552.9

1084

交通部统计半年报：民国二十三年一月至六月 ／ 交通部总务司统计科编

[南京]：交通部总务司统计科，1935 年 10 月出版

373 页：表，彩图；18 开

主题：交通运输经济—统计资料—中国—民国

中图分类号：F512.9

分总务、电政、邮政、航政四编。其中航政主要包括航政概况、航业公司、注册船员、引水人员、注册船舶等内容。

1085

交通部统计年报：二十三年七月至二十四年六月 ／ 交通部统计室编

[南京]：交通部统计室，1936 年

12 月出版

455 页：彩图；18 开

主题：交通运输经济—统计资料—中国—民国

中图分类号：F512.9

大部分为表。内容包括总务、电政、邮政、航政、航空等 5 方面的统计资料。

1086

交通部统计图表汇编：中华民国二年至五年／交通部统计科纂

北京：交通部统计科，1919 年 5 月出版

270 页：彩图；16 开

主题：交通运输经济—统计资料—中国—民国

中图分类号：F512.9

中华民国二年（1913 年）至民国五年（1916 年）的路政、电政、邮政、航政工作纪要及统计图表。

1087

交通部统计图表汇编：中华民国六年至八年／交通部统计科纂

北京：交通部统计科，1921 年 2 月初版

258 页：彩图；16 开

主题：交通运输经济—统计资料—中国—民国

中图分类号：F512.9

中华民国六年（1917 年）至八年（1919 年）的路政、电政、邮政、航政工作纪要及统计图表。

1088

交通部注册船名录：中华民国二十年／交通部航政司编

南京：交通部航政司，1932 年 5 月出版

［16］，182 页；16 开

主题：船舶—注册—中国—民国—名录

中图分类号：F552.9

辑录经交通部颁发国际证书或执照的小轮船名录。内容包括船号、船质、吨位、尺度、机器制造、航路、船主姓名等项。

1089

交通部注册船名录：中华民国二十一年／交通部航政司编

南京：交通部航政司，1933 年 4 月出版

24，75，57 页；16 开

主题：船舶—注册—中国—民国—名录

中图分类号：F552.9

共 4 编。记录中华民国二十一年六月三十日已呈交通部注册并发给执照之船只。内容包括船号、船质、吨位、尺度、机器制造、航

路、船主姓名等项。

1090

交通部注册轮船船名录：中华民国二十二年／交通部航政司编

南京：交通部航政司，1934 年 6 月出版

[13]，156 页；16 开

主题：船舶—注册—中国—民国—名录

中图分类号：F552.9

分 4 编。记录中华民国二十二年十二月三十一日已呈交通部注册并发给执照之船只。内容包括船号、船质、吨位、尺度、机器制造、航路、船主姓名等项。

1091

交通部注册轮船船名录：中华民国二十三年／交通部航政司编

南京：交通部航政司，1935 年 6 月出版

168 页；16 开

主题：船舶—注册—中国—民国—名录

中图分类号：F552.9

共 4 编。记录中华民国二十三年十二月三十一日已呈交通部注册并发给执照之船只。内容包括船号、船质、吨位、尺度、机器制造、航路、船主姓名等项。

1092

交通地理／盛叙功编译

上海：商务印书馆，1931 年 8 月出版

308 页；32 开

主题：交通运输业—世界

中图分类号：F511

分 7 章。概述世界交通状况，分道路、铁道、内陆航路、海上交通、空中交通。

1093

交通地理学概论／（日）松尾俊郎著；孔涤庵译

上海：商务印书馆，1937 年 3 月初版

76 页：图，表；32 开 . —（万有文库）

主题：交通运输地理学—世界

中图分类号：F511

从地理环境及地域的角度研究世界各大洲铁路的分布和发展，并阐述内陆河川交通的价值和条件，以及海洋交通航线的开拓、运河的开凿、大港的形成等。

1094

交通方案／交通部编

[重庆]：交通部，[出版日期不详]

34 页：地图；16 开

主题：交通运输经济—中国—

民国

中图分类号：F512.9

为使抗战期间交通运输通畅而提出的有关铁路、公路、航空、水路及水陆联运，以及改进电政工作的计划方案。

1095

交通建设／曾养甫讲

[重庆]：中央训练团党政训练班，1943 年 6 月出版

28 页：图，表；32 开

主题：交通运输经济—中国—民国

中图分类号：F512.9

分 3 章。介绍交通建设的基本情况，包含交通种类及其配合、中国交通发展之过程及其现状、中国交通建设计划。

1096

交通经济学／余松筠著

上海：商务印书馆，1937 年 6 月初版

263 页：表；21 开

主题：交通经济学

中图分类号：F50

分 8 章。前 3 章论述交通的概念及其对各方面的影响；其他各章分述交通事业的经营、机能、组织、竞争、财务、运价等。

1097

交通经济总论／（日）增井幸雄著；郭虚中译

长沙：商务印书馆，1940 年 3 月初版

21，357 页；36 开．—（社会科学小丛书）

主题：交通经济学

中图分类号：F50

分 7 章。论述交通问题的性质，交通事业的发展、机构、手段、营业及对社会经济的影响。末章专论政府对交通事业的干预以及交通企业部门的经营、制度等。各章节后间有注释。

1098

交通类编．甲集／交通丛报社编辑处编辑

交通丛报社编辑处，1918 年 8 月出版

2 册（28，172，[278] 页）：照片；32 开

主题：交通运输经济—中国—民国—文集

中图分类号：F512.9 - 53

上册收论文 36 篇，包含《论中国严守中立宜先注重交通》（袁德宣）、《警告交通界青年工学家》（詹天佑）、《论欧洲战争与中国交通之关系》（炼人）、《德人利用铁路以取胜说》（连鼎尧）、《欲保西

藏宜先修铁路论》（贺林荣）等；中册收交通部制定或修正的有关交通行政、路政、邮政、电政、航政章则 35 种及公牍、演词等多篇；下册收旧体诗词、书序、文录、游记、调查、杂著及交通部咨议文书、说帖等近 300 篇。末附：路、邮、航、电特种会计预算表等财务统计资料 18 种。

1099

交通论／［日］伊藤重郎原著；史维焕译述

上海：商务印书馆，1927 年 1 月初版

206 页：表；23 开 . ——（现代商业丛书）

主题：交通运输学

中图分类号：F50

内分海洋运输论、铁路及铁路政策 2 编。共 25 章。第 1 编“海洋运输论”，据美国 R. Johnson 著 *Ocean and Island Water Transportation* 一书编译；第 2 编“铁路及铁路政策论”，据德国 Joseph Grunzel 著 *System der Verkehispolitik* 一书编译。

1100

交通年鉴／交通部年鉴编纂委员会编

南京：交通部总务司，1935 年 12 月出版

[1237] 页：图；16 开

主题：交通运输业—中国—民国—年鉴

中图分类号：F512.9 - 54

该年鉴收录资料以交通部主管之总务、电政、邮政、航运、民用航空为限，以 1933 年为主。

1101

交通史／王倬编

上海：商务印书馆，1923 年 9 月初版

152 页：图，表；25 开

主题：交通运输史—世界

中图分类号：F511.9

分 3 编。叙述自古至今中外交通沿革史。

1102

交通史航政编／交通、铁道部交通史编纂委员会编辑

南京：交通部交通史编纂委员会，铁道部交通史编纂委员会，1931 年 7 月初版

6 册（82，2946，26 页）：图，表，折图，表；16 开

主题：内河运输—概况—长江—民国

中图分类号：F552.9

交通史 6 编（包括邮政、航空、航政、路政、电政、总务各编）之

一。所收资料年限起自清同治十一年（1892年）由李鸿章奏办招商局起至国民政府成立前。分总务、航业、航务、工程、涉外事项、外人在华航业6章。卷首有关赓麟著《交通史航政编叙略》一文。

1103

交通史略／袁德宣著

北京：北京交通丛报社；长沙：长沙铁路协会，1927年12月出版

20，176页：冠像；20开

主题：交通运输史—中国

中图分类号：F512.9

内分统记、类纂、辑要3编。统记编记载清光绪三十二年（1906年）至1927年交通大事记；类纂编辑入铁路、电信、邮政、航运事业的兴办情况；辑要编分别辑录清末民初邮传部与交通部的有关章制及职员名录。

1104

交通史总务编：民国二十五年十月／交通、铁道部交通史编纂委员会编辑

南京：交通部总务司，1937年1月初版

5册（3240页）：表；16开

主题：交通运输史—中国

中图分类号：F512.9

总务编为交通史编（邮政、航空、航政、路政、电政、总务）之一。内容包括：官制、财政、教育、涉外事项、庶政5章。

1105

交通统计简报：民国二十年六月／交通部总务司第六科编

［南京］：交通部总务司第六科，1931年12月出版

68页；16开

主题：交通运输经济—统计资料—中国—民国

中图分类号：F512.9

全部为表。所收统计资料以1930年7月至1931年6月底为限。包括电政、邮政、航政三部分。

1106

交通文学：交通传习所课本／曾鲲化著

编者自刊，1913年10月出版

10，［345］页：表；21开

主题：交通运输学—文集

中图分类号：F50-53

分12编。首编论说收入《论文学与交通的关系》、《论交通为文明之源》、《论西南路线与中国之大势》、《论铁路上客货收入之比较》、《论中国宜推广航业》、《说邮政要旨》、《说无线电信原理》等论文；其余各编为公文、

书牍、议案、祝词、传记、计划、调查、序跋、演辞、请愿（留日铁道学生为中央学会选举权呈参众两院请愿书）等资料。

1107

交通行政：县各级干部人员训练教材／薛光前编著

重庆：中央训练委员会[①]，1942年9月出版

228页：表；32开

主题：交通运输管理—行政管理—中国—民国

中图分类号：F512.9

分2编。首编总论交通部行政组织之变迁、交通员工组织与战时军事交通；次编分论路政、电政、邮政、航政、驿运及地方行政人员与交通之关系等。附录《交通部组织法规》、《战时公路军事运输条例》等各项法规全文17种、法规名称28种。

1108

交通译粹／交通部编译处编

［北京］：交通部编译处，1921年3月出版

2册（［376］，［282］页）：图，表；18开

主题：交通运输经济—国外

中图分类号：F511

汇辑黄伦芳、梁杜蘅、丛大经等数十人编译国外论述各国路政、电政、邮政、航政、航空、经济等方面的论文91篇。

1109

交通与经济／赵诵轩等编

上海：中华书局，1930年4月初版

22页；32开 .—（民众经济丛书）

主题：交通经济学

中图分类号：F50

分总论、交通的特性、交通与经济的关系、结论4章。

1110

交通政策／（奥）菲里波维（Philippovich）著；马君武译

上海：中华书局，1924年4月初版

183页；32开 .—（新文化丛书）

---

① 中央训练委员会：中国国民党中央执行委员会下属机构。1928年2月，国民党二届四中全会决定在中央及各省县区党部设立训练委员会，同年改称训练部。1938年，国民党五届四中全会决定在中央执行委员会隶属下恢复设立训练委员会，负责中下级干部人员及全国政治、军事、经济、教育机关公务人员和学校教职员的思想训练事宜。1938年5月5日，该会在武昌成立，主任委员为陈诚。

主题：运输政策—世界

中图分类号：F50

内分交通事业通论、铁路、国内水路、海上航业4部分。叙述各国交通概况及政策、制度、经营管理等。

1111

交通政策／（日）增井幸雄著；邹敬芳译

上海：华通书局，1931年2月出版

202页；24开．—（华通经济学丛书）

主题：运输政策

中图分类号：F50

综述交通部门与国家及群众的关系，并述及经营制度、机构设置与营业等。

1112

交通政策／刘光华著

上海：南京书店，1932年10月初版

280页；25开

主题：运输政策

中图分类号：F50

分3编。首编总论分10章，论述交通的意义、种类，交通发达的效果，交通机关的性质与交通政策的制定，以及交通运费率等；次编铁道论分7章，专论铁道的意

义、种类、建设、营业以及铁道国营问题；末编海运论分5章，述及海运船舶、经营、国营航业及我国航业的状况。

1113

交通政策／胡蘧然著

上海：启智书局，1933年4月出版

392页；23开

主题：运输政策

中图分类号：F50

分4编。首编总论分8章，阐述交通的意义、类别，交通对经济、政治、社会各方面的效用以及交通机关的组织、种类和性质，并述及交通运价、交通制度及交通技术的发展、发明和应用；其余各编分述铁道、海运及空中交通的建设、经营、管理及政策的制定与实施，以及世界各国现势等。

1114

交通政策／私立浙江法政专门学校讲义

［浙江］：浙江法政专门学校出版，［出版日期不详］

259页；32开

主题：运输政策—专业学校—教材

中图分类号：F50

内容分2编。首编总论，概述

交通的意义、交通机关的性质、交通政策的研究等；次编各论，分论铁道、海运、河运及通信制度与政策。

1115

抗战以来全国交通概况／交通部编

［重庆］：中央训练团，1940 年 1 月出版

106 页：图，表，照片；16 开 . —（抗战与交通）

主题：交通运输经济—概况—中国—民国

中图分类号：F512.9

辑张公权、杨承训、赵祖康等 30 余人所写有关战时全国铁路、公路、电政、航政、邮政、交通财务、交通器材等方面情况的短文 31 篇。

1116

抗战与交通／独立出版社编

重庆：独立出版社，1940 年 5 月初版

60 页：图，表；32 开

主题：交通运输经济—中国—民国

中图分类号：F512.9 .

分 6 章。内容涉及战时交通建设的原则及建设计划实施，并具体提出修建国际交通路线及发展西北、西南大后方交通的方案。

1117

考察欧美交通报告／交通部考察团编

上海：商务印书馆，1935 年 10 月初版

937 页：照片；10 开

主题：交通运输经济—考察报告—国外

中图分类号：F511

1934 年以交通部政务次长俞飞鹏为首的赴欧美各国考察团对意、德、英、美等国的民用交通及军事交通情况的考察报告。内容包括铁路、邮电、民航、航政 4 编。各章节后间有附录。

1118

列年海事提纲／孙德全编

［出版地不详］：［招商局，1929 年出版］

26 页；23 开

主题：海上运输—大事记—世界

中图分类号：F551

世界航海运输编年大事记。内容截至 1928 年前。

1119

轮船货物运价表

［出版地不详］：［出版者不详］，［出版日期不详］

35 页；21 开

主题：水路运输：货物运输—运价—中国—民国

中图分类号：F552.9

收长江、南洋、北洋等线货运价目表及里程表等。

1120

旅行向导：国货展览会纪念刊／中国旅行社编

［出版地不详］：中国旅行社，［出版日期不详］

56 页；32 开

主题：旅游业—运输地理—中国—民国

中图分类号：F512.9

收入铁路时刻表、运价表、船期、船价表等。

1121

美国交通概况：美国运输．第 1 期／葛守光，程克武编

［出版地不详］：编者自刊，1941 年出版

42 页；32 开

主题：交通运输业—美国—现代

中图分类号：F517.12

介绍美国的铁路、航空、水运等。

1122

民国元年交通部统计图表汇编／

交通部统计科编

北京：交通部统计科，1918 年 5 月出版

336 页：彩图，表；16 开

主题：交通运输经济—统计资料—中国—民国

中图分类号：F512.9

该年度的路政、电政、邮政、航政工作纪要及统计图表。

1123

青岛港务辑览／青岛市港务局编

青岛：青岛市港务局，1933 年 6 月出版

［181］页：照片，地图；16 开

主题：港务局—青岛—民国—史料

中图分类号：F552.9

辑有关该港组织、建筑、设备、运输及行政、出口状况等方面的资料。附录该港的港务法规27 种。

1124

青岛港政局统计年表：中华民国十二年／胶澳商埠港政局编

青岛：胶澳商埠港政局，［1923 年出版］

469 页：彩色图，表；16 开

主题：港务局—统计表—青岛—民国

中图分类号：F552.9

主要为图表。分青岛港概况、码头大港之部、码头小港之部、港务之部 4 部分。

1125

青岛港政局统计年表：中华民国十三年／胶澳商埠港政局编

　　青岛：胶澳商埠港政局，［1924年出版］

　　469 页：彩色图，表；16 开

　　主题：港务局—统计表—青岛—民国

　　中图分类号：F552.9

　　　主要为图表。分青岛港概况、码头大港之部、码头小港之部、港务之部 4 部分。

1126

青岛港政局统计年表：中华民国十四年／胶澳商埠港政局编

　　青岛：胶澳商埠港政局，［1925年出版］

　　475 页：彩色图，表；16 开

　　主题：港务局—统计表—青岛—民国

　　中图分类号：F552.9

　　　主要为图表。分青岛港概况、码头大港之部、码头小港之部、港务之部 4 部分。

1127

青岛港政局统计年表：中华民国十

五年／胶澳商埠港政局编

　　青岛：胶澳商埠港政局，［1926年出版］

　　440 页：彩色图，表；16 开

　　主题：港务局—统计表—青岛—民国

　　中图分类号：F552.9

　　　主要为图表。分青岛港概况、码头大港之部、码头小港之部、港务之部 4 部分。

1128

青岛港政局统计年表：中华民国十六年／胶澳商埠港政局编

　　青岛：胶澳商埠港政局，［1927年出版］

　　453 页：彩色图，表；16 开

　　主题：港务局—统计表—青岛—民国

　　中图分类号：F552.9

　　　主要为图表。分青岛港概况、码头大港之部、码头小港之部、港务之部 4 部分。

1129

青岛港政局统计年表：中华民国十七年／胶澳商埠港政局编

　　青岛：胶澳商埠港政局，［1928年出版］

　　447 页：彩色图，表；16 开

　　主题：港务局—统计表—青岛—民国

中图分类号：F552.9

主要为图表。分青岛港概况、码头大港之部、码头小港之部、港务之部 4 部分。

1130

青岛市港务规划：中华民国十九年七月四日公布／青岛市政府公布

青岛：青岛市政府，[1931 年出版]

14 页：图，表；36 开

主题：港口—规划—青岛—民国

中图分类号：F552.9

1131

青岛市港务行政年刊：中华民国二十四年度／青岛市港务局编

青岛：醒民印刷局，1936 年 12 月出版

116 页：图，表，照片；16 开

主题：港务局—青岛—1935—史料

中图分类号：F552.9

辑该年度的业务计划、行政设施（法规、港政、埠务、地租、工程、杂务）、贸易及海港各种作业的统计资料等。附袁方乔作《青岛港的航路标识》、《青岛码头运输之概况》、《建筑第三码头的机动及用途的分配》3 篇演讲词及职员录。

1132

青岛市码头规则／青岛市港务局编

青岛：青岛市港务局，1931 年 3 月公布

38 页：表；32 开

主题：码头—规划—青岛—民国

中图分类号：F552.9

书中所附码头各项费率系于 1931 年 3 月 20 日公布。

1133

日本的交通事业／日本评论社编辑

南京：日本评论社，1934 年 7 月出版

40 页：表；32 开．—（日本研究会小丛书）

主题：交通运输业—日本

中图分类号：F513.13

分日本的铁路、日本的海运、日本小交通机关 3 部分。

1134

日本对华之交通侵略／章勃著

上海：商务印书馆，1931 年 8 月初版

378 页；窄 21 开

主题：交通运输业—中国—民国—史料

中图分类号：F512.9

分 5 编。叙述日帝对华在铁路

交通、航业、邮政、电政等方面的侵略史实。

1135

日人经营之华北交通事业：铁路·公路·港湾／沈翔编著

　　外交部亚洲司研究室，1940 年 3 月出版

　　58 页：表；32 开

　　主题：交通运输业—华北地区—民国—史料

　　中图分类号：F512.9

　　叙述日帝增修、经营华北地区铁路、公路及港口的种种事实，揭露其掠夺华北资源的目的。

1136

上海港口大全：译件／［查利］编

　　上海：上海浚浦总局，1920 年 3 月初版

　　88 页：图，表，照片；12 开

　　主题：港口—简介—上海—民国

　　中图分类号：F552.9

　　介绍上海港的地理位置、形势、港口容积、管理及开发商埠的经济地位等。附《太平洋沿岸港口之深浅》、《上海邻近海口情形》、《扬子江各埠之情形》、《与上海最接近之商埠》（不在扬子江沿岸者）。

1137

上海港口将来进步之报告：译件／

海德生等著

　　上海：上海濬浦总局，1918 年以后出版

　　32 页：彩色地图；12 开

　　主题：港口工程—上海—民国—史料

　　中图分类号：F552.9

　　共 5 章。第 1 章旅客运输之目的与方法；第 2 章远东各口岸之竞争；第 3 章建设港口于扬子江技术上之需要及其形式；第 4 章上海成为世界港口技术上之置备；第 5 章开拓上海港口之概说。

1138

上海港之将来／赵曾珏编著

　　上海：商务印书馆，1949 年 3 月出版

　　469 页：图，表；25 开

　　主题：港口—上海—民国—史料

　　中图分类号：F552.9

　　分总论、港务机构、港区及港道、码头仓库及岸、轮渡、附录 6 编。辑集上海市都市计划委员会、编者本人及上海市公用局、"摩立逊工程顾问团"等发表在报纸杂志上的有关上海港的发展规划、方案、章则、报告等资料。附《有关港务问题各种会议记录》、《伦敦港务局组织概述》、《纽约港务局组织概述》、《英美港务局管理制度之比较》。

1139

上海特别市港务局业务报告：十七年十二月二十日至十八年六月底止／上海特别市港务局编

上海：上海特别市港务局，1930年3月出版

186页：照片；16开

主题：水路运输—中国—民国—会议资料

中图分类号：F552.9

1140

十五年来之交通概况

[出版地不详]：[出版者不详]，1946年4月出版

126页：图，表；16开

主题：交通运输经济—概况—中国—民国

中图分类号：F512.9

分12章。叙述1931年至抗日战争胜利这十五年来我国铁路、公路、驿运、水运、空运、国际运输、电信、邮政、交通器材、财务、人事等方面的概况。

1141

实业计划交通篇／林厚道著

重庆：青年书店，1941年6月初版

222页：图，表；32开．—（三民主义丛书）

主题：交通运输经济—概况—中国—民国

中图分类号：F512.9

分我国交通之现状、总理之交通计划、抗战建国与交通设施3章。各章（节）后有参考书目。第一章第三节水运（其中第二小节为海洋航运）。

1142

世界的交通／郭侣桐编

上海：新中国书局，1932年12月初版

80页；32开

主题：交通运输业—基本知识—世界

中图分类号：F511 - 49

介绍水陆空交通及邮电常识。

1143

世界交通状况／杨哲明著

上海：大东书局，1930年6月出版

140页：表；32开．—（世界经济丛书）

主题：交通运输经济—概况—世界

中图分类号：F511

分3编。叙述世界各国的铁路、公路、航务状况。

1144

水道运输学／王洸著

　重庆：商务印书馆，1945 年 10
　月初版

　143 页：表；25 开

　主题：水路运输经济

　中图分类号：F550

　　分 20 章。述及轮船的发明、
发展、种类、吨位，航业公司组织
及营运，航线，海员与海商法，港
口以及各国航业政策，我国的航
权等。

1145

四年来之航政／交通部编

　[出版地不详]：交通部，1931 年
　出版

　28 页；32 开

　主题：水路运输

　中图分类号：F552.9

　　总结 1927 年至 1930 年海事航
政工作，包括收回航权及收纳外轮
办法、编制航政法规、设立管理机
构、扶持航业财政、兴办国营航
业、奖励民航及造船业、培养航海
人才等。

1146

苏联交通／（苏）哈察特洛夫著；
吴清友译

　重庆：商务印书馆，1945 年 6 月
　初版

88 页：表；36 开 . —（中苏文化
协会社会科学丛书）

　主题：交通运输业—苏联—现代

　中图分类号：F515.12

　　叙述苏联交通的特点和概况，
以及苏联铁道、河道、海上、公路、
航空运输及邮电事业的情况。书中
战时苏联铁道运输之改进及苏联邮
电概述两章系译者附加编入的。

1147

苏联交通概观／（日）铃木尚三
著；洪涛译

　[南昌]：内外通讯社，1934 年 5
　月出版

　41 页：表；25 开

　主题：交通运输业—苏联—现代

　中图分类号：F515.12

　　分 4 章。概述苏联之铁路、水
运、公路暨空中运输。

1148

台湾交通．第一辑／严家淦等编

　台北：台湾省行政长官公署交通
　处，1946 年 5 月出版

　143 页：表，地图；16 开

　主题：交通运输经济—台湾—
　民国

　中图分类号：F512.9

　　分 10 章。除叙述台湾省交通
行政管理机构、系统以及铁路、公
路、邮电、航运、港务、转运仓储

等各项交通运输事业的管理、设施、业务情况等外，并辑入 1945 年 11 月至 1946 年台湾省行政长官公署交通处所属各交通事业机关的工作报告、统计资料。附录该省交通单行法规 7 种。

1149

台湾交通汇报／台湾省行政长官公署交通处编

台北：台湾省印刷纸业公司第二印刷厂，1947 年 1 月出版

227 页；12 开

主题：交通运输经济—台湾—民国

中图分类号：F512.9

大部分为表。除汇编有关行政、铁路、公路、运输机构、港务、邮电、航空等 8 个方面的统计资料外，并收入该省交通视察报告两部分及省交通法令 10 种。附《本处统计室周末座谈会记录》、《本省现用货运统计分类标准》、《基隆港对外航线距离表》、《高雄港对外航线距离表》。

1150

台湾交通统计汇报／台湾省政府交通处编

台北：台湾省政府交通处，1948 年 1 月出版

246 页；12 开

主题：交通运输经济—台湾—民国

中图分类号：F512.9

主要包括交通行政、历象、港务、铁路、公路、航业、通运、交通经济等内容。

1151

台湾省博览会交通馆特辑／台湾省博览会交通馆编

台北：台湾省博览会交通馆，1948 年 10 月出版

20 页；12 开

主题：交通运输经济—台湾—民国

中图分类号：F512.9

介绍台湾省交通事业，路、电、邮、航、储运、导游等情形。

1152

台湾省政府交通处主管事项概况／台湾省政府交通处编

台北：台湾省政府交通处，1948 年 10 月出版

63 页；32 开

主题：交通运输经济—台湾—民国

中图分类号：F512.9

叙述台湾省铁路、公路及基隆、高雄两港沿革、组织、业务、财务等情况。

1153

台湾一年来之交通 / 台湾省行政
长官公署交通处编

台北：台湾省行政长官公署交通
处，1946 年 12 月出版

184 页：图，表；32 开 . —（新
台湾建设丛书；16）

主题：交通运输经济—台湾—
民国

中图分类号：F512.9

分 8 章。介绍战后台湾省铁
路、公路、航运、港务（基隆港、
高雄港）、邮电诸方面进展与接收
情况。

1154

唐代之交通 / 鞠清远编

北平：国立北京大学出版组，
[出版日期不详]

150 页：地图；21 开 . —（中国
经济史料丛编）

主题：交通运输史—中国—唐代

中图分类号：F512.9

分 52 节。辑录中国舆地史籍
内有关唐代的关驿设置、官制律
令、道路保护、各地水陆交通情况
等方面的记载。对唐代与越南、朝
鲜、印度的交通史料亦有所辑。

1155

塘沽新港 / 行政院新闻局编

[出版地不详]：行政院新闻局，

1947 年 7 月出版

22 页：图，表，照片；36 开

主题：港口工程—塘沽—民国—
史料

中图分类号：F552.9

介绍塘沽新港的地理环境、兴
筑经过及工程计划等情况。

1156

天津特别市港务局业务报告 / 天
津特别市港务局编

天津：天津特别市港务局，
[1929 年 10 月] 出版

[262] 页：图，表，照片；16 开

主题：水路运输—运输计划—北
京—民国

中图分类号：F552.9

内分组织、行政、计划、测
勘、报告等 6 部分。辑录该局
1928 年 7 月至 1929 年 8 月局务纪
要、会议记录、工程建设及有关的
公文函牍等资料。附《大红桥投
标章程》、《工程合同》、《堤工作
法单》、《工程单位价目表》、《投
标标价一览表》5 种。

1157

填筑厦门篔筜港报告书 / 周醒南
编著

[厦门]：厦门市政会，1923 年春
出版

56 页：图，表；长 16 开

主题：港口工程—厦门—民国—
史料

中图分类号：F552.9

有计划、预算、征信录等。书
前附《厦门全市图》。

1158

外人在华沿岸及内河航行权／鲍
明钤著

［上海］：中国太平洋国际学会，
1932 年 8 月出版

26 页：表；18 开

主题：水路运输—中国—史料

中图分类号：F552.9

叙自《中美望厦条约》（1844
年）的签订起至 1931 年各帝国主
义国家掠夺中国航权的历史，并述
及国民政府准备收回航权的计划。

1159

温台护航记录：民国三十二年六月
至三十五年六月

［浙江］：浙江省外海护航委员会
（印），［1947 年出版］

288 页；32 开

主题：海上运输—温州—民国—
史料

中图分类号：F552.9

关于收编浙江温州、台州地区
"海盗"、组织护航队、向渔民征
收护航费、缩编遣散的前后经过纪
事，并附有关军火、款项收支等项

清册表报。

1160

温州港航务统计专刊：民国二十一
年至二十三年六月／交通部上海
航政局温州办事处编

［温州］：交通部上海航政局温州
办事处，1934 年 10 月出版

89 页；16 开

主题：港口—统计资料—温州—
民国

中图分类号：F552.9

全部为图表。附《航政法规
一览》、《航政机关组织系统图》、
《全国各航政局及办事处管辖区域
表》等。

1161

现代航政问题／王洸著

南京：正中书局，1937 年 7 月
初版

353 页：表；32 开

主题：水路运输—文集

中图分类号：F550

论文资料集。分航业行政、战
时航业统制、航运业务、航业保护
政策、航政法规、航政制度、商港
与港政等专题，分别辑入作者发表
在杂志上有关论述中外航政的专著
及资料共 27 篇。

1162

宣统三年邮传部统计图表／交通
部统计委员会编

北京：交通部统计委员会，1916
年5月出版

［271］页；16开

主题：交通运输经济—统计资
料—中国—民国

中图分类号：F512.9

　所编图表包括：路政、电政、
邮政、航政各项，并撰有"纪
要"，记录重要事实。

1163

训政时期之交通建设／交通部编

［南京］：交通部，1929年出版

37页；16开

主题：交通运输经济—中国—
民国

中图分类号：F512.9

　1929年交通部所辖电政、邮
政、航政《工作分配年表》及其
说明书。

1164

扬子江航业／朱建邦著

上海：商务印书馆，1937年2月
初版

165页：图；23开．—（现代商
业丛书）

主题：内河运输—长江—民国

中图分类号：F552.9

分6编。论述沿海交通与扬子
交通之关系、长江的地理形势，并
阐述该流域的经济、交通与法律、
商业政策的关系。

1165

一年来日本在东北新筑的铁路

［出版地不详］：［出版者不详］，
［出版日期不详］

64页：表，折图；16开

主题：南满铁路问题—史料

中图分类号：F532.9

　分东北铁路大观，纵贯东北满
的图佳线及其意义，新义线完成与
葫芦岛开港，梅辑线与平梅线、宁
墨线北线森林铁道与新线建设计划
4章。

1166

运价统计／交通部统计处编

南京：交通部统计处，1943年6
月出版

61页；16开．

主题：统计资料—运价—中国—
民国

中图分类号：F512.9

　全部为表。包括运价指数，客、
货、驿运运价指数与批发物价指数
变动的比较，战时各主要交通线基
本运价变动表。其中轮船运输部分
包括泉州至香港等航线的运价统计。

1167

运输／东北物资调节委员会编

[沈阳]：东北物资调节委员会，1948 年 2 月初版

296 页：表，地图；32 开 . —（东北经济小丛书）

主题：交通运输业—东北地区—民国

中图分类号：F512.9

分 3 编。前 2 编概述我国东北地区交通运输的历史及水路、陆路交通运输情况；末编专叙伪满时期的交通政策及"满铁"综合经营东北交通与其他事业情况。其中第二编第三章为海路运输。

1168

运输浅说／高伯时编

上海：中华书局，1930 年 11 月初版

21 页；36 开 . —（民众商业丛书）

主题：交通经济学

中图分类号：F50

浅谈运输的意义、特质、种类，以及我国和在华的外商运输事业状况。末附《包装须知》。

1169

运输须知／达节庵，程志政著

上海：商务印书馆，1933 年 12 月初版

96 页：表；32 开 . —（商学小丛书）

主题：交通运输学

中图分类号：F50

分 5 章。第 1 章绪论，总论运输之意义、种类、性质、经济等；后 4 章分别为铁路运输、水路运输、公路运输和航空运输。

1170

运输学／（美）约翰逊（E. R. Johnson）等著；刘鼎新译注

北平：立达书局，1933 年 9 月初版

770 页：表，照片；20 开

主题：交通运输学

中图分类号：F50

分 7 编。前 4 编主要论述铁路业务范围、组织管理、经营方法、运价及法制等问题；后 3 编分论公路、水路及航空运输。各章末均附参考书目。

1171

运输学：水道编／熊大惠著

上海：熊大惠，1934 年 10 月初版

338 页：表；24 开

主题：经济理论—水路运输

中图分类号：F550

分水道、航空、铁道、汽车公路 4 编。水道编分 17 章，叙述英、

美、日、德、法及我国的航业政策，国营航业与私营航业，航路、船舶、商港、机关、轮船公司、航远业务等。附《加入上海航业公会会员轮船吨位航线调查表》、《世界一百吨以上商船只数及吨位统计》、《招商局组织章程》、《交通部航政局检查船舶规则》、《轮船招商局职员服务规则》、《轮船招商分局章程》、《轮船招商局船员服务章程》。

1172

运输业概况／周鹤年编著；薛光前校阅

［出版地不详］：编著者自刊，［出版日期不详］

30 页：表；32 开

主题：交通运输业—基本知识

中图分类号：F5－49

　　介绍陆地、水上、空中运输知识。

1173

战后交通建设概论／赵曾珏编著

上海：商务印书馆，1947 年 1 月初版

393 页：图，表；25 开

主题：交通运输经济—中国—民国—史料

中图分类号：F512.9

　　战后交通建设计划由中央设计局战后建设设计委员会于 1943 年组织各有关部门草拟，并于 1945 年经中国工程学会第 13 届年会讨论。包含交通建设纲领、战后五年交通建设计划、铁路建设、公路建设、航业建设、民国航空建设、电信建设、邮政建设、交通复员专题讨论 8 编。附《俞部长飞鹏演说词》、《第十三届工程师年会研究之重心》。

1174

战后中国航业建设问题／中国商船驾驶员总会编纂组编

［出版地不详］：中国商船驾驶员总会，［1943 年 10 月］出版

112 页；18 开

主题：水路运输—中国—民国—文集

中图分类号：F552.9

　　论文资料集。收《如何维护航权发展航业》、《战后中国船舶吨位补充大纲》、《关于航业利用外资等问题向政府条陈摘要》（以上 3 篇为"协会"）编写，《本国各港水道深度等表》（平庐），《中国战后三年内各路航线船只的配备》（金月石），《革新航政机构论》（宜）等，共 13 篇。

1175

战时交通政策／陈晖著

汉口：新知书店，1938 年 5 月初版

65 页：表；32 开 . —（战时问题丛书）

主题：运输政策—中国—民国

中图分类号：F512.9

主要讲述战时交通的意义、我国战时交通状况及改进办法；其中包括沿海及内河交通的困难、改善水道运输的统制办法等内容。卷末附全国铁路交通图与全国公路干线图。

1176

战时交通政策／王沿津编著

重庆：独立出版社，1940 年 5 月出版

144 页：表；32 开 . —（抗战建国纲领丛书）

主题：运输政策—中国—民国

中图分类号：F512.9

分 10 章。论述战时交通的含义，战时交通政策与经济的关系，抗战期间的交通统制、组织机构、法规制定以及邮政、电政、铁路、公路、水运、航空等方面的情况及变革事项。

1177

湛江建港计划／湘桂黔铁路来湛段粤境工程处编

［出版地不详］：湘桂黔铁路来湛段粤境工程处，1947 年 7 月出版

33 页：图，表；16 开

主题：港口工程—计划—湛江—民国

中图分类号：F552.9

内分概论、湛江港计划、军港计划、筑港器材及配备、实施方案、结论等部分。

1178

招商局的历史／俞凤韶讲演

［出版地不详］：［出版者不详］，1928 年 8 月出版

10 页；32 开

主题：轮船招商局—民国—史料

中图分类号：F552.9

作者在俭德储蓄会的演讲稿，讲述（轮船）招商局的历史沿革、组织等内容。

1179

招商局史稿／孙慎钦编

［出版地不详］：［出版者不详］，1925 年出版

42 页：表；23 开

主题：轮船招商局—民国—史料

中图分类号：F552.9

由交通史编纂委员会征集史料编写，内容截至 1925 年 6 月。分沿革、组织、设备、航线、运输、财政等部分。

1180

招商局总管理处汇报 / 招商局总管理处编

上海：招商局总管理处，1929 年出版

12，444 页：表，照片；16 开

主题：轮船招商局—民国—史料

中图分类号：F552.9

分 2 编。首编介绍该局自同治十一年（1872）成立轮船招商局公局起，至 1928 年 2 月改组设立总管理处的历史沿革以及有关组织、设备、航线、运输、财政各方面的概况；第 2 编为大事日记及重要事件实录，并收有现行各种章程、方案、1928 年决算、职员名录、所属各业务科室的表册及工作状况、该局的改革等资料。

1181

招商局最近三年来之革新 / 蔡增基著

香港：商务印书馆，1940 年 2 月初版

121 页：图，表；25 开 . —（社会经济参考丛书）

主题：轮船招商局—民国—史料

中图分类号：F552.9

内分组织革新、业务管理、轮船管理与添建新船计划、码头货栈管理、房地产管理、护航警队管理及结论部分。附《本局声请解散

政记轮船公司为中外所注意及国际有关之讼案概略》（内附重庆法院及香港法庭判决书原文）。

1182

中国船员录 . 第三期 / 交通部航政司编

南京：交通部航政司，1935 年 6 月出版

276 页：表；21 开

主题：船员—人名录—中国--民国

中图分类号：F552.9

收 1928 年 7 月至 1934 年 12 月经考核领有交通部颁发的商船职员证书及轮船船员证书者名录（包括外籍船员）。

1183

中国船员名簿 / 交通部航政司编

南京：交通部航政司，1933 年出版

188 页；16 开

主题：船员—人名录—中国—民国

中图分类号：F552.9

收录中华民国十七年七月至民国二十一年十二月三十一日在交通部领有商船职员证书者名录。

1184

中国东北铁路问题汇论 / 金士

宣编

天津：大公报馆，1932 年 1 月
出版

262 页：图，表，地图；32 开

主题：南满铁路问题—史料

中图分类号：F532.9

资料汇编，共 10 章。第 1 章
东北铁路现势及我国铁路政策
（金士宣）；第 2 章东北铁路三大
体系—中国各路中东南满运输竞争
问题（金士宣）；第 3 章东北东西
四路联运政策之成功（金士宣）；
第 4 章东北铁路移民运输之回顾
（金士宣）；第 5 章葫芦岛筑港问
题（北宁铁路葫芦岛筑港开工纪
念册）；第 6 章东北四路之危机、
吉敦铁路借款建筑舞弊之真相
（东北交通委员会报告书）；第 7
章东北五路权问题（东北年鉴）；
第 8 章所谓满铁平行线问题之法律
根据何在（金士宣译）；第 9 章日
本满蒙铁路政策（杨亦周）、对华
铁路交涉（木村理事）；第 10 章
中东铁路问题（王景春）。附《东
北铁路问题研究资料》（金士宣）。

1185

中国国民党交通政策／朱子爽著

重庆：国民图书出版社，1943 年
11 月初版

136 页；32 开 . —（中国国民党
政策丛书）

主题：运输政策—中国—民国

中图分类号：F512.9

分 6 章。包含绪言、国民政府
成立前我国新式交通事业发展概
述、中国国民党交通政策的指导原
则、中国国民党交通建设的方针和
纲领、中国国民党交通政策的实
施、结论。

1186

中国海事建设协会成立大会特刊／
中国海事建设协会编

上海：中国海事建设协会，1948
年 9 月出版

70 页：照片；18 开

主题：海上运输—中国—会议
资料

中图分类号：F552.9

内有杜月笙等人所写短文 5
篇，以及该会章程、大会记录、会
员一览等资料。

1187

中国航权问题／王建平著

上海：大东书局，1931 年 11 月
初版

132 页：表；32 开

主题：水路运输—中国—史料

中图分类号：F552.9

分 15 章。叙述中国航权丧失
史略、航业近况、收回航权运动、
挽救中国航业方法、世界航运竞争

趋势等。附《交通部航政奖励条例》（民国九年北京交通部公布）。

1188

中国航权问题／中国商船驾驶员总会编

[出版地不详]：中国商船驾驶员总会，1942 年 10 月出版

[58] 页：表；18 开

主题：海上运输—中国—民国—文集

中图分类号：F552.9

收有关论文 8 篇，包括《收回航权建议书》（中国商船驾驶员总会），《建立国防等一道防线必先收回引水权》（黄慕宗），《复兴中国必须先收回航权》（唐应铿），《从抗战建国说到航权收回后的驾驶人才问题》（金月石），《航权为吾国之生命线》（秦铮如），《用真凭实据来计划航权收回后怎样补充我们的船舶》（金月石），《国营航业人事制度刍议》（施洒徵），《从收回航权说到护航问题》（刘伯声、黄友士）。另有"补白"两篇，包含《检讨吾航界的自病》（郁舜宾），《收回航权后的准备工作》（秦铮如）。

1189

中国航业／王洸著

上海：商务印书馆，1929 年 10 月初版

159 页；32 开．—（万有文库）

主题：水路运输—概况—中国—民国

中图分类号：F552.9

分 9 章。概述我国轮船公司沿革、历年船只吨数及各大公司轮船统计、帝国主义对我航业的侵略与外国轮船公司之状况、中外航业的比较、国内航线、航业状况及其改良、整顿计划等。附录：轮船注册、打捞沉船、航业公会等有关章则 8 种。

1190

中国航业（建设专号）／王洸著

重庆：中国行业学会，[1943 年]出版

63 页：表；21 开

主题：水路运输—中国—民国—文集

中图分类号：F552.9

论文集。收《对于中国航业学会之期望》（曾养甫）、《战后船舶补充问题》（徐思曾）、《航政建设纲领》（王洸）、《建设航业及复员意见书》（魏文翰）、《航业复员准备之要点》（徐学禹）等 13 篇。

1191

中国航业经营论／杨佩文编著

上海：编者刊，1939 年 5 月出版

236 页：表；16 开

主题：水路运输—运营—研究—中国—民国

中图分类号：F552.9

共 3 编。首编叙各轮船公司、船员、码头仓库组织；次编述及船舶、运送契约、货物运输、船票、货记包装与点数方法、货物装载与起卸、货损原因与赔偿规则、船舶进口手续与结关手续、船舶碰撞与共同海损、码头仓库、关栈等业务；末编专论会计，包括成本会计、公司会计与栈埠会计。附《上海理船厅章程》、《修正长江通商章程》、《内港行轮章程》、《航行长江轮船电船拖带船只暂行章程》。

1192

中国航业论／王洸著

南京：交通杂志社，1934 年 12 月出版

144 页：冠像；25 开 . —（交通杂志社丛书）

主题：水路运输

中图分类号：F552.9

分 4 章。叙述中国航业的发展、沿革和状况并述及各国在华的航业，末章介绍中国沿海航线及长江暨诸内河的航路。

1193

中国航业学会草拟复兴航业大纲意

见／中国航业学会编

[出版地不详]：中国航业学会，[出版日期不详]

138 页；16 开

主题：水路运输—中国—民国—史料

中图分类号：F552.9

叙述抗战前及战时航业情形，提出战后恢复与发展航业的设想。

1194

中国航运建设论／谢海泉著

中国军事交通学会，1942 年 3 月初版

112 页；32 开 . —（航政丛书）

主题：水路运输—研究—中国—民国

中图分类号：F552.9

概述航运沿革、管理，港务及水上教育等问题。

1195

中国航政建设／高廷梓著

上海：商务印书馆，1947 年 12 月初版

135 页；25 开

主题：水路运输—经济建设—中国—民国

中图分类号：F552.9

分 7 章。阐述作者对发展中国航业的主张，包括确立航政政策、实施航政计划、改进国营水运、鼓

励民营航业、振兴造船企业、培养人才、建设商港、增辟水路交通等。各章后均附注释。

1196

中国交通史／白寿彝著

上海：商务印书馆，1937 年 1 月初版

276 页：表；32 开 . —（中国文化史丛书）

主题：交通运输史—中国

中图分类号：F512.9

依朝代为序，分 5 编。记述先秦以来中国各朝代国内交通及部分朝代的海运情况。书中摘引历代舆、史、经籍原典甚丰，并附参考书目。

1197

中国交通与外国侵略／国民外交丛书社编

上海：中华书局，1928 年 3 月初版

60 页；50 开 . —（国民外交小丛书）

主题：交通运输业—中国—民国—史料

中图分类号：F512.9

收《交通之种类与效果》及《外人之垄断我国交通》论文 2 篇。其中《交通之种类与效果》主要论述水、陆、空三种交通类型及其效果；《外人之垄断我国交通》主要论述外国侵略者对我国交通道路的垄断，其中包括上海、天津等地的航路垄断。

1198

中国水运之现状

［出版地不详］：［出版者不详］，1916 年出版

31 页；23 开

主题：水路运输—概况—中国—民国

中图分类号：F552.9

叙述中国内河、外海航运事业概况。

1199

中国现代交通史／张心澂著

上海：良友图书印刷公司，1931 年 8 月初版

618 页：图，表；23 开

主题：交通运输史—中国—民国

中图分类号：F512.9

分 5 编。记述我国现代交通的历史发展过程，陆地、水上、空中交通概况及通信事业状况。第三编为水上交通，主要包括航政、航路、航业部分。

1200

中国油轮有限公司概况／中国油轮公司编

［出版地不详］：中国油轮公司，1947 年 9 月出版

20 页：照片；50 开

主题：船舶—股份有限公司—简介—中国—民国

中图分类号：F552.9

介绍该公司组织概要、工作情况及世界油轮简史。

1201

中国之交通 / 葛绥成著

上海：中华书局，1927 年 11 月初版

176 页：地图；32 开．—（常识丛书）

主题：交通运输经济—概况—中国—民国

中图分类号：F512.9

分航路、铁路及长途汽车、电报及电话、邮政及航空、旧交通工具等 6 章，介绍中国交通邮电的情况。

1202

中华民国十八年港务统计年报 / 青岛市港务局编

青岛：青岛市港务局，［1930 年出版］

467 页：彩色图，表，折页地图；16 开

主题：港务局—统计资料—青岛—民国

中图分类号：F552.9

主要为图表。分青岛港概况、码头大港之部、码头小港之部、港务之部 4 部分。

1203

中华民国十九年港务统计年报 / 青岛市港务局编

青岛：青岛市港务局，［1931 年出版］

［484］页：彩色图，表；16 开

主题：港务局—统计资料—青岛—民国

中图分类号：F552.9

主要为图表。分青岛港概况、码头大港之部、码头小港之部、港务之部 4 部分。

1204

中华民国二十年港务统计年报 / 青岛市港务局编

青岛：青岛市港务局，［1931 年出版］

449 页：彩色图，表，折表，折页地图；16 开

主题：港务局—统计资料—青岛—民国

中图分类号：F552.9

主要为图表。分青岛港概况、码头大港之部、码头小港之部、港务之部 4 部分。

1205

中华民国二十二年港务统计年报 /
青岛市港务局编

青岛：青岛市港务局，[1933 年
出版]

448 页：彩色图，表，折表，折页
地图；16 开

主题：港务局—统计资料—青
岛—民国

中图分类号：F552.9

分青岛港概况、码头大港之
部、码头小港之部、港务之部。

1206

中华民国十七年交通部统计年报 /
交通部总务司第六科编

[南京]：交通部总务司第六科，
1931 年 3 月出版

270 页：图，表，地图；18 开

主题：交通运输经济—统计资
料—中国—民国

中图分类号：F512.9

大部分为表。内容包括总务、
电政、邮政、航政等 4 个方面的统
计资料。各表末并附 1924 年至
1927 年各项统计。

1207

中华民国十八年交通部统计年报 /
交通部总务司第六科编

[南京]：交通部总务司第六科，
1932 年 3 月出版

298 页：图，表，地图；18 开

主题：交通运输经济—统计资
料—中国—民国

中图分类号：F512.9

大部分为表。各表末并附
1925 年至 1928 年各项统计。

1208

中华民国十九年交通部统计年报 /
交通部总务司第五科编

[南京]：交通部总务司第五科，
1933 年 6 月出版

344 页：表；18 开

主题：交通运输经济—统计资料
—中国—民国

中图分类号：F512.9

大部分为表。各表末并附
1926 年至 1929 年各项统计。

1209

中华民国二十年交通部统计年报 /
交通部总务司统计科编

[南京]：交通部总务司统计科，
1933 年 12 月出版

351 页：地图；18 开

主题：交通运输经济—统计资
料—中国—民国

中图分类号：F512.9

大部分为表。各表末并附
1927 年至 1930 年各项统计。

1210

中华民国二十一年交通部统计年
报／交通部总务司统计科编

[南京]：交通部总务司统计科，
1934年10月出版

413页：图，表；18开

主题：交通运输经济—统计资
料—中国—民国

中图分类号：F512.9

分总务、电政、邮政、航政4
编。其中航政主要包括航政概况、
航业公司、注册船员、引水人员、
注册船舶等内容。

1211

中华民国二十二年交通部统计年
报／交通部总务司统计科编

[南京]：交通部总务司统计科，
1935年3月出版

433页：图，表；18开

主题：交通运输经济—统计资
料—中国—民国

中图分类号：F512.9

分总务、电政、邮政、航政4
编。其中航政主要包括航政概况、
航业公司、注册船员、引水人员、
注册船舶等内容。

1212

中华民国三十年交通部统计年报／
交通部统计处编

南京：交通部统计处，1943年3
月出版

348页：表；18开

主题：交通运输经济—统计资
料—中国—民国

中图分类号：F512.9

大部分为表。内容包括总务、
铁路、航务、航空、驿运、电信、
邮政及附录（战时各主要交通基
本运价变动表、运价指数、驿运运
价指数）等8个方面的统计资料。

1213

中华民国三十一年交通部统计年
报／交通部统计处编

南京：交通部统计处，1944年3
月出版

319页：表；18开

主题：交通运输经济—统计资
料—中国—民国

中图分类号：F512.9

共8编。其中丁编为航务；辛
编为附录，含航运等统计材料表。

1214

中华民国三十二年交通部统计年
报／交通部统计处编

南京：交通部统计处，[1944年
出版]

[157]页：表；8开

主题：交通运输经济—统计资
料—中国—民国

中图分类号：F512.9

内容包括总务、铁路、公路、驿运、水运、航空、邮政、电信、交通等方面的统计资料。

1215

中华民国三十三年交通部统计年报 ／ 交通部统计处编

南京：交通部统计处，1946 年 9 月出版

438 页：表；18 开

主题：交通运输经济—统计资料—中国—民国

中图分类号：F512.9

大部分为表。内容包括总务、铁路、公路、驿运、水运、航空、邮政、电信、交通等 9 个方面的统计资料。

1216

中华民国三十四年交通部统计年报 ／ 交通部统计处编

南京：交通部统计处，1947 年 6 月出版

451 页：表，彩图；18 开

主题：交通运输经济—统计资料—中国—民国

中图分类号：F512.9

大部分为表。内容包括总务、铁路、公路、水运、航空、邮政、电信等 7 个方面的统计资料。

1217

中华民国三十五年交通部统计年报 ／ 交通部统计处编

南京：交通部统计处，1948 年 2 月出版

597 页：表，彩图；18 开

主题：交通运输经济—统计资料—中国—民国

中图分类号：F512.9

大部分为表。内容包括总务、铁路、公路、水运、航空、邮政、电信、附录、补编 9 部分。

1218

中华民国十年交通部统计图表 ／ 交通部统计科编

北京：交通部统计科，1924 年出版

384 页：彩图；16 开

主题：交通运输经济—统计资料—中国—民国

中图分类号：F512.9

中华民国十年的路政、电政、邮政、航政工作纪要及统计图表。

1219

中华民国十一年交通部统计图表 ／ 交通部统计科编

北京：交通部统计科，1925 年 11 月出版

375 页：彩图；16 开

主题：交通运输经济—统计资

料—中国—民国

中图分类号：F512.9

中华民国十一年的路政、电政、邮政、航政工作纪要及统计图表。

1220

中华民国十二年交通部统计图表／交通部统计科编

北京：交通部统计科，1927年10月出版

384页：彩图；16开

主题：交通运输经济—统计资料—中国—民国

中图分类号：F512.9

中华民国十二年的路政、电政、邮政、航政工作纪要及统计图表。

1221

中华民国九年交通部统计图表／交通部统计科编

北京：交通部统计科，1923年1月出版

383页：彩图；16开

主题：交通运输经济—统计资料—中国—民国

中图分类号：F512.9

中华民国九年的路政、电政、邮政、航政工作纪要及统计图表。

1222

中华民国轮船商业同业公会联合会议定货物运价表／招商局轮船股份有限公司①编

［出版地不详］：招商局轮船股份有限公司，1948年初版

25页；24开

主题：水路运输—货物运输—运价—中国—民国

中图分类号：F552.9

收长江、汉湘线以及上海、宁波等16个港口的货物运价表。

1223

中华民国轮船商业同业公会全国联合会成立大会决议案执行情形报告／李云良编

［出版地不详］：中华民国轮船商业同业公会在全国联合会成立大

---

①　招商局轮船股份有限公司：国营招商局发轫于清同治十一年（1872年）12月16日开局的总办轮船招商公司。初为官商合办，光绪十一年（1886年）4月改为官督商办，均直隶于北洋大臣。宣统元年（1909年）归邮传部管辖，同年9月该局转为商办。1927年，南京国民党政府建立，同年11月公布监督招商局章程，于上海设立招商局督办公处，直隶于交通部。1928年1月，交通部接管该局，成立总管理处。1929年6月，该局直隶于国民政府。1930年9月，设整理招商局委员会，并设总管理处。1932年春，招商局又划归交通部管辖，改名为"国营招商局"，1948年10月，该局改组为"招商局轮船股份有限公司"。1949年5月27日，上海解放后，由中国人民解放军接管。

会，[1948 年 7 月出版]

18 页；28 开

主题：水路运输—中国—民国—

会议资料

中图分类号：F552.9

1224

中华民国轮船商业同业会全国联合

会成立大会特刊／中华民国轮船

商业同业公会全国联合会编

上海：中华民国轮船商业同业公

会全国联合会，[1947 年 7 月出

版]

69 页：照片；16 开

主题：水路运输—中国—民国—

会议资料

中图分类号：F552.9

内有大会文摘、议事录、提案

摘要、报纸评论等资料。该大会于

1947 年 7 月在上海召开。

1225

中华民国轮船商业同业会全国联合

会第一年度工作报告：民国三十六

年七月至三十七年六月 ／ 李云

良编

[出版地不详]：中华民国轮船

商业同业公会全国联合会，

[1938 年出版]

6 页；28 开

主题：水路运输—中国—民国—

会议资料

中图分类号：F552.9

内容涉及保护我国长江航权、

战后对日本航业的政策、组织海外

航运业务、调整运价、拟订轮船业

营业税、简化稽征办法等。

1226

中华民国轮船同业公会联合会、上

海市轮船商业同业公会议事录汇

编／中华民国轮船同业公会联合

会，上海市轮船商业同业公会编

上海：中华民国轮船同业公会联

合会，上海市轮船商业同业公

会，1948 年 7 月出版

208 页；28 开

主题：水路运输—中国—民国—

会议资料

中图分类号：F552.9

1227

中华商轮名录／（日）儿岛千治编

上海：中华商轮名录发行所，

1929 年 12 月出版

124 页；16 开

主题：运输船—中国—民国—

名录

中图分类号：F552.9

名录限收 800 吨以上的轮船。

1228

中日俄竞争下之东北铁道网 ／ 黄

文涛著；杨仁昌校

南京：南京书店，1932 年 5 月初版

[10]，324 页：表；32 开

主题：南满铁路问题—史料

中图分类号：F532.9

分东北之铁路网系概说，既成、未成铁路，共 3 章。叙述日俄帝国掠夺中国东北路权的史实。附《新大陆开拓与满蒙铁道》、《满蒙中国铁路系统为何建筑》、《朝鲜三港与日本》、《东北中国铁路与海港》、《横梗东北之中日铁道问题》。

1229

中兴轮船惨案纪念刊 / 陈山明等编

厦门：中兴轮船惨案善后委员会，1948 年 8 月出版

80 页：照片；16 开

主题：海上运输—福建—民国—史料

中图分类号：F552.9

记载航行于福建泉州、厦门间的中兴轮船惨案发生经过。并辑入有关中兴轮的建造、登记注册状况、案发后善委会工作、劫匪缉办、社会舆论等各种资料。附《中兴轮惨案后委员会收支报告书》、《惠安旅厦同乡会救济金收支征信录》。

1230

最近之交通：中央训练团党政训练班讲演录 / 张嘉璈讲

[重庆]：中央训练团党政训练班，1942 年 10 月出版

76 页；32 开

主题：交通运输经济—概况—中国—民国

中图分类号：F512.9

分 9 章。介绍抗战前以及抗战以来铁路、公路、航空等交通运输方面的情况，包括绪论、铁路、公路、航空、水运、驿运、电政、邮政、结语。

F7　贸易经济

1231

调查东西路自辟七口商埠报告书 / 卓宏谋著

[出版地不详]：[出版者不详]，[出版日期不详]

9 页：图；22 开

主题：通商口岸—中国

中图分类号：F752.9

介绍开辟西路赤峰、多伦诺尔、张家口等，东路葫芦岛、辽源、洮南等商埠的情况。附图略。

1232

菲律宾工商业考察记 / 吴承洛编

上海：中华书局，1929 年 12 月初版

[450] 页：表；23 开

主题：贸易经济—概况—菲律宾

中图分类号：F733.41

包含菲律宾地理总论、吕宋群岛分述、米塞亚群岛分述、棉兰脑群岛分述、林道乾之役与厦门通商、海界等内容。

1233

分业商品学 / 潘吟阁编

上海：商务印书馆，1928 年 8 月初版

142 页：表；32 开 . —（商业丛书）

主题：商品—分类

中图分类号：F76

分类叙述米、面粉、茶、丝、糖、花、纱、布、纸、海味业等18 种商品之沿革、产地、生产及运销状况。其中海味业主要介绍海参、鱿鱼、鱼翅、海蜇、海菜等。

1234

福建对外贸易史研究 / 萨士武等著

[出版地不详]：福建省研究院社会科学研究所，1948 年 3 月初版

66 页：表；36 开

主题：对外贸易—商业史—福建

中图分类号：F752.9

文集。收《明代福建市舶司考》（萨士武、胡寄馨）、《明代福建对外贸易港研究》（胡寄馨）、

《清代前期厦门洋行考》（傅衣凌）3 篇论文。书后有《福州琉球通商史迹调查记》一文。

1235

广东十三行考 / 梁嘉彬著

上海：国立编译馆，1937 年 2 月初版

414 页：表，照片；23 开

主题：十三行—考证—广东

中图分类号：F752.948

分 3 篇。序篇研究"十三行"的意义和对有关著作的评论；本篇考证广东"十三行"的起源和纳集"十三行"行名、人名及行商的种种事迹资料；尾篇论析行商与市舶牙行夷馆大班等的关系。

1236

开辟龙口商埠纪事 /赵琪，蒋邦彦编

龙口：龙口商埠兴筑公司，1920年 2 月出版

[94]，238，16 页：表，摄影；18 开

主题：通商口岸—山东—民国—史料

中图分类号：F752.96

内容包括商埠"兴筑公司"的各种函电、会议记录、规则、章程、公牍、广告、龙口海港照片等。附《龙口商埠兴复影响》（原

载 1917 年 7 月 20 日上海《申报》)、《山东龙口商埠兴筑忙》(原载 1918 年 8 月 11 日天津《大公报》)等 16 篇文章。

1237

明代的朝贡贸易 / 秦佩珩著

　　天津：天津达仁学院经济研究所，1941 年夏季出版

　　28 页：表；21 开

　　主题：朝贡贸易—中国—明代

　　中图分类号：F752.948

　　记述明代来华朝贡贸易的若干重要史实，包括朝贡国家的今昔地名、朝贡物品，明朝政府对朝贡日期、贡道、朝贡人数与供品的种种规定和限制，贡使携带货物的出售、市场的交易、入榻的"会同馆"等情况，并按东西南北四方及不同海域分别列表介绍各国及其朝贡品。

1238

明代广州之海舶贸易 / 张德昌著

　　北京：国立清华大学①，1932 年 6 月出版

　　18 页：表；16 开

　　主题：对外贸易—广州—明代

　　中图分类号：F752.948

　　《清华学报》单行本。内容包括导言、贡舶贸易制度、商舶贸易制度、结论。该著作论述了清初海禁及其影响、来华西洋商人的竞争、沿海多口岸通商时代之中西贸易等内容。

1239

欧人东渐前明代海外关系 / 谭春霖著

　　北平：燕京大学②，1936 年 2 月出版

　　57 页；32 开 . —（燕京大学政治学丛刊）

　　主题：对外贸易—中国—明代

　　中图分类号：F752.948

　　全书共 6 节。除引言、结论外，包含明代番国政府、明代对外贸易、市舶司、海禁等节。结论中论述了两个问题：明代对外贸易政策与宋元比较；倭患对明代海外关系之影响。

---

　　①　国立清华大学：其前身是清政府用美国退还的庚子赔款余额于 1911 年 2 月开办的清华学堂。1912 年更名为清华学校。1928 年更名为国立清华大学。1937 年抗日战争全面爆发后南迁长沙，与北京大学、南开大学组建国立长沙临时大学，1938 年迁至昆明改名为国立西南联合大学。1946 年，迁回清华园。

　　②　燕京大学：美国基督教教会在中国创办的大学。1919 年由北通州协和大学、北京汇文大学合并而成，次年华北女子协和大学也并入。第一任校长是美国人司徒雷登。1951 年由人民政府接管，1952 年并入北京大学。

1240

清代鸦片战争前之中西沿海通商 /
张德昌著

北京：国立清华大学，1935 年 1
月出版

50 页；16 开

主题：对外贸易—广州—清代

中图分类号：F752.949

《清华学报》单行本。该著作
论述了清初海禁及其影响、来华西
洋商人的竞争、沿海多口岸通商时
代之中西贸易等内容。

1241

商品学 / 盛在珣编

上海：商务印书馆，1915 年 5 月
初版

72 页；25 开

主题：商品学—专业学校—教材

中图分类号：F76

分 6 编，共 36 章。按农产物、
水产物、矿产物、制造品、酿造品
等种类，分别介绍米、茶、棉、鱼
油、海参、煤、铁、金、糖、纱、
丝、漆器、纸、酒等世界上各种主
要商品的产地、产量、用途、销售
和进出口贸易情况。

1242

商品学教本 / 曾牖编

上海：中华书局，1914 年 6 月
初版

130 页：表；28 开

主题：商品学—师范学校—教材

中图分类号：F76

主要讲述矿产物、农产物、水
产物、工业制品的产地、用途、种
类等。

1243

商业地理 / 武堉干编

北京：中华书局，1933 年 4 月初
版，1939 年 9 月 5 版，1941 年 9
月 6 版

[16]，404 页：图，表；32 开

主题：商业地理—世界

中图分类号：F731

包含海洋交通、海产物、沿海
的重要商埠、其他沿海重要的商
埠、英属海峡殖民地的商业、中国
沿海及内河航业之实际输船吨数、
以上海为中心的世界海洋交通图等
内容。

1244

十八世纪吕宋—咾哥航船来华记 /
赵泉澄编

[出版地不详]：[出版者不详]，
[出版日期不详]

主题：贸易史—中国—菲律宾

中图分类号：F752.949

记述 18 世纪吕宋与中国间的
海上交通往来，反映 18 世纪南洋
与中国之间密切交往。为《禹贡》

半月刊第 6 卷第 11 期单行本。

1245

十年来之海关 / 财政部海关总税
务司署编

[出版地不详]：中央信托局，
1943 年 11 月出版

[50] 页：表；32 开

主题：海关—中国—民国—纪念
文集

中图分类号：F752.96

共分 15 节。包含海务部门工
作之推进、沿海灯塔之改进计划等
内容。

1246

宋代之市舶司与市舶条例 /（日）
藤田丰八原著；魏重庆译述

上海：商务印书馆，1936 年 10
月初版

136 页；32 开 . —（史地小丛
书）

主题：市舶司—中国—宋代

中图分类号：F752.944

摘引中国史籍、地志资料，分 4
章。考证中国古代对外通商关系，
着重研究宋代海舶商诸港口的形成
与市舶司的废置变迁沿革及官制，
末章专论当时制定的市舶条例。

1247

唐宋贸易港研究 /（日）桑原骘藏

著；杨炼译述

上海：商务印书馆，1935 年 7 月
初版

154 页：表；32 开 . —（史地小
丛书）

主题：通商口岸—中国—唐代

主题：通商口岸—中国—宋代

中图分类号：F752.94

辑《市舶司及市舶》、《波斯
湾之东洋贸易港》、《广府问题及
其陷落年代》、《伊本所记中国贸
易港》论文 4 篇。摘引分析中国
史籍记载，研究唐宋两朝对外贸易
机构的设立和职能，特别是贸易港
口的情况。

1248

唐宋元时代中西通商史 /（日）桑
原骘藏著；冯攸译

上海：商务印书馆，1930 年 3 月
初版

227 页；25 开 . —（中外交通史
料名著丛书）

主题：商业史—对外贸易—中国
—古代

中图分类号：F752.9

所述多为唐、宋、元以来中国
与阿拉伯各国交通的史实。包含阿
拉伯人之东洋通商、波斯中国间之
航路、唐代泉州之外国贸易、古代
南洋之贸易船、当蕃舶往来要冲之
海南岛、海獠、南中国沿岸之海贼、

蒲氏兄弟之征讨海贼事等内容。

1249

现代商品学／刘冠英著

上海：商务印书馆，1934 年 8 月初版

［13］，426 页：表；21 开．—（现代商业丛书）

主题：商品学

中图分类号：F76

分 7 章。叙述我国及世界各地出产的农、矿、林、畜牧、水产、工业制品等主要产品的产地、产额、种类、品质、用途及贸易概况。

1250

粤海关志．第 7 册，贡舶·市舶·行商／梁廷枬著

北平：文殿阁书庄，1935 年 9 月出版

188 页；32 开．—（国学文库）

主题：粤海关—商业史

中图分类号：F752.9

此册记述道光十八年（1838年）以前广东海关贡舶、市舶、行商等情况，为研究鸦片战争前夕中外关系的重要著作。

1251

粤海关志．第 8 册，夷商·杂识／梁廷枬著

北平：文殿阁书庄，1936 年 5 月出版

168 页；32 开．—（国学文库）

主题：粤海关—商业史

中图分类号：F752.9

此册记述道光十八年（1838年）以前广东海关夷商、杂识等情况，为研究鸦片战争前夕中外关系的重要著作。

1252

浙江经济统计／顾文渊等编

丽水：浙江地方银行总行，1941年 12 月出版

［11］，222 页；16 开

主题：经济统计—统计资料—浙江—民国

中图分类号：F729.6

分 17 部分。包含疆界与地势、气象、行政区域、面积与人口、农业、水利、林畜、渔业、交通等。书前有徐桴序、唐观源序及编辑例言。有题赠。

1253

浙江特产／浙江省杭州市工商界东北华北访问团编

杭州：浙江省杭州市工商界东北华北访问团，1949 年 9 月出版

80 页：表；32 开

主题：特产—浙江—民国

中图分类号：F729.6

介绍浙江省地方特产、矿藏、

水产等。

1254

浙江之特产／建设委员会经济调查所①统计课编

杭州：建设委员会经济调查所，1936 年 6 月初版

48 页；16 开

主题：特产—统计资料—浙江—民国

中图分类号：F729. 6

全部为统计表。内容为该省各县的土地面积、户口总额表及各市县的重要特产统计资料。特产类别主要为农产品、矿产品、水产品等。

1255

中国阿剌伯海上交通史：原唐宋元时代中西通商史／（日）桑原骘藏著；冯攸译

上海：商务印书馆，1934 年 9 月国难后 1 版

20，301 页：折图；32 开 .—（史地小丛书）

主题：商业史—对外贸易—中国—古代

中图分类号：F752. 9

包含阿拉伯人之东洋通商、波斯中国间之航路、唐代泉州之外国贸易、古代南洋之贸易船、当蕃舶往来要冲之海南岛、海獠、南中国沿岸之海贼、蒲氏兄弟之征讨海贼事等内容。

1256

中国关税史／陈向元编著

北京：世界书局，1926 年 8 月初版

18，326 页：表；25 开 .—（有不为斋丛书）

主题：关税—商业史—中国

中图分类号：F752. 9

分中外通商开始与古代关税、武力压迫下之海关新制度、列国侵略锐进与关税变迁等 5 章。

1257

中国国际贸易史／武堉干著

上海：商务印书馆，1929 年 4 月初版

[14]，159 页：表；22 开

主题：国际贸易—商业史—中国

中图分类号：F752. 9

分中国国际贸易的启蒙期、进展期、闭关主义时期及近代的发展等 6 章，叙述汉代以来的中国对外贸易发展史。涉海内容有沿海贸易

---

① 建设委员会经济调查所：1929 年春，张人杰主政浙江省并设立浙江省政府设计会负责浙江省的建设设计和经济调查统计等事宜。1931 年初被裁，随即由建设委员会接办，改设浙江经济调查所，1934 年 5 月更名为建设委员会经济调查所。

权、海关管理、水路商埠等。

1258

中国国际贸易小史／侯厚培著

上海：商务印书馆，1929 年 3 月初版

94 页；32 开 . —（万有文库）

主题：国际贸易—商业史—中国

中图分类号：F752.9

分中外通商之起源、历朝之对外商业政策、管理及经营对外贸易之机关、关税征收及市舶之收入、历朝之通商口岸、输出入之物品等 6 章，记述 1842 年以前中国对外贸易的历史。

1259

中国商业史／王孝通著

上海：商务印书馆，1923 年 1 月初版

112 页；表；窄 36 开 . —（百科小丛书）

1936 年 12 月初版，1937 年 5 月 5 版

24，323 页：表；32 开 . —（中国文化史丛书）

主题：商业史—中国

中图分类号：F729

包含海南诸国之通商、唐代交通、北宋与海番之通商、元代市舶之盛、明之货殖家、郑和下西洋、民国初年海外侨民之商况等内容。

1260

中国商业史／陈灿编著；王孝通增订

上海：商务印书馆，1925 年 11 月初版，1926 年 10 月再版，1933 年国难后 1 版，1938 年 5 月长沙增订 1 版，1938 年 10 月长沙增订 2 版，1941 年增订 5 版，1944 年 2 月渝 1 版，1945 年增订 6 版

185 页：表；25 开

主题：商业史—中国—职业高中—教材

中图分类号：F729

包含隋之国外商业、唐之国外商业、元之市舶制度、明之互市状况、海禁之开放、船舶之出入等内容。

1261

中国丝绸西传史／姚宝猷著

北京：商务印书馆，1944 年出版

82 页；32 开 . —（中山文化教育馆研究丛刊）

主题：绢丝—对外贸易—商业史—中国

中图分类号：F752.9

内分中国丝绸的起源、西传之路线、桑蚕种子之西传和西方丝业之发展、古代贩运丝绸之民族等 7 章。

1262

中国丝绢西传史／姚宝猷著

重庆：商务印书馆，1944 年 6 月
出版

82 页；32 开 . —（中山文化教
育馆研究丛刊）

主题：绢丝—对外贸易—商业
史—中国

中图分类号：F752.9

内分古代丝之产地及其用途、
古代东西交通之路线及丝绢之西
传、古代贩运丝绢之民族等 7 章，
包含海上交通之路线等内容。

1263

中华民国海关出口税税则／上海
总税务司署统计科

[上海]：编者刊，1934 年 6 月出
版，1940 年 1 月出版，1945 年 9
月出版

39 页；窄 18 开

重庆：海关总税务司署统计科，
1943 年 10 月重印

15 页；20 开

主题：出口税—海关税则—中
国—民国

中图分类号：F752.96

包含鱼介，海产品等内容。

F8　财政、金融

1264

财产保险学／（美）[汉伯纳]

S. S. Huebner 著；罗玉东编译

重庆：商务印书馆，1943 年 10
月初版

[14]，246 页：表；23 开

主题：财产保险

中图分类号：F840.65

分火灾保险，水险，汽车保
险、银钞保险、保证保险 3 编，分
述保险种类、契约、条款、方法及
有关立法等。

1265

福建盐务概况／林有壬编

上海：利国印刷所（印），1928
年 10 月出版

20 页：表；23 开

主题：盐—财政政策—福建—
民国

中图分类号：F812.96

通过盐务费用开支与征税情况
的陈述，以揭示当时盐政的弊端，
并提出改革的主张与办法。附
《盐公司制下的盐工宣言》、《漳龙
公民代表丘振中等抗告利民公司呈
文》。

1266

海上保险学／魏文翰著

上海：中华书局，1944 年 1 月
初版

254 页；32 开

主题：海上运输保险—理论

中图分类号：F840.63

分16章阐述海上保险的发展史，保险的各项原则、方法、具体业务及保险契约等。附《英国1906年海上保险法》译文及原文、《1924年约克安底华浦规则》、《中央信托局保险业管理办法》、《中西名词对照表》。

1267

江苏省盐垦讨论会汇编／江苏省农矿厅编

镇江：江苏省农矿厅第六科，1929年7月出版

14，51页：地图，摄影；16开

主题：盐—财政政策—江苏—民国—会议录

中图分类号：F812.96

包含整理江苏海滨盐垦计划、江苏省农矿厅应拨滨海荒地与遣散军人免费领垦、拟请开筑江苏海滨盐垦区域河堤计划等内容。

1268

山东盐政汇编／吴保珹辑

［出版地不详］：［出版者不详］，［出版日期不详］

54页：表；16开

主题：盐—财政政策—山东—民国

中图分类号：F812.96

收入1924年山东各盐场及各盐务处、局的行政建制、沿革、盐滩、灶数、场产，以及各盐警署缉私状况及各稽核支所、盐税局名录等资料。末章为附表，包括《山东东纲所属鲁豫皖苏各岸盐价税率及春盐各场一览表》、《山东盐税调查表》、《山东盐税统计表》。

1269

水险须知／郑纯一著

上海：中国文化服务社，1947年2月初版

45页；32开．—（国民文库）

主题：海上运输保险—基本知识

中图分类号：F840.63

分水险之效用、全部损失与局部损失、共同海损与单独海损、货物水险之应用、水险保单、保险费以及水险契约、投保手续等8章。

1270

水险学原理／胡继瑗著

长沙：商务印书馆，1940年3月初版

326页；32开

主题：海上运输保险—理论

中图分类号：F840.63

论述水险制度的创立和发展及国际公认惯用的水险制度。

1271

水险学原理附录七／中央信托局
保险部①等编

　　[出版地不详]：中央信托局保险
部，[1936年]出版

　　折页32张；36开

　　主题：海上运输保险—参考资料

　　中图分类号：F840.63

　　中央信托局保险部、中国保险
公司、泰山保险公司、美亚保险公
司等机构采用的保险业务主要
单据。

1272

新中国盐业政策／何维凝编著

　　金华：正中书局，1941年9月
初版

　　224页：表；25开.—（社会科
学丛刊）

　　主题：盐—财政政策—中国—
民国

　　中图分类号：F812.96

　　分5编。叙述中国盐业之地
理、历史背景，孙中山先生有关盐
业政策之论述、中国盐业政策之动
向、近十年来盐政上之重要措施及
今后应采取的政策及方案，并主张
盐业国营。

1273

盐务年鉴：民国十八年／财政部盐
务署编辑

　　[上海]：财政部盐务署，1930年
5月出版

　　[695]：照片，地图；16开

　　主题：盐—财政政策—中国—
1929—年鉴

　　中图分类号：F812.96-54

　　分总务、场产、运销、征榷、
缉私5部分。辑录盐政法令章则及
当年盐务主要事项。卷末丛录收
《民国十八年盐务大事记》及《编
辑民国盐政史概况》2篇文章。

1274

盐政辞典／林振翰编著

　　[出版地不详]：商务印书馆，
1928年11月初版

　　[1243]：冠像，表；23开

　　主题：盐—财政政策—中国—民
国—词典

　　中图分类号：F812.96-61

　　收入有关全国场区、制造、品
质、器具、运销、运道、销地、征
榷、缉私、法制、官署、人名、书
籍、规章等方面的名辞。

---

　　①　中央信托局：国民政府国家金融机构之一。1935年10月1日成立，总局设在上海市，
孔祥熙首任董事长，主要从事储蓄、保险、信托、购料、易货、财产保管等业务。抗战期间总局
迁至香港、重庆，承办向国外购买军火武器和易货矿产品偿还事务。抗战胜利后迁上海并从事接
收敌产工作。中华人民共和国成立后，由人民政府接管。

1275

浙盐纪要／林振翰编

[上海]：商务印书馆，1925 年 10 月出版

[20]，396 页：图，表，照片；16 开

主题：盐—财政政策—浙江—民国

中图分类号：F812.96

分沿革、场产、运销、职官 4 编，并附专件、规程、丛录。辑录有关文牍、两浙单行法规、章程、统计图表等共 37 件。卷首有《两浙产销区域图》及销盐、征税比较图等彩色统计图表多幅。

1276

中国盐政问题／蒋静一编著

南京：正中书局，1936 年 9 月初版

210 页：图，表，照片；32 开

主题：盐—财政政策—研究—中国—民国

中图分类号：F812.96

分 7 章。叙述中国盐区分布、盐务行政、盐制、盐税、产销，以及对 1931 年 3 月 21 日由立法院通过的"新盐法"的评述。附《新盐法》、《盐法草案说明》。

六　G　文化、科学、教育、体育

G　文化、科学、教育、体育

1277

北新动物学／嵇联晋编

[上海]：北新书局，1933 年出版

375 页：图；32 开

主题：动物学—初中—教材

中图分类号：G634.91

包含海胆、海盘车、海百合、海参、海绵等内容。

1278

本国地理／宋文炳，霍本道编

北平：著者书店，1933 年 9 月出版

289 页；32 开

主题：地理—中国—初中—教材

中图分类号：G634.57

包含海岸、海军、中国各省海岸线比较表、中国沿海岸各海深度表、中国现有海军数量表、中国海军与外国比较表、中国海军造船厂一览表、我国自有海线表、中国沿海图、近海航路图等内容。

1279

本国地理／何祖泽编

上海：商务印书馆，1935 年 5 月初版

187 页；32 开 . —（高中复习丛书）

主题：地理—中国—高中—教学参考资料

中图分类号：G634.57

　　包含东南沿海区、珠江三角洲—岭南山地及海南岛区等内容。

1280

本国地理／陈光祖，蔡迪编著

　　［出版地不详］：山东新华书店，1949 年 4 月初版

193 页：图；32 开

主题：地理—中国—初中—教材

中图分类号：G634.57

　　包含湖和海、台湾和海南岛等内容。

1281

本国地理 . 上／张其昀编

　　上海：商务印书馆，1932 年 1 月出版

268 页：图；24 开

主题：地理—中国—高中—教材

中图分类号：G634.57

　　包含东南沿海区、中国东南部山脉与海岸、海滨之果园、海上之渔业、东南沿海之七大商港、海南岛、海南之渔业、本区之海港等内容。

1282

初级本国地理 . 卷上／丁訔盦编

　　北京：中华书局，1929 年 7 月出版

145 页；32 开

主题：地理—中国—初中—教材

中图分类号：G634.57

　　包含渤海湾与黄海沿岸、上海及其附近、东海沿岸、南海沿岸等内容。

1283

初中本国地理 . 第 2 册／葛绥成编

　　上海：中华书局，1937 年 8 月出版

100 页：图；32 开

主题：地理—中国—初中—教材

中图分类号：G634.57

　　包含南部地区、福建省、广东省、北部地区青岛市、威海卫行政区等内容，并附厦门海军司令部、海珠铁桥、山海关等多地图片。

1284

初中外国地理／葛绥成，丁绍桓编

　　上海：中华书局，1937 年 7 月 5 版

2 册（151，104 页）：图；32 开

主题：地理—世界—初中—教材

中图分类号：G634.56

　　包含海洋的分布和面积、波罗的海东岸的四新兴国、海参崴、亚

洲大陆海岸线比较图等内容。

1285

地理学通论 ／ 傅角今编

上海：商务印书馆，1934 年 3 月初版，1934 年 8 月再版

[375] 页：图；32 开．—（湖南省立第一中学校讲义）

主题：地理—高中—教材

中图分类号：G634.55

分绪论、自然地理、人文地理 3 部分，共 9 编。自然地理分为天文、陆界、海洋等 5 编。本书目录中包含海岸线、海陆之区域等章节。

1286

东洋史要 ／（日）桑原骘藏原著；金为译述

上海：商务印书馆，1913 年 6 版

417 页；24 开

主题：亚洲—历史—中学—教材

中图分类号：G634.52

重译考订东洋史要，分 4 卷。叙述上古至 19 世纪末期的亚洲史，着重介绍中国古代史，包含明代倭寇及清朝中日冲突和鸦片战争等内容。

1287

福建省的沿革地形和气候 ／ 陈杰编

[出版地不详]：福建省政府教育厅编辑委员会，1943 年 11 月初版

21 页；32 开（闽地方教材）

主题：地理—小学

中图分类号：G624.451

分沿革、位置、地形、气候 4 部分。书前有福建省地方教材编辑大意。

1288

福建乡土史地 ／ 刘诚著

[出版地不详]：福建省政府教育厅，1939 年 10 月初版

153 页；32 开．—（中小学乡土教学补充资料）

主题：福建—概况—中小学—教学参考资料

中图分类号：G634.57

分全省轮廓和各县剪影两部分。第一部分有 13 节，记述该省小史、位置、地形、区域、人口、农、林、盐、商、文化各业。第二部分有 64 节，选记各县文物、风景名胜、人物、宗教、文化教育、风俗习惯等，并各冠以一个小标题。

1289

国立海疆学校一览 ／ 国立海疆学校编

晋江：国立海疆学校，1947 年 4 月出版

63 页：照片；16 开

主题：专业学校—概况—福建—

民国

中图分类号：G719.29

有校史、概况、名录等。该校设师范、商业两专修科。因海疆建设而设立的学校。

1290

国立山东大学概览／国立山东大学出版组编

青岛：国立山东大学出版组，1948 年出版

48 页：表；16 开

主题：山东大学—概况—民国

中图分类号：G649.29

内有该校沿革、规程、学则、课程、各院系概况、章则等。其中农学院部分含有水产学系概况及课程介绍。

1291

国立山东大学科学馆概况／国立山东大学编

青岛：国立山东大学，1933 年 4 月出版

29 页：图；24 开

主题：山东大学—科学馆—概况—民国

中图分类号：G649.29

介绍科学馆建造经过，数学、化学、生物学等 3 系概况。其中生物学系概况中提及国立山东大学因地临海滨，所以多注重海洋生物研究。

1292

集美高级水产航海职业学校概况／私立集美高级水产航海职业学校编

[厦门]：私立集美高级水产航海职业学校，1947 年 7 月出版

30 页：表；16 开

主题：渔业—专业学校—概况—福建—民国

中图分类号：G719.29

内有该校沿革、组织大纲、各种规程以及教职员学生一览。

1293

冒险的故事／叶绍钧等编

上海：中华书局股份有限公司，1947 年 12 月出版

41 页：图；32 开

主题：故事—小学—课外读物—中国

中图分类号：G624.2

收《鲁滨孙漂流记》和《瑞士家庭鲁滨孙》2 篇故事。

1294

明日之世界／（英）I. O. Evans 著；陈岳生译

上海：商务印书馆，1934 年 11 月初版

123 页：图；24 开

主题：未来学

中图分类号：G303

分 15 章。论述未来的物质、动力的新来源、通信方法，以及未来的都市、卫生、工业与金融、战争与和平等，包含未来的乡村与大海、飞速的海舶、填筑北海的计划等内容。

1295

人生地理／张其昀编

上海：商务印书馆，1925 年 1 月至 1925 年 10 月出版

3 册：图；32 开

主题：地理—初中—教材

中图分类号：G634.55

包含新大陆之发现、海外之探险与殖民和太平洋与大西洋之发展等章节。

1296

人生地理教科书／张其昀编辑

上海：商务印书馆，1926 年 11 月出版

3 册：图；32 开

主题：地理—初中—教材

中图分类号：G634.55

包含副热带与地中海、地中海之贸易、地中海滨之古迹、海洋性气候、海洋性气候之地位、英国之海外贸易、变海为陆之国、低国之北海商港、法国之商港与英法海底交通之计划、海南岛、印度洋地中

海线等内容。

1297

世界地理问答／翟世镇编

上海：三民公司，1929 年 9 月初版，1933 年 84 版

68 页：表；36 开 . —（各科常识问答丛书）

主题：地理—世界—问答

中图分类号：G634.56

包含什么叫边缘海、内海、海沟、海峡，大陆和海洋的轮廓是怎样形成的等内容。

1298

世界漫游记／（美）莫斯（F. G. Moss）著；王祥衍译

桂林：文化供应社，1941 年 6 月初版，1942 年 7 月 3 版

117 页；36 开 . —（青年文库）

主题：地理—世界—中学—课外读物

中图分类号：G634.56

将世界分为炎热地带、温暖地带、凉冷地带、寒冷地带 4 个地区，介绍不同气候区里居民的环境、住所和活动。译本删去原书中第 5 章中国部分。

1299

外国地理／张资平编

长沙：商务印书馆，1938 年 1 月

初版

131 页：地图；32 开 . —（中学
各科纲要）

主题：地理—世界

中图分类号：G633.56

　　本书含自然地理——海岸状
况，人文地理——交通——陆上、
海上、空中，通讯等章节内容。

1300

外国地理问答／招奇伟编

　　［出版地不详］：［出版者不详］，
1932 年 9 月出版

173 页；32 开

主题：世界地理—中学—问题
解答

中图分类号：G634.56

　　包含南洋群岛、大洋洲概况等
章节。

1301

外国地理问答／刘鸿咏编

　　长沙：湘芬书局，1943 年 1 月 8
版，1944 年 8 月蓉版

164 页；36 开

主题：世界地理—中学—问题
解答

中图分类号：G634.56

　　包含南洋群岛、大洋洲概况等
章节。

1302

新世界地理／卢村禾，陈尔寿编著

　　上海：新中国联合出版社，上册
1949 年 9 月初版，下册 1950 年
2 月初版

2 册（208，173 页）：地图；32 开

主题：地理—世界—中学—教材

中图分类号：G634.56

　　包含南洋群岛、世界地形、世
界交通等章节。

1303

新著东洋史／王桐龄著

　　上海：商务印书馆，1922 年 6 月
初版，1927 年 1 月 4 版

2 册（30，664 页）；32 开

主题：亚洲—历史—中学—教材

中图分类号：G634.52

　　卷首有序论 7 章，正文分上古
史、中古史、近古史等 3 编，包含
东亚历史地理、地势大略、明代之
中西交通等内容。

1304

鱼类图谱／沐绍良编译

　　上海：商务印书馆，1936 年 6 月
初版

117 页；32 开 . —（中学生自然
研究丛书）

主题：鱼类—图谱—中学—课外
读物

中图分类号：G634.91

含鳗、鲨、鳐、狗母鱼、泥鳅、鳝、带鱼、乌鱼等介绍和图谱。

1305

语体文学读本．下册／戴叔清编

上海：文艺书局，1931 年 4 月初版，1931 年 8 月再版，1932 年 4 月 3 版

179 页；32 开．—（青年作家 ABC 丛书）

主题：语言学—中学—课外读物

中图分类号：G634.3

包含《海鹰歌》（高尔基）、《北戴河海滨的幻想》（徐志摩）等内容。

1306

注释中国游记选／吴仲伯编

上海：中华书局，1936 年 6 月初版，1941 年 7 月 4 版

2 册（150，168 页）；32 开．—（初中生文库）

主题：游记—中国—现代—初中—课外读物

主题：游记—中国—现代—选集

中图分类号：G634.33

中图分类号：K928.9

收游记 57 篇，分两册。上册 31 篇，下册 26 篇。作者有汪梧封，少安，忆英，萧乾，胡适，一尘，志坚，郁达夫，沈从文等。有

《胶东拾锦——烟台素描》、《青岛栈桥》、《鼓浪屿印象记》等。

七　H　语言、文字

H　语言、文字

1307

费利沙海滩／（英）R. L. Stevenson 著；伍光建选译

上海：商务印书馆，1934 年 8 月初版

[96] 页；32 开．—（英汉对照名家小说选）

主题：中篇小说—英国—对照读物—英语—汉语

中图分类号：H319.4：I

小说描述了在费利沙海滩做生意的白人中，有一个很聪明有很有学问的人，叫作开斯，他专用阴谋陷害同行业的人。后来，一个名叫维尔沙尔的人也来此地做生意，一到此地就受到抵制，后来他看破了开斯的诡计，杀了他为地方除害。

1308

格列佛游记／严枚注释

上海：中华书局，1916 年 12 月初版

107 页；32 开．—（初级英文丛书）

主题：英语—中篇小说—课外读物

中图分类号：H319.4：I

它是斯威夫特的一部杰出的游记体讽刺小说，以较为完美的艺术形式表达了作者的思想观念，作者用丰富的讽刺手法和虚构幻想的荒诞和离奇的情节，深刻地反映了当时的英国社会现实。

1309

格列佛游记／M. West 编译

上海：中华书局，1936 年 4 月初版

87 页；32 开．—（韦氏英文补助读本）

主题：英语—童话—课外读物

中图分类号：H319.4：I

收《小人国游记》（选自《格列佛游记》）、《金河王》（英国拉斯金）、《鸡的故事》（英国乔叟）3 篇。

1310

古史钩古录／（美）霍觞著；常文煜译注

上海：三民图书公司，1933 年 11 月初版

373 页；32 开．—（华英对照标准英文文学读）

主题：短篇小说—美国—对照读物—英、中

中图分类号：H319.4：I

短篇小说集。收《魔女首》、《触手成金术》、《小孩们的天堂》、《三只金苹果》、《剑鲨》等篇。书前有作者小传。初版本卷首有《华英对照的意义—写给教师学生及自修者》一文。

1311

海滨别墅与公墓／（保）斯塔玛托夫著；（保）克勒斯大诺夫世译；金克木汉译

北平：中国世界语书社，1934 年 12 月初版

47 页；36 开．—（世汉小丛书）

主题：短篇小说—世界语—汉语—对照读物

中图分类号：H319.4：I

短篇小说集。收《海滨别墅》、《公墓》两篇。

1312

海客谈瀛录／严桢注释

上海：中华书局，1917 年 1 月初版

100 页；32 开．—（初级英文丛书）

主题：英语—中篇小说—课外读物

中图分类号：H319.4：I

描述水手辛巴达在多次冒险出海中刺激且惊险的经历。

1313

海客谈瀛录／严桢注释

上海：中华书局，1935 年 10 月
初版

81 页；32 开 . —（初中学生文
库）

主题：英语—中篇小说—课外
读物

中图分类号：H319.4：I

描述水手辛巴达在多次冒险出
海中刺激且惊险的经历。

1314

海上的劳工／（法）Victor Hugo；
伍光建选译

上海：商务印书馆，1935 年 12
月初版

［112］页；32 开 . —（英汉对照
名家小说选）

主题：长篇小说—法国—对照读
物—英语—汉语

中图分类号：H319.4：I

作品以雨果流亡时曾经居住过
的英国根西岛为背景，讲述水手吉
利亚特只身前往险恶礁岩，在极其
恶劣的环境中，机智英勇地与各种
艰难困苦搏斗，克服常人所不可能
克服的困难，为船主利蒂埃利师傅
救回失事轮船上的机器，并且最终
为了戴吕施特的幸福而自我牺牲的
故事。

1315

海外轩渠录／（英）J. Swift 著；周
越然注释

上海：商务印书馆，1916 年 6 月
初版

325 页；32 开

主题：英语—科学幻想小说—课
外读物

中图分类号：H319.4：I

现通译名为《格列佛游记》，
是斯威夫特的一部杰出的游记体讽
刺小说，以较为完美的艺术形式表
达了作者的思想观念，作者用丰富
的讽刺手法和虚构幻想的荒诞和离
奇的情节，深刻地反映了当时的英
国社会现实。

1316

海外轩渠录／（英）斯惠夫特（J.
Swift）著；李宗汉译注

上海：春江书局，1931 年 4 月
初版

326 页；32 开 . —（华英对照标
准英文文学读本）

主题：英语—科学幻想小说—课
外读物

中图分类号：H319.4：I

现通译名为《格列佛游记》，
是斯威夫特的一部杰出的游记体讽
刺小说，以较为完美的艺术形式表
达了作者的思想观念，作者用丰富

的讽刺手法和虚构幻想的荒诞和离奇的情节，深刻地反映了当时的英国社会现实。

1317

伽利华游记 ／（英）士维甫特（J. Swift）著；伍光建选译

上海：商务印书馆，1934 年 5 月初版

［100］页；32 开 . —（英汉对照名家小说选）

主题：童话—英国—英语—汉语—对照读物

中图分类号：H319.4：I

现通译名为《格列佛游记》，是斯威夫特的一部杰出的游记体讽刺小说，以较为完美的艺术形式表达了作者的思想观念，作者用丰富的讽刺手法和虚构幻想的荒诞和离奇的情节，深刻地反映了当时的英国社会现实。

1318

金银岛 ／（英）R. L. Stevenson 著；M. West 编译

上海：中华书局，1935 年 6 月初版

217 页；32 开 . —（韦氏英文补助读本）

主题：英语—长篇小说—课外读物

中图分类号：H319.4：I

小说描写了敢作敢为、机智活泼的少年吉姆·霍金斯发现寻宝图的过程以及他如何智斗海盗，历经千辛万苦，终于找到宝藏，胜利而归的惊险故事。

1319

金银岛 ／（英）斯蒂文生著；奚识之译注

上海：三民图书公司，1939 年 10 月 5 版

563 页；32 开

主题：英语—长篇小说—课外读物

中图分类号：H319.4：I

小说描写了敢作敢为、机智活泼的少年吉姆·霍金斯发现寻宝图的过程以及他如何智斗海盗，历经千辛万苦，终于找到宝藏，胜利而归的惊险故事。

1320

鲁滨孙漂流记①／ 杨锦森编注

上海：中华书局，1934 年 6 月 35 版

96 页；32 开 . —（初中学生文库）

主题：英语—长篇小说—课外

---

① 《鲁滨孙漂流记》，即《鲁滨逊漂流记》。

读物

中图分类号：H319.4：I

据原故事情节改写的通俗英语读本，主要讲述了一个不安现状、喜好冒险的人，遇险后流落荒岛独自生存的故事。中文注释，书名后加题"附国文译义"。

1321

鲁滨逊漂流记／（英）D. Dsfoe 著；T. Takata 译

上海：中华书局，1937 年 4 月再版

68 页；32 开．—（基本英语文库）

主题：英语—长篇小说—课外读物

中图分类号：H319.4：I

本书主要讲述了一个不安现状、喜好冒险的人，遇险后流落荒岛独自生存的故事。

1322

瑞士家庭鲁滨孙／张莘农编注

上海：中华书局，1916 年 5 月初版

121 页；32 开．—（初级英文丛书）

主题：英语—长篇小说—课外读物

中图分类号：H319.4：I

又译《新鲁宾逊漂流记》，小说讲述的是瑞士家庭鲁滨逊在船触礁后齐心协力共渡难关的故事。

1323

小人国游记／（英）J. Swift 著；陈亮初译

上海：群益书社，1923 年再版

117 页；32 开．—（青年英文学丛书）

主题：英语—课外读物

中图分类号：H319.4：I

本书通过主人公在小人国的游览，讽刺了英国统治阶级的腐败政治和各个统治集团之间的矛盾，对英国统治阶级的腐化败坏和不合理的政治社会制度进行了批判和抨击。

1324

小人国游记／（英）J. Swift 著；C. Hughes Hartmann 译

上海：中华书局，1935 年 9 月初版

86 页；32 开．—（基本英语文库）

主题：英语—课外读物

中图分类号：H319.4：I

本书通过主人公在小人国的游览，讽刺了英国统治阶级的腐败政治和各个统治集团之间的矛盾，对英国统治阶级的腐化败坏和不合理的政治社会制度进行了批判和

抨击。

1325

英汉对照短篇小说 / 英语周刊
社编

长沙：商务印书馆，1940 年 3 月
初版

159 页；36 开 . —（英语文库）

主题：短篇小说—英语—汉语—
对照读物

中图分类号：H319.4：I

收《伺敌的枪手》、《他乡》、
《悲惨的奇遇》、《美丽的海》、《大
都会里》、《吁求》、《一个莫名其
妙的女性》、《恶作剧的孩子》、
《失而复得》、《婚后》、《漂泊者》
等 11 篇欧美短篇小说。

1326

英汉对照名人逸事 /（美）Dale
Carnegie 著；萧敏颂译

桂林：文化供应社，1943 年 7 月
出版

87 页；32 开 . —（英汉对照小
丛书）

主题：名人—生平事迹—对照读
物—英语—汉语

中图分类号：H319.4：K

收列宁、爱因斯坦、爱伦坡、
马可尼、约瑟芬、哥伦布、韦尔斯、
爱迪生、甘地等名人逸事共 10 篇。

八 I 文学

I1 世界文学

1327

捕蝶人 / 罗斯利安著；谢慈佑译

澳门：慈幼印书馆，1946 年 5 月
初版，1947 年 10 月再版

165 页：图；32 开 . —（新青年
小说丛书）

主题：惊险小说—国外—现代

中图分类号：I14

海洋冒险小说。

1328

潮音 /（英）拜伦等著；苏曼殊
编译

上海：湖畔诗社，1925 年 11 月
初版

147 页：图；32 开

主题：诗歌—世界—选集

中图分类号：I12

本书前半部收《哀希腊》、
《大海》（拜伦）等中英文对照的
诗歌 10 余首；后半部收《曼殊阿
阇梨英吉利闺秀诗选一卷》，共 42
首诗，用英文排印。

1329

得意书 / 黄嘉音选译

上海：西风社，1941 年 7 月初版，1943 年 4 月桂 1 版

316 页；32 开

主题：文学—作品—选集—世界

中图分类号：I11

收《居里夫人》、《南极之夜》、《北极冒险记》、《神秘人类》、《大自然的教训》等 15 篇传记、回忆录及短篇小说。

1330

东方的战斗／希勃尔等著

福建南平：战时文化供应社，1945 年 1 月初版，1945 年 6 月再版

60 页；32 开

主题：报告文学—世界—选集

中图分类号：I15

收《随超级堡垒轰炸东京》（希蒲尔）、《日本归来》（辛德）、《东京失踪了》（塞尔莱）、《远征台湾记》（韦德）、《海外猎鲸录》（丁克尔）、《日本人最怕的是什么》（麦克哥芬）、《海外救护奇绩》（乐赛尔）、《硫磺岛登陆目击记》（拉德纳尔）、《琉球风景线》（法弗伦）等 16 篇报告文学。

1331

翻译独幕剧选／张越瑞选辑

上海：商务印书馆，1937 年 5 月初版

154 页；32 开．—（中学国文补充读本）

主题：独幕剧—剧本—选集—世界—现代

中图分类号：I13

收《骑马下海的人》[（爱尔兰）沁孤著，郭沫若译]，《时间之神》[（日）菊池宽著，葛绥成译] 等 4 出独幕剧。

1332

飞行人／（英）爱拉克·奈脱等著；吕叔湘译

上海：文光书店，1946 年 10 月沪初版

215 页；32 开．—（文光文丛）

主题：短篇小说—世界—选集

中图分类号：I14

收《飞行人》[（英）E. Knight]，《美丽的大海》[（英）T. F. Powys] 等 6 篇短篇小说。

1333

废人：小说集／（苏）塞甫琳娜，（日）前田广一郎等著；林伯修译

上海：泰东图书局，1930 年 3 月出版

206 页；32 开

主题：短篇小说—世界—选集

中图分类号：I14

收《少年的抗议》、《波支翁金·搭布利车斯基》、《甲板船客》

等 6 篇小说。

1334

疯人／刘廷芳译

上海：北新书局，1929 年 12 月
初版，1930 年 1 月再版

62 页；32 开 . —（风满楼丛书）

主题：寓言—世界—选集

中图分类号：I17

收《原疯》、《战争》、《聪明
的王》、《新的快乐》、《更大的
海》、《完备的世界》等 35 篇用散
文笔法写成的寓言。

1335

烽火处处／杂志社编辑部编辑

上海：杂志社，1943 年 5 月初版

135 页；36 开 . —（杂志丛书）

主题：报告文学—世界—选集

中图分类号：I15

收汪伪政府主办的《杂志》
中有关第二次世界大战期间日本与
英、美、苏的作战报道，有《当
新加坡陷落时》、《潜水艇纵横记》
等共 18 篇。

1336

海底三杰／（法）普灵西著；伍梓
锋译

澳门：慈幼印书馆，1946 年 3 月
初版，1947 年 12 月再版

102 页：图；32 开 . —（新青年

小说丛书）

主题：中篇小说—国外—现代

中图分类号：I14

科学探险小说。讲述法国、俄
国和西班牙的三艘军舰，于 1892
年相逢在比利鸟岛，联手打捞海底
文物的往事。此书分上下两卷，上
卷名《海底牢》共 10 章，下卷名
《海底城》共 8 章。

1337

海上英雄／徐培仁译述

上海：群学书店，1946 年 11 月
初版

132 页；32 开

主题：长篇小说—国外—现代

中图分类号：I14

包括委曲求全、以德报怨、出
卖手足、海上恶战、海上英雄、一
帆风顺、英勇的复仇等内容。

1338

航海少年：冒险小说／（日）樱井
彦一郎原译；商务印书馆编译所
重译

上海：商务印书馆，1914 年 4 月
再版

92 页；32 开 . —（说部丛书）

主题：中篇小说—国外—近代

中图分类号：I14

航海冒险小说，共 19 章。封
面题冒险小说。

1339

荒凉岛 / （美）爱伦·坡等著；张梦麟等译

上海：中华书局，1948 年 3 月初版

160 页；32 开 . —（中华少年丛书）

主题：短篇小说—世界—选集

中图分类号：I14

收《荒凉岛》（H. Shaw）、《天堂岛》（C. Brisbane）、《秘密海岸》（C. Webster）等 11 篇小说。

1340

寂寞 / 司马文森等著

桂林：文献出版社，1941 年 8 月初版

138 页；32 开 . —（现实文丛）

主题：文学—作品—世界—选集

中图分类号：I11

收论文《回忆雨果》（罗曼·罗兰著，周行译）、剧本《我们的海》（孟超）等内容。

1341

跨着东海 / 郭沫若等著

上海：春明书店，1947 年 10 月初版

154 页；32 开 . —（今文学丛刊）

主题：文学—作品—世界—选集

中图分类号：I11

收《跨着东海》（郭沫若）、《浩瀚的海》（范泉）、《在克洛默海滨》[（英）赫德生著，李霁野译]、《雾》[（西班牙）乌拿莫诺著，艾昂甫译]等 12 篇小说、散文及长篇小说片断。

1342

良辰：世界独幕剧名剧选 /（美）奥尼尔等著；张尚之译

重庆：大时代书局，1944 年 1 月初版

140 页；32 开 . —（世界文艺名著译丛）

主题：独幕剧—剧本—选集—世界—现代

中图分类号：I13

收《良辰》[（西班牙）史拉芬、裘寇英]、《海上骑士》[（爱尔兰）约翰·米灵顿·赛恩期]等 6 个独幕剧剧本。

1343

沫若译诗集 / 郭沫若译

上海：创造社出版部，1928 年 5 月初版

130 页；32 开 . —（创造社世界名著选）

上海：乐华图书公司，1928 年 5 月初版，1929 年 11 月再版

130 页；32 开

主题：诗歌—世界—选集

中图分类号：I12

收《渔夫》（歌德）、《渔歌》（席勒）、《静静的海滨》、《打鱼姑娘》（海涅）等诗歌 32 首，有作者简介。

1344

沫若译诗集／郭沫若译

上海：建文书店，1947 年 9 月初版

398 页；32 开

主题：诗歌—世界—选集

中图分类号：I12

收《渔夫》（歌德）、《渔歌》（席勒）、《静静的海滨》、《打鱼姑娘》（海涅）等诗歌多首。

1345

欧美名著节本／王昌谟等编译

上海：商务印书馆，1924 年 6 月初版

2 册（321，324 页）；32 开．—（少年百科全书）

主题：文学—作品—选集—世界

中图分类号：I11

包含《航海家娄提遇险记》、《彼得兴般尔海上经验谈》、海军学生伊纣和他民权平等的思想等内容。

1346

欧美小说名著精华．卷一／郑学稼，吴苇编述

重庆：中国文化服务社，1943 年 10 月渝初版，1944 年 6 月再版，1946 年 5 月沪 1 版

226 页；32 开．—（青年文库）

主题：短篇小说—世界—选集

中图分类号：I14

包含《鲁滨孙漂流记》（狄福）、《冰岛渔夫》（绿蒂）、《入海两万里》（范尔纳）、《白鲸》（美尔维里）等内容。

1347

日射病／（苏）布宁等著；桐君等译

上海：中华书局，1935 年 2 月初版

120 页；32 开．—（新中华丛书）

主题：短篇小说—世界—选集

中图分类号：I14

收《日射病》（布宁著，桐君译）、《运命》（亚哈洛年著，桐君译）、《挪威的大漩涡》（亚伦坡著，毛秋白译）等欧美短篇小说 8 篇。

1348

少年旅行谭／孟宪承编译

上海：商务印书馆，1916 年 7 月

初版

151 页；32 开

主题：小说—作品集—世界

中图分类号：I14

　　文言体。收《海外飘流》、《低罗山中的冒险》、《璐威之游》、《非洲旅行》、《印度之犊》、《瑞士仆》、《科西嘉之盗》等 8 篇游记体小说。

1349

世界短篇小说名作选 / 然而社编

　　上海：然而社出版部，1935 年 2 月初版

　　[614] 页：冠像；32 开

　　主题：短篇小说—世界—选集

　　中图分类号：I14

　　　　收《泉边》[（波）显克微支著，王鲁彦译]，《海上》[（西班牙）伊本讷兹著，胡愈之译] 等 30 位作家的 30 篇小说。

1350

世界戏曲名著提要．第 2 集 / 查士元，查士骥译述

　　上海：新文化学会，1928 年 7 月初版

　　54 页；42 开．—（世界名著提要丛刊）

　　主题：戏剧—剧本—简介—世界

　　中图分类号：I13

　　　　全书分 4 集，其中第 2 集收入

《海之骑者》[（爱尔兰）辛琪]，《暴风雨》[（英）莎士比亚] 等内容。

1351

檀泰琪儿之死 /（比利时）梅特林等著；田汉译

　　上海：现代书局，1929 年 6 月初版

　　111 页；50 开

　　主题：戏剧—剧本—世界

　　中图分类号：I13

　　　　收《檀泰琪儿之死》[（比利时）梅特林]，《骑马下海的人们》[（爱尔兰）辛格] 等 3 个剧本。

1352

外交秘事 / 商务印书馆著

　　上海：商务印书馆，1915 年 10 月初版

　　135 页；32 开．—（说部丛书）

　　主题：中篇小说—国外—近代

　　中图分类号：I14

　　　　分 2 卷，包含《英皇巡游地中海》、《古巴之一夜》等内容。

1353

现代独幕剧．第 2 册 / 东方杂志社编纂

　　上海：商务印书馆，1924 年 4 月初版，1925 年 9 月 3 版

　　116 页；50 开．—（东方文库）

　　主题：独幕剧—剧本—选集—世

界—现代

中图分类号：I13

全书分 3 册，其中第 2 册收《海上公主》〔（法）罗思丹 Rostand〕，《两副面孔的奴隶》〔（美）达维斯 M. C. Davies〕等内容。

1354

星火：世界短篇杰作选／胡愈之辑编

上海：现代书局，1928 年 6 月初版，1931 年 7 月再版，1933 年 5 月 3 版

216 页；32 开

上海：复兴书局，1936 年 10 月再版

216 页；32 开

主题：文学—作品—世界—选集

中图分类号：I11

收《失去的晚间》（跋佐夫）、《海上》（伊卜涅兹）、《消极抵抗》（高尔基）等保、匈、波、捷、苏、土等国的短篇小说、散文、童话及寓言20篇。

1355

一个喷嚏／（俄）柴霍甫等著；宋春舫译著

上海：四社出版部，1934 年 11 月出版

104 页；32 开

主题：短篇小说—世界—选集

中图分类号：I14

收《一个喷嚏》〔（俄）柴霍甫〕，《苏维埃式的鲁滨孙漂流记》〔（苏）意尔夫·彼特洛夫〕，《一枝金的自来水笔》（宋春舫）等16篇短篇小说。

1356

伊索寓言／伊索著；林华译

上海：启明书局，1936 年 5 月初、再版，1940 年 7 月 3 版

95；32 开 . —（世界文学名著）

主题：寓言—作品集—古希腊

中图分类号：I17

包含《海豚、鲸鱼和鲱鱼》、《狮子和海豚》、《牧羊人和海》等内容。

1357

语体模范文学／汪倜然著

上海：广益书局，1934 年 1 月出版

274 页；25 开

主题：文学—作品—世界—选集

中图分类号：I11

收《乌篷船》（周作人）、《趵突泉》（老舍）、《一个海港》（库普林）等中外作家的作品47篇。

1358

战争与世界：欧战现地报告二集／

古渔等编译

上海：新中国报社，1943 年 8 月
出版

110 页；32 开 . —（新中国丛
书）

主题：新闻报道—世界—现代—
选集

中图分类号：I15

　　敌伪出版物，共 32 篇。包含
《史太林格勒的悲剧》、《东线的
"刺猬阵地"》、《北非沙漠战》、
《大西洋上潜艇战》、《战时欧洲种
种相》、《铜墙铁壁的法比海岸》、
《烽火中的土耳其》等。

I2　中国文学

1359

阿剌伯海的女神／徐訏著

上海：夜窗书屋，1947 年 6 月
再版

149 页；32 开 . —（三思楼月
书）

主题：短篇小说—中国—现代—
选集

中图分类号：I246.7

　　收《阿剌伯海的女神》、《内
外》、《本质》等 6 篇小说。

1360

爱国文选 . 第三册／汪静之，符竹
因选注

长沙：商务印书馆，1941 年 9 月

初版

236 页；32 开

主题：古典散文—中国—选集

中图分类号：I262

　　包含《祖国大航海家郑和传》
（梁启超）、《海上平寇记》（王慎
中）、《祭松海阵亡义兵》（戚继
光）等内容。

1361

北风辞／李白凤著

上海：潮锋出版社，1949 年 4 月
出版

［92］页；32 开 . —（新诗人丛
书）

主题：新诗—中国—现代—选集

中图分类号：I226.1

　　包含《军舰与海》、《北风
辞》、《夜歌》、《雨景》等诗歌。

1362

贝壳／庄瑞源著

上海：文化生活出版社，1940 年
3 月初版，1948 年 7 月再版

92 页；36 开 . —（文学丛刊）

主题：散文—中国—现代—选集

中图分类号：I266

　　收《大海》、《五月的船》、
《灯影篇》、《雨丝》等 11 篇散文。

1363

背影／朱自清著

上海：开明书店，1928 年 10 初版，1934 年 9 月 5 版

10，129 页：图；32 开

1943 年 5 月内 1 版

112 页；36 开

1946 年 4 月 11 版

10，129 页：图；32 开 . —（开明文学新刊）

主题：散文—中国—现代—选集

中图分类号：I266

收《海行杂记》、《背影》、《旅行杂记》、《说梦》等 15 篇散文。

1364

笔伐集 / 马子华作

上海：北新书局，1937 年 1 月出版

232 页；50 开 . —（创作新刊）

主题：短篇小说—小说集—中国—现代

中图分类号：I246.7

本书收《毒瓦斯针》、《南溪河检查长》、《狭路》、《南澳袭来的暗潮》、《卡瓦地之夜》等 8 篇小说。

1365

波动 / 阎宗临著

北平：传信书局，1935 年 7 月初版

81 页；32 开

主题：散文—中国—现代—选集

中图分类号：I266

收《东归之先》、《意大利》、《伊瑶尼海》、《孟买》、《哥仑布以后》等 18 篇散文。

1366

参观欧洲大战记 / 黄慎图著

上海：商务印书馆，1917 年 9 月出版

146 页：图；24 开

主题：通讯—中国—民国—选集

中图分类号：I253

包含良朋聚首于海参崴、沿英北海达俄都航空之经历、德国海上霸王之潜航艇出没真相图等内容。

1367

草儿在前集 / 康洪章著

上海：亚东图书馆，1921 年 11 月初版；1924 年 7 月修正 3 版；1929 年 4 月 4 版

[264] 页：冠像；32 开

主题：新诗—诗集—中国—现代

中图分类号：I226.1

分 4 卷。收《太平洋上飓风》、《旧金山上岸》、《送客黄埔》、《朝气》等 39 首诗歌。

1368

潮来的时候 / 徐訏著

上海：夜窗书屋，1940 年 3 月

初版

179 页；32 开 . —（三思楼月书）

成都：东方书社，1944 年 4 月初版

179 页；32 开 . —（三思楼月书）

主题：话剧—多幕剧—剧本—中国—现代

中图分类号：I234.6

该剧在体裁上是诗剧，围绕祭潮节着意从人的感情世界透视人生现实。特别是通过人之"灵"的痛苦表现，达到对社会现实的批判。

1369

辰子说林／张慧剑著

南京：新民报社，1944 年 5 月初版，1946 年 2 月沪初版

168 页；32 开 . —（新民报文艺丛书）

主题：随笔—中国—现代—选集

中图分类号：I266.1

包含攻琉球、克里米亚风景、马达加斯加岛、七百年前一大海战等内容。

1370

出发／路易士著

上海：太平书局，1944 年 5 月初版

120 页；32 开

主题：新诗—诗集—中国—现代

中图分类号：I226.1

收《无人岛》、《潮》、《出发》、《止水》等38 首诗歌。

1371

春之烦恼／陈福熙著

上海：光明书局，1932 年 6 月初版

183 页；32 开

主题：短篇小说—小说集—中国—现代

中图分类号：I246.7

收《失了得春天》、《海滨的爱人》、《信稿》等13 篇小说。

1372

达夫自选集／郁达夫著

上海：天马书店，1933 年 3 月初版，1933 年 9 月再版

366 页：冠像；32 开

主题：文学—中国—现代—选集

中图分类号：I216.2

包含《采石矶》、《过去》、《海上通信》、《钓台的春昼》等文学作品。

1373

道真来华／[韩天民著]

河北献县：献县张家庄天主堂，1916 年出版

259 页；32 开

河北献县：献县张家庄天主堂，1937 年

310 页；36 开

主题：章回小说—中国—现代

中图分类号：I246.4

包含遇知己登舟渡海、马甲岛遇风遭险、李化龙船中受洗、走海国守铎赋诗、抵锡兰舟子泊岸等内容。

1374

第三百零三个 ／ 布德著

重庆：上海杂志公司，1940 年 1 月初版

112 页；36 开 . —（每月文库）

主题：短篇小说—中国—现代—选集

中图分类号：I246.7

收《海水的厌恶》、《手动故事》、《寂寞的哨兵》、《第三百零三个》等 10 篇小说。

1375

点滴 ／ 巴金著

上海：开明书店，1934 年 4 月初版，1946 年 11 月 8 版

88 页：图；32 开

重庆：开明书店，1945 年 10 月东南 1 版

92 页；36 开

[出版地不详]：文化出版社，

1949 年 8 版

63 页；32 开

主题：散文—中国—现代—选集

中图分类号：I266

收《生命》、《海的梦》、《过年》、《话语》等 21 篇散文。

1376

东望集 ／ 丁伯骝著

重庆：独立出版社，1943 年 5 月初版

90 页；36 开

主题：文学—作品—中国—现代—选集

中图分类号：I216.2

收《领港者》、《血手》、《庙居有感》、《古渡头》、《江心劫》等 15 篇短篇小说和散文。

1377

渡河 ／ 陆志伟著

上海：亚东图书馆，1923 年 7 月初版，1926 年 10 月再版，1927 年 6 月 3 版

24，216 页；32 开

主题：新诗—诗集—中国—现代

中图分类号：I226.1

收《献诗于保和》、《航海归来》、《自负》、《青天》等 90 首诗歌。书前有《我的诗的躯壳》。

1378

翡冷翠的一夜／徐志摩著

上海：新月书店，1927 年 9 月初版

140 页；32 开

上海：上海书店出版社，1931 年 8 月出版

140 页；32 开

主题：新诗—中国—现代—选集

中图分类号：I226.1

收《珊瑚》、《白须的海老儿》、《海韵》等 42 首著、译诗。书前有著者的手迹影印稿《给陆小曼的信》。

1379

浮浪绘／杨桦著

上海：知行出版社，1945 年 7 月初版

160 页：冠像；32 开 . —（文学丛书）

主题：散文—中国—现代—选集

中图分类号：I266

收《归途上》、《海岛之什》、《古渡歌声》、《湾居之绘》等 28 篇散文。

1380

绀珠集／温志良著

上海：女子书店，1934 年 9 月初版

122 页；32 开 . —（女子文库）

主题：散文—中国—现代—选集

中图分类号：I266

收《海滨杂记》、《往事的片段》、《黄昏》等 15 篇散文。

1381

高尔基的二三事／萧三，周扬等著

［桂林］：文学连丛社，1942 年 10 月初版

152 页；36 开 . —（文学连丛）

［桂林］：文学连丛社，1946 年 7 月再版

152 页；32 开

主题：散文—中国—现代—选集

中图分类号：I266

包含《高尔基的二三事》（肖三）、《海的幻象》（刘白羽）等内容。

1382

古今名文八百篇／徐蔚南主选；储祎助选

上海：大众书局，1936 年 9 月出版

4 册；32 开

主题：文学—作品—中国—选集

中图分类号：I211

包含《上山》（胡适）、《秋夜》（鲁迅）、《海燕》（郑振铎）等内容。

1383

光的闪动／梅子著

上海：新宇宙书店，1929 年 5 月初版

104 页；36 开

主题：文学—中国—现代—选集

中图分类号：I216.2

　　包含《海中的精灵》等 10 个对话剧，《海》等 8 首新诗。

1384

归震川全集／（明）归有光著

上海：国学整理社，1936 年 12 月初版

522 页；32 开

主题：古典文学—中国—明代—选集

中图分类号：I214.82

　　包含《游海纪行》、《自刘家河将出海口风雨还天妃宫二首》、《自海虞还阻风夜泊明日途中有作》、《海上纪事十四首》等内容。

1385

海／葛贤宁著

上海：北新书局，1933 年 7 月初版

125 页；32 开

主题：新诗—诗集—中国—现代

中图分类号：I226.1

　　收《海》、《三愿》、《水手的还乡》、《芳草》等 31 首诗歌。

1386

海滨故人／庐隐著

上海：商务印书馆，1925 年 7 月初版

259 页；32 开 . —（文学研究会丛书）

主题：短篇小说—中国—现代—选集

中图分类号：I246.7

　　收《海滨故人》、《一封信》、《月下的回忆》、《思潮》等 14 篇小说。

1387

海岛上／艾芜著

上海：文化生活出版社，1939 年 5 月初版，1939 年 8 月再版

203 页；32 开 . —（文季丛书）

主题：短篇小说—中国—现代—选集

中图分类号：I246.7

　　收《海岛上》、《印度洋风土画》、《热带即景》、《海潮》、《荣归》、《森林中》、《爸爸》等 9 篇小说。

1388

海的渴慕者／孙俍工著

上海：民智书局，1924 年 3 月初版，1928 年 1 月再版

248 页；32 开

主题：短篇小说—中国—现代—选集

中图分类号：I246.7

收《海的渴慕者》、《脱离》、《故乡》等18篇小说。

1389

海的遥望／华嘉著

桂林：文献出版社，1944年1月初版

201页；32开

主题：散文—中国—现代—选集

中图分类号：I266

分4辑。收《海的遥望》、《夜过张公渡》、《忆》、《怀广州》、《牧群》、《仲夏小说》等24篇散文。

1390

海的诱惑／韩侍桁著

上海：博文书店，1947年12月初版

112页；36开

主题：散文—中国—现代—选集

中图分类号：I266

收《海的诱惑》、《夕阳下的小景》、《在江轮上》、《断片的回忆》、《曙光》等20篇散文。

1391

海底梦／巴金著

上海：新中国书局，1932年8月

初版，1933年1月再版

166页；32开．—（新中国文艺丛书）

上海：开明书店，1936年1月初版，1941年9月8版

131页；32开．—（开明文学新刊）

桂林：开明书店，1943年7月再版，1946年10月11版

131页；32开

主题：中篇小说—中国—现代

中图分类号：I246.57

包含从南京回上海（附录）、海的梦等内容。

1392

海军军官日记／海军总司令部新闻处编

［出版地不详］：编者刊，［出版日期不详］

68页；32开．—（海军小丛书）

主题：日记—中国—现代—选集

中图分类号：I266.5

一名海军军官从1944年11月至1946年1月的海上生活日记。

1393

海恋，又名，海滨有贝壳／布德著

重庆：新艺出版社，1945年2月初版

126页；32开

上海：正风出版社，1948年7月

再版

126 页；36 开 . —（正风文艺创作丛书）

主题：中篇小说—中国—现代

中图分类号：I246.57

1394

海沙／周为著

桂林：今日文艺社，1942 年 7 月初版

118 页；32 开 . —（今日文艺丛书）

主题：文学—中国—现代—选集

中图分类号：I216.2

分上、下两篇，上篇收《怀海篇》、《天象篇》等 17 篇散文，下篇收《海底故乡》等 8 篇短篇小说。

1395

海外杂笔／王抟今著

上海：中华书局，1935 年 8 月初版，1937 年 7 月再版

192 页；32 开

主题：散文—中国—现代—选集

中图分类号：I266

分东岛淡忆、两度热海、海程三笺、英伦琐记、印度一角、西航五举等 13 辑。

1396

海行／巴金著

上海：新中国书局，1932 年 12 月初版

102 页；32 开 . —（新中国文艺丛书）

主题：散文—中国—现代—选集

中图分类号：I266

收《新加坡》、《锡兰岛上的哥伦波》、《印度洋中的茵梦湖》、《红海不红》、《海上日出》、《地中海上的风浪》、《海上生明月》等 39 篇散文。

1397

海行杂记／巴金著

上海：开明书店，1935 年 11 月初版，1941 年 5 月 5 版

102 页；32 开

主题：散文—中国—现代—选集

中图分类号：I266

与 1932 年 12 月新中国书局版《海行》内容相同。

1398

海燕之恋／汤匡瀛著

上海：建业书店，1948 年 9 月初版

93 页；32 开 . —（建业文艺丛书）

主题：散文—中国—现代—选集

中图分类号：I266

收《海底低唤》、《海燕之恋》、《海燕》、《海水漂去的故

事》、《海沙》等 43 篇散文。

1399

海洋·土地·生命／萧群著

上海：春秋出版社，1949 年 4 月
初版

259 页；32 开 . —（春秋文库）

主题：长篇小说—中国—现代

中图分类号：I246.57

讲述了主人公金贵从北方平原
的家乡出外流浪，当过兵，做过水
手，干走私生意，十年后当了船
长，回到家乡杀了仇人，把昔日的
爱侣带到船上，继续他的亡命生涯
的故事。

1400

海夜歌声／柯仲平著

上海：光华书局，1927 年出版

118 页：图；32 开

主题：新诗—中国—现代

中图分类号：I226.1

长诗，著者的第一部抒情
长诗。

1401

海与梦／刘漾然著

汉口：大楚报社，1941 年 1 月
初版

62 页；32 开 . —（新生丛书）

主题：散文—中国—现代—选集

中图分类号：I266

收《海与梦》、《雨点线条》、
《雪》、《童年》等 30 篇散文。

1402

海葬／胡弦著

上海：现代书局，1930 年 4 月
初版

115 页；36 开 . —（倾盖丛书）

主题：中篇小说—中国—现代

中图分类号：I246.57

讲述了迫于生计的主人公为了
生存下南洋到新加坡，在南洋经历
种种不幸并最终病逝于回国的海船
中的故事。

1403

海之歌／陈洪海著

上海：青青出版社，1937 年 4 月
初版，1937 年 6 月再版

36 页；32 开

主题：新诗—诗集—中国—现代

中图分类号：I226.1

收《自白》、《航》、《海之
歌》、《长江》等 29 首诗歌。

1404

河冰解冻的时候：云远诗草 . 下
卷／臧云远著

上海：春草诗舍，1947 年 9 月
初版

131 页；方 40 开

主题：新诗—诗集—中国—现代

中图分类号：I226.1

收《海空飞行》、《回家的路上》、《海港》、《大海》、《河冰解冻的时候》等 22 首诗歌。

1405

黑夜的呼喊／林绥著

上海：今日文艺社，1942 年 10 月初版

85 页；32 开 . —（今日文艺丛书）

主题：新诗—中国—现代—选集

中图分类号：I226.1

收《向哪儿走?》、《黑夜的呼喊》、《海与夜》、《没有乐谱的歌》等 24 首诗歌。

1406

红豆的故事／孙陵著

重庆：烽火社，1940 年 9 月初版

52 页；32 开 . —（烽火小丛书）

桂林：文化生活出版社，1942 年 6 月桂 1 版

52 页；32 开 . —（呐喊小丛书）

主题：短篇小说—中国—现代—选集

中图分类号：I246.7

收《梦中的海岛》、《红豆的故事》、《从军》等 5 篇小说。

1407

花香街诗集／朱维基著

上海：著者刊，［出版日期不详］

57 页；23 开

主题：新诗—诗集—中国—现代

中图分类号：I226.1

收《致音乐》、《岛》、《花香街》等 23 首诗歌。

1408

画人行脚／倪贻德作

上海：良友印刷图书公司，1934 年 10 月初版

181 页：冠像；32 开

主题：散文—中国—现代—选集

中图分类号：I266

收《画人行脚》、《佛国巡礼》、《南国行》、《海上中秋》、《香港印象记》等 8 篇散文。

1409

荒岛历险记／刘孟哲著

昆明：北门出版社，1946 年 3 月初版

222 页；36 开

主题：话剧—多幕剧—剧本—中国—现代

中图分类号：I234.6

三幕剧。讲述了发生在中国东部大海里一个无人荒岛上的故事。

1410

荒岛英雄／佐临著

上海：世界书局，1945 年 12 月

初版

98 页；32 开 . —（剧本丛刊）

主题：话剧—多幕剧—剧本—中国—现代

中图分类号：I234.6

据巴雷（J. M. Barrie）*The Admirable Crichton* 改编。讲述一家航海途中遇险，流落到一座荒岛上生活的情景。

1411

荒谬的英法海峡／徐訏著

上海：夜窗书屋，1941 年 4 月再版

178 页；32 开 . —（三思楼月书）

成都：东方书社，1943 年 5 月初版，1945 年重庆再版

178 页；32 开 . —（三思楼月书）

主题：中篇小说—中国—现代

中图分类号：I246.57

讲述了一位中国青年穿越英法海峡时被"海盗"劫持并获其首领邀请参观他们的海岛的故事。

1412

黄花岗上／黄药眠著

上海：创造社，1928 年 5 月初版

96 页；32 开

主题：新诗—中国—现代—选集

中图分类号：I226.1

包含《海之歌舞》、《海上的

黄昏》、《舟行》、《水国初秋》等诗歌。

1413

黄昏的观前街／郑振铎著

上海：博文书店，1947 年 12 月初版

196 页：图；32 开

主题：散文—中国—现代—选集

中图分类号：I266

收《海燕》、《论武侠小说》、《谴责小说》等 18 篇散文、论文。

1414

黄昏之献／丽尼著

上海：文化生活出版社，1935 年 12 月初版，1939 年 3 月 4 版

178 页；36 开 . —（文学丛刊）

主题：散文—中国—现代—选集

中图分类号：I266

分黄昏之献、傍晚、深更、红夜 4 辑。收《海夜无题曲》、《黄昏的海之歌》等 56 篇散文。

1415

火场／舒群等著

金华：民国出版社，1945 年 10 月初版

157 页；36 开 . —（民国文丛）

主题：散文—中国—现代—选集

中图分类号：I266

收《海的彼岸》（舒群）、《海

水的厌恶》（布德）等 7 篇散文。

1416

记者眼中的基隆 / 苔藓编

[台湾基隆]：国华出版社，1947
年 6 月初版

93 页：照片；32 开

主题：特写—作品集—中国—
现代

中图分类号：I253

有关基隆的特写集。收《基隆
来去》（暮云）、《台湾第一港——
基隆》（暮云）、《基隆港》（何敏
先）等 10 篇。书后附《战时损失调
查摘要》、《大都市计划轮廓》、《基
隆市最近之复兴进展》。

1417

季明诗草 / 许季明著

上海：北新书局，1936 年 11 月
出版

105 页；32 开

主题：新诗—中国—现代

中图分类号：I226.1

包含《海浴》、《今宵》、《感
怀》、《雾》等诗歌。

1418

剑腥集 / 鹰准著

[出版地不详]：风雨书屋，1939
年 3 月出版

99 页；32 开

主题：杂文—中国—现代—选集

中图分类号：I266.1

收《周作人诗纪》、《甲午中
日战争日记》、《鬼的故事》等 30
篇杂文。其中《甲午中日战争日
记》记述的是甲午海战的内容。

1419

谏书稀庵笔记 / 陈庆溎著

上海：小说丛报社，1922 年 6 月
再版

174 页；24 开

主题：文学—中国

中图分类号：I2

包含海错、海滩、洋兵盗墓、
义和拳、满汉歧异等内容。

1420

今日的厦门 / 赵家欣著

厦门：明明图书印刷公司，1938
年 1 月初版

36 页；32 开 . —（福建省抗敌后
援厦门分会宣传团抗战文学丛书）

主题：通讯—作品集—中
国—现代

中图分类号：I253

报道抗战初期厦门的情况。包
含《炮轰五通港》、《从五通到澳
头》、《屿仔尾劳军记》、《严重的
渔民问题》。

1421

今晚零落：心丁诗集／心丁著

　［出版地不详］：寒流社，1933 年
2 月初版

　73 页：图；50 开

　主题：新诗—诗集—中国—现代

　中图分类号：I226.1

　　收《无边的海》、《孤单》、
《今晚零落》等 20 首诗歌。

1422

抗战文艺选／独立出版社编辑

　重庆：独立出版社，1939 年 1 月
出版

　60 页；32 开 . —（战时综合丛
书）

　主题：文学作品—中国—现代—
选集

　中图分类号：I216.1

　　分诗、散文、小说三部分。收
《渔家》（邹荻帆），《忆清华园》，
《某夜》（田涛），《一块猪肝》
（老舍），《慰劳》（陈白尘）等 12
人的作品 12 篇。

1423

劳生集／凌回著

　热河省：长城出版社，1948 年 5
月初版

　144 页；36 开

　主题：新诗—诗集—中国—现代

　中图分类号：I226.1

　　收《南风》、《秋风海上》、
《过山海关》、《海上的灾难》等
45 首诗歌。

1424

离散集／蹇先艾著

　桂林：今日文艺社，1941 年 9 月
初版

　142 页；32 开 . —（今日文艺丛
书）

　主题：随笔—中国—现代—选集

　中图分类号：I266.1

　　收《误会》、《海滨小景》、
《塘沽的三天》、《前夕》等 20 篇
随笔散文。

1425

黎明／陈湖著

　北平：人文书店，1934 年出版

　66 页；32 开

　主题：新诗—中国—现代—选集

　中图分类号：I226.1

　　新诗歌选集。包括《黎明》、
《海鸥曲》、《水手》、《水鸟》、
《夜行人》等 24 首诗歌。

1426

黎明之献／黄郭人著

　广东韶关：新天地出版社，1944 年
1 月初版

　102 页；32 开

　主题：散文—中国—现代—选集

中图分类号：I266

分4辑。收《病》、《梦后》、《歌》、《门》、《灯》、《海》、《矛盾》、《旗》、《暮春小草》等24篇散文。

1427

立志复明的郑成功 / 教育部民众读物编审委员会编著

［重庆］：正中书局，1938 年 8 月出版

22 页；50 开 . —（非常时期民众读物）

主题：历史故事—中国—现代

中图分类号：I246. 8

包含乱世英雄、父子不合、成功起义、收复台湾等内容。

1428

列车 / 林维仁著

上海：南极出版社，1948 年 10月初版

56 页；36 开 . —（南极文丛）

主题：随笔—中国—现代—选集

中图分类号：I266. 1

收《山海篇》、《海上》、《列车》、《黄昏》等14篇散文。

1429

零拣 / 江真著

［出版地不详］：编者刊，1922 年2月出版

34 页；32 开

主题：文学—作品—中国—现代—选集

中图分类号：I216. 2

收短论、小说、独幕剧、杂感8 篇。包含《某纺纱的工徒》、《船停锡兰岛杂感》等。

1430

流浪 / 成仿吾著

上海：创造社出版部，1927 年 9月初版

183 页；36 开 . —（创造社丛书）

上海：光华书局，1930 年 11 月 2版

183 页；32 开

上海：大光书局，1936 年 6 月3 版

183 页；32 开

主题：文学—作品—中国—现代—选集

中图分类号：I216. 2

小说、诗歌、话剧、杂记合集。包含《海上吟及其他十五首》、《海上悲歌》、《长沙寄沫若》等诗篇。

1431

流浪的一年 / 罗洪著

上海：宇宙风社，1940 年 6 月初版

136 页；32 开 . —（宇宙风社月书）

主题：散文—中国—现代—选集

中图分类号：I266

　　收《三年》、《时间》、《海》、《我爱寂寞》等 30 篇散文。

1432

庐隐创作选 / 庐隐著；少侯编选

　　上海：仿古书店，1936 年 8 月初版

308 页；32 开 . —（现代名人创作丛书）

主题：文学—作品—中国—现代—选集

中图分类号：I216.2

　　收《海滨故人》、《沦落》等 14 篇小说和散文。

1433

庐隐短篇小说选 / 庐隐著

　　上海：女子书店，1935 年 1 月初版

302 页；32 开 . —（女子文库）

主题：短篇小说—中国—现代—选集

中图分类号：I246.7

　　收《海滨故人》、《父亲》、《何处是归程》等 8 篇小说。

1434

庐隐佳作选 / 庐隐著

　　上海：新象书店，1946 年 10 月

再版

164 页；36 开 . —（当代创作文库）

主题：短篇小说—中国—现代—选集

中图分类号：I246.7

　　收《海滨故人》、《父亲》、《房东》等 8 篇小说。

1435

庐隐选集 /［庐隐著］；徐沉泗，叶忘忧编选

　　上海：仿古书店，1936 年 4 月初版，1940 年 1 月出版

231 页；32 开 . —（现代创作文库）

　　上海：中央书店，1947 年 9 月新 1 版

232 页；32 开 . —（现代创作文库）

主题：文学—作品—中国—现代—选集

中图分类号：I216.2

　　收《海滨故人》等 14 篇短篇小说，《雷峰塔下》、《月夜孤舟》、《月下的回忆》等 5 篇散文。

1436

鲁闽风云 / 徐盈等著

　　汉口：生活书店，1938 年 3 月初版，1938 年 5 月粤再版

92 页；32 开 . —（"抗战中的中

国"丛刊）

主题：通讯—作品集—中国—现代

中图分类号：I253

记述日军入侵山东和福建金门岛的情况。包含《鲁东风云》、《陷落时的金门》、《金门陷落的前因后果》。

1437

鲁彦散文集／鲁彦著

上海：开明书店，1947 年 6 月初版，1949 年 1 月再版

176 页；36 开．—（开明文学新刊）

主题：散文—中国—现代—选集

中图分类号：I266

收《听潮的故事》、《我们的太平洋》、《厦门印象》等 22 篇散文。

1438

露西亚之恋／无名氏著

重庆：中国编译出版社，1942 年 2 月初版

145 页；32 开．—（夜星文艺丛书）

上海：真美善图书出版公司，1947 年 9 月初版

124 页；32 开．—（无名丛刊）

主题：短篇小说—中国—现代—选集

中图分类号：I246.7

收《海边的故事》、《古城篇》、《露西亚之恋》等 6 篇小说。

1439

驴子和骡子／鲁彦著

上海：生活书店，1934 年 12 月初版

225 页；44 开．—（创作文库）

主题：文学—作品—中国—现代—选集

中图分类号：I216.2

分上、下两卷。上卷收《我们的太平洋》等 8 篇小说，下卷收《船中日记》、《厦门印象记》等 4 篇散文。

1440

旅途随笔／巴金著

上海：生活书店，1934 年 8 月初版，1935 年 8 月 3 版

222 页；42 开．—（创作文库）

上海：开明书店，1939 年 4 月改订初版，1940 年 5 月桂 1 版，1942 年出版

165 页；32 开

主题：随笔—中国—现代—选集

中图分类号：I266.1

收《海上》、《南国的梦》、《游了佛国》、《在普陀》等 28 篇随笔、散文。

1441

马伏波平南 / 王无咎编选

上海：大众书局，1935 年 11 月
初版

8 页：图；32 开. —（故事一百
种）

主题：历史故事—中国—现代

中图分类号：I246.8

讲述马援率楼船数千远海推进
远征交趾的故事。

1442

马援平定安南 / 朱泽甫编辑

上海：民众书局，1942 年 7 月赣
1 版

26 页；32 开. —（中国历史故
事丛刊）

上海：世界书局，1943 年 1 月赣
1 版

26 页；32 开. —（中国历史故
事丛刊）

主题：历史故事—中国—现代

中图分类号：I246.8

讲述马援率楼船二千余艘、战
士二万余人出征交趾的历史故事。

1443

没有弦的炸弹：通讯报告选 / 丁奋
等著

［北平］：新华书店，1949 年 5 月
出版

144 页；32 开. —（中国人民文

艺丛书）

主题：通讯—作品集—中国—
现代

中图分类号：I253

收《海上的遭遇》（刘白羽）、
《没有弦的炸弹》（丁奋）等 9 篇。

1444

玫瑰 / 陈醉云著

上海：春潮书局，1928 年 11 月
初版

109 页；32 开

主题：新诗—诗集—中国—现代

中图分类号：I226.1

收《玫瑰》、《海底舞曲》、
《月光》、《秋》等 8 首诗歌。

1445

梅花 / 李无隅著

上海：开明书店，1929 年 5 月初
版，1930 年 8 月再版，1933 年 8
月 3 版

15，117 页；32 开

主题：新诗—中国—现代—选集

中图分类号：I226.1

诗集。包含《梅花的话》、
《火车上》、《船上杂感》、《海中所
见》等诗歌。

1446

美丽的黑海 / 黄药眠著

桂林：文化供应社，1944 年 5 月

初版

230 页；32 开 . —（青年文库）

香港：文化供应社，1946 年出版

229 页；32 开

主题：游记—中国—现代—选集

中图分类号：I266.4

　　收《黑海，美丽的黑海》、《塞瓦斯托波尔之春》、《克里米亚》、《基辅的怀念》等 14 篇旅苏游记。

1447

蒙古调／常醒元著

　　[出版地不详]：[百合出版社]，1944 年出版

88 页；64 开 . —（百合文艺丛书）

主题：新诗—中国—现代—选集

中图分类号：I226.1

　　收《蒙古调》、《蒙古的星宿》、《触礁的船》等诗歌。

1448

密苏里受降／杨复耀编

　　上海：中华书局，1948 年 5 月初版

20 页；36 开 . —（中华文库）

主题：历史故事—中国—现代

中图分类号：I246.8

　　以故事体裁，讲述日本战败、投降的经过。

1449

民间传说／严殊炎编

　　上海：国光书店，1948 年 11 月再版

102 页；36 开

主题：民间故事—作品集—中国

中图分类号：I277.3

　　收《马援的箭》、《孟姜女变成带鱼》、《水仙花》、《海龙王的女儿》等 48 篇民间故事。

1450

明清散文选／刘延陵编注

　　南京：正中书局，1937 年 6 月初版，1944 年 7 月渝 4 版，1946 年 12 月沪 4 版

14，238 页；32 开 . —（国文精选丛书）

主题：古典散文—散文集—中国—明清时代

中图分类号：I264.8

　　包含《海上平寇记》（王慎中）、《海舶三集序》（刘大櫆）、《海程》（林纾）等内容。

1451

沫若诗集／郭沫若著

　　上海：创造社出版部，1928 年 6 月初版

301 页；32 开 . —（创造社丛书）

　　上海：现代书局，1930 年 8 月 4

版，1932 年 11 月 7 版

360 页；32 开

上海：复兴书局，1936 年 5 月复兴第 1 次再版

360 页；32 开

主题：新诗—中国—现代—选集

中图分类号：I226.1

包含《浴海》、《光海》、《新月与晴海》、《海舟中望日出》、《黄海中的哀歌》、《海上》等诗歌。

1452

陌恋／吴风著

桂林：山城文艺社，1942 年 12 月初版

55 页；32 开

主题：散文—中国—现代—选集

中图分类号：I266

收《岛居》、《波流外一则》、《海》、《故居》、《陌恋》等 15 篇散文。

1453

南北极／穆时英著

上海：湖风书局，1932 年 1 月初版

171 页；32 开 . —（文艺创作丛书）

主题：短篇小说—中国—现代—选集

中图分类号：I246.7

收《生活在海上的人们》、《咱们的世界》、《南北极》等 5 篇小说。

1454

南北极／穆时英著

上海：现代书局，1933 年 1 月初版，1934 年 5 月 3 版

275 页；32 开

主题：短篇小说—中国—现代—选集

中图分类号：I246.7

收《生活在海上的人们》、《咱们的世界》、《南北极》、《油布》等 8 篇小说。

1455

南北奇侠传 . 第 4 册／姜侠魂编

上海：新新书局，1926 年 6 月初版

150 页；25 开

主题：侠义小说—中国—现代—选集

中图分类号：I246.48

本册附有钱锴重译的阿拉伯原本故事《航海述奇》。

1456

南国情调：良友散记选／唐锡如等著

上海：良友图书印刷公司，1933 年 5 月初版

118 页；42 开

主题：散文—中国—现代

中图分类号：I266

选自 1928 年至 1931 年《中国学生》杂志，收《南国情调》（唐锡如）等。包含《港舵之晓》、《潮州船》、《海浴》等内容。

1457

蘖海花本事／绣虎生编著

上海：大通图书社，1935 年 11 月初版

130 页；32 开

主题：蘖海花—文学研究

中图分类号：I207.41

论述和考证长篇谴责小说《蘖海花》中的史事和人物。包括《江海关道之逐鹿》、《海军衙门之设立》、《丁汝昌之投降与自杀》等 26 篇。

1458

怒海余生／罗海沙等执笔

成都：铁风出版社，1941 年 2 月初版

72 页；32 开 . —（铁风戏剧丛书）

主题：话剧—剧本—中国—现代

中图分类号：I234.6

一幕三场剧。讲述了发生在南海之滨广东淡水临海小渔村的故事。

1459

漂泊杂记／艾芜著

上海：生活书店，1935 年 4 月初版

246 页；36 开 . —（创作文库）

桂林：今日文艺社，1943 年 6 月初版

187 页；32 开 . —（今日文艺丛书）

主题：散文—中国—现代—选集

中图分类号：I266

收《南国的小屿》、《过槟榔屿》、《鼓浪屿》、《马来亚旅感》等 40 篇散文。

1460

屏周新词集／李屏周著

［广州］：广东省立十一中出版部，1933 年 5 月出版

70 页；28 开

主题：新诗—中国—现代—选集

中图分类号：I226.1

收《苏堤上》、《九溪十八涧道中》、《六和塔边》、《西湖夕照》、《舟停琼州海峡》、《过琼州海峡》等 65 首诗歌。

1461

戚将军平倭／教育部民众读物编审委员会编著

［重庆］：正中书局，1938 年 5 月

出版

28 页；50 开 . —（非常时期民众读物）

主题：历史故事—中国—现代

中图分类号：I246.8

　　包含倭寇为患、整军练兵、肃清浙江的倭寇、肃清福建的倭寇等内容。

1462

齐王田横／萧卓麟著

　　重庆：经纬出版社，1943 年 1 月初版

　　108 页；32 开 . —（经纬文学丛书）

　　主题：话剧—多幕剧—剧本—中国—现代

　　中图分类号：I234.6

　　四幕历史剧。讲述田横入海的故事，书前有《齐王田横本事》（节录《史记·田儋列传》），书末有后记。

1463

秋山草／吴秋山著

　　[上海]：诗歌译作社，1934 年 2 月初版，1937 年 6 月 4 版

　　46 页；36 开 . —（诗歌译作社丛书）

　　主题：新诗—诗集—中国—现代

　　中图分类号：I226.1

　　收《旅程》、《船笛》、《客

梦》、《残夜》等 25 首诗歌。

1464

人境庐诗草／（清）黄遵宪著；高崇信，尤丙圻校点

　　北京：文化学社，1930 年 7 月初版

　　[448] 页：图；25 开

　　北京：北京书局，1930 年出版

　　[448] 页：图；25 开

　　主题：古典诗歌—中国—清代—选集

　　中图分类号：I222.752

　　包含《由上海启行至长崎》、《海行杂感》等诗歌。

1465

人境庐诗草／（清）黄遵宪撰

　　上海：商务印书馆，1937 年 3 月初版，1939 年 9 月简编版

　　18，149 页；36 开 . —（万有文库）

　　主题：古典诗歌—中国—清代—选集

　　中图分类号：I222.752

　　包含《由上海启行至长崎》、《海行杂感》等内容。

1466

人生采访／萧乾著

　　上海：文化生活出版社，1947 年 4 月初版，1947 年 8 月再版，

1948 年 3 月 3 版

525 页；32 开．——（水星丛书）

主题：通讯—中国—现代—选集

中图分类号：I253

包含《海陲》、《劫后的马来亚》、《记坐船犯罪》、《冷眼看台湾》、《琼岛不是太平岛》、《南海的春天》等内容。

1467

人同此心／老舍等著

上海：建业书店，1948 年 6 月初版

73 页；32 开．——（建业文艺丛书）

主题：文学作品—中国—现代

中图分类号：I246.7

包含《一家》（白薇）、《黄昏的海》（齐复）、《人同此心》（老舍）等内容。

1468

三十前集／路易士著

上海：诗领土社，1945 年 4 月初版

260，29 页；32 开．——（诗领土社丛书）

主题：新诗—诗集—中国—现代

中图分类号：I226.1

收《航海去吧》、《海行》、《雾》、《风后》等 212 首诗歌。

1469

胜利的记录／欧阳宗等著

上海：新中国报社，1943 年 7 月初版

114 页；32 开．——（新中国丛书）

主题：通讯—作品集—中国—现代

中图分类号：I253

日伪出版物。关于日本在太平洋战争初期的报道。包含《锡兰海战目击记》、《珍珠港末日记》、《新加坡登陆实话》等 9 篇。

1470

诗二集／刘荣恩著

[出版地不详]：编者刊，1945 年出版

54 页；32 开

主题：新诗—诗集—中国—现代

中图分类号：I226.1

分 4 卷。收《莫愁湖》、《吴淞海面》、《翠鸟》、《感觉底丛林》等 46 首诗歌。

1471

时谐／商务印书馆编

上海：商务印书馆，1915 年 6 月初版

2 册（115，101 页）；32 开．——（说部丛书）

主题：文学作品—中国—现代

中图分类号：I246.7

收《伶部》《渔家夫妇》、《汤姆》《三公主》、《鹅女》等 56 篇短篇小说及寓言、神话。

1472

收获期 / 常任侠著

重庆：独立出版社，1939 年 12 月初版

46 页；32 开 . —（中国诗艺社丛书）

主题：新诗—诗集—中国—现代

中图分类号：I226.1

收《出帆》、《收获期》等 12 首诗歌，另有《在东海上》等 5 首译诗。

1473

水晶座 / 钱君匋著

上海：亚东图书馆，1929 年 3 月初版

40，65 页；32 开

主题：新诗—诗集—中国—现代

中图分类号：I226.1

收《海边》、《寂寞的海塘》、《漂洋船》、《夜曲》等 36 首诗歌。

1474

四大民族英雄岳文戚史集 / 李剑虹审选；袁清平编辑

[出版地不详]：军事新闻社出版部，1936 年 2 月再版

[485] 页：图；25 开

主题：古典文学—中国—选集

中图分类号：I212.1

岳武穆篇、文信国篇、戚武毅篇、史忠正篇 4 部分。包含《戚武毅公传略》、《移兵救闽倭贼丧胆》、《闽海纪闻》等内容。

1475

随思随笔 / 徐宗泽著

上海：圣教杂志社，1940 年 12 月初版

191 页；32 开

主题：随笔—中国—现代—选集

中图分类号：I266.1

封面题签：陆征祥。收《论随笔》、《陆伯鸿先生之理财法》、《论婚姻之谬说》、《皇明经世文编》、《郑芝龙》等。

1476

随踪琐记 / 鲁彦著

上海：三通书局，1940 年 11 月出版

81 页；50 开 . —（三通小丛书）

主题：散文—中国—现代—选集

中图分类号：I266

收《厦门印象》、《西行杂记》、《关中琐记》3 篇散文。

1477

孙福熙创作选 / 孙福熙著；筱梅编

上海：仿古书店，1936 年 10 月初版

155 页；32 开 . —（现代名人创作丛书）

主题：文学—中国—现代—选集

中图分类号：I216.2

包含《地中海上的日出》、《红海上的一幕》、《海港一角》、《海面对星星》、《怒涛》、《太平洋上之雾》等内容。

1478

他乡人语／叶鼎洛著

上海：北新书局，1929 年 10 月初版

299 页；32 开

主题：文学—中国—现代—选集

中图分类号：I216.2

分上、下两部分。上部收《南行》等 5 篇小说，下部收《鼓浪屿》等 4 篇散文。

1479

太平洋上的风云／侯曜原著；工商日报编辑部编辑

香港：工商日报营业部，1935 年 8 月出版

234 页；32 开 . —（工商日报丛书）

主题：长篇小说—中国—现代

中图分类号：I246.52

包含美舰压扶桑、日舰潜袭巴

拿马、英军飞援菲律宾等内容。

1480

太平洋上的歌声／关露著

上海：生活书店，1936 年 11 月初版

82 页：图；32 开

主题：新诗—诗集—中国—现代

中图分类号：I226.1

收《太平洋上的歌声》、《风波亭》、《海燕》等 22 首诗歌。

1481

停云集／黄文博著

广州：万国书局，1935 年 12 月初版

[158] 页；32 开

主题：新诗—诗集—中国—现代

中图分类号：I226.1

分上、下辑。收《海上吟》、《去国》、《印度洋晚望》、《地中海有怀留法诸友》、《南归海上作》等 64 首诗歌。

1482

童心／王统照著

上海：商务印书馆，1925 年 2 月初版

265 页；长 56 开 . —（文学研究会丛书）

主题：新诗—中国—现代—选集

中图分类号：I226.1

包含《海的余光》、《海滨的雨后》、《我行野中》、《少年梦》等诗歌。

1483

危巢坠简 / 落华生著

　　上海：商务印书馆，1947 年 4 月初版

　　251 页；32 开

　　主题：短篇小说—中国—现代—选集

　　中图分类号：I246.7

　　收《铁鱼底鳃》、《归途》、《解放者》、《危巢坠简》等 14 篇小说。

1484

微波辞 / 绛燕著

　　重庆：独立出版社，1940 年 2 月初版

　　20，26 页；32 开 . —（中国诗艺社丛书）

　　主题：新诗—诗集—中国—现代

　　中图分类号：I226.1

　　分 2 辑。收《泽畔吟》、《克复兰封》、《病榻》、《航海吟》、《春夜小唱》等 30 首诗歌。

1485

为台湾说话 / 江慕云著

　　上海：三五记者联谊会，1948 年 9 月初版，1948 年 10 月台湾光复纪念再版

　　228 页；32 开

　　主题：报告文学—中国—现代

　　中图分类号：I253

　　介绍光复后台湾现实情况。包括台湾的自然和经济地理、台湾近 50 年殖民血泪史有较详细的记述，全书分资源、交通及其他、台湾的前途等 5 章。

1486

我们的海 / 孟超著

　　桂林：白虹书店，1941 年 12 月初版

　　148 页；36 开

　　主题：话剧—剧本—中国—现代

　　中图分类号：I234.6

　　独幕剧集。收《我们的海》、《渔家女》、《鸡与雁》等 5 个剧本。

1487

我们的手 / 李鲁人著

　　［北平］：北平民社，1936 年 6 月出版

　　74 页

　　主题：新诗—中国—现代—选集

　　中图分类号：I226.1

　　包含《海，天，鸟》、《牧童小唱》、《我们的手》等诗歌。

1488

西湖漫拾 / 钟敬文著

上海：北新书局，1929 年 8 月初版

138 页：图；32 开

主题：散文—中国—现代—选集

中图分类号：I266

包含《海滨》、《钱塘江的夜潮》、《残荷》、《西湖雪景》等内容。

1489

袭厦门好汉建奇功／徐式圭著

[出版地不详]：福建省政府教育厅，1941 年 4 月初版

25 页；32 开 . —（战时国民读物）

主题：历史故事—中国—现代

中图分类号：I246.8

收《袭厦门好汉建奇功》、《众英雄黑夜打金门》、《张志琦巧使美人计》等 6 篇故事。

1490

现代创作游记选／姚乃麟编

上海：中央书店，1935 年 9 月再版，1936 年 3 版

192 页；32 开

主题：游记—中国—现代—选集

中图分类号：I266.4

收《游锡兰岛》（梁启超）、《网眼海滨》（黑婴）、《红海上一幕》（孙福熙）、《地中海道中》（林宰平）、《岛上的季节》（吴伯

箫）等 30 人的 37 篇游记。

1491

现代模范文选／达夫编

上海：希望出版社，1936 年 7 月再版

305 页；32 开

主题：文学—中国—作品集

中图分类号：I216.2

包含《虎门》（王世颖）、《槟榔屿的猴子》（梁绍文）、《海峡遇险记》（梁绍文）等内容。

1492

现代小品文选／郑之光选编

上海：希望出版社，1936 年 11 月初版

309 页；32 开

主题：小品文—中国—现代—选集

中图分类号：I266.3

包含《渔村小景》（夏理斯）、《海鸥》（希白）、《在青岛》（马吉风）等内容。

1493

现代游记选／姜亮夫编

上海：北新书局，1934 年 4 月初版

2 册（314，226 页）；32 开 . —（中学国语补充读本之一）

主题：游记—中国—现代—选集

中图分类号：I266.4

收《游锡兰岛》（梁启超）、《地中海道中》（林宰平）、《今津记游》（郭沫若）等 32 篇游记。

1494

现代中国小品散文选 / 罗芳洲选注

上海：亚细亚书局，1933 年 12 月初版

2 册（333，346 页）；32 开 . —（文学基本丛书）

上海：中国文化服务社，1936 年 3 月 6 版，1937 年 3 月 10 版

2 册（333，346 页）；32 开 . —（文学基本丛书）

主题：散文—中国—现代—选集

中图分类号：I266

包含《游锡兰岛》（梁启超）、《海上》（谢冰心）、《鱼儿》（谢冰心）、《红海上的一幕》（孙福熙）等内容。

1495

献曝 / 李纯青著

［出版地不详］：台湾新生报社，1946 年 4 月初版

268 页；32 开 . —（台湾新生报社第 4 种丛书）

主题：杂文—中国—现代—选集

中图分类号：I266.1

收《海上自由三部曲》、《论中途岛海战》、《海上拉锯战》等 80 余篇杂文。

1496

香港陷落 / ［北京新闻协会编］

北京：编者刊，1941 年 12 月出版

46 页：图；32 开 . —（时局小丛书）

主题：文学—作品—中国—现代—选集

中图分类号：I216.1

日伪出版物。收《攻克香港驱逐暴英》、《香港陷落的意义》、《日军攻克香港的经过》、《大东亚战争日志》等 17 篇。体裁有时论杂文、通讯报道及诗歌等。

1497

小品文精选 / 陆晶清编

上海：神州国光社，1933 年 2 月初版

132 页；32 开 . —（读书中学丛书）

主题：小品文—中国—现代—选集

中图分类号：I266.3

收《春底林野》（落华生）、《红海上的一幕》（孙福熙）、《海滩上种花》（徐志摩）等 23 篇。

1498

小说闲话／赵景深著

　上海：北新书局，1937 年 1 月
初版

　285 页；32 开 . —（文艺新刊）

　主题：古典小说评论—中国

　中图分类号：I207.41

　　收《清平山堂话本》、《八仙
传说》、《三宝太监西洋记》、《所
罗门与包拯》等 16 篇。

1499

新时代月刊：无名作家专号／曾今
可编

　上海：新时代月刊社，1932 年 2
月初版

　314 页；32 开

　主题：文学—作品—中国—现代—
选集

　中图分类号：I216.1

　　小说、散文、剧本、诗等合
集。包含《暮春之夜》（沈紫曼）、
《海滨杂记》（温志良）等 58 篇。

1500

行过之生命／路易士著

　上海：未名书屋，1935 年 12 月
初版

　22，336 页；50 开 . —（未名文苑）

　主题：新诗—诗集—中国—现代

中图分类号：I226.1

　　收《六行诗》、《踏海》、《江
滩秋唱》、《船》等 160 余首诗歌。

1501

行知诗歌集／陶行知著

　上海：大孚出版公司，1947 年 4
月初版，1947 年 11 月 2 版

　24，494 页：冠像；32 开

　主题：新诗—中国—现代—选集

　中图分类号：I226.1

　　包含《星加坡①海港》、《海底
来的浪》、《忆上海工友夫妇》、
《海德公园》等诗歌。

1502

徐志摩创作选／徐志摩著；少侯
选编

　上海：仿古书店，1936 年 9 月
初版

　180 页；32 开 . —（现代名人创
作丛书）

　主题：文学—中国—现代—选集

　中图分类号：I216.2

　　分诗、小说、散文 3 部分。包
含《北戴河海滨的幻想》等 9 篇
散文。

1503

徐志摩代表作／徐志摩著

---

　①　星加坡，即新加坡。

上海：三通书局，1941 年 6 月初版

293 页；32 开 . —（现代作家选集）

主题：文学—中国—现代—选集

中图分类号：I216.2

分诗、小说、散文、书信日记 4 辑。包含《北戴河海滨的幻想》等 15 篇散文。

1504

徐志摩诗选／徐志摩著；李德予编

重庆：大华书局，1944 年 9 月初版

108 页；32 开 . —（大华诗刊）

主题：新诗—诗集—中国—现代

中图分类号：I226.1

收《海韵》、《云游》、《在病中》等 44 首诗歌。

1505

徐志摩选集／徐志摩著；徐沉泗，叶忘忧编

上海：万象书屋，1935 年 4 月初版

30，194 页；32 开 . —（现代创作文库）

上海：中央书店，1947 年 9 月新 1 版

30，194 页；32 开 . —（现代创作文库）

主题：文学—中国—现代—选集

中图分类号：I216.2

分诗、散文、小说三部分。包含《海韵》等 33 首新诗。

1506

雪月梅／（清）陈朗著

上海：达文书店，1937 年 4 月重版

307 页

主题：章回小说—中国—清代

中图分类号：I242.47

包含识英雄海疆当险要，遇弟妹湖畔诉衷情；试金殿犀管落珠玑，扰海疆倭寇为狼狈；岑御史遣将救吴门，刘副总统兵诛海寇等内容。

1507

崖山恨／赵循伯编著

重庆：正中书局，1943 年 4 月初版，1946 年 9 月沪 1 版

49 页；32 开 . —（国立戏剧学校战时戏剧丛书）

主题：川剧—地方戏剧本—现代

中图分类号：I236.71

新编川剧。分《立孤》、《觐宫》、《误潮》、《避寇》、《投海》5 折。

1508

胭脂／韩侍桁著

上海：新中国书局，1933 年 10

月初版，1936 年 9 月再版

112 页；32 开 . —（新中国文艺丛书）

主题：散文—中国—现代—选集

中图分类号：I266

　　包含《海的诱惑》、《夕阳下的小景》、《再江轮上》等内容。

1509

烟霞伴侣／陈学昭著

上海：北新书局，［1926 年 7 月］初版，1927 年 5 月再版

245 页：图；32 开

主题：散文—中国—现代—选集

中图分类号：I266

　　收《山里》（19 节），《湖上》（20 节），《海边》（15 节）3 篇散文。

1510

燕痕集／牟雨天，许颖著

　　［出版地不详］：文化社，1941 年 6 月出版

118 页；32 开 . —（文学丛书）

主题：短篇小说—中国—现代—选集

中图分类号：I246.7

　　收《当海潮来时》、《晨风》、《雨夜》等 15 篇小说。

1511

野草集／石门新报社编辑

河北石门：石门新报社，1943 年 10 月初版

138 页；36 开 . —（石门新报丛书）

主题：文学—作品—中国—现代—选集

中图分类号：I216.1

　　小说、散文、诗歌合集。包含《拉多加湖畔》（梁爽）、《海》（汀鹤）等 5 篇小说。

1512

易士诗集／路易士著

　　上海：著者刊，1934 年 3 月初版

79 页；冠像；42 开

主题：新诗—诗集—中国—现代

中图分类号：I226.1

　　收《初恋》、《夜》、《踏海》、《恋南风》等 60 余首诗歌。

1513

英雄磨剑录：历代抗日轶闻／戚缘荷编

　　上海：新民书局，1933 年 7 月初版

92 页；32 开

主题：笔记小说—中国—古代—选集

中图分类号：I242.1

　　分明代、清代、现代 3 章。辑选有关抗日事迹的笔记 40 篇。

1514

鹰扬大海 / 朱启平著

　　台湾：新生报社，1946 年 10 月初版

　　87 页；32 开 . —（台湾新生报社）

　　主题：通讯—作品集—中国—现代

　　中图分类号：I253

　　作者为《大公报》记者，收他在太平洋战争末期随美国海军进攻关岛、硫磺岛直至日本投降这段时间的报道。包含《万里浮影》、《鹰扬大海》、《琉球两周》等 13 篇。

1515

影儿 / 林憾著

　　上海：北新书局，1929 年出版

　　116 页；32 开

　　主题：新诗—中国—现代—选集

　　中图分类号：I226.1

　　收《归家》、《海上》、《小船中》、《晚泛》、《海面的风雨》、《鼓浪屿竹枝词十首》等诗歌。

1516

游击区故事 / 虹南编

　　杭州：增智书局，1941 年 3 月初版

　　57 页；32 开 . —（大众丛刊）

　　主题：散文—中国—现代—选集

　　中图分类号：I266

　　包含《海匪王来平》、《女英雄李林》、《福荣中将吃炸弹》等内容。

1517

右任诗存 / [于右任著]

　　上海：世界书局，1930 年 5 月初版，1932 年 11 月 4 版

　　19，160 页；照片；32 开

　　主题：诗集—中国—现代

　　中图分类号：I226

　　包含《过台湾海峡远望》、《海上过凤岐兵败纪念日》、《黄海杂诗三首》等内容。

1518

鱼目集 / 卞之琳著

　　上海：文化生活出版社，1935 年 12 月初版，1940 年 9 月 4 版

　　87 页；36 开 . —（文学丛刊）

　　主题：新诗—诗集—中国—现代

　　中图分类号：I226.1

　　分 5 辑。包含《航海》、《海愁》等 27 首诗歌。

1519

俞大猷戚继光诗文钞 / 邵元冲选辑

　　南京：建国月刊社，1936 年 8 月初版，1936 年 10 月再版

　　[110] 页；图；16 开

　　主题：古典文学—中国—明代—

选集

中图分类号：I214.81

包括《正气堂诗文钞》（俞大猷）、《止止堂诗文钞》（戚继光）2 部分，共收诗文 100 余篇。包含《和咏海中睡卒》、《提师海上闻丁而宝荣迁因想诸君同升之盛》。末附王扶生的《俞大猷戚继光合传》。

1520

俞曲园随笔 ／（清）俞樾著；汪宝恒标点

上海：大达图书供应社，1935 年 1 月初版，1935 年 8 月再版

144 页；32 开

主题：笔记小说—中国—清代—选集

中图分类号：I242.1

分 10 卷。包含《海神缠女》、《智标塔》、《金井神童》等内容。

1521

羽书 ／ 吴伯箫著

上海：文化生活出版社，1941 年 5 月初版，1942 年 1 月桂林 1 版

118 页；36 开 . —（文学丛刊）

主题：散文—中国—现代—选集

中图分类号：I266

收《岛上的季节》、《羽书》、《海上鸥》、《阴岛的渔盐》等 18 篇散文。

1522

雨天的书 ／ 周作人著

北京：新潮社，1925 年 12 月初版

302 页：图；32 开

上海：北新书局，1927 年 6 月再版，1931 年 9 月 5 版，1948 年版

302 页：图；32 开

主题：散文—中国—现代—选集

中图分类号：I266

收《苦雨》、《鸟声》、《神话典故》、《日本的海贼》等 50 篇散文。

1523

远讯 ／ 芦荻著

桂林：象山出版社，1942 年 3 月初版

76 页：图；36 开

主题：新诗—诗集—中国—现代

中图分类号：I226.1

收《远讯》、《村行》、《海恋》、《雾》等 12 首诗歌。

1524

岳文戚史名著集 ／ 复兴出版社编辑部编

［出版地不详］：复兴出版社，1948 年 2 月再版

2 册（264，220 页）：图；25 开

主题：古典文学—中国—选集

中图分类号：I212.1

本书为 1936 年 2 月军事新闻社出版部版《四大民族英雄岳文戚史集》一书改名出版。

1525

粤战场 / 云实诚著

[出版地不详]：《大公报》曲江分馆，1943 年 11 月初版

150 页；36 开

主题：通讯—作品集—中国—现代

中图分类号：I253

记述抗日战争时广东战场战况。收《岭东纵横行》、《广州湾之战》、《海南岛之战》等 34 篇报道。

1526

在火线上：东南线 / 田丁编

汉口：大时代书店，1938 年 1 月初版

120 页；32 开

主题：通讯—中国—现代—选集

中图分类号：I253

包含《虎门海战记》（海萍）、《今日之江浙》（薛禹言）等内容。

1527

寨上 / 张殊明著

上海：新时代书店，1930 年 9 月初版

89 页；32 开 . —（破晓社丛书）

主题：散文—中国—现代—选集

中图分类号：I266

包含丹戎禺海的归舟、海滨之夜、海之颂歌等内容。

1528

战地零叶 / 海萍等执笔

重庆：独立出版社，1939 年 4 月初版

50 页；32 开 . —（战时综合丛书）

主题：通讯—作品集—中国—现代

中图分类号：I253

抗战通讯报道集。收《东海的奋战》、《血战在北部领空》、《南海长空歼敌记》、《跨海东征记》等 7 篇。

1529

战黄海 / 教育部民众读物编审委员会编著

[重庆]：正中书局，1938 年 8 月出版

21 页；50 开 . —（非常时期民众读物）

主题：历史故事—中国—现代

中图分类号：I246.8

包含邓世昌从军、中日的战端、壮士出征、平壤失守、黄海大战、壮烈的死难等内容。

1530

湛蓝的海／碧野著

上海：新新出版社，1947 年 12
月初版

237 页；36 开

主题：长篇小说—中国—现代

中图分类号：I246.57

长篇小说，描写了中国南海渔
民的生活动态。

1531

爪哇鸿爪，一名，南洋爪哇岛见闻
录／陈以益著

北京：外交部印刷局，1924 年
出版

128 页；25 开

主题：散文—中国—现代—选集

中图分类号：I266

记述作者 1922 年赴爪哇岛办
理商务一年中的见闻及感想，包括
南游缘由及途中情形、爪哇岛概
况、华侨南渡之历史、初抵爪哇岛
之感想等 20 章。

1532

浙江抗倭故事／孟锦华著

[出版地不详]：战时教育文化事
业委员会书刊发行部，1939 年 6
月初版

118 页；32 开 . —（薪胆丛书）

主题：历史故事—中国—现代—

选集

中图分类号：I246.8

收录了明代浙江沿海一带抵抗
倭寇的历史故事 52 篇。

1533

郑和下南洋／曹云先编

上海：民众书局，1942 年 7 月赣
1 版

28 页；32 开 . —（中国历史故
事）

主题：历史故事—中国—现代

中图分类号：I246.8

讲述航海家郑和率领 200 多艘
海船、2.7 万多人 7 次远航西太平
洋和印度洋的历史故事。

1534

之东／黄炎培撰

上海：生活书店，1934 年 11 月
初版

159 页；32 开

主题：游记—浙江—现代

中图分类号：I266.4

宁波、绍兴、温州、台州四地
游记，收文 16 篇。书前有卷首语。
书后有结束语。"之东"指浙江
东部。

1535

中法战争文学集／阿英编

上海：北新书局，1948 年 10 月

初版

258 页；25 开 . —（近百年来国难文学大系）

主题：军事文学—作品—中国—选集

中图分类号：I211

分奏论、论著、战纪、小说等 5 篇。收诗文 50 余篇，包含《澎湖考略》、《中法兵事本末》、《后海疆》、《战澎湖》、《战基隆》等内容。

1536

中国的水神 / 黄芝岗著

上海：生活书店，1934 年 2 月初版

183 页：图；32 开

主题：笔记小说—小说集—中国—民国

中图分类号：I246.1

辑录历代小说、笔记、地方志以及民间传说中关于水神的资料。包含《龙公神话与龙母神话》、《浮山与海眼》、《灌口二郎神》等16 篇。

1537

中国海的怒潮 / 夏枫著

昆明：大路出版公司，1940 年 6 月初版

146 页；32 开 . —（文艺长城小丛书）

主题：话剧—独幕剧—剧本—中国—现代

中图分类号：I234.6

收《云翳》、《中国海的怒潮》、《海外儿女》、《金门岛之一夜》5 个独幕剧，以及街头剧《街头小景》。

1538

中国海员大西洋漂流记 / 罗孝建著；罗塔译

上海：环球出版社，1949 年 1 月初版

77 页；36 开 . —（环球丛书）

主题：长篇小说—中国—现代

中图分类号：I246.57

记述第二次世界大战时中国海员的大西洋航海生活。包含《中国海员大西洋漂流记》、《护航队遇敌记》、《失掉一条腿的海员》。

1539

中国女海盗：侠义小说 / 赵茗狂著

上海：大东书局，1922 年 5 月出版

100 页；32 开

主题：侠义小说—中国—现代

中图分类号：I246.48

1540

中国新文学大系：散文二集 / 郁达夫编选

上海：良友图书印刷公司，1935
年 8 月初版，1935 年 9 月再版，
1936 年 5 月 3 版

441 页；24 开 . —（中国新文学
大系）

主题：散文—中国—现代—选集

中图分类号：I266

包含《海行杂记》（朱自清）、
《魔侠传》（周作人）、《往事二
〇》（冰心）等内容。

1541

中国新文学大系：诗集 ／ 朱自清
编选

上海：良友图书印刷公司，1935
年 10 月初版

373，34，24 页；24 开 . —（中
国新文学大系）

主题：新诗—中国—现代—选集

中图分类号：I226.1

包含《海韵》（徐志摩）、《海
客的故事》（刘延陵）、《海上吟》
（汪静之）、《黄海中的哀歌》（郭
沫若）、《航海归来》（陆志韦）、
《海滨》（汪静之）等内容。

1542

中日战争文学集 ／ 阿英编

［上海］：北新书局，1948 年 10
月初版

41，339 页；28 开 . —（近百年
来国难文学大系）

主题：军事文学—作品—中国—
选集

中图分类号：I211

分奏论、论著、诗词、杂文、
小说等 5 篇。收诗文 150 余篇。

1543

缀网劳蛛 ／ 落华生著

上海：商务印书馆，1925 年 1 月
初版，1928 年 7 月 3 版

231 页；32 开 . —（文学研究会
丛书）

主题：短篇小说—中国—现代—
选集

中图分类号：I246.7

收《海世间》、《海角底孤
星》、《铁鱼底鳃》、《商人妇》等
13 篇小说。

1544

自剖文集 ／ 徐志摩著

上海：新月书店，1928 年 1 月初
版，1931 年 8 月 3 版

210 页；32 开

主题：散文—中国—现代—选集

中图分类号：I266

收《自剖》、《北戴河海滨幻
想》、《欧遊漫录》等 11 篇散文。

I3/7　各国文学

1545

埃及童话集 ／（日）永桥卓介原

著；许达年译

上海：中华书局，1937 年 4 月初版，1941 年 1 月昆明 3 版，1945 年 10 月 3 版

263 页：图；32 开 . —（世界童话丛书）

主题：童话—埃及—选集

中图分类号：I411. 88

收《破入宝库的大窃贼》、《木乃伊和魔法书》、《三重劫数》、《怪岛》、《埃及的灭亡》等 13 篇童话。

1546

爱尔兰名剧选 ／ 莘谷等作；涂序瑄译

上海：中华书局，1937 年 12 月初版

130 页；32 开 . —（现代文学丛刊）

主题：话剧—剧本—爱尔兰—现代—选集

中图分类号：I562. 35

收《海葬》（辛谷）、《麦克唐洛的老婆》（格莱哥丽）、《亚尔济美尼斯皇帝与无名战士》（丹森尼）等 5 个剧本。

1547

爱情的面包 ／ 史特林堡等著；胡适等译

上海：启明书局，1941 年 7 月初版

107 页；36 开 . —（北欧小说名著）

主题：小说—欧洲—选集

中图分类号：I504

包含《生的叫喊》、《海的坟墓》（（荷兰）勃罗库仁原著，胡愈之译）、《爱情的面包》等 12 篇。

1548

安徒生童话集 . 上册 ／ 安徒生著；黄风译

［长春］：博文印书馆，1942 年 6 月初版

2 册（234，247 页）；32 开

主题：童话—丹麦—近代—作品集

中图分类号：I534. 88

本书根据 1939 年 11 月上海启明书局版《安徒生童话全集》翻印，内容相同。

1549

安徒生童话全集 . 上册 ／ 安徒生著；张家凤译

上海：启明书局，1939 年 11 月初版，1940 年 5 月再版

234 页；36 开 . —（世界文学名著）

主题：童话—丹麦—近代—作品集

中图分类号：I534. 88

全书收入 60 篇，其中上册包

含《人鱼姑娘》、《天鹅》等 23 篇童话。

1550

奥德赛／（希）荷马著；傅东华译

上海：商务印书馆，1929 年 10 月初版，1939 年 9 月简编版

6 册：图；36 开 . —（万有文库）

上海：商务印书馆，1934 年 3 月初版，1947 年 2 月再版

3 册；32 开 . —（新中学文库）

主题：史诗—古希腊

中图分类号：I545.22

据英译本转译。描写了奥德修斯 10 年海上漂泊中最后 40 天遇风暴、遇独目巨人、遇风袋、遇女妖、遭雷击等海上经历。

1551

澳洲历险记：冒险小说／（日）樱井彦一郎著；金石，褚嘉猷译述

上海：商务印书馆，1914 年 4 月再版

70 页；32 开 . —（说部丛书）

上海：商务印书馆，1915 年 4 月初版

68 页；50 开 . —（小本小说）

主题：中篇小说—日本—近代

中图分类号：I313.44

海洋冒险小说。记述 16 岁童子抱殖民志，远迹澳洲，历种种危险劳苦，几濒于死，卒能坚忍激

昂，于困厄中增长知识。

1552

八十日／（法）裘尔俾奴原著；叔子译述

上海：商务印书馆，1914 年 11 月初版

60 页；32 开

上海：商务印书馆，1915 年 10 月再版

60 页；32 开 . —（说部丛书）

主题：长篇小说—法国—近代

中图分类号：I565.44

讲述福格在 80 天内环游地球一周回到伦敦。他和仆人路路通克服了路途中的重重艰难险阻，路经地中海、红海、印度洋、太平洋、大西洋，游历印度、新加坡、中国、日本、美国等地。

1553

宝岛／史蒂文生著；顾均正译

上海：开明书店，1930 年 11 月初版

28，350 页：图；32 开 . —（世界少年文学丛刊）

主题：长篇小说—英国—近代

中图分类号：I561.44

1914 年商务印书馆版《金银岛》的另一种译本。

1554

宝岛／史蒂文生著；顾均正译

上海：开明书店，1931 年 12 月订正再版，1935 年 2 月 4 版，1941 年 1 月 5 版，1947 年 3 月 7 版

30，351 页：图；32 开 . —（世界少年文学丛刊）

主题：长篇小说—英国—近代

中图分类号：I561.44

1930 年开明书店版《宝岛》的订正版。

1555

宝岛／史蒂文生著；董芝译述

上海：晓光书局，1940 年 3 月再版

199 页：图；32 开 . —（世界名著文学丛书）

主题：长篇小说—英国—近代

中图分类号：I561.44

1914 年商务印书馆版《金银岛》的另一种译本。

1556

宝岛／C. B. Rutley 原著；张梦麟译

上海：中华书局，1948 年 2 月初版

96 页；32 开 . —（中华少年丛书）

主题：长篇小说—英国—近代

中图分类号：I561.85

儿童历险小说。包含到海上去、宝岛、走私者的湾、夜袭、汽艇信天翁号、争取自由等内容。

1557

北欧神话 ABC. 下册／方璧著

上海：ABC 丛书社，1930 年 10 月初版

94 页；32 开 . —（ABC 丛书）

主题：神话—文学研究—北欧

中图分类号：I530.77

全书上、下两册，共 23 章。介绍北欧神话故事，其中下册包含海洋诸神等内容。

1558

冰岛渔夫／（法）罗逖著；黎烈文译

上海：生活书店，1936 年 3 月初版

169 页：图；25 开 . —（世界文库）

上海：文化生活出版社，1942 年 12 月初版，1946 年 7 月再版，1947 年 3 月 3 版，1948 年 4 月 4 版，1949 年 2 月 5 版

261 页：图；28 开 . —（译文丛书）

重庆：文化生活出版社，1943 年 2 月渝 1 版，1944 年 7 月渝 2 版

235 页；32 开 . —（译文丛书）

主题：长篇小说—法国—近代

中图分类号：I565.44

描写海洋的小说中最具代表性的一本。作者以其充满异国情调的浪漫笔调，将读者从愁云惨雾的北极带到炎暑、生息全无的南国战场，再带到荒凉冷落的北法兰西海岸，使我们了解那些被命运注定生于海死于海的渔人，如何以他们悲剧的情怀对抗残酷的命运。

1559

冰岛渔夫故事 ／（法）罗逖原著；陈家烈编译

重庆：天地出版社，1945 年 2 月版

58 页；32 开 . —（孩子的书）

主题：长篇小说—法国—近代

中图分类号：I565.44

据长篇小说《冰岛渔夫》编译。

1560

冰天渔乐记 ／（英）经司顿原著；商务印书馆编译所译述

上海：商务印书馆，1914 年 4 月再版

2 册（156，145 页）；32 开 . —（说部丛书）

主题：长篇小说—英国—近代

中图分类号：I561.44

章回体小说，共 36 回。包含放洋、舟弊、冰险、舰没、结筏、鲸业、熊船、造坞、脱险、渔乐等。

1561

波兰短篇小说集 ／ 式曼斯奇（Adam Szymanski and others）等原著；施蛰存选译

上海：商务印书馆，1936 年 9 月初版，1939 年 12 月简编版

2 册；36 开 . —（万有文库）

上海：商务印书馆，1937 年 2 月初版

247 页；32 开 . —（世界文学名著）

主题：短篇小说—小说集—波兰—现代

中图分类号：I513.45

收《灯塔守》（显克微支）、《两个祈祷者》（式曼斯奇）等 8 篇短篇小说。

1562

沧波淹谍记 ／（英）卡文原著；林纾，毛文钟译

上海：商务印书馆，1921 年 10 月初版

131 页；32 开 . —（说部丛书）

主题：长篇小说—英国—现代

中图分类号：I561.45

小说译文为文言体，共 23 章。

1563

重洋怪杰／托姆斯（Lowell Thomas）著；容复初译

上海：商务印书馆，1934 年 9 月初版，1935 年 3 月再版

318 页；32 开

主题：中篇小说—英国—近代

中图分类号：I561.44

　　航海冒险小说，译文为文言体。包含海魔十三岁背父逃亡献身航海、再度浮海在西沙帆船所历之惨遇、回国遇骗及海上生活写真等内容。

1564

重洋怪杰／托姆斯著；容复初译

上海：商务印书馆，1934 年 9 月初版

318 页；图；32 开

主题：长篇小说—英国—现代

中图分类号：I561.45

　　航海冒险小说，译文为文言体。包含海魔海上生活写真、驾巡洋帆舰该办商船、老帆船计擒巨舰、在太平洋游弋、南洋触礁等 30 章内容。

1565

大城市之毁灭／左祖黎等著；金人译

香港：海燕书店，1941 年 8 月初版

131 页；32 开

主题：短篇小说—苏联—近代—选集

中图分类号：I512.44

　　短篇小说集。收《大城市的毁灭》（左祝黎）、《风》（绥拉菲摩维支）、《海边》（梁士珂）等 7 篇。

1566

大人国／［斯威夫特著］；唐锡光译

上海：新中国书局，1933 年 1 月初版，7 月再版

87 页；图；32 开

主题：长篇小说—英国—近代

中图分类号：I561.44

　　据斯威夫特原著《格列佛游记》译出。

1567

大人国游记／斯威佛特著；吴景新译

上海：世界书局，1932 年 9 月初版，1944 年 3 月再版

160 页；图；32 开 . —（世界少年文库）

主题：长篇小说—英国—近代

中图分类号：I561.44

　　系长编小说《格列佛游记》的一部分，即《大人国》。

1568

大人国与小人国／（英）史惠夫特
著；徐培人编译

成都：经纬书局，1947 年 5 月
初版

88 页；42 开

主题：长篇小说—英国—近代

中图分类号：I561.44

系长篇小说《格列佛游记》
的第一部分，即《小人国》。

1569

大伟人威立特传／斐尔丁著；伍光
建译

上海：商务印书馆，1926 年 12
月初版，1933 年 5 月国难后 1 版

192 页；32 开 . —（世界文学名
著）

主题：长篇小说—英国—近代

中图分类号：I561.44

含新奇可惊航海所遇的事、小
艇上大伟人的行为、英雄遇救、漂
流海上的结局等内容。

1570

大战随军记／（美）欧尼·派尔
著；于熙俭译

［上海］：正中书局，1948 年 6 月
初版

364 页：图；32 开

主题：报告文学—美国—现代

中图分类号：I712.55

据《军人魂》和《最后一章》
二书编译而成。前者记述了第二次
世界大战的欧洲战场，后者记述太
平洋战场的战况。全书包括西非、
西西里、意大利、在英国、法国及
太平洋等 6 篇。

1571

到灯塔去 / Virginia Woolf 原著；谢
庆垚译述

重庆：商务印书馆，1945 年 11
月初版

62 页；36 开 . —（中英文化协
会文艺丛书）

上海：商务印书馆，1946 年 5 月
上海初版

62 页；32 开 . —（中英文化协
会文艺丛书）

主题：长篇小说—英国—现代

中图分类号：I561.45

小说以到灯塔去为贯穿全书的
中心线索，写了拉姆齐一家人和几
位客人在第一次世界大战前后的片
段生活经历。战后，拉姆齐先生携
带一双儿女乘舟出海，终于到达
灯塔。

1572

东 方 的 撤 退 ／ 加 拉 格 尔
（O. D. Gallagher）著；张冀声译

重庆：五十年代出版社，1943 年
6 月初版，1944 年 2 月再版

163 页；32 开 . —（世界大战插曲丛刊）

主题：报告文学—英国—现代

中图分类号：I561.55

报告文学。报道第二次世界大战中新加坡、缅甸、仰光等地英军撤退经过。

1573

对马／（苏）普里波衣著；梅雨译

上海：引擎出版社，1937 年 4 月至 7 月初版

2 册（323，504 页）：冠像；32 开

主题：长篇小说—苏联—现代

中图分类号：I512.45

长篇历史小说。包括航程、绕过好望角、马达加斯加、舰队东航、第一次大战、苦战及溃逃等内容。

1574

对马／（苏）普里波衣著；梅雨译

上海：新知书店，1946 年 12 月沪版

2 册（322，504 页）：图；32 开 . —（新世纪文学译丛）

主题：长篇小说—苏联—现代

中图分类号：I512.45

长篇历史小说。内容同 1937 年 4 月引擎出版社版《对马》。

1575

对马，又名，日本海海战／（苏）普里波衣著；梅雨译

［桂林］：新知书店，1941 年 2 月再版

2 册（322，504 页）：冠像；32 开

主题：长篇小说—苏联—现代

中图分类号：I512.45

长篇历史小说。内容同 1937 年 4 月引擎出版社版《对马》。

1576

俄德西冒险记／谢六逸编

上海：商务印书馆，1926 年 6 月初版，1928 年 5 月再版

94 页；32 开 . —（世界少年文学选集）

主题：史诗—古希腊

中图分类号：I545.22

据古希腊诗人荷马的著名史诗《奥德赛》缩写。《奥德赛》描写了奥德修斯 10 年海上漂泊中最后 40 天的事情：奥德修斯历尽艰险最后到达斯刻里亚岛，受到国王菲埃克斯的隆重接待，酒席间应邀讲述他遇风暴、遇独目巨人、遇风袋、遇女妖、遭雷击等海上经历。

1577

俄罗斯儿童故事／（苏）屠格涅夫等著；宋易译述

上海：儿童书局，1931 年 5 月

初版

3 册：图；32 开

主题：童话—苏联—近代

中图分类号：I512.88

收儿童故事 9 篇。包含《海龙王与聪慧的华西利莎》、《海公主玛利亚》等内容。

1578

俄罗斯浪游散记 ／ （苏） 高尔基撰；耿济之译

上海：开明书店，1943 年 11 月初版，1947 年 3 月 3 版

644 页；32 开

主题：短篇小说—苏联—现代

中图分类号：I512.45

包括《海行》、《轮船上》等短篇小说 29 篇。以及《女郎与死神》、《关于埃伦特库西公爵夫人的歌谣》2 首诗。

1579

俄罗斯名家短篇小说集 ／ 普希金等著；沈颖等译

北京：新中国杂志社，1920 年 7 月初版

274 页：冠像；25 开

主题：小说—俄罗斯—近代—选集

中图分类号：I512.44

普希金等 7 人的短篇小说 9 篇。包含斯塔纽科维奇的《舰头琐语》（安寿颐译）、《一瞥》（康雍译）。

1580

恶之华掇英 ／ 波特莱尔著；戴望舒译

上海：怀正文化社，1947 年 3 月初版

100 页；32 开 . —（怀正文艺丛书）

主题：诗歌—法国—近代—选集

中图分类号：I565.24

收入《信天翁》、《人和海》等 24 首短诗。卷首有梵乐希的评论《波特莱尔的位置》一文。

1581

二十年海上历险记 ／ （美）佐趣·利托著；曾宗巩译

上海：商务印书馆，1937 年 5 月初版

160 页；32 开

主题：长篇小说—美国—现代

中图分类号：I712.45

包含决计出海、领略风涛、海洋遇敌、海岛猎捕海豹、船抵广东黄埔、航抵爪哇、好望角洋面遭遇风暴等内容。

1582

二十年海上历险记续编 ／ （美）佐趣·利托著；曾宗巩译

上海：商务印书馆，1937 年 5 月
初版，1938 年 5 月长沙再版

176 页；32 开

主题：长篇小说—美国—现代

中图分类号：I712.45

包含船艘航抵比奴亚利被人没
收、船在比斯开湾被掳之情形、船
在海岸角遇风状况、阿波多海口触
礁获救、南冰洋贸易中途遇险等
内容。

1583

飞岛游记／威斯佛特著；吴景新译

上海：世界书局，1932 年 11 月
初版；1933 年 4 月再版

150 页：图；32 开 . —（世界少
年文库）

主题：长篇小说—英国—近代

中图分类号：I561.44

据斯威夫特原著《格列佛游
记》译出。主人公第三次航行遇
到了海盗，海盗将他放在独木舟上
自生自灭，他漂流到了飞岛国，在
岛上住了 5 年 6 个月后，他回到了
大陆。

1584

坟场／（苏）高尔基著；史杰译

［出版地不详］：［出版者不详］，
1936 年 8 月出版

320 页：冠像；32 开

主题：文学—作品—俄罗斯—近

代—选集

中图分类号：I512.14

所收作品与 1933 年 10 月生活
书店版《高尔基创作选集》相同。
史杰系瞿秋白的笔名。

1585

福尔摩斯侦探案全集 . 第七册／
［（英）柯南道尔原著］；［严独鹤
译］

上海：中华书局，1916 年 5 月初
版，8 月再版，1936 年 3 月 20 版

主题：侦探小说—英国—现代—
选集

中图分类号：I561.45

包含《海军密约》、《希腊舌
人》、《悬崖撒手》等 4 篇小说。

1586

拊掌录：滑稽小说／（美）华盛
顿·欧文原著；林纾，魏易译

上海：商务印书馆，1907 年 2 月
初版，1915 年 10 月 4 版

76 页；32 开 . —（说部丛书）

上海：商务印书馆，1914 年 6 月
初版

76 页；32 开 . —（林译小说丛
书）

上海：商务印书馆，1924 年 6 月
3 版

75 页；50 开 . —（小本小说）

上海：商务印书馆，1933 年 12

月初版

77 页；36 开 . —（万有文库）

主题：短篇小说—美国—近代—选集

中图分类号：I712.44

短篇小说集。包括《李迫大梦》、《睡洞》、《欧文记英伦风物》、《海程》等 10 篇。

1587

拊掌录：滑稽小说／（美）华盛顿·欧文原著；林纾，魏易译

上海：商务印书馆，1925 年 4 月初版，1932 年 9 月国难后 1 版

45，77 页：图；32 开 . —（新学制中学国语文科补充读本）

重庆：商务印书馆，1945 年 1 月渝 1 版

39，66 页；36 开 . —（中学国语文科补充读本）

主题：短篇小说—美国—近代—选集

中图分类号：I712.44

本书为林译《拊掌录》的校注本，内容同 1907 年 2 月上海商务印书馆版《拊掌录》。

1588

拊掌录，一名，欧文见闻记／（美）华盛顿·欧文著；王慎之译

上海：启明书局，1938 年 10 月初版，1940 年 8 月 3 版

136 页；36 开 . —（世界文学名著）

主题：短篇小说—美国—近代—选集

中图分类号：I712.44

1907 年 2 月上海商务印书馆版《拊掌录》的另一译本。

1589

复国轶闻／（英）波士俾原著；商务印书馆编译所译述

上海：商务印书馆，1914 年 4 月再版

93 页；32 开 . —（说部丛书）

主题：中篇小说—英国—近代

中图分类号：I561.44

航海小说。

1590

高尔基创作选集／（苏）高尔基著；萧参译

上海：生活书店，1933 年 10 月初版

36，310 页：冠像；32 开

主题：文学—作品—俄罗斯—近代—选集

中图分类号：I512.14

收《海燕》、《同志》、《坟场》等 7 篇作品。萧参系瞿秋白的笔名。

1591

高尔基创作选集 ／（苏）高尔基著；瞿秋白译

[出版地不详]：八路军军政杂志社，1942 年 11 月初版

261 页；36 开

主题：文学—作品—俄罗斯—近代—选集

中图分类号：I512.14

　　所收作品与 1933 年 10 月生活书店版《高尔基创作选集》相同。

1592

高尔基创作选集 ／（苏）高尔基著；瞿秋白译

上海：生活书店，1946 年 7 月胜利后 1 版

361 页；32 开

大连：三联书店，1949 年 9 月大连 1 版

361 页；32 开

主题：文学—作品—俄罗斯—近代—选集

中图分类号：I512.14

　　收《海燕》、《马尔华》等 10 篇作品。

1593

高尔基选集．第四卷，诗歌 ／（苏）高尔基著；周天民，张彦夫编选

上海：世界文化研究社，1936 年 9 月初版，1940 年 11 月版

250 页；32 开

主题：高尔基，M. —选集

中图分类号：I512.14

　　诗歌、散文、书简合集。收《太阳升起也降落》（孟十还译）、《海燕》（萧参译）等 20 篇。

1594

高尔基作品选 ／ 高尔基著；汪仑编选

上海：良友图书印刷公司，1937 年 2 月初版

720 页；32 开

上海：惠民书店，1949 年 7 月初版

711 页；32 开

主题：文学—作品—俄罗斯—近代—选集

中图分类号：I512.14

　　收《拆尔卡士》（宋桂煌译）、《海燕》（萧参译）、《筏上》（徐霞村译）等 14 篇短篇小说和诗歌。

1595

高加索民间故事 ／（德）狄尔（A. Dirr）著；郑振铎译

上海：商务印书馆，1928 年 6 月出版

240 页；32 开

主题：民间故事—高加索—选集

中图分类号：I512.73

收《渔夫的儿子》、《乞丐》、《红色鱼》等31篇民间故事。《红色鱼》讲述发生在巴伦支海的海湾白海的红色鱼传说。

1596

歌德小曲集／（德）歌德原著；罗贤译

　　重庆：四维出版社，1946年1月初版

　　147页；32开

　　主题：诗歌—德国—近代—选集

　　中图分类号：I516.24

　　诗歌集。包含《海的静止》、《幸福的航路》、《勇气》等短诗80多首。

1597

格里佛游记.卷一／（英）斯伟夫特著；韦丛芜译

　　北平：未名社出版部，1928年9月初版，1929年3月再版

　　147页：图；32开．—（未名丛刊）

　　主题：长篇小说—英国—近代

　　中图分类号：I561.44

　　1914年商务印书馆版《海外轩渠录》的另一译本。

1598

格列佛游记／斯惠佛特著；徐蔚森译

　　上海：启明书局，1936年4月初版，5月再版，1937年1月再版，3月3版

　　90页；32开．—（世界文学名著）

　　主题：长篇小说—英国—近代

　　中图分类号：I561.44

　　系长编小说《格列佛游记》的前二部，即《小人国》、《大人国》。

1599

格列佛游记／（英）史惠甫脱原著；范泉缩写

　　上海：永祥印书馆，1948年4月初版，8月再版，9月3版，10月4版，1949年2月5版

　　112页：图；36开．—（少年文学故事丛书）

　　主题：长篇小说—英国—近代

　　中图分类号：I561.44

　　系长篇小说《格列佛游记》的前二部，即《小人国》、《大人国》的缩写本。

1600

格列佛游记／绥夫特著；张健译

　　上海：正风出版社，1948年11月初版

　　292页：图；32开．—（世界文学杰作丛书）

　　主题：长篇小说—英国—近代

中图分类号：I561.44

长篇小说。1914 年商务印书馆版《海外轩渠录》的另一译本。

1601

格列佛游记续集 / 威斯佛特著；易寒译

上海：启明书局，1939 年 1 月初版，4 月再版

102 页；32 开

主题：长篇小说—英国—近代

中图分类号：I561.44

据斯威夫特原著《格列佛游记》的第三、四部分。

1602

庚子外记 /（法）毕耶尔·洛谛著；允若译

南京：正中书局，1932 年 11 月初版

180 页；32 开

主题：通讯—法国—近代—选集

中图分类号：I565.54

包括《到黄海》、《在宁海》、《到北京去》、《在帝城里》、《春日的北京》、《到皇城去》、《北京的最后勾留》等 7 篇。系作者 1900 年 9 月至 1901 年 5 月随侵华法军到中国后为巴黎一家报纸写的通讯。

1603

海 / 巴金等译

上海：中流书店，1941 年 5 月初版

209 页；32 开 . —（世界文学丛刊）

主题：短篇小说—苏联—近代—选集

中图分类号：I512.44

短篇小说集。收《穷苦的人们》（雅珂芙莱夫著，鲁迅译）、《海》（赫尔岑著，巴金译）、《春节》（库普林著，叶灵凤译）等 11 篇。

1604

海岛奇遇 / C. B. Rutley 原著；张梦麟译

上海：中华书局，1948 年 4 月初版

94 页；32 开 . —（中华少年丛书）

主题：儿童文学—故事—英国—现代

中图分类号：I561.85

儿童历险小说。

1605

海底的战士 / 普里波衣；包之静译

上海：上海杂志公司，1940 年 3 月初版

253 页；32 开

主题：长篇小说—苏联—现代

中图分类号：I512.45

海洋军事小说。

1606

海妇 / 易卜生著；沈子复译

上海：永祥印书馆，1948 年 6 月
初版，11 月再版

114 页；32 开 . —（易卜生选
集）

主题：话剧剧本—挪威—近代

中图分类号：I533.34

五幕剧。内容与 1920 年 11 月
商务印书馆版《海上夫人》相同。

1607

海国男儿 / 马洛著；适夷译

上海：建文书店，1947 年 7 月
初版

387 页；32 开 . —（世界少年文
学名著）

主题：长篇小说—法国—现代

中图分类号：I565.45

长篇小说。1946 年 5 月燎原
书屋版初版题名为《海上儿女》。

1608

海魂 /（苏）梭波列夫著；白寒译

上海：时代书报出版社，1946
年版

35 页；图；32 开

主题：短篇小说—苏联—现代

中图分类号：I512.45

小说以写实手法描写了一群英

勇作战的苏维埃海军。作者是当时
苏联显赫的海洋小说作家之一。

1609

海军 / 岩田丰雄著；洪洋译

上海：申报馆，1945 年 5 月初版

270 页；32 开

主题：长篇小说—日本—现代

中图分类号：I313.45

长篇小说。含青春、立志、军
人班、海龟、风波鲨鱼、海军画
家、樱与锚、血与泪、宿愿、雷
雨、近来的青年等内容。

1610

海军联盟 /（英）柯南道尔著；小
隐译述

上海：育才书局，1946 年 11 月
初版

99 – 206 页；32 开 . —（福尔摩
斯新探案）

主题：侦探小说—英国—现代—
选集

中图分类号：I561.45

侦探小说集。包含《海军联
盟》、《希腊翻译》、《最后一案》
等 6 篇小说。

1611

海寇 / 吉尔勃特（W. S. Gilbert）
著；刘漫孤译

上海：高圯书发行，1934 年 6 月

初版

114 页；32 开

主题：歌剧—剧本—英国—近代

中图分类号：I561. 34

两幕歌剧。讲述海盗的生活。为 1928 年国际学术书社版《沛生斯的海盗》不同译本。

1612

海上儿女 ／（法）艾克脱·马洛著；适夷译

上海：燎原书屋，1946 年 5 月初版

311 页；32 开

主题：长篇小说—法国—现代

中图分类号：I565. 45

长篇小说。包含怒海英灵、海岛喘息、岛上之家、梦想之港、海上英雄等内容。

1613

海上夫人 ／（挪）易卜生著；杨熙初译

上海：商务印书馆，1920 年 11 月初版，1926 年 12 月 4 版

194 页；32 开 . —（共学社文学丛书）

主题：话剧剧本—挪威—近代

中图分类号：I533. 34

五幕剧。该剧同时囊括了爱情、死亡和海洋这三个主题，探索人类与海洋的关系。

1614

海上历险记 ／ 爱伦坡著；焦菊隐译

上海：晨光出版公司，1949 年 3 月初版

254 页：冠像；36 开 . —（晨光世界文学丛书）

主题：长篇小说—美国—现代

中图分类号：I712. 45

讲述了主人公皮姆漂泊到南极的冒险故事，反映了书中主要人物的机智、勇敢、积极进取和大胆探索的精神。

1615

海上英雄：短篇小说选 ／（苏）卡达耶夫等著；水夫等译

上海：时代书报出版社，1946 年 7 月初版，1948 年 7 月再版

112 页；32 开

主题：短篇小说—苏联—现代—选集

中图分类号：I512. 45

收以苏联卫国战争中的海军为题材的小说 8 篇。包括《白色快艇》、《远航》、《丰功伟绩》、《潜艇队的菲伽》等。

1616

海外奇谈 ／ 赵馀勋译述

上海：少年书局，1933 年 10 月初版

94 页：图；32 开 . —（少年文艺
名著）

主题：儿童文学—故事—德国—
现代—选集

中图分类号：I516.85

　　本书原名《闵喜豪生男爵的
自述》，包括《俄国旅行》和《环
球旅行》两编。另附《鹰背旅行》
一篇。

1617

海外轩渠录 ／（英）斯威佛特原
著；林纾，魏易译述

　　上海：商务印书馆，1914 年 4 月
再版

　　[120] 页；32 开 . —（说部丛
书）

　　上海：商务印书馆，1914 年 6 月
初版

　　[120] 页；32 开 . —（林译小说
丛书）

　　主题：长篇小说—英国—近代

　　中图分类号：I561.44

　　袭用航海冒险小说的模式叙述
主人公格列佛在海上漂流的一系列
奇遇：数次航海遇险，漂流到小人
国、大人国、飞岛国和慧骃国几个
童话式国家的遭遇和见闻。

1618

海外轩渠录 ／ J. 斯威佛特著；林
纾，魏易译

　　上海：商务印书馆，1933 年 12
月初版

　　98 页；36 开 . —（万有文库）

　　主题：长篇小说—英国—近代

　　中图分类号：I561.44

　　1914 年商务印书馆版《海外
轩渠录》的另一译本。

1619

海卫侦探案 ／（英）模利孙原著；
商务印书馆编译所译述

　　上海：商务印书馆，1914 年 4 月
再版

　　177 页；32 开 . —（说部丛书）

　　主题：侦探小说—英国—选集—
近代

　　中图分类号：I561.44

　　收《医生冤》、《船主毙命》、
《癫人》、《秘密鱼雷图》、《雕
璧》、《华德里礼堂》等 8 篇侦探
小说。

1620

海燕 ／ 高尔基著；陈节译

　　桂林：文学出版社，1943 年 9 月
初版

　　224 页；36 开

　　主题：文学—作品—俄罗斯—近
代—选集

　　中图分类号：I512.14

　　收诗歌《海燕》和短篇小说
《坟场》、《马尔华》等作品，共

7 篇。

1621

海战／（日）丹羽文雄著；吴志清
译述

上海：大陆新报社，1943 年 7 月
出版

84 页：图；32 开

主题：报告文学—日本—现代

中图分类号：I313.65

报告文学（节译本）。记述日
本海军与英美舰队在所罗门群岛作
战的经过。卷首有小泉让的《记
〈海战〉及其作者丹羽文雄》一文。

1622

寒涛飞溅／基李连柯著；磊然译

上海：时代书报出版社，1948 年
3 月初版，8 月再版

106 页；32 开

主题：报告文学—苏联—现代

中图分类号：I512.55

报告文学。基李连柯是苏联轮
船"柯拉"号上的无线电信员。
"柯拉"号于 1943 年 2 月在东海
被不知名潜艇击沉，全体船员与乘
客仅 4 人获救。

1623

航海复仇记／（英）铿斯莱
（Charles Kinsley）原著；甘永龙译

上海：中国图书公司和记，1917

年 5 月初版

4 册；32 开

主题：长篇小说—英国—近代

中图分类号：I561.44

航海小说。

1624

航海少年／Tom Bevan 原著；张梦
麟译

上海：中华书局，1947 年 10 月
初版

118 页；32 开 . —（中华少年丛
书）

主题：儿童文学—中篇小说—英
国—现代

中图分类号：I561.84

包含克雷船长、出发、海上生
活、一叶孤舟、海盗、东印度群
岛、爱丽斯尼克尔森号等内容。

1625

好望号／（荷）海哲曼斯（Herman
Heijer mans）著；袁俊译

上海：国讯书店，1944 年 3 月
出版

132 页；32 开 . —（国讯文艺丛
书）

主题：多幕剧—荷兰—近代

中图分类号：I563.34

该剧讲述了一个港口小镇、在
小镇经营的渔业公司及在此居住的
水手们的生活。

1626

黑水手／康拉德著；袁家骅译

上海：商务印书馆，1936 年 1 月初版

19，203 页：图；28 开

主题：中篇小说—英国—现代

中图分类号：I561.45

是康拉德著名的"海洋小说"的代表作之一。黑人新水手惠特一上船就病倒在床，对整个航行没有出过一点力，却处处表现出"暴躁和怯懦"。最后，惠特死在船上。海员们为他举行了水葬，惠特的尸体刚一掉在海里，海面上就刮起了一阵怪风，此后一切正常，"水仙号"抵达英国，海员们登陆后四散而去。

1627

红海的秘密／（法）H. 德·孟佛莱（H. de Monfreid）著；陈占元译

福建永安：改进出版社，1941 年 9 月初版

99 页；32 开 . —（现代青年丛刊）

主题：中篇小说—法国—现代

中图分类号：I565.45

讲述了主人公在红海航海、采集珍珠等活动，包含初次接触红海、鸭地、沉舟、逃亡等内容。

1628

红海的秘密／蒙佛雷特（H. de Monfreid）著；陈占元译

桂林：明日社，1943 年 5 版

120 页；42 开 . —（峨眉丛书）

主题：中篇小说—法国—现代

中图分类号：I565.45

本书与 1941 年 9 月福建永安改进出版社版《红海的秘密》内容相同，为同一原著的不同译本。

1629

红雀：小川未明童话集／（日）小川未明著；张晓天译

上海：新中国书局，1932 年 1 月初版，1932 年 9 月再版

168 页；50 开

主题：童话—作品集—日本—现代

中图分类号：I313.88

收《红雀》、《月夜与眼镜》、《星·花·小鸟》、《捉了的铃虫》、《嫩芽》、《从海来的天使》、《赤船与燕》、《轻气球的故事》、《黑影》、《大地回春》等 17 篇童话。

1630

红翼东飞／（苏）彼得·拍夫朗诃原著；叶灵凤译

重庆：大时代书局，1940 年 3 月初版，4 月再版

252 页；32 开

主题：长篇小说—苏联—现代

中图分类号：I512.45

　　长篇小说。包含海参崴的攻击、国境的空战、国境的陆战及海战等内容。

1631

红翼东飞／（苏）P. 拍夫朗诃著；灵凤译

　　重庆：大时代书局，1941 年 1 月初版，1942 年 11 月再版

　　234 页；32 开

　　主题：长篇小说—苏联—现代

　　中图分类号：I512.45

　　长篇小说。1940 年 3 月大时代书局版译者署名叶灵凤。

1632

华生包探案：侦探小说／（英）[柯南道尔] 著；商务印书馆编译所译述

　　上海：商务印书馆，1906 年 4 月初版，1914 年 4 月再版

　　120 页；32 开 . —（说部丛书）

　　上海：商务印书馆，1911 年 4 月初版，1920 年 11 月 5 版

　　118 页；50 开 . —（小本小说）

　　主题：侦探小说—英国—现代—选集

　　中图分类号：I561.45

　　短篇侦探小说集。收入《哥利亚司考得船案》、《银光马案》、

《旅居病夫案》等 6 篇小说。

1633

荒岛孤童记／马理溢德著；无闷居士译

　　上海：世界书局，1923 年 8 月订正再版

　　2 册（152，126 页）；32 开

　　主题：儿童文学—长篇小说—英国—近代

　　中图分类号：I561.84

　　长篇历险小说。包含荒岛、海舶、航海、沉没、参豹、捕鲸等内容。

1634

激流／康拉脱著；鲁丁译

　　上海：朔风书店，1941 年 7 月初版

　　239 页；32 开 . —（朔风文学丛书）

　　主题：长篇小说—英国—现代

　　中图分类号：I561.45

　　包含海的热恋、在暴风雨中、一个法国少尉、荒岛行、深入腹地、激流中的海盗、仇敌相见、谜样的结局等内容。

1635

吉姆爷／康拉德著；梁遇春，[袁家骅] 译

　　上海：商务印书馆，1934 年 3 月

初版

13，366 页；28 开

主题：长篇小说—英国—现代

中图分类号：I561.45

　　主人公吉姆在帕特纳号做大副。满载乘客帕特纳号将要沉没时，虽然他决意和一船乘客共患难，但在最后的关键时刻他还是选择了逃生。后为逃避舆论，和一群几乎与世隔绝的土著人和睦相处。

1636

加力比斯之月／（美）奥泥尔原著；古有成译述

　　上海：商务印书馆，1930 年 12 月初版

255，10 页；32 开 . —（世界文学名著）

　　上海：商务印书馆，1933 年 9 月国难后 1 版

258 页；32 开 . —（世界文学名著）

主题：独幕剧—剧本—美国—现代—选集

中图分类号：I712.35

　　独幕剧集。包含《月夜》、《航路上》、《战线内》、《一条索》等 7 篇。

1637

杰克航海记／兰溪闲人译

　　上海：中国图书公司和记，1917

年 6 月初版

95 页；32 开

主题：中篇小说—英国—近代

中图分类号：I561.44

　　中篇探险小说。据译者叙称为英国海军中人所著，叙述英国海军事颇详，通过该书可略知英国海军情形。

1638

金银岛／司的反生著；商务印书馆编译所译

　　上海：商务印书馆，1914 年 4 月再版

85 页；32 开 . —（说部丛书）

主题：长篇小说—英国—近代

中图分类号：I561.44

　　小说描写了敢作敢为、机智活泼的少年吉姆·霍金斯发现寻宝图的过程以及他如何智斗海盗，历经千辛万苦，终于找到宝藏并胜利而归的惊险故事。

1639

金银岛／史蒂芬孙著；丁留馀译

　　上海：世界书局，1933 年 3 月初版

2 册（410 页）：图；32 开 . —（世界少年文库）

主题：长篇小说—英国—近代

中图分类号：I561.44

　　1914 年商务印书馆版《金银

岛》的另一种译本。

1640

金银岛／史蒂文孙著；何梦雷译

上海：启明书局，1936 年 5 月初版，1937 年 3 月 3 版

162 页；32 开 . —（世界文学名著）

主题：长篇小说—英国—近代

中图分类号：I561.44

1914 年商务印书馆版《金银岛》的另一种译本。

1641

金银岛／史蒂芬孙著；黄海鹤译

昆明：中华书局，1940 年 8 月初版

254 页；32 开 . —（世界少年文学丛书）

主题：长篇小说—英国—近代

中图分类号：I561.44

1914 年商务印书馆版《金银岛》的另一种译本。

1642

旧俄小说名著／施落英编纂

上海：启明书局，1937 年 6 月初版；7 月再版

190 页；32 开 . —（世界文学短篇名著丛刊）

主题：短篇小说—苏联—近代—选集

中图分类号：I512.44

短篇小说集。收《盗马者》（柴霍甫著，效洵译）、《海公主与渔人》（爱罗先珂著，惠林译）等 17 篇。

1643

克利米战血录／（俄）托尔斯泰著；朱世溱译

上海：中华书局，1917 年 5 月初版，1930 年 11 月再版

104 页；32 开

上海：中华书局

104 页；32 开 . —（小说汇刊）

主题：短篇小说—苏联—近代—选集

中图分类号：I512.44

短篇小说集。即《塞瓦斯托波尔故事》，是关于苏军为保卫黑海舰队主要基地塞瓦斯托波尔与德军进行惨烈防御战的短篇小说集。

1644

空中女英雄／（苏）M. 斯里帕纳夫著；叶菡等译

［上海］：海燕出版社，1939 年 11 月初版

124 页；32 开 . —（时代译文丛刊）

主题：短篇小说—苏联—近代—选集

中图分类号：I512.44

短篇小说集。收《空中女英雄》（斯里帕纳夫）、《英勇的舰队》（诺维柯夫·普列鲍依）等8篇。

1645

空中女英雄／（苏）M. 斯里帕纳夫著；叶菡等译

　　上海：海燕出版社，1945 年 9 月初版

　　115 页；36 开 . —（时代译文丛刊）

　　主题：短篇小说—苏联—近代—选集

· 中图分类号：I512.44

　　短篇小说集。收《空中女英雄》（斯里帕纳夫）、《英勇的舰队》（诺维柯夫·普列鲍依）等 7 篇短篇小说。

1646

流犯馀生记／（法）贝朋诺（Rene Beldenoit）著；黄嘉音译

　　上海：西风社，1948 年 1 月初版；6 月再版

　　206 页；32 开

　　主题：回忆录—法国—现代

　　中图分类号：I565.55

　　本书是一个法国犯人在南美洲北部的几安那岛度过十五年流放生活的自述。

1647

鲁滨孙飘流记／达孚（D. Defoe）著；林纾，曾宗巩译述

　　上海：商务印书馆，1914 年 4 月再版

　　2 册（132，129 页）；32 开 . —（说部丛书）

　　上海：商务印书馆，1914 年 6 月初版

　　2 册（132，129 页）；32 开 . —（林译小说丛书）

　　上海：商务印书馆，1914 年 11 月初版，1917 年 4 月再版，1923 年 7 月 5 版

　　2 册（130，127 页）；50 开 . —（小本小说）

　　上海：商务印书馆，1933 年 12 月初版，1939 年 12 月简编版

　　216 页；36 开 . —（万有文库）

　　重庆：商务印书馆，1945 年 3 月渝 1 版

　　180 页；32 开 . —（汉译世界名著）

　　主题：长篇小说—英国—近代

　　中图分类号：I561.44

　　现实主义回忆录式冒险小说。作者受一个苏格兰水手海上遇险的经历启发而写成的。包含鲁滨孙初出茅庐，最初三次航海的经过及其在巴西经营种植园的情况；鲁滨孙流落荒岛独居 28 年的种种情景；鲁滨孙回国后的命运及这个海岛未

来的发展趋向。

1648

鲁滨孙飘流记 / ［达孚（D. Defoe）著］；严叔平译

上海：崇文书局，1921 年 6 月初版

2 册；32 开

主题：长篇小说—英国—近代

中图分类号：I561.44

　　1914 年商务印书馆版《鲁滨孙飘流记》的另一译本。

1649

鲁滨孙飘流记 / ［笛福（D. Defoe）著］；彭兆良译

上海：世界书局，1931 年 12 月初版，1934 年 3 月 3 版

2 册（421 页）：图；32 开 . —（世界少年文库）

主题：长篇小说—英国—近代

中图分类号：I561.44

　　1914 年商务印书馆版《鲁滨孙飘流记》的另一译本。

1650

鲁滨孙飘流记 / 狄福著；顾均正，唐锡光译

上海：开明书店，1934 年 10 月初版，1940 年 6 月 4 版，1948 年 6 月 10 – 11 版

174 页：图；32 开 . —（世界少

年文学丛刊）

主题：长篇小说—英国—近代

中图分类号：I561.44

　　1914 年商务印书馆版《鲁滨孙飘流记》的另一译本。

1651

鲁滨孙飘流记 / 笛福著；张葆庠译

上海：启明书店，1936 年 5 月初版，1949 年 3 月 3 版

209 页；32 开 . —（世界文学名著）

主题：长篇小说—英国—近代

中图分类号：I561.44

　　1914 年商务印书馆版《鲁滨孙飘流记》的另一译本。

1652

鲁滨孙飘流记 / 笛福著；徐霞村译

上海：商务印书馆，1937 年 3 月初版；4 月再版

17，296 页：图；25 开

上海：商务印书馆，1947 年 2 月 4 版

17，296 页：图；25 开 . —（新中学文库）

主题：长篇小说—英国—近代

中图分类号：I561.44

　　1914 年商务印书馆版《鲁滨孙飘流记》的另一译本。

1653

鲁滨孙飘流记／特福著；吴鹤声译

上海：雨丝社，1937 年 5 月初
版，1941 年 9 月 4 版

252 页；32 开 . —（大众丛书）

主题：长篇小说—英国—近代

中图分类号：I561.44

1914 年商务印书馆版《鲁滨
孙飘流记》的另一译本。

1654

鲁滨孙飘流记／笛福原著；范泉
缩写

上海：永祥印书馆，1948 年 4 月
初版，8 月再版，9 月 3 版，1949
年 2 月 5 版

88 页：图；36 开 . —（少年文学
故事丛书）

主题：长篇小说—英国—近代

中图分类号：I561.44

本书系据中译本改写的缩写本。

1655

鲁滨孙飘流记：全译本／笛福著；
汪原放译

上海：建文书店，1947 年 12 月
初版

18，673 页：图；32 开

主题：长篇小说—英国—近代

中图分类号：I561.44

1914 年商务印书馆版《鲁滨
孙飘流记》的另一译本。

1656

鲁滨孙飘流续记／（英）达孚原
著；林纾，曾宗巩译述

上海：商务印书馆，1914 年 4 月
再版

2 册（118，98 页）；32 开 . —
（说部丛书）

上海：商务印书馆，1914 年 6 月
初版

2 册（118，97 页）；32 开 . —
（林译小说丛书）

主题：长篇小说—英国—近代

中图分类号：I561.44

《鲁滨孙飘流记》的下部，写
的是鲁滨孙重返孤岛并进行环球冒
险的故事。

1657

鲁滨孙飘流续记／达甫著；殷雄
译述

上海：大通图书社，1937 年 6 月
初版

104 页；32 开 . —（世界名著译
本）

主题：长篇小说—英国—近代

中图分类号：I561.44

1914 年商务印书馆版《鲁滨
孙飘流续记》的另一译本。

1658

鲁滨逊归航记／白来潘恩著；周瘦

鹃译

上海：大东书局，1922 年 10 月
初版

83 页；32 开

主题：中篇小说—英国—近代

中图分类号：I561.44

　　航海冒险小说译文为文言体。

1659

旅伴／安徒生著；林兰等译

北京：新潮社，1924 年 10 月
初版

180 页；32 开

主题：童话—作品集—丹麦—
近代

中图分类号：I534.88

　　童话集。包含《小人鱼》、
《旅伴》等 11 篇童话。

1660

旅伴及其他／安徒生著；林兰译

上海：北新书局，1925 年 10 月
初版，1927 年 8 月再版

190 页；32 开

主题：童话—作品集—丹麦—
近代

中图分类号：I534.88

　　童话集。包含《小人鱼》、
《旅伴》等 12 篇童话。

1661

旅行述异：滑稽小说／（美）华盛

顿·欧文原著；林纾，魏易译

上海：商务印书馆，1907 年 6 月
初版，1915 年 10 月 3 版

2 册（113，111 页）；32 开 . —
（说部丛书）

上海：商务印书馆，1914 年 6 月
初版

2 册（113，111 页）；32 开 . —
（林译小说丛书）

主题：短篇小说—美国—近代—
选集

中图分类号：I712.44

　　包含《海盗诘德》、《记黑渔
者所遇》、《英人遇盗》等内容。

1662

马来血战记／华北学会翻译

北京：新民印书馆，1942 年 8 月
出版

42 页；24 开

主题：报告文学—日本—现代

中图分类号：I313.65

　　本书是一个日军作战主任参谋
讲述的日本侵略军在东南亚的
战况。

1663

马来亚的狂人／（奥）S. 褚威格
著；陈占元译

福建永安：改进出版社，1941 年
7 月初版

78 页；32 开 . —（现代文艺丛

刊）

主题：中篇小说—奥地利—现代

中图分类号：I521.45

中篇小说。讲述在一艘驶向欧洲的海轮上，一位医生回忆自己的一段往事。他为捍卫死者名誉不惜舍弃自己的生命，最后从船上纵身跳下和铅棺一起沉入海底。

1664

马来亚的狂人／（奥）士提芬·支维格著；陈占元译

桂林：明日社，1942 年 11 月版

100 页；36 开

主题：中篇小说—奥地利—现代

中图分类号：I521.45

中篇小说。1941 年 7 月改进社版《马来亚的狂人》的另一版本。

1665

卖淫妇／（日）叶山嘉树著；张我军翻译

［上海］：北新书局，1930 年 7 月初版

280 页：图；32 开

主题：短篇小说—日本—现代—选集

中图分类号：I313.45

短篇小说集。收《离别》、《洋灰桶里的一封信》、《没有劳动者的船》、《山崩》、《浚渫船》、《天的怒声》、《火夫的脸和水手的脚》、《捕鬼》等 11 篇短篇小说。卷首有作者小传。

1666

蛮陬奋迹记：冒险小说／（英）特来生著；商务印书馆编译所译述

上海：商务印书馆，1914 年 4 月再版

94 页；32 开 . —（说部丛书）

主题：中篇小说—英国—近代

中图分类号：I561.44

讲述一青年从印度前往英国途中，所乘之船遭遇风暴触礁，他漂流到南非的一个荒岛，并在此黑人族群的岛山开始了生活。

1667

美英日大战争／F. Eliot 著；刘华式译

［天津］：海事编译局，1932 年 12 月初版

354 页；32 开

主题：长篇小说—美国—现代

中图分类号：I712.45

包含夏威夷方面的战况、哇夫岛之陷落、美国舰队之苦恼海战、美国大舰队开始行动、太平洋岸之侵略战、道于和平之大海战等内容。

1668

孟加拉民间故事／（印度）戴伯诃

利（Lal Behari Day）著；许地山译

上海：商务印书馆，1929 年 11 月初版

315 页；32 开

上海：商务印书馆，1948 年 5 月 4 版

13，263 页；32 开

主题：民间故事—孟加拉国—选集

中图分类号：I354.73

收印度东孟加拉民间故事《死新郎》、《骊龙珠》、《三宝罐》、《罗刹国》、《鲛人泪》、《吉祥子》、《七母子》、《宝扇缘》等 22 篇民间故事。据 1912 年麦美伦公司的英文原本译述。

1669

秘密电光艇：科学小说／（日）押川春浪著；金石，褚嘉猷译述

上海：商务印书馆，1914 年 4 月再版

140 页；32 开 . —（说部丛书）

主题：科学幻想小说—日本—近代

中图分类号：I313.44

海洋军事小说。描写未来战争的小说，以日俄冲突为情节，有力地预言了 1904 年至 1905 年间的日俄之战。

1670

秘密军港／范况，张逢辰编译

上海：商务印书馆，1917 年 8 月初版

112 页；32 开 . —（说部丛书）

主题：长篇小说—英国—近代

中图分类号：I561.44

包含奇谍、炸桥、秘港、海线、电光摄影、破敌等内容。

1671

莫洛博士岛／威尔斯著；李林译，黄裳译

上海：文化生活出版社，1948 年 8 月初版，1949 年 4 月再版

221 页：图；28 开 . —（译文丛书）

主题：科学幻想小说—英国—近代

中图分类号：I561.44

讲述青年爱德华在船难时被一艘船救起，被船员弃在岛上，无意中发现岛的主人莫洛博士借由外科手术改造各种动物，并最终逃过动物袭击并逃出小岛的故事。

1672

木偶游海记／（意）雷巴地著；宋易译

上海：开明书店，1934 年 10 月初版，1939 年 6 月 3 版，1946 年 10 月 5 版，1948 年 11 月 7 版

166 页：图；32 开 . —（世界少年文学丛刊）

主题：童话—意大利—近代

中图分类号：I546.88

著者为意大利海洋生物学家，本书借皮诺曹海中遭遇描述了远海、近海的多种海洋生物。包含与海豚的谈话、海底奇遇记、在海中骑驴一回马、拜访老白鲸、到了北极等内容。

1673

牧猪奴 / 安徒生著；江曼如译

上海：世界书局，1933 年 5 月初版

162 页：图；32 开 . —（世界少年文库）

主题：童话—作品集—丹麦—近代

中图分类号：I534.88

童话集。包含《人鱼姑娘》、《牧猪奴》、《旅伴》等 6 篇童话。

1674

欧战速写 / 米奇，格莱布讷编；屯人译

重庆：五十年代出版社，1941 年 6 月初版，7 月再版

160 页；32 开 . —（五十年代翻译文库）

主题：报告文学—美国—现代

中图分类号：I712.55

收有关第二次世界大战的通讯报道。包含《撤退敦克尔克》、《轰炸鲁尔》、《护航》、《冲过封锁线》等 13 篇。

1675

沛生斯的海盗，或名，义务之仆 / 基葡特（W. S. Gilbert）著；徐培仁译

厦门：国际学术书社，1928 年 11 月初版

83 页；32 开

主题：歌剧—剧本—英国—近代

中图分类号：I561.34

两幕歌剧。讲述一位叫弗来洛克的青年作为学徒与一群仁慈的海鲨共同生活后。在年满 21 周岁之时，完成义务之责，结束了师徒关系。

1676

普式庚逝世百周年纪念集 / 中苏文化协会上海分会主编

上海：商务印书馆，1937 年 2 月初版

621 页：冠像；32 开

主题：文学—作品—俄罗斯—近代—选集

中图分类号：I512.14

内分 3 编，第 2 编收录孟十还等翻译的普希金的诗《恋歌》、《渔夫和鱼的故事》等 16 首。

1677

普式庚研究／（苏）A. 亚尼克斯德等著；茅盾等译；译文社编辑

上海：生活书店，1937 年 2 月初版

330 页：冠像；32 开

主题：普希金，A. S. —文学研究

中图分类号：I512. 064

书分上、下两编。上编是研究普式庚（今通译普希金）的论文，下编是普式庚的作品。

1678

企鹅岛／（法）佛郎士（Anatole Erance）原著；黎烈文译述

上海：商务印书馆，1935 年 9 月初版

4 册；32 开 . —（万有文库）

上海：商务印书馆，1935 年 11 月初版

23，412 页；32 开 . —（世界文学名著）

主题：长篇小说—法国—现代

中图分类号：I565. 45

采用童话的形式，通过描写企鹅岛国的一群企鹅的社会生活情况，影射了当时法兰西的黑暗社会现实。包含圣玛霭尔在冰海上航行、海军上将的失坠等内容。

1679

潜水舰的大活动／（日）广濑彦太著；哈汉仪译述

天津：海事编译局，1932 年 12 月出版

208 页；32 开

主题：长篇小说—日本—现代

中图分类号：I313. 45

长篇小说。系作者（日本海军上校）根据德国潜水舰某舰长的笔记写成。书末附《潜水舰问答》。

1680

青春／康拉特著；蒋学楷译

上海：南华图书局，1929 年初版

60，16 页；32 开

主题：中篇小说—英国—现代

中图分类号：I561. 45

讲述马洛的首次东方之旅。马洛在破旧的"圣地"号货船上任二副，他和同伴经历了水与火的洗礼，在"圣地"号遭到灭顶之灾后，全体水手分乘救生艇继续前进。马洛指挥最小的救生艇率先抵达陌生的海岸赢得了胜利。

1681

轻艇歼倭记／（美）［怀特］著；吴景荣译

重庆：时与潮社，1943 年 7 月初版

75 页；32 开 . —（时与潮译丛）

主题：特写（文学）—美国—现代

中图分类号：I712.55

特写。记述美国一队鱼雷艇在菲律宾痛击日本侵略者的故事。

1682

人鱼姑娘／叶芝译

上海：神州国光社发行所，1933 年 2 月初版

371 页：图；32 开

主题：神话—希腊—选集

中图分类号：I545.73

包含《美丽的国土》、《神的世界》、《阿林普斯山》、《火的力量》、《太阳神和太阴神》、《人鱼姑娘》等 24 篇古希腊神话故事。

1683

日本故事集／谢六逸译

上海：世界书局，1931 年 12 月初版

11，89 页：图；32 开

主题：民间故事—日本—选集

中图分类号：I313.73

收《桃太郎》、《猿与蟹》、《断舌雀》、《浦岛太郎》、《羽衣》、《开花翁》、《因幡的白兔》、《八首大蛇》、《黄泉》、《和尚的长鼻》等 10 篇民间故事。书前有译者"例言"，介绍本书所收各篇故事的来源等。

1684

日本海海战，又名，对马／（苏）普里波衣著；梅雨译

桂林：新知书店，1940 年 4 月再版

2 册（322，504 页）：冠像；32 开

主题：长篇小说—苏联—现代

中图分类号：I512.45

长篇历史小说。内容同 1937 年 4 月引擎出版社版《对马》。

1685

日本童话选集／（日）甲田正夫著；许达年译

上海：中华书局，1940 年 1 月初版，1945 年 12 月再版

232 页；32 开 . —（世界童话丛书）

主题：民间故事—日本—选集

中图分类号：I313.73

收《大国主命的传说》、《驱逐兄猾》、《到龙宫里去过的浦岛太郎》、《阿苏史和强盗》、《射箭的名手》、《葛叶狐》等 17 篇民间故事。

1686

日本现代剧选 . 第一集：菊池宽剧选／菊池宽著；田汉译

上海：中华书局，1924 年 12 月

初版，1925 年 11 月再版，1928
年 11 月 4 版，1930 年 9 月 5 版
104 页；50 开 . —（少年中国学
会丛书）
主题：剧本—日本—现代—选集
中图分类号：I313. 35
　　收《海之勇者》、《父归》、
《屋上的狂人》、《温泉场小景》等
4 部剧本。卷首有译者序言。

1687
日美太平洋大战 ／ 白华德
（H. C. Bywater）著；杨历樵等译
　上海：大公报社，1932 年 9 月
　初版
　358 页：图；25 开
　主题：长篇小说—英国—现代
　中图分类号：I561. 45
　　长篇军事小说。包含日美战争
的导线、日轮炸巴拿马、菲列滨海
战、关岛失守、日军窥瞰美岸、日
舰攻阿拉斯加、智取布琉群岛等
内容。

1688
日美战未来记／（日）福永恭助
著；金良本译
　［南京］：中央航空学校，1935 年
　4 月出版
　150 页：图；32 开
　主题：长篇小说—日本—现代
　中图分类号：I313. 45

日本军事小说。

1689
日苏未来大战记／（苏）班夫琳珂
著；碧泉译
　上海：大时代出版社，1937 年 10
　月初版，11 月再版
　58 页；32 开 . —（抗战小文库）
　主题：长篇小说—苏联—现代—
　缩写
　中图分类号：I512. 45
　　军事小说。包含空袭东京、苏
联空军基地被袭击、在国境的陆地
战及苏联潜水舰的活跃等内容。

1690
日苏未来大战记／（苏）班夫琳珂
著；史君译
　上海：国难研究社，1937 年 12
　月 3 版，
　72 页；36 开
　主题：长篇小说—苏联—现代—
　缩写
　中图分类号：I512. 45
　　本书由上海大时代出版社
1937 年 10 月初版，译者署名
碧泉。

1691
如此如此／（英）吉卜林著；张友
松译
　上海：开明书店，1930 年 11 月

初版；1931 年 4 月再版；6 月
3 版

225 页：图；32 开 . —（世界少
年文学丛刊）

主题：童话—英国—现代—选集
中图分类号：I561.88

　　童话集。原书共 12 篇，本书
选译其中的《鲸鱼的喉咙是怎么
长成的》、《拿海作游戏的盘蟹》
等 10 篇。

1692

瑞士家庭鲁宾孙 ／（瑞士）尉司
（David Wyss）著；甘棠译

　　上海：商务印书馆，1933 年 5 月
初版

　　2 册（127，122 页）：图；32
开 . —（世界儿童文学丛书）

　　主题：长篇小说—儿童文学—瑞
士—近代

　　中图分类号：I522.84

　　1905 年商务印书馆版《小仙
源》的另一译本。

1693

瑞士鲁滨孙家庭漂流记 ／ 彭兆良
译述

　　上海：世界书局，1933 年 2 月
初版

　　4 册：图；32 开 . —（世界少年
文库）

　　主题：长篇小说—儿童文学—瑞
士—近代

　　中图分类号：I522.84

　　1905 年商务印书馆版《小仙
源》的另一译本。

1694

瑞士鲁滨荪家庭飘流记 ／（瑞士）
大卫·威斯著；沈逸之译

　　上海：启明书局，1947 年 9 月
出版

　　178 页；36 开 . —（世界文学名
著）

　　主题：长篇小说—儿童文学—瑞
士—近代

　　中图分类号：I522.84

　　1905 年商务印书馆版《小仙
源》的另一译本。

1695

三公主：挪威民间故事集 ／（挪）
阿斯皮尔孙著；顾均正译

　　上海：开明书店，1930 年 4 月 3
版，1932 年 4 月 5 版

　　159 页：图；32 开 . —（世界少
年文学丛刊）

　　主题：民间故事—挪威
中图分类号：I533.73

　　据英译本传译，包含《三公
主》、《海水为什么咸》、《熊与狐
的故事》等 16 篇民间故事。

1696

三十柩岛 / 勒白朗著；徐卓呆译

上海：大东书局，1933 年 8 月 5 版

2 册；32 开 . —（亚森罗苹案全集）

主题：侦探小说—法国—现代

中图分类号：I565.45

　　侦探小说。包含一处海滩、沉船、逃离棺岛等内容。

1697

三隐士：托尔斯泰故事集 /（俄）托尔斯泰原著；杨时英译述

上海：启明书局，1941 年 8 月初版

73 页；36 开

主题：小说—苏联—近代—选集

中图分类号：I512.44

　　收《三隐士》、《王知道》、《伊拉斯》等 14 篇。

1698

桑鼎拜德航海遇险记 /（埃及）高米尔编著；马兴周译

上海：世界书局，1936 年 12 月出版

13，78 页：图；32 开 . —（阿拉伯故事丛书）

主题：民间故事—阿拉伯半岛地区

中图分类号：I371.73

阿拉伯民间故事。

1699

沙多霞 / 江布尔等著；黄药眠译

重庆：峨眉出版社，1944 年 6 月初版

80 页；42 开

主题：文学—作品—俄罗斯—近代—选集

中图分类号：I512.14

　　包含《我们都到海上去》（列·库玛赤）、《远帆》（莱蒙托夫）等内容。

1700

傻子旅行 /（美）马克·吐温著；刘正训译

上海：光明书局，1947 年 9 月初版

223 页；32 开 . —（世界少年文学丛刊）

上海：光明书局，1949 年 1 月再版

223 页；32 开 . —（少年文学丛刊）

主题：儿童文学—小说—美国—现代

中图分类号：I712.84

　　包含拔锚开船、葡萄牙风光、亚速尔群岛、地中海要塞直布罗陀、亚历山大利亚、归途等内容。

1701

珊瑚岛／巴兰太因（R. M. Ballan-
tyne）原著；徐应昶重述

上海：商务印书馆，1930 年 7 月
初版，1933 年 4 月国难后 1 版

121 页；32 开 . —（世界儿童文
学丛书）

上海：商务印书馆，1933 年 10
月初版

121 页；32 开 . —（小学生文
库）

主题：儿童文学—中篇小说—英
国—现代

中图分类号：I561.84

　　小说描写了三少年在南太平洋
珊瑚岛上的经历。岛上奇特的生物
景观迷住了三个孩子，但他们很快
就对食人者的暴行感到震惊和愤
怒，并不惜一切代价向受害者伸出
了救援之手，最后终于踏上了归乡
之途。

1702

商船"坚决号"／（法）维勒得拉
克原著；穆木天译

上海：创造社出版部，1928 年 10
月初版

110 页；36 开 . —（创造社世界
名著选）

主题：话剧剧本—法国—现代

中图分类号：I565.35

1703

蛇首／（美）亚塞李芙原著；丁宗
一，陈坚译

上海：中华书局，1917 年 7 月
出版

152 页；32 开

主题：侦探小说—美国—近代

中图分类号：I712.44

　　第 8 章故事发生在海船上，第
10 章讲克雷保护自己发明的鱼雷
模型的情节。

1704

神枢鬼藏录：侦探小说／（英）阿
瑟毛利森（Arthur Morrison）著；林
纾，魏易译

上海：商务印书馆，1913 年 12
月再版，1914 年 4 月再版

［134］页；32 开 . —（说部丛
书）

上海：商务印书馆，1914 年 6 月
初版

［134］页；32 开 . —（林译小说
丛书）

主题：短篇小说—英国—现代—
选集

中图分类号：I561.45

　　收《窗下伏尸》、《霍尔福德
遗嘱》、《断死人手》、《猎甲》、
《菲次鲁乙马圈》、《海底亡金》等
6 篇短篇小说。

1705

十五少年／（法）凡纳原著；远
生译

上海：世界书局，1931 年 12 月
初版，1933 年 2 月再版，1934 年
3 月 3 版，1937 年 3 月 6 版
220 页；32 开 . —（世界少年文
库）
主题：长篇小说—法国—近代
中图分类号：I565.44

1930 年 7 月世界书局版《十
五小豪杰》的另一译本。

1706

十五小豪杰／饮冰子，披发生译述

上海：世界书局，1930 年 7 月订
正 5 版
·182 页；32 开
主题：长篇小说—法国—近代
中图分类号：I565.44

冒险小说。据森田思轩的日译
本转译，共 18 回，前 9 回为饮冰
子（梁启超）译，后 9 回为披发
生（罗孝高）译。讲述一群孩子
为丰富假期生活决定乘坐帆船旅
行，船被风暴刮到了一个渺无人烟
的孤岛上。他们对海岛上的森林、
湖泊、河流、海湾等进行了多次探
察，了解了动植物状况，尝试驯化
野生动物并想尽各种办法回到自己
的祖国。

1707

十五小豪杰／焦士威尔奴著；梁启
超译

上海：中华书局，1936 年 3 月初
版，1937 年 6 月再版
46 页；32 开 . —（饮冰室专集）
主题：长篇小说—法国—近代
中图分类号：I565.44

本书为梁启超和罗孝高合译的
《十五小豪杰》前 9 回（即梁译部
分）。

1708

十五小豪杰／佛尔诺著；施落英译

上海：启明书局，1940 年 8 月初
版，1947 年 9 月 3 版
118 页；36 开 . —（世界文学名
著）
主题：长篇小说—法国—近代
中图分类号：I565.44

1930 年 7 月世界书局版《十
五小豪杰》的另一译本。

1709

十五小英雄／巴诺著；章士佼译

上海：激流书店，1946 年 10
月版
142 页；32 开
主题：长篇小说—法国—近代
中图分类号：I565.44

冒险小说。据森田思轩的日译
本转译。1930 年 7 月世界书局版

《十五小豪杰》的另一译本。

1710

世界一周／（日）渡边氏原著；商
务印书馆编译所译述

上海：商务印书馆，1914 年 4 月
再版

87 页；32 开 . —（说部丛书）

主题：中篇小说—日本—近代

中图分类号：I313.44

包含苦遭风横断大西洋，喜逢
雨初游新大陆；破阴谋镇定桑鸦船，
探奇习勾留巨人岛；遭恶病舟泛太
平洋，疗沈疴船停小吕宋等内容。

1711

水孩／查理斯·金斯莱著；王清
溪译

上海：儿童书局，1931 年 8 月
初版

373 页：图；32 开 . —（世界童
话名著）

主题：童话—英国—近代

中图分类号：I561.88

长篇童话。讲述了一个扫烟囱
的小男孩在仙女的引导下变成了水
孩子。包含往海里去、汤姆在海
里、龙虾和水獭等内容。

1712

水孩／金斯莱著；赖恒信，萧潞
峰译

上海：开明书店，1932 年 1 月
初版

195 页：图；32 开 . —（世界少
年文学丛刊）

主题：童话—英国—近代

中图分类号：I561.88

长篇童话。1931 年 8 月儿童
书局版《水孩》的另一译本。

1713

水孩子／金斯黎著；严既澄译

上海：商务印书馆，1947 年 6 月
初版

2 册（95 页）：图；32 开 . —（儿
童世界丛刊）

主题：童话—英国—近代

中图分类号：I561.88

长篇童话。1931 年 8 月儿童
书局版《水孩》的另一译本。

1714

水上／（法）莫泊桑著；章克标译

上海：开明书店，1928 年 5 月
初版

178 页；36 开

主题：游记—法国—近代

中图分类号：I565.64

莫泊桑驾乘他的"良友"号
游艇，沿地中海之滨做了一次短期
旅行，记录他每天的见闻和感想。

1715

水婴孩 / 金斯莱著；杨镇华译

上海：世界书局，1931 年 11 月初版，1933 年 3 月再版

140 页：图；32 开 . —（世界少年文库）

主题：童话—英国—近代

中图分类号：I561.88

长篇童话。1931 年 8 月儿童书局版《水孩》的另一译本。

1716

水婴孩 / 金斯莱著；应瑛译

上海：启明书局，1936 年 5 月初版、再版

48 页；32 开 . —（世界文学名著）

主题：童话—英国—近代

中图分类号：I561.88

长篇童话。1931 年 8 月儿童书局版《水孩》的另一译本。

1717

苏联红军英勇故事 /（苏）B. 里多夫等著

上海：永祥印书馆，1946 年 10 月初版，1949 年 11 月再版

183 页；32 开 . —（文学新刊）

主题：短篇小说—苏联—现代—选集

中图分类号：I512.45

苏联卫国战争故事集。收

《一个女射击手》（巴甫利青科）、《大海上的三昼夜》（科普杰也夫）等 9 篇。

1718

苏联名著概说 . 第一辑 / 苏联文艺选丛编辑委员会编纂

上海：大东书局，1949 年 6 月初版

252 页；25 开 . —（苏联文艺选丛）

主题：文学评论—苏联—现代

中图分类号：I512.065

收克雷莫夫的《油船德宾特号》等共 14 篇文章，《油船德宾特号》讲述了共青团组织让一艘船务混乱的油船重获新生，表现了船员的忠贞品质和忘我精神。

1719

苏联文学 / 高尔基等著；叶方明编

［重庆］：文风书店，1943 年版

145 页；32 开

主题：短篇小说—苏联—近代—选集

中图分类号：I512.44

短篇小说集。《穷苦的人们》（雅珂芙莱夫著，鲁迅译）、《海》（赫尔岑著，巴金译）等 9 篇。

1720

苏维埃人群像 / 铁霍诺夫等著

大连：大众书店，1946 年 6 月初版

190 页：图；32 开

佳木斯：东北书店，1948 年 1 月初版

146 页；32 开 . —（苏联文学丛书）

主题：短篇小说—苏联—现代

中图分类号：I512.45

短篇小说集。收《苏维埃人群像》（铁霍诺夫著，令译）、《海魂》（梭波列夫著，叶落译）等 4 篇。

1721

台风及其它 / 康拉德著；袁家骅译

上海：商务印书馆，1937 年 1 月初版

12，321 页；28 开

主题：短篇小说—小说集—英国—现代

中图分类号：I561.45

讲述了一艘运载着中国劳工的轮船在返回福州的途中对抗台风的故事。着重描写船长麦威沉着、冷静的指挥与船员们誓死捍卫轮船的拼搏精神。

1722

太平洋大战 / 鲍瓦特（H. C. Bywater）著；郎醒石，吴鹏飞译

上海：民智书局，1932 年 11 月初版

398 页：图；32 开

主题：长篇小说—英国—现代

中图分类号：I561.45

长篇军事小说。1932 年 9 月大公报社版《日美太平洋大战》的另一译本。

1723

太平洋风景线 / 格林威尔著；马宝星译

上海：光明书局，1939 年 4 月出版

166 页；32 开

主题：报告文学—英国—现代

中图分类号：I561.54

收美国会不会与日本开战、日苏军力的对比、英国在太平洋上的角逐等内容。

1724

太平洋战线：美日战争实录 /（美）海莱著

重庆：大公报馆，1945 年 5 月至 7 月初版

2 册（182，184 页）；32 开 . —（大公报小丛书）

主题：报告文学—美国—现代

中图分类号：I712.55

报告文学。记述了美日太平洋诸战事，包含中途岛海战、威克岛海战、珊瑚海大战、登陆瓜岛、所罗门海空战等内容。

1725

同志及其他 ／（苏）高尔基著；芳信译

[大连]：旅大中苏友好协会，1949 年 6 月初版

182 页；32 开 . —（友谊文艺丛书）

主题：文学—作品—俄罗斯—近代—选集

中图分类号：I512.14

收《海燕之歌》、《同志》等 7 篇诗歌和短篇小说。

1726

屠格涅夫散文诗集 ／（俄）屠格涅夫著；李岳南译

重庆：正风出版社，1945 年 6 月初版

98 页；36 开

主题：散文诗—苏联—近代—选集

中图分类号：I512.24

收《在海上》、《碧空的王国》、《我们仍然要战斗下去》等 39 首散文诗。其中《在海上》描述了作者从汉堡到伦敦的一段航海旅程。

1727

土与兵 ／（日）火野苇平著；金谷译

北京：东方书店，1939 年 1 月初版

88 页：图；32 开

主题：报告文学—日本—现代

中图分类号：I313.65

书信体报告文学。收信 7 封，记述日军在侵华战争中在杭州湾金山卫登陆前后的情况。

1728

讬尔斯泰小说 ／ 讬尔斯泰著；侯述先，郭大中译

广州：美华浸会印书局，1922 年 8 月初版

125 页；25 开

主题：小说—苏联—近代—选集

中图分类号：I512.44

短篇小说集。收《糊涂虫》、《三隐士》等 15 篇。

1729

托尔斯泰短篇小说集 ／ 托尔斯泰著；温梓川译

上海：女子书店，1933 年 6 月初版

140 页：冠像；50 开 . —（弥罗丛书）

主题：小说—苏联—近代—选集

中图分类号：I512.44

短篇小说集。收《鸡蛋般大的谷子》、《三隐士》等 8 篇。

1730

托尔斯泰童话集／（苏）托尔斯泰著；吴承均编译

　　上海：大东书局，1933 年 9 月初版

　　80 页；32 开

　　重庆：大东书局，1943 年 10 月渝 1 版，1945 年 9 月渝 2 版

　　60 页；32 开

　　主题：童话—苏联—近代—选集

　　中图分类号：I512.88

　　　收《黄瓜梦》、《兄弟和黄金》、《三隐士》等 8 篇童话。

1731

托尔斯泰小说集．第一集／（俄）托尔斯泰原著；新人社编译

　　上海：泰东图书局，1921 年 8 月再版，1926 年 1 月 4 版，1929 年 6 月 5 版

　　[160] 页；32 开．—（新人丛书）

　　主题：小说—苏联—近代—选集

　　中图分类号：I512.44

　　　收《一个鸡蛋那么大的谷》、《三个逸士》（以上孙锡麟译）等 7 篇。《三个逸士》讲述了在荒岛上修行的三位隐士和主教的故事。

1732

围炉琐谈／柯南达里著；刘延陵，

巢幹卿编纂

　　上海：商务印书馆，1917 年 12 月初版，1920 年 8 月再版

　　141 页；32 开．—（说部丛书）

　　主题：侦探小说—英国—现代—选集

　　中图分类号：I561.45

　　　短篇侦探小说集。包括《海面奇景》、《昆虫学者》、《黑色医生》、《专车》、《宝石》等 12 篇小说。

1733

未来的日俄大战记／（日）平田晋策著；思进译

　　北平：民友书局，1934 年 1 月出版

　　126 页；32 开．—（民友丛书）

　　主题：中篇小说—日本—现代

　　中图分类号：I313.45

　　　虚构的军事小说，书名页书名后题有"日本军事小说家平田晋策的'梦话'"字样。卷首有译者的"译后—代序"以及日本陆军大将和陆军大臣推荐本作品的话。书末附青木成一的《日俄战争为何爆发》一文。

1734

文人岛／（法）莫洛怀著；胡仲持译

　　桂林：珠林书店，1942 年 8 月，[出版日期不详]

9，62 页：图；36 开

主题：中篇小说—法国—现代

中图分类号：I565.45

本书与 1935 年 8 月上海第一出版社出版的《文艺家之岛》内容相同，为同一原著的不同译本。

1735

文人岛游记 ／（法）莫洛怀著；宜闲译

上海：珠林书店，1940 年 3 月初版

78 页；32 开

主题：中篇小说—法国—现代

中图分类号：I565.45

本书与 1935 年 8 月上海第一出版社出版的《文艺家之岛》内容相同，为同一原著的不同译本。

1736

文艺家之岛 ／（法）莫洛怀著；杨云慧译

上海：第一出版社，1935 年 8 月初版

100 页；32 开

主题：中篇小说—法国—现代

中图分类号：I565.45

小说以第一人称讲述了一个法国军官退役后与一位名叫安娜的女士意图横跨太平洋时遇到风浪，后被救到了亚狄柯尔岛以及他们在岛上的所见所闻。

1737

我的新生 ／（苏）M. 斯里帕纳夫著；叶菡等译

［上海］：海燕出版社，1940 年 4 月初版

124 页；32 开 . —（时代译文丛刊）

主题：短篇小说—苏联—近代—选集

中图分类号：I512.44

短篇小说集。内容与 1939 年 11 月海燕出版社版《空中女英雄》相同。

1738

我弟伊凡 ／（法）绿蒂著；张人权译

上海：复兴书局，1930 年 11 月出版

289 页；32 开

主题：长篇小说—法国—近代

中图分类号：I565.44

法国作家绿蒂根据现实生活中的伙伴，水手 Pierre le Cor 创作出来的，描写海上景物和水兵的生活；同时讲述水手伊凡与他"哥哥"绿蒂之间的深情。

1739

我是史比上将号的俘虏 ／ 贝契·德甫著；郑安娜译

重庆：大时代书局，1941 年 2 月
初版，1942 年 10 月再版

152 页；32 开 . —（二次大战小
丛书）

主题：报告文学—英国—现代

中图分类号：I561. 55

　　报告文学。包含航程的开始、
被史比上将号所俘虏、与阿铁马克
号幽会、又击沉了几艘商船、史比
上将号的最后被捕等内容。

1740

西班牙童话集／（日）丰岛次郎原
著；许达年译

上海：中华书局，1934 年 10 月
出版，1939 年 11 月再版，1941
年 1 月 3 版

243 页：图；32 开 . —（世界童
话丛书）

主题：童话—西班牙—选集

中图分类号：I551. 88

　　包含《海中的怪物》、《魔法
城堡》、《天然色的小鸟》等内容。

1741

西方搜神记／（英）C. Kingsley 著；
Ma Shao – liang 译

上海：广学会，1912 年初版

90 页；32 开

主题：神话—希腊

中图分类号：I545. 73

　　书名原文 *The Heroes*；*Greek*

Fairy Tales，包括《潘西斯传》、
《亚格海舰之英杰事略》、《昔西斯
传》3 篇希腊神话故事。

1742

希腊英雄传／（英）金斯莱著；席
涤尘译

上海：世界书局，1933 年 4 月
初版

378 页：图；32 开 . —（世界少
年文库）

主题：神话—希腊

中图分类号：I545. 73

　　包含《贝尔修斯》、《阿冈诺
次》、《齐塞斯》3 篇希腊神话
故事。

1743

希腊英雄传／（英）金斯莱著；陈
天达译

上海：开明书店，1934 年 7 月
初版

226 页：图；32 开 . —（世界少
年文学丛刊）

主题：神话—希腊

中图分类号：I545. 73

　　希腊神话故事，包含群英雄建
造亚尔葛、群英雄向科尔其斯去的
一路情形、群英雄迷失在不知名的
海里、群英雄的结果。

1744

现代日本小说选集. 第 1 集 / 章克标辑译

上海：太平书局，1943 年 8 月初版

326 页；32 开

主题：小说—日本—现代—选集

中图分类号：I313.45

收短篇小说《往海洋去》（叶山嘉树）、《秘色》（横光利一）、《不开的门》（丹羽文雄）等 15 篇。

1745

小人国 / [斯威夫特著]；唐锡光译

上海：新中国书局，1933 年 1 月初版，7 月再版

84 页：图；32 开

主题：长篇小说—英国—近代

中图分类号：I561.44

据斯威夫特原著《格列佛游记》译出。

1746

小仙源：冒险小说 / （瑞士）威司著；商务印书馆编译所编译

上海：商务印书馆，1905 年 11 月初版，1913 年 12 月 4 版，1914 年 4 月再版

81 页；32 开 . —（说部丛书）

主题：长篇小说—儿童文学—瑞士—近代

中图分类号：I522.84

据长篇小说《瑞士家庭鲁滨孙》编译。小说讲述了一家子瑞士人在移民海外的航行中遭遇风暴，又被船上的水手所遗弃，他们漂到了一个荒岛，靠着意志和船上留下的物品，以勤劳的双手，开始了简单而又充实、奇异而又有趣的新生活。

1747

蟹工船 / （日）小林多喜二著；潘念之译

[上海]：[大江书铺]，1930 年 4 月出版

180 页；32 开

主题：中篇小说—日本—现代

中图分类号：I313.45

描写失业工人、破产农民、贫苦学生和十四五岁的儿童被骗受雇于蟹工船"博光丸"号后，长期漂流海上，从事原始、落后和繁重的捕蟹劳动。小说真实地揭露了渔业资本家和反动军队剥削、压迫渔工的凶残本质，表现了日本工人阶级从自发反抗到自觉斗争的发展过程。

1748

新译罗刹因果录 / （俄）讬尔斯泰原著；林纾，陈家麟译述

上海：商务印书馆，1915 年 5 月初版，10 月再版

89 页；32 开 . —（说部丛书）

上海：商务印书馆

89 页；32 开 . —（林译小说丛书）

主题：短篇小说—苏联—近代—选集

中图分类号：I512.44

短篇小说集。收《二老朝陵》、《观战小记》、《天使沦谪》、《岛仙海行》等 8 篇。

1749

幸福的船／爱罗先珂著

上海：开明书店，1931 年 3 月初版；1932 年 3 月再版；1935 年 2 月 3 版

301 页；32 开 . —（世界少年文学丛刊）

主题：童话—苏联—现代—选集

中图分类号：I512.88

童话集。收《海公主与渔人》（惠林译）、《木星的神》（巴金译）等 16 篇。

1750

朽木舟：冒险小说／（日）樱井彦一郎著；商务印书馆编译所译述

上海：商务印书馆，1914 年 4 月再版

101 页；32 开 . —（说部丛书）

主题：中篇小说—日本—近代

中图分类号：I313.44

航海冒险小说，讲述主人公航海见闻及海岛历险等事迹。

1751

雪上老人：小川未明童话集／（日）小川未明著；张晓天译

上海：新中国书局，1932 年 9 月初版，1933 年 2 月再版

188 页；50 开

主题：童话—作品集—日本—现代

中图分类号：I313.88

收《雪上老人》、《小草与太阳》、《载盐的船》、《南岛日暮》、《老婆婆与黑猫》等 16 篇童话。书前有译者的《日本明治以来最伟大的散文诗人》一文。

1752

野蔷薇／（德）歌德著；罗贤译

上海：正风出版社，1948 年 12 月 3 版

147 页；32 开 . —（世界名诗选集）

主题：诗歌—德国—近代—选集

中图分类号：I516.24

包含《幸福的航路》、《海的静止》、《勇气》等诗歌。

1753

叶山嘉树集／（日）叶山嘉树著；

冯宪章译

上海：现代书局，1933 年 11 月
出版

157 页：图；32 开

主题：短篇小说—日本—现代—
选集

中图分类号：I313.45

本书初版于 1933 年 11 月，书
名题为《叶山嘉树选集》，包含
《没有劳动者的船》、《印度鞋》等
内容。

1754

叶山嘉树选集 ／（日）叶山嘉树
著；冯宪章译

上海：现代书局，1930 年 5 月
初版

141 页；32 开 . —（拓荒丛书）

主题：短篇小说—日本—现代—
选集

中图分类号：I313.45

短篇小说集。收《没有劳动
者的船》、《卖淫妇》、《印度鞋》、
《坑夫的儿子》、《土敏土桶中的
信》、《港街的女人》、《苦斗》等
7 篇短篇小说。卷首有译者的《写
在译稿的前面》。

1755

伊所伯的寓言 ／ 伊所伯著；汪原
放译

上海：亚东图书馆，1929 年 1 月

初版

34，327 页：图；32 开

主题：寓言—古希腊—选集

中图分类号：I545.74

包含《吹笛子的渔夫》、《海
豚、鲸鱼和青鱼》、《狮子和海
豚》、《放羊的和海》等内容。

1756

意大利故事 ／（苏）高尔基著；适
夷译

上海：开明书店，1946 年 5 月初
版；1947 年 3 月再版

168 页；36 开

主题：小说—苏联—现代

中图分类号：I512.45

收 27 篇有关意大利自然、人
物、传说和乡土风情的短篇故事。
包括诸多描述意大利岛屿、海岸和
海边生活的内容。

1757

印度童话集 ／ 徐蔚南编译

上海：世界书局，1932 年 12 月
初版，1933 年 4 月再版

274 页：图；32 开 . —（世界少
年文库）

主题：童话—印度—选集

中图分类号：I351.88

据日本丰岛次郎的译本译述。
收《太阳女》、《珍珠王子》、《银
蛇》、《一粒芥子》、《海之女王》、

《七宝之雨》等 12 篇童话。

1758

印度童话集／（日）丰岛二郎著；许达年译

上海：中华书局，1933 年 4 月初版，1941 年 4 版

268 页：图；32 开 . —（世界童话丛书）

主题：童话—印度—选集

中图分类号：I351.88

本书与世界书局 1932 年出版的《印度童话集》为同一原著的不同译本。

1759

印度童话集／（日）丰岛二郎著；叶炽强译

上海：启明书局，1937 年 1 月初版

111 页；32 开 . —（世界故事名著集）

主题：童话—印度—选集

中图分类号：I351.88

本书与世界书局 1932 年和中华书局 1933 年出版的《印度童话集》为同一原著的不同译本。

1760

英德战争未来记：军事小说／［卫梨雅著］；觉我译述；天笑校补

上海：中国图书公司和记，1914

年 9 月出版

2 册（131，148 页）；32 开

主题：长篇小说—英国—近代

中图分类号：I561.44

长篇军事小说，共 32 章。包含他日之海战史等内容。

1761

英雄／（英）金斯莱著；王永棠译

北平：人文书店，1932 年 8 月初版

156 页；32 开

主题：神话—希腊

中图分类号：I545.73

希腊神话故事。包含他们在爱鲁库斯建造阿戈船、阿戈船一帮人向库尔齐航行、阿戈船一帮人被迫入不知名的海。

1762

勇士们／（美）恩尼·派尔著；林疑今译

重庆：中外出版社，1945 年 8 月初版，9 月至 10 月上海再版

156 页；32 开

北平：中外出版社，1945 年 11 月北平 3 版

174 页；32 开

主题：报告文学—美国—现代

中图分类号：I712.55

报告文学。记述第二次世界大战中从 1943 年进攻西西里岛至

1944 年 9 月巴黎解放的战事。

1763

油船"德宾特"号／（苏）克雷莫
夫著；曹靖华译

上海：读书出版社，1941 年 9 月
初版，1947 年 4 月 4 版

254 页；32 开

重庆：读书出版社，1941 年 11
月初版

254 页；32 开 . —（文学月报丛
书）

桂林：新光书店，1943 年 2 月
3 版

254 页；32 开 . —（文学月报丛
书）

哈尔滨：读书出版社，1948 年东
北初版

254 页；32 开

主题：长篇小说—苏联—现代

中图分类号：I512.45

本书为 1940 年 7 月大时代书
局版《运油船德本号》的另一
译本。

1764

鱼雷：蛇首续编／（美）亚塞李芙
原著；丁宗一，陈坚译述

上海：中华书局，1918 年 1 月出
版，1930 年 7 月 7 版

138 页；32 开

主题：侦探小说—美国—近代

中图分类号：I712.44

包含鱼雷模型、潜港、海底电
线、传电摄影器、航空鱼雷艇等内
容，是《蛇首》的续编。

1765

渔光女／（法）巴若来著；郑延
谷译

北京：中华书局，1936 年 8 月
出版

212 页；32 开 . —（现代文学丛
刊）

主题：戏剧—法国—现代

中图分类号：I565.25

该剧包含渔场、华妮的丈夫马
书司出海等内容。

1766

语体奥特赛／高歌译

上海：中华书局，1930 年 1 月初
版，1933 年 4 月再版，1936 年 3
月 3 版，1941 年 2 月昆明 4 版

192 页：图；32 开 . —（学生文
学丛书）

主题：史诗—古希腊

中图分类号：I545.22

据 A. T. Church 的英文散文本
译出，描写了奥德修斯 10 年海上
漂泊中最后 40 天遇风暴、遇独目
巨人、遇风袋、遇女妖、遭雷击等
海上经历。

1767

语体鲁滨孙飘流记 / 笛福（D. Defoe）著；李嫘译

上海：中华书局，1932 年 12 月初版，1936 年 3 月 3 版

268 页；32 开 . —（学生文学丛书）

主题：长篇小说—英国—近代

中图分类号：I561.44

1914 年商务印书馆版《鲁滨孙飘流记》的另一译本。

1768

原来如此 / 吉卜林原著；杨镇华译

上海：世界书局，1933 年 2 月初版；1934 年 3 月再版

239 页：图；32 开 . —（世界少年文库）

主题：童话—英国—现代—选集

中图分类号：I561.88

童话集。1930 年 11 月开明书店版《如此如此》的另一译本。

1769

远东大战 /（美）乔治·赫德著；王语今译

上海：上海杂志公司，1937 年 8 月出版

403 页；32 开

主题：小说—美国—现代

中图分类号：I712.45

本书描写了未来日苏战争的景象，包含第二个对马之战的海上战争内容。

1770

远东大战：中苏日战争小说 /（美）乔治·赫德著；王语今译

上海：上海杂志公司，1937 年 12 月出版

2 册（404 页）；32 开

主题：小说—美国—现代

中图分类号：I712.45

本书内容与 1937 年 8 月上海杂志公司出版的《远东大战》内容相同。

1771

约翰沁孤的戏曲集 / [约翰沁孤（J. M. Synge）著]；郭沫若译述

上海：商务印书馆，1926 年 2 月初版

340 页；32 开

主题：话剧—剧本—爱尔兰—近代—选集

中图分类号：I562.34

包含《骑马下海的人》、《圣泉》等 6 篇短剧。

1772

运油船：克雷莫夫著油船德宾特号通俗本 /（苏）克雷莫夫著；颜浩改写

哈尔滨：光华书店，1949 年再版

95 页；32 开

中原新华书店，1949 年 6 月版

56 页；32 开

主题：长篇小说—苏联—现代

中图分类号：I512.45

　　本书为 1940 年 7 月大时代书局版《运油船德本号》的另一译本。

1773

运油船德本号／尤里·克莱莫夫著；白明译

　　上海：大时代书局，1940 年 7 月初版

　　209 页；32 开

　　主题：长篇小说—苏联—现代

　　中图分类号：I512.45

　　小说讲述了机械技师共产党员把一群落后分子改造成为劳动英雄，不怕牺牲，排除万难完成运油任务。

1774

在北极／（苏）巴巴宁著；礼长林译

　　重庆：生活书店，1941 年 11 月初版

　　51 页：图；32 开

　　太行群众书店，1947 年 11 月版

　　49 页：图；36 开

　　主题：儿童文学—故事—苏联—现代

　　中图分类号：I512.85

儿童故事。包含我们飞行着、这就是北极、北极说话、熊等内容，着重描述了北极的自然风貌和在北极考察的故事。

1775

鹊巢记上编／（瑞士）鲁斗威司著；林纾，陈家麟译

　　上海：商务印书馆，1920 年 6 月初版，1922 年 4 月再版

　　2 册（92，89 页）；32 开．—（说部丛书）

　　主题：长篇小说—儿童文学—瑞士—近代

　　中图分类号：I522.84

　　长篇小说，据英译本转译。本作品是鲁道夫·威斯在其父大卫·威斯的原稿基础上进行加工润色而成。

1776

鹊巢记续编／（瑞士）鲁斗威司著；林纾，陈家麟译

　　上海：商务印书馆，1920 年 6 月初版，1922 年 4 月再版

　　2 册（84，89 页）；32 开．—（说部丛书）

　　主题：长篇小说—儿童文学—瑞士—近代

　　中图分类号：I522.84

　　长篇小说，据英译本转译。

1777

妆饰集 / 道生著；夏莱蒂译

　　上海：光华书局，1927 初版

　　87 页；冠像；42 开

　　主题：诗歌—英国—近代

　　中图分类号：I561.24

　　　包含《死海曲》、《海变》等内容。

1778

醉男醉女 /（西班牙）伊巴涅思原著；戴望舒译

　　上海：光华书局，1928 年 12 月初版

　　128 页；32 开 . —（伊巴涅思短篇小说集）

　　上海：大光书局，1935 年 11 月 3 版

　　128 页；32 开

　　主题：短篇小说—西班牙—现代—选集

　　中图分类号：I551.45

　　　据法、英译本转译。收《醉男醉女》、《失在海上》、《落海人》等 7 篇小说。

九　J　艺术

J　艺术

1779

海上争雄记 / 大上海大戏院编

　　上海：大上海大戏院，[出版日期不详]

　　[8] 页：25 开

　　主题：故事影片—简介—美国

　　中图分类号：J951.1

　　　影片《海上争雄记》专题介绍。

1780

中华景象 / 伍联德主编，陆上之英文编辑，梁得所等摄影

　　上海：良友图文印刷有限公司，1934 年出版

　　474 页；16 开

　　主题：地理—中国—图集

　　中图分类号：J421

　　　反映各省区面貌的摄影图集。收照片千余幅，分 23 省编排，另有全国地图一幅。

十　K　历史、地理

K1　世界史

1781

澳洲考察报告书 / 魏汝霖著

　　[出版地不详]：[出版者不详]，1945 年出版

　　67 页；32 开

　　主题：澳大利亚—概况

　　中图分类号：K152

本书系考察澳洲及西南太平洋一带美军对日作战情形的报告书。分澳洲国防地志、太平洋作战经过概要、研究心得与建议 3 篇。

1782

必然爆发的第二次世界大战及其阵容 ／（美）杜伯（R. E. Dupuy），（美）爱里阿（G. F. Eliot）合著；因子编译

汉口：大声出版社，1938 年 2 月出版

122 页；36 开 . —（世界知识丛书）

主题：第二次世界大战—起源—研究

中图分类号：K152

原著《If War Comes》一书的另一种译本。

1783

必胜的信念 ／［新中国报社编］

上海：新中国报社，1943 年 9 月出版

124 页；32 开 . —（新中国丛书）

主题：太平洋战争—史料

中图分类号：K152

收《太平洋击灭战》、《准备明日的决战》、《大东亚战与太平洋战略》、《美国的对日战略》、《日军强韧的原因》等 13 篇。

1784

从北欧打到西欧 ／杨承芳著

桂林：文化供应社，1940 年 5 月出版

148 页：图；32 开 . —（时事问题丛刊）

主题：第二次世界大战—研究—欧洲

中图分类号：K152

介绍北欧、西欧诸国概况，包括丹麦、挪威、瑞典、比利时、荷兰、卢森堡等国的现状及军事、国防情况，评述德国的闪击战及日本在东南亚扩大侵略战争等。

1785

从中日战争到太平洋战争 ／金仲华著

汉口：人民书店，1938 年 2 月初版

61 页；32 开

主题：太平洋战争—研究

中图分类号：K152

共 8 篇，包含《从中日战争到太平洋战争》、《请定外交！国策！》、《苏联能不能帮助我们》、《抗战时期的外交问题》、《德意与远东事件》、《为何国际友邦到现在来援助我们》、《到胜利的路上》等。

1786

"大东亚共荣圈"的彻底毁灭／晋察冀日报社编

［出版地不详］：晋察冀日报社，1944 年 12 月初版

31 页：表；36 开 . —（时事丛刊）

主题：太平洋战争—研究—文集

中图分类号：K152 - 53

收《从海上打到日本，从陆上打到东北》、《英舰队前来远东》、《美军袭台湾之役》、《"大东亚共荣圈"的彻底毁灭》、《菲岛海面美舰队大捷》、《太平洋战争三周年》，《美国海军阵容》、《菲律宾介绍》等 11 篇。

1787

大东亚民族解放战之胜利／大本营海军报道部

上海：申报社，1944 年再版

129 页：照片；32 开

主题：太平洋战争—日本—史料

中图分类号：K152

日伪宣传品。包含夏威夷大海战、马莱附近大海战、潜水艇作战、大海洋作战的展开、到新加坡之路、潜水艇搜索敌踪等内容。

1788

大东亚战争／［北京特别市公署宣传处编］

［出版地不详］：编者刊，1942 年 1 月出版

63 页；36 开 . —（时局丛书）

主题：太平洋战争—史料

中图分类号：K152

包含太平洋形势鸟瞰、英美是太平洋战争的罪首、英美为害中国的史实、东亚民族解放与歼英灭美、华北人民今后应有的认识。附《大东亚战争日记》和《大东亚战争地图》等内容。

1789

大东亚战争的胜利／新中国报社编译

上海：新中国报社，1942 年 4 月出版

145 页；32 开 . —（新中国丛书）

主题：太平洋战争—史料

中图分类号：K152

收 19 篇。包含《新几内亚登陆记》、《伞兵袭击巨港》、《南海前线》、《夏威夷海战密录》、《日泰外交阵容》等。

1790

大东亚战争二周年纪念册／任云鹏，周砚芸主编

上海：新闻联合会，1943 年 12 月出版

126 页；16 开

主题：太平洋战争—史料

中图分类号：K152

收《日本海军两年来综合战国》、《大东亚共荣圈建设现状》等 41 篇。

1791

大东亚战争发生史／黄晓光著

汕头：东亚联盟中国总会广州分会汕头支会，1942 年 7 月初版

16 页；32 开 . —（时局协力丛书）

主题：太平洋战争—研究

中图分类号：K152

敌伪出版物，分 8 部分。叙述太平洋战争爆发的原因、美日关系的变化以及太平洋战争初期的战况。

1792

大东亚总进军：大东亚战争二周年纪念／（伪）中央电讯出版委员会编辑

[出版地不详]：编者刊，1943 年 12 月出版

90 页：图；32 开 . —（时事通信特辑）

主题：太平洋战争—日本—史料

中图分类号：K152

日伪宣传品，分 14 篇。吹捧1943 年 11 月 6 日在日本召开的"大东亚会议"及日本帝国主义发动太平洋战争以来的"战果"。

1793

大战报道／（美）艾森豪威尔著；李志纯译

南京：拔提书局，1948 年 3 月初版

212 页：图；32 开

主题：第二次世界大战—欧洲—史料

中图分类号：K152

著者为二次大战西欧战场盟军最高统帅，此书是他战后向联合参谋团的官方报告书，分 18 章。包含绪论——西北欧战事总述、大战计划及准备、大军登陆、突破、盟军集结及其海军、一九四五年作战计划、包围鲁尔与美苏会师、投降经过等。

1794

大战侧影／黄道编译

福建南平：总动员出版社，1944 年 4 月初版

90 页（万象丛书）

主题：第二次世界大战—史料

中图分类号：K152

收盟军将星、太平洋怒涛、扶桑落日、新式武器等 13 篇。

1795

大战图解／克克主编

成都：中央日报社，1945 年 4
月—8 月出版

2 册（20，20 页）；8 开．—（成
都中央日报图刊）

主题：第二次世界大战—地图

中图分类号：K152 - 64

第一辑为第 1 期至第 10 期，包
括中国战场、东南亚、太平洋上反
攻战、欧洲战场等图多幅；第二辑
为击溃日本专号图，各图均有文字
说明。末附《反日战争大事记》。

1796

大战中的太平洋 / 河北省政府秘
书处宣传室编

［出版地不详］：编者刊，1942 年
出版

174 页：图；32 开

主题：太平洋战争—研究—文集

中图分类号：K152 - 53

有《暴日眼中的"东亚自给
圈"》（附《日本军事形势图》）、
《太平洋上美日海军战略形势》、
《日本进攻菲律宾》、《印度今日的
地位》、季震节译《太平洋怒涛中
的澳大利亚》等 19 篇。

1797

德日意的大战准备 / 汉夫著

上海：良友图书印刷公司，1937
年 7 月初版

46 页：图，像；32 开．—（图画

知识丛刊）

主题：法西斯主义—同盟—战备

中图分类号：K152

分增加军费、扩张军备的数量
和质量、日德意互缔同盟并争取舆
国等 6 节。包含德日意海军军费增
长、海军扩张等内容。

1798

地中海危机论 / 关梦觉著

重庆：时与潮社，1940 年 6 月
初版

57 页：图；32 开．—（国际问题
小丛书）

主题：第二次世界大战—研
究—欧洲

中图分类号：K152

分 4 章。介绍英、法、意等国
在地中海区域的地位及地中海战略
形势。

1799

第二次欧战透视 / 史笔编辑

金华：国民出版社，1939 年 10
月初版

68 页；32 开．—（国际新知丛书）

主题：第二次世界大战—欧洲

中图分类号：K152

分 11 章。评论第二次世界大
战欧洲战场的军事战略形势，包含
海上战略、列强海军实力等内容。

1800

第二次欧洲大战史略．第一集／吴光杰编译

重庆：中华书局，1944 年 4 月初版，1946 年沪再版

86 页：地图；32 开

主题：第二次世界大战—战争史—欧洲

中图分类号：K152

分交战各国概况、德波之战、德挪之战、德法之战 4 篇。

1801

第二次欧洲大战史略．第二集／吴光杰编译

上海：中华书局，1948 年 1 月初版

116 页：地图；25 开

主题：第二次世界大战—战争史—欧洲

中图分类号：K152

分 3 篇。叙述法国沦陷至苏德战争，包含地中海之战、大西洋上英德封锁战等内容。

1802

第二次世界大战／何思敬著

上海：良友图书印刷公司，1932 年出版

58 页；64 开．—（一角丛书）

主题：第二次世界大战—起源—研究

中图分类号：K152

从各国的军事及经济等方面分析，预言第二次世界大战必然爆发。

1803

第二次世界大战／史蒂尔（J. Steel）著；白石译

上海：美术生活社，1935 年 5 月初版

188 页；32 开．—（文化生活丛刊）

主题：第二次世界大战—起源—研究

中图分类号：K152

分 7 章。评论德国法西斯的扩张梦、日本军国主义势力的膨胀、各帝国主义国家的争霸、扩军等，包含三大强国的海军预算、太平洋的迷、海参崴军港等内容。

1804

第二次世界大战／史蒂尔（J. Steel）著；明耀五译

上海：世界书局，1935 年 9 月初版

97 页；25 开．—（内外政治经济编译社丛书）

主题：第二次世界大战—起源—研究

中图分类号：K152

白石所译《第二次世界大战》

的另一种译本。

1805

第二次世界大战 ／ 曹未风编著

重庆：中外出版社，1946 年 1 月
台初版

116 页；32 开 . —（人民导报社
丛书）

主题：第二次世界大战—史料

中图分类号：K152

与编著者的《第二次世界大
战简史》（再版）为同一种书。

1806

第二次世界大战大事记 ／ 谢爱群，
王诚伦编译

［出版地不详］：国防部史政局，
1947 年 2 月初版

2 册（53，118 页）；32 开 . —
（战史丛刊）

主题：第二次世界大战—大事记

中图分类号：K152

上卷自 1939 年 9 月 1 日起至
1945 年 9 月 2 日止，为世界各国
大事记；下卷自 1931 年 9 月 18 日
起至 1945 年 9 月 2 日止，为与中
国有关的大事记。

1807

第二次世界大战画史 ／ 舒宗侨
编著

上海：联合画报社，1946 年 9 月

初版，1946 年 10 月再版

12，372 页：图；16 开 . —（联
合画报丛书）

主题：第二次世界大战—战争
史—图集

中图分类号：K152

画册分 12 章。收图片近千张，
地图 18 幅，文字说明 30 余万。包
含太平洋战争进行曲、日本海军席
卷太平洋、太平洋上的海空战、盟
军解放欧洲和太平洋盟军反攻等
内容。

1808

第二次世界大战纪：第一年 ／
（美）E. McInnis 原著；张其骏译

上海：中华书局，1947 年 2 月
初版

194 页；36 开 . —（国际研究院
丛书）

主题：第二次世界大战—战争史

中图分类号：K152

分 5 章。叙述战争之背景和启
端、1939 年 9 月至 1940 年 8 月战
事，包含 1939 年 9 月至 12 月海
战、1940 年 4 月至 6 月海战等
内容。

1809

第二次世界大战纪：第二年 ／
（美）E. McInnis 原著；刘霞翠译

上海：中华书局，1946 年 10 月

初版

226 页：图；32 开 . —（国际研究院丛书）

主题：第二次世界大战—战争史

中图分类号：K152

分 4 章。叙述 1940 年 9 月至 1941 年 9 月的战事，包含英德海战及地中海海权等内容。

1810

第二次世界大战纪：第三年 /（美）E. McInnis 原著；梁肖幹译

上海：中华书局，1948 年 4 月初版

228 页；32 开 . —（国际研究院丛书）

主题：第二次世界大战—战争史

中图分类号：K152

分 4 章。叙述 1941 年 10 月至 1942 年 9 月的战事，包含美日太平洋战争、珍珠港、日本侵入东南亚及岛屿前哨等内容。

1811

第二次世界大战简史 / 曹未风编著

重庆：中外出版社，1945 年 6 月初版；1945 年 8 月再版

121 页；32 开

主题：第二次世界大战—史料

中图分类号：K152

叙述 1931 年 9 月至 1945 年 5

月止的第二次世界大战史。包含挪丹之战、东地中海之战、太平洋战起、太平洋之战、进攻日本外围、攻击日本内围等内容。

1812

第二次世界大战简史 / 王鹤仪编译

上海：商务印书馆，1947 年 5 月初版；1948 年再版

2 册（182，214 页）；36 开

主题：第二次世界大战—战争史

中图分类号：K152

包含日本偷袭珍珠港、美日对峙及日本蚕食亚洲等内容。

1813

第二次世界大战简史：全译本 /（美）H. A. 第威特，（美）R. W. 休格原著；王检译

上海：教育书店，1947 年 10 月初版

403 页；36 开

主题：第二次世界大战—战争史

中图分类号：K152

分 37 章。叙述第二次世界大战的全过程，包含日本偷袭珍珠港、日本在太平洋上的进攻、大西洋之战、美国阻止日本、美军在太平洋前进、击破日本的内防线等内容。

1814

第二次世界大战前夜 ／ 宋庆龄 等著

上海：战时出版社，1938 年 2 月 出版

128 页；32 开 . —（战时小丛 书）

主题：第二次世界大战—起源— 研究

中图分类号：K152

论文集。包含《从中日战争 到太平洋战争》（胡愈之）、《中日 战争给予英国的影响》（张明养）、 《香港的地位与英日战争》（巴莱 脱）等 25 篇文章。

1815

第二次世界大战史 ／ 国民新闻社 译述

上海：国民新闻图书印刷公司， 1943 年 10 月出版

2 册（13，513 页）；36 开

主题：第二次世界大战—史料

中图分类号：K152

分述战争的背景，1939 年 9 月至 1940 年 8 月大战第一年波兰 战线、北欧战线、西部战线等各条 战线的情况，包含海战与封锁战等 内容。书末附《大战日志》。

1816

第二次世界大战史 ／ 储玉坤著

上海：永祥印书馆，1946 年 4 月 初版

307 页：图；36 开

主题：第二次世界大战—史料

中图分类号：K152

分 12 章。论述第二次世界大 战的起因、过程和结束，包含太平 洋上的海空大战等内容。书前有著 者自序。

1817

第二次世界大战史 ／ 汪叔棣编著

南京：胜利出版公司，1946 年 3 月初版，1946 年 5 月出版

2 册（152，204 页）；36 开

主题：第二次世界大战—史料

中图分类号：K152

分 14 章。叙述从 1931 年 9 月 18 日日本帝国主义侵占我国东北 至日本投降。包含海上战争与封 锁、丹麦和挪威战役、英德封锁 战、太平洋大战的揭幕、太平洋上 的美日战争等内容。

1818

第二次世界大战史 ／ 科马格 （H. S. Commager）著；钟荣苍译

上海：正中书局，1948 年 7 月 初版

426 页；25 开

主题：第二次世界大战—战争史

中图分类号：K152

分 13 章。简述第二次世界大战的全过程，包含大西洋生命线、地中海战争、太阳出来了（日本的进攻）、太阳落山了（日本的溃败）等内容。

1819

第二次世界大战史图解 / 詹宣国，丁伯恒编译

[出版地不详]：国防部史政局，1947 年 3 月初版

96 页：图；（战史丛刊）

主题：第二次世界大战—战争史—图集

中图分类号：K152

以美国出版的鲁道夫·马德利原著《A History of the War》为蓝本，补充 1944 年 9 月 1 日以后欧亚战场的史料编译而成。包含美国与大西洋之役、地中海之役、对日之战等内容。

1820

第二次世界大战始末记 / 叶云笙主编

广州：大光报，1946 年 1 月初版

84 页；32 开

主题：第二次世界大战—史料

中图分类号：K152

以报道形式简述第二次世界大战史，分亚洲之部、欧洲之部、太平洋之部和世界划时代之会议。

1821

第二次世界大战问题 / 杨东蓴编

上海：崑崙书店，1929 年 5 月初版

150 页；32 开

主题：第二次世界大战—起源—研究

中图分类号：K152

为编者所著《世界之现状》的续篇。论述帝国主义列强间的矛盾，包含列强军备现势、第二次世界大战中之海军的地位等内容。

1822

第二次世界战争 /（日）石丸藤太著；阮有秋译

上海：中华书局，1937 年 6 月出版

18，334 页；24 开

主题：第二次世界大战—起源—研究

中图分类号：K152

分为第二次世界大战来了、暗云低迷的太平洋、危机一发的欧洲，包含美国海军的扩军计划、日美海军比率、海军竞争与战争、英德海军协定等内容。

1823

喋血太平洋 /（美）李卡生等著

[出版地不详]：[出版者不详]，

[出版日期不详]

100 页；32 开

主题：太平洋战争

中图分类号：K152

　　太平洋战争纪实报道，附录《缅甸远征军》，原书无版权页。

1824

二次大战史地图解．第 1 册 /（英）J. F. Horrabin 著；陈松轩译

　　[上海]：太平洋出版公司，1940 年 12 月出版

　　99 页：图；32 开

　　主题：第二次世界大战—战争史—图解

　　中图分类号：K152－64

　　包含空军与海军、德国的潜水艇与海军飞机根据地、波兰的海的入口、苏联与波罗的海、土耳其：黑海和海峡地带、通黑海之路等内容。

1825

二次大战照片精华 / 舒宗侨，魏守忠编

　　上海：联合画报社，1948 年 3 月初版

　　224 页：照片；16 开

　　主题：第二次世界大战—战争史—图集

　　中图分类号：K152

　　收图片 200 多幅，附中、英文介绍。包含大西洋之战、英主力舰巴汉号被炸、轰炸德国潜艇、德船被袭、太平洋海空战等内容。

1826

二次世界大战欧战述评 / 塞翁编

　　南平：复兴出版社，1945 年 1 月至 3 月出版

　　2 册（146，108 页）：图；32 开

　　主题：第 二 次 世 界 大 战—研究—欧洲

　　中图分类号：K152

　　评述欧战的原因、经过和结果，分析芬兰、挪威的战场形势。包含欧洲列强的海军实力、西欧之陆海空战。

1827

二次世界大战欧洲战史 / 唐子长著

　　上海：永祥印书馆，1946 年 6 月至 1947 年 12 月出版

　　8 册：图；32 开

　　主题：第二次世界大战—战争史—欧洲

　　中图分类号：K152

　　分欧战引端、中欧战场、北欧战场、西欧战场、南欧战场、东欧战场、欧洲堡垒、欧战总评 8 卷。包含西欧陆海空战、挪威海上战役述略、海上游击、海上封锁、论潜艇与护航、陆海空军新战术等内容。

1828

二次世界大战史料：第一年／周康
靖编

重庆：大时代书局，1940 年初
版，1946 年 9 月沪 1 版

190 页；32 开

主题：第二次世界大战—史料

中图分类号：K152

包含英法对德封锁与反封锁、
潜艇战与磁性水雷、海战两幕、英
国接收法国舰队、挪丹沦亡、美加
联防及军舰让与等内容。

1829

二次世界大战史料：第一年／王德
馨，周钰宏合编

重庆：大时代书局，1941 年 1 月
出版，1943 年 7 月 3 版

297 页：图；32 开

主题：第二次世界大战—史料

中图分类号：K152

包含封锁与海战、潜艇横行、
实行护航、海上纠纷、丹挪战役中
的海战、售舰提议等内容。

1830

二次世界大战史料：第二年／刘尊
棋编

重庆：大时代书局，1943 年 5 月
初版，1946 年 9 月沪 1 版

269 页；36 开

主题：第二次世界大战—史料

中图分类号：K152

包含军舰——根据地协议、租
借法与美国国防、中立巡逻等
内容。

1831

二次世界大战史料：第三年／陈正
飞编

重庆：大时代书局，1944 年 3 月
初版，1946 年 10 月沪 1 版

287 页；32 开

主题：第二次世界大战—史料

中图分类号：K152

包含美日谈判、美英在远东的
部署、太平洋上的风雹等内容。

1832

二次世界大战史料：第四年／陈正
飞编

重庆：大时代书局，1946 年 4 月
初版，1946 年 10 月沪 1 版

355 页；32 开

主题：第二次世界大战—史料

中图分类号：K152

包含南太平洋盟军越岛前进、
轰炸日本本土、反潜艇战、海战损
失庞大等内容。

1833

二次世界大战史料：第五年／陈正
飞编

上海：大时代书局，1946 年 12
月初版

270 页；32 开

主题：第二次世界大战—史料

中图分类号：K152

　包含诺曼底登陆、法南再登陆
与重建西线、从吉尔贝特到马绍
尔、占领塞班、一年来的美日海战
等内容。

1834

二次世界大战史料：第六年／周康
靖编

　上海：大时代书局，1946 年 12
月初版

　272 页；32 开

　主题：第二次世界大战—史料

　中图分类号：K152

　包含登陆帛琉群岛、解放菲律
宾、海空出击、苦战硫磺岛、攻占
大琉球岛、海空迫降运动等内容。

1835

二次世界大战史论／周酉村著

　上海：中华书局，1947 年 7 月
初版

　143 页；36 开 . —（新中华丛
书）

　主题：第二次世界大战—研究

　中图分类号：K152

　分世界战争的发展趋向、第一
次大战后的战争浪潮、欧洲战事的

结束、日本走向灭亡等 10 章。包
含大战中日本的战略、近海决战的
准备等内容。

1836

二十世纪世界大战记 . 卷一／胡祖
舜编

　北京：陆军学校，1914 年 12 月
初版

　[12]，234 页；25 开

　主题：第一次世界大战—历史

　中图分类号：K143

　共 7 章。记载当时的欧洲情
势、各交战国宣战的原因、各交战
国的战争准备、陆海军概要、战斗
实力比较及战争开始时的一般情
况等。

1837

菲律宾全面陷落

　北平：北京新闻协会，[出版日
期不详]

　57 页；32 开 . —（时局小丛书）

　主题：太平洋战争—菲律宾—
史料

　中图分类号：K152

　日伪宣传品。宣传日军侵占菲
律宾。

1838

菲律宾与东亚解放／（伪）河北省
公署情报处编

［出版地不详］：编者刊，1942 年 5 月初版

24 页：图；36 开 . —（时局小丛书）

主题：太平洋战争—菲律宾—史料

中图分类号：K152

　日伪宣传品。宣传日军侵占菲律宾。

1839

更生之南洋／（伪）河北省公署①情报处编

　［出版地不详］：编者刊，1942 年 2 月出版

　21 页：图；32 开 . —（时局丛书）

　主题：太平洋战争—新加坡—史料

　中图分类号：K152

　日伪宣传品。庆祝新加坡陷落专刊。

1840

攻欧登陆战纪实／（美）魏登贝克（C. C. Wertenbaker）著；吴奚真译

　重庆：时与潮社，1945 年 3 月初版

152 页；32 开 . —（国际军事丛书）

主题：第二次世界大战—欧洲—史料

中图分类号：K152

　作者为美国《时代》、《生活》二杂志军事记者，著名作家。分在阿卡玛号、设计经过、集结军力、诺曼底的居民们、奥克泰维尔之战等 14 节。

1841

古代世界史／（苏）密苏里那（A. V. Misulina）编著；王易今译

　上海：开明书店，1948 年 7 月初版，1949 年 6 月再版

　324 页：图；32 开

　主题：世界史—古代史

　中图分类号：K12

　包括古代东方、古希腊和古罗马三部分。含雅典——海上强国、希波战争和雅典的繁盛、伯罗奔尼撒战争等内容。书末附大事年表和译者后记。

1842

古代世界史纲／焦敏之编著

　上海：棠棣出版社，1948 年 10

---

　① 伪河北省公署：1938 年 1 月 1 日，侵华日军策划成立伪 "河北省公署筹备处"。1 月 17 日，伪 "河北省公署" 在天津正式成立，1939 年 1 月移驻保定。1943 年 11 月 15 日，伪河 "北省公署" 改称 "省政府"，奉伪 "华北政务委员会" 和 "汪伪" 国民政府之命办理全省行政事务，并受侵华日军监督控制。1945 年 8 月 15 日，侵华日军无条件投降，伪政权组织随之灭亡。

月初版

291 页：图；36 开

主题：世界史—古代史

中图分类号：K12

内分古代东方、古代希腊和古代罗马等 3 编。包含克里特岛及迈锡尼文化、关于金毛船党、希腊的商业及殖民地、雅典为海上强国等内容。

1843

光复新加坡特刊／中日文化协会武汉分会编

汉口：编者刊，1942 年 3 月出版

87 页：图；16 开

主题：太平洋战争—新加坡—史料

中图分类号：K152

日伪宣传品。宣传日军侵占新加坡。

1844

国闻译证．第 1 册／（法）亚陆纳等著；陆翔译

上海：开明书店，[出版日期不详]

231 页；32 开．—（齐鲁大学国学研究所丛刊）

主题：历史地理—亚洲

中图分类号：K107

收《猡猡安氏纪功碑探访记》、《永部揽那或八百媳妇国史

考》、《扶南考》、《泰族侵入印度支那考》、《古代暹罗考》、《暹罗速古台朝王发源考》、《缅甸蒲甘朝末叶史》等 7 篇考证文章。每篇文章后附详细注释。

1845

击灭英美读本／黄兴亚著

北平：新春出版部，1943 年 1 月出版，1943 年 2 月再版

56 页：图；32 开

主题：太平洋战争—日本—史料

中图分类号：K152

日伪宣传品。宣传日军对英美取得的战果。

1846

假如大战爆发／（美）杜伯（R. E. Dupuy），（美）爱里阿（G. F. Eliot）合著；许天虹，蒋学楷合译

上海：珠林书店，1938 年 10 月初版

340 页：图；24 开

主题：第二次世界大战—起源—研究

中图分类号：K152

原著为《If War Comes》，分 2 编，共 17 章。上编研讨军事技术与基本法则、武器的发展、当代空军与未来的海陆战争，以及毒气、间谍战等；下编通过对德、意、

日、苏、法、英、美等国现况的分析，展望未来战争。附《各国现代陆海空军情况》。

1847

简明世界史 /（英）威尔斯（H. G. Wells）著；樊仲云译

上海：商务印书馆，1931 年 9 月初版，1933 年 6 月国难后 1 版

396 页：图；32 开

主题：世界史

中图分类号：K10

　　1930 年 3 月上海昆仑书店版《世界文化史纲》一书的另一译本。

1848

近来之国际关系与太平洋大战 / 刘光炎著

　[出版地不详]：军事委员会政治部，1942 年 2 月出版

172 页；32 开 . —（战时宣传丛刊）

主题：太平洋战争—研究

中图分类号：K152

　　评论太平洋区域战争形势、美日英苏等国的太平洋战略、美日军事实力对比、太平洋战争对国际政局的影响等。

1849

论太平洋大战 / 羊枣著

桂林：远方书店，1942 年 5 月初版

50 页；36 开 . —（国际问题丛刊）

主题：太平洋战争—评论

中图分类号：K152

　　评论太平洋战争的特征、战场形势、初期战况与教训、日本的动向、同盟国的任务等。

1850

罗马史 / 张乃燕编著

上海：商务印书馆，1929 年 6 月初版

166 页：图；25 开 . —（芸庐历史丛书）

主题：古罗马—历史

中图分类号：K126

　　分 10 章。叙述公元前 753 年至公元 476 年的罗马兴亡史。包含罗马民国称霸地中海的历程。

1851

罗马史 / 吴绳海编

上海：中华书局，1937 年 3 月初版，1941 年 2 月 4 版

17，222，14 页：图；32 开 . —（中华百科丛书）

主题：古罗马—历史

中图分类号：K126

　　包括罗马起源史、罗马共和时代及意大利半岛之统一等 7 章。包

含意大利半岛及罗马之地理环境、地中海沿岸之征服等内容。书末附《罗马皇帝表》、参考书目和《中西文名词索引》。

1852

罗马小史 ／ 高仲洽译述

上海：商务印书馆，1925 年 9 月初版，1926 年 12 月再版

108 页：图；32 开 . —（少年史地丛书）

上海：商务印书馆，1933 年出版

137 页；32 开 . —（小学生文库）

主题：古罗马—历史

中图分类号：K126

内分众城之王、为自由而战、罗马的军队、罗马海军、凯旋典礼等 11 章。

1853

罗马兴亡史 ／ 王文彝译著

上海：中华书局，1934 年 4 月初版

206 页：图；23 开

主题：古罗马—历史

中图分类号：K126

共 3 编。分传说、共和和帝国三个时期叙述罗马的历史。包含意大利的人种和住地、远征时期与迦太基的诸次海战等内容。

1854

美国何以能击溃日本？：美日国力之对比 ／ 艾丁编

成都：艾丁［刊行者］，1942 年 2 月出版

198 页：图，表；32 开

主题：太平洋战争—分析

中图分类号：K152

共 3 编。从经济实力、军事及战略三方面对比美日的国力，分析美国必然取得胜利的原因，包含太平洋上美国的海陆空军根据地、日本作战的据点等内容。

1855

民族抗战史略 ／ 傅纬平著

上海：商务印书馆，1937 年 11 月初版，1938 年 3 月长沙再版

80 页；32 开 . —（战时常识丛书）

主题：民族解放运动史—世界

中图分类号：K101

记述我国及世界各国的民族抗战史。分甲乙两篇，包含明平倭寇、英法百年之战、无敌舰队等内容。

1856

欧风东渐史 ／ 蒋廷黻编著

上海：普益书社，1937 年 2 月初版

114 页；24 开

主题：文化史—文化交流—欧洲—亚洲

中图分类号：K103

内分古代东西洋之关系、西方之东侵、西学之输入、习俗之移入、欧风东渐后最近之形势等6章。最后一章介绍亚洲殖民地的现状、西方各国在华的权利及在华租界概况。

1857

欧亚风云录 ／ 大日本东亚同文会编

[出版地不详]：编著刊，1914年8月至12月出版

4卷；24开

主题：第一次世界大战—战争史

中图分类号：K143

第1卷收49篇，含《欧亚战乱之导火线》等；第2卷收28篇，含《交战各国舰队之行动》、《日本航空机瞰视青岛敌情》等；第3卷收33篇，含《日英联军围攻青岛之进行》、《青岛德军之夜袭》等；第4卷收22篇，含《青岛德军之防备》、《日本海陆两军大举攻击青岛》等。

1858

欧战的发展：地中海与东南欧 ／ 朱庆永著

重庆：国民图书出版社，1941年3月初版

50页：图；36开

主题：第二次世界大战—研究—欧洲

中图分类号：K152

介绍地中海地区英、意对峙形势，1940年德、意对东南欧和地中海地区的军事侵略，以及战局的发展趋势等。

1859

欧战全史．上卷 ／ 梁敬錞，林凯著

北平：亚洲文明协会，1919年9月初版

38，312页：地图；22开．—（亚洲文明协会丛书）

主题：第一次世界大战—战争史

中图分类号：K143

包括大战之发端、19世纪以后之德意志、西欧东欧南欧及殖民地的战况以及海上战争等6篇。

1860

欧战小史 ／ 陈懋烈编

上海：中华书局，1931年4月初版

2册（138，142页）；36开．—（常识丛书）

上海：中华书局，1935年10月初版，1941年7月4版

158页；32开．—（初中学生文库）

主题：第一次世界大战—战争史

中图分类号：K143

内分 4 篇，其中第四篇为附录。分 19 章叙述第一次世界大战经过。第 10 章为英德海军之封锁，包含英德海上对峙、德国潜艇政策、潜水艇海战；第 11 章为美国之参战，包含美国海军之助力等内容。

1861

欧战与地中海形势／陈钟浩编著

[出版地不详]：军事委员会政治部，1941 年 3 月出版

58 页：图；36 开 . —（时事问题）

主题：第二次世界大战—研究—欧洲

中图分类号：K152

介绍第二次世界大战爆发前后，英、法、意、德等国争夺地中海地区的情况。

1862

欧战与新潮／王金绂编

北京：北京师范大学图书馆，1923 年 4 月初版

174 页；24 开 . —（求知学社丛书）

主题：第一次世界大战—研究

中图分类号：K143

包含海上战况、列强之海军、德国海上作战计划及英之封锁、北海之战、波罗的海之战、黑海地中海之战、海参崴分兵问题、英美海军之协同作战等内容。

1863

欧洲战线／彭世桢著

上饶：战地图书出版社，1941 年 7 月初版

16，213 页；32 开

主题：第二次世界大战—研究—欧洲

中图分类号：K152

分北欧的闪击战、西线有战事、英伦海峡的战争、美国参战与英美合作、白浪滔天的地中海等 6 部分。

1864

人类的故事／（美）［房龙］（Hendrik Van Loon）原著；沈性仁译述

上海：商务印书馆，1925 年 4 月至 1925 年 10 月出版

2 册（18，545，18 页）：图；32 开 . —（少年史地丛书）

上海：商务印书馆，1935 年 5 月国难后 1 版

22，520 页：图；32 开

主题：人类学—少年读物

中图分类号：K109

历史通俗读物，分 63 章。讲述从史前时代至 20 世纪 20 年代初的人类历史。包含爱琴海、北欧

人、地理大发现等。1925 年初版卷首有经农序、译者弁言和著者序。国难后第 1 版为重译本。

1865

人类史话 ／ （美） 拉蒙可夫玛（R. P. Coffman） 著；陶秉珍译

上海：开明书店，1934 年 6 月初版，1941 年 5 月 3 版，1947 年 5 版

12, 295 页：图；32 开 . —（开明青年丛书）

主题：世界史

中图分类号：K10

分渔猎社会、畜牧社会、耕种社会、商业社会和奴隶社会、封建社会和资本主义社会 6 部分。包含北方民族的航海、海外贸易、亨利王子和航海事业、最初的环绕地球、大航海的完成、横渡大西洋等。

1866

日本的命运 ／ 新中国编译社编纂

［出版地不详］：新中国报社①，1944 年 5 月出版

60 页：图；32 开 . —（新中国丛书）

主题：太平洋战争—日本—史料

中图分类号：K152

日伪宣传品。包含《现阶段之世界战局展望》、《日本的命运》、《美国大陆反攻企图之解剖》、《冲绳决战之特异性》、《战胜的关键：航空决战》 等 11 篇。

1867

日本南进与太平洋 ／ 示丹编著

［出版地不详］：军事委员会政治部，1941 年 3 月出版

38 页；32 开 . —（时事问题）

主题：太平洋战争—起源—研究

中图分类号：K152

评述日本南进的目的、政策，太平洋战争爆发的可能性及其结局等问题。

1868

日本南进与太平洋形势 ／ 黄德禄著

重庆：中山文化教育馆，1939 年 4 月渝版

68 页：图；36 开 . —（抗战丛刊）

主题：太平洋战争—研究

中图分类号：K152

评述日本威胁下的太平洋形势，包括日本的南进政策及对太平洋形势的影响、英美法荷等对太平洋霸权之争夺等。

---

① 新中国报社：日本人出资、"汪伪"政客操办的报社，于 1940 年 11 月 7 日在上海创立。该社亲日立场鲜明，鼓吹日中亲善。

1869

日本南进政策的前瞻／樊苕棠著

[出版地不详]：奋斗出版社，1941 年 1 月出版

94 页；32 开 . —（奋斗丛书）

主题：太平洋战争—起源—研究

中图分类号：K152

评述日本的国策、南进政策的历史目标、日美军事力量的对比及未来日美战争的战略形势。

1870

日本南进政策之新阶段／庄心在著

重庆：中国国际联盟同志会［印行者］，1941 年 2 月初版

86 页；32 开 . —（世界政治社丛书）

主题：太平洋战争—起源—文集

中图分类号：K152 – 53

包含《现阶段日本南进政策总检讨》、《菲律宾问题》、《缅甸论》、《日本南进与泰国》、《日本在南洋委任统治地之战略价值》等 8 篇。

1871

上古世界史／（美）卡尔登·海士（Carlton J. H. Hyaes），（美）汤姆·蒙（Parker Thomas Moon）著；伍蠡甫，徐宗铎译

上海：世界书局，1933 年 10 月初版，1935 年 1 月 3 版，1937 年 3 月 4 版

343 页：图；25 开

主题：世界史—上古史

中图分类号：K11

包括文明的发轫、希腊城邦的古典文明、罗马帝国的古典文明和远东的古典文明 4 篇。包含爱琴文明和克里特的海王、中国与印度和近东的接触等内容。

1872

世界大战全史／张乃燕著

上海：商务印书馆，1926 年 1 月初版，1926 年 8 月再版，1927 年 10 月 3 版，1934 年 3 月国难后 1 版，1935 年 4 月国难后 2 版

20，656，30 页：图；25 开 . —（芸庐历史丛书）

主题：第一次世界大战—战争史

中图分类号：K143

分 27 章。介绍第一次世界大战始末。包含德军进窥比法海岸及其被阻、英德海上之颉颃、日本之侵占山东、海上最后之决战等内容。卷首有著者序，书中有大量插图。附《参考书报汇志》、《中西名称对照表》。

1873

世界大战史／陈叔谅撰述

上海：商务印书馆，1928 年 12 月

初版，1933 年 12 月国难后 1 版

220 页：图；32 开．——（新时代史地丛书）

上海：商务印书馆，1929 年 10 月初版

220 页；32 开．——（万有文库）

主题：第一次世界大战—战争史

中图分类号：K143

分 19 章。叙述第一次世界大战的起因、经过和结果。包含 1915 年前之海上形势、海上战事与合议之失败。卷首有著者引言，书末附《世界大战大事表》、《中国关于大战史书目录》。

1874

世界大战史／张乃燕著

上海：商务印书馆，1929 年出版

11，134 页：地图，表；25 开．——（芸庐历史丛书）

主题：第一次世界大战—战争史

中图分类号：K143

分 7 章。简述第一次世界大战史，包含德军进窥比法海岸、英吉利控制海上、德意志之初次无限制潜艇政策、英德海军大战、德意志之二次无限制潜艇政策。

1875

世界第二次大战的准备问题／

（苏）波察斯德夫等著；高素明，李麦麦译

上海：商务印书馆，1937 年 11 月初版

245 页；32 开

主题：第二次世界大战—起源—研究

中图分类号：K152

分第二次世界大战的准备、大战经济上的准备、军费支出、海军实力等 10 章。包含各国的海军势力、海军改造等内容。

1876

世界各国志／王昌谟等编译

上海：商务印书馆，1925 年 7 月初版

3 册：图；32 开．——（少年百科全书）

主题：世界史

中图分类号：K10

分 10 卷介绍各国史志。上册包括第 1—3 卷：世界古国、意大利、西班牙和葡萄牙、法兰西，荷兰和比利时；中册包括第 4—6 卷：德意志、奥地利、匈牙利、瑞士、瑞典、挪威、丹麦；下册包括第 7—10 卷：俄罗斯、美国、巴尔干半岛上的国家、日本与高丽[①]、南非小国、波斯与亚洲土耳其、中亚

---

① 高丽（918—1392），又称高丽王朝、王氏高丽，是朝鲜半岛古代国家之一。

细亚、南北极。

1877

世界社会史／（日）上田茂树著；
施复亮译

　上海：昆仑书店，1929 年 8 月初
　版，1930 年 3 月再版
　195 页；32 开
　主题：世界史
　中图分类号：K10

　　包含东地中海岸的西洋文明、
腓尼基古代海洋民的贸易、克里特
的海贼与亚述的猎师等内容。

1878

世界史．上册／（美）海思（原题
汉士）等著；邱祖谋译

　上海：正行出版社，1941 年 8 月
　初版
　2 册（11，588 页）：图；32 开
　上海：上海书店，1946 年 8 月上
　册再版，1947 年 5 月下册再版
　2 册：图；32 开
　主题：世界史
　中图分类号：K10

　　包含爱琴文明和克里地岛的海
王、渔猎时代、希腊人与波斯人的
战争等内容。

1879

世界史纲 ／ （英） 韦 尔 斯
（H. G. Wells）著；梁思成等译

　上海：商务印书馆，1927 年 6 月
　初版，1927 年 11 月再版，1930
　年 4 月 4 版，1935 年 8 月国难后
　1 版
　2 册（27，1023，36 页）：图；25
　开．—（大学丛书）
　主题：世界史
　中图分类号：K10

　　分 39 章。叙述从地球和生命
的起源至第二次世界大战爆发时期
的世界史，包含海民与商民、远古
船舰与水手、最古之海上探险等。
书末附《世界大事年表》。

1880

世界史教程：封建社会史／（苏）
约尼西亚，波查洛夫著；许仑音
等译

　北平：全民报馆骆驼丛书出版
　部，1934 年 8 月初版
　240 页：图；32 开．—（骆驼丛书）
　主题：世界史—中世纪史
　中图分类号：K13

　　包含从地中海及波罗的海至北
欧的商路、近东贸易与大水路、汉
萨同盟和封建时代的欧洲水陆贸易
路等内容。

1881

世界史要／（英）威尔斯（H. G.
Wells）著；谢颂羔，陈德明译

　上海：文华美术图书印刷公司，

1931 年初版

364 页；36 开

主题：世界史

中图分类号：K10

　　1930 年 3 月上海昆仑书店版《世界文化史纲》一书的另一译本。

1882

世界通史／海思，穆恩，威兰著；刘启戈译

　　上海：大孚出版公司，1948 年 8 月初版，1949 年 4 月 4 版

　　2 册（32，958 页）：图；25 开

　　主题：世界史

　　中图分类号：K10

　　分 51 章。叙述人类渔猎时代至第二次世界大战时期的世界史。包括爱琴文明与克利地岛之海王、航海者之罗盘、科伦布①、喀巴氏与麦哲伦等内容。卷首有翦伯赞的序言。

1883

世界通史／周谷城著

　　上海：商务印书馆，1949 年 9 月初版

　　3 册（871 页）；25 开 . —（大学丛书）

　　主题：世界史

　　中图分类号：K10

　　分 3 篇。第 1 篇为远古之文化发展；第 2 篇为亚欧势力之往还，包含东西交通的道路、海上交通之道路、东西海上之贸易等内容；第 3 篇为世界范围之扩大。

1884

世界文化史／（英）威尔斯（H. G. Wells）著；蔡慕晖，蔡希陶译

　　上海：大江书铺，1932 年 6 月初版

　　504 页：地图；32 开

　　上海：开明书店，1934 年 10 月再版

　　504 页：有地图；32 开

　　主题：世界史

　　中图分类号：K10

　　1930 年 3 月上海昆仑书店版《世界文化史纲》一书的另一译本。

1885

世界文化史纲／（英）威尔斯（H. G. Wells）著；朱应会译

　　上海：昆仑书店，1930 年 3 月初版，1931 年 9 月再版

　　513，27 页；32 开

　　主题：世界史

　　中图分类号：K10

　　分 67 小节。叙述从古代至 20 世纪 20 年代的世界史，包括最初的航海者等内容。卷首有著者原序

---

　　① 科伦布，又译哥伦布。

和译者序。书末附《世界大事年表》。

1886

太平洋大战爆发

　　[出版地不详]：[出版者不详]，[出版日期不详]

　　46 页：图；36 开

　　主题：太平洋战争—日本—史料

　　中图分类号：K152

　　日伪出版物，分 18 节。叙述东亚民族解放战争开幕、从日美交涉到太平洋战争、美国必败之理由、太平洋大战日志等。

1887

太平洋大战秘史／联合国统帅部发表

　　上海：改造日报馆，1946 年 5 月初版，1946 年 8 月再版

　　11，101 页；32 开

　　主题：太平洋战争—战争史

　　中图分类号：K152

　　分第二次世界大战序曲、国际的火药库、中日事变与日本的军阀独裁、欧洲危机扩展到大战、太平洋战争 5 章。

1888

太平洋大战与中国／常燕生等著

　　成都：西部印务公司，1942 年出版

　　148 页；32 开

　　主题：太平洋战争—研究—文集

　　中图分类号：K152 - 53

　　收《太平洋大战与中国》（常燕生）、《太平洋大战蠡测》（李璜）、《太平洋大战展望》（张希为）、《苏联态度与太平洋战争》（宋涟波）、《太平洋形势与中德宣战》（郑寿麟）、《美日在太平洋上的战略形势》（阿瓦林）、《美日关系演变的经过》（罗斯福）、《夏威夷被敌突袭记》（诺克斯）等 20 篇。附录《日本天皇对英美之宣战令》等 6 件。

1889

太平洋的暴风雨／羊枣著

　　桂林：国光出版社，1943 年 5 月初版

　　185 页；32 开．—（二次大战国际问题研究丛刊）

　　主题：太平洋战争—研究

　　中图分类号：K152

　　综述 1931 年至 1942 年期间太平洋地区形势的演变和发展。分析太平洋战争特征，英、美的政策及日本自卢沟桥事变以来的军事侵略行动。包含珍珠港奇袭、亚澳地中海争夺战等内容。

1890

太平洋战场：从爆发到降服／王克

编著

上海：经纬书局，1946 年 3 月初版

68 页；36 开 . —（世界小文库）

主题：太平洋战争

中图分类号：K152

分为什么爆发了太平洋战争、守势阶段、防御的攻势、攻势的防御、攻势阶段、一个悲喜剧的结局6 部分。

1891

太平洋战后的世界／李菊休著

成都：中西书局，1943 年 4 月初版

218 页；36 开

主题：太平洋战争—研究

中图分类号：K152

分 10 章。叙述太平洋战争爆发的原因、日本独霸远东的企图、日本发动战争及联合国家的应战、印度问题、中美关系、太平洋战争第一年概况和国际政局等。

1892

太平洋战事爆发初卤获文件汇编／空军总指挥部参谋处第二科编

［出版地不详］：编者刊，1942 年4 月出版

168 页：图，表；16 开 . —（情字丛刊）

主题：太平洋战争—史料

中图分类号：K152

1941 年 2 月虏获日机所得，分 12 章。包含成田邦武大尉之履历、情报参考书类、情报收集记录、执行任务时之参考、日日见闻录、成田大尉日记簿中之杂记、成田大尉手册所载人名摘要、关于识别友方军用机之陆海军协定、移动间气象及机场参考图表等。

1893

太平洋战线：美日战争实录／（美）海莱著

［出版地不详］：大公报馆，1945年 5 月上册出版，1945 年 7 月下册出版

2 册（182，184 页）：图；32 开 . —（大公报小丛书）

主题：太平洋战争—史料

中图分类号：K152

包含所罗门海空大战、柯曼道斯基海战、登陆瓜岛、敌舰杨威萨伏、击沉"龙骧"号、"东京特快车"的停驶等内容。

1894

太平洋战争爆发／朱子容著

上海：大成出版公司，1948 年 9月初版

38 页；32 开 . —（中华民国历史小丛书）

主题：太平洋战争

中图分类号：K152

叙述 1941 年 12 月 7 日日本偷袭珍珠港的战争。

1895

太平洋战争的分析与展望 ／ 张兆麟著

[出版地不详]：长城出版社，1941 年 12 月出版

37 页：图；32 开

主题：太平洋战争—分析

中图分类号：K152

长城半月刊第 5、6 期合刊附册。分空前的战争、太平洋战争何以即时爆发、太平洋上的战略形势、太平洋各国的军备实力、日本的国力与资源、太平洋战争的展望 6 节。

1896

太平洋战争第一年 ／ 中外出版社编译部编译

重庆：中外出版社，1943 年 4 月初版

172 页；32 开

主题：太平洋战争—文集

中图分类号：K152 - 53

包含珍珠港事变以来、太平洋战略的关键、日本海洋政略地理、夏威夷的英雄们、爪哇海上的战争、巴丹战役的总清算、杜立特将军怎样领导轰炸东京、战斗于空中

的珊瑚海之役、中途岛战役、日本侵入阿拉斯加的战略、太平洋上、漫谈所罗门、瓜岛素描、所岛的五次战斗、瓜达康纳尔之战、马河战斗等内容。书后有后记。

1897

太平洋战争二周年 ／ 华北新闻社编

[出版地不详]：华北新闻社，1943 年出版

24 页；32 开

主题：太平洋战争

中图分类号：K152

分 8 节。讲述太平洋战争、日本必败的理由、南洋的人民战线及中国敌后人民的抗战等。有编者前言及《太平洋地势图》。

1898

太平洋战争讲话 ／ 王丙辰编

[出版地不详]：建国编译社，[出版日期不详]

62 页；32 开

主题：太平洋战争—研究

中图分类号：K152

讲述太平洋战争的开端、现状、阵容，太平洋战争与中国的关系，比较英、日、美海军实力，评论太平洋战争对日本前途的影响，指出日本必败。

1899

太平洋战争探讨 / 国民新闻社
译述

上海：国民新闻图书印刷公司，
1942 年 8 月出版

192 页；图；36 开 . —（国民新
闻丛书）

主题：太平洋战争—研究—文集

中图分类号：K152 - 53

收《新太平洋问题的诞生》、
《太平洋资源地理》、《日美谈判的
经过》、《日美关系变迁史》、《美
国的对日战略与让步条件》、《关
岛种种》、《世界大战中的澳洲》、
《荷印的脆弱面》等 28 篇。

1900

太平洋战争新局势 / 羊枣著

［永安］：战时中国出版社，1944
年 12 月初版

74 页；32 开

主题：太平洋战争—研究—文集

中图分类号：K152 - 53

收《罗斯福访问夏威夷后的太
平洋战场》、《英国与太平洋战争》、
《我神降临帝国》、《返回菲律宾》、
《太平洋战争新局势》等 9 篇。

1901

太平洋战争展望 / 汪松年撰辑

［西安］：每周新闻社，1942 年 2
月初版

161 页；32 开

主题：太平洋战争—分析

中图分类号：K152

评述海参崴、阿拉斯加与阿留
申群岛、巴拿马运河、夏威夷、太
平洋上的岛屿、菲律宾、印度尼西
亚、越南、泰国、日本、缅甸等的
战略地位，美、英、日等国在太平
洋战场的战略及军备情况等。

1902

太平洋战争之研究 / 吴光杰著

重庆：商务印书馆，1942 年 5 月
初版，1943 年 1 月增订再版

57 页；36 开

主题：太平洋战争—研究

中图分类号：K152

分 4 章。概述日、美、中、
英、荷、苏等国国情及交战各国的
战略，包含日本在太平洋之兵要地
理、美国在太平洋之兵要地理、太
平洋战争大事记。

1903

太平洋战争之展望 / 刘光炎等著

重庆：国民图书出版社，1942 年
1 月初版

56 页；36 开

主题：太平洋战争—研究

中图分类号：K152

为太平洋战争问题讨论会记
录。包含《日本为什么动》（周以

洞）、《太平洋大战与苏联》（冯放民）、《太平洋战线形势》（徐世勋）、《太平洋战争与中国的关系》（张文伯）、《侵略集团与反侵略集团实力之比较》（万叔寅、周以洞）等 8 篇。

1904

太平洋之战：第一年／易幼涟等著

桂林：扫荡报社，1942 年 12 月初版

56 页；32 开

主题：太平洋战争

中图分类号：K152

分由外交谈到战争爆发、初期的盟军颓势、大战的转折、同盟国的政治动态、经济动态等 6 章。

1905

泰西事物起原／（日）澁江保编纂；傅运森译补

上海：文明书局，1926 年 1 月初版

20，[184] 页；32 开

主题：文化史—世界—古代

中图分类号：K103

内分天时、地理、科学、工艺、教育、宗教、商业、军事、机械、建筑等 23 类。介绍每一种事物的起源和发展情况，包含海底电线、灯塔、鲸猎、水底艇等内容。附《中东西纪年表》。

1906

外国史．第 3 册／黄维荣

上海：商务印书馆，1947 年 2 月初版

201 页：图；32 开 . —（新中学文库）

主题：世界史

中图分类号：K10

全书分 5 编，每册即 1 编。第 3 册包含地理上的大发现、新航路的发现、新大陆的发现等内容。

1907

未来之世界大战／（美）杜伯（R. E. Dupuy），（美）爱里阿（G. F. Eliot）合著；平凡译

汉口：竞智书店，1938 年出版

103 页；32 开

主题：第二次世界大战—起源—研究

中图分类号：K152

据原著《If War Comes》一书中的第 2 部分译成，分 7 章。预测日本与英国、日本与美国、日本可能的南进路线等内容。

1908

未来之世界大战／（美）杜伯（R. E. Dupuy），（美）爱里阿（G. F. Eliot）合著；周新节译

上海：新兴书店，1938 年 2 月

初版

100 页；36 开. —（时代知识丛书）

主题：第二次世界大战—起源—研究

中图分类号：K152

　　原著《If War Comes》一书的节译本。

1909

文化移动论／（日）西村真次著；李宝瑄译述

　　上海：商务印书馆，1936 年 2 月初版

　　[16]，224 页；32 开. —（史地小丛书）

　　主题：文化史—研究—世界

　　中图分类号：K103

　　论述文化的产生，发展与传播。内分文化概论、文化移动线与人种移动线、巨石文化之世界的分布、为文化水线移动之媒介的船舶、为文化陆线移动之媒介的车马等 6 章。有原著者序及插图多幅。其中，为文化水线移动之媒介的船舶论述了航运之历史的研究、由船看日本文化、司密斯教授船舶分布论、船舶的起源于发达、岛国文化与船舶的关系等。

1910

我的太平洋大战观／许荣范著

　　成都：康导月刊社，1942 年 3 月

出版

10 页；16 开

主题：太平洋战争—评论

中图分类号：K152

　　评论太平洋战争初期失利及中美英苏的对策、同盟军的处境、战争双方的实力，以及著者提出的建议等。

1911

西洋古代史／曹绍濂编

　　上海：商务印书馆，1934 年 11 月初版

　　2 册（13，638 页）：图；32 开

　　主题：西方国家—古代史

　　中图分类号：K12

　　包括先史时代之欧洲、东方、希腊人、后期希腊时代之地中海世界与罗马共和国、罗马帝国等 5 编。包含爱琴海世界之自然环境及人种、爱琴海世界之岛屿文化、希腊人侵入爱琴海世界等内容。

1912

西洋上古史／吴祥麒著

　　北京：国立华北编译馆，1942 年 3 月初版

　　309 页；18 开. —（大学丛书）

　　主题：西方国家—上古史

　　中图分类号：K11

　　包括欧洲太古之人类、埃及、西亚细亚、地中海世界及初期之希

腊人、罗马等6章。卷首有冯承钧序和著者序。

1913

西洋史表解／田农编著

[北平]：编者刊，1933年10月初版

326页；16开

主题：西方国家—历史—表解

中图分类号：K1-64

包含地理上的大发现及殖民地的竞争，西部地中海的概况、地理、民族，西葡的殖民竞争，荷兰之称雄海上，英法的殖民竞争，瑞典及丹麦的殖民等内容。

1914

西洋最近五十年史／陈此生编

上海：北新书局，1931年9月初版

16，367页；24开

主题：西方国家—近代史

中图分类号：K14

内分帝国主义的均势维持时代、帝国主义均势动摇时代、两帝国主义集团的大冲突、大战后的欧美等5章。包含在太平洋的列强经营、1914年的大战情势、海战状况等内容。

1915

希腊史／何鲁之著

上海：商务印书馆，1934年7月初版

212页：图；25开.—（历史丛书）

主题：古希腊—历史

中图分类号：K125

内分斯巴达、雅典、马其顿的兴起，亚历山大、罗马人与希腊和马其顿的命运，希腊殖民地的归降罗马等15章。包含海上希腊、末的亚战争之海战经过、海陆军等内容。

1916

希腊史／卢文迪编

上海：中华书局，1936年4月初版

12，144页；32开.—（中华百科丛书）

主题：古希腊—历史

中图分类号：K125

内分希腊民族的形成及其城邦政治、波希战争与雅典的隆盛、希腊内乱、亚历山大帝国及其分裂等11章。包含希腊人的南下及其分布、海上贸易与货币的开始、希腊殖民地的扩张等内容。

1917

希腊小史／波尔克尔著；高君韦译

上海：商务印书馆，1925年11月初版，1928年再版，1933年2

月国难后 1 版

104 页；32 开 . —（少年史地丛书）

主题：古希腊—历史

中图分类号：K125

　　分 11 章。简述古希腊城邦国家及其文化，包含希腊的海军等内容。

1918

下次之太平洋战争，又名，可怕之日本／（美）约翰戴白氏原著；叶春墀译

　　青岛：青岛中华书局，1932 年 6 月出版

　　84 页；32 开

　　主题：太平洋战争—研究

　　中图分类号：K152

　　评述日本在太平洋的有利地位，认为美国国防准备不足，难与日本抗衡，美国应迅速加强军备。有沈鸿烈《下次之太平洋战争译本序》。附《日本航空发达史》、《日本空军之实力》、《日本防空计划》。

1919

现阶段的日本南侵政策／继襄编

　　金华：国民出版社，1940 年 7 月初版

　　76 页；32 开 . —（国际新知丛书）

主题：太平洋战争—起源—研究

中图分类号：K152

　　评述日本南侵南洋群岛的扩张政策及我国应有的警觉。

1920

新春／（伪）北京新闻协会编

　　［出版地不详］：编者刊，1942 年 2 月出版

　　62 页；36 开 . —（时局丛书）

　　主题：太平洋战争—史料

　　中图分类号：K152

　　收《大东亚战争的意义》、《打倒英美》、《太平洋与世界的关系》、《太平洋的实况》、《东亚共荣圈的各国》、《中日历史上的亲善》等 20 余篇。

1921

新加坡陷落

　　北平：北京新闻协会，1942 年出版

　　38 页：图；36 开 . —（时局小丛书）

　　主题：太平洋战争—新加坡—史料

　　中图分类号：K152

　　日伪宣传品。分庆祝新加坡陷落、大东亚共荣圈确立、英美势力的崩溃、南洋的资源、日军攻陷新加坡的经过、华北民众的协力、南洋侨胞觉悟等 18 个部分。卷首有

《太平洋英美势力总崩溃》和《新加坡英军降服之经过》两篇文章。

1922

新时代外国史. 上册 / 何炳松编纂

上海：商务印书馆，1929 年 6 月初版

451 页

主题：世界史

中图分类号：K10

包含爱琴文化、希腊人南下、希腊的殖民和商业、波斯战争、意大利半岛和罗马的起源、地中海的征服和征服后的结果、地理上的发现等内容。

1923

新著西洋近百年史 / 李泰棻编译

上海：商务印书馆，1922 年 10 月初版，1927 年 8 月 6 版，1930 年 7 月 8 版

2 册；32 开

主题：西方国家—近代史

中图分类号：K14

包含意大利红海岸之占领、1914 年 8 月至 1915 年 8 月北海方面海战之概况、波罗的海方面海军之战况、地中海方面海战之概况、1915 年 8 月至 1916 年 8 月海战之概况、1916 年 8 月至休战海战之概况等内容。

1924

一九四二年的太平洋 / 陈祖润编著

重庆：独立出版社，1943 年 4 月初版

100 页；32 开

主题：太平洋战争

中图分类号：K152

分太平洋历史的转折点、1942 年太平洋上的国际政治与外交、一年来的太平洋大战等 5 章。

1925

一九四四年的世界 / 金仲华编

重庆：中外出版社，1945 年 1 月初版

120 页；32 开

主题：第二次世界大战—国际形势—1944

中图分类号：K152

包含《一九四四年的世界》（金仲华）、《演变中的国际政局》（刘尊棋）、《从马绍尔到明多罗》（于友）、《中国大陆与东南亚洲》（沙溪）等 6 篇。包含西南太平洋一年间、塞班之役与菲律宾海战、潜艇与空中攻击等内容。

1926

一九一四年后之世界 / （美）兰森著；谢元范，翁之达译

上海：商务印书馆，1936 年 2 月

初版，1936 年 4 月再版，1936
年 5 月 3 版

17，737 页：表；24 开

主题：世界史—现代史

中图分类号：K15

包含世界大战、战神的祭坛、海军作战、中国与日本、日本的经济问题、中日冲突等内容。

1927

英美的崩溃

北平：北京新闻协会，1941 年 12
月出版

46 页；32 开 . —（时局小丛书）

主题：太平洋战争—史料

中图分类号：K152

日伪宣传品。宣传日军攻陷香港、威克岛及关岛等。

1928

战后世界新形势纪要／王华隆编

上海：商务印书馆，1921 年 10
月初版，1922 年 9 月再版，1926
年 4 版

82 页：地图；25 开

主题：世界史—现代史—史料

中图分类号：K151

分总论、新兴诸国、战胜诸国、战败诸国、交战国之损失及战后各国经济之概况 5 编。每国之后介绍其地理环境、政治、政体、人口、经济等情况。

1929

战时日本问题十讲／宁一先著

重庆：拔提书店，1940 年 4 月
初版

152 页；32 开 . —（日本研究资料丛书）

主题：第二次世界大战—史料

中图分类号：K152

包含日本海军的构成、战略关系之日本海军的编制、战术关系之日本海军的编制、日本海军的补充计划、日本的海军根据地等内容。

1930

战时世界过眼录／王季征著

重庆：独立出版社，1943 年 5 月
初版

142 页；32 开

主题：第二次世界大战—史料

中图分类号：K152

包含白面包倒在海里、旧军舰换来的海空根据地——百尔慕他、荷兰船上的杂碎、日本偷袭珍珠港目击记、檀岛战时生活等内容。

1931

战争论／（日）荒畑寒村原著；沈兹九译

上海：申报，1933 年 8 月初版

136 页；32 开 . —（申报丛书）

主题：第 二 次 世 界 大 战—起

源—研究

中图分类号：K152

分日美两国在满洲的对立、毒瓦斯战及细菌战之威胁、勃利欧盆地之秘密、第二次世界大战之切迫及其意义、英美资本的争霸、无产阶级眼光中的太平洋军缩会议等 8 部分。

1932

战争与和平：第二次世界大战总结 / 中学生杂志社编

上海：开明书店，1946 年 10 月初版，1946 年 12 月再版，1947 年 3 版，1949 年 2 月 4 版

165 页；32 开

主题：第二次世界大战—研究

中图分类号：K152

收《远东战争始末》（陈虞孙）、《欧洲战争始末》（陈正飞）等 9 篇。包含日本与美国、英国在太平洋的战事等内容。

1933

珍珠港突袭目睹记 / （美）克拉克 [T. B. Clark] 原著；徐钟佩译

重庆：五十年代出版社，1943 年 4 月初版

98 页；36 开 . —（世界大战插曲丛刊）

主题：日军偷袭珍珠港（1941）

中图分类号：K152

分在火奴鲁鲁、在飞机场、在珍珠港、民间的冒险的故事、伤者和死者、当地的日本人、尼黑岛的故事、勿忘珍珠港 8 章。

1934

征服日本图说 / 蔡振扬等编绘

福建南平：中华文化出版社，1945 年 11 月出版

41 页：图；16 开

主题：太平洋战争—日本—史料

中图分类号：K152

收图 13 幅，以图解的方式介绍从太平洋反攻形势至日本投降的情况。

1935

殖民地 · 附属国新历史 . 上卷 / 古柏尔 等著；吴清友译

上海：读书出版社，1941 年 5 月至 1948 年 4 月出版

4 册：图；32 开

主题：殖民地—民族解放运动史—世界

中图分类号：K101

分 3 篇。第 1 册为第 1 篇：法国资产阶级革命前夜欧洲列强的殖民地和东方的附属国；第 2 册为第 2 篇：资本主义在先进国家胜利和巩固时期的殖民地及附属国；第 3、4 册为第 3 篇：帝国主义时期的殖民地及附属国。

K2　中国史

1936

暴日侵华解剖／程孝慈著

　　江西：江西省地方自治讲习院编审室，1940 年 5 月出版

　　114 页；32 开 . —（基本知识丛书）

　　主题：侵华—历史—日本

　　中图分类号：K25

　　分 9 章。剖析日本明代以来侵略中国的历史。共分 5 个时期：初期（即明代）至甲午中日战争、甲午战争至日俄战争、日俄战争至第一次世界大战、第一次世界大战至"九一八"、"九一八"至"七七"事变。此外两章专论日本对华的经济及文化侵略。

1937

北戴河海滨志略／管洛声著

　　[出版地不详]：[出版者不详]，1925 年 9 月出版

　　192 页；25 开

　　主题：地方志—北戴河—民国

　　中图分类号：K292.2

　　分沿革、气候、市政、交通、实业、名胜古迹、考古、艺文、游览等 12 部分。有风景图片数十张。

1938

本国史／吕思勉编著

　　上海：商务印书馆，上册 1934 年 2 月初版，1934 年 9 月 8 版；下册 1934 年 8 月初版

　　2 册；32 开

　　主题：中国—历史

　　中图分类号：K20

　　包含隋唐的对外交通、中外文化的接触、元代中西文化的交通、明朝的殖民事业和外患、欧人的东略、鸦片战争、中日战争等内容。

1939

不忘／吴廷之著，叶楚伧编

　　[出版地不详]：编者刊，1915 年出版

　　75 页；20 开

　　主题：帝国主义—侵华—历史

　　中图分类号：K25

　　卷一介绍鸦片战争、同盟军之役、中法战争、中日战争、庚子之祸；卷二介绍"九五"国耻。

1940

潮州府志略／潘载和纂修

　　汕头：文艺书店，1934 年 1 月初版

　　22，396，22 页；32 开

　　主题：潮州—地方志—乾隆（1736 - 1795）

　　中图分类号：K296.53

　　乾隆年间周硕勋修《潮州府志》节略本，包含自然现象、飓

风、潮汐、形势、水利、堤防、汛防等内容。

1941

大江南线／曹聚仁著

　　上饶：战地图书出版社，1941 年 4 月初版

　　256 页；32 开

　　上海：复兴出版社，1945 年 11 月初版

　　194 页；32 开

　　主题：抗日战争—中国—史料

　　中图分类号：K265.066

　　　包含沿海风景线（1939 年）、瓯海惊涛、浙东另一海角、沿海情势等内容。

1942

德人青岛谈／邓欣廉，阮绳祖译辑

　　上海：新学会社，1919 年 11 月初版

　　59 页；32 开

　　主题：史料—青岛—民国

　　中图分类号：K295.23

　　　文言体。本书又名《青岛战记》。记述第一次世界大战时期青岛的形势，德人青岛从军记及日军侵占青岛的事实经过。

1943

帝国主义侵略中国史／萧楚女编述

　　［出版地不详］：［出版者不详］，［1926 年 10 月］出版

　　112 页；32 开

　　主题：帝国主义—侵华—历史

　　中图分类号：K25

　　　上起鸦片战争，下迄“二十一条”交涉及华盛顿会议召开，重点记述各不平等条约的签订。

1944

帝国主义侵略中国史／陈彬龢著

　　上海：世界书局，1927 年 6 月初版，1929 年 3 月 3 版

　　132 页；32 开

　　主题：帝国主义—侵华—历史

　　中图分类号：K25

　　　分 18 章。记述 19 世纪中叶以来的帝国主义侵华史，包含帝国主义联合进攻、中国藩属被夺、日本帝国主义的侵略中国等内容。

1945

帝国主义侵略中国史／于树德著

　　［出版地不详］：国光书店，1927 年 1 月初版

　　62 页；32 开

　　主题：帝国主义—侵华—历史

　　中图分类号：K25

　　　分 5 讲。叙述鸦片战争至华盛顿会议间帝国主义列强侵略中国的史实。

1946

帝国主义侵略中国史／黄孝先著

　上海：商务印书馆，1928 年 11
　月初版，1931 年 5 月再版，1933
　年国难后第 1 版
　2 册（137，174 页）；32 开．—
　（新时代史地丛书）
　主题：帝国主义—侵华—历史
　中图分类号：K25

　　分上、下两册，共 26 章。上
册自《中俄尼布楚条约》签订至
八国联军侵入北京；下册至 1927
年外国炮舰轰击南京为止。包含中
英开战及议和、日本之侵略台湾与
合并琉球、日本割占台湾及侵吞朝
鲜之始末、德俄英法诸国相继租借
我国港湾之情形等内容。

1947

帝国主义侵略中国史／吴寿彭
等编

　[出版地不详]：中央陆军军官学
　校政治训练处，1929 年 4 月出版
　280 页；32 开．—（中央陆军军
　官学校政训处政治丛书）
　主题：帝国主义—侵华—历史
　中图分类号：K25

　　包含西力东渐、鸦片战争、日
本侵略琉球事件、玛加利事件与烟
台条约、葡萄牙侵夺澳门、日本对
德宣战破坏中国中立、华盛顿会议
与中国等内容。

1948

帝国主义侵略中国史／知行丛书
社编辑部著

　辽宁：知行丛书社，1930 年 5 月
　出版
　572 页；32 开．—（知行丛书）
　主题：帝国主义—侵华—历史
　中图分类号：K25

　　分 11 章。记述日本和沙俄侵华
的历史。有帝国主义的起源、侵华
的步骤与方法、政治经济之侵略、
日帝侵略东北之过去与现在等。

1949

帝国主义侵略中国痛史／唐守常
著

　上海：大东书局，1929 年 6 月
　7 版
　106 页；32 开
　主题：帝国主义—侵华—历史
　中图分类号：K25

　　分 10 章。从帝国主义的定义
和侵略中国的方式、步骤讲起，用
6 章的篇幅讲述鸦片战争至 1927
年 1 月英国人在汉口惨杀中国人事
件的帝国主义侵华史。

1950

帝国主义侵略中国小史／朱寿田
著

　上海：中华书局，1934 年 12 月

出版

70 页；32 开 . —（常识丛书）

主题：帝国主义—侵华—历史

中图分类号：K25

略述近代帝国主义侵略中国的历史。分为 4 个时期：鸦片战争以前、鸦片战争至中日甲午战争、中俄密约至民国成立、第一次世界大战至 20 世纪 20 年代中期。全书共分 7 章，按上述 4 个时期阐述了不平等条约、边疆藩属的丧失、民国成立后帝国主义的压迫、日本帝国主义的积极侵略等问题。

1951

帝国主义压迫中国史／刘彦著

上海：太平洋书店，1927 年 8 月初版，1932 年 6 月 13 版

2 册（414，492 页）；24 开

主题：帝国主义—侵华—历史

中图分类号：K25

《中国近时外交史》与《欧战期间中日交涉史》两书重加修正合并而成，共 39 章。包含日本对德宣战、日本攻青岛、日本于龙口上岸、与《中日条约》、沿海不割让之申令；中西国际交通之起源、中英战况及《南京条约》、中日交通之原委、日本并合琉球等内容。

1952

帝国主义压迫中国史／高守一编

上海：北新书局，1929 年 10 月出版

152 页；36 开

主题：帝国主义—侵华—历史

中图分类号：K25

分 12 章。说明帝国主义的定义、分析不平等条约、帝国主义侵略中国的原因、阶段，在华政治势力、经济势力等问题。

1953

东北视察记／何西亚著

上海：上海现代书局，1932 年 2 月初版

314 页；32 开

主题："九一八"事变（1931）

中图分类号：K264.2

著者"九一八"事变以后，著者以记者的身份旅行东北，将日寇侵占东北的史实分 14 章记出。包含大连要塞全景、大连商船之盛况、南满铁路与大连港、兄弟路与姊妹港等内容。

1954

东北问题／方乐天著

上海：商务印书馆，1933 年 11 月初版，1934 年 12 月再版

123 页：表；32 开 . —（万有文库）

主题：地方史—东北地区—民国

中图分类号：K293

分 7 章。介绍东北概况及重要性，批判日本以"特殊利益"为口实侵略中国东北的罪行。包含东北形势（地理）、东北之要塞（大连湾、旅顺口）、渔业等内容。

1955

东北问题／毛应章著

南京：拔提书店，1933 年 7 月初版

478 页；32 开

主题：地方史—东北地区—民国

中图分类号：K293

分东北之地理与历史、东北之经济、四十年来日本侵略东北之鸟瞰、东北与列强 4 编，其中第二编中有多种图表。

1956

东北问题. 第 2 集／东北问题编辑委员会编

北平：东北大学，1932 年 7 月初版

188 页；16 开

主题：地方史—东北地区—民国

中图分类号：K293

东北问题研究论文集。收《国际公法与公约下之东北事变

观》（赵明高）、《东北的经济价值》（贡方琳）、《东北铁路问题》（曹国卿）、《调查团与东北问题》（印永法）、《葫芦岛概要》（关瑞玿）等 15 篇。

1957

愤怒的台湾／庄嘉农著

香港：智源书局，1949 年 3 月出版

204 页；32 开

主题：帝国主义—侵华—历史—台湾

中图分类号：K25

帝国主义侵略台湾史及台湾人民的革命斗争史。内容主要有荷兰统治时代、满清时代、台湾民主国①、日本侵略时代、台湾"二二八"民变、美帝国主义在台湾等。附《中国人民一定要解放台湾》、《美帝阴谋侵台事实》。

1958

封锁海岸与对策／李景禧著

［重庆］：中山文化教育馆，1938 年 3 月初版

40 页；36 开 . —（抗战丛刊）

主题：抗日战争—中国

---

① 台湾民主国：中日甲午战争后，台湾人民闻知清廷将割台议和，极为震怒。《马关条约》签订后，台湾成为"弃地"。为御敌保台，在著名士绅丘逢甲的倡议下，于 1895 年 5 月 25 日成立了抗日政府"台湾民主国"，年号"永清"。同年 5 月 27 日，日军主力进犯台湾，攻陷基隆，占领台北，唐景崧、丘逢甲等官绅纷纷逃回大陆，"台湾民主国"覆亡。

中图分类号：K265

论述日本封锁中国海岸及中国的对策。书前有中山文化教育馆研究部《抗战丛刊缘起》及自序。

1959

广东通志／（清）阮元修；（清）陈昌齐等纂

上海：商务印书馆，1934 年出版

5 册：图，表；32 开

主题：地方史—广东—古代—史料

中图分类号：K296.5

据同治年间重刻本影印，共计 334 卷，包括舆地略、水利等内容。

1960

国耻史／蒋恭晟著

上海：中华书局，1926 年 12 月初版，1929 年 9 月 4 版，1937 年 4 月 7 版

326 页；25 开 . —（史学丛书）

主题：帝国主义—侵华—历史

中图分类号：K25

分 32 章。记述鸦片战争以来的帝国主义侵华事件。包含外人侵迫之由来（葡萄牙、荷兰、西班牙与俄罗斯）、中日通商之沿革、琉球之丧失、列强租我军港（威海卫、九龙、广州湾、胶州湾、旅顺和大连）等内容。[①]

1961

国耻史要／梁心著

上海：日新舆地学社，1933 年 8 月出版

435 页；22 开 . —（梁氏丛书）

主题：帝国主义—侵华—历史

中图分类号：K25

分 27 章。详述鸦片战争后 80 年来中国历次国耻。书前有谢瀛洲的《国耻纪念日表》和《国耻大事年表》。包含鸦片战记、日夺琉球记、中日战争记、中日通商行船条约、俄租旅顺大连记、英租威海卫与九龙记、法租广州湾记、德租胶州湾记、断送澳门记等内容。

1962

国耻痛史／公民救国团编

上海：编者刊，1919 年 6 月初版

290 页；25 开

主题：侵华—历史—日本

中图分类号：K25

记述近代以来日本历次侵华事件，分上、下两卷。包含中日古今交通之原委、合并琉球、割福建为

---

① 甲午战争后，西方列强纷纷租借我国军港、海湾，其中德国租借胶州湾、俄国租借旅顺和大连湾、法国租借广州湾、英国租借威海卫及九龙半岛。

势力范围、并朝鲜、日本青岛之战、紧要问题之胶州等内容。

1963

国耻小史／沈文濬著

上海：中国图书公司，1910 年 2 月初版，1925 年 12 月 12 版，1927 年 5 月 13 版

73 页；32 开

主题：帝国主义—侵华—历史

中图分类号：K25

包含日本攻略台湾东部记、日本吞并琉球记、中日战争记、德国租借胶州湾记、英国租借威海卫记、法国租借广州湾记等内容。

1964

国耻小史／吕思勉编

上海：中华书局，1917 年初版，1933 年 9 月 23 版

2 册（38，38 页）；32 开 . —（通俗教育丛书）

主题：帝国主义—侵华—历史

中图分类号：K25

分两册，共 15 章。记述近代以来国耻史。上册 8 章，包含鸦片战争、英法联军之役、伊犁交涉等。下册 7 章，包含"中日之战"、"八国联军"、"二十一条"、"五卅"惨案，"九一八"和"一二八"等章。

1965

国际竞争中之满洲／（美）克莱德著；张明炜译

上海：华通书局，1930 年 8 月初版，1931 年再版

402 页；32 开

主题：地方史—东北地区—民国

中图分类号：K293

分 12 章。论述近代日、俄、英、美等帝国主义对东北的侵略与瓜分。同时也简单介绍东北地区的自然环境、地理状况、物产与经济。

1966

国难的故事／施瑛著

上海：开明书店，1936 年 10 月初版，1936 年 12 月再版，1937 年 11 月 3 版

200 页；32 开 . —（开明少年丛书）

主题：帝国主义—侵华—历史

中图分类号：K25

以通俗形式讲述近代帝国主义侵华的史实，包含他们怎样轰开大门来、琉球做了赘见礼、南边的笆篱拆完了、怎么失掉了朝鲜等内容。

1967

国人不要忘掉了东北／汪勋著

上海：上海东北研究所，1934 年 9 月初版

266 页；23 开

主题：地方史—东北地区—民国

中图分类号：K293

分 5 章。介绍东北的历史、地理、天然资源，论述东北事变的真相和责任，认为只有收回东北中国才得生存。书前有徐正学《编辑大意》。

1968

国人仇／舒绍亮著

上海：爱国书局，1926 年 3 月出版

66 页；32 开

主题：帝国主义—侵华—历史

中图分类号：K25

分 2 编，共 37 章。简述日、英两国的侵华史实。

1969

国人对于东北应有的认识／徐正学，何新吾著

南京：东北研究社，1933 年 11 月初版

266 页；25 开

主题：地方史—东北地区—民国

中图分类号：K293

分 5 章。介绍东北历史、地理、资源，并论述只有收回东北中国才得生存，包含东北的水产等内容。

1970

海军进驻后之南海诸岛／杨秀靖著

［出版地不详］：海军总司令政工处，1948 年 5 月初版

12，28 页：图；32 开 . —（海军政训教材史地丛书）

主题：地方志—南海诸岛—民国

中图分类号：K296.6

分历史关系、地理状况、产业交通、三沙群岛的特产磷酸矿、军事价值、关于西沙群岛的争议种种、胜利后我国海军进驻各岛经过、结论 8 章。附《三沙群岛形势图》、《南海各岛新旧地名对照表》、《气候调查表》、《鸟粪分析表》。

1971

海南岛：太平洋上之"九一八"／独立出版社编

重庆：编者刊，1939 年 7 月初版

50 页；32 开 . —（战时综合丛书）

主题：抗日战争—海南

中图分类号：K265.3

记述 1939 年初日军侵占海南岛事件，并介绍海南岛地理，分 6 章，共 15 节，摘编若干文章而成。著者有郭沫若、方秋苇、陈钟浩等。以《蒋介石因海南岛事件答外国记者问》作为代序附于卷首。

1972

海南岛地志抄：琼州府志／东亚研究所编

东京：伊藤斌，1942年3月出版

492页；图；32开

主题：地方志—海南—民国

中图分类号：K296.6

包含气候、潮汐、风潮、疆域、海防、防海条议、海南岛沿革略等内容。

1973

海南岛事件面面观：半月文摘3卷5期附册／郭沫若等著

[出版地不详]：[半月文摘社]，[1939年]出版

42页；32开

主题：抗日战争—海南

中图分类号：K265.3

辑录评论1939年2月日军侵占中国海南岛的文章10篇。包含《太平洋上之"九一八"》（蒋介石）、《日寇侵犯海南岛》（郭沫若）、《海南岛问题与整个远东局势》（李蒙）等。有《海南形势略图》。

1974

海南岛新志／陈植编著

上海：商务印书馆，1949年2月初版

7，280页：图；32开

主题：地方志—海南—民国

中图分类号：K296.6

分11章。包括海南岛的沿革、自然环境、本岛与国际的关系、行政、社会组织、文化、资源、产业、牧业、交通、结论。

1975

海南岛与太平洋／陈清晨著

上海：亚东图书馆，1940年3月出版

182页；36开

主题：抗日战争—海南

中图分类号：K265.3

分7章。介绍海南岛、团沙群岛、东沙群岛、西沙群岛等在西太平洋上的地位，以及海南岛、团沙群岛于1939年2月被日军占领的后果等。

1976

海南岛志／陈铭枢总纂；曾蹇主编

上海：神州国光社，1930年3月出版，1933年1月出版

560页：图；16开

主题：地方志—海南—民国

中图分类号：K296.6

分22章。记述海南岛土地、气候、交通、农业等方面的情况，包含海南航线图、海南岛与西沙群岛、海洋与气候、海洋水产、水运、港

湾、潮汐、风雨气候等内容。

1977

河北省史地概要／沈洸孚编

[出版地不详]：[出版者不详]，
[出版日期不详]

70 页；16 开．—（河北省地方
行政人员训练所讲义）

主题：地方史—河北

中图分类号：K292.2

河北省地方行政人员训练所讲
义之一。包含导言、形势及防务、
地质、水利、行政区划三十年之沿
革、河北省之名义、本省之沿革、
疆域区划形势、山脉、河流、海岸
港口、气候、矿产、农产、动植
物、语言、衣食住、著名都会沿革
与兴衰之概略等内容。

1978

皇明留台奏议．兵防类／张冲，赵
锦等著

北平：文殿阁书庄，1934 年 10
月重印出版

90 页；32 开．—（国学文库）

主题：古代史—中国—明代

中图分类号：K248.06

收明代诸朝有关国防、军事的
奏折、疏文 15 篇，其中多为沿海
一带抗倭事。本书据明刻本重印。

1979

惠余文稿．第 2 辑／何格恩著

广州：岭南大学，1933 年 9 月
出版

134 页；16 开

主题：抗倭斗争—华东地区—
明代

中图分类号：K248.205

为作者在清华大学及燕京大学
时所做的论文两篇：《叶适在中国
哲学史上之位置》、《明代倭寇侵
扰沿海各地年表》。第一篇属哲
学。第二篇《年表》记明洪武元
年至天启五年倭寇侵扰我沿海各地
的大事。表后附有年表注。

1980

嘉靖御倭江浙主客军考／黎光
明著

北平：燕京大学哈佛燕京学社，
1933 年 12 月出版

172 页；16 开．—（燕京学报专
号）

主题：抗倭斗争—华东地区—
明代

中图分类号：K248.205

明嘉靖年间倭寇侵我江浙海
疆、扰害甚重，而江浙守军腐败，
无力抗倭，故不得不容请他军御
寇。作者广采《明史》、《明实录》
及沿海一带地方志，详考嘉靖三十
四年至四十年间御倭江浙主客军的

情况。全书分上下两编。上编叙述主军腐败、调遣客军概况、客军的扰害、调停时间等。下编将客军依次排列，详加阐述。序言中列有嘉靖三十年至四十年的中、日、西历及甲子对照表两个。

1981

甲午战前日本挑战史／（日）田保桥洁原著；王仲廉译

南京：南京书店，1932年11月初版

196页：图；24开

主题：中日甲午战争—起源—研究

中图分类号：K256.3

共7章。包含天津条约后之日鲜关系、东学党变乱及中日之干涉、以朝鲜为中心之中日交涉、朝鲜国内政改革问题、朝鲜国政府改造、列强之干涉、中日开战等内容。

1982

甲午之战／朱国定编著

重庆：正中书局，1938年9月初版

36页：图；50开．—（抗战常识讲话丛书）

主题：中日甲午战争—战争史

中图分类号：K256.3

简述中日甲午海战爆发的原因、经过及其影响。

1983

甲午中日战争纪要／参谋本部第二厅第六处编

［出版地不详］：编者刊，1935年5月出版

180页；28开

主题：中日甲午战争—史料

中图分类号：K256.3

所记时间自清光绪二十年（1894）朝鲜事变至二十一年烟台换约止。书中记载偏重于军事，对用兵之法和胜败原因等记载较详。全书16章，卷首有《甲午中日战争作战地一览图》，卷末有《丰岛海战经过要图》等33幅附图。

1984

甲午中日战争摄影集／良友图书印刷公司编辑部编

上海：良友图书印刷有限公司，1931年12月出版

64页；16开

主题：中日甲午战争—史料

中图分类号：K256.3

甲午中日战争的历史图片集，配有简单的文字说明。

1985

接收青岛纪念写真／班鹏志编

［出版地不详］：编者刊，1924年4月初版

246页：地图；横16开

主题：史料—青岛—民国

中图分类号：K295.23

收反映青岛历史沿革及接收情况的照片 273 张，有文字说明。

1986

近代国难史丛抄／阿英编

上海：潮锋出版社，1940 年 11 月至 1941 年 6 月出版

3 册；32 开

主题：帝国主义—侵华—历史

中图分类号：K25

本书共分上、中、下 3 册。辑有关近代国难的野史 10 种：《中日秘录》、《越事备考案略》、《谏止中东和议奏疏》、《冤海述闻》、《甲午中日战辑（一、二、三）》、《庚辛之际月表》、《庚子传信录》、《榆关纪事》。附《燕晋弥兵记》、《辱国春秋》、《国难稗抄》。

1987

近代外祸史／阿英编

上海：潮锋出版社，1947 年 2 月出版

931 页；32 开

主题：中外关系—国际关系史—近代—史料

中图分类号：K250.6

收录近代国难的野史，包含《中日秘录》、《越事备考案略》、《谏止中东和议奏疏》、《冤海述

闻》、《甲午中日战辑（一、二、三）》、《庚辛之际月表》、《庚子传信录》等。书名为柳亚子所题，书前有柳亚子序。

1988

近代中国史／郭廷以编

长沙：商务印书馆，1940 年 8 月出版，1947 年 3 月沪再版

2 册（26，635；636 页）；32 开

主题：中国—近代史

中图分类号：K25

包含中外关系史、海上通商之禁止（1805）、中西海上之接触——海道大通等内容。

1989

近年来的台湾／陈纯仁编著

上海：新夏图书公司，1948 年 9 月初版

100 页；32 开

主题：地方史—台湾

中图分类号：K295.8

包含我国开发台湾史略、荷兰人的侵占、郑成功的崛起、台湾的位置、自然形势与军事价值、日本在台湾的交通设施、航路等内容。

1990

近世中国史／金兆梓著

上海：中华书局，1947 年 10 月初版

346 页；32 开

主题：中国—近代史

中图分类号：K25

　　包含不平等条约缔结前的中西交通、汉时海上国外贸易、中国蚕丝入欧洲、唐置市舶使主海上贸易事、宋之市舶司、欧人由海上通中国之始、墨西哥银洋入中国之始、国际不平等条约缔结及扩展等内容。

1991

晋江县志／（清）方鼎等修

　　福建：晋江县①文献委员会，1945 年 1 月初版

　　480 页；16 开

　　主题：地方志—晋江—清代

　　中图分类号：K295.73

　　据乾隆三十年刻本重印。分为舆地、规制、版籍、学校、秩祀、官守、武卫、选举、人物（六卷）、杂志、词翰等 16 卷。包含疆界、潮汐、气候与桥渡等内容。

1992

靖海纪略／（明）曹履泰撰

　　北平：文殿阁书庄，1935 年 2 月重印出版

　　124 页；32 开．—（国学文库）

　　主题：地方史—福建—明代—

史料

　　中图分类号：K295.7

　　明天启间，由进士出宰同安，在任五年，时郑芝龙出没海师，视同安如几上肉，及崇祯元年就抚，奉命进剿旧日伙伴，有关战守、反间、抚诱等，履泰均身历其境，因就书札、文移等资料，编为《靖海纪略》一书。

1993

老上海／陈荣广编

　　上海：泰东图书局，1919 年 6 月出版

　　625 页；32 开

　　主题：上海—概况

　　中图分类号：K295.1

　　全书分 3 册，上册 10 类：天文、地理等；中册 8 类：工商、交通等；下册 5 类。包含上海之航务等内容。

1994

历代征倭文献考／王婆楞编著

　　重庆：正中书局，1940 年 10 月初版，1945 年 11 月沪 1 版

　　400 页；32 开

　　主题：中日关系—文化交流—文化史

　　中图分类号：K203

---

　①　1992 年晋江撤县设市，为福建省下辖县级市。

共 6 章。包含德化、向化、携贰、力征、勘患、制议。所引文献自秦汉至明代，依次按帝纪、列传、地志、艺文、东夷传、倭人传、四裔考、日本考排列。有按语及陈立夫序、著者序。附《释文献涵义》、《述汉学》、《佛教的东传》、《日本使臣学者西度求学》等。

1995

列强在中国之竞争／（日）今井嘉幸著；马鸣鸾，吴炳南译

[出版地不详]：晋新书社，1917 年 5 月出版

122 页；32 开

主题：帝国主义—侵华—历史

中图分类号：K25

记述 16 世纪以来列强侵略、瓜分中国的历史，重点在鸦片战争以后。内分 7 章，后附《列强在中国之矿山权》、《列强在中国之铁道权》、《中国开放商埠一览表》3 文。

1996

林文忠公政书／（清）林则徐著

上海：商务印书馆，1935 年 3 月初版

4 册；32 开 . —（万有文库）

上海：商务印书馆，1935 年 4 月初版，1935 年 7 月再版，1939 年 4 版

2 册；32 开 . —（国学基本丛书）

上海：国学整理社，1936 年初版

288 页；32 开

主题：奏议—中国—清后期—汇编

中图分类号：K250.65

收集了林则徐居官所做奏稿，反映了他的政治主张及其一生的政治活动。包含九龙洋面轰击夷船情形、穿鼻尖沙咀叠次轰击夷船情形、覆奏会望颜条陈封关禁海事宜折、烧毁匪船以断接济折等内容。

1997

满蒙问题／华企云编著

汉口：大东书局，1929 年 10 月出版，1931 年 10 月 3 版

398 页：图；32 开

主题：地方史—东北地区—民国

中图分类号：K293

分 3 编。评述有关中国东北和蒙古的地理、经济及各时期的对外交涉等，包含满洲水产渔业、航运交通等内容。附《日本计划在按东开港筑路》等 4 种。

1998

满洲忧患史／予觉氏著

天津：益世报馆，1929 年 4 月初版

4 册；32 开

主题：地方史—东北地区—民国

中图分类号：K293

日本侵略中国东北史，分 4
册，共 10 编。包含满洲概论、日
本侵略满洲概观、满洲外交史、满
铁会社与满洲、交通经济政策、日
本侵略满洲的政略。

1999

闽海纪要／（清）夏琳撰

台北：连雅堂，1925 年 6 月初版

87 页；22 开．—（雅堂丛刊）

主题：地方史—台湾—1645—
1683—史料

中图分类号：K295.8

记录了 1645 年至 1683 郑成功
一家三代人扶辅南明朝廷、经营台
湾及抗清的历史。资料多取于
《台湾通史》、《台湾外纪》、《海上
见闻录》等书。

2000

闽警／福建人著

上海：复初书社，[出版日期不
详]

72 页；28 开

主题：地方志—福建—民国

中图分类号：K295.7

分 10 章，记述近现代以来福
建失地、失矿、失航利的史实，并
记日本对福建的野心等，无版
权页。

2001

明代两浙倭寇／孟锦华著

金华：国民出版社，1940 年 7 月
出版

66 页；32 开

主题：抗倭斗争—中国—明代

中图分类号：K248.205

记述明代倭寇侵犯浙东、浙西
的史实。倭寇侵扰浙江，自明初至
嘉靖年间最为剧烈。经明朝官民联
合抗击，至明末方渐渐平息。

2002

明代倭寇犯华史略／吴重翰著

长沙：商务印书馆，1939 年 2 月
初版

164 页；32 开

主题：抗倭斗争—中国—明代

中图分类号：K248.205

分明代以前倭与中国之关系、
明初倭患、江浙倭患之后期、闽粤
倭患、平秀吉犯朝鲜等 6 篇。附
《倭奴考》、《倭之民风》、《中国人与
倭之勾结》和《倭贼凶悍与明人之
懦怯》。

2003

明代倭寇考略／陈懋恒著

北平：燕京大学哈佛燕京学社，
1934 年 6 月出版

163 页；16 开．—（燕京学报专

号）

主题：抗倭斗争—中国—明代

中图分类号：K248.205

　　叙述自元初至明中叶倭寇起源至衰落的近 300 年历史。文中详考了倭寇的来源、猖獗的原因、首领、伎俩及倭祸之勘定。

2004

明史佛郎机吕宋和兰意大里亚四传注释／张维华著

　　北平：燕京大学哈佛燕京学社，1934 年 6 月出版

　　256 页；16 开 . —（燕京学报）

　　主题：中国—历史—明代—纪传体

　　中图分类号：K248.042

　　注释《明史》中的该四传。附录有尤西堂初修《明史》四传的原稿，《明史》四传与万（斯同）、王（鸿绪）二史稿互校，四传大事年表。佛郎机、和兰、意大里亚分别为葡萄牙、荷兰与意大利。

2005

明亡野史／杨越著

　　重庆：人文书店，1944 年增订版

　　284 页；32 开 . —（历史丛刊）

　　主题：中国—野史—明清时代

　　中图分类号：K248

　　明代李逊之著《明亡野史》

的增订本，包含唐王、鲁王、永历三朝纪年，郑芝龙、郑成功、郑鸿逵等人物传记或编年史。

2006

明延平王台湾海国纪／余宗信著

　　上海：商务印书馆，1935 年 12 月初版，1937 年出版

　　112 页；32 开 . —（史地小丛书）

　　主题：地方史—台湾

　　中图分类号：K295.8

　　郑成功统治台湾的编年史，记事起明崇祯十七年至清康熙二十二年（1645—1684）。

2007

欧化东渐史／张星烺著

　　上海：商务印书馆，1934 年 1 月初版，1934 年 2 月再版

　　127 页；32 开 . —（新时代史地丛书）

　　主题：文化交流—文化史—中国—欧洲—古代

　　中图分类号：K203

　　分 3 章。论述欧洲文化东传的途径、媒介，包含西方到东方的多条航路以及西班牙和葡萄牙与中国海上贸易的史实。

2008

清稗类钞／徐珂编撰

上海：商务印书馆，1928 年 8 月
5 版

48 册；32 开

主题：稗史—中国—清代

中图分类号：K249.045

其中的动物分卷包含海狗、海
豚、海燕、张海鬼论海底动物、南
汇海口之大鱼、海州沿海之大鱼、
海鳐鱼、海青鱼、海蝘、海蚕、海
参、海胆、海蜇等；舟车类分卷包
含鱼雷艇、鱼雷母艇、鱼类驱逐舰
等内容。

2009

清代通史／萧一山著

北京：中华印刷局，1923 年 12
月上卷出版，1925 年 12 月中卷
修正版出版

2 册；16 开

上海：商务印书馆，1927 年 9 月
初版，1932 年 9 月国难后 1 版，
1935 年国难后 2 版，1940 年 2
月国难后 4 版

2 册；25 开

北平：文史政治学院

2 册（642，628 页）；16 开

主题：古代史—中国—清代

中图分类号：K249

包含郑成功之光复事业、郑成
功入据厦门、清廷对于沿海之政
策、教民之变乱与沿海之扰攘、东
南海寇之役等内容。

2010

琼崖抗战特刊／琼崖旅省抗敌救
乡会编

广东曲江：编者刊，1941 年 2 月
出版

91 页；图；16 开

主题：抗日战争—海南—民国—
史料

中图分类号：K265

琼崖抗战二周年纪念刊。收
《蒋介石关于日寇占领海南岛的谈
话》、《民国三十年展望》（余汉
谋）、《最后胜利之期待》（林适
华）、《枕戈待旦望乡关》（黄珍
吾）、《二年来抗战的琼崖》（陶林
英）等 40 篇。附《琼崖抗战之敌
我概况》。

2011

琼崖志略①／许崇灏编著

上海：正中书局，1947 年 4 月
初版

106 页；28 开

主题：地方志—海南—民国

中图分类号：K296.6

收陈献荣、张凡、江应樑等人
所著琼崖之历史地理、经济状况等

---

① 琼崖即海南岛。

文，介绍该岛的史地、气候、经济、风俗等，包含地理、地势、港湾、附近岛屿等内容。

2012

琼州沦陷区报告／中国国民党中央执行委员会粤闽区宣传专员办事处编

　[出版地不详]：编者刊，1941年7月出版

　108页；32开.—（调查资料）

　主题：侵华事件—日本—1937—1941

　中图分类号：K265.6

　　分4章。记述抗日战争中日寇攻占并统治海南岛的情况，敌伪军政机构、各级官吏，并专章介绍共产党的活动。

2013

日本帝国主义侵略中国史／周策农编

　南京：中山印书馆，1929年出版

　72页；32开.—（反帝丛书）

　主题：侵华—历史—日本

　中图分类号：K25

　　近代日本侵华史，分1871年至1895年、1895年至1915年、1915年至1929年三期。

2014

日本帝国主义侵略中国史／蒋坚忍著

　上海：联合书店，1930年7月出版，1931年3版

　412页；25开

　上海：现代书局，1930年出版，1931年再版，1931年3版

　412页；25开

　汉口：奋斗报社，1931年再版

　412页；32开

　主题：侵华—历史—日本

　中图分类号：K25

　　记述1871年"中日修好条约"以来的日本侵华史。包含日本的海洋进取政策、中日通商开始、初步侵略朝鲜、强占琉球群岛、藉词攻台湾、甲午战争、台湾丧失、渤海领海问题等内容。

2015

日本帝国主义侵略中国史／李白英著

　上海：大同书局，1932年1月初版

　112页；32开

　主题：侵华—历史—日本

　中图分类号：K25

　　分两部：上部为侵略史；下部为侵略"成绩"。

2016

日本帝国主义侵略中国史／张觉人著

重庆：青年书店，1939 年 4 月出版，1940 年 7 月再版

182 页；32 开

主题：侵华—历史—日本

中图分类号：K25

记述 19 世纪 70 年代至 1937 年 "七七" 事变的日本侵华史。绪论中论及日本侵华的原因、方式。包含日本南进政策的开始、侵扰台湾、吞并琉球；日本大陆政策的开始、炮击朝鲜江华岛；强占胶济等内容。

2017

日本帝国主义与中国／吴兆名著

上海：商务印书馆，1934 年 3 月初版

646 页；32 开

主题：侵华—历史—日本

中图分类号：K25

分 13 章。叙述日本帝国主义侵略中国的原因、政策、经过。包含日本帝国主义割占中国台湾、澎湖，开商埠，设租界，签订不平等条约等内容。

2018

日本帝国主义者之野心／储效忠编

南京：新民书店，1928 年 11 月出版

150 页；32 开

主题：侵华—历史—日本

中图分类号：K25

分 30 节。记述 1871 年中日签订《修好条约》起至 1928 年 "五卅" 惨案的日本侵华史。包含侵略中国的经过、侵略概况、侵略山东的经过等内容。

2019

日本及其他帝国主义者侵略中国之事实／国民革命军陆军独立第二师

［出版地不详］：编者刊，［出版日期不详］

122 页；32 开

主题：中外关系—国际关系史—近代—史料

中图分类号：K250.6

分 7 章。前 4 章记日、英、法、俄侵华史实。第 5 章记德、美、葡、意等国侵华史。第 7 章为中国损失概算。

2020

日本侵华简史／曹伯韩著

汉口：上海杂志社，1938 年 2 月初版，1939 年 2 月 3 版

76 页；32 开 .—（大时代丛书）

主题：侵华—历史—日本

中图分类号：K25

分 16 节。记述甲午海战到

"七七"事变的中日关系，后附
《中日关系大事年表》。包含侵略
行动的开始、甲午海战、日本与列
强的竞赛等内容。

2021

日本侵华痛史 / 李蔚岩编

上海：律师公会，1932 年出版

316 页；32 开

主题：侵华—历史—日本

中图分类号：K25

为日本侵华全史，但着重记述
近代日本侵华史。内分中日古代之
交涉、清季日本之侵略、民国 20
年来之侵略、我国已被日本侵略之
实况、积极侵略东三省之日方秘密
文件、20 年来日本对我违法未结
之悬案汇录 6 章。

2022

日本侵略满蒙史 / 支恒贵著

上海：世界书局，1927 年 8 月
出版

77 页；32 开

主题：地方史—东北地区—民国

中图分类号：K293

分 7 章。记述自甲午之战起的
日本对我国东北、内蒙古的侵略。
包含渤海渔业与领海权问题、中日
之战对满洲的影响等内容。

2023

日本侵略中国大事年表 / 邱培
豪著

上海：新声通信社，1931 年 11
月初版

43 页；32 开

主题：侵华—历史年表—日本

中图分类号：K250.8

记述自 1870 年（清同治九
年）至 1931 年的日本侵华史。

2024

日本侵略中国年表 / 中国国民党
中央执行委员会宣传部编

[出版地不详]：编者刊，1931 年
10 月出版

68 页；32 开

主题：侵华—历史年表—日本

中图分类号：K250.8

以表格的形式记述明万历二十
年（1592）至 1931 年"九一八"
事变的日本侵华史。

2025

日本侵略中国史纲 / 李温民著

北平：国民外交研究会，1932 年
8 月再版

230 页；20 开

主题：侵华—历史—日本

中图分类号：K25

分 3 编。上编 7 章介绍日本立
国、明治维新以后的强盛，对外关

系及著者对日本的认识；中编40章为日本侵略中国之事实经过；下编8章为日本侵略中国之下幕，并论述中国应取的立场。

2026

日本侵占海南各岛之检讨／田鹏著

　　［出版地不详］：航空委员会政治部，1940年3月出版

　　44页；32开.—（时事报导丛书）

　　主题：抗日战争—海南

　　中图分类号：K265.3

　　评述日军侵占我国海南岛与太平洋战争的关系，并提出盟军应采用的对策。

2027

日本铁蹄下的台湾／秦光银著

　　成都：新新新闻报馆文化服务部，1940年12月出版

　　32页；32开

　　主题：地方史—台湾

　　中图分类号：K295.8

　　分8节。介绍台湾资源、被日侵占经过、日本统治台湾的政治机构等。

2028

日俄侵略东省小史／廖民公著

　　沈阳：新华印书局，1930年6月出版

　　154页；32开

　　主题：地方史—东北地区—民国

　　中图分类号：K293

　　论述日俄侵略中国东北的原因，侵略经过，包括各个时期订的条约及重要历史事件、战役。时间到20世纪20年代初止。有专章介绍中东铁路问题。

2029

日寇在粤之暴行／广州特别市党部编

　　广州：编者刊，1937年11月初版

　　144页：图；32开.—（对日抗战宣传丛书）

　　主题：侵华事件—日本—1937—史料

　　中图分类号：K265.606

　　以大事记形式记录日军自1937年8月18日至11月3日期间，在中国广东省所犯侵略罪行。上辑记日机暴行，下辑记日舰暴行。

2030

日清战史讲授录／（日）誉田甚八著；训练总监部军学编译处译

　　南京：译者刊，1936年9月出版

　　348，76页；23开

　　主题：中日甲午战争—史料

　　中图分类号：K256.3

1906 年以后在陆军大学校的讲话，分 3 章。包含总论、奉天省东南部之作战、旅顺半岛之作战。附《开战之初清军在朝鲜行动之评论》、《基于东亚战例挽近战略战术之倾向》、《东亚战争著名之战例》。

2031

日知录集释／（清）顾炎武著

上海：国学整理社，1936 年 12 月出版

908 页；32 开

主题：史料—中国—清代

中图分类号：K249.06

包含四海、海师、海运等内容。

2032

三百年前倭祸考／李晋华编

上海：国民外交委员会，1933 年 1 月初版

240 页；32 开

主题：抗倭斗争—中国—明代

中图分类号：K248.205

记述明代倭寇入侵扰边的史实及抗倭民族英雄的功绩。

2033

圣武记／（清）魏源撰

上海：世界书局，1936 年 12 月初版

408 页；32 开 . —（中国学术名著）

主题：史料—中国—清代

中图分类号：K249.06

包含海寇民变兵变、国初东南靖海记、嘉庆东南靖海记等内容。

2034

松江文献 . 第一期／陆规亮著

江苏：松江县①文献委员会，1947 年出版

46 页；16 开

主题：地方志—松江县—文献

中图分类号：K295.14

为抗战以后举办搜集有关松江文献文物资料的刊物。包含松江模范人物徐文定，董文敏的像、传略，明代倭寇侵华始末考，以及对松江县交通、银钱、典当等业的考证等内容。

2035

台湾：分省地志／李震明编

上海：中华书局，1948 年 5 月初版

186 页；32 开

主题：地理志—台湾

中图分类号：K295.8

---

① 松江县，现为上海松江区，下同。

分两编。上编总论，分位置面积、地形地质、气候及生物、居民及政治、资源、交通及贸易 6 章；下编分论，分 7 章，每一县或两县一章，每章又分概论、区域地理、结论等 3 节。书前有绪言。书后附参考书目。

2036

台湾朝鲜与东北／中国国民党浙江省党部编

　[出版地不详]：编者刊，1931 年出版

　120 页；32 开．—（反日宣传小丛书）

　主题：侵华—历史—日本

　中图分类号：K25

　　记述日本帝国主义侵略中国台湾、东北及朝鲜的经过和统治情况。

2037

台湾近世史／彭子明著

　福州：福州鸣社，1929 年 12 月出版

　174 页；32 开

　主题：地方史—台湾

　中图分类号：K295.8

　　分 3 篇。上篇为台湾过去现在之情况，介绍地理、人口、交通、矿产等情况；中篇为日本帝国主义统治下之台湾革命；下篇为台湾之

民族解放运动与其前途。包含台湾航道、水产、海疆等内容。

2038

台湾抗日史：节录自台湾民主国致中外文告／陈汉光著

　台湾：守坚藏书室，1948 年 10 月初版

　186 页；32 开

　主题：抗日斗争—台湾—近代

　中图分类号：K265.3

　　台湾军民近代抗日史。内容始于清光绪二十年甲午战争，终于光绪二十一年台南失守，分 6 篇，共 14 章。书后附人物事略，介绍台湾 14 位抗日人物的生平。书中有插图多幅。

2039

台湾全志

　台北：台湾经世新报社，1922 年 5 月至 12 月初版

　8 册；22 开

　主题：地方志—台湾

　中图分类号：K295.8

　　分 8 册。囊括台湾和澎湖列岛全面信息。

2040

台湾史／李震明著

　上海：中华书局，1948 年 6 月初版

180 页：地图；32 开

主题：地方史—台湾

中图分类号：K295.8

　　分 8 章。讲述台湾历史，包含元、明时期之经营、颜郑占台、中荷澎湖战争、荷占台湾、西班牙占台湾、郑成功取台湾、移民与开拓、台湾外患、日本割占台湾等内容。

2041

台湾史纲／汤子炳编

　　台北：刘涛刊，1946 年 8 月初版

　　202 页；32 开

　　主题：地方史—台湾

　　中图分类号：K295.8

　　讲述台湾从隋唐至抗战胜利光复后的历史。包含颜郑之据台、外人之觊觎、明代荷西之侵袭、明师入台、日本侵占等内容。

2042

台湾通史／连横著

　　台北：台湾通史社，1920 年 11 月至 1921 年 4 月出版

　　3 册；25 开

　　重庆：商务印书馆，1946 年 1 月初版，1947 年 3 月沪初版

　　2 册（332，371 页）；25 开

　　主题：地方史—台湾—纪传体

　　中图分类号：K295.8

　　计有纪 4 卷、志 26 卷、列传 8 卷、附表若干。所记上起隋大业元年（605），下至清光绪二十一年（1895）九月，凡 1290 年。作者一反过去史书中多详礼、乐、兵、刑的记史方法，而于各志中多记乡治以下民事。卷末有《连雅堂先生家传》。

2043

台湾新志／郑伯彬编著

　　上海：中华书局，1945 年 12 月初版，1947 年 1 月再版

　　110 页；32 开

　　主题：地方志—台湾

　　中图分类号：K295.8

　　分简史、地理、气候、种族人口、产业总论、农业资源、林渔资源、矿产资源、工业、交通、总论等 11 章。包含海岸、附属岛屿、对外贸易、渔业等内容。书末附图及统计表 52 幅。

2044

天津志略／宋蕴璞辑

　　[出版地不详]：河北大兴蕴兴商行，1931 年 9 月初版

　　372 页：图；16 开

　　主题：地方志—天津—民国

　　中图分类号：K292.1

　　分概要、教育、物产、金融、工业、商务、交通、公用事业、人物、文艺、社会、食宿、游艺、杂俎等 20 编。包含形势、气候、海

疆、水产、港务、港岸及码头、海
外航线等内容。

2045

威海卫①收回第二周年工作报告书

　　[出版地不详]：[出版者不详]，
[1932 年]出版

　　[330]页：图，表；16 开

　　主题：史料—威海—民国

　　中图分类号：K295.23

　　分图片、工作报告、特载、会
议录、附录等项。附《本署特赠
接受威海卫纪念章函并人名单》
等 19 篇。

2046

威海卫收回第三周年工作报告书

　　[出版地不详]：[出版者不详]，
[1933 年]出版

　　[220]页：图，表；16 开

　　主题：史料—威海—民国

　　中图分类号：K295.23

　　分图片、工作报告、特载、会
议录、附录等项。

2047

威海卫收回周年特刊／威海卫管
理公署秘书处编

　　[出版地不详]：编者刊，1931 年
10 月初版

105 页：图，表；16 开

　　主题：史料—威海—民国

　　中图分类号：K295.23

　　分威海卫筹收及接管纪略、威
海卫收回后一年来之重要工作、特
载、艺文 4 部分。

2048

倭变事略／王直淮辑录；中国历史
研究社编

　　上海：神州国光社，1939 年初
版，1940 年再版，1946 年 11 版，
1947 年 3 版

　　210 页；32 开．—（中国内乱外
祸历史丛书）

　　主题：抗倭斗争—中国—明代

　　中图分类号：K248.205

　　收明代倭变史料 9 种：《嘉靖
东南平倭通录》、《倭变事略》、
《靖海纪略》、《金山倭变小志》、
《纪剿除徐海本末》、《倭情屯田
议》、《日本犯华考》、《中东古今
和战端委考》、《东倭考》。前 6 种
叙述倭寇扰乱情形，后 3 种则叙述
有关倭变的中日历史关系。

2049

倭变事略及其他一种／采九德撰

　　上海：商务印书馆，1936 年 6 月
初版

---

　　① 威海卫，即今威海市。

134 页；32 开

主题：抗倭斗争—中国—明代

中图分类号：K248.205

　　为嘉靖年间明人采九德的笔记，记载了作者耳闻目睹的许多倭寇之事。

2050

倭寇侵华简史 ／ 广东民众抗日自卫团统率委员会编

　　[出版地不详]：编者刊，1938 年 8 月出版

　　32 页；32 开

　　主题：侵华—历史—日本

　　中图分类号：K25

　　分 15 节。记述自明代倭寇扰边起至抗日战争爆发后，日军进攻武汉的日本侵华史。

2051

我们的耻辱 ／ 周滌钦著

　　重庆：正中书局，1937 年 5 月初版，1942 年 9 月 3 版

　　208 页；32 开 . —（中国青年丛书）

　　主题：帝国主义—侵华—历史

　　中图分类号：K25

　　分 14 章。记述近代以来帝国主义侵略中国的历史，从鸦片战争叙至"九一八"事变后日军进犯华北止。包含鸦片战争的经过、英法联军北上、琉球过去的史迹、日本吞灭我琉球的经过、法国亡我越南的经过、烟台条约、中日之战及朝鲜灭亡等内容。

2052

西沙岛东沙岛成案汇编 ／ 陈天锡编

　　[出版地不详]：[出版者不详]，1928 年 6 月初版

　　312 页：图，表；22 开

　　主题：地方志—南海诸岛—民国

　　中图分类号：K296.6

　　分两部分。上部分为绪言、西沙岛之发现期、筹办处设立与裁撤及设立期内之进行情况、历次商人呈请承办西沙之经过、何瑞年呈报赴岛开办后各方反对之经过情形、何瑞年再度承办西沙之情形、最近官厅间之主张、结论 8 章。书前有地图 14 幅、西沙群岛名对勘表。下部分为绪论、东沙群岛之发现期、日商之占据东沙群岛与磋商应付经过、派员接收之经过、商办、官办期之经过、岛上建设之经过等 19 章，有地图 5 幅。介绍了广东省政府 20 年来开发经营西沙群岛和东沙群岛的经过。

2053

西行逐日记 ／ 叶夏声著

　　广州：著者自刊，1935 年 11 月初版

[24]，402 页：照片；32 开

主题：史料—中国—近代

中图分类号：K250.6

记载作者从 1934 年 4 月 24 日至 1935 年 1 月 1 日在美国、英国、法国、德国、菲律宾等国的游历见闻。

2054

西域南海史地考证译丛／（法）伯希和（P. Pelliot）等著；冯承钧译；中华教育文化基金董事会编译委员会编

上海：商务印书馆，1934 年 3 月初版，1935 年再版

188 页；25 开

主题：历史地理—考证—亚洲

中图分类号：K207

辑译《通报》、《亚洲报》、《梵衍那之佛教古迹》、河内远东法国学校二十五周年纪念刊《亚洲研究》中关于西域南海史地考证论文 12 篇。其中收入伯希和的 10 篇文章，包含《库车阿克苏乌什之古名》、《中国载籍中之梵衍那》、《魏略西戎传中之贤督同汜夏》、《苏毗》、《景教碑中叙利亚文之长安洛阳》、《支那名称之起源》、《唐元时代中亚及东亚之基督教徒》、《马可波罗行纪沙海昂译注正误》、《诸蕃志译注正误》、《关于越南半岛的几条中国史文》。有一篇是斯坦因的《玄奘沙洲伊

吾间之行程》，有一篇是马司帛洛的《宋初越南半岛诸国考》。卷首有冯承钧序。

2055

西域南海史地考证译丛续编／（法）伯希和（P. Pelliot）等著；冯承钧译；中华教育文化基金董事会编译委员会编

上海：商务印书馆，1934 年 3 月初版

172 页；25 开

主题：历史地理—考证—亚洲

中图分类号：K207

收《库蛮》、《塞语中止若干西域地名》、《汉译突厥名称之起源》、《汉译吐蕃名称》、《高丽史中之蒙古语》、《南家》、《中国载籍中之宾童龙》（以上各篇为伯希和著）、《南海中之波斯》、《叶调斯调与爪哇》、《苏门答腊岛名之最古记录》、《瀛涯胜览中之麒麟》（以上各篇为费琅著）、《真腊风土记补注》（戈岱司）、《占城史料补遗》（鄂卢梭）。共 13 篇。

2056

香港百年史／黎晋伟主编

香港：南中编译出版社，1948 年 6 月初版

182 页；16 开

主题：地方史—香港

中图分类号：K296.58

辑 130 余篇。分历史、政治、地理、社会、经济、交通、文化、教育 8 章。内有《香港开埠史》（陈钊著）、《一百年前的香港》（吴云著）、《香港历任总督》、《香港金融》（陈乐天著）等文章。

2057

香港和海南岛的危机 ／ 陈玉祥著

重庆：中山文化教育馆，1938 年 9 月出版

38 页；36 开 . —（抗战丛刊）

主题：抗日战争—香港

主题：抗日战争—海南

中图分类号：K265.3

分析日本对香港和海南岛的威胁，英、法对日的态度，希望英、法帮助中国反对日本侵略者。

2058

新编高中本国史 ／ 金兆梓编

上海：中华书局，1937 年 7 月 3 版

313 页；32 开

主题：中国—历史

中图分类号：K20

包含唐以前之海上交通、俺答及倭寇、台湾郑氏之忘与清定三藩、通商传教之始、日并朝鲜琉球、中日之战等内容。

2059

新编国耻小史 ／ 曹增美，黄孝先编

上海：商务印书馆，1928 年 3 月初版，1929 年 3 月再版，1930 年 3 月 4 版

249 页；32 开

主题：帝国主义—侵华—历史

中图分类号：K25

分 21 章。记述近代帝国主义侵略我国事件。包含鸦片战争、日本之攻掠台湾合并琉球、中日战争吞并朝鲜、德国租借胶州湾、法国租借广州湾、英国租借威海卫和九龙半岛等内容。

2060

信及录 ／［林则徐］著

［出版地不详］：［出版者不详］，1929 年出版

204 页；16 开

主题：史料—中国—清代

中图分类号：K253.066

为纪念林则徐"六三"禁烟 90 周年而印度纪念册，收集当时有关禁烟的奏折、上谕和文告等。

2061

信及录 ／ 林孟工辑录；中国历史研究社编

上海：神州国光社，1936 年 8 月初版，1941 年 5 月出版，1947 年 3 版

271 页；32 开 . —（中国内乱外祸丛书）

主题：史料—中国—清代

中图分类号：K253.066

收清代禁烟史料两种：《鸦片事略》（李圭著），书分上下两卷，上卷详述嘉道年间禁烟经过，下卷说明鸦片战争后的弛禁情状；《信及录》，收林则徐禁烟的文告、奏折及与外人往来的文件。

2062

宣和奉使高丽图经 ／（宋）徐兢著

上海：商务印书馆，1937 年 3 月初版

158 页；32 开 . —（万有文库 . 第 2 集第 619 种；国学基本丛书）

主题：笔记—中国—宋代—选集

主题：高丽（918—1392）—史料

中图分类号：K244.066

中图分类号：K312.33

共 40 卷，包含海道等 6 卷。

2063

鸦片战后的八十年 ／ 李次民编

［出版地不详］：梧州文化公司，1932 年 7 月初版

174 页；32 开

主题：近代史—中国

中图分类号：K25

中国近代史。内分中西交通之略述、中英鸦片战争、太平天国、英法联军战争始末、帝国主义侵略中国藩属的次第、戊戌变法及义和团、日俄战争与中国的损失、民国成立等 9 章。附《中国近百年来大事年表》及本书参考书目。

2064

鸦片战争 ／ 丁晓先著

上海：开明书店，1934 年 9 月初版

86 页；56 开 . —（开明中学丛书）

主题：鸦片战争（1840—1842）—历史

中图分类号：K253

记述中英鸦片战争史，包含西洋势力的东渐和列强的商权竞争、通商问题的骨干和枝节、义律挑衅与英政府出兵、林则徐的备战到琦善议和、再攻沿海与深入长江等内容。

2065

鸦片战争史 ／ 武育幹著

上海：商务印书馆，1929 年 10 月初版

149 页；32 开 . —（万有文库）

主题：鸦片战争（1840—1842）—历史

中图分类号：K253

记述中英鸦片战争史，包含英国与欧洲国家之商权竞争、英国东洋政略之由来、清廷限制对外贸易之情形、林则徐严增海防、鸦片战争之经过等内容。

2066

鸦片战争史事考／姚薇元著

贵阳：文通书局，1942 年 2 月初版

266 页；22 开

主题：鸦片战争（1840—1842）—史料

中图分类号：K253.06

对魏源所著《道光洋艘征抚记》一书逐句加以考核，订正错误。《道光洋艘征抚记》成书和流传时间都在鸦片战争结束不久，记载鸦片战争始末。因当时没有署上作者魏源的姓名，各传抄本内容相同而书名小异，作《夷艘寇海记》或《夷艘入寇记》等。光绪四年（1893）上海申报馆将之收入《圣武记》排印出版，篇名改为《道光洋艘征抚记》。

2067

夷氛记闻／梁廷楠著

北平：国立北平研究院史学研究会，1937 年 4 月出版

130 页；20 开

主题：笔记—中国—清代—选集

中图分类号：K249.066

本书成于清道光三十年（1850）前后，共 5 卷。叙述英国对华输入鸦片战争中的历次战役，至 1849 年广州人民反对英人入城斗争为止。作者曾参与禁烟运动和广州人民反侵略斗争，因此这些记录较翔实可靠，是研究鸦片战争的重要史料。

2068

英帝国主义侵略中国史／周策农编

南京：中山印书馆，1929 年出版

178 页；32 开．—（反帝丛书）

主题：侵华—历史—英国

中图分类号：K25

近百年英帝国主义侵华史，内分从中英交通至《南京条约》、中英关系概说等 14 章。

2069

英帝国主义压迫下之中国／柏恩史（Elinor Burns）著；杨人楩译

上海：北新书局，1929 年 6 月初版

86 页；32 开

主题：侵华—历史—英国

中图分类号：K25

评述近 200 年来英帝国主义侵华概况。包括门户开放、资本输出、中国中产阶级的形成、英国在

华利益等方面情况。

2070

英帝国主义与中国／杨幼炯著

北京：北京反帝国主义同盟会，1925 年 12 月出版

104 页；32 开

主题：侵华—历史—英国

中图分类号：K25

近代英帝国主义侵略中国简史。包含英帝国主义侵略中国开端、《威海卫草约》、断送领土领海等内容。

2071

英帝国主义与中国／唐文藻著

上海：大东书局，1929 年 8 月出版

198 页：表；32 开

主题：侵华—历史—英国

中图分类号：K25

分 13 章。评述 18 世纪以来的中英关系，重点在鸦片战争后英帝国主义的对华侵略。包含中英最初之通商、英舰袭澳门、鸦片交战状况、《烟台条约》、军港之租借、收回威海卫交涉等内容。

2072

元史纪事本末／陈邦瞻原著

上海：商务印书馆，1931 年 4 月初版

2 册（159 页）；32 开 . —（万有文库）

上海：商务印书馆，1935 年 3 月出版

172 页；32 开 . —（国学基本丛书）

主题：元代—历史—纪事本末体

中图分类号：K244.044

包含江南群盗之平，高丽之臣，日本用兵，占城安南用兵，运漕、河渠、海运等内容。

2073

浙史纪要／李洁非编著

上海：正中书局，1948 年 10 月初版

106 页；32 开

主题：地方志—浙江—民国

中图分类号：K295.5

分春秋越国前后之浙江、唐代浙江的国际往来、有明一代的浙江倭寇、承平日久的浙江及其现势等 10 章，叙述上古至今的吴越江浙史。

2074

郑和航海图考／范文涛著

重庆：商务印书馆，1943 年 12 月初版

59 页：图；32 开

主题：郑和下西洋—考证

中图分类号：K248.105

对郑和七次下西洋史实作了简单的介绍，主要考证、释解郑和的航海图。附图 3 幅：《针位图》、《自古力由不洞至古利门图》、《自吉利门至白礁图》。

2075

郑和南征记 / 束世澂著

[出版地不详]：青年出版社，1941 年 3 月初版

180 页；32 开 . —（青年史地丛书）

主题：郑和下西洋—青年读物

中图分类号：K248.105

分 7 章。记述郑和的身世、七次出使南洋航海记事、郑和南征的价值、郑和的辅佐人员及郑和的结局、郑和所记的南海风俗等。

2076

郑和七次下西洋年月考证 /［金云铭著］

福建：协和大学图书馆，1937 年 12 月出版

48 页；25 开

主题：郑和下西洋--考证

中图分类号：K248.105

通过对历史文献的综合分析，对郑和七次下西洋的时间进行考证，为《福州文化》第 26 期抽印本。

2077

郑和下西洋考 /（法）伯希和（Paul Pelliot）原著；冯承钧译述

上海：商务印书馆，1935 年 5 月初版

157 页；24 开

主题：郑和下西洋—考证

中图分类号：K248.105

以《瀛涯胜览》、《星槎胜览》、《西洋番国志》、《西洋朝贡典录》等古籍，对我国明代航海家郑和七次下西洋的史实、路线、所经地区名称、地理、风土人情、参加航海人员、历次航行的功业、所得朝贡品等诸项详加考证。

2078

中东铁路与远东问题 / 高良佐著

上海：太平洋书店，1930 年 1 月出版

158 页：表；32 开

主题：中东铁路问题—史料

中图分类号：K263.06

分 10 章。评述俄国"求热的海水"政策、俄国侵略远东的开始，远东形势转变的关键，华盛顿会议前后的中东问题，以及远东问题的重心与中国前途等。

2079

中俄交涉论：1929 年至 1930 年 / 孙几伊编著

上海：大东书局，1931 年 7 月初版

212 页；28 开

主题：中东铁路问题—史料

中图分类号：K263.06

评述 1929 年 5 月发生的中东路事件，包括俄国侵略远东的原因、中东路史略、各国对华对俄态度与俄国对华政策等。

2080

中国耻辱记／黄毅著

上海：国民书社，1917 年 5 月初版

66 页；32 开．—（通俗白话救国小丛书）

主题：帝国主义—侵华—历史

中图分类号：K25

分 16 章。叙述鸦片战争后五口通商，至民国初年日本逼迫中国政府签订"二十一条"的列强侵华史。

2081

中国海员罢工第三周年纪念册／林伟民著

广州：广州书局，1925 年 3 月出版

10 页；32 开

主题：香港海员罢工（1922）

中图分类号：K261.3

收《告全体海员同志》、《请看船东和香港英殖民地政府欺骗海员》。

2082

中国近百年史／孟世杰著

天津：百城书局，1931 年 7 月初版，1931 年 11 月 3 版

2 册（287，269 页）；32 开

主题：近代史—中国

中图分类号：K25

本书据作者所著《中国最近世史》改编而成。

2083

中国近百年史／罗元鲲著

上海：商务印书馆，1934 年 5 月初版

2 册（426，244 页）；32 开

主题：近代史—中国

中图分类号：K25

内分两编：西力侵入时代，从清乾、嘉年间至清末；民国成立时代，述至"九一八"事变后日军进攻华北。包含海盗之乱、海盗及天理教变乱图、鸦片战争、英法联军之役、中日之战及各国租借军港等内容。

2084

中国近百年史常识／曹伯韩著

［出版地不详］：习作出版社，1941 年 8 月初版

61 页；50 开．—（常识丛书）

主题：近代史—中国

中图分类号：K25

　　内容与作者所著《中国现代史常识》基本一致。

2085

中国近百年史纲要／高博彦著

　　天津：华泰印书馆，1927 年 9 月初版

　　700 页；25 开

　　北京：文化学社，1928 年 4 月初版，1932 年 7 月 4 版，1936 年 8 月 6 版

　　主题：近代史—中国

　　中图分类号：K25

　　原为作者在南开学校讲义，分两编：自鸦片战争至戊戌变法；自戊戌变法至清帝退位。作者特别重视我国外交失败的原因和国势衰弱的由来两个问题。包含鸦片战争、英法联军、中日战争和外藩的丧失等内容。

2086

中国近百年史十讲／曹伯韩著

　　桂林：华华书店，1942 年 11 月初版

　　重庆：文化供应社，1945 年 5 月再版

　　重庆：乐群书店，1945 年 11 月 3 版

151 页；32 开

主题：近代史—中国

中图分类号：K25

　　包含鸦片战争、中日甲午战争、八国联军之役、中日战争等 10 篇。

2087

中国近百年史资料／左舜生编

　　上海：中华书局，1926 年 7 月出版，1931 年 2 月 6 版

　　2 册（320，329 页）；22 开

　　主题：史料—中国—近代

　　中图分类号：K250.6

　　分 13 类。收录鸦片战争与英法联军、太平天国、戡定西域记、中英滇案交涉本末、中俄伊犁交涉始末、中法兵事本末、中日兵事本末，光绪帝与慈禧、戊戌政变、八国联军、蒙藏交涉、中国革命之经过等历史资料。

2088

中国近百年史资料续编／左舜生编

　　上海：中华书局，1933 年 9 月出版，1938 年香港出版

　　2 册（300，264 页）；25 开

　　主题：史料—中国—近代

　　中图分类号：K250.6

　　续编收史料 26 篇。收《太平天国始末》（即《李秀成供词》）、

《太平军入金陵前后见闻记》（张汝南）、《江南北大营记事本末》（杜文澜）、《东方兵事纪略》（姚锡光）、《台湾八日记》（俞明震）、《海军大事记》（池仲祜）、（戊戌保国会章程）（康有为）、《庚子拳变日记》（景善）等。

2089

中国近代史／李鼎声著

上海：光明书局，[1933] 年初版，1938 年 8 月 9 版，1946 年战后 3 版

432 页；32 开

主题：近代史—中国

中图分类号：K25

包含鸦片战争的经过、英法联军攻华、中日台湾交涉与日并琉球、中英纠纷与《烟台条约》、中日交战与《马关条约》、日俄战争与日本侵略中国之扩大等内容。

2090

中国近代史．上编／范文澜著

[出版地不详]：新华书店晋绥分店，1947 年 3 月初版

2 册（174，186 页）；32 开

[出版地不详]：东北书店，1947 年 12 月出版，1948 年再版

394 页；32 开

上海：生活读书新知联合发行所，1949 年 6 月初版

451 页；32 开

[出版地不详]：华北大学，1949 年出版

450 页；32 开

香港：新中国书店，1949 年出版

450 页；32 开

主题：近代史—中国

中图分类号：K25

为第一次鸦片战争到义和团运动的历史，包含两次鸦片战争、甲午战争、日并琉球及战后的二次割地狂潮等内容。

2091

中国近代史．上编／武波著

上海：读书出版社，1947 年 10 月初版

418 页；32 开

主题：近代史—中国

中图分类号：K25

内容与范文澜《中国近代史》上编相同。

2092

中国近代史参考资料／杨松，邓力群编

上海：读书出版社，1947 年 8 月出版

492 页；32 开

沈阳：东北书店，1949 年 4 月初版

336 页；25 开

北平：新中国书局，1949 年 5 月
再版

428 页；32 开

主题：史料—中国—近代

中图分类号：K250.6

　　分 7 辑。收录鸦片战争、太平
天国、中法战争、中日战争、戊戌
政变、义和团、八国联军入侵的史
料。其中有译自当时《纽约每日
论坛报》的马克思、恩格斯关于
鸦片战争的论述，部分中外条约等
史料。书后附《清代中西历代对
照表》。

2093

中国近世史／陆光宇著

　北京：文化学社，1926 年 8 月初
　版，1933 年 8 月 7 版

　218 页；25 开

　主题：近代史—中国

　中图分类号：K25

　　包含鸦片战争、中日之战、琉
球亡于日、台湾亡、《马关条约》、
列强租借我国领土等内容。

2094

中国近世史／郑鹤声编

　南京：中央政治学校，1930 年 7
　月出版

　2 册（492，287 页）；16 开

　重庆：南方印书馆，1944 年至
　1945 年出版

2 册（360，332 页）；32 开

主题：近代史—中国

中图分类号：K25

　　包含中西殖民通商事业之发
轫、世界新航路之发现、明清间华
侨之海外殖民事业、清代国外藩属
之宾服、海疆之纷扰等内容。

2095

中国近世史／李絜非著

　贵阳：文通书局，1948 年 5 月初
　版，1948 年 6 月沪 1 版

　302 页；28 开．—（大学丛书）

　主题：近代史—中国

　中图分类号：K25

　　包含近世的中外国际贸易、中
外贸易的原动力和争点、英使一再
来华记其失败、中英间的和战、日
本帝国主义者的兴起、帝国主义者
侵华的积极化与其协调等内容。

2096

中国抗战史／冯子超著

　［上海］：正气书局，1946 年 8 月
　出版，1946 年 10 月 3 版

　340 页；32 开

　主题：抗日战争—战争史—中国

　中图分类号：K265

　　包含太平洋战事的爆发、美日
海军实力的对比、美日海军战略、
太平洋作战与大陆作战等内容。

2097

中国抗战形势图解／顾凤城编著

[汉口]：光明书局，1938 年 8 月
初版

89 页：图；32 开

主题：抗日战争—战争形势—
图解

中图分类号：K265.08

包含海军、日本在华的海陆空
军及警署、日本航线以中国为中心
的沿海航行形势图、日本南进政策
侵略路线、日本在华的航业侵略等
内容。

2098

中国史鸟瞰／常乃德著

太原：育英学舍，1926 年 2 月
初版

123 页；32 开

主题：民族历史—研究—中国

中图分类号：K28

与著者所著《中华民族小史》
内容相同。

2099

中国痛史／傅幼圃著

上海：泰东书局，1918 年 7 月
出版

162 页；32 开

上海：新华书局，1927 年 7 月
出版

110 页；32 开

上海：百新公司，1927 年 18 版

122 页；32 开

主题：帝国主义—侵华—历史

中图分类号：K25

内分 30 余节。记中俄签订
《尼布楚条约》至中日签订"二十
一条"200 余年间列强侵华历史。
包含中俄旅大之交涉、中英威海卫
及九龙司之交涉、中法广州湾之交
涉、甲午中日之战、德人青岛防御
记、日德青岛攻围记等内容。

2100

中国现代史常识／曹伯韩著

桂林：石火出版社，1939 年 10
月初版，1940 年 1 月再版

88 页；32 开．—（石火常识丛
书）

主题：近代史—中国

中图分类号：K25

分 18 讲。叙述鸦片战争至抗
战爆发的历史，包含鸦片战争、琉
球丧失及《烟台伊利诸条约》、安
南缅甸被掠夺、甲午年中日战争等
内容。

2101

中国怎样降到半殖民地／钱亦
石著

上海：生活书店，1936 年 10 月
初版，1938 年渝 4 版，1939 年渝
5 版，1946 年 7 月胜利后 1 版，

1947 年 3 月胜利后 2 版，1948
年 8 月哈尔滨出版

199 页；32 开 . —（青年自学丛
书）

主题：帝国主义—侵华—历史

中图分类号：K25

　　故事体，记述鸦片战争以来我
国被帝国主义侵略的情况。

2102

中国职工运动简史／邓中夏著

　　［出版地不详］：解放社，1943 年
出版

287 页；32 开

　　［出版地不详］：新华书店，1944
年 3 月出版

202 页；32 开

　　天津：知识书店，1949 年 7 月
初版

220 页；32 开

　　［出版地不详］：新华书店，1949
年 9 月出版

299 页；32 开

主题：工人运动—历史—中国

中图分类号：K261.3

　　分 13 章。叙述中国工人运动历
史，包含中国第一次罢工的高潮下
的海员大罢工、香港海员大罢工、
省港大罢工对香港的封锁等内容。

2103

中国殖民史／李长傅著

　　上海：商务印书馆，1937 年 1 月
初版，1937 年 4 月 3 版

352 页：表；32 开 . —（中国文
化史丛书）

主题：中国历史—殖民地—研究

中图分类号：K207

　　分 5 章。叙述中国殖民的起
源、元代的殖民侵略和明初的殖民
事业、西方资本主义殖民势力侵
入、使中国沦为半殖民地的过程。

2104

中国最近三十年史／陈功甫著

　　上海：商务印书馆，1928 年 12
月初版，1933 年 2 月国难后 1
版，1939 年 2 月国难后 4 版

247 页；32 开

主题：近代史—中国

中图分类号：K25

　　包含中日战争起因、中日战
况、日俄战事起因及其概况、中俄
交涉及澳门划境问题、太平洋会议
之参与等内容。

2105

中国最近世史／孟世杰著

　　北京：文化学社，1925 年 8 月至
1930 年 3 月出版

4 册；32 开

主题：近代史—中国

中图分类号：K25

　　叙述鸦片战争至 20 世纪 20 年

代直奉战争的历史。包含清朝中叶广东通商状况与鸦片战争、英法联军陷广州、琉球之丧失、中日战争原因与开战、胶州湾、大连湾、广州湾、旅顺口、威海卫、九龙半岛之租借等内容。

2106

中华民国省区全志／白眉初著

北京：北京师范大学史地系，第 1 册 1924 年出版，第 2 册 1924 年 8 月版，第 3 册 1925 年出版，第 4 册 1926 年出版，第 5 册 1927 年出版

5 册；16 开

主题：地方志—中国—民国

中图分类号：K290.6

全志共 5 册 11 卷。第一册：京、直、绥、察、热五省市、区志；第二册：满洲三省志；第三册：鲁豫晋三省志；第四册：秦陇羌蜀四省区志；第五册：鄂湘赣三省志。书前有《间岛附近形势图》、《大连旅顺图》等。

2107

中华民族小史／常乃德著

上海：爱文书局，1921 年 5 月初版

118 页；24 开

上海：启智书局，1931 年 9 月出版，1935 年 10 月再版

118 页；24 开

主题：民族历史—研究—中国

中图分类号：K28

分 14 章。论述何谓中华民族、满洲、珠江之同化、朝日与中国历史上的关系、中华民族在印支半岛及南洋群岛之发展、历史上之中国与西亚文明之交换、白人之东渐与中华民族之危机等问题。

2108

中日的旧恨与新仇／许宅仁编述

北平：中华印书局，1932 年 8 月出版

216 页；32 开

主题：侵华—历史—日本

中图分类号：K25

包含中日战争始末、日俄战争对中国的影响、日本侵略东省之水运政策、经济政策（水产）、旅大受日本侵略之痛史等内容。

2109

中日文化交流史话／（日）辻善之助著；方纪生译

上海：中日文化协会上海分会，1944 年 5 月初版

182 页；32 开 . —（文协丛书）

主题：中日关系—文化交流—文化史

中图分类号：K203

与 1941 年国立编译馆版《中

日文化之交流》一书同。增加附录两篇论文：《中国文献上之日本及日本人》、《关于中日同种之考察》。

2110

中日文化之交流／（日）辻善之助著；俞义范译

南京：国立编译馆，1941 年 7 月出版

142 页；28 开

主题：中日关系—文化交流—文化史

中图分类号：K203

分 9 节。叙述隋朝至清朝的中日文化交流，并介绍各朝代两国一般的交通史，其中第 7 节是有关倭寇的介绍。

2111

中日战争／王钟麟撰述

上海：商务印书馆，1930 年 9 月初版，1933 年 5 月国难后 1 版

168 页：图；32 开 . —（新时代史地丛书）

主题：中日甲午战争—研究

中图分类号：K256.3

介绍中日甲午战争经过。分中日交涉之开幕、琉球问题与侵入台湾、朝鲜问题与天津之约、朝鲜内乱与中日出兵、中国海军之创设与日本海军之袭击、成欢平壤之战、黄海之败、旅顺口之陷没、辽东之败、马关议和、割弃台湾与台民自立等 15 节。

2112

中日战争之始末与教训／陈诚著

[出版地不详]：国民政府军事委员会政治部，1938 年 5 月出版

22 页；32 开

重庆：青年书店，1938 年 12 月 3 版

21 页；32 开

汉口：扫荡报社，1938 年出版

22 页；32 开

杭州：正中书局

20 页；50 开

主题：中日甲午战争—战争史—研究

中图分类号：K256.3

1934 年夏，著者在庐山讲甲午中日战争史的讲稿。分朝鲜与我国之地理历史及人种的关系、中日战争的爆发及其经过概况 2 章。

2113

最近之东三省／许阶平编

沈阳：新中国书店，1929 年 1 月出版

502 页；28 开

主题：地方史—东北地区—民国

中图分类号：K293

分 3 编，共 36 章。第一编东

三省之现势，介绍东北与日苏关系，东北的工商业等；第二编俄国侵略东三省之实况；第三编日本侵略东三省之实况。书后附《支那解决论》[（日）内田良平著]、《日本并吞中国之计划书》[（日）川岛浪速述]2篇文章。

K3/7　各国史

2114

澳洲建国史／骆介子著

重庆：商务印书馆，1944 年 12 月初版，1945 年 10 月再版，1946 年 4 月沪初版

250 页；32 开

主题：澳大利亚—历史

中图分类号：K611.0

分澳洲大陆的发现、澳洲殖民的开始、澳人自治的过程、澳洲与英帝国关系、澳洲与第一次大战等 9 章。叙述了 1770 年至 1936 年的澳大利亚史。

2115

变革中的东方／陈原撰

香港：生活书店，1949 年 1 月出版

140 页；36 开 . —（青年自学丛书）

主题：历史—东方国家—近代

主题：亚洲—概况

中图分类号：K300.4

中图分类号：K93

共 5 章。包括鸟瞰变革中的东方、西南亚、印度和缅甸、我们的东邻和北邻。含菲律宾、日本等章节。

2116

槟榔屿开辟史／书蠹（Book worm）编；顾因明，王旦华译

上海：商务印书馆，1936 年 8 月初版

16，182 页；32 开 . —（史地小丛书）

主题：马来西亚—历史—16 世纪—18 世纪

中图分类号：K338.4

书名原文：*Penang in the Past*，介绍英国的 James Lancaster，Henry Midleton，Jame Scott，Francis Light 等人 16 世纪至 18 世纪在槟榔屿的探险与殖民经过。

2117

法国殖民史／（日）大盐龟雄著；刘涅夫译

上海：星光书店，1931 年出版

54 页；32 开

主题：殖民统治—历史—法国

中图分类号：K565

叙述西半球的初期移民至 19 世纪期间，法国在美洲、亚洲及非洲的殖民活动。

2118

非澳两洲谈薮／陶菊隐编译

　　昆明：中华书局，1940 年 10 月
初版，1945 年 12 月沪再版

　　130 页：图；32 开 . —（菊隐丛
谈）

　　主题：非洲—现代史—史料

　　主题：大洋洲—现代史—史料

　　中图分类号：K405

　　中图分类号：K605

　　　　介绍非、澳两洲的文章汇编，
包含《丹吉尔问题》、《南非联邦
与英国海防》、《不可忽视的澳洲
问题》、《澳洲东部的极乐岛》、
《萨摩亚群岛》等 22 篇。

2119

菲律宾史／李长傅编译

　　上海：商务印书馆，1936 年 1 月
初版

　　10，195 页：照片；32 开 . —
（史地小丛书）

　　主题：菲律宾—历史

　　中图分类号：K341.0

　　　　据《A brief history of the Philip-
pines》（Leandro Fernandez）一书
编译，分 24 章。概述自 16 世纪麦
哲伦发现菲律宾，西班牙征服和统
治菲律宾至 20 世纪初期的菲律
宾史。

2120

韩国痛史／太白狂奴原辑

　　［出版地不详］：大同编译局，
1915 年 6 月出版

　　［338］页：图；24 开

　　主题：近代史—朝鲜

　　中图分类号：K312.4

　　　　分 2 编。叙述日本侵略和吞并
朝鲜的近半个世纪的历史。包含击
退米舰、中日黄海大战、马关条
约、列强分割中国之军港、日人取
渔业及捕鲸权、日人袭击俄舰、日
俄海洋各战等内容。

2121

荷属东印度见闻杂记／（英）拉文
（ J. MacMillan Brown ）撰；吕金
录译

　　上海：商务印书馆，1931 年 5 月
初版

　　200 页；32 开

　　主题：印度尼西亚—概况

　　中图分类号：K342.9

　　　　分孕育外族帝国和艺术的岛
屿、一种宗教的稗史、眼泪群岛、
鸦片与典业、海盗与帝国、马来群
岛的帝王等 16 章。

2122

荷属东印度历史／沈厥成著

　　上海：商务印书馆，1935 年 10
月初版

82 页：图；32 开 . —（少年史地丛书）

主题：印度尼西亚—历史

中图分类号：K342.0

介绍印度人对于荷印文化的影响、华人南渡的史事以及荷印沦为欧洲列强殖民地的经过。包含中南交通开始、宋遗臣亡命海外、元世祖征爪哇、明宣威德于南洋、欧人东来等内容。

2123

加拿大小史 / 翁姆（Beatrice Home）著；滕柱译

上海：商务印书馆，1926 年 1 月初版，1928 年 6 月再版

117 页：图；32 开 . —（少年史地丛书）

主题：加拿大—历史

中图分类号：K711.0

分 9 章。简述自古代至 18 世纪的加拿大史，包含起初发现加拿大的历次航海事迹与人物。

2124

嘉士定 / 邵挺译

福建：世界文艺书社股份有限公司，1930 年 1 月初版

176 页；25 开 . —（世界文艺丛书）

主题：黑斯廷斯—传记

中图分类号：K351.4

第一任英国驻印总督沃伦·黑斯廷斯（1732—1818）传略。著者马考莱撰写此书为其殖民侵略行径歌功颂德。卷首有译者的译嘉士定侵略印度记自序。书名原文《Macaulay's Essay on Warren Hastings》。

2125

嘉士定侵略印度记 /（英）马可尼（Macaulay）著；邵挺译

北京：一五一公司，1925 年 4 月 3 版

154 页；20 开

主题：黑斯廷斯—传记

中图分类号：K351.4

记述英国第一任印度总督嘉士定（即沃伦·黑斯廷斯，Warren Hastings）于 18 世纪中期打败法国势力，把印度沦为英国殖民地的经过。

2126

今日之日本 / 樊仲云编

上海：文化建设月刊社，1937 年 3 月出版

203 页：地图；32 开 . —（文化建设小丛书）

主题：日本—现代史—史料

中图分类号：K313.46

分日本海陆军人的目标、日本大陆政策的基调、日本之南进论与北进论 3 部分等。包含日本海陆军

人的目标、日本之南进政策与海南岛等内容。

2127

近代世界殖民史略／（日）大盐龟雄著；王锡纶编译

上海：中华书局，1931 年 10 月初版

204 页：图，表；20 开

主题：殖民统治—历史—西欧

中图分类号：K56

与葛绥成所译《最新世界殖民史》为同一原著的不同译本。书前有编译者凡例。

2128

近东古代史／摩勒（A. Moret），德斐（G. Davy）著；陈建民译

上海：商务印书馆，1936 年 8 月初版

504 页：图；32 开（汉译世界名著）

上海：商务印书馆，1936 年 3 月初版

3 册：图；32 开 . —（万有文库）

主题：近东—古代史

中图分类号：K370.2

包含东地中海为文化之发源地、埃及赫族之协调与北方民族及海上民族、东方之北方民族与海上民族等内容。

2129

近十五年日本秘史／郑学稼著

上海：大东书局，1948 年 9 月初版

245 页；32 开

主题：日本—近代史

中图分类号：K313.41

分由明治维新到昭和维新、侵略中国、三国同盟、攻苏的图谋、日美的秘密谈判、空袭珍珠港、投降与审判战犯等 7 章。近 15 年指 1931 至 1945 年。书中引用了远东国际军事法庭文件、木户幸一和近卫文麿的日记、野村吉三郎的"日美交涉的回顾"、"满铁"秘密文件等。

2130

拉丁亚美利加史／（日）朝日胤一著；葛绥成译

上海：商务印书馆，1933 年 12 月初版，1934 年 1 月初版

114 页；32 开 . —（万有文库；新时代史地丛书）

主题：南美洲—历史

中图分类号：K770.0

分印加帝国、墨西哥古代史、墨西哥共和国、哥伦比亚、委内瑞拉、秘鲁共和国、智利国、玻利维亚、阿根廷、巴西、乌拉圭、巴拉圭，包含西班牙殖民拉丁美洲历程和殖民政策之误等内容。

2131

琉球／高明著

[出版地不详]：行政院新闻局，
1947 年 11 月出版

18 页：地图；36 开

主题：琉球—概况

中图分类号：K313.9

　　参考《琉球的过去与未来》
（谭佛雏）、《琉球应归还中国》
（万光）及《琉球概观》（南京中
央日报地图周刊）3 文写成。内分
琉球的地理形势、琉球的气候物产
与人口、琉球藩属中国的历史、琉
球的中国文化、日本的侵略经过、
结论等 6 部分。书中附《琉球群
岛略图》、《奄美大岛》和《大琉
球岛》3 幅地图。

2132

琉球地理志略／傅角今，郑励俭
编著

　　上海：商务书局，1948 年 10 月
初版

　　92 页；36 开 . —（内政部方域
丛书）

　　主题：琉球—概况

　　中图分类号：K313.9

　　包含地体构造、气候与生物、
各岛志要、产业、居民、日本据有

琉球时代之行政区划、中琉之历
史关系、日本侵琉史略及今后琉球归
属问题。书后附有参考资料。

2133

琉球概览／庄文编著

　　重庆：国民图书出版社，1945 年
12 月初版

　　32 页；32 开

　　主题：琉球—概况

　　中图分类号：K313.9

　　介绍琉球的名称、沿革和地理
情况。

2134

罗芳伯所建婆罗洲坤甸兰芳大总制
考／罗香林著

　　重庆：商务印书馆，1941 年 9 月
出版

　　50 页：地图；36 开

　　主题：印度尼西亚—历史

　　中图分类号：K342.0

　　罗芳伯是清乾隆年间广东嘉应
州人。昆甸国在今印度尼西亚加里
曼丹岛西岸坤甸一带。兰芳大总制
为其国号。始于乾隆四十二年，止
于光绪八年，共 108 年。最后被荷
兰吞并。介绍了婆罗州①的地理环
境，考证了罗芳伯的生平和兰芳大
总制。

---

　　①　婆罗州岛：世界第三大岛，位于亚洲东南部。

2135

马来亚历史概要／张礼千著

长沙：商务印书馆，1939 年 11 月初版，1940 年 2 月再版

105 页；36 开

主题：马来亚—历史

中图分类号：K338.0

分马来亚历史概要、中国古代与马来亚之关系、欧风东渐时代之马来亚等 4 部分。包含英荷东方之斗争、1824 年之英荷条约等内容。

2136

麦帅治下的日韩／陆鉴著

南京：中央日报社，1947 年 5 月出版

108 页：图；32 开

主题：日本—现代史

中图分类号：K313.5

第二次世界大战结束后，著者随赴日记者团考察日本及朝鲜的报道文章汇编。收《广岛的死亡与更生》、《东京舞台上》、《访片山哲》、《战后的扫除工作》、《赤手空拳的华侨》、《障碍重重的韩国独立》、《难道永远是悲剧》等 18 篇。

2137

美国史／（美）俾耳德（C. A. Beard），（美）巴格力（W. C. Bagley）著；魏野畴译

上海：商务印书馆，1929 年 6 月初版，1933 年 1 月国难后 1 版

15，469 页：地图；25 开

主题：美国—历史

中图分类号：K712.0

分探险移民及殖民、独立战争及新国家的建设、初期的政治及疆域的发展、南北战争及善后、五十年的进步、新民主政治及大战等 7 个部分，包含探险勇士、西葡两国的热心探险、哥伦布、麦哲伦、西班牙的征伐、法英两国的探险、英西两国间的冲突等内容。

2138

美国史／（美）马克尔洛（R. M. McElroy）著；宋桂煌译

上海：商务印书馆，1937 年 3 月初版

104 页；32 开 . —（史地小丛书）

主题：美国—历史

中图分类号：K712.0

分 13 章。简述从殖民地时期至 20 世纪 20 年代的美国史。包含发现美洲的史实、殖民与殖民地建设等内容。

2139

美国史／姚绍华编

上海：中华书局，1939 年 6 月初版，1941 年 2 月 3 版

14，160 页；32 开 . —（中华百科丛书）

主题：美国—历史

中图分类号：K712.0

分美洲之发现及其原始文化、英国殖民地的发展、帝国主义的美国、美国与世界大战等 9 章。

2140

美国史话 ／（英）约翰·格劳克（John Gloag）著；何树棠译

重庆：时与潮社，1946 年 6 月初版

218 页；32 开

主题：美国—历史

中图分类号：K712.0

分 21 部分。叙述自欧洲探险家们到北美探险至第二次世界大战时期的美国史。

2141

南洋各国论 ／ 叶文雄，冲矛编译

重庆：读书出版社，1944 年 5 月初版

158 页；36 开

主题：东南亚—历史

中图分类号：K330.0

分 7 章。介绍南洋的历史地理与社会概况、南洋各国沦为列强殖民地半殖民地的经过以及南洋各国人民的反抗斗争。

2142

南洋各国史 ／ 李长傅编

上海：国立暨南大学海外文化事业部，1935 年 12 月初版

90 页；32 开 . —（海外丛书南洋之部）

主题：东南亚—历史

中图分类号：K330.0

分法属印度支那、暹罗、缅甸、英属马来、菲律宾、荷属东印度、英属北婆罗、沙劳越、南洋概况 9 章。

2143

南洋史纲要 ／ 李长傅编著

长沙：商务印书馆，1938 年 7 月初版

12，180 页：地图；36 开 . —（新中学文库）

主题：东南亚—历史

中图分类号：K330.0

分 44 章。简述远古时代至 20 世纪初期的南洋史。包含安南与明之交涉、安南与清之交涉、中法战争与越南灭亡、元明与马来西亚之关系、葡萄牙之东来、西班牙之占菲律宾群岛、西葡战争及中西之交涉、英西与英荷战争、英国之占马来半岛等内容。

2144

欧洲的向外发展：帝国主义研究之

一／刘士英著

上海：新月书店，1929 年 4 月初版

302 页：图；24 开

主题：殖民统治—历史—西欧

中图分类号：K56

分 9 章。叙述 16 世纪至 20 世纪初期荷、法、英等国对外侵略扩张的历史。包含初期探险的用意和手段、荷法英的争雄等内容。

2145

欧洲近代现代史／（美）沙比罗（J. S. Schapiro）著；余楠秋等译

上海：世界书局，1933 年 9 月初版，1935 年再版

［35］，915，17 页；25 开

主题：近代史—欧洲

主题：现代史—欧洲

中图分类号：K504

包含海陆军的准备、陆军与海军、海军战争、伦敦海军会议等内容。

2146

炮火中的英帝国／格林原著；金克木译陶亢德

重庆：大时代书局，1941 年 4 月初版

116 页；32 开 . —（二次大战丛书）

主题：英国—历史

中图分类号：K561.0

分 10 部分。回顾英帝国的历史及第二次世界大战爆发后英国的军事、经济和政治现状。包含不列颠统治海洋、帝国生命线、绕过好望角、地中海航线、军缩与安全、全靠海军等内容。

2147

日本开国五十年史／（日）大隈重信等著

上海：商务印书馆，1929 年 10 月初版

13 册：照片；32 开 . —（万有文库）

主题：日本—历史—1854—1904

中图分类号：K313.4

史学论文集。包括《序论》、《德川庆喜公回顾录》、《帝国宪法制定之由来》、《明治之外交》、《陆军史》、《海军史》、《政党史》、《法制史略》、《交通及通讯》、《外国贸易》、《风俗之变迁》、《开国五十年史结论》等 57 篇文章。

2148

日本陆军大学校满鲜战史旅行讲话集／（日）牛岛贞雄编；训练总监部军学编译处译

南京：军用图书社，1934 年 4 月出版

558 页：图，表；23 开

主题：日俄战争—史料

中图分类号：K313.43

1930 年 5 月日本陆军大学校曾组织满鲜战史旅行，此书辑录该次旅行中的讲话。包括满鲜战争参加者有关战史、战术的讲演和当局人士有关满鲜现状的讲演 48 篇。包含日本海海战、盘龙山附近之战斗、旅顺开城后之情况、北陵之战斗等内容。有著者原序，编辑大要。

2149

日本全史／陈恭禄编

上海：中华书局，1927 年 5 月初版，1929 年 11 月再版，1932 年 5 月 4 版

34，334 页：表；23 开 . —（史学丛书）

主题：日本—历史

中图分类号：K313.0

分佛教输入前之日本、佛教输入后之改革时期、明治二十七年中内政之发达、中日战争、日俄战争、最近日本内政之嬗变、日本最近之外交政策、结论等 24 章。

2150

日本闪击下的菲律宾／沈默编

重庆：时与潮书店，1942 年 2 月初版

66 页；32 开

主题：菲律宾—历史

中图分类号：K341.0

介绍菲律宾的历史，独立问题，国防与战略地位，美菲经济关系，日本在菲律宾的阴谋活动等。

2151

日本史：一部军阀专政史／卜少夫著

长沙：商务印书馆，1939 年 1 月初版，1940 年 5 月再版

67 页；36 开 . —（国际时事问题丛书）

主题：军阀史—日本

中图分类号：K313.0

简述明治大正之前的军阀史后，着重论述了日本在资本主义发展中形成的军部问题。涉及军部势力的根源、军部大臣制度、军部派系斗争以及军部往何处去等问题。书末有《陆军之沿革》、《海军之沿革》等 5 个附录。

2152

日本维新卅年史／（日）高山林次郎等编；古同资译

上海：华通书局，1931 年 11 月初版

20，542 页；25 开 . —（日本研究丛书）

主题：明治维新（1868）—历史

中图分类号：K313.41

分学术思想史、政治史、军政史、外交史、财政史、司法史、宗教史、教育史、文学史、交通史、产业史、风俗史 12 编。包含创立海军、海军发达、海军扩张、日清战役、海运、扩张航路等内容。

2153

日本维新史 / 何兹全著

重庆：独立出版社，1942 年 11 月初版

176 页；36 开

主题：明治维新（1868）—历史

中图分类号：K313.41

分维新前日本历史情况概述、明治维新、近代经济的建立与发展、不平等条约的废除、"大陆政策"与对外侵略等 8 章。包含近代海陆军的建设、日本殖民地的要求、侵略台湾、吞并琉球、合并朝鲜等内容。

2154

日本委任统治岛的社会组织 /（日）矢内原忠雄著；朱伟文译

上海：国立暨南大学海外文化事业部，1936 年 3 月初版

104 页：图，表；32 开 . —（海外丛书）

主题：历史—研究—南洋群岛

中图分类号：K330.7

据作者《南洋群岛之研究》一书，社会章第一节译成，分 7 节。介绍南洋群岛的氏族社会组织等情况。

2155

日本现代史 / 陈铎著

上海：商务印书馆，1931 年 4 月出版

204 页；32 开 . —（万有文库）

上海：商务印书馆，1931 年 12 月初版，1933 年 3 月国难后 1 版

204 页；32 开 . —（新时代史地丛书）

主题：日本—近现代史

中图分类号：K313.4

分明治初年之改革、中日战争、日俄战争、明治末年之国势、世界大战前后之日本等 12 章。

2156

日本殖民史 /（日）大盐龟雄著；刘涅夫译

上海：星光书店，1932 年 1 月出版

87 页；32 开

主题：殖民统治—历史—日本

中图分类号：K313.4

叙述明治维新以前至 20 世纪 20 年代初期日本在中国、朝鲜及南洋岛各地所进行的海外殖民活动，包含北海道之开拓、台湾、胶

州湾及南洋群岛等内容。

2157

日俄战纪全书 / 商务印书馆编译所编

上海：商务印书馆，1918 年 10 月再版

2 册（896，969 页）：图，表；23 开

主题：日俄战争

中图分类号：K313.43

分 30 编，辑成 4 册。第 2 册为第 8—15 编，第 4 册为第 23—30 编。各编依军事小史、历史、海陆战事、日本防务汇记、俄国防务汇记、地理、中国中立汇记、各国中立汇记、韩国近事、杂录等顺序汇编。书末附《日俄战后交涉始末》，分日俄交涉、日本经营满洲、中日交涉、韩国近事、日本与英法交涉，收录战后条约、文书等。

2158

日俄战争 / 吕思勉撰述

上海：商务印书馆，1928 年 10 月初版，1933 年 5 月国难后 1 版

144 页；32 开 . —（新时代史地丛书）

上海：商务印书馆，1929 年 10 月出版，

144 页；32 开 . —（万有文库）

主题：日俄战争—1904 - 1905

中图分类号：K313.43

分 10 章。介绍东北形势、日俄开战的原因、战前交涉、两国战前形势、战事、和议、战事与中国的关系、战役结果及战后情势变迁等。

2159

日俄战争简史

［出版地不详］：［出版者不详］，［1944］年出版

［244］页：图，表；32 开

主题：日俄战争—史料

中图分类号：K313.43

分战争之原因、日俄两国战前之情势、日俄战争之准备、日俄战争之交涉、日俄两国兵力编制及武器、日俄两军之作战计划等 10 章。

2160

日俄战争史 / 陈功甫编

上海：商务印书馆，1934 年 2 月国难后 1 版

82 页；32 开 . —（史地小丛书）

主题：日俄战争

中图分类号：K313.43

初版原名《日俄战争与辽东开放》，1934 年版改为现名。

2161

日俄战争与辽东开放 / 陈功甫

编纂

上海：商务印书馆，1931 年 4 月
初版

82 页；32 开 . —（中国历史丛书）

主题：日俄战争

中图分类号：K313.43

分战争前日俄相互之形势、战
争及媾和、战争与中国之关系 3
章。包含俄人之远东经营、旅顺及
日本海之海战等内容。

2162

苏门答剌古国考 ／（法）费琅
（G. Ferrand）著；冯承钧译

上海：商务印书馆，1931 年 6 月
初版，1935 年 2 月国难后 1 版

127 页；32 开 . —（史地小丛
书）

主题：苏门答腊—考证

中图分类号：K342.3

根据中国古籍、马来文、梵
文、大穆文（南印度语）、大食
文、波斯文、柬埔寨文、暹罗文的
记载对印度尼西亚苏门答腊古国室
利佛逝国及其属国进行了考证。

2163

委任日本统治南洋群岛土人社会研
究 ／（日）矢内原忠雄著；廖鸾
扬译

重庆：商务印书馆，1945 年 5 月
初版

20，213 页；32 开 . —（新亚细
亚学会丛书）

主题：历史—研究—南洋群岛

中图分类号：K330.7

此书为日本帝国大学教授矢内
原忠雄所著《南洋群岛之研究》
一书第五、六两章之节译本。专门
论述马利亚纳、加罗林、马绍尔三
群岛土人社会之经济、币制、土
地、社会组织、宗教等问题。

2164

希腊兴亡史 ／ 沈天冰著

北平：复兴印书馆，1936 年 2 月
出版

360 页

主题：希腊—历史

中图分类号：K545.0

包含爱琴海域的文化、希腊人
征服爱琴海域、入寇爱琴海、贵族
执政时期之希腊殖民事业、希腊与
波斯之战等内容。

2165

现代欧洲各国侵略史 ／ 何子恒著

上海：商务印书馆，1933 年 12
月初版

234 页；36 开 . —（万有文库）

上海：商务印书馆，1934 年 1 月
初版

234 页；32 开 . —（新时代史地
丛书）

主题：殖民统治—历史—西欧

中图分类号：K56

　　分欧洲各国对于美洲之侵略、欧洲各国对印度南洋之侵略、非洲之瓜分、欧洲各国对于近东远东之侵略4编。

2166

旋风二十年／（日）森正藏著；吴靖文译

　　上海：神州国光社，1946年12月初版

　　156页；32开

　　主题：日本—现代史

　　中图分类号：K313.46

　　分美日谈判的秘密真相、南进阴谋的暴露、"和制纳粹"东条军阀、海战秘辛录、共贫圈、日本帝国末日记6章。

2167

印第安人兴衰史／（美）［马德奥］W. C. Madeod 著；吴泽霖，苏希轼译

　　上海：商务印书馆，1947年1月初版

　　25，448，26页：地图；25开．—（世界文化史丛书）

　　主题：印第安人—民族历史

　　中图分类号：K708

　　分印第安人、征服者——白人、贸易者、社会情况的回忆4编，介绍北美印第安人情况。包含横渡重洋的中国人、北欧人对印第安人的影响、西北的一条路径、北欧人的足迹、征服者等内容。

2168

印度历史故事／糜文开著

　　上海：商务印书馆，1948年4月初版

　　［11］，313页；32开

　　主题：历史—印度—通俗读物

　　中图分类号：K351.09

　　包含罗阇——南印度的海上王、海陀阿里的故事、欧洲人的东洋贸易和印度市场的争夺等内容。

2169

英国产业革命史论／（英）L. C. A. Knowles 著；张格伟译

　　上海：商务印书馆，1936年5月初版

　　469页：表；25开

　　主题：产业革命—历史—英国

　　中图分类号：K561.43

　　分7编。论述英国工业革命的源起、过程以及由此而来的商业革命、交通革命（第五编四汽船与海运问题）、农业革命，并分析了当时英国工商业政策的特征。附产业革命史论参考书目、《一九二一年的铁道条例》。

2170

英国发展史纲／胡哲敷，江兆虎编

上海：中华书局，1935 年 9 月出版

134 页；32 开

主题：英国—历史

中图分类号：K561.4

分不列颠帝国之由来、海外事业的经营、帝国势力在印度的发展、南非洲的经营、到东方去的大路、帝国近代殖民地的概况、大战以后的大不列颠帝国等 17 章。

2171

英国史／（英）屈勒味林（G. M. Trevelyan）著；钱端升译

上海：商务印书馆，1933 年 4 月初版

3 册：地图；23 开．—（大学丛书）

主题：英国—历史

中图分类号：K561.0

分种族的混合、民族的造成、文艺复兴与宗教改革及海权、国会的自由及海外膨胀、海权华族政治及工业革命初期、机器时代的海权及民主政治的趋近 6 卷。

2172

远东史／奚尔恩（J. J. Heerens），张立志编著

上海：商务印书馆，1935 年 4 月初版

2 册（52，482，10 页）：地图；32 开

主题：东亚—历史

中图分类号：K310

包括远东文化之起源、远东文化之进展与帝国之兴起、东方民族主义之勃兴及其对于西方帝国主义之抵抗、太平洋及其问题与远东之关系等 6 编。

2173

怎样把日本武装干涉者赶出了远东／（苏）古柏尔曼著；常彦卿译

重庆：读书生活出版社，1940 年 4 月初版

92 页；32 开

主题：现代史—苏联—1918—1922

中图分类号：K512.52

介绍了自 1918 年 1 月日本军舰侵占海参崴至 1922 年 10 月 25 日日本被赶出海参崴期间苏维埃国家反对日本武装干涉的斗争史。

2174

战时英国／陶亢德编

上海：亢德书房，1941 年 10 月出版

210 页；32 开．—（天下事丛书）

主题：英国—历史

中图分类号：K561.4

译文集。包括《海上封锁》、《丘吉尔》等 27 篇文章，含海军三重镇、海上封锁、海上护送、渔船歼敌等内容。介绍第二次世界大战初期英国的军事、政治和社会生活情况。

2175

中国文化输入日本考／冯瑶林著

[出版地不详]：冯志椿发行，1947 年 6 月初版

222 页；32 开

主题：传统文化—中国—影响—日本

中图分类号：K313.03

分日本国名异称考、日本种族与建国、日本的原始文化、中日历代交通之路线等 15 章。

2176

最新世界殖民史／（日）大盐龟雄著；葛绥成译述；刘传亮校订

上海：商务印书馆，1930 年 10 月初版，1934 年 1 月国难后 1 版

[422] 页：图，表；18 开

主题：殖民统治—历史—西欧

中图分类号：K56

分 11 章。叙述古代、中世及近世初期的殖民活动，包括荷兰、法、俄、英、瑞典、丹麦、比利时及美、意、日等国殖民概况。包含

发现航海时代、发现印度航路等内容。有泉哲、小林丑三郎序及自序。

K81/83　传记

2177

白话军人模范／饶景星著

北京：武学书局，1918 年 8 月出版

96 页；50 开

主题：军事人物—生平事迹—中国—古代

中图分类号：K825.2

分 6 部分。介绍戚继光等 32 位古代杰出军人。

2178

不成功便成仁：十大忠烈事略／国民政府教育部编

[出版地不详]：中国国民党江西省党部，1940 年 4 月出版

46 页，32 开 .—（国民月会讲材丛书）

主题：民族英雄—列传—中国—古代

中图分类号：K825.2

收张巡、宗泽、岳飞、文天祥、陆秀夫、熊廷弼、袁崇焕、史可法、郑成功、左宝贵等人的生平传略。

2179

成功之路／（日）冲野岩三郎著；
徐敬言译

上海：世界书局，1933 年 4 月
初版

292 页：图；32 开 . —（世界少
年文库）

主题：名人—生平事迹—世界

中图分类号：K811

分 16 部分。介绍哥白尼、牛
顿、瓦特、斯蒂芬生、达尔文、爱
因斯坦、哥伦布、刘邦、匡衡、李
密等 80 人的成功故事。

2180

程璧光殉国记／莫如非等编辑

［出版地不详］：编者刊，［1919
年］出版

［104］页：图，表；16 开

主题：程璧光（1861—1918）—
生平事迹

中图分类号：K825.2

分 8 章。叙述海军将领程璧光
生平及其死事。

2181

程玉堂先生荣哀录／程玉堂先生
追悼会筹备处编

［出版地不详］：编者刊，［1918
年］出版

96 页：图；16 开

主题：程璧光（1861—1918）—

哀挽录

中图分类号：K825.2

程玉堂即程璧光（1859—
1918），民国初年任海军总长，在
珠海遇刺身亡。本书包括传略、公
牍、挽联等。书前有欧阳荣之、邓
香草序等。

2182

达尔文／钱智修编

上海：商务印书馆，1918 年 11
月初版，1919 年 12 月再版，
1920 年 9 月 3 版，1933 年 3 月
国难后 1 版，1935 年 5 月国难后
2 版。

58 页：图；32 开 . —（少年丛
书）

主题：达尔文（Darwin，Charles
1809—1882）—传记

中图分类号：K835.616.15

分家庭、求学、航海、隐居、
物种由来成书、晚年、轶事等 10
章。每章后附批评文字一段。

2183

达尔文／马君武著

上海：商务印书馆，1930 年 10
月初版

100 页；36 开 . —（万有文库）

上海：商务印书馆，1933 年 11
月初版

100 页；32 开 . —（百科小丛

书）

主题：达尔文（Darwin, Charles 1809—1882）—传记

中图分类号：K835.616.15

分9章。介绍达尔文的生平事迹。章后附达尔文著作书目。卷首有著者序。达尔文参加英国海军"小猎犬号"舰环绕世界的科学考察航行，后完成了《贝格尔号之旅的动物学》和《物种起源》等著作。

2184

达尔文／赵夐编著

上海：商务印书馆，1934年2月初版，1944年12月渝1版

25页：图；36开

主题：达尔文（Darwin, Charles 1809—1882）—传记

中图分类号：K835.616.15

达尔文传略。

2185

达尔文／贾祖章著

上海：开明书店，1935年11月初版

85页：冠像；50开.—（开明中学生丛书）

主题：达尔文（Darwin, Charles 1809—1882）—传记

中图分类号：K835.616.15

内容同上海世界书局1935年

4月版《达尔文自传》。

2186

达尔文／苏易筑编著

南京：正中书局，1937年6月初版，1942年渝再版，1947年沪1版

57页：冠像；32开.—（名人传记）

主题：达尔文（Darwin, Charles 1809—1882）—传记

中图分类号：K835.616.15

内容同上海世界书局1935年4月版《达尔文自传》。本书主要取材于《达尔文》（马君武）、《达尔文生活》（朱约昭）等书。书末附参考书目。

2187

达尔文／裘灵·赫胥黎（J. S. Huxley）著；陈范予译

永安：改进出版社，1940年6月初版

154页：冠像；32开.—（世界大思想家丛书）

主题：达尔文（Darwin, Charles 1809—1882）—传记

中图分类号：K835.616.15

内容同上海世界书局1935年4月版《达尔文自传》。原书未分章节，8章的标题系译者所加。主要评述达尔文进化论的思想。其中

《物种原始》和《人类原始及类择》两部分系马君吾所译。

2188

达尔文／储儿学编

上海：大众书局，1947 年 2 月再版

29 页；42 开 . —（世界名人故事）

主题：达尔文（Darwin, Charles 1809—1882）—传记

中图分类号：K835. 616. 15

内容同上海世界书局 1935 年 4 月版《达尔文自传》。

2189

达尔文／教育部民众读物编审委员会编

［出版地不详］：编者刊，［出版日期不详］

32 页；50 开 . —（民众文库）

主题：达尔文（Darwin, Charles 1809—1882）—传记

中图分类号：K835. 616. 15

内容与上海世界书局 1935 年 4 月版《达尔文自传》相同。

2190

达尔文传／（英）达尔文（Charles Robert Darwin）著；全巨荪译

上海：商务印书馆，1935 年 9 月初版

169 页；36 开 . —（万有文库）

上海：商务印书馆，1936 年 2 月初版

169 页；32 开 . —（自然科学小丛书）

重庆：商务印书馆，1945 年 1 月 1 版

131 页；36 开 . —（自然科学小丛书）

主题：达尔文（Darwin, Charles 1809—1882）—传记

中图分类号：K835. 616. 15

书名原文：《*Autobiography of charles darwin with two appendies*》。正文前有达尔文的儿子法兰西斯达尔文一段关于其父传记的简要说明。书末附《我父亲日常生活的回顾》和《查理士达尔文的宗教信仰》。内容同上海世界书局 1935 年 4 月版《达尔文自传》。

2191

达尔文传及其学说／（德）海尔博（Adolf Heilborn）著；李季译

上海：亚东图书馆，1933 年 9 月初版，1939 年 3 月再版

［20］，158 页：冠像；32 开 . —（到知识之路丛书）

主题：达尔文（Darwin, Charles 1809—1882）—传记

中图分类号：K835. 616. 15

达尔文评传。内分少年时代、

一个博物学家的旅行（英）国海军"小猎犬号"舰环绕世界的科学考察航行）、其人及其事业、达尔文主义的回顾与展望等部分。卷首有译者长序。书名原文：*Wege zum Wissen Darwin, sein Leben und seine Lehre*。

2192

达尔文生活 ／ 朱约昭编著

上海：世界书局，1929 年 11 月出版

122 页：图；32 开 . —（生活丛书）

主题：达尔文（Darwin, Charles 1809—1882）—生平事迹

中图分类号：K835.616.15

内分导言、家世及幼年时代、学校生活、海外研究（从英国到巴西、大西洋沿岸探测的完成、到智利后的研究、从太平洋回到英国）著作时代、达尔文主义、进化论的创造者达尔文、地质学者达尔文、晚年和轶事 9 章。

2193

达尔文自传 ／（英）达尔文（Charles Robert Darwin）著；周韵铎译

上海：世界书局，1935 年 4 月初版

124 页；32 开

主题：达尔文（Darwin, Charles 1809—1882）—传记

中图分类号：K835.616.15

书名原文：*The Life and Letters of Charles Darwin, Including an Autobiographical Chapter*。卷首有达尔文的前记。自传原稿前有一行小题：我的精神和性格发展的回忆。

2194

达尔文自传 ／（英）达尔文（Charles Robert Darwin）著；苏桥译

上海：生活书店，1947 年 6 月 1 版

92 页；32 开

东北光华书店，1948 年出版

71 页；32 开

主题：达尔文（Darwin, Charles 1809—1882）—传记

中图分类号：K835.616.15

内容同上海世界书局 1935 年 4 月版《达尔文自传》。

2195

大丈夫 ／ 范文澜著

上海：开明书店，1930 年 11 月初版，1940 年 10 月 4 版，1947 年 4 月 5 版，1949 年 3 月 6 版

167 页；32 开 . —（开明青年丛书）

主题：民族英雄—列传—中国—古代

中图分类号：K820.2

以表彰马援、戚继光等 25 位具有崇高民族气节，勇于为国捐躯沙场，或不畏艰险建功立业的英雄人物的方式呼吁广大青年和亿万民众挺身而出，挽救民族危亡，勇敢抗击侵略。

2196

德意志时人传／张百炎编译

上海：国民图书编译社，1936 年出版

101 页：照片；36 开 . —（国际知识丛书）

主题：名人—列传—德国—现代

中图分类号：K835.160.5

分党政要人、军事领袖、各界权威、学术专家 4 编。收戈林、弗里克、里宾特洛甫、希姆莱、冯克、凯德尔、隆美尔、利斯特、雷德尔、弗兰克、罗森贝格、豪普特曼、普朗克、科尔贝、托拉克、库伦坝普夫、齐格勒等 40 人小传。埃里希·雷德尔：德国军事家，纳粹德国海军总司令（1928—1943），第一次世界大战时任德国巡洋舰队参谋长，1928 年任海军总司令，提倡建造潜水艇和快速巡洋舰，以满足德国海军的需要，第二次世界大战期间擢升为海军元帅。

2197

邓世昌／李清悚撰述

上海：儿童书局，1931 年 12 月初版，1932 年 7 月再版

17 页：图；32 开 . —（卫国健儿丛书）

主题：邓世昌（1849—1894）—生平事迹

中图分类号：K825.2

儿童普及读物。邓世昌（1855—1894），清末将领。本书讲述他在中日甲午战争黄海海战中率致远舰将士英勇作战，最后壮烈殉国的故事。

2198

地理创造家／（法）法里士（J. T. Faris）著；黄卓译

上海：商务印书馆，1931 年 2 月初版

326 页：图；32 开

主题：探险—地理学家—生平事迹—世界

中图分类号：K815.89

书名原文：*Real Stories of the Geography Makers*。内分哥伦布时代以前、从哥伦布到库克、三个近代亚洲探险家、非洲的五个男探险家和一个女探险家、南美洲中心的探险家、澳洲的两个探险家、海洋秘密的研究、美洲探险家、南北两极的探寻 9 编。介绍世界各国地理探险家的故事。

2199

地质学者达尔文 / 张资平著

上海：中华学艺社，1926 年出版

140 页；32 开 . —（学艺丛刊）

主题：达尔文（Darwin，Charles 1809—1882）—传记

中图分类号：K835.616.15

介绍英国生物学家达尔文（1809—1882）的生平及其学说。上海商务印书馆发行。达尔文参加英国海军"小猎犬号"舰环绕世界的科学考察航行，后完成了《贝格尔号之旅的动物学》和《物种起源》等著作。

2200

丁汝昌 / 朱锦江著

上海：儿童书局，1932 年 1 月初版

29 页；32 开 . —（卫国健儿丛书）

主题：丁汝昌（1836—1895）—生平事迹

中图分类号：K825.2

儿童普及读物。丁汝昌（1836—1895），清末将领。本书讲述他在中日甲午战争黄海海战中带伤督战，及后来在刘公岛拒绝投降自杀身亡的故事。

2201

丁汝昌遗墨 /（清）丁汝昌书

个人刊，1936 年 11 月初版

[22] 页；16 开

主题：丁汝昌（1836—1895）—手稿

中图分类号：K825.2

收丁汝昌甲午之役率海军守威海时商议战守的书札等。

2202

非常时期之模范人物 / 徐楚樵编

上海：中华书局，1937 年 3 月初版，1937 年 7 月再版

116 页；32 开 . —（中国新论社非常时期丛书）

主题：历史人物—列传—中国

中图分类号：K820

收中国历代人物的传略 29 篇。包含越王勾践、苏秦、荆轲、卜式、张骞、班超、李广、诸葛亮、岳飞、文天祥、刘永福、邓世昌等。

2203

非洲播道之开祖 /（英）马搜（Basil Mathews），（英）瑞恩（W. Hopkyn Rees）译；许家惺述文

上海：光学会，1913 年 11 月出版

86 页：图；23 开

主题：利文斯敦（Livingstone，David 1813—1873）—生平事迹

中图分类号：K835.617=4

书名原文：*Livingstone，the*

Pathfinder。叙述英国大卫·利文斯敦（David Livingstone，1813—1873）的生平。主要介绍其在南非和中非探险和传教的事迹。卷首有里斯（Rees）序。大卫·利文斯敦将自己的一生奉献给了非洲的探险事业。利文斯敦强烈反对当时在非洲仍很普遍的奴隶贩卖。他发现了一条从内陆渡过尼亚萨湖到达东海岸的贩奴路线，奴隶贩子们活动的地区从东边的印度洋海岸起，西边直达刚果河的上游卢阿拉巴河流域。

2204

盖基传／张资平著

　上海：商务印书馆，1935 年 3 月初版

　143 页：照片；36 开 . —（万有文库）

　上海：商务印书馆，1935 年 6 月初版

　143 页：照片；32 开 . —（自然科学丛书）

　主题：盖基（Geikie, Archibald 1835—1924）—传记

　中图分类号：K835.616.14

　本书系著者摘译盖基的自传编成。英国地质学家阿奇博尔德·盖基（Archibald Geikie）在 83 岁时写了一篇自传，共 9 章。侧重介绍盖基的学术研究活动。包含在地质调查所的初期、矿山学校讲师初次出国及苏格兰地质调查所所长时代和任英国地质调查所所长的初期等章节。

2205

哥仑布[①]／林万里编

　上海：商务印书馆，1908 年 12 月初版，1912 年 6 版，1913 年 8 版，1920 年 1 月 15 版，1924 年 18 版

　51 页；32 开 . —（少年丛书）

　主题：哥伦布（Columbus, Christopher, 1451—1506）—传记

　中图分类号：K835.465.89

　意大利航海家哥伦布（约 1451—1506）传略。

2206

哥仑布／刘麟生著

　上海：商务印书馆，1923 年 1 月初版，1923 年 10 月再版，1933 年国难后 1 版

　43 页；50 开 . —（百科小丛书）

　上海：商务印书馆，1930 年 10 月初版

　40 页；36 开 . —（万有文库）

　重庆：商务印书馆，1945 年 1 月

---

① 哥仑布，即哥伦布，下同。

1 版

30 页；36 开 . —（百科小丛书）

主题：哥伦布（Columbus, Christopher, 1451—1506）—传记

中图分类号：K835.465.89

简介哥伦布生平及其 4 次航海探险活动。

2207

哥伦布／刘麟生著

上海：开明书店，1934 年 9 月初版

92 页：图；50 开 . —（开明中学生丛书）

主题：哥伦布（Columbus, Christopher, 1451—1506 ）—生平事迹

中图分类号：K835.465.89

根据 *The Life of Christopher Columbus*（Arthur Helps）和 *Columbus and Cook*（Chambers）等书编写而成，共 12 章。

2208

哥伦布／熊卿云编

上海：商务印书馆，1935 年 9 月初版，1935 年 11 月 3 版

34 页；50 开 . —（民众基本丛书）

主题：哥伦布（Columbus, Christopher, 1451—1506）—传记

中图分类号：K835.465.89

意大利航海家哥伦布（约 1451—1506）传略。

2209

各国民族英雄事略／中华民国国民革命抗日救国军第四集团军总司令部政训处编

［出版地不详］：编者刊，1936 年 12 月出版

34 页；32 开

主题：民族英雄—世界

中图分类号：K815.2

分 3 部分。介绍中国、意大利和土耳其的民族英雄事略。中国部分包括张骞、马援、班超、岳飞、文天祥、戚继光、史可法、郑成功、苏元春、刘永福、李秀成、韦昌辉、萧朝贵、石达开、孙中山等 16 人。意大利部分包括马志尼、加富尔、加里波的 3 人。土耳其部分介绍凯末尔。

2210

古今名将全史／杨歧械编

上海：大陆图书公司，1921 年 10 月初版

116 页；32 开

主题：名人—列传—中国

中图分类号：K820

本书辑录马援、戚继光、郑成功等历代著名武将 100 人的传略。

2211

海陆空风云人物：欧亚非战场名将剪影／叔寒编

重庆：读书出版社，1944 年 3 月初版

126 页：图；32 开

重庆：读书出版社，1945 年 6 月增订版，1945 年 12 月沪再版，1946 年 2 月平 3 版

168 页：图；32 开

主题：民族英雄—生平事迹—国外

中图分类号：K812.5

分远东战场、苏德战场、欧洲战场、地中海战场 4 部分。介绍马歇尔、麦克阿瑟、蒙巴顿、尼米兹、奥金莱克、海尔赛、史迪威、陈纳德、卡森、伏罗希罗夫、朱可夫、布琼尼、罗科索夫斯基、崔可夫、艾森豪威尔、蒙哥马利、杜立特、威尔逊、亚历山大、吉罗、魏德迈、巴顿等 30 名将领简历。书末附各战场重要战役索引、各战场盟军重要将领一览表及编后记。增订版在原书基础上增补了福拉塞、魏德迈、巴格拉米扬、铁托、柯宁等 6 人。

2212

航海的故事／刘虎如编

上海：开明书店，1933 年 5 月初版，1939 年 11 月 3 版，1949 年

3 月 6 版

94 页：图；32 开 . —（开明青年丛书）

主题：探险—地理学家—生平事迹—世界

中图分类号：K815.89

分马可波罗的长期旅行、好望角的发现和印度航行的获得、哥伦布与新世界、全地球航行路线的发见、喀波特与哈得逊、拔波亚与太平洋、英国的怪杰德雷克 7 部分。

2213

华侨名人故事录／黄竞初编著

长沙：商务印书馆，1940 年 7 月初版

60 页；32 开

主题：华侨—名人—生平事迹

中图分类号：K828.8

本书辑自宋末到民国初年近 60 位华侨名人的略历，主要记述华侨名人在台湾、福建、日本、菲律宾、南洋等地的海外经商经历，以及郑成功雄踞海隅、收复台湾等。有郑所南、郑成功、郑天赐、黄公度、温生财等，以及广州"黄花岗七十二烈士"中的 12 位华侨烈士。前有编者叙。

2214

开辟新世界的故事／刘虎如编

上海：新中国书局，1933 年 9 月

初版

105 页：图；32 开 . —（社会科补充读物）

主题：探险—地理学家—生平事迹—世界

中图分类号：K815.89

　　介绍 15 世纪至 19 世纪世界地理探险家的探险故事。

2215

科学家的天才／叶蕴理编著

　　重庆：正中书局，1943 年 7 月初版，1947 年 3 月沪 1 版

　　150 页；32 开 . —（正中科学知识丛书）

　　主题：科学家—生平事迹—世界—近现代—少年读物

　　中图分类号：K835.061

　　介绍阿基米德、达尔文、巴斯德、居里夫妇等 12 名科学家的生平和科学成就。达尔文参加英国海军"小猎犬号"舰环绕世界的科学考察航行。先在南美洲东海岸的巴西、阿根廷等地和西海岸及相邻的岛屿上考察，然后跨太平洋至大洋洲，继而越过印度洋到达南非，再绕好望角经大西洋回到巴西，最后返抵英国。

2216

雷佛士[①]传／依格登（Hugh Edward Egerton）著；张礼千编译

　　周满堂先生纪念委员会，1939 年出版

　　410 页；（南洋文化丛书）

　　主题：莱佛士—传记

　　中图分类号：K835.617 = 4

　　介绍最早为英国建立新加坡殖民地的殖民官吏斯坦福·莱佛士（Stanford Raffes，1781—1826）的生平，莱佛士是英国殖民时期重要的政治家，新加坡海港城市的创建者（1819），英国远东殖民帝国的奠基人之一。他的主要贡献包括把新加坡建立为欧洲与亚洲之间的国际港口。书名前冠有"新加坡开辟大伟人"的字样。

2217

历代民族英雄故事／奔流主编

　　上海：青城书店，1940 年出版

　　160 页：32 开 . —（模范人物故事丛刊）

　　主题：民族英雄—列传—中国—古代

　　中图分类号：K825.2

　　收苏武、班超、岳飞、文天祥、郑和等民族英雄故事。有林荫序。

---

① 雷佛士，即莱佛士。

2218

历代民族英雄故事／俞凌编

上海：国光书店，1948 年 4 月
初版

107 页：图；36 开

主题：民族英雄—列传—中国—
古代

中图分类号：K825.2

收我国历代民族英雄苏武、张
骞、周处、宗泽、岳飞、文天祥、
戚继光、袁崇焕、郑成功、洪秀全
等 30 位人物小传。书前有编者序。

2219

历代民族英雄小传／周鼎珩编著

［出版地不详］：甘肃民国日报
社，1939 年 10 月出版

64 页；32 开 . —（西北抗战）

主题：民族英雄—列传—中国—
古代

中图分类号：K827＝2

收自周代至清代的具有开拓、
保障、光大民族之功的中国历代名
人小传，有郑和、周公、管仲、范
蠡、墨翟、班超、岳飞、史可法、
林则徐、左宗棠等 128 人。

2220

历代名将断／黄道周著；刁广孚编

北京：武学书馆，1922 年 6 月
出版

68 页；32 开 . —（武学丛钞）

主题：军事人物—生平事迹—中
国—古代

中图分类号：K825.2

本书对戚继光等自周代至明代
的 174 位名将的事迹及成功的原因
进行了评断。

2221

历代名将事略／陈光宪著

北京：武学书局，1906 年初版，
1921 年 7 版

181 页；32 开

主题：军事人物—生平事迹—中
国—古代

中图分类号：K825.2

书中将中国古代军事诸事分成
82 类，每类记该类历代出类拔萃
将士故事两三件。

2222

历代名人的故事／茅声熙编

上海：青城书店，1946 年 7 月初
版；1946 年 9 月再版

166 页；32 开 . —（模范人物故
事丛刊）

主题：历史人物—列传—中国

中图分类号：K820

收马援等人的轶闻故事 47 篇。
封面、版权页书名均作《历代名
人故事》。

2223

历代贤豪传记／中国国民中央教育部教科用书编辑委员会编著

重庆：中国文化服务社，1941 年 9 月初版，1942 年 10 月再版，1943 年 2 月 3 版，1943 年 5 月 4 版

264 页；32 开

主题：历史人物—列传—中国

中图分类号：K820

收马援、戚继光、郑成功、邓世昌等 46 位秦代至清代名人的传记。

2224

历代中国名人故事／俞凌编

上海：国光书店，1948 年 10 月再版

113 页：图；36 开

主题：历史人物—列传—中国

中图分类号：K820

收马援、班超、诸葛亮等 20 位中国名人小传。书前有编者序。

2225

刘永福／余壁香撰述

上海：儿童书局，1931 年 12 月初版，1932 年 7 月再版

15 页；32 开 . —（卫国健儿丛书）

主题：刘永福（1837—1917）—生平事迹

中图分类号：K825.2

刘永福（1837—1917），清末黑旗军首领。本书为儿童读物，介绍刘永福在中法战争中抗击法军、在台湾抗击日军的故事。

2226

刘永福／黄萍孙编著

重庆：正中书局，1936 年 3 月初版，1943 年 3 月 4 版

56 页；32 开 . —（正中少年故事集）

主题：刘永福（1837—1917）—生平事迹

中图分类号：K825.2

分 11 节。介绍刘永福领导的黑旗军所在地安南的概况、黑旗军的英勇事迹以及刘永福在历史上的功绩。

2227

刘永福传／李健儿撰述

长沙：商务印书馆，1940 年 3 月初版，1940 年 12 月再版

244 页：图；36 开

主题：刘永福（1837—1917）—传记

中图分类号：K825.2

介绍刘永福的一生。有铁禅上人序及著者自序、附录及著者写的书后。

2228

刘永福历史草／罗香林辑校

　　南京：正中书局，1936 年 1 月初版，1943 年 12 月渝 3 版，1947 年 11 月沪 1 版

　　[24]，231 页；25 开

　　主题：刘永福（1837—1917）—生平事迹

　　中图分类号：K825.2

　　辑录有关刘永福的史料而成。分刘永福与太平天国及天地会、刘永福之助越抗法、中法战争与刘永福、黑旗军之归国、刘永福之渡海援台、刘永福之失穷内渡等 10 卷。

2229

马可尼／曹仲渊著

　　上海：商务印书馆，1945 年 9 月重庆初版，1946 年 5 月上海初版

　　[20]，445 页：冠像；25 开

　　主题：马可尼（Marconi，Guglielmo，1874—1937）—生平事迹

　　中图分类号：K835.466.1

　　包含海上无线电新闻、泛海实验遍设电台、柯特海角电台、海上平安加多了一层保障、又一件海上惨案、海上试验室伊来脱拉号（S. Y. Elettra）、海底电线铺设纪略、海陆空间任往还等内容。

2230

马援／孙毓修编

　　上海：商务印书馆，1918 年 8 月初版，1926 年 11 月 9 版，1933 年国难后 1 版，1935 年国难后 3 版

　　48 页：图；32 开 . —（少年丛书）

　　主题：马援（公元前 14 年—公元 49 年）—生平事迹

　　中图分类号：K825.2

　　马援（公元前 14—前 49），东汉名将。本书分家世及少年状况、初见光武、说隗嚣、出守陇西、平交趾、家训等 10 章。文言体，有夹注，每章末有批评文字。

2231

马援／陈子展著

　　上海：新生命书局，1933 年 10 月出版

　　58 页；32 开 . —（新生命大众文库）

　　主题：马援（公元前 14—前 49）—生平事迹

　　中图分类号：K825.2

　　本书为东汉名将马援的传记。分模范军人说马援、他不肯做守财奴、瞧不起那土皇帝、不是刺客是说客、军用地图米做的、男儿当死在边疆等 10 节。书后有附录 5 篇，包含《马援传》、《马援生卒》、《马援家属》、《马援进铜马表》、

《伏波将军之身后荣典》等。

2232

马援／章衣萍著

　　上海：儿童书局，1934 年 3 月初
版，1937 年 4 月 7 版

　　39 页；32 开 . —（中国名人故
事丛书）

　　主题：马援（公元前 14—前
49）—生平事迹

　　中图分类号：K825.2

　　儿童通俗读物。内分少年时
代、初次的政治活动、劝说隗嚣、
出守陇西、平定交趾等 7 部分。

2233

麦哲伦／刘虎如编

　　上海：商务印书馆，1932 年 11
月初版，1933 年 6 月再版

　　50 页；32 开 . —（百科小丛书）

　　主题：麦哲伦（Magellan,
Ferdinand, 约 1480—1521）—
传记

　　中图分类号：K835.525.89

　　根据 F. H. H. Guillemard、Arther
S. Hilderbrand、E. F. Benson 三人的
作品编写而成。介绍葡萄牙航海家
麦哲伦（约 1480—1521）的生平及
环球航行的经过。卷首有编者序。

2234

美国风云人物／莫崇卿编著

　　桂林：天下书店，1943 年 10
出版

　　131 页；36 开

　　主题：名人—生平事迹—美国

　　中图分类号：K837.120.5

　　介绍第二次世界大战期间在美
国担任各种重要职务人物的情况。
包括罗斯福、华莱士、马歇尔、麦
克阿瑟、艾森豪威尔、杜威、陈纳
德等 26 人。艾森豪威尔：第二次
世界大战名将，率领美英联军 10
万人分三路在法属北非殖民地登
陆。指挥过西西里岛战役和诺曼底
登陆战役。

2235

美国将星录／毛启瑞编译

　　重庆：中外出版社，1945 年 1 月
初版，1945 年 6 月增订再版

　　176 页；32 开

　　主题：军事人物—生平事迹—
美国

　　中图分类号：K837.125.2

　　介绍美国海、陆、空 36 名将
军情况。卷首有名将简历。书末附
《世界各战场英美将领一览表》，
书中有人物画像。增订版“新将
补述”补充了 18 人。

2236

美国名人小传／李铸晋等编辑

　　成都：五大学比较文化研究所，

1946 年 4 月出版

144 页；32 开．—（比较文化研究所译丛）

主题：名人—列传—美国

中图分类号：K837.120

收《华盛顿·欧文——美国文学地位奠基者》、《莫莱——海洋开路者》、《梅佐兄弟——医学奇迹》、《卡佛博士——黑人科学家》等 20 篇文章。

2237

民族英雄／黄天铎，黄香山编辑；梁中铭绘画

广州：中国文化出版社，1949 年 8 月初版

247 页：图；16 开

主题：民族英雄—列传—中国—古代

中图分类号：K825.2

分精忠、攘外、拓远、雪耻、御倭、义勇、巾帼英雄、革命 8 篇。介绍岳飞、文天祥、戚继光、孙中山等人生平事迹。

2238

民族英雄百人传／梁乙真著

重庆：青年出版社，1942 年 10 月初版

2 册（346，326 页）：表；32 开．—（青年丛书）

重庆：三友书店，1942 年 12 月

初版

14，672 页：有表；32 开

主题：民族英雄—列传—中国—古代

中图分类号：K825.2

内分上、下卷两编。第 1 编论述中华民族发展的过程、近世中华民族衰弱的原因及其复兴之路、历史上外族入侵的统治政策、历史上汉族反抗异族统治运动的策略，以及民族战争的历史教训。第 2 编则收岳飞、郑成功、刘永福等 100 个民族英雄的传略。

2239

民族英雄故事／教育部陕西服务团教材编辑组编辑

［出版地不详］：编者刊，1939 年 3 月初版

32 页；36 开．—（战时民众知识小丛书）

主题：民族英雄—列传—中国—古代

中图分类号：K827 ＝ 2

收《卧薪尝胆的越王勾践》（弦高）、《击筑壮士高渐离》、《卜式毁家纾难》（邱有为）、《代父从军的花木兰》（刘保山）、《舍生取义的文天祥》（孔润樵）、《死守扬州的史可法》、《孤岛抗清的郑成功》、《励行禁烟的林则徐》、《奋勇杀敌的冯子材》（姚兆升）等

14 篇。

2240

民族英雄史话. 卷下／三民主义青
年团中央团部编

[出版地不详]：编者刊，1942 年
7 月出版

325 页；32 开. —（训练丛书）

主题：民族英雄—列传—中国—
古代

中图分类号：K825.2

收文 52 篇。分别介绍陈子龙、
黄道周、郑成功、袁继成、孙爽、
黄宗义、洪秀全、林则徐、廖仲
恺、秋瑾等人物的传略。附录有
《民族英雄百人年里碑传总表》。

2241

民族英雄史略／中央陆军军官学
校成都分校编

成都：编者刊，[出版日期不详]

90 页；32 开

主题：民族英雄—列传—中国—
古代

中图分类号：K825.2

分 7 章。简述先秦、两汉、东
晋、唐代、宋代、明代及清季以来
的 33 位民族英雄的业绩。包括马
援、郑和、戚继光、郑成功、林则

徐等 33 人。

2242

民族英雄唐景崧传／重卿著

[南宁]：广西省①政府编译委员
会，1940 年 4 月初版

9 页：图；32 开

主题：唐景崧（1841—1903）—
生平事迹

中图分类号：K827 = 52

唐景崧（1841—1903），清末
翰林，曾任吏部主事。本书记述他
在中法战争、中日甲午海战之后守
台湾的英勇事迹。

2243

明代平倭三杰／蒋君章著

上海市：独立出版社，1942 年 1
月初版

50 页；32 开

主题：民族英雄—列传—中国—
古代

中图分类号：K825.2

全书 15 节，从倭寇是什么谈
起，最后三节介绍谭纶、俞大猷、
戚继光、朱纨、张经的抗倭事迹。

2244

模范军人. 第 8 册／孙毓修著

---

① 广西省：清朝时推行省、道、府、县四级，始设广西省。1958 年，广西省改为广西僮族
自治区，1965 年改名为广西壮族自治区。

上海：商务印书馆，1915 年 10
月初版，1925 年 2 月 4 版

53 页：图；

主题：军事人物—生平事迹—中
国—古代

中图分类号：K825.2

本册为冯胜、蓝玉、戚继光、
周遇吉事略，每位传主前有遗像或
插图。文言文，有夹注。

2245

南北极探险家亚勉纯传 / 塔利
（Charles Turley）著；邵挺译

上海：商务印书馆，1948 年 5 月
初版

157 页；32 开

主题：阿蒙森（Amundsen，
Roald，1872—1928）—传记

中图分类号：K835.335.89

共 23 章。介绍挪威探险家阿
蒙森赴南北极探险的经过。卷首有
顾维钧序。书末有《亚勉纯大
事》、《佛兰蒙号各次远征》、《各
役探险重要组员》等 4 篇附录。

2246

平倭名将戚继光之生活批评 / 稽
翥青著

上海：汗血书店，1935 年 5 月
初版

28 页；50 开（汗血小丛书）

主题：戚继光（1528—1587）—

生平事迹

中图分类号：K825.2

全书分引言、少年之刻苦、壮
年之功业、暮年之涵养 4 部分。通
俗地介绍明代平倭名将戚继光领导
东南沿海军民数次平倭御辱的生平
事迹。

2247

蒲寿庚考 /（日）桑原骘藏著；陈
裕菁译订

上海：中华书局，1929 年 10 月
出版

224 页；25 开 . —（南京中国史
学会丛书）

主题：蒲寿庚—生平事迹

中图分类号：K825.3

分蕃汉通商大势、蕃客侨居中
国之状况、蒲寿庚之先世、蒲寿庚
之仕宋与降元、蒲寿庚之仕元及其
亲族 5 章。蒲寿庚为中国宋元时期
著名穆斯林海商、政治家、军事
家。蒲寿庚约 11 世纪移居广州经
营商舶，景炎元年为闽广招抚使兼
"主市舶"，凭借显赫的权力与雄
厚的海上实力相结合，垄断泉州海
外贸易。

2248

戚继光 / 王敏时撰述

上海：儿童书局，1931 年 12 月
初版，1932 年 7 月再版

30 页；32 开 . —（卫国健儿丛书）

主题：戚继光（1528—1587）—生平事迹

中图分类号：K825.2

儿童读物，分 8 节。简介明朝将领戚继光（1528—1587）的生平，讲述他领导东南沿海军民抗击倭寇入侵的故事。

2249

戚继光／陈醉云编

上海：新生命书局，1934 年 2 月初版，1935 年再版，1937 年 4 月 3 版

66 页；32 开 . —（新生命大众文库民族英雄事略）

主题：戚继光（1528—1587）—生平事迹

中图分类号：K825.2

分 12 节。介绍明代倭寇扰民的情况，戚家军的建立、戚继光领导东南沿海军民数次平倭御辱的战绩，以及最后遭忌去职的结局。

2250

戚继光／程宽正编

上海：中华书局，1936 年 6 月初版，1936 年 10 月再版，1941 年 1 月 4 版

68 页；36 开 . —（初中学生文库）

重庆：1943 年 4 月初版，1943 年

12 月再版，1944 年 5 月赣初版

56 页；36 开

主题：戚继光（1528—1587）—生平事迹

中图分类号：K825.2

分上、下 2 编。上编略述与戚继光有关的明室外患。下编为戚继光本传，概述他所处的环境和戚继光领导东南沿海军民数次平倭御辱所成就的事业。书前有编者序言。

2251

戚继光／吴原编著

重庆：正中书局，1936 年 3 月初版，1943 年 3 月 4 版

69 页；图；32 开 . —（正中少年故事集）

主题：戚继光（1528—1587）—生平事迹

中图分类号：K825.2

分 14 节。介绍明代抗倭名将戚继光的生平及其领导东南沿海军民数次平倭御辱的主要事迹。

2252

戚继光／殷国俊编著

重庆：国民图书出版社，1943 年 6 月初版

54 页；64 开 . —（国民常识通俗小丛书）

主题：戚继光（1528—1587）—生平事迹

中图分类号：K825.2

分倭寇鞑靼作乱明朝多难、戚继光少年有志守备山东罚母舅斩土豪、练新兵戚家军枵腹大胜、兴化城遭劫万桥山灭贼等8节。介绍明朝戚继光领导东南沿海军民数次平倭御辱的生平事迹。

2253

戚继光／罗时旸编著

南京：青年出版社，1946年8月再版

92页；32开. —（青年模范丛书）

主题：戚继光（1528—1587）—生平事迹

中图分类号：K825.2

叙述明代的倭患、戚继光的家世、戚家军的创立、戚继光领导东南沿海军民数次平倭御辱的战役，以及后世对戚继光的评价。

2254

清代堂子所祀邓将军考／孟森著

　　［出版地不详］：［出版者不详］，［出版日期不详］

14页；16开

主题：邓子龙（？—1593）—生平事迹

中图分类号：K825.2

本书系《国立北京大学国学季刊》第5卷第1号抽印本。介绍明朝万历年间的明代抗倭名将——副总兵邓子龙的生平事迹。他所处的时代，中国沿海饱受日本倭寇和海盗的侵扰，邓子龙先后转战福建、广东沿海。万历二十六年，日本大侵朝鲜。邓子龙奉命援朝，在鹭梁海战中，年近古稀的邓子龙奋勇直前，不幸阵亡。

2255

邱吉尔①大战回忆录．第1卷，风云紧急／邱吉尔著；中外文化资料供应社译

上海：中华印刷出版公司，1948年7月初版，1948年8月再版，1948年9月3版

337页：图；25开

主题：丘吉尔（Churchill, Winston Leonard Spencer, 1874—1965）—回忆录

中图分类号：K835.617 = 5

包含海空诸问题、海军部工作、海面袭击者、磁性水雷、舰队的冲突等内容。

2256

丘吉尔大战回忆录．第一卷，风云变色／（英）［丘吉尔］（W. S. Churchill）原著；余群译

---

①　邱吉尔，即丘吉尔。下同。

上海：自由出版社，1948 年 7 月初版

210 页；36 开

主题：丘吉尔（Churchill, Winston Leonard Spencer, 1874—1965）—回忆录

中图分类号：K835.617＝5

《邱吉尔回忆录》的另一种译本。

2257

邱吉尔第二次大战回忆录 ／（英）[邱吉尔]（W. S. Churchill）原著；沈大鋕译

上海：商务印书馆，1948 年 7 月至 1948 年 9 月出版

4 册：图；25 开

上海：商务印书馆，1948 年出版

2 册（576 页）：图，表；25 开

主题：丘吉尔（Churchill, Winston Leonard Spencer 1874—1965）—回忆录

中图分类号：K835.617＝5

《邱吉尔回忆录》的另一种译本。

2258

任厂六十自述 ／ 李准著

[出版地不详]：[出版者不详]，[出版日期不详]

21 页；23 开

主题：李准—生平事迹

中图分类号：K825.2

李准，清末为广东水师提督，民国初年曾任袁世凯的高等军事顾问等职。本书以五言长诗述其经历。

2259

日本军政界人物评论 ／ 林海涛编著

福建龙岩：军事委员会台湾义勇队，1943 年 11 月初版

202 页；36 开

主题：军事人物—评传—日本

中图分类号：K833.135.2

分陆军界之人物、海军界之人物、政界之人物 3 部分。每一部分再分为在朝者、派外敌酉和在野者 3 种情况。共收 118 人小传。封面由朱家骅、张治中题字和编著者序。正文前有《日本军政界概观》一文。书末有《敌国陆海军主要人物一览表》等 6 篇附录。

2260

日本侵华领袖人物 ／ 汪馥泉著

长沙：商务印书馆，1938 年 7 月初版；1940 年 5 月再版

65 页；36 开 . —（国际时事问题丛书）

主题：侵华—领袖—生平事迹—日本—现代

中图分类号：K833.130.5

分 6 部分：绪论；侵略人物在内阁中，介绍首相近卫文麻吕以

及其他内阁中侵略人物；军部中侵略人物，介绍日本海军第三舰队司令长官长谷川清等人；侵华策动者的财阀，介绍三井、三菱、安四、住友等财阀；元老重臣与政党；结论。

2261

十二科学家／吕谌编

上海：开明书店，1929 年 11 月初版，1930 年 8 月再版

242 页：图；32 开

主题：科学家—列传—欧洲

中图分类号：K835.061

根据《Story Lives of Men of Science》（F. J. Rowbtham）一书编译而成，介绍培根、伽利略、牛顿、林耐、拉马克、达尔文等 12 名科学家生平传略。每篇传记后附年表。封面注：吕谌译。拉马克：著有《动物哲学》亦译作《动物学哲学》一书，系统地阐述了他的进化理论，即通常所称的拉马克学说。拉马克把脊椎动物分作 4 个纲，就是鱼类、爬虫类、鸟类和哺乳动物类，他把这个阶梯看作是动物从简单的单细胞机体过渡到人类的进化次序。完成《无脊椎动物的系统》一书，此书中他把无脊椎动物分为 10 个纲，是无脊椎动物学的创始人。达尔文在《物种起源》一书中曾多次引用拉马克

的著作，发表多篇涉海论文。

2262

十个民族英雄／周彬编著

浙江：中国史学研究社，1944 年 9 月再版

106 页；32 开．—（史学进修丛书）

主题：民族英雄—列传—中国—古代

中图分类号：K825.2

介绍班超、马援、郭子仪、岳飞、文天祥、郑和、于谦、戚继光、史可法、郑成功 10 位民族英雄的故事。

2263

实业大王的故事／茜蒂著

上海：青城书店，1936 年 5 月初版；1936 年 9 月再版

150 页；36 开．—（模范人物故事丛刊）

主题：企业家—生平事迹—世界

中图分类号：K815.3

收《汽车大王福特》、《钢铁大王卡尼基》、《新闻大王哈斯特》、《航业大王萨达伦特》、《钢炮大王克虏伯》、《铜大王库洛克》、《通讯大保罗·路透》、《中国实业大王张謇》、《炸药大王诺贝尔》、《工程师大王詹天佑》等 16 篇人物故事。

2264

世界成功人传／杨逸声编译

上海：青年书店，1941 年 6 月初版

154 页；36 开

主题：名人—生平事迹—世界

中图分类号：K812

书名前冠有"青年模范六十四位"字样。收哥伦布、辛克莱、爱伦坡、大仲马、威尔斯、莫扎特、嘉宝、克鲁格、利文斯敦、汤姆逊等 64 名外国人物小传。

2265

世界各国成功人传／陈陟，张翼人编

上海：经纬书局，1936 年 4 月再版

665 页；32 开 . —（青年必读书）

主题：名人—列传—世界

中图分类号：K812

内分哲学家、文学家、科学家、音乐家、画家、雕刻家、军人、政治家、教育家、经济学家、探险家、宗教家、社会学家等 13 编，共收 163 名外国古今名人小传。包含纳尔逊、哥伦布等。

2266

世界航海家与探险家历史／（美）

布兰敦著；曹宗巩译

［出版地不详］：海军部编译处，1936 年 8 月初版

142 页：图；23 开

主题：航海—名人—列传—世界

中图分类号：K815.89

分 7 章。介绍汉纳、马可·波罗、亨利王子、哥伦布、达伽马、麦哲伦等人的探险活动。卷首有作者序。

2267

世界名人传／唐卢锋编

上海：世界书局，1930 年 3 月初版，1933 年 4 月 5 版，1937 年 8 版

176 页：照片；32 开

主题：名人—生平事迹—世界

中图分类号：K812

本书为人物传记，分哲学家、科学家、文学家、教育家、政治家、军事家、探险家和宗教家 8 章，收 46 名世界名人。其中有航海探险家哥伦布、英国海军大将纳尔逊、科学家达尔文生平事迹。

2268

世界名人传／唐卢锋，朱翊新编著

上海：世界书局，1939 年 11 月初版，1946 年 2 月 3 版

146 页：照片；32 开

主题：名人—生平事迹—世界

中图分类号：K812

本书为唐卢锋编《世界名人传》的战后增订本。

2269

世界名人图志 /S. Nisenson，A. Parker 著；陈炳洪编译

上海：良友图书公司，1933 年 9 月初版

100 页：图；36 开

主题：名人—肖像画—世界

中图分类号：K812 - 64

收麦哲伦、纳尔逊、伊索、亚历山大大帝、安徒生、阿基米德、贝多芬、玻利瓦尔、林肯、列宁等 100 位世界名人的画像，并附简要文字说明。

2270

世界名人小传／于熙俭编译

上海：青年协会书局，1936 年 4 月初版，1948 年 3 月再版

104 页：图；24 开 . —（青年丛书）

主题：名人—生平事迹—世界

中图分类号：K812

据 Samue Nisenson，Alfred Parker 所编《Minute Biographies》和《More Minute Biograpohies》两书编译而成。原书内分政治家、革命家、军事家、科学家、文学家、艺术家、哲学家、宗教家、探险家 9 类。从原书 300 多人小传中选收 104 篇，包含纳尔孙、哥伦布、麦哲伦。

2271

世界人物／贾立言，谢颂羔编著

上海：广学会，1929 年 6 月初版，1949 年 6 月 6 版

318 页；32 开

主题：名人—生平事迹—世界

中图分类号：K812

本书为人物传记，收发现新大陆的航海家哥伦布和开展南极探险的奥茨队长的生平事迹。另有海伦凯勒、牛顿、爱迪生、诺贝尔、贝多芬、孔子、孟子等人的小传。卷首有编者写的《世界人物小言》阐述编写动机。

2272

世界三百名人图志／萧剑青编绘

上海：世界书局，1947 年 10 月 3 版

300 页：图像；32 开

主题：名人—肖像画—世界

中图分类号：K812 - 64

中外名人小传，按人物生年编序，附人物画像。中国人物侧重选收郑和等历代民族英雄。卷首有黄警顽序，介绍编者萧剑青的生平活动。正文前有人名首字画数检字表，书末附英名检索表。

2273

世界实业大王 / 董瑞春译

上海：中华书局，1921 年 7 月初版，1927 年 3 月 4 版，1928 年 10 月 5 版，1931 年 8 月 6 版

292 页；32 开

主题：企业家—生平事迹—世界

中图分类号：K815.3

收《航业王萨托马斯撒他楞特》、《海上王岩崎弥太郎》等 18 篇文章，卷首有蒋贻孙序。

2274

世界实业家列传 / 朱基俊编

上海：中华书局，1936 年 6 月初版

2 册（64，67 页）；32 开

主题：企业家—生平事迹—世界

中图分类号：K815.3

介绍阿姆斯特朗、保罗·路透、摩根、卡内基、洛克菲勒、约翰·沃纳梅克、威廉·克拉克、克虏伯、萨塔伦特、詹姆斯·希尔、约瑟夫·张伯伦、岩崎弥太郎、亨利·福特、赫斯特、张謇等实业家的生平与实业活动。

2275

世界探险家列传 / 黄海鹤，朱基俊编译

上海：中华书局，1936 年 6 月初版，1936 年 10 月再版，1941 年 1 月 4 版

2 册（61，64 页）；32 开．—（初中学生文库）

上海：中华书局，1947 年 12 月初版

126 页；32 开．—（中华文库）

主题：探险—地理学家—生平事迹—世界

中图分类号：K815.89

收麦哲伦、库克、洪保、斯塔特、斯图亚特、利文斯敦、斯皮克、阿蒙森、斯文赫定等 21 名探险家列传。

2276

世界五大科学名人传记 / 谭云鹤著

重庆：青年出版社，1945 年 1 月初版

162 页；32 开．—（青年丛书）

主题：科学家—传记—欧洲

中图分类号：K835.061

收伽利略、波耳、牛顿、达尔文、巴斯德 5 位科学家传记。卷首有著者写的绪言。达尔文：参加英国海军"小猎犬号"舰环绕世界的科学考察航行，后完成了《贝格尔号之旅的动物学》和《物种起源》等著作。

2277

世界著名探险家．上册 / 陈家骥，

陈克文编译

上海：商务印书馆，1925 年 6 月初版，1926 年 12 月再版

145 页：图；32 开 . —（少年史地丛书）

主题：探险—地理学家—生平事迹—世界

中图分类号：K815.89

介绍马可·波罗、哥伦布、达伽马、麦哲伦、德雷克、安森、库克、利文斯敦、斯坦利、约翰·卡伯特、雅克·卡蒂埃、约翰·戴维斯、马丁·弗罗比舍、斯特尔特、亨利·赫德森、约翰·富兰克林、乔治·内尔斯、南森等人的探险事迹。卷首有金曾澄序。

2278

台湾郑氏始末 ／（清）沈云著；沈垚注

北平：文殿阁书庄，1934 年 6 月重印出版

123 页；32 开 . —（国学文库）

主题：郑成功（1624—1662）—家族—史料

中图分类号：K820.9

分 6 卷。记述明天启四年（1624）郑芝龙在海上起兵，至清康熙二十二年（1683）郑克塽降清的郑氏家族历史。

2279

谭襄敏公年谱 ／ 欧阳祖经著

上海：商务印书馆，1937 年 4 月初版

170 页；32 开 . —（中国史学丛书）

主题：谭纶（1520—1577）—年谱

中图分类号：K825.2

内容同 1936 年 10 月版《谭襄敏公年谱》。

2280

谭襄敏公年谱稿 ／ 欧阳祖经编著

［出版地不详］：著者刊，1936 年 10 月初版

182，［12］页；36 开

主题：谭纶（1520—1577）—年谱

中图分类号：K825.2

谭纶（1520—1577），字子理，谥襄敏，明代与戚继光齐名的抗倭将领。分谭襄敏公年谱及附录明史本传、谭襄敏公传（张位撰）等 2 部分。前有编著者序。

2281

探险家的故事 ／ 章铎声编著

上海：春明书店，1948 年 5 月初版

150 页；32 开 . —（模范人物故事丛刊）

主题：探险—名人—生平事迹—
世界

中图分类号：K815.89

记述马可·波罗、哥伦布、麦
哲伦、德雷克、达伽马、柏克、斯
皮克、利文斯顿等人的探险活动。
书末附《加波及其儿子》（威尼斯
商人）、《一个殉春的老人》（西班
牙人庞司迭伦）、《好望角的来历》
（地亚士）、《发现阿比西尼亚的
人》（英国人勃罗斯）、《亚马孙河
上的风潮》（西班牙人卡宾查）、
《亚美利加州的来历》（意人亚美
利加）、《中国第一个探险家》。卷
首有编者序《不能再落后（南给
本书的读者）》。

2282

汤姆逊传／（英）克劳塞
(J. G. Crowthr) 著；范棠译

上海：商务印书馆，1937 年 3 月
初版

80 页：冠像；36 开 . —（万有文
库）

主题：汤姆生（Thomson，Wil-
liam，1824—1907）—传记

中图分类号：K835.616.1

介绍汤姆森（1824—1907）
的生平及其在热力学、静电理论、
电机工程、气象学、航海学诸方面
的贡献。

2283

维多利亚女王传／ Lyttor Strachey
著；卞之琳译

长沙：商务印书馆，1938 年初
版，1940 年 2 月再版，1947 年沪
3 版

274 页；25 开

主题：维多利亚女王（Victria，
1819—1901）—传记

中图分类号：K835.617 = 43

维多利亚女王在位时期是大英
帝国对外领土扩张最辉煌的时期，
她是第一个以"大不列颠和爱尔兰
联合王国女王和印度女皇"名号称
呼的英国君主。维多利亚女王在位
的六十多年当中，英国控制全球海
权，主宰世界贸易，其广阔的殖民
地遍布各大洲。海权的垄断让英国
人得以放手扩展自己的殖民地。大
英帝国的"海外属地"在维多利亚
时期以每年 10 万平方英里的速度增
加。她在位期间是英国最强盛的所
谓"日不落帝国"时期。

2284

我国的伟人／陈鹤琴，王子才编著

[出版地不详]：江西省国民教育
师资辅导委员会，1941 年出版

44 页；32 开 . —（史地丛书）

主题：历史人物—列传—中国

中图分类号：K820

收郑和、戚继光、郑成功等中

国历代 29 位名人小传。

2285

西班牙女王伊萨白尔传／（美）华

尔希（William Thomas Walsh）著；

魏成译

上海：商务印书馆，1947 年 5 月

初版

300 页；32 开．—（甘露丛书）

主题：伊莎贝尔（Isabella，

1451—1504）—传记

中图分类号：K835.517.3

西班牙伊莎贝尔一世（1451—

1504）传，共 33 章。侧重介绍其

统一西班牙和赞助哥伦布航海探险

计划的情况。卷首有《甘露丛书

总序》（吴经熊）、叶秋原的引言

和著者附言。

2286

西门子自传／（德）Ernst Werner

von Siemens 原著；魏以新译

重庆：商务印书馆，1946 年 2 月

重庆初版，1947 年 9 月上海初版

[18]，265 页；32 开．—（汉译

世界名著）

主题：西门子（Siemens，Werner

von.，1816—1892）—自传

中图分类号：K835.165.38

包含海底水雷、第一条海底电

线、撒地尼亚·波那深海电缆、红

海线、容电器在海底电报中的第一

次应用、海上冒险、海面的亮光、

横贯大西洋的海底电线等内容。

2287

熊经略／管雪斋著

汉口：著者刊，1936 年 10 月版

[22]，206 页；32 开

主题：熊廷弼（1569—1625）—

传记

中图分类号：K825.2

本书为明朝辽东经略熊廷弼

（1569—1625）的传记，分经略之

先世及其幼年、经略之言行、经略

死后之定评等 14 章。书前有何成

浚、杨适生等多人的序文和所题诗

词等。书后有唐亚生的跋。

2288

英雄肝胆录／黄花奴编纂

上海：国华书局，1920 年 11 月

出版

90 页；25 开．—（风尘三绝）

主题：民族英雄—列传—中国—

古代

中图分类号：K827 = 2

本书简介史可法、郑成功、陈

化成、徐锡麟、熊巨山等人生平

事迹。

2289

俞大猷戚继光合传／王扶生编

[出版地不详]：委员长南昌行

营，[出版日期不详]

210 页；32 开．—（国民军事丛书）

主题：俞大猷（1504—1580）—传记

主题：戚继光（1528—1587）—传记

中图分类号：K825.2

该书为明代抗倭名将俞大猷、戚继光的合传，记述他们两人的生平及抗倭事迹。书后附王铁、钱镇、朱衷、孙镗、杜槐、黄训 6 位抗倭大将的小传、《明代倭寇概观》、《明代倭事月表》。

2290

曾国藩与海军／陈恭禄著

[出版地不详]：[出版者不详]，[1934 年]出版

[36] 页；16 开

主题：曾国藩（1811—1872）—生平事迹

中图分类号：K827 = 52

记清代海军建军始末以及曾国藩为代表的洋务派与清代海军的关系。本书为《武汉大学文史哲季刊》1934 年 3 卷 4 期抽印本。

2291

张苍水先生传略／黄震遐编著

[出版地不详]：中央航空学校，1935 年 9 月初版

32 页；32 开．—（民族英雄丛书）

主题：张苍水—传记

中图分类号：K825.2

张煌言，号苍水（1620—1664）为南明抗清义军首领。

2292

郑成功／陈重寅著

上海：儿童书局，1931 年 12 月初版，1932 年 7 月再版

24 页；32 开．—（卫国健儿丛书）

主题：郑成功（1624—1662）—生平事迹

中图分类号：K825.2

包含为民族争光的人物、寻到了海上的根据地、从闽浙打到南京、壮志未酬身先死等内容。

2293

郑成功／王钟麒著

上海：商务印书馆，1934 年 5 月初版，1947 年 4 版

105 页；32 开．—（百科小丛书）

主题：郑成功（1624—1662）—传记

中图分类号：K825.2

内分家世与时事、抗清运动之展布、台湾之营辟、余烈之终替 4 编。介绍了郑成功的生平事迹。

2294

郑成功／章衣萍著

　上海：儿童书局，1934 年 3 月初
版，1938 年 3 月 5 版

　38 页；32 开 . —（中国名人故
事丛书）

　主题：郑成功（1624—1662）—
传记

　中图分类号：K825.2

　　传记故事。内分他的家族、立
志反清、成功起义、遗恨无穷 4
章。本书以华鹏飞所编《清史》
蓝本，并参考日本稻叶君山的
《清朝全史》编辑而成。

2295

郑成功／周木斋编

　上海：新生命书局，1934 年 11
月初版，1936 年 10 月再版

　61 页；32 开 . —（民族英雄故事）

　主题：郑成功（1624—1662）—
传记

　中图分类号：K825.2

　　传记故事。内分谨谢儒服、雄
踞两岛、福建攻守、江南进退、厦
门歼敌、台湾辟疆、清廷伎俩、成
功身后、旧说评述等 10 篇。版权
页上编著者署名为：陈子展。

2296

郑成功／王冥鸿编著

　杭州：正中书局，1942 年 1 月
初版

　40 页；32 开 . —（青年故事丛
书）

　主题：郑成功（1624—1662）—
传记

　中图分类号：K825.2

　　包括郑成功的家世、起义、兴
师北伐、金陵惨败、开辟台湾、台
湾没落等 10 篇。

2297

郑成功／李旭编著

　南京：青年出版社，1946 年 8 月
再版

　161 页：图；32 开 . —（青年模
范丛书）

　主题：郑成功（1624—1662）—
生平事迹

　中图分类号：K825.2

　　介绍郑成功的生平事迹。有柳
克述的《青年模范丛书编辑旨
趣》。

2298

郑成功／任苍厂主编

　上海：大方书店，1947 年 2 月
再版

　116 页；36 开 . —（历史故事丛
刊）

　主题：郑成功（1624—1662）—
生平事迹

中图分类号：K825.2

分 7 部分。介绍民族英雄郑成功的事迹。卷首有编者序。封面丛书名为：《新青年故事丛刊》。

2299

郑成功与张苍水／谢刚主著

［出版地不详］：中华平民教育促进会，1929 年 6 月初版

32 页；42 开

主题：郑成功（1624—1662）—生平事迹

主题：张苍水—生平事迹

中图分类号：K825.2

讲述郑成功与张苍水抗击清军的故事。封面题：平民读物。

2300

郑和／陈子展编

上海：新生命书局，1934 年 4 月出版

54 页：图；32 开（新生命大众文库）

主题：郑和（1371—1435）—生平事迹

中图分类号：K825.89

分 8 节。讲述郑和（1371—1435）通使西洋的业绩及其所产生的影响，包括西洋记里说南洋、海上横行二十载等。附《明史·郑和传》。

2301

郑和／章衣萍编著

上海：儿童书局，1934 年 5 月初版

47 页；48 开．—（中国名人故事丛书）

主题：郑和（1371—1435）—传记

中图分类号：K825.89

介绍明代航海家郑和的生平，包括郑和的航海生涯、郑和航海的许多故事、郑和航海的路线及其功业等。

2302

郑和／郑鹤声著

重庆：胜利出版社，1945 年 1 月初版

297 页；32 开．—（中国历代明贤）

主题：郑和（1371—1435）—生平事迹

中图分类号：K825.89

介绍明代航海家郑和的生平。书前有作者小传、潘公展的《中国历代名贤故事集编纂旨趣》，及著者的绪言。

2303

郑和家谱考释／李士厚著

昆明：正中书局，1937 年 3 月再版

64 页：图；长 18 开

主题：郑和（1371—1435）—家谱

中图分类号：K825.89

郑和家谱不仅记载了郑和的家世和后裔情况，而且记载着郑和的出使、其出使官兵、下洋船舶、所到国家等。

2304

郑和遗事汇编／郑鹤声编

上海：中华书局，1948 年 1 月初版

226 页；36 开

主题：郑和（1371—1435）—生平事迹

中图分类号：K825.89

利用航海史料写成。分郑和之世系与里邸、郑和之品性与时代、郑和之生卒与年表、郑和经历之地方与港口、郑和出使之年岁与大事、诸国朝贡之事略、郑和之轶闻 7 章。书前有自序。书后附《诸书所载诸国之数目》、《诸国名称之异同》。

2305

郑芝龙／谢刚主编著

［出版地不详］：中华平民教育促进会，1930 年 11 月初版

30 页；50 开 . —（平民读物·故事）

主题：郑芝龙（1604—1661）—生平事迹

中图分类号：K827 = 48

郑芝龙（？—1661）是郑成功的父亲。本书以讲故事的形式介绍被誉为"闽海之王"的明末海商霸主郑芝龙的生平事略。

2306

中国百名人传／陈翊林编

上海：中华书局，1937 年 6 月初版，1939 年 8 月再版

520 页；32 开

主题：历史人物—列传—中国

中图分类号：K820

收戚继光等自上古到清末 100 位中国著名人物传略。

2307

中国的早年旅行家／伍连德著

上海：寰球中国学生会，1933 年 8 月出版

38 页；32 开 . —（寰球中国学生会丛刊）

主题：地理学家—生平事迹—中国—古代

中图分类号：K825.89

介绍我国古代的旅行家事略。包括孟姜女寻夫、昭君出塞、张骞出使西域、郑和航海等 35 人的故事。

2308

中国对外三十六大军事家 / 庾思旸编著

昆明：云南图书馆，1917 年 7 月初版

232 页；32 开

主题：军事人物—生平事迹—中国—古代

中图分类号：K825.2

收马援、郑和、戚继光、郑成功等 36 位历代军事家事略，传后有编著者评论，书前有自叙。题名页题名为唐继尧题。

2309

中国古代名人逸事 / 谢厥成编

[出版地不详]：浙江警官学校政训特派员办公室，1935 年 3 月出版

56 页；32 开

主题：名人—生平事迹—中国—古代

中图分类号：K820.2

收戚继光、郑成功、史可法、袁崇焕等人的故事 7 则。

2310

中国历代民族英雄传 / 裴小楚编著

上海：大方书局，1939 年 8 月初版，1947 年 1 月再版

385 页；图；32 开

主题：民族英雄—列传—中国—古代

中图分类号：K827 = 2

选辑上古轩辕到民初的马援、郑和、郑成功等 68 位为国家、民族利益、抵抗外侮的英雄传记故事。

2311

中国历代名将事略 / 林传甲纂评

北平：武学书馆，1920 年 1 月初版，1946 年 12 月出版

182 页；32 开

主题：军事人物—生平事迹—中国—古代

中图分类号：K825.2

分教将、任贤、忠义、严明等 82 类，每类前有小论，后举历代名将事略论证。书前有闽候林传甲的《对德宣战请缨诗四律》、《宣战后东外交后援会同志四律》及《中国历代名将事略序》。

2312

中国历代名人传 / 朱拙存编著

上海：经纬书局，1936 年 4 月再版，1947 年 10 月出版

16，1157 页；32 开 . —（青年必读书）

1947 年沪版有增补，分 3 册共计 1678 页

主题：历史人物—列传—中国

中图分类号：K820

收马援等从战国到明代名人传记 900 余篇，按朝代分为 13 编。

2313

中国历代名人传略．第 6 集／王治心，李次九编著

上海：青年协会书局，1948 年 1 月初版，1949 年再版

426 页；25 开．—（青年丛书）

主题：历史人物—列传—中国

中图分类号：K820

收郑和等自明代至民国 47 位名人传略。有王治心、李次九序各 1 篇，书末有王治心后序。

2314

中国历代名人录／袁清平编辑

上海：军事新闻社出版部，1936 年 4 月出版

3 册；25 开

主题：名人—生平事迹—中国

中图分类号：K820

介绍郑和、郑成功、戚继光等历代名人的生平事迹。分圣哲、英雄、将帅、文臣、策士、游侠等 14 类，有编辑者序。

2315

中国历代名人录／复兴出版社编辑部

上海：编者刊，1948 年 4 月出版

6 册；32 开

主题：历史人物—列传—中国

中图分类号：K820

全书 6 册共 12 集，分圣哲、英雄、策士、游侠等 15 类。收马援、郑和、郑成功等 780 位中国历代各类名人的小传。卷首有再版序。

2316

中国历史上之民族英雄．下卷／刘觉编著

重庆：商务印书馆，1940 年 2 月至 1943 年 7 月出版

112 页；36 开

主题：民族英雄—列传—中国—古代

中图分类号：K825.2

收隋唐至民国民族英雄列传。包括黄帝、管仲、苏武、班超、郭子仪、宗泽、岳飞、文天祥、郑和、戚继光、秦良玉、郑成功、冯子材等人。

2317

中国民族英雄传／彭文富编

湖南：西南日报社，1937 年 11 月初版，1942 年 7 月再版

257 页；36 开．—（西南日报丛书）

主题：民族英雄—列传—中国—古代

中图分类号：K827 = 2

收秦始皇、蒙恬、汉武帝、卫青、班超、诸葛亮、范仲淹、岳飞、文天祥、郑和、史可法、郑成功、洪秀全、蒋介石等 36 位人物的传略。

2318

中国民族英雄列传 / 韩棐，范作乘编

上海：中华书局，1935 年 6 月至 1937 年 6 月出版

2 册；32 开

主题：民族英雄—生平事迹—中国—古代

中图分类号：K825.2

收李牧、蒙恬、李广、谢安、李靖、郭子仪、寇准、狄青、李纲、宗泽、韩士忠、文天祥、郑和、洪秀全、刘永福、黄兴等 60 人的小传。

2319

中国名将传 / 王敬编；束世澄校订

南京：中国文化学会，1934 年 5 月初版，1934 年 8 月再版，1934 年 4 月 3 版，1936 年 2 月 4 版，1937 年 1 月 5 版

12，616 页；32 开 . —（国民军事丛书）

成都：拔提书店，1940 年 6 月 7 版，1942 年 7 月 8 版

12，556 页 . —（国民军事丛书）

主题：军事人物—生平事迹—中国—古代

中图分类号：K825.2

内分上、下编及补编。依据历代正史列传，稍加删减，汇辑马援、郑和、戚继光等 115 位历代著名将领的传记。

2320

中国名人传 / 唐卢锋，朱翊新编著

上海：世界书局，1929 年 10 月初版

198 页：图；32 开

主题：历史人物—列传—中国

中图分类号：K820

收郑和等探险家、哲学家、文学家、政治家、军事家、艺术家共 42 人传略。书末附有本书参考书籍及论文举要。

2321

中国名人传 / 唐卢锋，朱翊新编

上海：世界书局，1939 年 11 月初版，1943 年再版

156 页：图；32 开

主题：历史人物—列传—中国

中图分类号：K820

战后增订本，与 1929 年版内容基本相同。

2322

中国人物传选／陈启天选辑

上海：中华书局，1935 年 11 月
初版，1939 年 8 月再版

460 页；24 开

主题：历史人物—列传—中国

中图分类号：K820

选辑戚继光、文天祥、史可
法、曾国藩、谭嗣同等 56 人的传
记。各传大都取之于正史，每篇篇
首均注明来源。书前有辑者叙例。

2323

中国伟人传五种／梁启超编著

上海：中华书局，1936 年 3 月初
版，1943 年渝初版

68 页：表；32 开

主题：历史人物—列传—中国

中图分类号：K820

收《祖国大航海家郑和传》、
《张博望班宝远合传》、《黄帝以后
第一伟人赵武灵王传》、《明季第
一重要人物袁崇焕传》、《中国殖
民八大伟人传》5 篇。

2324

中国伟人的生活／黄蒃编著

桂林：文友书店，1943 年 5 月
出版

202 页；32 开 . —（青年史地丛
书）

主题：历史人物—列传—中国

中图分类号：K820

收录郑和、戚继光、郑成功等
27 位中国历代著名人物的传略。
书前有作者序。

2325

中国远征英雄传／龚国熊编著

成都：华夏出版社，1944 年 12
月初版

124 页；32 开

主题：民族英雄—列传—中国—
古代

中图分类号：K825.2

汇辑我国汉、唐、元、明、清
各代建功异域或对外有殊勋伟绩之
38 人的传记。末附《中国殖民八
大伟人传》（摘自梁启超著《中国
伟人传》）。

2326

中国之旅行家／（法）沙畹（Ed-
ouard Chavannes）原著；冯承钧
译述

上海：商务印书馆，1926 年 11
月初版

67 页；32 开 . —（尚志学会丛
书）

主题：地理学家—生平事迹—中
国—古代

中图分类号：K825.89

简要介绍了张骞、法显、惠
生、玄奘、郑和等人事迹。有冯承

钧撰《编译之缘起及旨趣》。

2327

中华民族英雄传记／张文新编著

重庆：军事委员会政治部，1941
年6月出版

138页；32开

主题：民族英雄—列传—中国—
古代

中图分类号：K825.2

收黄帝、秦始皇、汉武帝、张
骞、班超、唐太宗、岳飞、文天
祥、明太祖、郑和、戚继光、史可
法、洪秀全13位历史人物的传记。
书前有编著者序。

2328

中华民族英雄故事集／易君左著

［出版地不详］：［出版者不详］，
1933年9月初版，1933年10月
3版

20，292，80页：图；25开

主题：民族英雄—生平事迹—中
国—明清时代

中图分类号：K825.2

历述明清以来各地的抗倭故
事，共63篇。附录史可法、李府、
文天祥、魏胜、岳飞、戚继光等
86人的小传，以及史略、史迹等。

2329

中华四英雄传／姚海舫编著

重庆：人文书店，1944年9月
出版

194页；32开．—（传记丛刊）

主题：民族英雄—列传—中国—
古代

中图分类号：K825.2

收岳飞、文天祥、戚继光、史
可法4位民族英雄的传记、大事年
表、遗著等。书前有编著者序。

2330

中日黄海之战英雄邓世昌殉难记／
中央航空学校编

［出版地不详］：编者刊，［出版
日期不详］

18页；64开．—（民族英雄丛
书）

主题：邓世昌（1849—1894）—
生平事迹

中图分类号：K825.2

介绍1894年中日甲午海战中
清军将领邓世昌英勇作战壮烈殉难
的经过。

2331

中山先生亲征录／黄惠龙叙述；陈
铁生润辞

上海：商务印书馆，1930年8月
初版

48；32开

主题：孙中山（1866—1925）—
生平事迹

中图分类号：K827 = 6

包含遄回粤海与改道北伐、舰队通过海心岗、车尾海战等内容。

2332

珠玑集：从书翰认识历史 ／ 许汝祉译

重庆：大时代书局，1943 年 1 月初版，1943 年 4 月再版

234 页；32 开

主题：书信集—世界—选集

中图分类号：K812

收《大流士致亚力山大的信》、《哥伦布致西班牙财政大臣报告发现美洲的信》、《贝多芬的绝命书》、《左拉致菲列克斯福尔总统的控诉书》等政治、科学、宗教、文学艺术家的书信。

K87　文物考古

2333

广东文物 ／ 广东文物展览会编辑

香港：中国文化协进会，1941 年 1 月出版

3 册：图；16 开

主题：文物—广东

中图分类号：K872.65

包含《海南岛古代海上交通史略》（王兴瑞）、《广州五县迁海事略》（麦应荣）等内容。

K9　地理

2334

地理教育：创刊号 ／ 中国地理教育研究会编

南京：编者刊，1936 年 12 月出版

526 页；16 开

主题：地理—教学参考资料

中图分类号：K9 – 42

论文集。收《我国地大物博人稠之真相》、《地中海气候》、《关于地图的话》等 9 篇论文，以及参考资料四则、试题汇要—第三届高等考试、论文索引、时事日志。

2335

地理题解 ／ 文公直主编；李凯荣编辑

上海：大中华书局，1946 年 10 月初版

82 页；36 开

主题：地理—解题

中图分类号：K9 – 44

包含世界的海洋和岛屿等知识的解答。

2336

少年地理故事 ／ 易宜曲著

桂林：文林书店，1944 年 2 月初版

112 页；36 开

广州：海星图书公司，1947 年
出版

124 页；36 开

主题：地理—少年读物

中图分类号：K9－49

分一般之部、中国之部、外国
之部 3 部分。收《黄河的故事》、
《中国的海岸》、《花都》、《雾都》、
《水都》、《死海的故事》、《地中海的
故事》等 20 篇地理小故事。

K90　地理学

2337

地理丛谈 / 葛绥成著

上海：中华书局，1948 年 2 月
初版

538 页；25 开

主题：地理学

中图分类号：K90

分通论、国防与边疆、国际关
系、民族与建设、考证、教学、游
记 7 编。

2338

地理环境之影响 /（英）撒普尔
（E. C. Semple）著；陈建民译

上海：商务印书馆，1936 年 3 月
初版，1937 年 1 月再版

8 册；32 开 .—（万有文库）

主题：历史地理学

中图分类号：K901. 9

包含古代海上迁徙之影响等

章节。

2339

地理学 / 王益崖著

上海：世界书局，1931 年 5 月初
版，1935 年 3 版

553 页：图；32 开 .—（文化科
学丛书）

主题：地理学

中图分类号：K90

分总论、自然地理、人文地理
3 编。自然地理编分天体、陆界、
海洋、气界、生物地理学 5 篇。

2340

地理学发达史 /（英）迪金森，豪
沃思著；楚图南译

上海：中华书局，1940 年 1 月
初版

336 页：地图；36 开 .—（地理
丛书）

主题：地理学史

中图分类号：K90－09

分古代文明中的地理学、希腊
的哲学家和史学家、托勒密、欧洲
地理学上复兴时期的开始、葡萄牙
人的海外拓植、德国学派等 20 章，
系统地介绍了地理学的发展过程，
展示了地理学的研究历程。

2341

地理学史 /（英）迪金森，豪沃思

著；王勤堉译

长沙：商务印书馆，1938 年 5 月
初版；1939 年 5 月再版

393 页：地图；32 开 . —（地理
学丛书）

主题：地理学史

中图分类号：K90 - 09

内分古代文明中的地理学、希
腊的哲学家和史学家、托勒密、回
教徒的地理学、欧洲地理学上复兴
时期的开始、葡萄牙人的海外拓
植、德国学派、19 世纪的探险。
目录中含地中海海港航向地图等
章节。

2342

地理与世界霸权／（英）菲格莱
（James Fairgrieve）著；张富康译

上海：商务印书馆，1937 年 3 月
初版；1938 年 4 月长沙再版

2 册（339 页）；36 开 . —（万有
文库）

主题：人文地理学

中图分类号：K901

本书即藤柱译《史地关系新
论》一书的另一译本，译自英文
第 7 版。列举埃及、巴比伦、亚
述、巴勒斯坦、腓尼基、希腊、迦
太基、不列颠、中国、美国等国的
历史发展进行论证。包含海、海陆
之对立、大洋—大发现、大洋—大
洋帝国等章节。

2343

地理哲学／白眉初著

北平：琉璃厂宏道堂，1923 年 8
月初版

北平：建设图书馆，1936 年再版

276 页；32 开

主题：地理学

中图分类号：K90

包含人皆欲知世界山川海陆之
分布、海岸之范围力、水之生养
力、水之残杀力、岛国民之气质、
对于水之利用力与抵抗力等内容。

2344

地理政治学／（日）阿部市五郎
著；李长傅，周宋康译

长沙：商务印书馆，1938 年 4 月
初版

253 页；28 开 . —（地理学丛书）

主题：政治地理学

中图分类号：K901.4

分地理政治学的概念、地理政
治学的发展史、国家的生活状态、
自然之地理政治学的考察、国民之
国家概念的立足点、国际化运动之
地理政治学的考察 6 章。包含海洋
之地理政治学的影响等章节。卷首
有译者序。

2345

近代地理学／（英）钮碧君

（M. J. Newbigin）著；王勤堉译

　　上海：商务印书馆，1933 年 1 月初版，1935 年 3 版

　　214 页：图；32 开 . —（史地小丛书）

　　主题：地理学—近代

　　中图分类号：K90

　　分 9 章。论述近代地理学的起源、地形和侵蚀作用、气候和天气等问题。

2346

近代人生地理学之发达及其在我国之展望／李旭旦著

　　［出版地不详］：［出版者不详］，［1942 年 10 月初版］

　　37 页；32 开 . —（管理中英庚款董事会十周年纪念论文）

　　主题：人文地理学

　　中图分类号：K901

　　分古代之地理知识、新地学之发轫及其初期进展等 7 章。包含意大利人马哥索罗长游中国，其所述东方之繁富，引起欧洲君主探险东土之欲念，为找求海上捷径，乃有 15 世纪末哥伦布环航地球之举等内容。

2347

景观地理学／（日）辻村太郎著；曹沉思译

　　上海：商务印书馆，1936 年 9 月初版，1940 年 3 月长沙初版

　　82 页：图；36 开 . —（万有文库）

　　主题：景观学

　　中图分类号：K901

　　分聚落景观、交通景观、耕作景观 3 章。包含海岛、沿海环境下的聚落和交通等内容。有插图集照片。

2348

人地学原理／（法）白吕纳著；任美锷，李旭旦译

　　南京：钟山书局，1935 年 8 月初版

　　19，660，14 页：图；25 开

　　主题：人文地理学

　　中图分类号：K901

　　包含小区域研究之岛——岩性沙岛与砂性沙岛等章节。

2349

人生地理学／（法）白吕纳著；张其昀译

　　上海：商务印书馆，1930 年 11 月初版

　　117 页；25 开 . —（社会科学史丛书）

　　主题：人文地理学

　　中图分类号：K901

　　包括人生地理学之发达与雷次儿之学说等章节。雷氏地理学之目

的在于研求人类在大陆、海洋上各种发展之地理的原因。

2350

人生地理学概要 / 刘虎如著

上海：商务印书馆，1930 年 10 月初版

123 页：图；32 开 . —（万有文库）

主题：人生地理学

中图分类号：K901

内分导言、天然环境之影响、国家现势、交通概况、世界鸟瞰等 7 章。包含海上交通等章节内容。

2351

人生地理学史 /（法）白吕纳著；张其昀译

上海：商务印书馆，1930 年初版，1935 年国难后第 1 版

120 页；32 开 . —（社会科学小丛书）

主题：人文地理学

中图分类号：K901

内容与上海商务印书馆 1930 年 11 月版《人生地理学》相同。

2352

人文地理 / 傅运森编

上海：商务印书馆，1914 年 5 月初版，1919 年 9 月 6 版

73 页：图，表；28 开 . —（共和国教科书）

主题：人文地理学

中图分类号：K901

教科书《自然地理》一书的姊妹篇。全书 6 章，22 节。论述人类、人类之区分、文明之类别、国家、交通、世界交通及贸易等。

2353

人文地理 ABC / 李宗武著

上海：ABC 丛书社，1929 年 1 月初版，1932 年 4 版

159 页；32 开 . —（ABC 丛书）

主题：人文地理学

中图分类号：K901

内分总论、人种地理学、产业地理学、交通地理学等 5 章。

2354

人文地理概观 / 李次亮著

北平：北京大学出版部，1931 年 9 月初版

274 页：图；22 开

主题：人文地理学

中图分类号：K901

分绪论与本论 2 编。包含交通、海上交通等章节内容。

2355

人文地理学 / 张资平著

上海：商务印书馆，1924 年 10 月初版，1926 年再版，1933 年出版

70 页；32 开 . —（百科小丛书）

上海：商务印书馆，1930 年 4 月初版

70 页；32 开 . —（万有文库）

主题：人文地理学

中图分类号：K901

包含海洋与人生等章节。

2356

人文地理学／王华隆著

上海：商务印书馆，1925 年 8 月初版，1929 年 5 月 4 版

206 页；32 开

主题：人文地理学

中图分类号：K901

包含交通、航海之进步和电力、海底电线等章节。

2357

人文地理学／华北书店编

北平：华北书店，1931 年出版

129 页；32 开

主题：人文地理学

中图分类号：K901

分历史上的地理原素、世界历史（河的流域、内陆海、大洋）、近日的世界等 12 章。

2358

人文地理学／（法）白吕纳著；谌亚达译

上海：世界书局，1933 年 10 月

初版

420 页；25 开

主题：人文地理学

中图分类号：K901

包含人文地理学与区域地理学——海岛地方自然区域等章节。

2359

人文地理学概论／（日）野口保市郎著；陈湜译

上海：开明书店，1935 年 2 月初版

307 页：照片；32 开 . —（新时代史地丛书）

主题：人文地理学

中图分类号：K901

本书与盛叙功译《人文地理学概论》为同一种书的另一译本。包含海洋与人生等章节。

2360

人文地理学概论／（日）野口保市郎著；盛叙功译

上海：开明书店，1935 年 2 月初版

233 页：表；32 开

主题：人文地理学

中图分类号：K901

包含海洋与人生等章节。

2361

山水人物／施瑛著

上海：永祥印书馆，1946 年 6 月
初版

87 页；36 开 . —（青年知识文库）

主题：人文地理学

中图分类号：K901

　　分冷和热、山岭生活、草原里
的骑士、到海洋外面去发财等 7 小
节，从地理环境的角度叙述人类的
历史。卷首有著者代序。

2362

社会科学史纲．第 2 册：人生地理
学／（法）白吕纳著；张其昀译

　　长沙：商务印书馆，1940 年 7 月
初版

164 页；21 开

　　重庆：商务印书馆，1944 年 8 月
1 版

85 页；36 开

主题：人文地理学

中图分类号：K901

　　内容与上海商务印书馆 1930
年 11 月版《人生地理学》相同。

2363

史地关系新论／（英）非耳格林
（James Fairgrieve）著；藤柱译

　　上海：商务印书馆，1931 年 5 月
初版

295 页；25 开 . —（地理丛书）

主题：历史地理学

中图分类号：K901. 9

　　分 19 章。论述地理环境对历
史发展的重大作用及影响。列举埃
及、巴比伦、亚述、巴勒斯坦、腓
尼基、希腊、迦太基、不列颠、中
国、美国等国的历史发展。包含
海、海陆之对立、洋上霸国、洋上
帝国等章节。

2364

世界人生地理／葛绥成编

　　上海：中华书局，1935 年 6 月初
版，1941 年 2 月 4 版

2 册（［12］，140，170 页）；32
开 . —（中华百科丛书）

主题：人文地理学—世界

中图分类号：K901

　　上册分绪论、自然环境和人生
等 5 章，包含海洋、岛屿等内容。
下册内分国家、世界交通等 5 章。

2365

世界史之地理因素／陈叔时著

　　杭州：贞社，1935 年 2 月初版

［12］，186 页：地图；32 开 . —
（贞社丛书）

主题：历史地理学

中图分类号：K901. 9

　　分绪论、内海时代、海洋时
代、铁道时代、阿美利加、东洋、
法兰西、苏俄等 11 章。论述地理
因素在世界历史中所起的作用。

2366

世界文化地理／葛绥成编译

上海：中华书局，1935 年 12 月初版，1946 年再版

270 页：图；32 开

主题：文化地理学—世界

中图分类号：K901.6

根据《世界文化地理的研究》（西田卯八）和 *Man and Culture*（C. Wissler）编译而成。内分地形和文化的关系，平原文化地理的研究，盆地文化、高原地理的研究、海洋文化地理、都市文化地理、政治及人口和文化的关系等 18 章。论述不同的地理环境在文化上所起的不同作用。其中，海洋文化地理的研究论述了爱琴海文化、希腊文化及罗马文化与海岸、近世文化与海洋、东洋文化与海洋等。

2367

现代地理学观念／（英）达德利（L. Dudley）著；陈幼璞译

上海：商务印书馆，1936 年 3 月初版

94 页；36 开 . —（万有文库）

主题：地理学—现代

中图分类号：K90

包含地中海气候、寒温带海洋气候等章节内容。

2368

新地学／（法）马东男（Emmaunal de Martoune）等著；竺可桢等译

南京：钟山书局，1933 年 6 月初版

322 页；16 开 . —（人地学会丛书）

主题：地理学—文集

中图分类号：K90 – 53

介绍欧亚地理学发达史、地理学之新观念、法美日英等过的地理学著作。含环太平洋地域之地理等章节。

2369

新哲学的地理观／钱今昔著

上海：金屋书店，1949 年 2 月初版

176 页；32 开

主题：地理学

中图分类号：K90

包含地理生成力——海德尔的神秘精神、河流与海洋——从阻碍变为恩物、水产品——人类扩大采用等内容。

2370

政治地理讲义／韩道之编

北平：中国大学，［出版日期不详］

294 页；16 开

主题：政治地理学

中图分类号：K901.4

共 60 章，内容同著者《政治地理学》一书。封面题：《政治地理》。

2371

政治地理学／韩道之著

北平：著者书店，1932 年出版

260，［22］页：地图；16 开

主题：政治地理学

中图分类号：K901.4

介绍世界各国的位置、境域、面积、人口、风习、政治等情况。书末有《六大洲政治区划总表》和《世界各地华侨一览表》等 4 篇附录。

2372

中国地理学史／王庸著

长沙：商务印书馆，1938 年 4 月初版

262 页；32 开（中国文化史丛书）

主题：地理学史—中国

中图分类号：K90－092

分原始地理图志及其流变、地图史、地志史、近代地理学之进步 4 章。

2373

中国地理研究所的六年和将来／李承三著

［出版地不详］：中国地理研究所，1946 年 8 月初版

10 页；16 开

主题：地理学—研究机构—概况—中国—民国

中图分类号：K90－242

记述六年来该所的状况及研究成果和今后的计划。书后附《中国地理研究所地理部分研究人员在职期间著作一览表》（论文部分，27 人，共 110 余篇目）；《中国地理研究所地理部分出版图书一览表》（著作部分，共 30 余种）。

K91　世界地理

2374

岛夷志略校注／（元）汪大渊著；（日）藤田丰八校注

北平：文殿阁书庄，1936 年出版

175 页；32 开．—（国学文库）

主题：历史地理—世界—元代

中图分类号：K916.3

《岛夷志略》，原作《岛夷志》，元代民间航海家汪大渊所著记述海外诸国见闻的著作。共 1 卷，100 余篇纪略，涉及东西两洋周边两百多个国家和地区，是研究古代亚非等地区历史地理的重要著作。本书是对《岛夷志略》的校注。

2375

地理撮要／孙文桢编

上海：土山湾印书馆，1925 年
4 版

120 页：图；23 开

主题：地理—问答

中图分类号：K91

分地理总论、中国地理、五洲
志略、地理图表 4 卷。采用问答体
形式。卷首有《重刊地理撮要弁
言》。

2376

东西洋考察记／仲跻翰著

上海：世界书局，1939 年 7 月
初版

176 页：图；25 开

上海：大众书局，1940 年 6 月
再版

176 页：图；25 开

主题：游记—世界—现代—选集

中图分类号：K919.2

记述作者跟随杨虎城将军赴英
国、美国、德国、法国、意大利等
国考察的结果。内容注重军事，兼
及政治和社会情况。

2377

二十九国游记／邹鲁著

重庆：商务印书馆，1943 年 4 月
初版，1945 年 4 月 4 版，1947 年
4 月沪初版

[10]，288，[15] 页；32 开

主题：游记—世界—现代

中图分类号：K919.2

本书为作者游历日本、檀香
山、美洲五国、欧洲、非洲 29 国
的记录。

2378

房龙世界地理／（美）房龙
（H. W. Van Loon）著；陈廋石，胡
澱咸译

上海：世界出版合作社，1933 年
8 月初版

[14]，50 页：图；25 开

主题：地理—世界

中图分类号：K91

书名原文：*Van loon's Geography*。本书即傅东华译《我们的世
界》的又一种译本，分 47 章。介
绍世界各个地区和国家地理概况。
含地图——一篇大题小做的航海术
发达史、意大利地理方位良好既可
称雄于海上又可争霸于陆地等
章节。

2379

国际地理／张粒民著

上海：新中国书局，1932 年 11
月初版，1933 年 7 月再版

179 页；32 开

主题：地理—世界

中图分类号：K91

分 59 小节。详述世界重要国
家与中国之关系。内容包括政治、

经济、物产、文化、移民等方面。材料的时间范围自第一次世界大战至 1930 年。

2380

国际地理／封开基著

　　［出版地不详］：白沙奎斯文化服务社大学先修班合作社，1944 年 3 月初版

　　96 页；32 开 . —（大学先修丛书）

　　主题：地理—世界

　　中图分类号：K91

　　分倭寇之地理环境及其危机、南洋与华侨、中南半岛之国际、地中海之国际纠纷、美国与加拿大、澳洲及太平洋等 12 讲。

2381

国外游记汇刊／姚祝萱编

　　上海：中华书局，1924 年 10 月初版，1925 年 11 月再版，1926 年 4 月 3 版

　　8 册；32 开

　　主题：游记—世界—选集

　　中图分类号：K919.2

　　共 28 卷。第 1—9 卷为亚洲，包括日本、西伯利亚、中亚、印度、暹罗、土耳其、南洋群岛等国家和地区。第 10 卷为大洋洲。第 11—18 卷为欧洲，包括英、法、德、匈、俄、意、巴尔干半岛、瑞士等国家和地区。第 23 卷为北冰洋。第 24—28 卷收录不限于一洲范围的游记。

2382

海录及其他三种／（清）杨炳南著

　　上海：商务印书馆，1936 年 12 月初版

　　81 页；36 开 . —（丛书集成初编）

　　主题：历史地理

　　中图分类号：K916

　　除《海录》外，另附其他三种文献资料。第 1 种为《新嘉坡风土记》（李钟珏），卷首有题注：本馆据灵鹣阁丛书本排印初编各丛书仅有此本。另有著者叙言。第 2 种为《日本考略》（薛俊）。卷首题注：本馆据得月簃丛书本排印初编各丛书仅有此本。另有《日本考略引》（郑余庆）。王文光序，薛俊序。第 3 种为《西方要纪》（南怀仁）。卷首题注：本馆据学海类编本排印初编各丛书仅有此本。

2383

海录注／（清）谢清高口述；（清）杨炳南笔受；冯承钧注释

　　长沙：商务印书馆，1938 年 7 月初版

　　83 页；32 开 . —（史地小丛书）

主题：历史地理

中图分类号：K916

内分上、中、下 3 卷。内容大致分为 3 类。自今越南至今印度西北沿海地区为一类；自今柔佛至今毛里求斯岛为一类；欧、亚、非三洲等地为一类。以第二类情况叙述最详细。书末附《吴兰修传》和《杨炳南传》。

2384

海外风光 / 肖隆等译

上海：正言出版社，1948 年 9 月初版

136 页；36 开 . —（国际知识丛刊）

主题：游记—世界—选集

中图分类号：K919.2

游记译文汇编。收《新嘉坡漫记》、《马来联邦萨加族游记》、《爪哇的绿林》、《荷兰旅行记》、《丹麦漫游录》等 14 篇。

2385

海外风光 . 续集 / 肖隆等译

上海：正言出版社，1948 年 11 月初版

189 页；36 开 . —（国际知识丛刊）

主题：游记—世界—选集

中图分类号：K919.2

游记译文汇编。收《格林兰之今昔》、《芬兰风土记》、《刚果河下游的生活景况》、《美丽的古巴》、《人间乐园的夏威夷》等 16 篇。

2386

海外小笺 / 端木露西著

湖南蓝田：袖珍书店，1943 年 6 月 1 版，1943 年 7 月 2 版

44 页；64 开 . —（袖珍综合文库）

主题：游记—世界—现代—选集

中图分类号：K919.2

收《过红海》、《海上国际社会》、《船上生活》、《绕道直布罗陀》等 6 封旅途书信和《伦敦的太阳》、《英国人》、《海德公园》等 5 篇海外散记。

2387

海外游踪 / 徐同邺著

[出版地不详]：美华出版社，1948 年 9 月初版

136 页；36 开

主题：游记—世界—现代—选集

中图分类号：K919.2

记述在美国和非洲好望角的游历见闻。

2388

环球旅行记 / 侯鸿鉴著

无锡：竞志女学校，1925 年 10 月初版

2 册（432 页）：冠像；16 开

主题：游记—世界—现代—选集

中图分类号：K919.2

包含乘桴浮海记、航海归帆记等内容。

2389

环球日记／钱文选著

[出版地不详]：著者刊，1920 年 4 月出版

164 页：冠像；24 开

主题：游记—世界—近代

中图分类号：K919.2

本书为作者 1910 年至 1913 年游英日记、游美日记和游日日记。

2390

环球视察记／吉鸿昌，孟宪章编

北平：东方学社，1932 年 5 月初版，1932 年 8 月再版

[243] 页：冠像；25 开

主题：游记—世界—现代

中图分类号：K919.2

包含横渡大西洋、舟过印度洋和舟过地中海等内容。

2391

环球游记／罗运炎著

[出版地不详]：[出版者不详]，1928 年 10 月初版

112 页：照片；32 开

主题：游记—世界—现代

中图分类号：K919.2

记述 1926 年游历意大利、瑞士、法国、美国的见闻。附《1924 年旅日游记》。

2392

环球周游记／景憼著

上海：中华书局，1917 年 3 月初版，1919 年 4 月再版，1926 年 4 月 3 版，1933 年 5 月 5 版

338，18 页；23 开

主题：游记—世界—近代

中图分类号：K919.2

分日本、亚美利加、英吉利、南欧罗巴、北欧罗巴、亚细亚等 6 编。记述 1909 年至 1910 年在海外各国的旅行见闻。后附《海外旅行须知》。

2393

环游二十九国记／邹海滨著

上海：世界书局，1929 年 1 月初版，1929 年 5 月再版，1930 年 5 月 3 版

2 册（388 页）：冠像，图；32 开

主题：游记—世界—现代—选集

中图分类号：K919.2

逐日记载作者在日本、美国、墨西哥、巴拿马、古巴、加拿大、法国、瑞士、意大利、摩纳哥、匈牙利、捷克斯拉夫、德国的旅行见闻。索引记载了游历的地点和

日期。

2394

开明新编初级外国地理／韦息予编

上海：开明书店，1947 年 12 月初版，1949 年 8 月平 1 版，1949 年 9 月平 2 版

141，12 页：地图；36 开

主题：地理—世界

中图分类号：K91

共 8 编。第 1 编概说。第 2—7 编先分洲后分国介绍地势、气候、产业、交通、居民、政治等情况。第 8 编综述，介绍世界资源的分布以及各国的经济状况。附《中西译名对照表》。

2395

马哥孛罗①游记／（意）马可孛罗（Marco Polo）著；张星烺译

上海：商务印书馆，1936 年 9 月初版

4 册；36 开 . —（万有文库）

上海：商务印书馆，1937 年 7 月初版

[19]，526 页：地图，照片；32 开 . —（汉译世界名著）

主题：游记—世界—中世纪

中图分类号：K919.2

《马可·波罗游记》一书的不同译本。

2396

马哥孛罗游记 . 第 1 册／（意）马哥孛罗（Marco Polo）著；（英）亨利玉尔（H. Yule）英译兼注；（法）亨利考狄（H. Cordier）修订兼补注；张星烺汉译兼补注

北平：燕京大学图书馆，[1929 年 9 月]出版

20，414 页：地图；23 开

主题：游记—世界—中世纪

中图分类号：K919.2

本书共 48 章。

2397

马哥孛罗游记导言／张星烺译注

北京：中国地学会，[1924 年]出版

338 页；23 开 . —（受书堂丛书）

主题：游记—世界—中世纪

中图分类号：K919.2

共 14 章。书后附《元代西北三藩源流略记补》。

2398

马可波罗行记／（意）马可波罗（Marco Polo）著；沙海昂

---

① 马哥孛罗，即马可·波罗。下同。

（A. J. H. Charignon）原注；冯承钧译

上海：商务印书馆，1936 年 11 月初版，1937 年 3 月再版，1947 年 2 月 3 版

3 册；25 开

主题：游记—世界—中世纪

中图分类号：K919. 2

评述《马可波罗游记》的各个外文译本。书末有沙海昂跋和附录《马可波罗行纪沙海昂译注正误》。

2399

马可波罗游记／（意）马可孛罗（Marco Polo）著；李季译

上海：亚东图书馆，1936 年 4 月初版，1939 年 7 月 3 版，1940 年 9 月 4 版

[82]，362 页；32 开

主题：游记—世界—中世纪

中图分类号：K919. 2

《马可波罗游记》一书的不同译本。

2400

南太平洋游记／丘兆琛著

广州：良友图书印刷公司，1935 年出版

70 页；照片；32 开

主题：游记—南太平洋—现代

中图分类号：K918. 39

记述游历澳大利亚、新西兰、塔希提岛、拉罗汤加岛等地的

见闻。

2401

南洋与东南洋群岛志略／陈寿彭编著

上海：正中书局，1946 年 11 月初版

174 页；25 开

主题：世界—概况

中图分类号：K91

分吕宋群岛、婆罗洲、苏门答腊、爪哇列岛、摩鹿加群岛、所罗门群岛、夏威夷群岛、新西兰三岛、澳大利亚洲等 24 章。分述这些群岛的山川形势、人口、种族、政治、经济等情况。

2402

欧美采风记／沁明著

桂林：中国旅行社，1943 年 10 月初版

3 册；32 开 . —（旅行杂志丛刊）

主题：游记—世界—现代—选集

中图分类号：K919. 2

本书为日记体。记载从 1936 年 1 月 6 日至 1937 年 4 月 2 日她在欧美各地的旅行见闻。包括横渡太平洋赴美途中的剑桥生活记事，在美国和加拿大的旅行，后留伦敦的生活纪事，欧洲大陆游历经过等 4 个方面的内容。

2403

欧美十六国访问记 / 龚学遂著

[上海]：商务印书馆，[1936年] 初版

277 页：图；23 开

主题：游记—世界—现代—选集

中图分类号：K919.2

作者曾游历意大利、德国、英国、波兰、苏联、美国等 16 个国家，"访古搜碑，采风询俗"，本书记述所到之国的政治、经济、文化情况。

2404

欧美透视 / 詹文浒著

上海：世界书局，1938 年 6 月初版，1939 年 6 月再版

346 页：照片；36 开

主题：游记—世界—现代—选集

中图分类号：K919.2

作者曾去欧洲伦敦、巴黎、布鲁塞尔、柏林、莫斯科等地旅行，于 1937 年 11 月归国。本书记述在各地的观感。

2405

欧战中世界旅行记 / 乡下人著

[出版地不详]：著者刊，[出版日期不详]

142 页；24 开

主题：游记—世界—现代

中图分类号：K919.2

记述作者 1918 年 8 月由上海启程去日本、加拿大、美国、丹麦、德国、荷兰、南洋各地旅行的见闻。

2406

三十八国游记 / 胡石青著

[出版地不详]：著者刊，1933 年 10 出初版

2 册（12，510，670 页）：图；23 开

主题：游记—世界—现代—选集

中图分类号：K919.2

本书按时间顺序逐日记载自 1921 年 10 月至 1924 年 6 月游历亚洲、美洲、欧洲等 38 国见闻。

2407

三十二国风土记 / 胡仲持著

上海：开明书店，1946 年 12 月初版，1948 年 7 月 3 版

281 页；32 开 . —（开明青年丛书）

主题：地理—世界

中图分类号：K91

包含海地——"黑人国"、荷兰——"海洋的征服者"、挪威——"海上英雄之家"等内容。

2408

三万里海程见闻录 / 孟宪章著

北平：东方学社，1932 年出版

53 页：图；25 开

主题：游记—世界—现代

中图分类号：K919. 2

本书系《环游视察记》一书的节本。

2409

世界的通路 / A. E. Mckilliam 著；俞定译

上海：商务印书馆，1933 年 6 月初版

185 页：地图；32 开 . —（少年史地丛书）

主题：历史地理—世界

中图分类号：K916

分古代商队路—腓尼基人、希腊商人、罗马人的贸易路、热那亚和威尼斯的商业、葡萄牙人的冒险事业、美洲的发现、周游世界的第一次海程、殖民地的奴隶贸易、东印度公司、到印度去的陆路和苏伊士运河、巴拿马运河的故事、加拿大的太平洋铁路、两极的通路等23 章。

2410

世界地理 / 敬之编著

上海：读书生活出版社，1936 年12 月初版，1939 年 4 月渝 6 版

72 页；36 开 . —（社会常识读本）

主题：自然地理—世界

中图分类号：K91

内分地球、地球上的人、亚细亚洲、欧罗巴洲、地理环境和文化、国家的分类、美国、日本、苏联等 24 课。

2411

世界地理 / 胡焕庸编著

重庆：正中书局，1941 年 1 月初版，1945 年 12 月沪 1 版，1947年沪 6 版

184 页：地图；32 开 . —（青年基本知识丛书）

主题：自然地理—世界

中图分类号：K91

包含海上霸王——英国、华侨集中的南洋等章节。

2412

世界地理初步 / 曹伯韩著

上海：生活书店，1947 年 3 月初版，1948 年 12 月大连再版

81 页；36 开 . —（少年文库）

香港：生活书店，1948 年出版

104 页；42 开 . —（新知识初步丛刊）

沈阳：光华书店，1948 年出版

81 页；36 开 . —（新青年学习丛书）

主题：地理—世界

中图分类号：K91

分6编。介绍日本、印度、苏联、法国、美国等国的情况,从地理学的角度综述第二次世界大战后的国际政治经济局势。

2413

世界地理纲要 / 张旦初编著

上海:广益书局,1929 年 7 月初版

10,212 页;50 开 . —(考试丛书)

主题:地理—世界

中图分类号:K91

分34 章。介绍第一次世界大战后的世界政治地理及各国疆界变迁情况,含南斯拉夫及亚得里亚海、挪威之海运业等章节。

2414

世界地理故事 / 戴介民编著

重庆:正中书局,1944 年 12 月初版

175 页;32 开

主题:地理—世界—通俗读物

中图分类号:K91 – 49

地理知识读物,分绪论、亚洲、欧洲、美洲、非洲、大洋洲6 章。

2415

世界地理基础 / 陈原著

重庆:建国书店,1945 年 7 月初版

219 页;36 开 . —(建国中学生读物丛书)

上海:致用书店,1947 年 5 月3 版

201 页;36 开

主题:地理—世界

中图分类号:K91

内分冰的世界、地形、大陆、气候、人类、交通、农作物的地理、动力资源的地理、金属和非金属资源等 10 章。不按地区国别分述。

2416

世界地理十六讲 / 陈原著

桂林:实学书局,1943 年 9 月初版,1941 年 10 月蓉再版

242 页;32 开

主题:地理—世界

中图分类号:K91

分美国、法国、德国、意大利、日本、高度发展的几个小国、东南欧的小国和土耳其、中国和南洋、英国的自治领和印度、非洲、拉丁美洲、苏联等 16 讲。含加勒比亚海上的印度半岛等章节。

2417

世界地理之改造 /(美)卜莱尔(R. B. Blair)著;于道泉译

上海:商务印书馆,1925 年 10

月初版

98 页；25 开

主题：地理—世界

中图分类号：K91

　　讲述第一次世界大战后各国疆域的变迁，包含德国所失之太平洋属地等章节。

2418

世界地志／傅角今编

　　上海：商务印书馆，1931 年 9 月初版，1934 年 4 月国难后 1 版

　　12，235 页；32 开 . —（新时代史地丛书）

　　上海：商务印书馆，1933 年 12 月初版

　　235 页；32 开 . —（万有文库）

　　主题：地理—世界

　　中图分类号：K91

　　分亚细亚洲、欧罗巴洲、阿非利加洲、北亚美利加洲、南亚美利加洲、海洋洲、两极地方 7 编。每编之后分述各国的自然概况和人文概况。

2419

世界地志概要／傅角今编

　　上海：商务印书馆，1931 年 9 月初版

　　225 页：图；32 开

　　主题：地理—世界

　　中图分类号：K91

包含日本、中国台湾、琉球群岛、海峡殖民地、南洋群岛、锡兰岛、西印度诸岛等内容。

2420

世界改造分国图志／丁登盦编著

　　上海：中华书局，1920 年 3 月初版，1921 年 11 月 3 版，1924 年 4 版

　　124 页；23 开

　　主题：地理—世界

　　中图分类号：K91

　　全书按亚洲、大洋洲、欧洲、北美洲、南美洲、非洲分为 6 编。每编之下再分国叙述，以介绍地理情况为主，兼及经济和政治情况。

2421

世界一周／王勤堉著

　　上海：商务印书馆，1931 年 4 月初版

　　11 页；32 开 . —（万有文库）

　　上海：商务印书馆，1934 年 11 月初版，1935 年 3 版

　　111 页；32 开 . —（百科小丛书）

　　主题：导游—世界

　　中图分类号：K919.1

　　本书以游记体裁介绍世界地理知识。内分南游台湾、南洋、澳洲、新西兰之部，东游朝鲜、日本、南、北美洲之部，北游西伯利

亚与欧洲之部，西游南亚三半岛与非洲之部 4 编。

2422

世界游记选／孙季叔集注

上海：亚细亚书局，1934 年 7 月出版

414 页；32 开．—（中学地理科补充读物）

上海：中国文化服务社，1936 年 5 版

414 页；32 开．—（中学地理补充读物）

主题：游记—世界—选集

中图分类号：K919.2

内分 8 卷。亚洲 3 卷，欧洲 3 卷，南北美洲 1 卷，非洲 1 卷。共辑录 51 篇游记。每篇后附有注释。包含爪哇见闻、小吕宋游记和波罗的海第一大港等内容。

2423

太平洋国际地理／任美锷著

贵州遵义：国立浙江大学史地教育研究室，1942 年 8 月初版

164 页；36 开．—（史地教育丛刊）

主题：地理—亚太地区

中图分类号：K91

分总论、太平洋区域人口与土地利用、资源、国际贸易、英日在远东市场之斗争、南洋之命名与范围、新加坡、南洋之华侨问题、菲律宾之经济地位与独立问题、夏威夷、太平洋岛屿等 22 章。介绍太平洋区域的重要地理问题。

2424

外国地理题解／福州鹤龄英华中学校地理学系编

福州：编者刊，1946 年 5 月出版

40 页；36 开

主题：地理—题解—国外

中图分类号：K91 - 44

包含世界的海洋和岛屿等。

2425

外国地理新编／盛叙功编著

上海：开明书店，1933 年 10 月初版

2 册（233，252 页）；32 开

主题：地理—世界

中图分类号：K91

分章介绍世界各地区和国家的自然地理、人文地理和地方志。

2426

外国地理志略／徐澄编

上海：中华书局，1930 年 1 月初版，1932 年 9 月再版

256 页：地图；32 开

主题：地理—世界

中图分类号：K91

介绍印度、印度支那半岛、南

洋半岛、日本、巴尔干半岛、南欧、英国、地中海等地区的地理概况。

2427

我们的世界／（美）房龙（H. Van Loon）著；傅东华译

上海：新生命书局，1933 年 8 月初版

［17］，582，11 页：图；25 开

主题：地理—世界

中图分类号：K91

英国本名《人类的住宅》（*The Home of Mankind*，美国本名《房龙地理》），译者将书名改译成《我们的世界》，分 46 章。介绍世界各个地区和国家地理概况。包含尼德兰，北海岸成为帝国的一片泽地、太平洋中居民可以不劳而得食的诸岛等章节。

2428

西征纪事／宁协万著

［长沙］：商务印书馆，1914 年 7 月初版

［31］，254 页：冠像；32 开

主题：游记—世界—近代

中图分类号：K919.2

记述作者在日本、俄国、德国、比利时、法国、英国等国的旅游见闻。末附《敬告中国青年》。

2429

现代世界地理之话／陈原著

上海：开明书店，1946 年 3 月初版，1947 年再版，1949 年 4 月 3 版

376 页；36 开 . —（开明青年丛书）

主题：地理—世界

中图分类号：K91

包含地中海区、运输和交通等章节。

2430

现代五大强国／许士毅编

上海：中华书局，1924 年 6 月初版，1925 年 12 月再版，1927 年 5 月 4 版，1928 年 8 月 6 版，1935 年 10 月 7 版

148 页；36 开 . —（常识丛书）

主题：世界—概况

中图分类号：K91

介绍第一次世界大战后，英、美、法、意、日五国的历史、国土与国民、国家组织机构、陆海军实力及财政、教育等概况。

2431

新眼界／杨钟健著

上海：商务印书馆，1947 年 10 月初版

282 页；32 开

主题：游记—世界—现代—选集

中图分类号：K919.2

作者 1944 年赴美及欧洲，1946 年 3 月回国。本书记述他在美国、加拿大和英国等地的见闻和印象。收《纽约初瞥》、《加拿大旅行记》、《剑桥牛津与伯明罕》、《回到胜利后的中国》，《新眼界与新希望》等 23 篇文章。

2432

新中华外国地理／郑昶编

上海：中华书局，1932 年 8 月初版，1932 年 9 月再版

256 页：地图；32 开

主题：地理—世界

中图分类号：K91

本书除绪言综述自然地理和人类的活动外，又分 3 编讲述世界地理舞台上的要角、列强竞逐中的世界、综合观察下世界的经济和政治。包含日本帝国的向外发展、国旗不夜的英国及其危机等章节。

2433

星槎胜览／（明）费信著

［出版地不详］：［出版者不详］，［出版日期不详］

42 页（国立中山大学语言历史学研究所史料丛刊）

主题：历史地理—世界

中图分类号：K916

对所记四十余国的位置、沿革，重要都会、港口、山川地理形势等，作了扼要的叙述。书中对郑和等访问各国时的一些情况，作了比较翔实的记述，是研究郑和下西洋和中西交通史的基本史籍之一。

2434

星槎胜览校注／（明）费信著；冯承钧校注

长沙：商务印书馆，1938 年 7 月初版

［88］页；32 开．—（史地小丛书）

主题：历史地理—世界

中图分类号：K916

含爪哇国、苏门答腊国等章节。

2435

学生世界地理．上册／（美）房龙（H. W. Van Loon）著；张其春译

南京：钟山书局，1933 年 9 月初版

375 页：图；25 开

主题：地理—世界

中图分类号：K91

书名原文：*Geography*，共 29 章。

2436

瀛寰全志：重订本／谢洪赉编

上海：商务印书馆，1924 年 7 月

初版

2 册（258，314 页）：图；23 开

主题：地理—世界

中图分类号：K91

　　原书最早于 1906 年出版，本书是根据后来出版的中外世界地理书籍修订而成。内分总论、亚细亚洲、欧罗巴洲、阿非利加洲、北亚美利加洲、南亚美利加洲、海洲等 7 编。包括中国地理内容。

2437

游记第一集／晨报社出版部编

　　北京：晨报社，1923 年 6 月初版，1923 年 7 月再版，1923 年 11 月订正 3 版，1924 年 5 版，1925 年 6 月

　　268 页；32 开．—（晨报社丛书；第 10 种）

主题：游记—世界—现代—选集

中图分类号：K919.2

　　收《游俄见闻纪实》（李霁初）、《北京—柏林》（鲍絜胥）、《赴法途中漫画》（孙福熙）、《从上海经过法国到伦敦》（徐彦之）4 篇游记。

2438

元代客卿马哥博罗①游记／（意）马哥博罗（Marco Polo）著；魏易译

_____

① 马哥博罗，即马可·波罗。

述

　　北京：正蒙书局，1913 年 7 月初版

　　2 册（17，80，78 页）；24 开

主题：游记—世界—中世纪

中图分类号：K919.2

　　内分 3 卷。第 1 卷 55 章；第 2 卷 77 章；第 3 卷 70 章。

2439

战后世界各地游记／凌燕编

　　大连：大众书店，1949 年 2 月初版

　　254 页；36 开

主题：游记—世界—现代—文集

中图分类号：K919.2

　　收《鸟瞰莫斯科》、《罗马尼亚》、《印度印象记》等 29 篇。大多为苏联著名作家和记者关于各国风俗人情和社会状况的通讯报道。

2440

战后世界政治地理／刘君穆编著

　　上海：民智书局，1934 年 4 月初版

　　[20]，444 页：图；23 开．—（民智时代丛书）

主题：政治地理—世界—现代

中图分类号：K91

　　共 27 章。正文上、下两编，包

含波罗的海诸国等章节。

2441

战后世界政治地理讲话 ／ 刘思慕著

上海：南侨编译社，1947 年初版
102 页：地图；36 开 . —（民主文库）
主题：政治地理—世界—现代
中图分类号：K91

分战后的新政治地图、基地的争夺战与新战略形势、重要资源的分布与国际问题、战后国际交通的几个问题 4 讲。含黑海海峡问题等章节。

2442

战后新世界 ／（美）鲍曼（Isaiah Bowman）著；张其昀等译；竺可桢等校

上海：商务印书馆，1927 年 12 月初版，1928 年 1 月再版，1930 年 1 月 3 版，1933 年 2 月国难后 1 版
[29]，612，[52] 页：图，表；21 开
主题：地理—世界
中图分类号：K91

分 34 章。介绍第一次世界大战后的世界政治地理及各国疆界变迁情况。

2443

战后最新世界地理／邬翰芳编著

上海：山城出版社，1948 年 4 月初版
[18]，186 页；32 开
主题：地理—世界
中图分类号：K91

包含琉球、南洋、地势与河海、波罗的海沿岸三国等章节。

2444

中国史乘中未详诸国考证／（法）希勒格（Gustave Schlegel）著；冯承钧译

上海：商务印书馆，1928 年 7 月初版，1932 年 9 月国难后 1 版
196 页；32 开 . —（尚志学会丛书）
主题：历史地理—考证—世界
中图分类号：K916

分扶桑国考证、文身国考证、女国考证、小人国考证、大人国考证或长人国考证、君子国考证、玄股国考证、背明国考证、郁夷国考证、含明国考证等 20 卷。

2445

中美洲和西印度群岛／（美）卡奔德（F. G. Carpenter）著；华超译

上海：商务印书馆，1935 年 4 月初版
328 页：图；32 开 . —（卡奔德

世界游记）

主题：游记—世界—选集

中图分类号：K919.2

共30章。包含加勒比海中黑人的共和国、维尔高群岛等章节。

2446

中外地理大纲／蒋君章编著

[出版地不详]：编者刊，[1934年]初版，1935年3月再版

2册（132，136页）；23开

重庆：南方印书馆，1944年8月初版，1945年3月再版

260页；32开

主题：地理—世界

中图分类号：K91

内分地球的表面、中国地理和外国地理3篇。

2447

中外地理大全／陶履恭，杨文洵编

上海：中华书局，1916年9月初版，1920年4月3版，1924年8月7版，1931年增订10版，1934年11版

2册（724，860页）：图；22开

主题：地理—世界

中图分类号：K91

上册为中国之部，包含内地各省沿海志、海岸等章节。下册为外国之部，分亚细亚洲、大洋洲等6编。分述各国的自然地理、人文地

理和地方志。

2448

中外新游记／江伯训编

上海：商务印书馆，1928年4月初版

4册；32开

主题：游记—世界—现代—选集

中图分类号：K919.2

分4卷，每卷1册。收《滇沪纪程》、《虎邱游记》、《秦淮游记》、《西湖游记》、《庐山游记》、《游五台山记》、《菲律宾嘉年华会记》、《柏林出险记》，《欧行道中记》等77篇。第1—2卷为中国游记。第3—4卷大部分为外国游记。

2449

中外舆地纪要／巫新寰编著

广东兴宁：泰益印书馆，1925年6月初版，1927年5月再版，1931年2月3版

202页；32开

主题：地理—世界

中图分类号：K91

中国部分按当时行政区划，分省介绍其险要、要埠和著产情况。外国部分概要介绍各国的著名军港及险要地势、著名商埠和著名物产。含各国著名海港等内容。

2450

诸番志／（宋）赵汝适著

北平：文殿阁书庄，1935 年 10 月出版

195 页；32 开 . —（国学文库）

主题：历史地理

中图分类号：K916

据函海丛书重印，内分上、下两卷。上卷志国，下卷志物。记述东至日本，西至北非摩洛哥等亚非欧各国的风土物产情况。卷首有著者《志番志序》。

2451

诸蕃志校注／冯承钧著

长沙：商务印书馆，1940 年 2 月初版

151 页；32 开 . —（史地小丛书）

主题：历史地理—世界

中图分类号：K916

内分上、下卷。上卷志国，包括交趾国、占城国、宾瞳龙国等 58 个。下卷志物，包括乳香、槟榔、菠萝蜜等 5 个。书前有著者的《诸蕃志校注序》及李调元的序、赵汝适序和四库全书提要。

2452

最新外国地志／肖澄编

太原：晋新书社、晋华书社，1923 年 8 月初版

192 页：地图；24 开

主题：地理—世界

中图分类号：K91

内分亚洲、大洋洲、欧洲、北美洲、南美洲、非洲 6 编。书末有《亚与欧之比较》、《非与欧之比较》等 4 篇附录。

K92 中国地理

2453

澳门地理／何大章，缪鸿基著

广州：广东省立文理学院，1946 年 6 月初版

94 页；25 开

主题：澳门—概况

中图分类号：K926.59

分澳门之开埠、地理环境、人口、交通、经济活动、都市形态、澳门之将来 7 章。书前有梁寒操等 4 人作序及著者序。

2454

八省旅行见闻录／贺伯辛著

重庆：开明书店，［1935 年 10 月］出版

179 页：图；32 开

主题：游记—中国—现代—选集

中图分类号：K928.9

收《从宜宾到重庆》、《成都》、《在成都》、《旅沪见闻》、《青岛散记》、《济南纪胜》、《天津小纪》、《北平游影》、《泰安之

行》,《南京纪锦》、《归程》等游记 59 篇。

2455

北戴河海滨导游 / 北宁铁路管理局编

上海:中国旅行社,1935 年 7 月出版

37 页;32 开

主题:导游—北戴河

中图分类号:K928.42

上编分概说、游程、公用事项、机关学校及商店等 7 部分;下编分沿革、区域、名胜、法规 4 部分。附《山海关游览指南》、《秦皇岛游览指南》。

2456

北戴河海滨指南 / 北戴河海滨自治区公署编

[出版地不详]:编者刊,[1936年]出版

[16] 页:图,表;32 开

主题:导游—北戴河

中图分类号:K928.42

中英文合璧。附《海滨地图》一幅。

2457

北戴河指南 / 徐珂编

上海:商务印书馆,1921 年 7 月初版

87 页;48 开

主题:导游—北戴河

中图分类号:K928.42

分北戴河之历史、游客须知、邮局章程、名胜、物产 5 部分。附《石岭会办理概略》、《秦皇岛指南》。

2458

本国地理表解 / 吴伯曾著

上海:东方文学社,1946 年 8 月初版

70 页;32 开

主题:地理—中国—表解

中图分类号:K92 - 64

分中国的地方志和中国人文志两编。地文志分中国的位置、山脉、湖泊、海岸、气候等 8 章。人文志分中国的政治区域、交通、边疆问题、国防概况等 10 章。

2459

本国地理大纲 / 吴永成著

重庆:路明书店,1944 年 8 月初版,1945 年 4 月再版

136 页;32 开

主题:地理—中国

中图分类号:K92

分中国之地形、气候、西川盆地、秦岭汉水区、大湖区、长江三角洲、东南沿海、岭南山地、海南岛、云贵高原、西南三大峡谷、黄

河三角洲、海河流域、山西高原、陕甘盆地、黄河上流区、东北二大半岛、关东草原、白山黑水区、塞外草原、甘肃廊地、蒙古高原、准噶尔盆地、塔里木盆地、西藏高原25章。

2460

本国地理志略／徐澄编

　　上海：中华书局，1930年11月初版，1932年8月再版，1936年4月4版

　　2册（22，22页）；36开.—（民众常识丛书）

　　主题：地理—中国—通俗读物

　　中图分类号：K92-49

　　分2册，27节。包含我国的首都、上海和东方大港、国庆纪念地武汉、北平的现在和从前、黄河流域的富源、古代的大工程运河长城、东三省的富源、新疆的地理和住民等内容。

2461

本国新游记.第1集／张英编

　　上海：商务印书馆，1915年12月初版，1923年10月4版

　　[148，14]页；32开

　　主题：游记—中国—现代—选集

　　中图分类号：K928.9

　　收《京华游览记》、《游颐和园记》、《游西山记》、《八达岭纪

游》、《张家口旅行记》、《北戴河游记》等。书后附《旅行须知》、《北京指南》、《铁路价目表》。

2462

重归祖国的土地：东北九省台湾省地方志／怀无疑编

　　上海：中国书报社，1945年12月初版

　　38页；32开.—（中国文库）

　　主题：区域地理—东北地区

　　主题：区域地理—台湾

　　中图分类号：K923

　　中图分类号：K925.8

　　分东北九省、台湾省2编。各编均分总论、自然概况、人文概况、地方概况4章。

2463

大连写真帖／（日）大西守一著

　　大连：株式会社青云堂印刷，1930年4月出版

　　31页；横64开

　　主题：摄影集—大连

　　中图分类号：K923.13-64

　　收风景、街道、城市图片31幅。

2464

大中华福建省地理志／林传甲纂

　　[出版地不详]：京师中国地学会，1919年出版

322 页；22 开

主题：地理志—福建

中图分类号：K925.7

林传甲总纂《大中华分省地理志》之一册。体例与其他各册相同，分 5 篇，160 章。介绍福建省概况。

2465

大中华江苏省地理志／林传甲著

上海：商务印书馆，1918 年 8 月出版

320 页；25 开 . —（师范中学甲种实业教科书）

主题：地理志—江苏

中图分类号：K925.3

林传甲总纂《大中华分省地理志》之一册。分总论、位置、地文地理、人文地理、地方志、附论 6 编，160 章。介绍江苏省概况。

2466

大中华山东省地理志／林传甲纂

北京：武学书馆，1920 年 1 月初版

[363] 页；22 开

主题：地理志—山东

中图分类号：K925.2

林传甲总纂《大中华分省地理志》之一册。共分 5 篇，包含总论；位置；地文地理；人文地

理；地方志。介绍山东省概况。

2467

大中华浙江省地理志／林传甲著

[出版地不详]：安徽教育厅，1919 年 6 月出版

322 页；20 开 . —（师范中学教科书）

主题：地理志—浙江

中图分类号：K925.5

林传甲总编纂《大中华分省地理志》中之一册，体例与其他各册相同。介绍浙江省概况，包含象山港海岸、三门湾海岸、温州湾海岸等章节。

2468

大中华直隶省地理志／林传甲总纂；苏莘分册编纂

北京：武学书馆，1920 年 9 月出版

[22，320] 页；22 开

主题：地理志—河北

中图分类号：K922.2

封底为《上徐大总统呈送大中华直隶省地理志书》。本书为林传甲总纂《大中华分省地理志》的一册。介绍直隶省各县地势、水系、物产、实业、户口、教育、城市、乡镇、交通等。

2469

登莱旅程日记／丁稼民著

北平：禹贡学会，1937 年 3 月初版

18 页；横 32 开 . —（禹贡学会游记丛书）

主题：游记—山东—现代

中图分类号：K928.952

记述 1935 年在山东半岛的旅行，书中内容涉及各县的名胜古迹、交通、市民生活等。

2470

地理教程／于隆业编

［出版地不详］：中央陆军军官学校，1940 年 8 月初版

190 页；32 开 . —（黄埔丛书）

主题：地理—中国—教材

中图分类号：K92

分我们过去的光荣、我们丧失的土地、我们版图的位置、我们域内的地形等 25 节。论述中国疆域变迁史及中国地形、水系、气候、矿产、贸易、交通、城市民族、人口等问题。

2471

地理教程／于隆业编

［出版地不详］：陆军军官学校政治部，1948 年 4 月初版

140 页；表；32 开

主题：地理—中国—教材

中图分类号：K92

内容与 1940 年 8 月中央陆军军官学校版《地理教程》基本相同。

2472

地理教程／汪大铸著

［出版地不详］：中央陆军军官学校第三分校政治部，［出版日期不详］

214 页；32 开

主题：地理—中国—教材

中图分类号：K92

陆军军官学校教材。分导言、我国疆域、地形与国防、边疆、国防现势、国防中心、领海外围各地方、领陆外围各地方、与世界各国之关系等 15 章。

2473

地理学／马晋羲著

［出版地不详］：［出版者不详］，［出版日期不详］

存 410 页；25 开

主题：地理—中国

中图分类号：K92

介绍中国地理概况。前 5 节简单介绍了宇宙的概况，世界及亚洲的地理分布，中国的疆界、山脉、河川的分布。然后按省分成 25 节记述各省的府、州、县的政区划分、地理形势、城镇天隘、名山、大川、道里等。书后附录有航路商埠、电

报、铁路、海道、物产 5 节。

2474

地理与中华民族之盛衰／丁山著

上海：大中国图书局，1948 年 6 月初版

74 页；32 开

主题：政治地理学—中国

中图分类号：K92

著者所著《中国通史》的第一章。按朝代顺序，论述地理环境、地理条件对中华民族兴衰的巨大影响。

2475

滇游一月记／郑子健著

上海：中华书局，1937 年 7 月出版，1938 年 7 月再版

112 页；32 开

主题：游记—云南—现代—选集

中图分类号：K928.974

包含香港首途、海口登岸、琼崖概况、海口概况、到海防、海防概况、过北海、过海口等内容。

2476

调查西沙群岛报告／沈鹏飞著

［出版地不详］：［出版者不详］，1928 年 6 月初版

113 页；22 开

主题：区域地理—西沙群岛

中图分类号：K926.6

1928 年西沙群岛调查团调查报告。全书分西沙地理概略、历史、海流及气候、物产、磷酸矿、日人经营林岛之过去情形、结论 7 章。书前有西沙群岛地图 4 幅、照片 38 帧、弁言、凡例。书后附《各岛东西名称对照表》、《调查西沙群岛日记》、《最后成案之变革》等 6 篇。

2477

东北地理／许逸超著

南京：正中书局，1935 年 2 月初版，1947 年沪 1 版

214 页：图，表；28 开

重庆：正中书局，1939 年 5 版，1940 年 6 月

236 页；28 开 . —（史地丛刊）

主题：区域地理—东北地区

中图分类号：K923

包含辽宁与海上之关系、渔业等章节。

2478

东北地理大纲／张宗文著

杭州：中华人地舆图学社，1933 年 6 月初版

228 页：地图；32 开

主题：区域地理—东北地区

中图分类号：K923

分 10 章。介绍东北的地形、气候、物产、人口与生活、经济实

力、海港，以及日俄两国对东三省的侵略。

2479

东北地理教本／傅恩龄编

[出版地不详]：编者刊，1931 年版

2 册 [650] 页：图，表；25 开

主题：区域地理—东北地区—教材

中图分类号：K923

全书分 2 册，上册 8 章、下册 7 章。记述东北的地理、行政、交通、富源、工业、商业、辽东半岛日本租借地、中东与南满铁路公司、哈尔滨经济情形、东北中外移民、东北与国际的关系等。附《东北研究会之工作之计划》、《国内外研究东北各机关概况》。

2480

东北地理总论／王华隆编

[出版地不详]：最新地学社，1933 年 8 月初版

408 页；22 开 . —（王氏地学丛著）

上海：商务印书馆，1934 年初版

362 页；28 开

主题：区域地理—东北地区

中图分类号：K923

《东北地理》一书共 5 册，本书为第 1 册总论。本册第 2 编东北

自然地理，分东北之地质、山脉、海疆形势及军商要港等 6 章。

2481

东北九省／朱家泰编

上海：中华书局，1948 年 2 月初版

204 页；32 开 . —（中华文库）

主题：区域地理—东北地区

中图分类号：K923

分 24 章。介绍东北的地形、气候、农业、森林、水产、矿产、工业、交通、对外贸易、宗教和人口，并分别介绍东北九省及特别市概况。含东北的海岸、东北的渔业等章节。

2482

东北考察记／马鹤天编

南京：新亚细亚学会，1934 年 12 月初版

170 页；32 开

主题：区域地理—东北地区

中图分类号：K923

分由南京至沈阳、沈阳游览、由沈阳至黑龙江、龙江见闻、哈尔滨考察、吉林一瞥、由吉林至大连、大连一览、由大连返南京 9 部分。记述东北地区"九一八"事变后的政治、经济、军事，以及文化、风俗、风景名胜等。

2483

东北史地／李公衡著

　　［出版地不详］：西南军官训练团，1936 年 7 月初版

　　140 页：表；16 开

　　主题：区域地理—东北地区

　　中图分类号：K923

　　分东北释名、位置、与中国本部的历史关系、东北史为中国史之一部分、开发、外交史、"九一八"事变的远因和近因、矿产、林业、农业、工业、渔盐业、铁路、公路、日本在东北通信事业的统制 15 章。

2484

东北县治纪要／熊知白编撰

　　北平：立达书局，1933 年 4 月初版

　　526 页；28 开

　　主题：区域地理—东北地区

　　中图分类号：K923

　　按省分辽宁省（56 县）、吉林省（41 县）、黑龙江省（41 县）、热河省（15 县）4 编。每县简要介绍其地形、沿革、人口、城镇、工商业、文化教育、交通邮电、物产。

2485

东北要览及名城地志／卢凤阁编

　　［出版地不详］：陆军大学，1947

年出版

　　385 页；25 开

　　主题：区域地理—东北地区

　　中图分类号：K923

　　分 A、B、C 三编。A 编东北概况汇编，含东北名称之界说、东北地理之概况、东北自古迄与内地之关系、东北在国防上之地位及其价值 4 部分；B 编东北概况附录，含伟大的东北、东北的风土人情、有关东北的建设问题、东北蒙旗问题 4 部分；C 编东北名城地志，含东北的后盾—平津、东北的门户——山海关、东北的木都——安东等 20 部分。

2486

东北印象记／王雨亭著

　　上海：实现社，1933 年 3 月再版

　　276 页；32 开

　　主题：游记—东北地区—现代—选集

　　中图分类号：K928.93

　　收《别府温泉》、《山海关》、《大沽口》、《大连及旅顺》、《大连第三码头》、《青岛一瞥》和《北海白塔》等 32 篇。有于右任题写书名，书前有作者自序。

2487

东北游记／卢作孚著

　　重庆：成都书局，1930 年 9 月初

版，1931 年 11 月再版

147 页；32 开

重庆：川江航务管理处，1930 年

9 月初版，1931 年 11 月再版

132，16 页；32 开

主题：游记—东北地区—现代—

选集

中图分类号：K928.93

1920 年到东北旅行的日记体游记。分由上海到青岛、由青岛到大连、由敦化回沈阳到山海关、由山海关到唐山、由天津回上海等 9 部分。书后附《匆匆游历中之所偶得》。

2488

东北真面目／许晚成笔记

上海：龙文书店（作者书社），

1948 年 6 月出版

196 页；32 开

主题：区域地理—东北地区

中图分类号：K923

收东北新划地区、东北的铁路、东北的公路、东北的金矿、东北的木材等内容。包含东北吐纳口——葫芦岛、营口——商港及渔港等章节。

2489

东南／新远视察团编审组编

汉口：扫荡报社，1936 年 9 月

初版

362，8 页；32 开

主题：区域地理—华东地区

中图分类号：K925

收调查报告 75 篇。涉及江浙两省的政治、历史、地理、经济、文化教育、风景名胜、民生民俗、物产特产、民族、宗教等。

2490

东三省概论／周志骅编

上海：商务印书馆，1931 年初版

185 页；25 开

主题：区域地理—东北地区

中图分类号：K923

分东三省之地理与历史、自然资源、制造业、国外贸易与辅助机关、南满铁道会社与自办事业 5 编。含渔业、沿海之渔业等章节。

2491

东三省纪略／徐曦著

上海：商务印书馆，1915 年 7 月

初版

546 页；25 开

主题：区域地理—东北地区

中图分类号：K923

分疆域纪略（上、下）、山川纪略、海疆纪略、边塞纪略（上、中、下）、铁路纪略（上、下）、附录等 10 卷。

2492

东三省一瞥／陈博文编

上海：商务印书馆，1924 年 8 月
初版，1927 年 3 版

87 页：图，地图；32 开．——（少
年史地丛书）

主题：区域地理—东北地区

中图分类号：K923

分 10 章。介绍东北三省的历
史沿革、地理、经济、交通、民
族、名胜古迹、风俗。包含山海关
至沈阳、沈阳至大连湾等章节
内容。

2493

儿童游记：中国之部／吴家骧编

上海：大众书局，1934 年 4 月
初版

223 页；32 开

主题：地理—中国—儿童读物

中图分类号：K92 - 49

全书分甲、乙两编。中国之部
是甲编。全书共 15 章，以两个儿
童环游中国旅行记的形式，介绍全
国的地理、名胜、人民生活、风
俗、交通。

2494

二十二年来之胶州湾／谢开勋编

上海：中华书局，1920 年 4 月
初版

150 页；32 开

主题：青岛—概况

中图分类号：K925.23

分绪言、土地与人民、租借地
之政略、德日前后军事、港湾与码
头、农林渔盐、邮政电报、教育与
宗教、经济状况、结论等 14 章，
介绍德、日两国侵占胶州湾 22 年
来的状况。

2495

奋进中的嵊泗列岛／刘振铠著

［出版地不详］：［出版者不详］，
［出版日期不详］

残存 256 页；32 开

主题：嵊泗县—概况—民国

中图分类号：K925.54

本书包括嵊泗概况（12 节、
附件 24 件）、财政（5 节、附件 4
种）、建设（8 节）、教育（5 节、
附件 7 种）、警政（11 节、附件 4
种）、军事（7 节、附件 7 种）、电
讯（2 节）等部分。书后附《嵊
泗县政府职员名册》、《嵊泗县政
教训练班教职员学员名册》、《未
来的嵊泗—建设计划概要》。书前
有前言、《嵊泗列岛形势图》、《嵊
泗琐影》（图片 20 幅）、《嵊泗概
况统计表》。

2496

冯玉祥胶东游记／张功常著

上海：军学社，1934 年 8 月初版

236 页；16 开 . —（冯焕章先生丛书）

主题：游记—山东—现代

中图分类号：K928.952

分从泰山到潍县、停宿潍县、赴黄县途中、行抵黄县、在蓬莱、抵烟台、威海卫之游、归途 8 部分，每部分又分若干小节。书前有冯玉祥序、视察游览及风景照片 40 余幅。

2497

福建近代民生地理志 / 陈文涛编

福州：远东印书局，［1929 年 10 月］初版

560 页；32 开

主题：地理志—福建

中图分类号：K925.7

分两卷。上卷分地理概述、自然界、交通、溉田垦荒海堤公园各项新建设 4 编；下卷分生产、工商业、南洋侨民生活之状况、政制、土音及方言、卫生及公益事业 6 编。书前有自序。书中有插图 20 多幅。

2498

福建省 / 盛叙功编纂

上海：商务印书馆，1933 年国难后 1 版

110 页；32 开 . —（少年史地丛书）

主题：福建—概况

中图分类号：K925.7

《福建省一瞥》一书的改名再版。

2499

福建省的海岸 / 李慎铭编

［出版地不详］：福建省政府教育厅，1943 年 11 月初版

22 页；32 开 . —（福建省地方材料）

主题：海岸—福建

中图分类号：K925.7

分 2 编。甲编介绍福建省的海岸线及三沙湾、梅花湾等 6 个港湾。乙编介绍沿海县市 13 个。每编分位置面积、形势山川、交通物产、名胜 4 项。

2500

福建省概况 / 福建省政府编

［出版地不详］：编者刊，1937 年 10 月出版

110 页；25 开

主题：福建—概况—民国

中图分类号：K925.7

分自然环境、人为环境、党务、行政机构、经济、财政、建设、教育、警保等 10 章。书中有表格多幅。

2501

福建省一瞥 / 盛叙功编

上海：商务印书馆，1927 年 3 月
初版

111 页；32 开 . —（少年史地丛
书）

主题：福建—概况

中图分类号：K925.7

分绪言、福建的交通、福建的
三大商埠、沿海形势，武夷山与闽
江流域、闽南概况、福建的物产、
闽省琐谈、台湾回顾记 9 章。书前
有福建省图。

2502

福建要览／福建省政府秘书处统
计室编

［出版地不详］：编者刊，1940 年
出版

15 页；32 开

主题：福建—概况—民国

中图分类号：K925.7

分沿革、地理、气象、人口、
农林、渔牧、主要物产、工业、商
业、交通、名胜等 18 部分。

2503

福建之人与地／郑林宽，吴桢著

福州：农业改进调研室，1946 年
5 月出版

40 页；16 开 . —（农业经济研
究丛刊）

主题：福建—概况—民国

中图分类号：K925.7

大部分为表，分 4 章。考证福
建省民族的源流，介绍疆域变动沿
革情况、人口土地问题的特征等。
分析福建省人口与土地的前景。末
附参考文献。

2504

福州便览／周子雄等著

福州：著者刊，1933 年 11 月
出版

316 页；32 开

主题：福州—概况—民国

中图分类号：K925.71

分总纲、交通、团体、食宿游
览、园林及名胜古迹、法令、财政
及贸易、实业 8 卷。有风景图片
41 幅，福州近郊图。

2505

福州及厦门／张遵旭编

福州：编者刊，1916 年 12 月
初版

129 页；16 开

主题：福州—概况—民国

主题：厦门—概况—民国

中图分类号：K925.71

中图分类号：K925.73

分福州、厦门及杂记等 3 章。
福州章内分总说、产业、福州附近
3 节；厦门章分总说、产业、华
侨、厦门附近 4 节；杂记分教育、
风俗、实业、名胜 4 节。书中插有

地图及表格。

2506

福州旅行指南 / 郑拔驾编

上海：商务印书馆，1934 年 7 月
初版，1935 年 5 月再版

267 页：图，表；竖 40 开

主题：导游—福州

中图分类号：K928.957.1

分 7 编。记述福州地理、风
俗、交通、官署及公共事业、食宿
游览、工商业及名胜古迹。书首有
风景照片 25 幅。书中有统计图表
多幅。

2507

福州要览. 第 1 辑 / 福州市政府统
计室编

福州：编者刊，1947 年 8 月出版

38 页；32 开

主题：福州—概况—民国

中图分类号：K925.71

概述福州的位置疆域、山川形
胜、气候诸端及政治、经济、教
育、宗教、风俗等各方面的情况。
书前有严灵峰的序、《福州市略
图》。

2508

澉浦岬：东方大港 / 吴侠虎编

[出版地不详]：大东书局，1933
年 2 月出版

70 页；32 开

主题：海盐县—概况—民国

中图分类号：K925.54

分沿革、交通、地形、险要胜
迹、风俗、物产等 7 项。附杂俎 1
节。书前有序 4 篇。澉浦岬在海盐
县境内。

2509

高雄市概况 / 高雄市政府秘书室编

高雄：编者刊，1946 年 10 月
初版

135 页；25 开

主题：高雄—概况—民国

中图分类号：K925.83

分一般概况、行政机关、民
政、财政、教育、建设、地政、警
政、市政计划重点、港口 10 部分。
书前有黄仲图序。

2510

高雄市要览 / 高雄市政府秘书
室编

高雄：编者刊，1948 年 8 月初版

135 页；25 开

主题：高雄—概况—民国

中图分类号：K925.83

分高雄市概况、政治组织、教
育文化 3 部分。书中插图多幅。书
后附《高雄市各区国民教育学生
数比较图》。

2511

关东州及满铁附属地之概况 / 关东长官官房文书科编

大连：关东长官官房文书科，1925 年 8 月初版

63 页；32 开

主题：区域地理—辽宁

中图分类号：K923.1

分概况、行政、财政、教育、递信、警察、卫生、产业、通货及金融、公共设施、社会设施、南满洲铁道株式会社等 12 章，介绍"关东州"（日本强占的原帝俄"租借"地，位于辽东半岛尖端）与南满洲铁道干线沿线的概况。附《管内居住者日本人之府县分别》、《日本人人口之原籍分别》。

2512

广东全省地方纪要 / 广东省政府民政厅编

广州：编者刊，1934 年 12 月初版

3 册；16 开

主题：广东—概况—民国

中图分类号：K926.5

第一册 25 编；第二册 45 编；第三册 30 编；每编一县（市）。各编均为图与说两部分，收该县（市）最新地图，介绍各县（市）的面积位置及地势、人口及风俗、实业物产及富力、行政组织、警卫、财赋、监狱、交通、教育、卫生及慈善事业、镇市、名胜古迹。书后附索引。附图。

2513

广东省各县概况 / 广东省政府民政厅编

[出版地不详]：编者刊，1941 年 10 月初版

65 页；横 16 开

主题：广东—概况—民国

中图分类号：K926.5

分例言、广东省行政区域图、广东省各县概况总述、广东省各县概况、广东省各县概况统计等 5 部分。其中第 4、第 5 部分为统计表。

2514

广东省资料汇集 / 中原临时人民政府政策研究室编

[出版地不详]：编者，1949 年 8 月初版

60 页；32 开

主题：广东—概况—民国

中图分类号：K926.5

解放区出版物。分广东省分县略图、人口与土地、农林、财政、金融贸易、工矿、渔、盐、交通、其他、广州情况等 11 部分。

2515

广西：分省地志／方光汉编

广州：中华书局，1939 年 8 月初版

292 页；28 开 . —（分省地志）

主题：广西—概况—民国

中图分类号：K926.7

分绪论、地文志、人文志、地方志 4 编。前 3 编详述广西壮族自治区的地形、地质、气候、生物、住民及文化、资源、工商业、交通、政治。地方志分桂江流域（7县）、柳江流域（4县）、郁江流域（13县）、黔江流域（3县）、容江及明江流域（7县），介绍各县概况。书前有彩色广西地图 1幅。文中插有各类统计表。本书为中华书局所编《全国分省地志》之一种。

2516

广西地理／陈正祥编

上海：正中书局，1946 年 11 月初版

176 页；28 开

主题：广西—概况—民国

中图分类号：K926.7

分疆域与沿革、地质与地形、气候、土壤与植物、农业、矿业、人口与城市、山地居民、交通、工业与对外贸易 10 章。书中有插图22 幅、表格 40 幅。

2517

广西地理／莫一庸等

桂林：文化供应社，1947 年 7 月初版，1947 年 12 月再版

143 页：图；32 开

主题：广西—概况—民国

中图分类号：K926.7

分沿革、地形和气候、资源和产业、交通、建设事业、国际关系和国防形势、乡贤等 11 章。

2518

广西概况

［出版地不详］：［出版者不详］，1937 年 5 月出版

224 页：照片；32 开

主题：广西—概况—民国

中图分类号：K926.7

分广西建设纲领、党务、行政设施、军事、经济、交通等 6 篇。书首有李宗仁、白崇禧、黄旭初的照片。书后附白崇禧《三自与三寓政策》一文。

2519

广西各县概况／广西省政府民政厅编

［出版地不详］：［出版者不详］，1934 年 10 月出版

6 册：图，表；16 开

主题：广西—概况—民国

中图分类号：K926.7

记述了广西省 64 个县的地理、政治、经济、交通和社会状况，书中附有统计表 70 余种，地图 4 种。

2520

广西各县概况：民国二十一年度 / 李泳河等编

[桂林]：广西民政厅秘书处，1933 年 9 月出版

700 页：表；16 开

主题：广西—概况—民国

中图分类号：K926.7

包括 1932 年广西省 95 个县的概况及各类统计表。广西省有若干县市沿海。

2521

广西一览 / 赖彦于主编

南宁：广西印刷厂，1935 年出版

516 页；16 开

主题：广西—概况—民国

中图分类号：K926.7

分论述、名胜、古今名人志略、太平天国与广西、边防、机关、农林、矿产、工商业、金融、交通、教育、民国、社会、游桂名人评语摘要 15 部分。书中有风景图片多幅。

2522

广西指南 / 沈永椿编

长沙：商务印书馆，1939 年 1 月初版

138 页；32 开

主题：广西—概况—民国

中图分类号：K926.7

分概说、区域、山水、名胜古迹、交通、游程、食宿娱乐、特产、金融、广西社会之特征及现状 10 章。书前有作者自序、照片 12 幅、《广西全省交通图》、《广西公路干线简图》，桂林、龙州、南宁、柳州、梧州市图。书中有表格多幅。包含交通等章节内容。

2523

国耻地理 / 李至刚编

[出版地不详]：[出版者不详]，[出版日期不详]

68 页；32 开

主题：政治地理学—中国

中图分类号：K92

分割让地、占领地、独立地、遗失地 4 种及本国领土之主权残缺不完者（租借地、不割让地、外国行政地）3 种。

2524

国内大旅行记 / 王理堂著

上海：大东书局，1926 年 11 月出版

2，102 页：地图；32 开

主题：地理—中国—通俗读物

中图分类号：K92 - 49

通俗读物。介绍 30 个省的山脉、水道、险要、都邑、风俗、物产、古迹、风景、交通、邮电、商埠等。

2525

海南岛／许公武译

南京：新中国出版社，1948 年 6 月初版

116 页；32 开．—（边疆丛书）

主题：海南—概况—民国

中图分类号：K926.6

原文为日本人勘察该岛的实地纪录。分总论、地质与矿产、农林渔盐及工业、岛内居民、结语 5 部分。书后附《琼崖的调查表及调查报告》等 6 篇。

2526

海南岛地理／陈正祥编著

上海：正中书局，1947 年 5 月初版

4，92 页；32 开

主题：区域地理—海南

中图分类号：K926.6

分 14 章。介绍该岛自然环境、地形、经济、物产、贸易及城市、交通等概况。内容中多有与台湾相比较的文字。

2527

海南岛旅行记／田曙岚著

上海：中华书局，1936 年 5 月初版

210 页；32 开

主题：游记—海南—现代—选集

中图分类号：K928.966

收海南岛游记 95 篇。述及地理、社会、风土人情、名胜古迹、市政建设。书前有徐忍寒序、小引。书中有风景照片 12 幅。

2528

海南岛之现状／李待深编译

［出版地不详］：世界书局，1946 年初版，1947 年 5 月再版

104 页；32 开

主题：海南—概况—民国

中图分类号：K926.6

分位置、地势、城市、港湾、气候、住民、农业、林业、畜产、矿产、盐业、渔业、工业、交通 14 章。书前有序言、提要、图片十余幅。

2529

海宁①／京沪沪杭甬铁路管理局编

上海：京沪沪杭甬铁路管理局刊，1924 年 9 月初版

---

① 1986 年，海宁撤县设海宁市，属嘉兴市。下同。

38 页；32 开

主题：海宁县—概况—民国

中图分类号：K925.54

　　介绍海宁县沿革、自治区状况、水路交通、旅程、费用、潮之种种、小吃等。书后附《历代诗人颂咏诗词选》、交通图、地图、《车船时刻价目表》、《潮汛时刻表》等。

2530

海宁观潮／高伯时，周浴文编

　　上海：海宁观潮出版社，1933 年 9 月初版

　　156 页；32 开

　　主题：钱塘江—简介

　　中图分类号：K928.42

　　分 3 编。上编 8 章，包含海宁之沿革、区域、胜迹、交通、食宿、特产、风俗及机关名称地址页等；中编 4 章，介绍钱塘江的源流胜概、沿革状况、整治工程、沿江各县山水胜迹页；下编 6 章，包含浙江潮考、故事、神话、观潮节之海宁及观潮指南。书后附《观潮诗选》、《观潮词选及赋选》。

2531

海宁观潮特辑／友声旅行团编

　　上海：友声旅行团，1935 年 9 月初版

　　17 页；48 开

主题：钱塘江—简介

中图分类号：K928.42

　　包括海宁县历史沿革、胜迹、观潮的原因、观潮琐谈、潮汛时刻，并介绍海宁的交通、食宿。书前有《海宁水陆交通图》，观潮图片多幅。

2532

海宁浙江潮／京沪沪杭甬铁路管理局编

　　上海：京沪沪杭甬铁路管理局刊，1934 年 9 月初版

　　38 页；20 开

　　主题：海宁县—概况—民国

　　中图分类号：K925.54

　　介绍海宁县沿革、自治区状况、水路交通、旅程、费用、潮之种种、小吃、旅游种种等。

2533

河北省概况／（伪）［河北省公署］编

　　［出版地不详］：编者刊，1943 年 3 月出版

　　172 页：地图，表；16 开

　　主题：河北—概况

　　中图分类号：K922.2

　　敌伪出版物。分沿革、位置、地势、地质、气候、山脉、河流、海岸等 24 章。

2534

葫芦岛／祁仍奚编辑

　　[出版地不详]：编者刊，1930 年 7 月初版

　　36 页：图；32 开

　　主题：葫芦岛—概况

　　中图分类号：K923.13

　　介绍该岛地势、筑港计划、沿革、设备概略、开港与热河及东北商业关系等。

2535

环游台湾／何敏先著

　　台湾：著者刊，1946 年 11 月出版

　　194 页；32 开

　　主题：游记—台湾—现代

　　中图分类号：K928.958

　　收短篇游记 56 篇。记台湾的地理、气象、名胜、古迹、政治、文化、经济、风俗、民族、宗教信仰等。书后附文三篇、附表 12 种、补白 11 条。

2536

黄海环游记／黄炎培著

　　上海：生活书店，1932 年 1 月初版，1932 年 8 月再版

　　88 页；32 开

　　主题：游记—黄海—现代

　　中图分类号：K928.44

　　为 1931 年 3 月 19 日至 4 月 20 日间作者自青岛出发到大连、沈阳、朝鲜再绕道日本回上海的游记。书前有初序、再序。书中所记以东北各地的游记为主。

2537

黄河流域游记

　　[出版地不详]：大东书局，1947 年再版

　　43 页；（新儿童基本文库）

　　主题：游记—中国—现代—选集

　　中图分类号：K928.9

　　收游记 12 篇。介绍北平、天津、胶州湾、山东半岛、河南、山西及甘肃等省概况。

2538

回国观光心影集／曾福顺，吴拔萃记述

　　上海：艺新书馆，1937 年 2 月初版

　　150 页；32 开

　　主题：游记—中国—现代—选集

　　中图分类号：K928.9

　　泰国华侨回国观光团游记集，收游记 25 篇。其中有《经新加坡到菲律宾》、《游香港九龙》、《到上海》、《到南京》、《到北平》、《离平到天津》、《由青岛回济南》、《坐京沪甬车经上海到杭州》、《离上海到厦门》、《在潮州》、《到广州》、《到总理故乡》、《离港到越

南》、《经槟榔屿回大年》等。

2539

江苏：分省地志 / 李长傅著

上海：中华书局，1936 年 11 月初版

370 页；22 开

主题：地方志—江苏

中图分类号：K925.3

分绪论、地文志、人文志、地方志等 4 篇。各章以县分节，含海岸、港口等章节。

2540

江苏人文地理 / 柳肇嘉编撰

上海：大东书局，1930 年 7 月出版

146 页；25 开

主题：人文地理—江苏

中图分类号：K925.3

分自然地理、产业、社会、政治、交通、重要都会、著名乡镇、人文之特色 8 章。缪斌题书名。书前有作者自序。书后附《江苏省各县经费数目表》、《县组织法》。

2541

江苏省各县概况一览 / 江苏省民政厅编

[出版地不详]：编者刊，1929 年出版

302 页；16 开

主题：地理志—江苏

中图分类号：K925.3

分 61 节。介绍江苏省 61 个县的史地、政治、经济、社会概况。

2542

江苏省乡土志 / 王培堂编著

松江县：公民训练师资养成所，1936 年 7 月初版

430 页；32 开

主题：江苏—概况—民国

中图分类号：K925.3

分江苏省乡土志之意义及其研究、江苏省之沿革疆域与人口、海岸与岛屿、地势与天时、生产与教育、交通与建设、民生与民风、政治与军事、学艺与人物 8 讲。书前有王公屿和沈联璧的序两篇，作者的弁言。

2543

江苏省乡土志 / 王培堂著

长沙：商务印书馆，1938 年 7 月初版

2 册 [596] 页；22 开

主题：地方志—江苏

中图分类号：K925.3

分江苏省乡土志之意义及其研究、江苏省之沿革疆域与人口、海岸与岛屿、地势与天时、生产与教育、交通与建设、民生与民风、政治与军事、学艺与人物、财政、都

邑、名胜古迹等 20 章。书前有凡例、王公与序、作者序。

2544

交广印度两道考 / (法) 伯希和 (Pelliot P.) 著；冯承钧译

上海：商务印书馆，1933 年 2 月初版

154 页；32 开

主题：古道—考证—中国—古代

主题：交通运输史—考证—中国—古代

中图分类号：K928.642

中图分类号：F512.9

分上、下两卷。上卷陆道考，分唐代之地理概述、交广之兴替、安南都护府治、建昌一道、占城等 24 部分。下卷海道考，分自广州满刺加海峡、中国载籍中之佛逝、师子国等 26 部分。

2545

胶莱运河：中国沿海航运之枢纽 / 李秀洁著

长沙：商务印书馆，1938 年 07 月初版

165 页：图，表；32 开 .—（禹贡学会丛书）

主题：运河—简介—山东

中图分类号：K928.4

分 5 章。叙述山东胶莱河流域地理概观、胶莱运河开凿史、中国

运输业概况等内容，末附参考文献目录。包含中国之沿海交通、胶莱运河与沿海交通之发展等章节。

2546

今日的台湾 / 徐子为，潘公昭著

上海：中国科学图书仪器公司，1945 年 11 月初版，1948 年 4 月再版

564 页；32 开

主题：台湾—概况—民国

中图分类号：K925.8

分 18 篇。全面介绍台湾的地理、城市、住民、历史、政治、抗日救国运动、经济、建设、社会、文化等方面状况。书前有序 3 篇，图片多幅。

2547

近编中华地理分志 / 王金绂编

北京：求知学社，1924 年 9 月初版

2 册（284，309 页）；22 开 .—（西北大学丛书）

主题：地理—中国

中图分类号：K92

全书分 4 册，共 33 章。

2548

科学的青岛 / 国立山东大学化学社编

青岛：国立山东大学化学社，1933 年 7 月出版

106 页：图，表；25 开 . —（国立山东大学化学社丛书）

主题：青岛—概况

中图分类号：K925.23

分 16 节。包括自然、经济、人文及历史诸方面。

2549

科学的山东／国立山东大学化学社编

青岛：国立山东大学化学社，1935 年 6 月初版

[295] 页：表；22 开 . —（国立山东大学化学社丛书）

主题：山东—概况

中图分类号：K925.2

共 10 章。包含沿革及形势、气候、地质构造、交通、农业、工业、矿业、药材、渔盐业、胶州植物名录。

2550

劳山①／艺林月刊编

[出版地不详]：编者刊，1931 年出版

22 页；16 开 . —（游山专号）

主题：游记—崂山—现代

中图分类号：K928.3

收崂山名胜游记 10 篇，包含

插图多幅。

2551

劳山记游／丁锡田编

青岛：大同公司，1931 年 7 月再版

30 页；32 开

主题：游记—崂山—现代

中图分类号：K928.3

介绍青岛崂山的地理位置、名胜古迹等。书前有作者像、风景照片、崂山记游附图。

2552

辽宁省政参考资料 . 第 1 期：辽宁省概况／辽宁省政府秘书处编译室编

[出版地不详]：编者刊，[出版日期不详]

9 页；25 开

主题：辽宁—概况

中图分类号：K923.1

分位置与天势、地势与气象、面积与人口、人口面积与人口密度表、行政区划、行政机构之回顾、行政机构之现状 7 部分。

2553

旅大②的今昔／李充生著

———

① 劳山，即崂山，下同。
② 旅大，旅顺和大连的合称。

南京：拔提书局，1947 年 7 月
初版

144 页；32 开. —（史地丛书）

主题：大连—概况

中图分类号：K923.13

分过去的旅大和今日的旅大两编。上编分沿革、气候和地势、面积及人口、行政组织、教育文化、风俗习惯及宗教等 18 章；下编分凄凉的大连、在旅大的门外、大连人民的痛苦等 17 章。

2554

旅大概述 ／ 旅大概述编辑委员会编

［出版地不详］：编者刊，1949 年
7 月初版

427 页：图；16 开

主题：地方志—大连

中图分类号：K923.13

分 6 编。包含渔业及水产养殖、商业及海口管理等章节。

2555

马鞍群岛调查报告书

［出版地不详］：［出版者不详］，
［出版日期不详］

11 页：图；50 开

主题：嵊泗县—概况—民国

中图分类号：K925.54

马鞍列岛属嵊泗县。本书介绍其位置、历史、经济、风俗、交通

等。书前有《浙江海外诸岛形势图》。

2556

漫游志异 ／ 王瀛洲编

［出版地不详］：交通图书馆，
1918 年 12 月初版，1919 年 2 月
再版

2 册（246 页）；16 开. —（名著小说一千种）

主题：游记—中国—现代—选集

中图分类号：K928.9

游记集。收苗俗杂志、滇行纪程、中山纪略、行脚山东记、西藏探查记、印象风俗琐记、拍喜俗等 18 篇。

2557

民国地志：总论之部 ／ 白眉初著

北京：北京高等师范学校图书馆，1921 年初版

2 册（674，864 页）；22 开

主题：地理志—中国

中图分类号：K92

分两册。除绪论外，第一章疆域，分位置区划、国界两篇；第二章地文地理（上），分山脉、水道、湖泊三篇；第三章地文地理（下），分海岸、地势、气候、地质四篇；第四章人文地理，分政治、面积人口、种族、民族之礼俗、民族之文字、宗教、教育、军制、财政、实

业、交通、外交 12 篇。

2558

民国地志总论：地文之部 ／ 白眉
初著

北京：北京师大史地系，1926 年
9 月再版

872 页；25 开

主题：地理志—中国

中图分类号：K92

　　即 1921 年版《民国地志：总
论之部》的上册。全书共 2 册，
除绪论外，第一章疆域，分位置区
划、国界两篇；第二章地文地理
（上），分山脉、水道、湖泊三篇；
第三章地文地理（下），分海岸、
地势、气候、地质四篇；第四章人
文地理，分政治、面积人口、种
族、民族之礼俗、民族之文字、宗
教、教育、军制、财政、实业、交
通、外交 12 篇。

2559

闽海巡记 ／ 许世英著

[出版地不详]：[出版者不详]，
1915 年 9 月初版

124 页；22 开

主题：区域地理—福建

中图分类号：K925.74

　　日记。记述福建沿海诸县的山
川、险要及风俗人情。书前有作者
及视察团全体人员和巡视舰的照

片。书前有作者序言。

2560

闽南游记 ／ 陈万里撰

上海：开明书店，1930 年 3 月
初版

66 页；32 开

主题：游记—泉州—现代

中图分类号：K928.957.3

　　收《泉州游记三篇》、《漳州
游记》、《旅夏杂记》。书前有罗常
培的序、图片 48 幅。

2561

闽浙百粤 ／ 李旭旦著

南京：正中书局，1935 年 4 月
初版

49 页：图；32 开 . —（国民说部）

主题：地理—中国—通俗读物

中图分类号：K92 - 49

　　章回体，分 8 回。记述乘轮船
从上海南下，游宁波、温州、福
州、厦门、汕头、香港、澳门、广
州、海南岛的经过。书前有《国
民说部》发刊旨趣、《游闽浙百粤
路线图》。

2562

那大嘉积崖县 ／ 琼崖实业专员公
署编

[出版地不详]：编者刊，1929 年
9 月初版

30 页；32 开

主题：海南—概况—民国

中图分类号：K926.6

介绍那大（旧县名，现并入儋县）、嘉积（属琼海市）、崖县三地概况，述及三地的位置、气候、交通、运输、行政设施等。

2563

南海诸岛地理志略／郑资约编著

上海：商务印书馆，1947 年 11 月初版

96 页；32 开 . —（内政部方域丛书）

主题：地理志—研究—南海诸岛

中图分类号：K926.6

本书是内政部方域司派人到南海诸岛参加建碑、测图及调查南海诸岛的地理概况时写下的调查报告。分地质地形、气象气候、岛屿滩险志要、经济产物、地位价值、史之回顾 7 章。书前有傅角今的序。书后附《内政部公布南海诸岛新旧名称对照表》、本书参考资料。

2564

南海诸岛新旧名称对照表／内政部方域司编

［出版地不详］：编者刊，1947 年 10 月出版

12 页；22 开

主题：南海诸岛—地名

中图分类号：K926.6

分东沙群岛、西沙群岛、中沙群岛、南沙群岛 4 部分。表中列有新订名称、意义、中外旧名等 4 项。

2565

南行记／刘士忱著

大连：实业印书馆，1942 年 6 月初版

118 页；32 开

主题：游记—中国—现代—选集

中图分类号：K928.9

收《南行的使命》、《美丽都市青岛》、《南北人之不同》、《粤人东嫁日本人》、《秦淮之成陈迹》等 43 篇游记。书后附《华北行回忆》三篇。

2566

南行印象记／张学铭著

北平：时报出版部，1936 年 10 月出版

89 页；32 开 . —（实报丛书）

主题：游记—中国—现代—选集

中图分类号：K928.9

收《天津之一夕》、《游玄武湖》、《太湖之游》、《船员傲慢》、《登青岛岸》、《市区建设》、《离津返涿》等 23 篇。

2567

秦鲁游记／陈兴亚著

［出版地不详］：著者刊，1933 年
9 月初版

98 页；32 开

主题：游记—中国—现代—选集

中图分类号：K928.9

　　日记体游记。分潼关、长安道
上、西安咸阳、华山、曲阜、泰
山、青岛、劳山等 10 部分。附
《陕灾纪实诗》12 首。

2568

青岛／督办鲁案善后事宜公署编
辑处编

　　［出版地不详］：编者刊，1922 年
12 月初版

388 页；22 开

主题：青岛—概况

中图分类号：K925.23

　　分沿革、地理、土地、港湾及
码头、水产业、教育、商埠行政与
警察、卫生等 15 章。书后附《青
岛旅行指南》。

2569

青岛／倪锡英著

　　上海：中华书局，1936 年 10 月
初版

144 页：图，表；40 开 . —（都
市地理小丛书）

主题：青岛—概况

中图分类号：K925.23

　　分 10 节。介绍青岛的历史沿

革、形势、交通、名胜、古迹、人
事、社会生活等。包含海滨风景
线、青岛交通概况等章节。

2570

青岛导游／赵君豪编

　　上海：中国旅行社，1933 年 8 月
初版，1935 年增订再版

126 页：图；32 开 . —（中国旅
行社旅行丛书）

主题：导游—青岛

中图分类号：K928.952.3

　　分概况、区域、户口、名胜、
食宿娱乐、游程、交通、机关、社
会、物产及商品、艺文等 11 部分。
包含海水浴场、海滨公园、交通纪
要——海程等章节。

2571

青岛风光／骆金铭编

　　青岛：兴华印刷局，1935 年出版

［348］页：图，表；32 开

主题：青岛—概况

中图分类号：K925.23

　　分两编。第一编有青岛之地理、
名胜、庙宇、户口、交通等章节；
第二编有市内之中央机关、军事机
关、本市机关、海水浴场、职业介
绍、商业、工厂、特产等章节。

2572

青岛概要／叶春墀著

上海：商务印书馆，1922 年 2 月
出版

126 页；32 开

主题：青岛—概况

中图分类号：K925.23

记叙青岛市早期发展，包括沿
革、地理、气候、司法、土地、税
收、工商、教育、交通、卫生、农
业、渔业、盐业、名胜等。

2573

青岛漫游／彭望芬著

上海：生活书店，1936 年 2 月
初版

87 页：图；32 开

主题：游记—青岛—现代

中图分类号：K928.952.3

游览日记。记述青岛的教育、
市区建设、乡村改进、社会状况、
外交情势、山水、环境、风俗。

2574

青岛名胜游览指南／青岛市工务
局编

[出版地不详]：编者刊，1934 年
5 月初版，1935 年 8 月重编初版

126 页：图；32 开

主题：导游—青岛

中图分类号：K928.952.3

分市区的名胜、乡区的名胜、
行程时间及车轿价目 3 编。书前有

沈鸿烈序、凡例、青岛名胜道路
图、青岛市区图。书中插图 25 幅。
含港湾及浴场、薛家岛等章节。

2575

青岛市乡区视察纪实

[出版地不详]：[出版者不详]，
1933 年出版

119 页；32 开

主题：青岛—概况

中图分类号：K925.23

2576

青岛一瞥／姚明甫编

郑州：明新中学校，1936 年 12
月出版

38 页；32 开

主题：青岛—概况

中图分类号：K925.23

分 10 章。介绍青岛的地理位
置、沿革、航业、工商业、政治、
风景、生活等。

2577

青岛游记／芮麟著

青岛：乾坤出版社，1947 年 6 月
初版

84 页；32 开

主题：游记—青岛—现代

中图分类号：K928.952.3

内分从开封到上海、黄河道

上、青市巡社、岛国之春、到丹山去、且抛尘梦入崂山等 11 节。书前有作者的著作目录、作者自序、陈鸿雪的《作者小史》，青岛风景图片 18 幅。书后附有《关于青岛》一文。

2578

青岛指南／魏镜编

青岛：平原书店，1933 年 12 月初版

498 页：图，表；28 开

主题：青岛—概况

中图分类号：K925.23

分总论、行政、实业、交通、游览、生活等 8 篇，有插图多幅。包含港务、渔业、海程等章节。

2579

青岛指南／（伪）青岛市社会局[①]编

青岛：编者刊，1939 年 10 月初版

292 页：图，表；32 开

主题：青岛—概况

中图分类号：K925.23

敌伪出版物。分史地、都市计划、中日机关、教育、文化、经济、观光、交通、宗教、卫生、娱乐、救恤等 12 章。

2580

青岛指南／李森堡等编辑

青岛：中国市政协会青岛分会，1947 年 2 月初版

200 页：地图，图；22 开

主题：青岛—概况

中图分类号：K925.23

分 12 章。介绍青岛的史地、名胜古迹、机关团体、经济、交通、教育、文化、卫生、宗教、娱乐等。

2581

清初东南沿海迁界考／谢国桢著

［出版地不详］：［出版者不详］，1930 年 2 月初版

30 页；16 开

主题：海疆—考证—中国—清代

中图分类号：K928.19

分叙说、迁界之始末、各省迁界状况、关于迁界诗文记载、迁界后对于台湾郑氏利害之关系等 5 节。附《迁界图》、《迁界始末大势表》。

2582

琼崖／陈献荣著

上海：商务印书馆，1934 年 3 月

---

① 伪青岛市社会局，系伪青岛特别市公署下属机构，见 0062 条。

初版

167 页；32 开

主题：海南—概况—民国

中图分类号：K926.6

分 8 章。记述海南岛的史略、地理概况、政治与教育、实业、交通、重要城市及沿海各港湾、歌谣、黎人等。书首有《海南岛全图》、青澜、三亚、新英、海口、榆林、篱桥各港图、作者自序。文中插有各种统计表格。

2583

琼崖纪行／云实诚著

广州：前锋报社，1946 年出版

80 页；32 开

主题：游记—海南—现代

中图分类号：K928.966

书前有序言，书后附有《国父孙中山先生主张琼崖改省》一文。

2584

琼崖拓殖节略／关祖章著

[出版地不详]：[出版者不详]，[1929 年 11 月] 出版

8 页；32 开

主题：区域地理—海南

中图分类号：K926.6

介绍海南的地理位置、河道、港口、陆路、物产等。书前有图 6 幅。

2585

全国展望：国民地理集／邓启东编

南京：正中书局，1935 男 4 月初版

48 页；32 开 .—（国民说部）

主题：地理—中国—通俗读物

中图分类号：K92 – 49

章回体，分 7 回。包含负山濒水秋海棠平铺东亚、不寒不热大自然嘉惠中华、华北华南秦岭作界、杂粮稻米各自称雄等内容。

2586

人地学论丛．第 1 集／张其昀著

南京：钟山书局，1932 年 7 月初版

266 页；16 开

主题：人文地理—中国—文集

中图分类号：K92 – 53

论文集，收文 18 篇。其中有《中国之国都问题》、《论江苏之新省会》、《改革省区之基本原理》、《北平附近之区域地理》、《西湖风景史》、《兰州开发论》、《中国新建设与水力问题》、《稻米之地理环境》、《中国国民之分析与民治之正轨》、《研究本国地理之新途径》、《葫芦岛与东北之前途》等论文及讲稿。书中有图、表多种。

2587

山东：分省地志／黄泽苍编

上海：中华书局，1935 年 5 月
出版

236 页；22 开

主题：山东—概况

中图分类号：K925.2

分自然、商埠、民生、胜迹、青威收回始末、方志等 7 章。

2588

山东各县乡土调查录／林修竹编

　[出版地不详]：山东省长公署教育科，1920 年 1 月出版

680 页；18 开

主题：山东—概况

中图分类号：K925.24

含济南道、济宁道、东临道、胶东道 4 卷。分县记述人口、田亩、赋税、民情、教育、农工业、交通、宗教等情况，材料截至 1919 年 4 月底。

2589

山东省／陈博文著

上海：商务印书馆，1933 年 3 月国难后第 1 版

92 页；32 开 . —（少年史地丛书）

主题：山东—概况

中图分类号：K925.2

商务印书馆 1925 年 12 月版《山东省一瞥》一书易名再版。

2590

山东省一瞥／陈博文编

上海：商务印书馆，1925 年 12 月初版

92 页；32 开 . —（少年史地丛书）

主题：山东—概况

中图分类号：K925.2

除总说外，按县分成 14 章。分胶县、青岛、文登、荣成、威海卫等章节。

2591

山海经／（晋）郭璞注；（清）郝懿行笺疏

上海：商务印书馆，1937 年 12 月初版

3 册；32 开 . —（万有书库）

主题：　《山海经》—少儿读物—历史地理—中国—古代

中图分类号：K928.626

分 3 册，18 卷。书前有《四库全书提要》中本书提要、郝懿行《山海经笺疏》，阮元《刻山海经笺疏序》，山海经笺疏审定校勘爵里姓氏。书前附订讹、图赞、叙录。

2592

山海经／（晋）郭璞传

　[出版地不详]：[出版者不详]，1939 年 12 月初版

3 册（141 页）. —（初编 2994—

2996）

主题：《山海经》—历史地理—中国—古代

中图分类号：K928.626

18 卷，据经训堂丛书本排印。

2593

山海经／（晋）郭璞注；陈士炑校

上海：经纬书局，［出版日期不详］

69 页；50 开 . —（经纬百科丛书）

主题：《山海经》—少儿读物—历史地理—中国—古代

中图分类号：K928.626

记述古代地理、物产、神话、巫术、宗教等。

2594

山海经集解／（北魏）郦道元著

上海：广益书局，［出版日期不详］

［17］，145 页；32 开

主题：历史地理—中国—古代

中图分类号：K928.626

2595

山海经通检／巴黎大学北平汉学研究所编

北平：编者刊，1948 年 4 月出版

183 页；16 开 . —（巴黎大学北平汉学研究所通检丛刊）

主题：　《山海经》—专书索引—历史地理—中国—古代

中图分类号：K928.626

根据郝懿行《山海经笺疏》，按《康熙字典》字序编撰。附中文及法文、英文拼音检字表。后附各版《山海经》卷页、推算法表。

2596

汕头指南／谢雪影编

汕头：时事通讯社，1933 年 12 月初版，1947 年 5 月再版

198 页；32 开

主题：汕头—概况—民国

中图分类号：K926.53

分概述、交通、生活、文化事业、海关、侨务、公用事业、公益事业、机关团体、金融、商业、工业、税捐条例等 13 篇。书首有初版自序、再版自序、汕头街景风景照片 16 幅、城区地图。

2597

上海／韦息予著

上海：大江书铺，1932 年 9 月初版

218 页：表；32 开 . —（大江少年文库）

主题：上海—概况

中图分类号：K925.1

分位置与形势、气候、疆域的沿岸、港口和港湾设备、交通等

12 章。

2598

上海 / 黄任之等著

上海：青年会智育部，1935 年 5 月初版

202 页；32 开 . —（上海青年会智育演讲）

主题：上海—概况

中图分类号：K925.1

演讲集。收上海的回顾、上海法租界、上海的商业、上海的工业、上海的交通、大上海的社会生活、大上海的展望等 14 讲。

2599

上海都市地理研究 / 楼桐茂译

广东省立勷勤大学教育学院博地系，1932 年 4 月初版

34 页；16 开 . —（地学丛刊）

主题：上海—概况

中图分类号：K925.1

分上海经济的重要性、上海的起源和发达、上海的优点和缺点、上海乃一工业中心、上海的将来 5 章。

2600

上海市大观 / 屠诗聘主编

上海：中国图书编译馆，1948 年 4 月初版

330 页；16 开

主题：上海—概况

中图分类号：K925.1

收 500 余张图片。书前有《上海之沿革史略》、《上海市中心区建设之起点与意义》、上海市地图、分区图、各租界图等。

2601

穗港旅行手册 / 邓超编

香港：中港旅行社，1948 年出版

208 页；32 开

主题：导游—香港

中图分类号：K928.965.8

介绍广州和香港的地理位置、历史沿革、金融、工商业、政府机构、民间团体、交通运输、邮电、物产特产、风景名胜及娱乐场所。书前有序。有插图。

2602

台湾 / 袁克吾著

上海：商务出版社，1927 年 9 月初版

304 页；28 开

主题：台湾—概况—民国

中图分类号：K925.8

全书分 3 编，16 章，105 节。第一编绪论，分台湾史略、地理概论、人口等 3 章；第二编日本统治台湾之政治，分行政、财政、教育和宗教，交通、实业、商业、金融、重要城市及名胜、风俗习惯、

番人志（民族）等 13 章；第三编
结论。书前有黄炎培、姜善及作者
自序，各种图片地图 10 余幅及作
者像。书后附《中日度量衡币之
比较》、《台湾改隶前历年大事
记》、《三十年来东西年代检查
表》、《日本名辞表》4 表。

2603

台湾／王子毅著

台湾：自由出版社，1944 年 10
月初版

238 页；32 开

主题：台湾—概况—民国

中图分类号：K925.8

分地理概述、历史概述、沦陷
后的台湾、番族概况、台湾志士的
革命运动、战后台湾问题等 6 章。
书后附录有关的台湾历史、政治、
经济的政论文 9 篇。

2604

台湾／陈纯仁著

［出版地不详］：军事委员会政治
部，1945 年 10 月初版

112 页；32 开 . —（抗战建国小
丛书）

主题：台湾—概况—民国

中图分类号：K925.8

分台湾历史概述、台湾地理、
番人生活、台湾的经济资源、日本
统治下的台湾、台湾的革命运动、

今后的台湾等 8 章。书前有台湾地
图 5 幅。

2605

台湾／李絜非著

上海：商务印书馆，1945 年 2 月
渝初版，1945 年 9 月出版，1946
年 5 月 3 版，1947 年出版

157 页；32 开 . —（新中学文
库）

主题：台湾—概况—民国

中图分类号：K925.8

分台湾的地理基础、台湾的民
族和人口、台湾风物杂记、台湾的
经济概况、中国早期经营台湾史
略、台湾的民族精神、日本帝国主
义者统治下之台湾，收复台湾对于
中国的重要性等 8 章。书前有著者
自序，台湾地图。

2606

台湾别府鸿雪录 . 上卷／黄强著

［出版地不详］：著者刊，1928 年
5 月初版

180 页；16 开

主题：游记—台湾—现代

中图分类号：K928.958

台湾游记。分基隆登陆、台北
略纪、纪台湾植物园、纪安平港、
纪角板山之游等 26 部分。书前有
作者照片。

2607

台湾岛／许崇灏著

南京：新中国出版社，1948 年 6
月初版

109 页；32 开．—（边疆丛书）

主题：台湾—概况—民国

中图分类号：K925.8

　　分海洋、山岳与河流、气候及
气象、生物、居民、物产、商业、
交通、主要城市与名胜 10 章。书
前有《边疆丛书总序》，梅久毅的
序，作者的弁言。

2608

台湾地理／宋家泰编著

上海：正中书局，1946 年 9 月
初版

172 页；32 开

主题：地理志—台湾

中图分类号：K925.8

　　光复后的台湾地理志。全书分
概论、地形及构造、气候与植物、
农业（附水产）、林产、矿业、工
业、交通、贸易、民居、都邑等
11 章。本书重点论述农业问题。
书前有例言（代序）。书中附图 10
余幅，书后附重要参考文献及
《度量衡换算表》。

2609

台湾地理／王维屏著

南京：新中国出版社，1948 年 6

月初版

96 页；32 开．—（边疆丛书）

主题：地理志—台湾

中图分类号：K925.8

　　分导言、位置与政区、地形与
土壤、气候、民族与人口、农田与
水利、农产、林业、水产、矿产、
工业、交通、贸易等 13 章。书前
有顾颉刚的丛书总序。

2610

台湾概况介绍／第九兵团政治
部编

　　［出版地不详］：编者刊，［出版
日期不详］

28 页；32 开．—（台湾资料汇
编）

主题：台湾—概况—民国

中图分类号：K925.8

　　分历史沿革、地理概况、民族
与人口、水陆交通、物产、工业等
6 章。书前有地图一幅。

2611

台湾概览／柯台山编著

上海：正中书局，1945 年 11 月
渝初版，1946 年 3 月沪 1 版

172 页；32 开．—（时事月报社
丛书）

主题：台湾—概况

中图分类号：K925.8

　　分台湾的历史、台湾的地理、

台湾的政治、台湾的经济4章。书前有序言。

2612

台湾见闻录 / 周文德著

　上海：中国科学图书仪器公司，1947年9月初版

　248页；32开

　主题：台湾—概况—民国

　中图分类号：K925.8

　　分重归祖国怀抱的宝岛、北回归线上的高山国、博物馆、台湾番胞、岛上的土木事业、阿里山上的森林、科学集锦、苏花公路120公里、导游杂谭、铁路沿线之游览指导等10部分。书中有各种插图数十幅。

2613

台湾郡县建置志 / 周荫棠编著

　上海：正中书局，1944年5月初版，1945年11月沪1版

　87页；32开

　主题：地理志—台湾

　中图分类号：K925.8

　　分总叙、台湾府、台南府、台北府、台东府、清代台湾之地方政制6章。书前有自序。书后附《台湾方志一览表》。

2614

台湾揽胜 / 陈其英著

　[出版地不详]：中国旅行社，1948年3月初版

　118页：图；32开

　主题：名胜古迹—台湾—图集

　中图分类号：K928.705.8

　　收图片121幅。书前有唐渭滨序、台湾省简图，包含海峡峡口之一角、由海峡遥望外洋等章节。

2615

台湾旅行指南 / 台湾旅行社编

　[出版地不详]：编者刊，[1947年]初版

　76页：图，表；32开

　主题：导游—台湾

　中图分类号：K928.958

　　记述台湾沿革、地势、气候、民族及人口、商业、经济动态、交通建设、电业、水利。书前有图片8幅。

2616

台湾轮廓 / 何敏先编著

　[出版地不详]：前锋出版社，1945年10月初版

　[73]页；32开

　主题：台湾—概况—民国

　中图分类号：K925.8

　　分概况及揽胜两部分。概况分名称考据、沿革历史、地理形势、政治经济、交通建设、教育文化、物产种种、风土人情等9节。揽胜

部分有全岛七日游程及两星期游程，分台北、台中、台南、台东、澎湖等 5 部分。书前有编后小语、《台湾明细详图》，台北、台中、台南、基隆各市略图。书后附录《台湾全岛各线铁路里程表》、《中历、西历、日历对照表》。

2617

台湾名胜指南／台湾旅行社编

台北市：台湾旅行社，1947 年 10 月初版

74 页：图；32 开

主题：名胜古迹—台湾

中图分类号：K928.705.8

前 2 章为华丽之岛、轮廓。后 6 章按县划分。书首有图片 6 幅。包含基隆海水浴场等章节。

2618

台湾全貌／庄孟伦著

漳州：胜利出版社龙溪支社，1945 年版

49 页；32 开

主题：台湾—概况—民国

中图分类号：K925.8

包含前言、台湾沿革史简述、宗教、阿里山、高雄（打狗）、东部台湾花莲港等内容。

2619

台湾省博览会手册／台湾省博览

会编

[出版地不详]：编者刊，[1948 年] 出版

36 页；32 开

主题：台湾—概况—民国

中图分类号：K925.8

博览会说明书，介绍台湾的简史、地理、筹备博览会的经过、展品目录并介绍台北市的交通、食宿、娱乐、气象状况等。书前有照片 11 幅。

2620

台湾要览／胡元璋编

永安：战时中国出版社，1945 年 6 月初版

142 页；32 开

主题：台湾—概况—民国

中图分类号：K925.8

分 17 章。介绍台湾省的历史、气象、地理、行政、财政、农业、交通、工业、民族、民俗、文化、教育等状况。书前有序、台湾略图。

2621

台湾要览／台湾省新闻处编

[出版地不详]：编者刊，1947 年出版

44 页；32 开．—（新台湾丛书）

主题：台湾—概况—民国

中图分类号：K925.8

分章简单介绍了战后回归祖国的台湾岛的土地、人口、政治制度、教育、卫生、交通、产业、贸易、金融等方面的情况。书中有插图及地图。

2622

台湾与琉球／胡焕庸著

  重庆：京华印书馆，1945 年 1 月初版

  83 页；32 开

  主题：台湾—概况—民国

  中图分类号：K925.8

  分概说、地形、河川、气候、农产、林产、水产、交通、贸易等 24 节。书中有地图 9 幅。

2623

台湾指南／台湾省行政长官公署宣传委员会编

  台北：编者刊，1946 年初版，1948 年 4 月再版

  116 页：图，表；32 开

  主题：台湾—概况—民国

  中图分类号：K925.8

  分历史、地理、行政、交通、产业、教育、风土、城市及名胜 8 章。书前有照片多幅。书后附 6 种统计表。有插图多幅。

2624

台湾追纪／江亢虎著

  上海：中华书局，1935 年 9 月出版

  86 页；32 开

  主题：游记—台湾—现代

  中图分类号：K928.958

  收台湾游记 60 篇。所记涉及台湾的政治、经济、交通、城建、文化、社会团体、地理、名胜、古迹、乡情民俗等。

2625

台行实录／上海市台省教育考察团编

  ［出版地不详］：编者刊，1948 年 7 月初版

  82 页；32 开

  主题：台湾—概况—民国

  中图分类号：K925.8

  内分风景照片、考察日程、台省教育面面观、台省工业建设、医务卫生情况、游台杂咏、随笔 7 部分。书前有图片 20 余幅。

2626

天津便览／天津出版社编

  天津：编者刊，1928 年 8 月初版

  ［55，27］页；32 开

  主题：导游—天津

  中图分类号：K928.921

  分天津沿革考、市政、租界、名胜古迹、公共机关、实业、衣、食、住、公园、社会人事、娱乐交

通、冶游等 14 节。书后附《海轮
班次表》、《火车时刻表》、《明密
码电报书》等。

2627

天津指南

北京：中华印书局，[1928 年以
前]

58 页；32 开

主题：天津—概况

中图分类号：K922.1

分沿革、航运、公署、气候、
区界、水陆交通、各种车辆价目
表、公园、名胜古迹、领事馆、租
界、医院、文化团体等 33 节。

2628

威海卫指南／徐祖善编

[出版地不详]：编者刊，[1933
年 2 月]出版

[130] 页：图；40 开

威海：威海商会，[1933 年 2 月]
出版

116 页；横 32 开

主题：威海—概况

中图分类号：K925.23

分威海卫八大特点、形势与区
域、沿革、地方政府之治绩、户口、
工商、物产、旅行须知、游乐 9 节。

2629

我们的版图／胡焕庸编著

南京：正中书局，1937 年 4 月
出版

139 页；32 开．—（中国青年丛书）

重庆：正中书局，1939 年 3 版，
1942 年 5 版，1944 年版

151 页；32 开．—（中国青年丛
书）

主题：地理—中国

中图分类号：K92

介绍中国疆域的沿革，全国各
省区的风俗习惯以及山川、物产、
人文、风景等。分我们版图的今
昔、我们版图的特色、我们版图的
开发、我们版图内的人口 4 章。

2630

我们的家乡——福建／徐君梅编

[出版地不详]：福建省政府教育
厅编辑委员会，1941 年 5—10 月
初版

2 册（37，32 页）：图，表；32
开．—（战时民国读物）

主题：福建—概况

中图分类号：K925.7

上册介绍福建省的自然地理、
资源、交通、港口、城市、风景名
胜及"模范人物"等；下册介绍
福建省的土特产、水产及手工技艺
等。卷首有编者弁言。

2631

西南东北／徐鸿涛著

杭州：大风社，1935 年 10 月初版

[272] 页：图；32 开（大风丛书）

主题：游记—中国—现代

中图分类号：K928.9

　　陕西、贵州、云南、越南、海南岛、香港游记，以及在东北三省考察的回忆录。分从昆明到杭州、在云南、贵州一瞥、陕游印象、忆东北 5 部分。

2632

厦门大观／吴雅纯编

　　厦门：新绿书店，[1947 年 2 月] 初版

　　204 页；32 开

　　主题：厦门—概况—民国

　　中图分类号：K928.957.3

　　分沿革、地理、人口、政治、金融、商业、工业、农业、渔业、交通、康乐、文化、宗教、礼俗、名胜 15 部分。书前有风景图片 12 幅、街道图片 6 幅、学校机关图片 20 幅、地图 2 幅、序言。

2633

厦门要览／厦门市政府统计室编

　　厦门：编者刊，1946 年 11 月初版

　　72 页；32 开

　　主题：厦门—概况—民国

中图分类号：K925.73

　　分沿革、地理、气象、人口、农业、渔业、工业、商业、金融、交通、政治、财政、教育、卫生、救济、宗教、名胜等 17 部分。有各项事业统计表多种。封面有《厦门鸟瞰立体地图》、封底有《厦门市交通图》。

2634

厦门指南／苏警予等编

　　厦门：新民书社，1931 年 5 月初版

　　458 页；32 开

　　主题：厦门—概况—民国

　　中图分类号：K925.73

　　分地理、行政法规、社俗、公共事业、交通、食宿游览、实业、专门技术等 10 章。书前有陈桂琛、陈佩真的序、编辑大意、风景图片 39 张。

2635

香港"东方的马尔太"／李史翼，陈湜编

　　上海：华通书局，1930 年 2 月初版

　　230 页；32 开

　　主题：香港—概况

　　中图分类号：K926.58

　　内分 3 编。第 1 编分沿革、人口、气候 3 章；第 2 编分政治组

织、治安、交通设施经济状况、社会事业 4 章；第 3 编为余论，介绍香港的概况。

2636

香港地理／苏子夏编

香港：商务印书馆，1940 年 2 月初版

2 册（48，36 页）；32 开

主题：香港—概况

中图分类号：K926.58

上下册各分上下两篇。上册上篇为概说，介绍香港的政区划分、地质地形、气候、动植物、人口、工农业、交通运输等。下篇为地方志（上）。下册上篇为地方志（中），下篇为地方志（下）。两册书后均附《中英文地名对照表》。

2637

香港指南／陈公哲编

长沙：商务印书馆，1938 年 7 月初版

220 页；32 开

主题：香港—概况

中图分类号：K928.965.8

分概论、旅客须知、旅馆茶楼酒馆游览、会所娱乐及运动、本港舟车、公署会所报馆商行名录、工厂名录、粤语摘要、香港街道中西洋名表等 10 编。书前有作者前言、风景图片、地图。

2638

写真中国地理／白眉初著

北京：师大史地系，1927 年 7 月初版

184 页；25 开

主题：地理—中国

中图分类号：K92

分绪论、概论、分论、括论 4 编。概述中国的地理位置、幅员、国界、山川河流、各省的特点、民俗习俗、经济状况、气候特点等。

2639

新编中国地理／金希三，李松兰著

［出版地不详］：冀南新华书店，1948 年 9 月初版

126 页；32 开

太岳新华书店，1949 年 7 月初版

126 页；32 开

主题：地理—中国

中图分类号：K92

全国各省区面积人口统计表。分概述、华北、西北、华中、华南、西南及解放区概述等 8 章。各地区又按省分节，介绍各省的自然概况、人文概况、都市等。

2640

新编中华民国地理讲义／胡晋接著

上海：亚东图书馆，1914 年 1 月

初版

386 页；22 开

主题：地理—中国—高等学校—教材

中图分类号：K92

　　京师大学堂地理科讲义，分总论、全国疆域、全国地文现象及中央地方管制与地方制、财政、交通、外交等 11 章。书中附表格 26 幅、地图 21 张。

2641

新法儿童中国游记／沈圻著

　　上海：商务印书馆，1925 年 3 月初版，1927 年 12 月 3 版

4 册；32 开

主题：地理—中国—儿童读物

中图分类号：K92 - 49

　　以游记形式向小读者介绍 25 个省的风俗、物产、风景、古迹、实业、教育、宗教、气候以及语言、歌谣、传说、谚语等。

2642

新天津指南／甘眠羊编

　　天津：绛雪斋书局，1927 年 2 月初版

380 页；16 开

主题：天津—概况

中图分类号：K922.1

　　分沿革、位置、气候、区域、海疆、河流、古迹、名胜、宗教、学校、司法、医药卫生、军政、财政、工商业等 300 余节。

2643

新厦门指南／杨滴翠编

　　厦门：华南新日报社，1941 年 10 月初版

249 页；32 开

主题：厦门—概况—民国

中图分类号：K925.73

　　分地文概况、人文概况、政治、侨务、经济、产业、交通、文化、社会事业、游览、娱乐、风俗、鼓浪屿、金门、浯屿（金门岛）及附近岛屿等 17 章。书前有序、编者之言、各种图片 20 余幅、厦门地图 1 幅。

2644

新兴的厦门／茅乐楠著

　　厦门：萧惠民，1934 年 8 月初版

118 页；32 开

主题：厦门—概况—民国

中图分类号：K925.73

　　分厦门的地理、厦门的人文、厦门的重要问题等 4 章。书前有作者肖像、厦门市略图、孙贵定等 5 人的序、作者自序。附《民国二十二年至民国二十三年内厦门的商情》、《厦门各级学校概况表》、《勘误表》。

2645

新游记汇刊／中华书局编

上海：编者刊，1921 年 5 月初版，1932 年 9 月 6 版

8 册；32 开

主题：游记—中国—现代—选集

中图分类号：K928.9

清代及民国年间的游记选编。依行政区域分 50 卷。收《京华纪游》、《清宫览古记》、《西山游记》、《北戴河游记》、《大房山记游》、《千山游记》、《吉林游记》、《泰山游记》、《山东沿海游记》、《游龙门记》、《三门山旅行记》、《金山游记》、《扬州游记》、《西泠游记》、《峨眉山游记》、《长江旅行笔记》等 187 篇。书前有现行行政区域表。

2646

新游记汇刊／王文濡编

上海：中华书局，1924 年 3 月初版

3 册；32 开

主题：游记—中国—现代—选集

中图分类号：K928.9

本书将《新游记汇刊》（8 册）及其《续编》（6 册）合并为 3 册出版。

2647

新游记汇刊续编／姚祝萱编

上海：中华书局，1923 年 12 月出版，1930 年 5 月 3 版，1935 年 3 月 4 版

6 册；32 开

主题：游记—中国—现代—选集

中图分类号：K928.9

分 6 册 40 卷。收民国时期奉天、山东、河南、山西、江苏、江西、福建、浙江、湖北、甘肃、广西、蒙古等地游记 114 篇。本书是前书的续编。

2648

新中国游记／熊卿云编

上海：商务印书馆，1935 年 9 月初版，1935 年 11 月 3 版

38 页；64 开 . —（民众基本丛书）

主题：游记—中国—现代—选集

中图分类号：K928.9

收《京沪游程》、《游山东》、《由沈阳到天津》、《北平述略》、《平绥略记》、《蒙古和甘陕的纪地》、《青海和西藏》、《长江流域》、《南海航游》、《云贵旅行》等游记。全书均加注国音音标。

2649

烟台概览／刘精一著

烟台：复兴印刷书局，1937 年 1 月初版

221 页；28 开

主题：烟台—概况

中图分类号：K925.23

分方域、古迹名胜、风俗商情、海防、行政、交通、宗教、慈善、教育、金融与关税、商业、工业、物产、医药、文化事业、机关团体、宿食游览、各项章则等18部分。

2650

烟台威海游记／郭岚生著

天津：百城书局，1934年4月初版

118页：表，图；32开

主题：游记--山东

中图分类号：K928.952

本书前一部分记述烟台的概况、沿革、行政、产业、人口、气候。后一部分记述威海的农产、鱼类、野兽、矿产。书前有作者自序、《山东北部形势图》、《烟台略图》、《威海卫租借地域图》。

2651

因是子游记／蒋维乔著

上海：商务出版社，1935年12月初版

383页；25开

主题：游记—中国—现代

中图分类号：K928.9

收游记40余篇，分江苏、浙江、安徽、河北、山东、山西、陕

西、国外8部分。书后附《蒋竹庄先生访问记》（赵君豪）。书后有风景照片6幅。含《普陀纪游》、《崂山纪游》和《菲律宾日本回忆》等篇。

2652

游尘琐记／赵君豪著

上海：作家书屋，1934年4月初版

358页；32开

主题：游记—中国—现代—选集

中图分类号：K928.9

收《黄海舟山琐记》、《大连印象》、《长春一夕记》、《津沽琐录》、《栖霞山纪游》、《莫干山消夏记》、《京杭国道游观记》等13篇。

2653

游劳随笔／丁叔言著

［出版地不详］：［出版者不详］，1930年10月初版

20页；32开．—（潍县丁叔言游记）

主题：游记—崂山—现代

中图分类号：K928.3

日记体。分10节。介绍青岛海上名山——崂山风景名胜。有风景照片及山水画多幅。

2654

游踪／生活书店编译所编

上海：编者刊，1932 年 12 月初版，1934 年 8 月 3 版

162 页；32 开

主题：游记—中国—现代—选集

中图分类号：K928.9

收《春游杂记》、《浙游漫记》、《舟山航游》、《普陀之行》、《潼西道上》、《南游印象》、《从北京到大同》、《东北之行》等 25 篇游记。作者有三奇、秦翰才、赖凝、杜重远等 20 余人。

2655

粤东笔记／李雨村编

上海：会文堂新记书局，1915 年 5 月初版，1928 年 6 月 20 版

286 页；32 开

主题：广东—概况—民国

中图分类号：K926.5

分 16 卷。记述广东的气候、风俗、地理、名胜、民间传说、矿产、特产、民族、动物、水产、昆虫、植物、农产、名花、食品等，共 550 余节。书前有《粤东八景图》。

2656

战后新中国／中华民国教育部编

上海：中华书局，1946 年 10 月初版

214 页；24 开

主题：地理—中国

中图分类号：K92

介绍中国的地理位置、形势、民族起源与成长、工农业、矿业、交通及文化教育等方面概况。

2657

战后新中国地理总论／徐俊鸣编著

［出版地不详］：国立中山大学地理学会，1946 年 6 月初版，1947 年 7 月改编再版

104 页：图，表；32 开

主题：地理—中国

中图分类号：K92

本书又名《本国地理总论》。内分总论、华中、华南三个分册。本书为总论分册，共三编 14 章。第一编导论，有中国地理之重要特质、地理位置 2 章；第二编自然景色，分地形、气候、河流、湖泊、土壤与植物 4 章；第三编人文景色，分人民、农业、矿藏、林牧渔业、工商业、交通、聚落、政治区分与国防形势 8 章。书后附《新疆北塔山之地理形势》、《各省区最新人口统计数两节》。

2658

战时八省旅行记／清音著

［出版地不详］：大华图书杂志社，［出版日期不详］

46 页；32 开

主题：游记—中国—现代—选集

中图分类号：K928.9

记 1937 年到江、浙、鄂、粤、香港、桂、闽、湘等地的旅行记 22 篇。涉及政治、经济、文化、军事、交通、地理、风景名胜。

2659

浙江潮／友声旅行团编

［出版地不详］：编者刊，1947 年 8 月初版

14 页；32 开

主题：钱塘江—简介

中图分类号：K928.42

分沿革、钱塘江流趋中泓、潮汛原因等 4 部分。附《杭辛斋浙江潮原委质疑》、《观潮琐谈》、《胜迹》、《潮汛时刻表》。

2660

浙江观潮指南／商务印书馆编译所编

上海：商务印书馆，1929 年 7 月初版

43 页；128 开

主题：钱塘江—简介

中图分类号：K928.42

浙江钱塘江观潮指南。分浙江潮之概略、浙江潮之神话、钱塘观潮、海宁观潮、观潮古事、观潮题咏 6 节。

2661

浙江省风景区之比较观／张其昀著

北平：中国地理学会，［1934 年 6 月］出版

8 页；16 开

主题：风景区—浙江

中图分类号：K928.705.5

《地理学报》第 1 卷第 2 期抽印本，分地势、地质、水系、植物、古迹 5 节。

2662

浙江省史地纪要／张其昀编

上海：商务印书馆，1925 年 10 月初版

156 页；32 开

主题：地理志—浙江

中图分类号：K925.5

分钱塘江之源流、浙江东南部之山川与海岛、浙江省开辟小史、南京都城之杭州、浙江近代之学风、浙江省宪法草案及特殊民族、梅雨与台风、浙江之土产、浙江之三个商港、浙江人口二万五千人以

上之都市、西湖风光、普陀与浙东诸名山之朝拜等 12 章。书中有插图 29 幅。

2663

浙江史地概要 / 姜卿云编

[出版地不详]：[出版者不详]，1939 年 1 月初版

80 页；32 开

主题：地理志—浙江

中图分类号：K925.5

分概述、浙江省的建置沿革、区域、面积、民族、人口、江河泉流、山形地势、语言风俗、名土特产、商埠交通、名胜古迹、文化遗产、英雄先烈等 19 章。书中最后一节介绍了浙江学术界人物刘宗周、朱彝尊、齐南召等 11 人。包含海宁、镇海等章节。

2664

直隶风土调查录 / 直隶省视学编

上海：商务印书馆，1915 年 7 月初版，1916 年 5 月再版

208 页；32 开

主题：区域地理—河北

中图分类号：K922.2

按顺天府、遵化州、保定府、易州、承德府、朝阳府、赤峰州、永平府、河间府、天津府、正定府、冀州、赵州、深州、定州、顺德府、广平府、大名府、宣化府等 19 府州的政治区划，介绍各县的治地、地势、河流、古迹、风土、人情、物产、村镇。

2665

中国边疆 / 华企云著

南京：新亚细亚学会，1932 年 4 月初版，1933 年 8 月再版

343 页；25 开 . —（新亚细亚学会边疆丛书）

主题：疆界—中国

中图分类号：K928.1

详记中国边疆的东北三省、外蒙、新疆、西藏、云南及其接连诸国的地理，近代政治事件和帝国主义列强的侵吞。全书共 10 章，分上、下两篇，上篇 5 章，下篇 5 章。

2666

中国边疆地理 / 蒋君章等著

重庆：文信书局，1944 年 6 月初版

252 页；32 开

主题：边疆地区—中国

中图分类号：K928.1

分中国的边疆、东北边疆、西南边疆 3 章，包含其疆域、地形、气候、水系、交通、富源、人口与宗教等内容。

2667

中国的边疆／何子复著

上海：商务印书馆，1937 年 6 月初版

25 页；50 开 . —（民众基本丛书）

主题：疆界—中国

中图分类号：K928.1

概述东三省、外蒙古①、新疆、西藏和西康、云南、广西等省和地区的疆界。字旁有国音注音。

2668

中国的边疆／（美）拉铁摩尔（O. Lattimore）著；赵敏求译

重庆：正中书局，1941 年 12 月初版，1942 年 3 版，1944 年 4 月，1946 年 4 月沪 1 版

[364，36] 页；25 开

主题：地理志—中国

中图分类号：K92

全书分长城的历史地理、传说时代与初期历史时代、列国时代、帝国时代 4 卷。书中插有各种图 11 幅。

2669

中国的地理基础／葛德石（G. B. Cressey）著；薛贻源译

上海：开明书店，1945 年 5 月初版，1947 年 12 月 4 版

122 页：图；25 开

主题：地理—中国

中图分类号：K92

内分地理景观、地形、气候——决定人类活动的因素、四千年来的农民、中国的天然富源、中国与世界的往来等 6 章。

2670

中国地理大纲／张其昀著

上海：商务印书馆，1927 年 7 月初版，1933 年 11 月国难后 1 版，1935 年 2 月国难后 2 版

75 页：图；32 开 . —（百科小丛书）

上海：商务印书馆，1930 年 4 月初版

75 页：图；32 开 . —（万有文库）

主题：地理—中国

---

① 外蒙古：指蒙古高原北部地区，以别于南部的内蒙古。原为中国领土的一部分，清代归定边左副将军统辖。1911 年沙俄策动喀尔喀封建主宣布"独立"。1915 年，中、俄、蒙三方在恰克图缔结的《关于外蒙古自治之三国协定》规定：外蒙古承认中国宗主权，中、俄承认其自治，仍为中国领土的一部分。1919 年外蒙封建主当时盘踞中俄边境的白俄唆使下，再次宣布"独立"。1921 年外蒙封建主在当时盘踞中俄边境的白俄唆使下，再次宣布"独立"。1924 年 5 月的《中苏解决悬案大纲协定》规定：外蒙古为中国领土。同年，外蒙古废除君主立宪削，成立人民共和国。1946 年 1 月，当时的中国国民党政府承认外蒙古独立。

中图分类号：K92

分中国之地势、水利、气候、物产、民族与人口、都市与交通、政治区域、天然区域等 8 章。书后附《中国地理参考要目》。书中有各种地图、表格 20 种。

2671

中国地理大势 / 吕思勉编

上海：中华书局，1917 年 2 月出版，1919 年 4 月再版

2 册（38，38 页）：图；32 开．——（通俗教育丛书）

主题：地理—中国

中图分类号：K92

分 10 章介绍中国各省及黄河、长江、粤江和沿海地理情况。

2672

中国地理的特色 / 易宜曲著

重庆：天下书店，1943 年 9 月出版

93 页；32 开

主题：地理—中国—通俗读物

中图分类号：K92 - 49

书前有《敬告读者》，分 31 篇。介绍中国 30 个省的地理特色，其中对各省的文化、经济、民族、民俗有详细的描写。

2673

中国地理概论 / 陈尔寿等著

上海：正中书局，1946 年 11 月初版

331 页；25 开

主题：地理—中国

中图分类号：K92

全书分 14 章。第 1 章略述我国位置及疆域；第 2—5 章叙述我国的自然背景，分地形、气候等 4 节；第 6—8 章略述我国资源及物产，分农、林、牧、渔等 5 部分；第 9—11 章分述工业、交通、贸易；第 12—13 章分述人口与宗教；第 14 章就全国各自然区特点作总结叙述。书后附《台湾地理概况》、《东北之新省区》两节。

2674

中国地理概要 / 褚绍康编

上海：大东书局，1940 年 2 月初版

106 页；32 开

主题：地理—中国

中图分类号：K92

分中国之地区、中国之地形、中国之气候及自然植物、中国之岩石与土壤、中国之土地利用及资源、中国之交通等 10 章。

2675

中国地理基础 / 贺湔著

重庆：建国书店，1945 年版

214 页；32 开．——（建国中学生

读物丛刊）

上海：致用书店，1946 年版，1947 年 5 月初版

213 页；32 开

主题：地理—中国

中图分类号：K92

分国境、地形和气候、地质和资源、人口和民族、交通、国内外贸易、外国资本及其地理分布、工业和工业的地理分布、农业和农业的地理分布 9 章。每章均附参考资料并配备各种统计图表。

2676

中国地理基础教程／陈原著

桂林：文化供应社，1941 年 12 月初版；1942 年再版；1942 年 1 月重庆出版

331 页；32 开

新知书店，1941 年 12 月初版

320 页；32 开

华北书店，1943 年出版

2 册［330］页；32 开

冀南书店，1946 年初版

320 页；32 开

主题：地理—中国

中图分类号：K92

分土地、政治、财政、金融、交通、运输、贸易、工业和农业等五部分，共 14 章。每章前有提要，正文中间有脚注、正文后附参考资料。

2677

中国地理讲话／韩飞著

上海：珠林书店，1939 年 8 月初版

136 页；48 开

主题：地理—中国

中图分类号：K92

分总论、华中区、华南区、华北区、东北区、漠南北区、西区 7 章。叙述各省的疆域、气候、主要物产分布、人口的分布、交通等。

2678

中国地理讲话／贺湄著

桂林：实学书局，1944 年 9 月赣版

208 页：图；32 开

主题：地理—中国

中图分类号：K92

分析地理环境与社会经济的相互关系。分人和水、征服陆地、河海和天空等 16 章。

2679

中国地理讲义／庄俞述

［出版地不详］：［出版者不详］，［出版日期不详］

［176，45］页；25 开 . —（师范讲习社师范讲义）

主题：地理—中国—师范教育—教材

中图分类号：K92

师范讲习社讲义。分总论、亚洲总论、中国总论、中国分论 4 卷。书后附《外国地理讲义》，分亚细亚洲、海洋洲两编。

2680

中国地理通论. 第 1 集／金祖孟编著

重庆：中华书局，1945 年 4 月初版，1945 年 12 月再版

92 页；32 开 . —（中华少年丛刊）

主题：地理—中国

中图分类号：K92

分区域与区域个性、中国之海岸、中国之岛屿等 10 节。附《中国之海岸长度》、《岛屿之面积》等 6 表。

2681

中国地理新讲／贺湄著

桂林：实学书局，1945 年 3 月再版

208 页；32 开

主题：地理—中国

中图分类号：K92

1944 年 9 月版《中国地理讲话》一书改名后再版。

2682

中国地理新志／葛绥成等编

上海：中华书局，1935 年 1 月出版，1936 年 3 月再版

1546 页；22 开

主题：地理志—中国

中图分类号：K92

分 11 编。第 1 编绪论，分 7 章，论述中国天文与地文地理；第 2 编中华民国总说，分概说与自然地理和人文地理 3 章。从第 3 编至第 11 编分别论述长江流域和浙江流域、粤江和闽江流域、黄河和沽河流域、热察高原、辽河和黑龙江流域、青海高原、康藏高原、塔里木河流域、蒙古高原。

2683

中国地理形势／中华年鉴社编

南京：编者刊，1948 年 8 月出版

62 页；23 开 . —（三十七年度中华年鉴专题单行本）

主题：地理—中国

中图分类号：K92

分位置、地形、河流与湖泊、缘海与海岸、半岛与岛屿、气象、地质 7 部分。

2684

中国分省地志／王金绂编

上海：商务印书馆，1927 年 5 月初版

2 册（392，455 页）：表；22 开

主题：地理志—中国

中图分类号：K92

除绪论及总述外，分 18 章。

记述各省区的疆界及面积、自然状况、经济状况、民生状况。

2685

中国国耻地理 / 贾逸君著

北平：文化学社，1930 年 9 月初版

290 页：地图，表；25 开

主题：政治地理学—中国

中图分类号：K92

书末附《中国国耻历表》。分租借地、割让地、不割让地、占领地、独立地、遗失地、外国行政地、蒙古问题、满洲问题、西藏问题 10 章。书前有《编辑大意》及《中国国耻地图》。书后附表 4 幅，并有《中外关系史大纲》。

2686

中国疆域拓展史 / 夏威著

桂林：文化供应社，1941 年 7 月初版

113 页；32 开

主题：疆域—中国—历史地理

中图分类号：K928.1

共 9 章。前 7 章论述上古、中古、近世、现代疆域的拓展、变迁；第 8 章为中国领土的特色；第 9 章为结论。书前有序言。

2687

中国疆域沿革略 / 童书业著

上海：开明书店，1946 年 10 月初版，1947 年再版，1949 年 3 版

134 页；32 开

主题：疆域—研究—中国

中图分类号：K928.1

分历代疆域范围、历代地方行政区划、四裔民族 3 篇，共 24 章。论述历代疆域沿革、政区划分，郡县、州道、府、省的建置沿革，并叙及各少数民族概况。

2688

中国疆域沿革史 / 顾颉刚，史念海著

长沙：商务印书馆，1938 年 3 月初版

310 页；32 开 . —（中国文化史丛书）

主题：疆界—历史—中国

中图分类号：K928.1 - 09

分 26 章。前 8 章为先秦时期的中国疆域沿革史，内分绪论、中国疆域沿革史已有之成绩、夏民族之历史传说及其活动范围、殷商民族之来源及其活动区域、西周之疆域范围及东周王畿之区域、春秋列国疆域概述、战国疆域变迁概述、先秦人士之区划地域观念等部分。第 9 章至第 15 章为秦、汉、两晋南北朝的疆域沿革史，分有嬴秦统一后之疆域、西汉疆域概述、新莽改制后之疆域、东汉复兴后之疆

域、三国鼎峙中之疆域、西晋统一后之疆域、东晋南北朝疆域概述。第 16 章至第 24 章为隋、唐、五代、宋、辽、金、元、明、清的疆域概述及沿革史。第 25、26 章为鸦片战争后疆土之丧失、民国成立后疆域区划及制度之改革。书前有《张菊生先生七十生日纪念志》。书中有各朝疆域图。

2689

中国内部险要地理 / 李体恩著

上海：著者刊，［出版日期不详］
146 页；32 开
主题：关隘—简介—中国
中图分类号：K928.6

分两卷。叙述 24 个省的险关、要隘、沿海要港。

2690

中国区域地理 / （美）葛德石（G. B. Cressey）著；谌亚达译

上海：正中书局，1947 年 9 月初版
276 页：图；25 开
主题：地理—中国
中图分类号：K92

摘译自《中国的地理基础》（葛德石）一书，共 17 章。包含绪言、气候及地形、华北平原、黄土高原、环黄渤海山地、东北平原、长白山地、兴安山地、蒙新草原与沙漠、秦岭山地、长江平原、四川红色盆地、江南丘陵、东南沿海山地、两广丘陵、云贵高原、康藏高原。书后附参考书目、参考书作者译名、原名及原序。书中有插图及统计表多种。

2691

中国人生地理 / 盛叙功著

上海：中华书局，1936 年 5 月出版
2 册（278，288 页）；32 开 . —（中华百科丛书）
主题：人文地理学—中国
中图分类号：K92

分 2 册。上册有绪论、中国的自然环境、中国的民族与人口及其文化、中国的农业 4 章；下册有中国的林畜水产业、中国的矿业、中国的制造业、中国的交通、中国的国际贸易、中国的聚落 6 章。书中有插图多幅。

2692

中国人文地理 / 白眉初著

［北平］：中央地学社，1928 年 12 月出版
420 页；32 开
主题：人文地理—中国
中图分类号：K92

包含中国之海军、关于军舰各表、沿海沿江要害表、水产、航

路、航路概要、航业现状等内容。

2693

中国十大名城游记／黄九如编

上海：中华书局，1935 年 6 月初版，1941 年 1 月 3 版

112 页；32 开．—（初中学生文库）

主题：游记—中国—现代—选集

中图分类号：K928.9

收广州、汉口、南京、上海、青岛、沈阳、天津、北平、西安、重庆 10 个城市游记数十篇。书前有"几句介绍"。书中有市容和风景名胜照片多幅。

2694

中国沿革地理浅说／刘麟生编

上海：商务印书馆，1931 年 2 月初版，1933 年 3 月国难后第 1 版

114 页：图；32 开．—（史地小丛书）

主题：地理沿革—中国

中图分类号：K928.6

．分 8 章。述说沿革地理的意义及其应用、中国沿革地理的重要著作、历代建都考、历代政治区划、封建与割据、水道变迁大势、历史上形胜之地、邻国及藩邦等。

2695

中国游记选／孙季叔编著

上海：亚细亚书局，1934 年 10 月出版

560 页；32 开．—（中学地理课补充读物）

主题：游记—中国—现代—选集

中图分类号：K928.9

收名人游记 90 篇，编为 12 部分。作者有曹聚仁、胡去非、黄炎培、徐宝山、胡适、杜重远、谢彬等。书前有编者序。

2696

中国政治地理／王维屏著

上海：大中国图书局，1947 年 5 月初版

106 页；32 开

主题：政治地理—中国

中图分类号：K92

本书从地理条件和空间概念上阐述了中国政治地理的现象与规律，分别对我国国土、海域、边界、首都及其行政区划的历史与现状做了深入的介绍与分析。

2697

中国之边疆／何新吾著

南京：边疆研究社，1948 年 7 月初版

92 页；32 开

主题：疆界—中国

中图分类号：K928.1

分 10 章。包含中国边疆的界

务、宗教、政治、经济与资源、教育、国防及接壤国边疆状况、边疆问题、对于建设边疆数点意见等内容。

2698

中国重要都市／楼云林编

上海：中华书局，1948 年 6 初版

2 册（23，22 页）：图；32 开

主题：都市地理—中国

中图分类号：K928.5

第一册分 8 章，介绍南京、上海、杭州、汉口、西安、重庆、广州、台北页；第二册分 8 章，介绍青岛、天津、北平、大连、沈阳、哈尔滨、迪化、拉萨。

2699

中华地理全志／孔廷璋等编译

上海：中华书局，1914 年 9 月初版

800 页；25 开

主题：地理志—中国

中图分类号：K92

根据《支那大地志》（西山荣久）并参考欧美各国著作编译。分绪论、本论两部分。绪论为中国的地质地理；本论分 5 卷，第 1 卷上为中华本部各省地志；第 1 卷中为中华本部沿海志；第 1 卷下为中华本部人文地理；第 2 卷东三省；第 3 卷新疆省；第 4 卷蒙古；第 5 卷西藏与青海。

2700

中华地理全志／孔廷璋等著

上海：中华书局，1918 年出版

434 页；16 开

主题：地理志—中国

中图分类号：K92

1914 年 9 月版《中华地理全志》的本论部分，删去绪论——中国地质地理，专论中华本部地理地志。本论分 5 卷，第 1 卷上为中华本部各省地志；第 1 卷中为中华本部沿海志；第 1 卷下为中华本部人文地理；第 2 卷东三省；第 3 卷新疆省[①]；第 4 卷蒙古；第 5 卷西藏与青海。

2701

钟山本国地理／张其昀编

重庆：钟山书局，1939 年初版，1944 年 10 月 5 版

3 册；32 开

主题：地理—中国

中图分类号：K92

第 1 册 10 章，包含总论、长

---

①　新疆省：位于中国西北部。清光绪十年（公元 1884 年）建新疆省，省会迪化市，1953 年改名乌鲁木齐市。1955 年 10 月正式成立新疆维吾尔自治区。

江三角洲、南京市、上海市、东南沿海区、粤江三角区、海南岛。第2册6章，包含云贵高原、山西高原、海河流域。第3册8章，包含蒙古高原、准噶尔盆地、西藏高原、结论。

2702

最新汕头一览／曾景辉主编

[出版地不详]：编者刊，1947年10月初版

165页；20开

主题：汕头—概况—民国

中图分类号：K926.53

分36节。介绍汕头市沿革、形势、界域、气候、风俗、自治、警政、教育卫生、邮电交通、侨务、海运、工商业、金融地政及公园胜迹等。书前有序、张华、李锡祥等4人题字，风光照片十几幅。

2703

最新台湾指南／陈碧柳编

福建南平：中国文化供应社，1945年11月出版

88页：表；32开

主题：台湾—概况—民国

中图分类号：K925.8

分8章。包含我国历史上的台湾、台湾的地形与气候、台湾的物产与资源、台湾工商业概况、台湾的交通建设、台湾风土人情志、日本对台湾的高压统治、重睹天日的台湾。书前有《台湾地形一览图》。书后附《台湾省行政长官公署组织条例》。

K93/97　各国地理

2704

阿拉斯加／（美）卡奔德（F. G. Carpenter）著；余绍抃译

上海：商务印书馆，1935年4月初版；1935年7月再版

360页：照片；32开．—（卡奔德世界游记）

主题：游记—阿拉斯加—现代

中图分类号：K971.29

书前冠弁言，共38章。介绍阿拉斯加的自然风光、矿藏、经济、城市，以及印第安人的生活习俗。

2705

埃及与阿比西尼亚／（法）邵可侣（Elisee Reclus）著；郑绍文译

上海：文化生活出版社，1937年6月初版

169页；32开．—（综合史地丛书）

主题：埃及—概况

主题：利比亚—概况

中图分类号：K941.1

中图分类号：K941.3

内分上下卷。上卷：埃及；下

卷：利比亚、爱底渥皮亚。介绍这一地区的地理、历史概况。包含诸海间的交通等章节。

2706

澳洲断面／安炳武编著

江西上饶：战地图书出版社，1942 年 3 月初版

40 页；32 开 . —（太平洋战争丛书）

主题：澳大利亚—概况

中图分类号：K961.1

概述澳洲的人文地理、政治及外交，战时经济及国防政策等。澳洲即澳大利亚。

2707

澳洲新西兰南洋诸岛游记／（美）卡奔德（F. G Carpenter）著；黄卓译

上海：商务印书馆，1931 年 3 月初版

363 页：照片；32 开 . —（卡奔德世界游记）

主题：游记—大洋洲—现代

中图分类号：K960.9

共 37 章。游记体地理读物。

2708

澳洲一瞥／福克思（F. Fox）著；吴艮培译注

上海：商务印书馆，1923 年 10

月初版，1924 年 10 月再版，1927 年 1 月 3 版

109 页：照片；32 开 . —（少年史地丛书）

主题：澳大利亚—概况

中图分类号：K961.1

分 6 章。介绍澳大利亚的发现经过、自然风光和土著居民。

2709

巴尔干半岛／（英）泰娄著；剑波等译

成都：今日新闻社出版部，1945 年 9 月初版

111 页：地图；36 开 . —（今日丛刊）

主题：巴尔干半岛—概况

中图分类号：K954.02

译文集，共 10 篇。前 3 篇概述巴尔干的地理、历史和少数民族问题。后 7 篇分别介绍希腊、南斯拉夫、保加利亚、匈牙利、罗马尼亚、阿尔巴尼亚等国家。书末附《烽火中的土耳其》和《中欧的将来》。

2710

巴尔干现势／严懋德编

上海：世界书局，1949 年 3 月初版

62 页；32 开

主题：巴尔干半岛—概况

中图分类号：K954.02

分7章。分别介绍希腊、保加利亚、阿尔巴尼亚、南斯拉夫、罗马尼亚、匈牙利的历史、地理、政治、经济和风土人情等各方面情况。

2711

巴拉那亚马孙沿途详记／（美）卡奔德（F. G. Carpenter）著；宜纪良译

上海：商务印书馆，1931年3月初版

314页：图；32开.—（卡奔德世界游记）

主题：游记—中美洲—现代

中图分类号：K973.09

共31章。包含沿海到亚马孙等章节。

2712

巴拿马运河的故事／孙云畴著

上海：名山书局，1946年4月初版

34页；42开（名山少年文库）

主题：巴拿马运河

中图分类号：K974.74

分12小节。介绍巴拿马运河开发的历史、经营的过程和今后的前途。

2713

北极新天地／陆洛著

香港：文化供应社，1946年出版

80页；32开.—（少年文库）

主题：区域地理—苏联

中图分类号：K951.22

介绍苏联开发北极的情况。

2714

北美洲／（美）卡奔德著；孙毓修译述

上海：商务印书馆，1908年5月初版，1911年2月再版，1913年11月3版

20，273页；23开.—（谦本图旅行记地理读本）

主题：游记—北美洲—现代

中图分类号：K971.09

游记体地理读本。介绍北美洲地理概况。

2715

北婆罗访问记／中国回教南洋访问团编

重庆：中国回教南洋访问团，1941年3月初版

62页；16开

主题：访问记—东南亚—1940—1941

中图分类号：K933

本书记述由吴建勋、马天英、马达五组成的中国回教南洋访问团

1940 年 10 月至 1941 年 1 月访问北婆罗洲的经过。访问目的是揭露日本帝国主义侵华野心，争取华侨支持抗日。分砂勝月（又译砂捞越）、汶莱邦、纳闽岛和英属北婆罗洲 4 章。

2716

槟榔屿志略 / 姚枬，张礼千著

重庆：商务印书馆，1943 年 7 月初版，1945 年 5 月再版

107 页；32 开

上海：商务印书馆，1946 年 6 月初版，1947 年 2 月再版

107 页；32 开 . —（新中学文库）

主题：地方志—槟榔屿

中图分类号：K933.8

共 5 部分。包括释名、历史、地志、行政、华侨等。末有《邻邦考释》、《极乐寺记》、《赖德遗嘱》3 篇附录。

2717

波兰 / 但荫荪编著

上海：商务印书馆，1938 年 7 月初版

176 页；25 开

主题：波兰—概况

中图分类号：K951.3

介绍波兰的地理、历史、政治、经济、社会、文化情况。书末附《波兰史大事年表》和《波兰新宪法》。

2718

波罗的海 / J. 韩布登，杰克逊著；语戈等译

成都：今日新闻社，1945 年出版

48 页：地图；36 开 . —（今日丛刊）

主题：爱沙尼亚—概况

主题：拉脱维亚—概况

主题：立陶宛—概况

中图分类号：K951.02

文集。收《波罗的海地理志》、《波罗的海今昔》、《波罗的海三小国》、《波罗的海各国的首都》、《波罗的海三小国之风俗文化》等 5 篇文章。介绍爱沙尼亚、拉脱维亚、立陶宛概况。

2719

不列颠三岛和波罗的海诸国 /（美）卡奔德（F. G. Carpenter）著；鲍鸢如译

上海：商务印书馆，1931 年 3 月初版

336 页：图；32 开 . —（卡奔德世界游记）

主题：欧洲—概况

中图分类号：K950.2

共 28 章。第 1 章至第 21 章介绍英国情况；第 22 章至第 28 章介

绍德国、波兰、拉脱维亚、俄国、爱沙尼亚、芬兰等国情况。

2720

长夏的南洋／罗靖华著

上海：中华书局，1934 年 3 初版，1936 年 10 月再版

248 页：图；32 开 . —（初中学生文库）

主题：东南亚—概况

中图分类号：K933

收《四时都是夏》、《天之骄子》、《游万隆》、《爪哇与巴里的皮影戏》、《荷印国有铁路略史》、《万丹的回忆》、《新加坡前史之一页》、《英属马来半岛与英属东印度》等 35 篇文章。以上各文均系作者为爪哇巴达维亚（雅加达旧称）的《天声日报》于 1930 年1931 两年之间写的副刊稿。卷首有作者的《写在前面》一文。

2721

朝鲜地理／胡焕庸编著

重庆：京华印书馆，1945 年 3 月初版

82 页：地图；32 开

主题：朝鲜—概况

中图分类号：K931.2

先总论朝鲜的地形、河川、气候、农业、工矿业、贸易、居民等情况，后分区介绍各道情况。书末

附《朝鲜行政区划表》和朝鲜地图 6 幅。

2722

朝鲜和台湾／葛绥成编

上海：中华书局，1935 年 3 月初版，1941 年 2 月 3 版

[10]，146 页：地图；32 开 . —（中华百科丛书）

主题：朝鲜—概况

主题：台湾—概况

中图分类号：K931.2

中图分类号：K925.8

分 5 部分。介绍朝鲜和台湾的历史和地理情况，内容侧重地理，第 4 部分为琉球地志。

2723

朝鲜和台湾／戈明著

桂林：文化供应社，1942 年 5 月出版

64 页；50 开 . —（青年新知识丛刊）

主题：朝鲜—概况

主题：台湾—概况

中图分类号：K931.2

中图分类号：K925.8

分别介绍朝鲜和台湾的地理和物产、民族和历史、日本帝国主义的侵略以及朝鲜和台湾反对日本帝国主义侵略的民族解放运动。

2724

从法兰西到斯干的那维亚／（美）
卡奔德（F. G. Carpenter）著；王勤
堉译

上海：商务印书馆，1931 年 6 月
初版

342 页：图；32 开 . —（卡奔德
世界游记）

主题：欧洲—概况

中图分类号：K950. 2

共 39 章。第 1—16 章介绍法国
情况。其他各章介绍比利时、荷兰、
丹麦、挪威、瑞典等国情况。

2725

从开罗到乞斯曼／（美）卡奔德
（F. G. Carpenter）著；罗方译

上海：商务出版社，1931 年 1 月
初版

291 页：图；32 开 . —（卡奔德
世界游记）

主题：游记—非洲—现代

中图分类号：K940. 9

共 36 章。记述在埃及、苏丹
和怯尼亚（即今肯尼亚）游历的
见闻。乞斯曼是在肯尼亚境内的城
市。目录中含从地中海到苏丹、南
下红海等章节。

2726

大南洋论／李崇厚编译

上海：申报，1934 年 12 月初版
[13]，294 页；32 开 . —（申报
丛书）

主题：区域地理—东南亚

中图分类号：K933

共 18 章。第 1 章为绪论；第
2 章至第 7 章分述英国、法国、美
国、荷兰、葡萄牙所属南洋殖民地
的现状；第 8 章介绍南洋华侨情
况；第 9 章介绍暹罗独立国；第
10 章叙述日本在南洋发展的现状；
第 11 章至第 17 章分述南洋的农
业、林业、矿业、渔业、海运等；
第 18 章为结论。

2727

丹麦一瞥 ／ 汤姆逊（M. Pearson
Thomson）著；贺昌群译

上海：商务印书馆，1927 年 10
月初版，1933 年 2 月国难后 1 版
104 页：图；32 开 . —（少年史
地丛书）

主题：丹麦—概况

中图分类号：K953. 4

分 16 章。包含丹麦的海陆军、
丹麦各岛屿的居民和丹麦的渔人等
章节。

2728

德国地理 ／ 胡焕庸著

重庆：京华印书馆，1944 年 9 月
初版

75 页：地图；32 开

主题：地理—德国

中图分类号：K951.6

2729

德国地志／胡焕庸编

南京：钟山书局，1934 年 5 月
初版

80 页：地图；32 开

主题：德国—概况

中图分类号：K951.6

内分地形与构造、农林与畜
林、矿产与工业、交通与运输、对
外贸易、人口、南莱茵区、鲁尔区
域、北部大平原、柏林等 17 部分。

2730

东南旅行记／唐薲赓著

［出版地不详］：著者刊，［1919
年 12 月］出版

212 页：冠像；25 开

主题：游记—东南亚—1918

中图分类号：K933.09

考察日记。记述作者 1918 年
冬起在越南、日本、中国台湾为期
7 个月的旅行情况。内容除军事
外，还包括政治、经济、实业、教
育等方面的情况。

2731

东西洋考／（明）张燮著

上海：商务印书馆，1937 年 4 月

初、再版

12，185 页；32 开 . —（国学基
本丛书）

主题：历史地理—东南亚

中图分类号：K933.06

内分西洋列国国考、东洋列国
考、外纪考、税饷考、舟师考、税
珰考、艺文考、逸事考等 12 卷。
记叙古代东南亚地区各国的历史地
理情况。

2732

东亚地理／方挹清，朱起凤编

重庆：青年书店，1940 年 1 月
初版

339 页；32 开

主题：地理—东亚

中图分类号：K931

内分上、下两册。上册为中国
部分，共 12 章；下册为外国部分，
内分日本、日本之侵略地、南洋、
印度、西伯利亚及中亚 5 章。

2733

东亚地理 . 上编／张其时编

［出版地不详］：中央陆军军官学
校政治训练处，1934 年 12 月
出版

146 页；23 开 . —（中央陆军军
官学校史地教程）

主题：地理—东亚

中图分类号：K931

上编为中国之部。

2734

东亚地理. 中编／中央陆军军官学校政治训练处编

[出版地不详]: 编者刊, 1935 年 3 月初版

[71] 页: 图; 32 开

主题: 地理—东亚

中图分类号: K931

　中央陆军军官学校史地教程。

2735

东亚地理纲要／刘迺俊, 朱起凤编著

[出版地不详]: 中央陆军军官学校, 1939 年 2 月初版

112 页; 36 开 . —（黄埔丛书）

主题: 地理—东亚

中图分类号: K931

　分 2 编。第 1 编中国之部, 内分领土之今昔、领土之特色、领土之开发、民族与人口、领土之防卫等 8 章; 第 2 编外国之部, 包括远东法西斯蒂之日本和苏联远东独立军区之西伯利亚等 2 章。

2736

东亚地理教程／方挹清, 朱起凤编

[出版地不详]: 中央陆军军官学校, 1937 年出版

2 册（218, 142 页）; 25 开

主题: 地理—东亚

中图分类号: K931

　内分上、下两编。上册为中国部分, 共 12 章; 下册为外国部分, 内分日本、日本之侵略地、南洋、印度、西伯利亚及中亚 5 章。

2737

东游散记／李清悚著

上海: 大东书局, 1935 年 5 初版

118 页: 图; 32 开

主题: 游记—日本

中图分类号: K931. 39

　收《东瀛初见》、《柔道》、《茶道》、《名胜古迹》、《朝日新闻社巡礼》等游日散记 50 余篇, 卷首有著者弁言。

2738

动荡中的荷属东印度／许维汉著

[出版地不详]: 奋斗出版社, 1940 年 12 月初版

47 页; 32 开 . —（奋斗丛书）

主题: 印度尼西亚—概况

中图分类号: K934. 2

　介绍荷属东印度的地势、人民、政治、经济、国防概况, 在荷兰统治下的民族解放运动, 荷属东印度与英、美、日等的关系, 荷属东印度与华侨等情况。

2739

杜环经行记笺证／（唐）杜环著; 张一纯笺证

福建：协和大学中国文化研究会，1945 年 12 月初版

67 页：图；23 开．—（福建协和大学中国文化研究会）

主题：历史地理—亚洲

中图分类号：K930.6

收《碎叶国笺证》、《石国笺证》、《拔汗那国笺证》、《康国笺证》、《波斯国笺证》、《大食国笺证》、《拂林国笺证》、《摩邻国笺证》等 13 篇考证文章。卷首有杜环经行记参考地图和协和大学文史丛刊序。

2740

俄国地志／胡焕庸编

南京：钟山书，1934 年 11 月初版

110 页：地图；32 开

主题：苏联—概况

中图分类号：K951.2

共 20 节。第 1—12 节介绍苏联的地形、气候、民族、人口、政治组织、共产主义与经济改革、工业、贸易等概况。第 13—20 节为分区叙述，以苏联欧洲部分为主。包含河流与湖海等章节。

2741

法国地理／胡焕庸著

重庆：京华印书馆，1945 年 3 月初版

72 页：地图；32 开

主题：地理—法国

中图分类号：K956.5

在《法国地志》的基础上进行修订。前半部分介绍法国的地理概况，后半部分分别叙述法国各个地区的情况，并增加了《法国与两次世界大战》一节。另有附表 6 个。

2742

法国地志／胡焕庸编

南京：钟山书局，1934 年 6 月初版

82 页：地图；32 开

主题：地理—法国

中图分类号：K956.5

前半部分介绍法国的地理概况。后半部分分别叙述法国各个地区的情况。

2743

菲列宾①研究／施良编著

［出版地不详］：正中书局，1947 年 9 月初版

249 页；25 开

主题：菲律宾—概况

中图分类号：K934.1

---

①　菲列宾，即菲律宾。

分地理、历史、政治、经济、社会、文化、华侨 7 章。卷首有编著者序。

2744

菲列滨新志 / 蒋君章著

　　重庆：建设出版社，1945 年 2 月初版

　　94 页：地图；36 开

　　主题：菲律宾—概况

　　中图分类号：K934.1

　　分吕宋兵要地理、省区和人口、种族和文化、政党和独立运动、农业资源、矿业和工业、菲岛的华侨等 15 小节。

2745

菲律宾共和国 /（伪）华北政务委员会总务厅情报局编

　　[出版地不详]：编者刊，1944 年 10 月初版

　　30 页；32 开 . —（时局丛书）

　　主题：菲律宾—概况

　　中图分类号：K934.1

　　介绍菲律宾的地理环境和历史沿革。

2746

菲律宾考察记 / 邬翰芳编

　　上海：商务印书馆，1929 年 4 月初版

127 页；32 开

　　主题：游记—菲律宾—1925

　　中图分类号：K934.19

　　记述 1925 年 7 月起在菲律宾为时一年的旅游见闻。介绍菲律宾的山川风光、风俗民情和社会状况。

2747

腓尼基与巴力斯坦 /（法）哀利赛 · 邵可侣著；郑绍文译

　　上海：文化生活出版社，1937 年 6 月初版

　　164 页：图；32 开 . —（综合史地丛书）

　　主题：西亚—概况

　　中图分类号：K937

　　包含叙利亚海岸的重要、叙利亚海岸的形势、腓尼基人商区、已知海岸、航过海洋、耶路撒冷与死海。

2748

烽火中之南洋 / 国民新闻社译述

　　上海：国民新闻图书印刷公司，1942 年 6 月出版

　　215 页；32 开 . —（国民新闻丛书；3）

　　主题：东南亚—概观

　　中图分类号：K933

　　共 22 篇。大部分未署著者姓

名及文章出处。有《澳洲剖视》、《澳大利亚经济地位》、《大战爆发前菲律宾防御情况》、《马来半岛的矿产与太平洋战争》、《新加坡在南洋的重要性》、《大东亚战争与荷印》、《香料群岛摩鹿加》等。

2749

改造外国地理．上编：欧罗巴洲部／伦达如编

　　广州：编者刊，1925 年 9 月初版

　　230 页；16 开

　　主题：欧洲—概况

　　中图分类号：K950.2

　　　　上编共 6 章。介绍欧洲各国产业及外贸、沿革、政治、国防、交通、都市等情况。

2750

古代南海史地丛考／姚枏，许钰著

　　重庆：商务印书馆，1944 年 9 月初版

　　89 页；32 开

　　主题：历史地理—南洋

　　中图分类号：K933.06

　　　　南洋史地考论文集。收《骄陈如王扶南考》、《缅王莽氏考辨》、《元成宗平缅考》、《黄金地考证》、《古印度移民横越马来半岛足迹考察记》（以上姚枏著译）、《郑昭贡使入朝中国纪行诗译注》、《丹丹考》、《赤土考》（以上许钰著译），共 8 篇。每篇后均附注释。

2751

荷兰一瞥／朱曼（Nico Jungman）著；贺昌群译述

　　上海：商务印书馆，1927 年 12 月初版，1931 年 5 月再版，1933 年 2 月国难后 1 版

　　111 页：图；32 开．—（少年史地丛书）

　　主题：荷兰—概况

　　中图分类号：K956.3

　　　　分 14 章。介绍荷兰的历史地理、风俗物产及自然风景。

2752

荷属东印度／张白衣编

　　重庆：大时代书局出版，1940 年 8 月初版，1941 年再版

　　111 页；32 开

　　主题：印度尼西亚—概况

　　中图分类号：K934.2

　　　　分荷属东印度的历史、荷属东印度的地理资源、荷属东印度的经济价值、中国和荷印的关系、日本和荷印的关系、荷属东印度的财政和军备、列强争夺下的荷属东印度 7 章。封面题：太平洋大战导火索。

2753

荷属东印度／（伪）国立华北编译馆①编

北平：著者刊，1942 年 2 月初版

81 页；36 开 . —（国立华北编译馆小丛刊）

主题：印度尼西亚—概况

中图分类号：K934.2

沦陷区出版物。分荷属东印度地理述略、荷兰经营东印度小史、荷印华侨名人传、苏禄考、爪哇古名考 5 部分。

2754

荷属东印度地理／廖稚泉编

上海：国立暨南大学南洋美洲文化事业部，1931 年 1 月初版

142 页；32 开 . —（南洋丛书）

主题：地理—印度尼西亚

中图分类号：K934.2

分南洋概论、荷属东印度②总论、荷属东印度外部各岛 3 章。本书供荷属东印度华侨学校使用。卷首有陈福睿序，书末附《荷印地名对照表》。

2755

荷属东印度地理／沈厥成编

上海：商务印书馆，1934 年 5 月初版，1934 年 7 月再版，1939 年 2 月长沙 4 版

141 页：图；32 开

主题：地理—印度尼西亚

中图分类号：K934.2

分上、下两篇。上篇为爪哇及马都拉岛；下篇为荷印其他各岛。介绍各地的山川地势、物产气候、交通实业、华侨状况以及土著的风俗习惯等情况。

2756

荷属东印度地名辞典／苏鸿定编

上海：国立暨南大学海外文化事业部，1936 年 4 月初版

107 页；36 开

主题：印度尼西亚—概况

中图分类号：K934.2

在每一地名后，介绍其物产交通。卷首有编者序，书末附中文索引。

---

① 伪国立华北编译馆成立于 1941 年，旧址在北京北海公园镜清斋。"七七"事变后，日本侵略者建立的殖民地性质的新闻出版系统之一。

② 荷属东印度：17 世纪后荷兰在远东的领地。包括今印度尼西亚全境（东帝汶除外），在荷兰东印度公司时期还包括锡兰（今斯里兰卡）、台湾岛、马六甲、马拉巴尔海岸、科罗曼德尔海岸的那加帕特纳姆。18 世纪末 19 世纪初，上述地区被放弃。1824 年 3 月《英荷条约》签订后，地域仅限于今印度尼西亚（东帝汶除外）。太平洋战争爆发后，被日本占领。

2757

荷属东印度概况／凡登波须（Am-
ry Vandenbosch）著；费振东译

长沙：商务印书馆，1938 年 2 月
初版，1939 年 1 月再版

[14]，514 页；32 开

主题：印度尼西亚—概况

中图分类号：K934.2

分土地及人民、社会及经济结
构、荷兰殖民地政策史略、殖民
部、土人自理区、法律及司法、教
育、商业政策、民族自觉等 19 章。

2758

荷属东印度概况／丘守愚著

南京：著者刊，[出版日期不详]

22 页：冠像，照片；23 开

主题：印度尼西亚—概况

中图分类号：K934.2

介绍荷属东印度的面积、位
置、人口、民族、语言、农业、政
治、华侨等情况。

2759

荷属马来西亚／黄泽苍编

上海：商务印书馆，1930 年 12
月出版

174 页；32 开

主题：地理—马来西亚

中图分类号：K933.8

介绍荷属马来西亚（东经 95°
至东经 141°，南纬 11°至北纬 6°），

相当于今日印度尼西亚的地理、人
口、政治、经济、教育、语言、风
俗、华侨等情况。

2760

荷属南洋史地补充读本／刘虎
如编

上海：商务印书馆，1927 年 9 月
初版

96 页：地图；32 开

主题：东南亚—概况

中图分类号：K933

介绍爪哇、苏门答腊、婆罗
洲、摩鹿加群岛等地的地理情况。

2761

荷属西印度群岛／谢仁杰编著

上海：中华书局，1948 年 7 月
初版

208 页；36 开

主题：西印度群岛—概况

中图分类号：K975

书前冠序，共 12 章。介绍荷
属西印度群岛（不包括荷属苏利
南）的地理、历史、政治、人民、
交通、物产、农工商业、社会状况
和华侨状况等。书末附《荷属西
印度群岛入境规则》。

2762

华侨中心之南洋／张相时著

琼州海口：海南书局，1927 年 11

月初版

2 册（1142 页）；32 开

主题：东南亚—概况

中图分类号：K933

　　分 32 章。介绍南洋诸国的经济状况及中国人的经济活动，兼论地志、沿革、政治、社会等方面的情况。第 17、27、32 章系译文。卷首有著者《脱稿后》一文。

2763

皇明四夷考／（明）郑晓著

　　[出版地不详]：[出版者不详]，1933 年 6 月初版

147 页；32 开 . —（国学文库；第 1 编）

　　主题：历史地理—考证—亚洲

　　中图分类号：K930.6

　　据《吾学编》（万历刊本）重印。分上、下两卷。收对明代四周邻国如安南、朝鲜、日本、暹罗等国的考证文章 80 余篇。

2764

回溯南游／南美农夫著

　　[出版地不详]：[出版者不详]，1944 年 2 月初版

108 页：冠像，照片；32 开

　　主题：游记—东南亚—1939

　　中图分类号：K933.09

　　作者于 1939 年秋由福建省政府派赴南洋考察商务，并负有奖励华侨回国投资之使命，历时 3 年多。书中记述了在马尼拉、西贡、泰国、马来亚、爪哇、苏门答腊、缅甸等地的游历见闻。卷首有孟冠美序、张琢成序和作者自序。

2765

加拿大一瞥／霍姆（原题：荷姆，B. Home）著；张履鸾译

　　上海：商务印书馆，1927 年 10 月初版，1933 年 3 月国难后 1 版

98 页：图；32 开 . —（少年史地丛书）

　　主题：加拿大—概况

　　中图分类号：K971.1

　　介绍加拿大的领土、家庭生活、法律政治、物产资源、交通运输、土著居民和华人等方面的情况。

2766

江亢虎南游回想记／江亢虎著

　　上海：中华书局，1924 年 7 月初版，1925 年 11 月 3 版，1926 年 4 月 4 版，1928 年 3 月 5 版，1930 年 9 月 6 版

105 页；32 开

　　主题：游记—东南亚—1923

　　中图分类号：K933.09

　　作者于 1923 年到南洋游观百日，本书是对此次游观的回想和补记。内分星加坡、槟榔屿、巴生、

柔佛、仰光、盘谷、西贡、马尼拉、总评等 10 编。内容侧重于华侨与土著生活状况。

2767

今日的韩国／潘公昭著

上海：中国科学图书仪器公司，1947 年 1 月初版

[27]，311 页：图，表；32 开

主题：朝鲜—概况

中图分类号：K931.2

分 13 章。介绍朝鲜半岛的地理、历史、政治、党派、经济、教育、文化艺术等情况。第 13 章包括《韩国委托纪念日历》、《韩国四千二百年历史年表》等 5 个附录。卷首有著者弁言。含韩国的地理—地势、济州岛、东方沿海渔港等章节。

2768

今日的印度／潘公昭著

[出版地不详]：中国科学图书仪器公司，1947 年 6 月初版

[33]，556，52 页：图；32 开

主题：印度—概况

中图分类号：K935.1

分地理、民族与民族史、政治、经济资源、农业、工业、贸易与商业、社会、文化、民族运动等 13 章，卷首有著者序，书后附《印度洋概观》，包含印度洋诸岛、印度洋概观等章节。

2769

今日之美国／任重编译

重庆：读书出版社，1944 年 3 月初版，1946 年沪 3 版

306 页；32 开

重庆：政治部文化工作委员会，1944 年 4 月初版

306 页：表；32 开．—（国际问题研究丛书）

主题：美国—概况

中图分类号：K971.2

分 8 章。介绍美国的领土、人口、历史、经济、政治制度、军备、文化教育及国外属地等方面的情况。附《美国历史大事年表》。

2770

今日之苏联／吴清友编著

重庆：读书出版社，1945 年 11 月初版，1946 年 10 月沪再版，1947 年 7 月沪 3 版，1946 年 10 月沪再版，1947 年沪 3 版

734 页；36 开

主题：苏联—概况

中图分类号：K951.2

书前冠自序，共 10 章。介绍苏联历史、地理、政治、经济、军事、外交、文化、教育等各方面情况。书末附《苏联宪法》和《中苏友好同盟条约》全文。

2771

坎拿大①及纽芬兰／（美）卡奔德
（F. G. Carpenter）著；张怀义译

上海：商务印书馆，1929 年 11
月初版

343 页：图；32 开 . —（卡奔德
世界游记）

主题：游记—加拿大—现代

中图分类号：K971.19

卡奔德世界游记之一。记录坎
拿大与纽芬兰的游览状况，共
37 章。

2772

科学的南洋：荷属东印度编／黄素
封编著

上海：商务印书馆，1934 年 11
月初版

[32]，555 页：图；24 开

主题：印度尼西亚—研究—文集

中图分类号：K934.2 - 53

收《荷属东印度的位置人口
及华侨密度》、《一九三〇年东印
度人口问题和华侨》、《荷属东印
度气象一瞥》、《荷属东印度国际
贸易演进史略》、《南洋群岛的自
然地理》、《南洋群岛的人种及其
问题》、《南洋植物界一瞥》、《荷
属东印度动物界一瞥》、《得蕉与

人生》、《吧城水族馆》、《关于第
四届太平洋科学会议》等 15 篇文
章。附《马都拉概况》。

2773

克拉维约东使记／（西）克拉维约
（Klaviyo）著；杨涤新译

重庆：商务印书馆，1944 年 6 月
初版，1945 年 10 月再版，1947
年 8 月上海 3 版

[16]，212 页；36 开 . —（汉译
世界名著）

主题：游记—西亚—选集

中图分类号：K937.09

著者为西班牙公使。本书共
17 章。详细记述了 15 世纪初东去
撒马尔罕觐见帖木儿汗的沿途见
闻。转译自土耳其文译本，卷首有
土耳其文译者关于本书重要人名的
详细注释以及关于 15 世纪初近东
情况的提要说明。

2774

昆仑及南海古代航行考／（法）费
琅著；冯承钧译

上海：商务印书馆，1930 年 9 月
初版

133 页；32 开 . —（尚志学会丛
书）

主题：历史地理—印度半岛—

---

① 坎拿大，中国清朝（近代）史籍对加拿大的译称。

史料

主题：历史地理—南洋群岛—史料

中图分类号：K930.6

著者根据各种史籍、舆地典籍、类书考证了印度半岛、印度支那半岛、南海诸岛古代国家的地理位置、国名译音、人名姓氏译音及其与中国的来往、朝贡物品、宗教信仰等。原载《亚洲报》1919年14期。

2775

列强角逐中之荷印／韩云甫著

重庆：国民图书出版社，1941年4月初版，1945年4月再版

98页；32开

主题：印度尼西亚—概况

中图分类号：K934.2

介绍荷印的地理、历史、工农业、贸易以及列强争夺荷印的情况。

2776

旅美见闻录／邓传楷著

福建南平：国民出版社，1943年6月初版

44页；32开

主题：游记—美国—选集

中图分类号：K971.29

分上海至北美、北美至中美、返国途中等5部分。包括长崎小

憩、横滨景象、遇难演习、海滩休养、巴拿马运河、海员生活等内容。

2777

旅美见闻录／张其昀著

上海：商务印书馆，1946年10月初版，1947年3月再版

96页；32开

主题：游记—美国—1943—1945—选集

中图分类号：K971.29

书前冠自序。作者于1943年6月至1945年10月间在美旅行视察。收《我所看见的美国》、《战时之美国青年》、《美国战时大学与学术研究》、《最近美国对华舆论》、《太平洋战争之三阶段》、《原子能力之新纪元》、《中美航空半月记》等12篇文章。其中8篇载于重庆《大公报》、1篇载于《思想与时代》月刊。

2778

马来鸿雪录．上册／黄强著

上海：商务印书馆，1928年6月初版，1930年再版

150页：图；25开

主题：马来西亚—概况

中图分类号：K933.8

作者1926年夏环游马来半岛。本书介绍马来半岛的地理、物产、

气候、风土人情以及华侨状况。

2779

马来群岛游记 /（英）窝雷斯（A. R. Wallace）著；吕金录译

上海：商务印书馆，1933 年 4 月初版

2 册（785 页）：图；32 开

长沙：商务印书馆，1939 年再版

4 册；36 开

主题：游记—马来西亚

中图分类号：K933.89

记述作者 1854 年至 1862 年期间在马来群岛的科学探险考察活动。分马来群岛的地文地理、西里伯岛的游记、摩鹿家群岛游记、马来群岛的人种等 7 编。卷首有《窝雷斯传略》（节译自《大英百科全书》）。

2780

马来亚 / 黄泽苍编

上海：商务印书馆，1931 年 1 月初版

104 页；32 开

主题：马来亚—概况

中图分类号：K933.8

分海峡殖民地、马来联邦、柔佛保护邦、其他马来诸邦 4 部分，介绍各地区的地理、历史情况。

2781

马来亚① / 邬劳著

上海：生活·读书·新知上海联合发行所，1949 年 6 月沪初版

72 页；50 开 . —（新中国百科小丛书）

主题：马来亚—概况

中图分类号：K933.8

分 18 节。简要介绍马来亚的地理、历史、人种、宗教、政党和人物等。

2782

马来亚印象记 / 周寒梅著

重庆：南洋问题研究社，1943 年 7 月初版

99 页；36 开 . —（南洋问题研究丛书）

主题：游记—马来西亚—1915

中图分类号：K933.89

主要记述沦陷于日寇铁蹄下的侨胞的悲惨生活境遇。包含《海上一周》和《到槟榔屿去》等篇章。

2783

漫游日记 / 舒新城著

上海：中华书局，1945 年 11 月

---

①　马来亚：又叫西马来西亚，马来西亚的一部分。位于东南亚马来半岛南部，西南隔马六甲海峡同印度尼西亚的苏门答腊岛相望，东临南海，北同泰国相邻。

初版

302 页；32 开

主题：游记—日本—现代

主题：游记—中国—现代

中图分类号：K931.39

中图分类号：K928.9

本书共 4 编：《扶桑纪游》，记 1930 年秋赴日本考察出版及教育的情况；《北游杂技》，记述 1921 年和 1931 年赴平津鲁豫考察教育的情况；《江浙漫游记》，记述 1930 年至 1937 年旅游的情形；《香港六度记》，记载 1938 年至 1941 年困居上海，而后去香港的旅途概况。书内有在各地拍摄的照片。卷首有著者序。

2784

美国地理 ／ 胡焕庸编著

重庆：京华印书馆，1945 年 10 月初版

70 页：地图；32 开

主题：地理—美国

中图分类号：K971.22

共 12 小节。第 1 节为概述。第 2—12 小节分别叙述新英格兰各州、大西洋岸中部各州等美国各地区的地理情况。

2785

美国一瞥 ／ 菲尼摩尔（John Finnemore）著；腾柱译

上海：商务印书馆，1926 年 4 月初版，1929 年 5 月再版，1933 年国难后 1 版

132 页：图；32 开 . —（少年史地丛书）

主题：美国—概况

中图分类号：K971.2

分 17 章。介绍美国的地理情况。

2786

美拉尼西亚一瞥 ／ J. H. M. Abbott 著；吕金录译

上海：商务印书馆，1931 年 4 月初版，1933 年 3 月国难后 1 版

132 页：图；32 开 . —（少年史地丛书）

主题：美拉尼西亚—概况

中图分类号：K966.09

共 20 章。包含在海滩上、门达那的航行等章节。

2787

南非洲一瞥 ／（英）克地（D. Kidd）著；汪今鸾译

上海：商务印书馆，1925 年 6 月初版，1930 年 6 月 3 版，1933 年 2 月国难后 1 版

116 页：照片，图；32 开 . —（少年史地丛书）

主题：南非—概况

中图分类号：K947

分 15 章。介绍南非洲（今南
非共和国）的地理环境、矿产资
源、荷兰人的农场，以及当地土著
居民的生活状况。

2788

南美洲一瞥／布劳温（E. A.
Browne）著；周传儒译

上海：商务印书馆，1923 年 10
月初版，1924 年 10 月再版，
1927 年 3 月 3 版

95 页：照片；32 开 . —（少年史
地丛书）

主题：南美洲—概况

中图分类号：K977

共 16 章。包含启航琐谈、巴
拿马运河等内容。

2789

南欧地理／胡焕庸编著

重庆：京华印书馆，1945 年 3 月
初版

70 页：地图；32 开

主题：地理—南欧

中图分类号：K954. 02

介绍南欧诸国的地理状况。

2790

南欧地志／胡焕庸编

南京：钟山书局，1935 年 4 月
初版

86 页：图；32 开

主题：区域地理—南欧

中图分类号：K954. 02

分 16 节。介绍西班牙、葡萄
牙、意大利、瑞士、奥地利、匈牙
利、罗马尼亚、南斯拉夫、保加利
亚、阿尔巴利亚、希腊等国的地理
概况。书末附有重要参考书目和
《译名对照表》。

2791

南天乐园／黄素封著

上海：商务印书馆，1934 年 8 月
初版，1938 年再版

188 页；32 开 . —（东印度华侨
学校适用乡土教材）

主题：印度尼西亚—概况—文集

中图分类号：K934. 2 - 53

介绍荷属东印度的位置、面
积、气候、火山、土壤、人种、人
口、行政区划、宗教、教育、风
俗、农业、商业等。附《噶拉克火
山旅行记》、《旅行爪哇帝岩高峰
记》、*A Nature-Historical Guide to the
Dieng-Plateau* （ H. A. C. Boelman
著）、《东印度大事年表》。

2792

南洋／夏思痛著

上海：泰东图书局，1915 年 9 月
出版

[208] 页：冠像，图；24 开

主题：地理—东南亚

中图分类号：K933

内分 3 卷，第 1 卷收《南洋概论》、《英领疆域形势》、《马来半岛地位》、《雪兰峨痛史》、《彭亨痛史》、《柔佛痛史》、《新加坡痛史》、《槟榔屿痛史》、《半岛风景》、《华倭工人状况》、《沙捞越风俗》等 64 篇；第 2 卷收《荷领疆域形势》、《东印度群岛气候》、《爪哇痛史》、《苏门答腊志》、《婆罗洲志》、《西里伯志》、《巽他诸岛志》、《荷领军队》、《荷领宗教》、《土人风俗》等 52 篇；第 3 卷收《英领土人及居留人表》、《荷领土人及居留人表》、《欧美人之位置》、《中国人之生活》、《商会记》、《荷人苛待华侨记》等 30 篇。卷首有潜叟序和著者。

2793

南洋／黄栩园编

上海：中华书局，1924 年 4 月初版，1927 年 12 月 4 版，1928 年 10 月 5 版，1934 年 4 月 6 版

171 页；36 开．—（常识丛书）

主题：地理—东南亚

中图分类号：K933

分南洋之范围、各国领地之名称及其历史、南洋各岛之交通、南洋各岛之面积与人口、南洋各岛之人种及风俗、主要物产、领地之金融、领地之行政及教育、论各国之殖民政策、华侨之状况等 10 章。

2794

南洋／伍熊著

桂林：文化供应社，1942 年 1 月初版

70 页；50 开．—（青年新知识丛刊）

主题：东南亚—概观

中图分类号：K933

分南洋总论、越南、泰国、缅甸、英属东印度（马来亚与北婆罗洲）、荷属东印度、菲律宾、华侨在南洋 8 节。每节除概况外，重点介绍帝国主义国家在这些地区的殖民统治和各国的民族解放运动。

2795

南洋丛谈／藤山雷太著；冯攸译

上海：商务印书馆，1930 年 12 月初版

101，47 页；32 开

主题：东南亚—概况

中图分类号：K933

分 51 节。介绍南洋的地理、政治、经济和风俗习惯。鼓吹日本向南洋发展，加速海外移民。书末有《南洋各地产业统计》、《日本对南洋输出贸易统计》和《南洋渡海指南》等附录。

2796

南洋丛谈／（日）藤山雷太著；张铭慈译

上海：国立暨南大学南洋文化事业部，1931 年 10 月初版

[10]，135 页；32 开．—（南洋丛书）

主题：东南亚—概况

中图分类号：K933

分 51 节。介绍南洋的地理、政治、经济和风俗习惯。鼓吹日本向南洋发展，加速海外移民。书末有《南洋各地产业统计》、《日本对南洋输出贸易统计》和《南洋渡海指南》等附录。

2797

南洋丛谈／许瀚著

杭州：现代书局，1937 年 4 月初版

[18]，214 页；32 开

主题：东南亚—概况

中图分类号：K933

作者在南洋居住 4 年，遍历英、美、法、荷各国属地，期间以居留荷属东印度侨立培文中学校时间最长。本书记述其南洋观感，介绍南洋各岛史地、沿革、政治组织、农工商业、动植物产、名胜古迹、土著文化、风俗习惯以及华侨生活等方面的情况。卷首有著者弁言。

2798

南洋导游／中国旅行社编辑

上海：编者刊，1941 年 5 月初版

175 页：图；32 开

主题：导游—东南亚

中图分类号：K933.09

分英属马来亚、荷属东印度、菲律宾，法属越南、缅甸、泰国，英属北婆罗洲等 8 编。介绍其地理概况、历史沿革、重要城市、风俗民情等方面的情况。

2799

南洋地理／沈厥成，刘士木编著

上海：商务印书馆，1937 年 1 月初版，1938 年 6 月再版

2 册（124，192 页）；32 开

主题：地理—东南亚

中图分类号：K933

游记体地理读物。收《英属马来半岛》、《后印度半岛、荷属东印度》、《美属菲律宾》、《日属太平洋诸岛》4 篇。美属菲律宾部分约占全书一半篇幅。

2800

南洋地理／李长傅著

昆明：中华书局，1940 年 12 月初版

138 页：图；32 开

主题：地理—东南亚

中图分类号：K933

内分上、下 2 篇。上篇为总论，分 7 章介绍南洋的概念、地形、气候、生物、种族、资源、实业及交通。下篇为分论，分 7 章介绍法印①、泰国、缅甸、英属马来②、荷属东印度、英属婆罗洲③，菲律宾的地理情况。

2801

南洋地理 ／ 陈正祥编者

　　重庆：独立出版社，1944 年 6 月初版

　　[10]，250 页：地图；32 开

　　主题：地理—东南亚

　　中图分类号：K933

　　分引论、泰国、缅甸、马来亚、荷属东印度（爪哇、苏门答腊、婆罗洲）、菲律宾群岛、中国与南洋的经济关系等 8 章。本书尤为注意南洋的经济以及各地与中国的关系。卷首有胡焕庸序，书末有著者编后记。

2802

南洋地理与气候 ／ 周汇潇译

　　上海：国立暨南大学海外文化事业部，1937 年 1 月初版

　　104 页；32 开 . —（海外丛书）

　　主题：东南亚—概况

　　中图分类号：K933

　　分越南、暹罗、英属马来亚与婆罗洲、荷属东印度、菲律宾、日本委任统治岛 6 节。每节分述地理与气候两方面内容。

2803

南洋风光 ／ 臧健飞著

　　长春：新京书店出版部，1943 年 10 月出版

　　151 页；32 开

　　主题：风景区—东南亚—现代—文集

　　中图分类号：K933.09

　　伪满出版物。本书系据参考资料编译而成。收《初次看见了椰子》、《原始的巴厘午》、《爪哇海

---

①　法印：即法属印度支那，又称法属东洋，是法国殖民地在东南亚的一部分，实行联邦制，其组成包括今越南、老挝和柬埔寨三国，兼领广州湾（今广东省湛江市中心城区）租界。

②　英属马来：1826 年，马来半岛成为英国海峡殖民地的一部分。1939 年，组成行政区域，称为英属马来亚。1941 年 12 月，被日本军队占领。1945 年 9 月，英国恢复了对马来亚的殖民统治。1946 年，马来亚分为马来亚联合邦和新加坡岛。1957 年 8 月 31 日，马来亚联合邦在英联邦内获得正式独立。1963 年 9 月 10 日，马来亚联合邦与新加坡、沙巴（即北婆罗洲）及砂拉越组成"马来西亚联邦"，又称"大马来西亚"（简称大马）。1965 年新加坡退出联邦，建立独立的共和国。

③　英属婆罗洲：位于婆罗洲的北部，以前被称为北婆罗洲。1881 年开始被英国人统治，直到 1963 年 8 月 31 日独立。16 天后，北婆罗洲建立沙巴国，与马来亚国、砂拉越国和新加坡国，共同组成"马来西亚联邦"。

峡的一夜》等近百篇短文。

2804

南洋风土见闻录／王志成著

上海：商务印书馆，1931 年 6 月
初版

214 页；72 开

主题：游记—东南亚—现代

中图分类号：K933.09

分从上海到新加坡、新加坡、
各地通信 3 辑。卷首有作者序。

2805

南洋概况／邱致中编著

南京：正中书局，1937 年 3 月
初版

344 页；25 开 . —（史地丛刊）

主题：东南亚—概况

中图分类号：K933

分导论、荷属、英属、菲律
宾、法属等 5 章，分述南洋各地的
地理、华侨、政治、经济、风俗等
情况。卷首有编者序。

2806

南洋荷领东印度地理／司徒赞
编著

南京：暨南学校，1922 年 3 月
初版

179，[26] 页；23 开 . —（华侨
学校适用）

主题：地理—印度尼西亚

中图分类号：K934.2

分爪哇马都拉、苏门答腊岛总
论、西海岸诸州、东海岸诸州、婆
罗洲、西利伯士、总论等 15 章。

2807

南洋见闻录／傅绍曾著

北京：求知学社，1923 年 12 月
初版

18，302 页：图；25 开 . —（求
知学社丛书）

主题：游记—东南亚—1917

中图分类号：K933.09

作者 1917 年春赴槟榔屿，在
南洋居住两年。分后印度半岛、荷
属东印度、澳侨、菲律宾、华侨及
日侨概要、土人状况、南洋物产志
7 章。书末附黄公度遗稿《番客
篇》。

2808

南洋旅行记／侯鸿鉴著

无锡：竞志女学校，1925 年 10
月出版

[420] 页：地图，照片；25 开 . —
（病骥冒险旅行）

主题：游记—东南亚—1919—
1920—选集

中图分类号：K933.09

记述作者 1919 年 7 月至 1920
年 1 月在南洋各地的游行见闻。收
《菲律宾记》、《海峡殖民地及马来

半岛记》、《荷属各埠记》等。

2809

南洋旅行记／罗井花著

　　上海：中华书局，1932 年 11 月
出版

　　144 页；32 开 . —（我的书小游
记）

　　主题：游记—东南亚—现代

　　中图分类号：K933.09

　　分马来话和马来化、香蕉最多
的地方、中华会馆、南洋的教产、
南洋的土产等 30 节。

2810

南洋旅行漫记／梁绍文著

　　上海：中华书局，1924 年 10 月
初版，1925 年 9 月 3 版，1926 年
9 月 4 版，1930 年 11 月 8 版，
1933 年 10 月 9 版

　　283 页；25 开 . —（少年中国学
会丛书）

　　主题：游记—东南亚—现代

　　中图分类号：K933.09

　　分 133 节。记述南洋的山川风
光、风俗民情和华侨生活状况。

2811

南洋论／高事恒著

　　上海：南洋经济研究所，1948 年
1 月初版

　　339 页：图；25 开

　　主题：东南亚—概观

　　中图分类号：K933

　　介绍南洋人文地理。收《乐
土南洋》、《南洋透视》、《暹罗与
暹罗人》、《曼谷》、《爪哇》、《南
洋经济全貌》、《西洋人殖民南洋
始末》、《民族觉醒与民族运动》、
《社会构成》、《南洋各国对华侨之
政策》、《南洋地理特征》、《南洋
诸岛之人种群》、《南洋宗教信仰》
等 68 篇文章。卷首有著者序，着
重介绍冯承钧、张礼千、姚楠、许
云樵、向达、罗春林、徐松石等人
对南洋研究所作的贡献。

2812

南洋奇观／沈厥成编

　　上海：良友图书印刷有限公司，
1932 年 5 月初版

　　59 页：照片；8 开

　　主题：东南亚—概况—图集

　　中图分类号：K933 - 64

　　照片集，共分 12 编。反映南
洋的自然风光、土著风俗、文化古
迹和奇特的动植物。

2813

南洋群岛：英属之部／朱镜宇著

　　上海：商务印书馆，1920 年 10
月初版

　　［38］，334 页：照片，地图；
32 开

主题：南洋群岛—概况

中图分类号：K933

分 2 编。第 1 编介绍南洋概况；第 2 编马来半岛总论，分海峡殖民地、马来联邦总论和马来邦总论 3 章。

2814

南洋群岛一瞥／何尔玉，萧友玉编著

上海：商务印书馆，1937 年 1 月初版

175 页：图；32 开 . —（少年史地丛书）

主题：南洋群岛—概观

中图分类号：K933

分南洋群岛总论、英属马来亚、英属北婆罗洲、荷属东印度总论、美属菲律宾①总论、法属安南②、暹罗、英属缅甸③等 13 章。

2815

南洋群岛游记／卓宏谋著

北平：著者刊，1928 年 12 月出版

46 页；24 开

主题：游记—南洋群岛—1901

中图分类号：K933.09

日记体。记述 1901 年 2 月至 4 月游历南洋 17 岛的经过。卷首附《南洋群岛游历图》。

2816

南洋三月记／郑健庐著

上海：中华书局，1935 年 9 月初版；1936 年 9 月再版

[22]，344 页：图；32 开

主题：游记—东南亚—1933

中图分类号：K933.09

1933 年 5 月至 8 月赴南洋考察时的游记。记述了各地的历史沿革、地理概略、移民条例、入境手续、物产工艺、名胜古迹、华侨社会状况和土著生活风俗等。卷首有自序。

---

① 美属菲律宾：1521 年，麦哲伦探险队首次环球航海时抵达菲律宾群岛。此后，西班牙逐步侵占菲律宾，并统治长达 300 多年。1898 年爆发美西战争，同年 6 月 12 日菲律宾宣告独立，成立菲律宾共和国。尔后西班牙战败，美国接收菲律宾，改由美国统治。1935 年 3 月 24 日，菲律宾建立菲律宾自治邦，1942 年至 1945 年为日本所据。第二次世界大战结束后，菲律宾再次沦为美国殖民地。1946 年 7 月 4 日，美国被迫同意菲律宾独立。

② 法属安南：法国于 1874 年在现今越南中部所建立的一个保护国，首府设在顺化。1887 年并入法属印度支那联邦。

③ 英属缅甸：英国在中南半岛上的一个殖民地，存在于 1824 年至 1948 年，首府仰光。1942 年 5 月，日军占领缅甸并成立以巴莫为首的政府，在日本支持下反对英国统治。1945 年日本投降后，英国宣布缅甸独立是有效的，但实际上仍受英国控制。1948 年 1 月 4 日，英国议会正式承认缅甸独立，缅甸联邦成立。

2817

南洋生活／陈枚安编著

上海：世界书局，1930 年 1 月初
版，1933 年 5 月再版

172 页：图；32 开

主题：东南亚—概况

中图分类号：K933

本书系作者根据本人见闻和参
考其他著作写成。内分南洋概观、
火山、种族、宗教、风俗、生活、
城市、华侨等 8 章。有刘士木校
阅。卷首有著者序。

2818

南洋实地调查录／林有壬编

上海：商务印书馆，1918 年 1 月
初版

279，[11] 页；24 开

主题：地理—印度尼西亚

中图分类号：K934.2

分西里伯斯岛及其属辖、婆罗
洲岛、小巽他列岛、爪哇马渡拉并
其附属菅区、苏门答腊 5 编。叙述
荷属东印度群岛的地理概况。编者
在两篇序中主要向当时的中国政府
力陈有保护国外华侨之义务。书末
有《中荷在荷兰领等殖民地领事
条约》、《福建省保护国华侨办法》
地 13 篇附录。

2819

南洋英属海峡殖民地志略 ／ 宋蕴

璞著

北平：蕴兴商行，1930 年 1 月
初版

[17，384，11] 页；16 开

主题：新加坡—概况

主题：槟榔屿—概况

主题：马六甲—概况

中图分类号：K933.8

分新加坡、槟榔屿和马六甲 3
编。介绍其概况、物产、人物、名
胜等情况。

2820

南洋游记／刘熏学撰

上海：开明书店，1930 年 1 月初
版；1930 年 5 月再版

[13] 页，112 页：照片；32 开

主题：游记—东南亚—1926

中图分类号：K933.09

记述作者 1926 年 12 月至 1927
年 4 月在南洋各地旅游的观感。

2821

纽丝纶归程／邵挺著

[出版地不详]：[出版者不详]，
1922 年出版

40 页；32 开

主题：游记—新西兰

中图分类号：K961.29

记述作者 1922 年 4 月至 5 月
从新西兰回国时的沿途见闻。

2822

挪威一瞥 ／ 梅克洛弗尔曼（A. F. Mockler Farrgman）著；汪今銮译

上海：商务印书馆，1926 年 2 月初版，1928 年再版，1933 年 2 月国难后 1 版

135 页；32 开 . —（少年史地丛书）

主题：挪威—概况

中图分类号：K953. 3

分 16 章。简要介绍挪威的自然风光、工农业、学校教育以及人民生活习俗等情况。含海盗时代的挪威、北极地方的日夜等章节。

2823

欧罗巴洲 ／（美）卡奔德（原题：谦本图，Carpenter）著；孙毓修译述

上海：商务印书馆，1908 年 3 月初版，1913 年 5 月 3 版，1915 年 3 月 4 版

15，382 页：图；25 开 . —（谦本图旅行记地理读本）

主题：地理—欧洲

中图分类号：K950. 2

本书 1908 年初版，游记体地理读本。介绍欧洲地理概况，包含大西洋等章节。

2824

欧文日本研究书志

北平：近代科学图书馆，1940 年出版

21 页；25 开

主题：日本—研究

中图分类号：K931. 3

分著名文献目录之解说、一般文化、地理·人类学·考古学、历史·传记、哲学·宗教、语学·文学·美术、社会·教育、法律·经济·政治等 10 部分。收录了英文、法文和德文的日本研究目录。《北平近代科学图书馆馆刊》第一号单行本。

2825

欧行杂记 ／ 仓圣著

上海：上海时代图书公司，1936 年 3 月初版

297 页；36 开

主题：游记—欧洲—现代

中图分类号：K950. 9

收《别了上海以后》、《开罗纪游》、《到马赛》、《闲话巴黎》、《谈伦敦的乞丐》、《牛津学校生活琐谈》等欧游通讯 30 篇。

2826

欧游纪行 ／ 陈祖东著

重庆：正中书局，1939 年 11 月初版

128 页；36 开

主题：游记—欧洲—1938

中图分类号：K950. 9

本书记述了作者 1938 年赴欧考察英国、法国、瑞士、德国和瑞典等国水利电力事业的情况。包含南洋之范围等章节。

2827

欧游经验谈 / 胡贻谷等著

　　上海：青年协会书局，1923 年出版

　　102 页：图；32 开

　　主题：游记—欧洲—现代

　　中图分类号：K950.9

　　本书是胡贻谷、梅贻琦、刘湛恩、沈雋淇、朱斌魁、林志煌等 6 人结伴游历英国、法国、比利时、荷兰、德国、瑞士、意大利七国的见闻。包含大西洋航程、地中海及印度洋水程等章节。

2828

欧游日记 / 应懿凝著

　　上海：中华书局，1936 年 11 月初版

　　308 页：图，肖像；32 开

　　主题：游记—欧洲—1934—1935

　　中图分类号：K950.9

　　分自上海至威尼斯、海行旅程地图、初访柏林等 14 小节。记述作者 1934 年 6 月至 1935 年 1 月欧游见闻。

2829

欧游散记 / 李汉魂著

　　广州：力行出版社，1949 年 5 月初版

　　88 页；32 开

　　主题：游记—欧洲—1947

　　中图分类号：K950.9

　　记述作者 1947 年在英国、挪威、瑞典、丹麦、意大利、法国、瑞士等欧洲 13 个国家的旅游见闻。

2830

欧洲地理 / 邹豹君著

　　[出版地不详]：国立编译馆，1948 年 1 月初版，1948 年 8 月再版

　　[15]，423 页：地图；25 开.—（部定大学用书）

　　主题：地理—欧洲

　　中图分类号：K950.2

　　共 6 编，第 1 编为概论。第 2 至 6 编分述南欧、西欧、中欧、西北欧、东欧等的地理概况。包含地中海低气旋进行路线图、波罗的海沿海地质图、北部波罗的海海流图等章节。

2831

欧洲漫游记 /（英）卓别灵[1]著；肖

---

　　① 卓别灵，即卓别林。

百新译

　　上海：会文堂新记书局，1931 年 4 月出版

　　294 页：照片；32 开

　　主题：游记—欧洲—现代

　　中图分类号：K950.9

　　记述作者回伦敦探亲的情况，兼有在法国的游历的内容。包含航海生活等章节。

2832

欧洲与不列颠：人生地理／非耳格林（J. Fairgriene），杨氏（E. Young）著；滕柱译

　　上海：商务印书馆，1931 年 5 月初版

　　227 页：地图；32 开

　　主题：欧洲—概况

　　中图分类号：K950.2

　　初级地理读物，共 14 章。分述欧洲诸国的人生地理。第 12 章至第 13 章为英国部分。着重论述人类和地理环境的关系。包含丹麦海道、意卑利亚半岛、海和陆等章节。

2833

欧洲政治地理／任美锷著

　　重庆：中国文化服务社，1940 年 12 月初版

　　65 页；25 开 . —（史地教育丛刊）

　　主题：政治地理学—欧洲

　　中图分类号：K950

　　分 12 章。叙述欧洲英国、荷兰、德国、苏联、西班牙、巴尔干诸国的特殊地理环境及其对于国际政治的影响。卷首有自序，书末附参考文献举要。包含荷兰之治水工程、地中海区域之地理环境及其对国际政治之影响等章节。

2834

葡萄牙一瞥／（英）谷多尔（A. M. Goodall）著；竺士楷译

　　上海：商务印书馆，1927 年 1 月初版，1929 年 3 月再版，1933 年 3 月国难后 1 版

　　92 页：图；32 开 . —（少年史地丛书）

　　主题：葡萄牙—概况

　　中图分类号：K955.2

　　共 16 章。包含里斯本和一个大探险家的历史等内容。

2835

群岛之国：印尼／王任叔著

　　大连：新中国书局，1949 年 3 月初版

　　72 页；36 开 . —（新青年自学丛书）

　　上海：生活·读书·新知上海联合发行所，1949 年 6 月初版

　　96 页：地图；42 开 . —（新中国百科小丛书）

主题：印度尼西亚—概况

中图分类号：K934.2

以通信的方式介绍印尼的地理、历史、政治、文化以及华侨等各方面的情况。分一个新的人民国家站起来了、帝国主义的天罗地网、红河的血浪、繁荣的都市、荒落的乡村、印度的甘地出现了、革命的火山爆发了、历史的新页等23小节。

2836

日本／哈耶玛著；张原译

　　[出版地不详]：光明书店，1937年6月初版

　　218页；32开．—（资本主义列强概观丛书）

　　主题：日本—概况

　　中图分类号：K931.3

　　分5章。分述日本地理、历史、经济概况、国家机构及政治运动、外交政策与殖民地政策。

2837

日本的解剖／中国国民党浙江省党部编

　　[出版地不详]：编者刊，1932年2月出版

　　196页；32开．—（反日宣传小丛书）

　　主题：日本—概况

　　中图分类号：K931.3

　　分24章。介绍日本的位置、气候、民族性、人口、天皇和议会、内阁、政党、教育、工业、军备、近代的社会思想等。书末有《日本的人种》、《日本的宗教》、《日本的历法》等3篇附录。

2838

日本的解剖／陶芳新编著

　　广西南宁：强华书局，1937年出版

　　108页；32开

　　主题：日本—概况

　　中图分类号：K931.3

　　介绍日本的历史、土地、人口、政治、经济、财政、军备、社会等情况。

2839

日本地理／周光倬编

　　南京：南京书店，1931年出版

　　[15]，315页：地图；32开

　　主题：日本—概况

　　中图分类号：K931.3

　　内分日本地理环境与人口问题的观察、日本国内发达的观察、日本大陆政策的观察3篇。含渔业、海军、陆军、外海轮之扩充等章节。

2840

日本地理／蒋社村编著

　　重庆：正中书局，1938年8月

初版

26 页；50 开 . —（抗战常识讲话）

主题：地理—日本

中图分类号：K931.3

介绍日本的领土与人口、气候与物产、运铁与海道、商业与都会。

2841

日本地理／曾德培编著

金华：正中书局，1941 年 11 月初版，1943 年 1 月 3 版

142 页；32 开 . —（日本国情研究丛书）

主题：地理—日本

中图分类号：K931.3

分领土、地势、气候、生物、人口、产业与贸易、交通、国防地理 8 章。

2842

日本地理大纲／周立三编

上海：中华书局，1937 年 7 月初版

456 页；32 开 . —（国际丛书）

主题：地理—日本

中图分类号：K931.3

共 4 编。绪论部分介绍日本的境界、面积和行政区划；地方志部分介绍关东、中部、近畿、四国、九州、北海道等地区的地理概况；

自然地理部分介绍海洋、气候、生物等情况；人文地理部分介绍产业、商业、交通、住居、政治等情况。

2843

日本地理新志／邬翰芳著

昆明：中华书局，1941 年 8 月初版

[30]，340 页：图；25 开

主题：地理—日本

中图分类号：K931.3

作者于 1936 年赴日考察日本地理情况。本书共 2 编。第 1 编为自然地理总论，第 2 编为人文地理总论，分人类地理学、经济地理学、政治地理学和交通地理学 4 章。

2844

日本地理研究／陈正祥编著

重庆：正中书局，1943 年 8 月初版

226 页：地图；25 开 . —（史地丛书）

主题：地理—日本

中图分类号：K931.3

共 20 章。前 15 章概述日本的地形、气候、居民、农业、工业、外贸、都市等。后 5 章介绍日本海外殖民地朝鲜、台湾（附澎湖列岛）、琉球群岛、库页岛、南阳委托统治地的地理概况。卷首有编著

者序。

2845

日本地志／胡焕庸编著

　重庆：京华印书馆，1945 年 6 月
初版

　138 页：地图；32 开

　主题：地理—日本

　中图分类号：K931.3

　　分 9 部分。介绍日本关东、奥
羽、中部、近畿、四国、九州、北
海岛等地区的地理概况。书末附
《日本地理区域表》、《日本地方府
县表》、《日本畿道国别表》。

2846

日本概观／哈耶玛著；张原译

　上海：光明书局，1940 年 3 月
再版

　218 页；32 开 . —（资本主义列
强概观丛书）

　主题：日本—概况

　中图分类号：K931.3

　　与光明书店 1937 年 6 月出版
的《日本》（著译者同本书）内容
相同。分述日本地理、历史、经济
概况、国家机构及政治运动、外交
政策与殖民地政策。

2847

日本故事／陈彬和编

　上海：日本研究月刊社，1930 年

8 月初版，1930 年 9 月 4 版，
1930 年 10 月 12 版

　80 页：图；50 开

　主题：日本—概况

　中图分类号：K931.3

　　初中、高小补充读物。分 3 章
叙述日本的地理、历史、和民
族性。

2848

日本国／熊卿云编

　上海：商务印书馆，1924 年 7 月
初版

　21 页；50 开 . —（平民小丛书）

　上海：商务印书馆，1927 年 6 月
再版

　37 页；50 开 . —（民众基本丛
书）

　主题：日本—概况

　中图分类号：K931.3

　　介绍日本的起源、现状、人
民、政治教育和宗教、工商业、交
通等。

2849

日本国势概况／桑镐编

　上海：商务印书馆，1931 年 10
月初版，1933 年国难后 1 版

　168 页：图；32 开 . —（史地小
丛书）

　主题：日本—概况

　中图分类号：K931.3

分 7 章。介绍日本的国势概观、人口、农业、矿业、工业、外贸以及属地经营。卷首有编者序，说明本书大体依据矢野恒太所著《日本国势图会》并参考各种年鉴编成。

2850

日本国势现状／王善继著

上海：大东书局，1931 年 11 月初版

230 页；36 开

主题：日本—概况

中图分类号：K931.3

介绍日本的政治（议会、政党、警察）、经济与国防、移民与殖民、教育及社会等方面的状况，并论及日本当前的政治问题。有李长博序。

2851

日本国势现状／钟悌之编

上海：日本研究社，1931 年 11 月初版

86 页；50 开 . —（日本问题一角丛书）

主题：日本—概况

中图分类号：K931.3

分 9 节。叙述日本的面积、人口、贸易、财政、交通运输以及国防设施、司法、文化教育、艺术、出版等现状。

2852

日本国势之解剖／（日）矢野恒太著；王骏声等译

［出版地不详］：浙江高级中学，1932 年 1 月初版

［36］，476 页：图，表；24 开

主题：日本—概况

中图分类号：K931.3

本书原名《日本国势图会》。介绍日本国势，包括国际地位、经济、财政、国防，以及日本统治的殖民地等方面情况。含多幅统计图表。

2853

日本论／哈耶玛著；张原译

上海：光明书局，1938 年 5 月出版

218 页；32 开

主题：日本—概况

中图分类号：K931.3

与光明书店 1937 年 6 月出版的《日本》（著译者同本书）内容相同。分述日本地理、历史、经济概况、国家机构及政治运动、外交政策与殖民地政策。

2854

日本人文地理／（日）石桥五郎等著；张其春译

长沙：商务印书馆，1940 年 8 月初版

2 册（23，544，21 页）：图；
25 开

主题：人文地理—日本

中图分类号：K931.3

　　共 23 篇。总论、民族、国土沿革、人口、聚落、政治、农业、畜牧、水运、通信、航空、国内商业与国际关系等前 14 篇译自改造社《日本地理大系总论篇》。农业（下）、林业、水产业、矿业、工业、交通、国外贸易与文化等后 8 篇译自改造社《地理讲座日本篇总论》。第 23 篇《日本国势之鸟瞰》由译者撰写。

2855

日本人文地理之特征／赵南柔，周伊武编

　　南京：日本评论社，1934 年 1 月初版

34 页；36 开 .—（日本研究会小丛书）

主题：人文地理—日本

中图分类号：K931.3

　　介绍日本自然地理、人文地理和地方地理的特征。本书参考《日本经济地理》（黑正岩）和《日本地理讲话》（佐藤弘）编写而成。

2856

日本视察记／王桐龄著

　　北京：文化学社，1922 年 12 月初版，1928 年 4 月再版

242 页：地图；25 开

主题：游记—日本—1921

主题：游记—朝鲜—1921

中图分类号：K931.39

中图分类号：K931.209

　　记述 1921 年春作者赴日本、朝鲜途中的见闻。包括去时的感想、途中中国之观察、朝鲜之观察、日本之观察、归时之感想 5 章。本书原名《日本杂感》，再版后附《日本东北旅行记》，正文目录前题《王氏游记》。

2857

日本研究／陈杰三编著

　　[出版地不详]：东南日报印刷股印刷，1939 年 8 月初版

143 页；36 开

主题：日本—研究

中图分类号：K931.3

　　分 8 章。介绍日本地形、历史、政治、经济、军事、外交等概况。评论日本对华估计错误及封锁失败等问题。

2858

日本研究／蒋益明著

　　[成都]：中央陆军军官学校，1939 年 2 月初版

[12]，187 页：表；32 开 .—

（黄埔丛书）

主题：日本—研究

中图分类号：K931.3

正文前书名《日本研究教程》，分6章。叙述日本自明治维新以来70年间的政治、军事、经济、外交等方面概况。着重分析其内部的矛盾斗争情况。

2859

日本研究／邓深泽编著

[出版地不详]：中央陆军军官学校第三分校，1940年出版

58页；32开

主题：日本—研究

中图分类号：K931.3

本书与《日本研究讲授大纲》为同一种书，分7章。介绍日本地理，人口，历史，政治机构，经济，军事和外交概况。

2860

日本研究／梁克强著

[重庆]：宪兵司令部政治部，1940年5月出版

64页；32开．—（宪兵政治丛书）

主题：日本—研究

中图分类号：K931.3

分5章。介绍日本政治、经济、军事、外交及文化状况。

2861

日本研究／宁一先编著

[出版地不详]：中央军校第七分校政治部，[出版日期不详]

110页；32开．—（战时政治教程）

主题：日本—研究

中图分类号：K931.3

分自然环境、历史发展的几个重要阶段、政治机构、军部的剖视、国际关系及外交政策、自然资源的贫乏、经济上的危机、陆海空军实力的估计等9章。

2862

日本研究丛书／上海特别市党部宣传部编辑

上海：世界书局，[出版日期不详]

4册；50开

主题：日本—研究

中图分类号：K931.3

每册5篇。收《日本史略》、《日本地理大纲》、《日本民族性》、《日本维新运动》、《日本文明思想概观》、《日本政治制度》、《日本教育组织与学生运动》、《日本经济组织》、《日本社会组织》、《日本军备》、《日本与中国》、《日本与满蒙》、《日本与西洋》、《日本实业的勃兴》、《日本银行事业与财政》、《日本政治社会组织之变

迁》、《日本人口问题》、《日本人口及聚落之发达》、《日本政党小史》、《日本社会运动小史》等 20篇文章。

2863

日本研究丛书提要／陈德征著

　［出版地不详］：世界书局，1928年 8 月初版

　［402］页；50 开

　主题：日本—研究

　中图分类号：K931.3

　　本书为《日本研究丛书》中收录的 20 篇文章的提要。

2864

日本研究大纲／邓燮鑫编

　成都：中央陆军军官学校成都分校，［1936］年出版

　67 页；36 开

　主题：日本—研究

　中图分类号：K931.3

　　分 4 章。介绍日本地理、民族、文化、政治、经济、社会及外交简况。

2865

日本研究读本／江苏省立上海中学实验小学编

　［出版地不详］：编者刊，1931年 5 月初版

　76 页；50 开

主题：日本—研究

中图分类号：K931.3

　　分日本地理概论、日本的重要属地、日本略史、民族、军备、工商业、教育、最近四十年来的中日关系、日本与世界列强等 15 篇。

2866

日本一瞥／（英）John Finnemore著；俞松笠译

　上海：商务印书馆，1926 年 1 月初版，1930 年 4 月 3 版

　106 页：图；32 开 . —（少年史地丛书）

　主题：日本—概况

　中图分类号：K931.3

　　分 21 章。介绍日本的地理环境、少年儿童、生活习俗、乡村生活等情况。

2867

日本游记／凌抚元著

　北平：新北平报社，1936 年 10月初版，1936 年 11 再版，1937年 1 月 3 版

　［13］，255 页；32 开

　主题：游记—日本—1935

　中图分类号：K931.39

　　作者是新闻记者。本书记述了1935 年 8 月赴日考察农林业时的见闻。

2868

日本与朝鲜 ／（美）卡奔德
（F. G. Carpenter）著；罗隐柔译

上海：商务印书馆，1931 年 6 月
初版

340 页；32 开 . —（卡奔德世界
游记）

主题：游记—日本—现代

主题：游记—朝鲜—现代

中图分类号：K931. 39

中图分类号：K931. 209

　　游记体地理读物，共 27 章。
第 1 至第 23 章介绍日本情况；第
24 至第 27 章介绍朝鲜情况。

2869

日本之透视 ／ 马友三著

重庆：独立出版社，1944 年 7 月
初版

292 页；32 开

主题：日本—概况

中图分类号：K931. 3

　　分 6 章。介绍日本的自然环
境、人口、宗教、国民性、政治生
活等方面的情况。卷首有著者序。

2870

日本之研究 ／ 王德恒著

［出版地不详］：［著者刊］，1937
年 9 月出版

［32］页；32 开

主题：日本—研究

中图分类号：K931. 3

　　介绍日本的政治、经济、资
源、外交及战略。

2871

日本殖民地现况 ／ 方保汉编

南京：正中书局，1934 年 12 月
出版

55 页；32 开 . —（日本研究会
小丛书）

主题：东亚—概况

中图分类号：K931

　　介绍日本统治下的朝鲜、台湾、
南库页岛及南洋委任统治地的概况
（地理、人口、教育、农林矿产及交
通贸易等）。

2872

日寇觊觎下的荷属东印度群岛 ／
时与潮社编

重庆：时与潮社，1940 年 5 月
初版

44 页；32 开

主题：印度尼西亚—概况

中图分类号：K934. 2

　　分 7 节。介绍荷属东印度群岛
的地理形势、历史背景、政治沿革
及行政组织、产业经济、国际关系
及该群岛的前途。

2873

日鲜旅行记：民国八年 ／ 张援著

[出版地不详]：编者刊，1919 年
6 月初版

50 页；32 开

主题：游记—朝鲜—1919

主题：游记—日本—1919

中图分类号：K931.39

中图分类号：K931.209

作者是记者，记述 1919 年 4
月 15 日至 5 月 24 日其在日本和朝
鲜的旅行见闻。

2874

日鲜游记／梁鸿耀著

上海：民立中学校，1919 年 12
月初版

82 页；23 开

主题：游记—朝鲜—1919

主题：游记—日本—1919

中图分类号：K931.39

中图分类号：K931.209

日记体。记述作为江苏教育参
观团的成员，作者自 1919 年 4 月
至 5 月在日本和朝鲜的游历见闻。

2875

瑞典一瞥／（英）W. Liddle 著；汪
今鸾译

上海：商务印书馆，1925 年 9 月
初版，1926 年 7 月再版，1933 年
5 月国难后 1 版

99 页：地图，照片；32 开 . —
（少年史地丛书）

主题：瑞典—概况

中图分类号：K953.2

分 16 章。介绍瑞士的地理、
历史、城市以及社会生活。

2876

十七世纪南洋群岛航海记两种／
Christopher Fryke, Christopher Sch-
weitzer 著；黄素封，姚相译

上海：商务印书馆，1935 年 9 月
初版，1936 年 6 月再版

371 页；32 开 . —（汉译世界名
著）

主题：游记—南洋群岛—十七
世纪

中图分类号：K933.09

原书用德文写成，本书据英译
本转译。收《东印度之航海及军
事纪实》和《航行东印度六年间
日记》两种航海记。详细记述了
17 世纪南洋群岛的风俗民情、荷
属东印度公司的内幕情况以及华侨
在 南 洋 的 活 动。卷 首 附 英 国
C. E. Fayle 的长篇导言，对本书进
行了考证。

2877

四夷考／（明）叶向高著

北平：文殿阁书庄，1934 年 7 月
重印

202 页；36 开 . —（国学文库）

主题：历史地理—考证—亚洲

中图分类号：K930.6

据《福唐叶文忠公全集》（万历年刊）重印。收《朝鲜考》、《日本考》、《安南考》、《女直考》、《朵颜三卫考》、《哈密考》、《西番考》、《吐鲁番考》、《北虏考》、《盐政考》、《屯政考》、《京营兵制考》。

2878

宋椠宣和奉使高丽图经校记／段琼林著

　　［出版地不详］：［出版者不详］，［1930 年 7 月］初版

　　12 页；16 开

　　主题：历史地理—朝鲜

　　中图分类号：K931.209

2879

苏俄地理概论／郑林庄著

　　上海：中华书局，1935 年 12 月初版

　　［10］，236 页：地图；32 开 . —（国际丛书）

　　主题：苏联—概况

　　中图分类号：K951.2

　　分 10 章。介绍苏联的自然区域、行政区域、人口、富源、工农业、交通、商业等情况。包含海运等章节。书末附《苏联新旧地名对照表》和《本书译名检查表》。

2880

苏俄地理基础／焦敏之著

　　上海：上海杂志公司，1948 年 11 月初版

　　258，10 页：图；36 开 . —（自我教育丛书）

　　主题：地理—苏联

　　中图分类号：K951.2

　　分莫斯科、莫斯科外圈、横跨欧亚两洲的苏俄、南俄风光、伏尔加大动脉、斯大林防线、西伯利亚等 9 章。书末附关于都市、疆界、海洋等情况的"摘要"。

2881

苏俄视察记／曹谷冰著

　　天津：大公报馆出版部，1931 年 9 月出版

　　260 页：图；21 开

　　主题：游记—苏联—现代

　　中图分类号：K951.29

　　包含海上航业之发展、波罗的海第一大港等内容。

2882

苏格兰／（英）（E. Grierson）著；吕炯译

　　上海：商务印书馆，1931 年 6 月初版，1933 年 2 月国难后 1 版

　　108 页：地图；32 开 . —（少年史地丛书）

　　主题：苏格兰—概况

中图分类号：K956.12

内容同《苏格兰一瞥》。介绍苏格兰的高地、河流、城市、节日风俗、渔业和农牧民生活。

2883

苏格兰一瞥／格里孙（E. Grierson）著；吕炯译

上海：商务印书馆，1931 年 6 月初版

108 页：地图；32 开

主题：苏格兰—概况

中图分类号：K956.12

分 20 章。介绍苏格兰的高地、河流、城市、节日风俗、渔业和农牧民生活。

2884

苏莱曼东游记／苏莱曼（Sulayman）著；刘半农，刘小蕙译

上海：中华书局，1937 年 5 月初版

124 页；32 开

主题：游记—亚洲

中图分类号：K930.9

著者是阿拉伯商人、旅行家。内分两卷，记述他公元 851 年东游中国与印度的见闻，译者根据1922 年法译本转译。

2885

苏联地理／吴清友编译

重庆：商务印书馆，1942 年 11月初版

72 页；36 开 . —（中苏文化协会社会科学丛书）

主题：苏联—概况

中图分类号：K951.2

分 5 章。介绍苏联地理概况。

2886

苏联地理／胡焕庸编著

重庆：京华印书馆，1945 年 3 月初版

108 页：地图；32 开

主题：苏联—概况

中图分类号：K951.2

共 24 小节。第 1 节至第 12 节介绍苏联地理情况；第 13 节至第23 节分述苏联区域地理；第 24 节为苏联与第二次世界大战。包含波罗的海沿岸和白俄罗斯、黑海沿岸等章节。

2887

苏联概观／（英）多布（原题茅里斯·杜勃 Maurice Dobb）著；端木琦译

重庆：商务印书馆，1945 年 4 月初版，1945 年 10 月沪初版，1946 年 7 月沪 3 版

94 页；36 开

主题：苏联—概况

中图分类号：K951.2

分 14 章。介绍苏联的历史、地理、经济、政治、教育、军队、以及德苏战争情况。

2888

苏联新地理／（苏）米哈伊洛夫著；谭俊译

长沙：商务印书馆，1938 年 1 月初版

281 页：图；32 开 . —（苏联小丛书）

主题：地理—苏联

中图分类号：K951.2

分绪论、苏联地理概况、地理上的新区分、工业上的新分配、农业上的新分配、人口的新分配等 8 章，包含北海通道等章节。

2889

苏门答腊一瞥／沈雷渔编著

南京：正中书局，1936 年 8 月初版

177 页：图；25（史地丛刊）

主题：苏门答腊—概况

中图分类号：K934.2

分 34 小节。介绍苏门答腊的风土人物和华侨情况，涉及港务和航海。

2890

苏维埃远东／（美）曼德尔（W. Mandel）著；晓歌译

重庆：中外出版社，1945 年 6 月初版，1945 年 8 月再版

130 页：地图；32 开 . —（太平洋学会丛书）

主题：区域地理—苏联

中图分类号：K951.22

分两部分。第 1 部分介绍苏维埃远东概况；第 2 部分介绍苏维埃中央亚细亚哈萨克、乌兹别克、土库曼、吉尔吉斯等加盟共和国的概况。

2891

苏彝士运河[①]／任美锷，严钦尚编译

重庆：正中书局，1941 年 8 月初版，1949 年沪 1 版

86 页：图；32 开 . —（时事丛书）

主题：苏伊士运河—历史

中图分类号：K941.14

分 4 章。介绍苏伊士运河的历史、现状、埃及的国际关系问题。

2892

太平洋岛屿志要／于大千编译

重庆：读书出版社，1944 年 9 月初版

---

① 苏彝士运河，即苏伊士运河。

176 页：地图；32 开

主题：地理志—太平洋岛屿

中图分类号：K933

共 10 章。结合第二次世界大战太平洋战场情况，叙述太平洋上重要岛屿的地理概况及其战略意义。卷首冠《太平洋形势全图》6 幅。书末附《太平洋战争大事日志》、《太平洋各岛地名汉英对照表》和《太平洋各岛地名英汉对照表》。

2893

太平洋诸岛概观／严懋德编译

上海：世界书局，1946 年 7 月初版

260 页：地图；32 开

主题：地理志—太平洋岛屿

中图分类号：K933

分海南岛、台湾岛、琉球群岛、菲律宾群岛、马来亚半岛、荷属东印度、勘察加半岛、夏威夷群岛、新西兰、玻里尼西亚群岛①等 18 章。介绍各岛的历史、政治、地理、军事、经济、文化、风俗、人情等情况。卷首有编者引言。附《巴拿马运河》、《横初版断南极探险记》、《新几内亚奇俗谈》、《美太平洋海军将领志》。

2894

泰国／蔡文星编著

重庆：正中书局，1943 年 4 月初版

244 页：图；32 开 . —（时事丛书）

主题：泰国—概况

中图分类号：K933.6

编著者是时事月报社主编。本书介绍了泰国的政治、经济、地理、文化、教育、华侨等方面的情况。

2895

铁蹄下之新加坡／陈柏年编

［出版地不详］：中国经济研究会，1926 年 11 月出版

118 页：图；24 开

主题：新加坡—概况

中图分类号：K933.9

分统计、专记和实业 3 编。记述在新加坡的旅游经历和见闻，描述了英国统治下的新加坡政治经济现状及其风土人情。

2896

倭寇侵略中之南洋. 上编／张礼千著

重庆：商务印书馆，1943 年 1 月

---

① 玻里尼西亚群岛，即波利尼西亚群岛太平洋三大岛群之一，位于太平洋中部，处于大洋洲境内。

初版，1944 年 3 月赣初版

150 页；36 开

主题：东南亚—概观

中图分类号：K933

分 4 章。介绍中南半岛越南、缅甸、暹罗三国的地理历史情况。

2897

我的游记 / 隋岐周著

南京：文化学社，1940 年 9 月出版

105 页；32 开

主题：游记—日本—现代

中图分类号：K931.39

敌伪出版物。记述了参观日本军队和军事设施的情况。

2898

西班牙一瞥 /（英）布牢温（E. A. Browne）著；顾德隆译

上海：商务印书馆，1926 年 8 月初版，1930 年 7 月再版，1933 年 3 月国难后 1 版

85 页：图；32 开 . —（少年史地丛书）

主题：西班牙—概况

中图分类号：K955.1

分 16 章。介绍西班牙各方面情况。

2899

西伯利亚地理 / 陈正祥编著

重庆：京华印书馆，1945 年 7 月初版

82 页：地图；32 开

主题：区域地理—西伯利亚

中图分类号：K951.2

前半部分介绍西伯利亚的地形、气候、植物与土壤、人口与移民、农业、森林、矿产、工业、交通等情况。后半部分分区介绍地理概况。

2900

西行日记 / 赵振武著

北平：成达师范出版部，1933 年 8 月初版

[14]，404 页：图；32 开

主题：游记—沙特阿拉伯—1932 –1933

中图分类号：K938.49

包含长途的海洋和沿站、阿拉伯海中、入红海、红海气候、交涉直航上海、海天月色、海不扬波、海上遇雾等内容。

2901

西域南海史地考证译丛四编 /（法）伯希和（P. Pilliot）著；冯承钧译；中华教育文化基金董事会编译委员会编

上海：商务印书馆，1940 年 7 月初版

146 页；25 开

主题：历史地理—考证—亚洲—译丛

中图分类号：K930.6

收《沙儿合黑塔泥》（伯希和）、《汉明帝感梦遣使求经事实考》、《秦汉象郡考》、《唐代安南督护府疆域考》、《李陈胡三氏时安南国之政治地理》、《安南省道沿革表》（以上为马思伯乐著），共6篇。

2902

希腊／（法）邵可侣（E. Reclus）著；郑绍文译

上海：文化生活出版社，1937年7月初版

204页：地图；32开.—（综合史地丛书）

主题：希腊—概况

中图分类号：K954.5

内分上、下卷。上卷希腊，简述希腊文明史；下卷希腊的岛屿与海岸，简述希腊的地理概况。

2903

希腊一瞥／布劳温（E. A. Browne）著；周育民译

上海：商务印书馆，1923年10月初版，1924年10月再版，1927年3月3版

118页；图，32开.—（少年史地丛书）

主题：希腊—概况

中图分类号：K954.5

分神圣的地方、近代的希腊人、希腊的建筑家、街中和路旁的风景、小葡萄地、本地的工业、旅行希腊等章节。

2904

锡兰／郝雷格尔（H. A. J. Hulugalle）著；周尚译

重庆：商务印书馆，1944年8月初版，1945年再版

30页；36开

主题：斯里兰卡—概况

中图分类号：K935.8

本书系牛津大学出版社出版的《印度事件牛津小丛书》中的一种。书内扼要介绍锡兰的地理、历史、人民、经济、教育等情况。

2905

锡兰一瞥／（英）A. Clark 著；王雨生译

上海：商务印书馆，1930年12月初版

92页；32开.—（少年史地丛书）

主题：斯里兰卡—概况

中图分类号：K935.8

分岛国、锡兰的故事、人民、沿途风景、棕树林、宝石出产地、捕象等21章。

2906

暹罗／（日）山口武原著；陈清泉译

上海：商务印书馆，1923 年 2 月初版，1924 年 8 月再版，1931 年 3 版

227 页；32 开

主题：泰国—概况

中图分类号：K933.6

分王室、人口、气候、历史、政治、财政、司法、教育、农业、矿山、铁道、海运等 18 章。书末附《日暹修好通商条约》。

2907

暹罗／曹绵之著

北平：新中国书局，1949 年 7 月再版

93 页；42 开 . —（新中国百科小丛书）

上海：生活·读书·新知联合发行所，1949 年 8 月初版

93 页；42 开 . —（新中国百科小丛书）

主题：泰国—概况

中图分类号：K933.6

分暹罗的地理环境、自然资源、泰族立国的经过、怎样降为半殖民地、政局和政党、华侨社会的构成、中暹的历史因缘、华侨"过番"的原因、排华和华侨的出

路等 15 部分。

2908

暹罗概况／参谋本部第二厅第三处编

［出版地不详］：编者刊，1934 年 2 月初版

18 页；25 开

主题：泰国—概况

中图分类号：K933.6

分 17 部分。介绍暹罗的地理、政治、宗教、教育、产业、交通、城市、华侨状况、中暹关系等情况。

2909

暹罗一瞥／杨伊伦斯特（B. Ernest Young）著；顾德隆译

上海：商务印书馆，1927 年 12 月初版，1930 年 7 月再版，1933 年国难后 1 版

80 页；32 开 . —（少年史地丛书）

主题：泰国—概况

中图分类号：K933.6

分 18 章。介绍暹罗的历史地理、风俗物产和自然风光。

2910

暹罗状况全书／陈阜民编辑

广州：奇文印务局，1926 年 8 月初版

244 页：冠像，照片；18 开

主题：泰国—概况

中图分类号：K933.6

　　分历史、地理、文字、物产、工艺、风俗、古迹、机关、政治、全暹商务、华侨、各国侨务12章。附暹国全国、暹京地图和各种风景人物图。

2911

现代美国／苏联百科全书研究院编；潘公昭编译

　　上海：中国科学图书仪器公司，1946年7月初版

　　[30]，314页：地图；32开

主题：美国—概况

中图分类号：K971.2

　　书前冠：《译者弁言》。内分概况、自然地理、土地及人口、经济历史、国家机关、军事、文化、美国与列强军备之发展、美国战时及战后产业资本的动向、美国战后经济的展望等18章。前9章为苏联国立百科全书研究院出版的《美利坚合众国》一书的全译本，叙至1942年上半年止。第二次世界大战末期及战后情况系根据苏联其他材料编译。第10章至第18章为补编。书末附《美国史重要年表》（986年至1945年）。

2912

现代日本／（日）渡边铁藏著；萧治平译

　　［出版地不详］：［出版者不详］，1936年6月出版

　　255页；32开

主题：日本—概况

中图分类号：K931.3

　　分8章。介绍日本的科学、工业、农业、贸易、交通、军备的发展过程及其现状。

2913

现代印度／蒋君章著

　　重庆：商务印书馆，1943年4月初版；1945年4月再版；1947年3月沪初版

　　150页；25开．—（新中学文库）

主题：印度—概况

中图分类号：K935.1

　　分10章。介绍印度的地理、人口、政治、人民、农业、矿业、工业、交通、贸易、国防等情况。包含印度的海军等章节。

2914

新大陆：人生地理／（英）非尔格莱夫（J. Fairgrieve），杨氏（Ernest Young）著；腾柱译

　　上海：商务印书馆，1928年4月初版

　　155页：图；32开

主题：人文地理—北美洲

中图分类号：K971

分 14 章。叙述南北美洲的人生地理概况。书末附《美国各州面积人口一览表》。

2915

新大陆游记 / 梁启超著

上海：商务印书馆，1916 年 9 月初版，1922 年 3 版

[21]，236，60 页；32 开 . —（饮冰室从著）

主题：游记—加拿大—近代

主题：游记—美国—近代

中图分类号：K971. 19

主题：K971. 29

加拿大、美国游记。侧重介绍和评论政治、军事和社会情况。

2916

新大陆游记节录 / 梁启超著

上海：中华书局，1936 年 3 月出版，1937 年 6 月再版

207 页；32 开

主题：游记—加拿大—现代

主题：游记—美国—现代

中图分类号：K971. 19

主题：K971. 29

书内正文前书名题：《冰饮室专集新大陆游记节录》。附《记华禁约》、《夏威夷游记》、《游台湾书牍》。

2917

新西兰一瞥 / 凡爱利（P. A. Vaile）著；俞松签译

上海：商务印书馆，1928 年 5 月初版，1933 年 3 月国难后 1 版

117 页：地图；32 开 . —（少年史地丛书）

主题：新西兰—概况

中图分类号：K961. 2

分 15 章。介绍新西兰的地理、历史、土著居民和社会生活等情况。

2918

亚俄烽烟 / 安炳武编译

上饶：战地图书出版社，1942 年 4 月初版

84 页；32 开

主题：苏联—概况

中图分类号：K951. 2

介绍苏联远东部分的地理、政治、经济、物产、交通、移民等各方面的情况。

2919

亚细亚洲 /（美）谦本图（F. G. Carpenter）著；孙毓修译

上海：商务印书馆，1916 年 6 月初版，1920 年 3 月再版

323 页：图；25 开 . —（谦本图旅行记地理读本）

主题：亚洲—概况

中图分类号：K930

书名原文：*Carpenter's New Geographical Readers*：Asia：游记体地理读本。介绍亚洲地理概况。

2920

亚洲苏联／（美）戴威士（R. A. Davis），史蒂格（A. J. Steiger）著；朱海观译

上海：耕耘出版社，1946 年出版，1949 年 3 版

[11]，305 页；32 开 . —（中苏文化协会研究委员会丛书；第 4 种）

主题：区域地理—苏联

中图分类号：K951. 22

作者曾亲自去苏联亚洲部分实地考察。本书为游记体，内分向着太平洋上的合作迈进、乌拉尔区域—内部防御的堡垒等 15 章。

2921

亚洲之地与人 ／（美）葛德石（George B. Cressey）著；张印堂，刘心务译

上海：商务印书馆，1946 年 12 月初版

[15]，433 页；25 开

主题：亚洲—概况

中图分类号：K930

书名原文：*Asia's Lands and Peoples*，共 40 章。第 1 章至第 2 章专论太平洋盆地和亚洲概况。以下分中国、日本、苏联、西南亚、印度、东南亚 6 部分，介绍各国的山川、河流、地形、土壤、政治、工业、农业、外贸等情况。

2922

意大利大观：插图本 ／ 董之学著

上海：良友图书印刷公司，1934 年出版

210 页；24 开 . —（世界各国现势丛书）

主题：意大利—概况

中图分类号：K954. 6

分 15 部分。介绍意大利的地理、历史、经济、社会现状、法西斯主义、军事、教育、宗教、哲学、文学、艺术等各方面情况。

2923

意大利一瞥 ／ 樊南摩（J. Fennemore）著；郑次川译

上海：商务印书馆，1924 年 11 月初版，1926 年再版

99 页：图；32 开 . —（少年史地丛书）

主题：意大利—概况

中图分类号：K954. 6

2924

印度地理 ／ 陈正祥编著

重庆：正中书局，1944 年 3 月初

版，1948 年沪 1 版

106 页：地图；25 开

主题：地理—印度

中图分类号：K935.1

分印度的特征、地质构造与地形、气候、土壤与植物、农业、矿产、居民与宗教、交通与都市等 10 章。

2925

印度与缅甸／周安国，匡一智编

成都：黄埔出版社，1942 年 5 月初版

122 页；36 开 . —（时事指导丛书）

主题：印度—概况

主题：缅甸—概况

中图分类号：K935.1

中图分类号：K933.7

分上、下编介绍印度与缅甸的地理、政治、经济、军事等概况及中国的关系。附录《蒋委员长告印民众书》、《中印两国文化兴衰合离因缘》。

2926

英国地理／胡焕庸编著

重庆：京华印书馆，1945 年 3 月初版

74 页：地图；32 开

主题：地理—英国

中图分类号：K956.1

在《英国地志》一书基础上进行修订，增补《英国与两次世界大战》一节。附统计表 8 个。

2927

英国地志：不列颠群岛／胡焕庸编

南京：钟山书局，1933 年出版

92 页：图；32 开 . —（钟山学术讲座）

主题：地理—英国

中图分类号：K956.1

全书前半部分介绍英国地理概况。后半部分分述英国各地区的情况。书末有译名对照表。

2928

英吉利国／李清悚，袁庄伯编著

上海：大东书局，1933 年 5 月初版

88 页：图；32 开 . —（少年世界地理丛书）

主题：英国—概况

中图分类号：K956.1

分世界最大的城市、巴力门和英国政治、牛津大学一瞥、黑烟弥漫的工业区、格拉斯哥与爱丁堡、爱尔兰问题的过去与现在、爱尔兰自由邦、碧玉岛上的风光 8 部分。

2929

英属马来半岛／朱镜宙著

上海：大东书局，1920 年 11 月

初版；1932 年 4 月改订再版

［392］页：图；25 开

主题：马来西亚—概况

中图分类号：K933.8

　　本书初名《南洋群岛》。总论后分海峡殖民地、马来联邦、马来属邦 3 编，记述各地区的沿革、气候、人口、政府、财政、物产、交通等情况。卷首有章炳麟题词，黄郛序和著者再版序。

2930

英属马来亚地理／张礼千编

　　长沙：商务印书馆，1938 年 7 月初版；1939 年再版

　　11，212，25 页：地图；32 开

　　主题：马来亚—概况

　　中图分类号：K933.8

　　分总论、海峡殖民地、马来联邦、马来属邦、马来群岛 5 篇，共 31 章。每章先述略史，次述政治、教育、交通、物产、河流、山川等。卷首有著者序。书末有《一九三一年英属马来亚人口统计表》、《一九三一年英属马来亚人口分配表》、《专名对照表》和《华巫对照表》4 篇附录。

2931

英属马来亚及婆罗洲／苏鸿宾编译

　　上海：国立暨南大学海外文化事

业部，1936 年 11 月初版

90 页；32 开 . —（海外丛书南洋之部）

主题：马来亚—概况

中图分类号：K933.8

　　本书主要译自《1936 年政治年鉴》中关于英属马来亚及婆罗洲部分。内分上下篇，上篇：英属马来亚；下篇：英属婆罗洲。卷首有著者序。

2932

瀛涯胜览校注／马欢著；冯承钧校注

　　上海：商务印书馆，1935 年 4 月初版

　　21，72 页；32 开 . —（史地小丛书）

　　主题：瀛涯胜览—注释

　　中图分类号：K930.9

　　为明代随郑和下西洋的会稽人马欢所著，考查郑和所经南洋各番国的地理书。冯承钧根据现存《记录汇编》本、《胜朝遗事》本、《国朝典故》本三种版本的《瀛涯胜览》合勘，对其进行校注。

2933

游历家葛烈夫／鲍维湘编

　　上海：中华书局，1948 年 1 月初版

　　60 页：图；32 开 . —（中华文库）

主题：游记—东南亚

中图分类号：K933.09

记述南洋风土人情。

2934

游欧猎奇印象 / 张若谷著

上海：中华书局，1936 年 12 月初版

[12]，292 页；32 开

主 题：游 记—欧 洲—1933—1934—选集

中图分类号：K950.9

记述作者 1933 年至 1934 年在欧洲的旅游见闻。前有猎奇开篇 3 篇。后列海外印象。收《欧洲都会猎奇》、《法兰西巡礼》、《蒙德卡罗赌城》、《小巴黎巴露塞》、《雾之国伦敦》、《从柏林寄来的信》等 22 篇。包含菲律宾群岛、印度洋上等章节。

2935

游欧通讯 / 庄泽宣著

上海：生活书店，1934 年 1 月出版

129 页：照片；32 开

主题：游记—欧洲—现代—选集

中图分类号：K950.9

本书系生活书店出版《海外的感受》一书内《游欧通讯》的单行本。收《起程》、《海上杂感》、《法国教育的猛进》、《巴黎

与伦敦》、《丹麦的印象》、《汉堡与柏林》等 27 篇。着重介绍欧洲各国的教育制度及组织。

2936

远东苏联 / 安炳武编译

上饶：战地图书出版社，1945 年 8 月再版

74 页：表；32 开 . —（前线丛书）

主题：区域地理—苏联

中图分类号：K951.22

本书原名《亚俄烽烟》。介绍苏联远东部分的地理、政治、经济、物产、交通、移民等各方面的情况。

2937

远东政治经济图说 /（英）赫得森，（英）雷其门著；邱训谦编译；徐柏棠校阅

上海：棠棣社，1940 年 1 月初版

114 页；25 开

主题：东亚—概况

中图分类号：K931

分 10 章。用地图及文字解说东亚地区的交通、疆域、民族情况，中、日、苏（西伯利亚地区）三国与太平洋地区的历史变迁、政治经济形势。附《赴华道路图》（最近）、《远东海港图》、《太平洋空海军根据地图》、《中国南海形

势图》等。

2938

越南 / 黄泽苍编

上海：商务印书馆，1934 年 4 月初版，1934 年 6 月再版

121 页；32 开 . —（史地小丛书）

主题：越南—概况

中图分类号：K933.3

分 5 章。介绍越南的自然地理、经济、历史、人民和华侨的情况。

2939

越南 / 徐瘦秋编

上海：国立暨南大学海外文化事业部，1936 年 2 月初版

104 页：照片，地图；32 开 . —（海外丛书）

主题：越南—概况

中图分类号：K933.3

分绪言、越南鸟瞰、分区略述、政治及军备、文化及交通、独立运动浴血史 6 章。书末附《越南先烈及志士诗文》。

2940

越南概观 / 参谋本部第二厅第四处编

[出版地不详]：[出版者不详]，1936 年 12 月出版

52，34 页：地图，表；24 开

主题：越南—概况

中图分类号：K933.3

分 7 章。介绍越南与中国的关系、越南的土地人口、地势气候、交通、政治、经济、军备等情况。书末附《中法越约及议定书》全文。

2941

越南新志 / 梅公毅著

重庆：中华书局，1945 年 1 月初版，1945 年 11 月沪再版

84 页；32 开 . —（新亚细亚学会丛书）

主题：越南—概况

中图分类号：K933.3

分地理、经济与交通、政府与军备、中国与越南、法国与越南、日本与越南、越南之革命运动 7 章。

2942

战后欧游见闻记 / 庄启编

上海：商务印书馆，1922 年 1 月初版，1923 年 1 月再版，1926 年 11 月 4 版，1927 年 7 月 5 版

[17]，549 页：图，表；25 开

主题：游记—欧洲—1919 – 1921

中图分类号：K950.9

作者于 1919 年 11 月至 1921 年 6 月赴欧旅行。本书记述了法

国、西班牙、葡萄牙、德国、比利
时、瑞士等国的政治、教育、工农
业、商业、风俗等情况。包含马赛
记等章节。

2943

爪哇一瞥 ／（英）谢尔特马
（J. F. Scheltema）著；李毓芳译

上海：商务印书馆，1926 年 11
月初版，1933 年 3 月国难后 1 版

112 页：地图；32 开．—（少年
史地丛书）

主题：印度尼西亚—历史

中图分类号：K934.2

分 12 章。介绍爪哇的火山、
水、宫廷、娱乐、宴会、美术和工
艺等。

2944

爪哇与东印度群岛 ／（美）卡奔德
（F. G. Carpenter）著；丘学训译

上海：商务印书馆，1934 年 9 月
初版

280 页；32 开．—（卡奔德世界
游记）

主题：印度尼西亚—概况—游记

中图分类号：K934.29

游记体地理读物。分爪哇、巴
达维亚、西利伯岛、新几内亚、婆
罗洲、柔佛苏丹等 33 章。

2945

震荡中的波罗的海 ／杨承芳著

桂林：文化供应社，1940 年 1 月
初版

136 页；32 开．—（世界大战丛
刊）

主题：波罗的海—概况

中图分类号：K951.02

共 8 章。分第 1 章至第 3 章为
总论，介绍波罗的海的地理与历
史，以及波罗的海沿岸新兴国的重
要性。第 5 章至第 8 章分述芬兰、
爱沙尼亚、拉脱维亚、立陶宛的地
理、历史与现状。

2946

智利与阿根廷 ／（美）卡奔德
（F. G. Carpenter）著；林淡秋译

上海：商务印书馆，1935 年 6 月
初版

298 页：图；32 开．—（卡奔德
世界游记）

主题：游记—智利—现代

主题：游记—阿根廷—现代

中图分类号：K978.49

中图分类号：K978.39

共 39 章。包含在麦哲伦港中、
美丽的海滨等章节。

2947

中南半岛 ／张礼千著

重庆：商务印书馆，1943 年 1 月

初版，1944 年 2 月再版，1947 年
8 月沪初版

150 页；36 开

主题：东南亚—概观

中图分类号：K933

　　与《倭寇侵略中之南洋》为同
一种书，分 4 章。介绍中南半岛越
南、缅甸、暹罗三国的地理历史
情况。

2948

中南半岛鸟瞰／严懋德编

　　上海：世界书局，1949 年 7 月
初版

　　168 页；32 开

　　主题：东南亚—概观

　　中图分类号：K933

　　分越南、缅甸、暹罗 3 编。分
述各国的地理、历史、经济、政
治、风俗人情，华侨状况等。卷首
有编者小引。

K99　地图

2949

国立北平图书馆中国地理图籍丛
考／王庸著

　　上海：商务印书馆，1947 年 6 月
初版

　　177 页；32 开

　　主题：地图—中国—考证

　　中图分类号：K992

　　论文集。分两编。甲编收

《明代总舆图汇报》、《明代北方边
防图籍录》、《明代海防图籍录》；
乙编收《中国地理学史补订》、
《中国历史上地理与军政之关系》、
《中国历史上之土地疆域图》、《地
图闲话（一、二）》。附吴玉年
《明代倭寇史籍志目》。书前有作
者编辑小记。

2950

江苏图志／胡焕庸编

　　南京：国立中央大学地学系，
1935 年 11 月初版

　　100 页；8 开

　　主题：行政区地图—江苏

　　中图分类号：K992.253

　　收图 33 种。包括各县县城位
置、土壤分布、水道、外海诸岛形
势等单线墨勾图并附说明文字。

2951

世界地理讲授新图／胡明编著

　　上海：光华出版社，1948 年 10
月初版

　　184 页：图；16 开

　　主题：国家地图集—世界

　　中图分类号：K991

　　包含世界重要铁路及海路、
欧、非、亚、澳间的海运、欧洲至
美洲及澳洲的海运、美洲及亚洲的
海运、太平洋海道、达达尼尔海峡
及博斯普鲁斯海峡、中国东海、南

美地震及海震区域、中美及加勒比海、西欧及南欧沿海渔区等内容。

2952

最新世界地图集 / 谭廉编

上海：商务印书馆，1935 年 5 月初版

175，32，59 页：照片，地图，表格；16 开

主题：世界地图—地图集

中图分类号：K991

包含北极海沿岸、那不勒斯海岸、海上的长桥、北极海的冰山、海象之群、珊瑚大堡礁、北极地方、南极地方等内容。

十一　N　自然科学总论

N　自然科学总论

2953

博物词典 / 王烈，彭世芳，陈映璜编

上海：中华书局，1921 年 10 月初版，1937 年 4 月 9 版

14，326，94，112 页；32 开

主题：自然科学—词典

中图分类号：N61

包括中等教育上博物教材之全部，与本局新式理化词典相铺而行。含八目鳗、八出珊瑚类等海洋生物。附动、植、矿物及生理图 94 页，中西文名词对照表 112 页。

2954

常见事物 / 王昌谟等编译；任鸿隽校订；钱江春整理

上海：商务印书馆，1925 年 7 月初版

520 页：图；23 开 . —（少年百科全书）

主题：自然科学—普及读物

中图分类号：N49

分古今中外的桥梁、轮船的构造、火车的奥妙、航空的历史、电报的神奇、邮件的传递、潜水艇的发展、时钟的沿革、显微镜的趣事等 52 项，介绍其沿革、历史和作用等。

2955

从原子时代到海洋时代 / 顾均正著

上海：开明书店，1948 年 7 月初版，1949 年 3 月再版

182 页：图；32 开 . —（开明青年丛书）

主题：自然科学—普及读物

中图分类号：N49

收《原子能的开发与未来世界》、《原子弹的诞生》、《原子能在医药上的应用》、《空中警犬——雷达》、《到海洋里去》等

22 篇科学知识小品。

2956

发掘与探险／中学生社编

　　上海：开明书店，1935 年 6 月
初版

　　215 页：图；32 开 . —（中学生
杂志丛刊）

　　主题：发掘—探检

　　中图分类号：N49

　　科普读物。收考古学与地理探
险短文 16 篇。其中有《碎冰船之
话》（钟仲华）、《南极探险印象
记》（胡仲持）等。

2957

发明的故事／（日）广濑基著；华
书伦译

　　南京：正中书局，1937 年 5 月
初版

　　228 页：图；32 开

　　主题：技术史—创造发明—世界

　　中图分类号：N091

　　介绍望远镜、时钟、蒸汽机、
轮船、火车、汽车、飞机、安全
灯、听诊器、留声机、缝纫机、打
字机、釉药、人造肥料、人造颜
料、硬橡胶、摄影术、电报机、电
话、白热电泡、无线电报、无线电
话等的发明史。附《重要发明年
表》。

2958

发明家与发明物／（美）巴克曼
（F. P. Bachman）原著；刘遂生译

　　上海：新亚书店，1934 年 3 月
初版

　　228 页：图；32 开

　　主题：创造发明—技术史—世界

　　中图分类号：N091

　　分关于蒸汽机和电力的发明
物、制造和生产的发明物、印刷和
交通上的发明物、近代著名的发明
家 4 编，共收文 15 篇。其中第一
编第二节为福尔顿和汽船的发明。

2959

火与手／中学生社编辑

　　上海：开明书店，1935 年 6 月
初版

　　218 页；32 开 . —（中学生杂志
丛刊）

　　主题：自然科学—普及读物

　　中图分类号：N49

　　收《谈天》、《手》（刘叔
琴），《火的时代》（敖弘德），
《火柴的发明》（顾均正），《帆船
的今昔》（陶秉珍），《旋回器、望
远测程器》（陈岳生）等 15 篇。

2960

近世之新发明／葛绥成编；喻守
真校

　　上海：中华书局，1926 年 9 月

初版

144 页：图；36 开 . —（常识丛书）

主题：创造发明—技术史—世界

中图分类号：N091

分 21 章。介绍蒸汽机、蒸汽轮船、火车、汽车、飞行机等世界近代较重要的发明及发明家。

2961

科学大纲 /（英）汤姆生（J. A. Thomson）编；王琎等译

上海：商务印书馆，1934 年 7 月再版

14 册（［1500］页）：图；32 开 . —（万有文库）

主题：自然科学—文集

中图分类号：N53

收论文 38 篇。包含《谈天》、《天演之历史》（含海洋动物内容）、《对于环境之适应》（涉及讲述海洋及海洋生物）、《竞存》、《人类之上进》、《天演之递进》（含海洋生物内容）、《心的初现》、《宇宙之根本组织》、《显微镜下之奇观》、《人体机械》、《达尔文主义在今日之位置》、《自然史之一——鸟类》、《自然史之二——哺乳类》（含水中哺乳类内容）、《自然史之三——昆虫世界》、《心之科学》、《灵学》、《自然史之四——植物》、《生物之相互关系》、《生物学》、《生物之

特性》、《化学之奇迹》、《化学家之创造事业》、《气象学》、《海洋学》、《无线电报与无线电话》、《飞行》、《细菌》、《地球之构成与岩石之由来》等。

2962

科学大纲：汉译 . 第一册 /（英）汤姆生（J. A. Thomson）编；王琎等译

上海：商务印书馆，1923 年 6 月初版

［400］页：图；16 开

主题：自然科学—文集

中图分类号：N53

收论文 8 篇。包含《谈天》、《天演之历史》、《对于环境之适应》、《竞存》、《人类之上进》、《天演之递进》、《心的初现》、《宇宙之根本组织》。

2963

科学大纲：汉译 . 第二册 /（英）汤姆生（J. A. Thomson）编；王琎等译

上海：商务印书馆，1923 年 6 月初版

［280］页：图；16 开

主题：自然科学—文集

中图分类号：N53

收论文 7 篇。包含《显微镜下之奇观》、《人体机械》、《达尔文主

义在今日之位置》、《自然史之一——鸟类》、《自然史之二——哺乳类》、《自然史之三——昆虫世界》、《心之科学》。

2964

科学大纲：汉译．第三册／（英）汤姆生（J. A. Thomson）编；王琡等译

上海：商务印书馆，1923 年 10 月初版

［360］页：图；16 开

主题：自然科学—文集

中图分类号：N53

收论文 11 篇。包含《灵学》、《自然史之四——植物》、《生物之相互关系》、《生物学》、《生物之特性》、《化学之奇迹》、《化学家之创造事业》、《气象学》、《海洋学》、《无线电报与无线电话》、《飞行》。

2965

科学大纲：汉译．第四册／（英）汤姆生（J. A. Thomson）编；王琡等译

上海：商务印书馆，1924 年 1 月出版

［380］页：图；16 开

主题：自然科学—文集

中图分类号：N53

收论文 12 篇。包含《细菌》、

《地球之构成与岩石之由来》、《电之神异》、《发电发光之生物》、《自然史之五——下等脊椎动物》、《爱因斯坦之学说》、《季候之生物学》、《科学与人类之意义》、《人种学》、《畜养动物之故事》、《健康学》、《科学与进世思想》。

2966

科学的改造世界／李元著

上海：北新书局，1928 年 3 月初版

238 页；32 开．—（科学丛书）

主题：自然科学—普及读物

中图分类号：N49

本书编译自西方刊物，分篇叙述枪炮、炸药、毒气、无线电报术、高速电报术、电话、电影、电写、电传、飞机、鱼雷、潜艇、液态空气、人造光等的知识。封面为"李元译"，序文中则称为"编"。从内容看是编译自西方刊物。

2967

科学的改造世界／薛培元著

上海：北新书局，1928 年 10 月再版

238 页；32 开．—（科学丛书）

主题：自然科学—普及读物

中图分类号：N49

内容与上海北新书局 1928 年

3月版《科学的改造世界》相同。

2968

科学的趣味／俞遥编

上海：言行社，1941年3月初版，1941年6月再版

118页；36开 . —（科学知识丛书）

主题：自然科学—普及读物

中图分类号：N49

收科学讲话18篇。分别介绍有关宇宙、地球、飞机、汽船以及生物等方面的知识。

2969

科学的趣味 . 下册／赵玄武著

北京：新民印书馆，1934年11月初版

106页：图；32开 . —（百页丛刊）

主题：自然科学—普及读物

中图分类号：N49

下册包括飞机交战术、潜水舰队、超短波飞机探测法、血液代用品、人类以外的大族、跃进的织染、珍珠人工种植、达尔顿、郝兰德等。

2970

科学家与发明／郑颐淇著

北平：小小书店，1947年5月初版

37页；36开 . —（小小丛书）

主题：创造发明—技术史—世界

中图分类号：N091

以通俗文字介绍轮船、毛笔、纸、电池、电报、电话、无线电、邮政、避雷针、汽车、飞机等的发明，神农尝百草、仓颉造字及中医等知识。

2971

李石曾先生六十岁纪念论文集／李石曾先生纪念论文集编集委员会编

北平：李石曾先生纪念论文集编集委员会，1942年9月初版

162页；16开

主题：自然科学—文集

中图分类号：N53

收理化、生物、地学及科学史等有关论文13篇。其中包括《中国海产动物研究之进展》。

2972

马来群岛科学考察记／（英）窝雷斯（A. R. Wallace）著；吕金录译

上海：商务印书馆，1935年3月初版

6册（785，26页）；32开 . —（万有文库）

主题：马来群岛—自然科学—科学考察

中图分类号：N833

　　分考察马来群岛的地文地理、印度马来群岛、的摩尔群岛、西里泊、摩鹿加群岛、巴布亚群岛、马来群岛的人种7编。书前有著者传略。

2973

南极探险记／裴特著；胡仲持译

　　上海：开明书店，1934年10月初版，1948年7月特1版，1949年2月4版

　　165页：图；32开.—（开明青年丛书）

　　主题：南极半岛—探险

　　中图分类号：N816.61

　　包含南极洲的迷、高堆着货物的船、罗斯海周围的大浮冰群、林白海湾写录在地图上、圣诞节到了冰障等内容。

2974

澎湖群岛科学调查专辑／澎湖群岛科学调查团编

　　［出版地不详］：编者刊，1947年出版

　　84页：图，表；16开

　　主题：澎湖列岛—科学考查

　　中图分类号：N82

　　台湾省气象所、农业试验所、农学院、台湾大学等单位参加的调查报告辑。收调查报告及论文17篇，包含《刊前》（薛钟彝）、《澎湖之地形概说》（盛成）、《澎湖群岛天气概况》（徐明同）、《澎湖群岛雨量之分析》（沈传节）、《马公港海洋调查之初步报告》（王仁煜）、《工矿初步调查报告》（工矿组）、《电力调查简报》（王钦三）、《澎湖岛沿岸产海藻类调查报告》（朱光宪、刘乾元）、《澎湖群岛土壤之生成研究》（郭魁士）、《澎湖土壤与农林业》（梁钜荣、步焱升）、《澎湖群岛植物目录》（滕咏延）、《澎湖群岛之营林方案》（王国瑞、甘坤煜）、《澎湖群岛之昆虫》（詹树三、陈锦文、陈履通）、《澎湖群岛畜牧兽医概况》（黄立群）、《澎湖卫生观感及振兴之策的二三管见》（赖尚和）、《澎湖县之癞患者家族检诊》（刘明恕）、《澎湖人的膳食》（王培信）。

2975

奇象／王昌谟等编

　　上海：商务印书馆，1925年1月初版

　　3册（264，288，246页）：图；23开.—（少年百科全书）

　　主题：自然科学—普及读物

　　中图分类号：N49

　　介绍有关气象、动物、物理等各方面的科学知识。其中包括月球吸引海水、潮水为什么进来出去、冰山何以上浮等科学知识。

2976

日本现代科学论文集 / 张资平
等译

南京：中日文化协会，1941 年 4
月初版

142 页；32 开 . —（学术丛书）

主题：自然科学—文集

中图分类号：N53

收 9 篇论文。包含《动植物
体内受精物质及性决定物质》、
《合成纤维论》、《由无生物至生物
之发展》、《生物体发光之原理及
其利用》、《金之制炼》、《火焰冻
结及其低温实验》、《紫菜之维他
命 C 类含量》、《日本科学的精神
之发展》、《日本科学之独立》。

2977

日常问题讲谈集 / 万绿丛编

上海：新中国书局，1935 年 8 月
出版

85 页；32 开

主题：自然科学—普及读物

中图分类号：N49

收《响雷和闪电到底是什
么》、《大气里的灰尘是哪里来
的》、《为什么海水是咸的》、《水
为什么能灭火》、《井里的水为什
么冬暖夏凉》等 29 篇科普文章。

2978

西洋科学史 /（美）李贝（W. Libby）

著；尤佳章译

上海：商务印书馆，1928 年 9 月
初版

223 页；32 开 . —（科学丛书）

主题：自然科学史—西方国家

中图分类号：N091

其中第 15 章为科学与游
历——卑格尔之航游。

2979

现代科学发明史 / 徐守桢著；胡敦
复校

上海：商务印书馆，1930 年 4 月
初版

159 页；36 开 . —（万有文库）

主题：创造发明—自然科学
史—世界

中图分类号：N091

分 50 章。叙述锅炉、火车、
轮船、飞机、牛痘、麻醉剂等的发
明经过。

2980

新发明与新发现 / 白石编译

永安：改进出版社，1943 年 7 月
初版

92 页；36 开 . —（改进文库；
19）

主题：科学技术—创造发明

中图分类号：N19

收 12 篇文章，有《近代科学
发展的途径》[（美）J. H. 罗宾

逊]，《人类的时空观念之扩大》[（英）H. G. 韦尔斯]，《科学时代的真谛》[（美）A. F. 卡尔生]，《智力之解剖》[（英）E. 普度斯基]，《镭的发展史及其前途》[（奥）G. 格鲁勃]，《听不见的声音之利用》[（英）J. 兰敦台维斯]，《一种含有极大能力的新元素：铀 235》[（美）W. L. 劳伦斯]，《电传照相的进化》，《德国的人造橡皮》，《水雷的种类及其构造》[（美）A. M. 骆]，《磁力水雷是怎样克服的》[（法）H. P. 福奇]，《现代战争中的火箭》[（美）J. R. 兰度甫]。

2981

新科学辞典 / 新辞书编译社编；李白英主编

上海：童年书店，1935 年 6 月初版，1937 年 3 月 6 版

42，300，12 页：图，表；36 开

主题：自然科学—词典

中图分类号：N61

分动物、植物、矿物、地质、天文、物理、化学、生理卫生 8 大类，共 1000 余条。每条均有释文数十字至千余字不等。其中，含大洋、半岛、洋岛、珊瑚等条目。附《矿物分类表》、《地质系统及年代对记表》、《植物分类表》、《动物分类表》、《分类索引》。

2982

月球旅行 / H. E. Rieseberg 等著；李林译

上海：文化生活出版社，1947 年 10 月初版

76 页；36 开 . —（少年科学丛书）

主题：自然科学—普及读物

中图分类号：N49

收《月球旅行》、《海底捞金记》、《老鼠——人类的大敌》、《人体和热的斗争》、《环球独航记》、《魏尔伦的理想之实现》7 篇科普文章。书后有巴金的后记。

2983

在世界之顶上 / 勃隆脱门著；艾维章译

上海：商务印书馆，1941 年 3 月初版，1947 年 2 月再版

234 页：图；32 开 . —（新中学文库）

主题：北极—探险—普及读物

中图分类号：N816.62

包含海底的暖流、海的深度、瞧见一只海鸥、我们为什么到北极去、征服北极等内容。

2984

中华博物学会第一次展览会报告书 / 中华博物学会编

北京：编者刊，1922 年 9 月初版

343 页；16 开

主题：博物学—展览会

中图分类号：N91 - 282

收展览会上 11000 余件动、植、矿物标本之名称、英文学名、类属、出品人、产地等的图表。

2985

自然科学辞典／郑贞文主编

上海：华通书局，1934 年 6 月初版

152，1122，79 页；32 开

主题：自然科学—词典

中图分类号：N61

本书包括物理学、化学、动物学、植物学、矿物学、天文学、地文学、生理卫生学等类。含七日鲛、七鳃鳗、八目鳗等海洋生物。书末有附录、分类索引、西文索引等。

2986

最近之新发明／许达年，许斌华译

上海：中华书局，1936 年 2 月初版

174 页：图；32 开

主题：创造发明—技术史—世界—现代

中图分类号：N091

介绍蒸汽机和内燃机的发明及原理，火车、船舶、汽车、飞机、火箭、飞艇等交通工具的发明与发展，电影的原理和创新等。

十二　O　数理科学和化学

O　数理科学和化学

2987

趣味的物理学／（苏）皮莱曼著；崔尚辛译述

上海：开明书店，1946 年 7 月初版

160 页：图；32 开 . —（开明青年丛书）

主题：物理学—青年读物

中图分类号：O4 - 49

包含鲸鱼的模仿、不会沉溺的海、沉没了的船只在什么地方、水底的工厂、波浪与旋风、潜望镜、从海底来的回声等内容。

2988

最近物理学概观／（日）日下部四郎太著；郑贞文译；周昌寿校订

上海：商务印书馆，1922 年 11 月初版，1928 年 6 月 4 版，1933 年国难后 1 版

13，224 页：图；23 开

主题：物理学—概况

中图分类号：O4 - 1

包含高山及深海、海及陆之体积、大陆及大洋之配置等内容。

十三　P　天文学、地球科学

P　天文学、地球科学

2989

北太平洋面海水温度分配图／青岛市观象台编

青岛：编者刊，1930 年 11 月初版

[15] 页；10 开

主题：北太平洋—表层水温—图表

中图分类号：P731.11

北太平洋面等温线图 14 帧。有文字说明。

2990

北太平洋面气压分配图／青岛市观象台编

青岛：编者刊，1930 年 11 月出版

[13] 页；10 开

主题：北太平洋—大气压

中图分类号：P424.2

2991

潮汐概说／李欣雨编译

昆明：中华书局，1940 年 6 月初版

88 页；36 开 . —（常识丛书）

主题：潮汐学

中图分类号：P731.23

概述潮汐的相关理论知识、观测、预计以及各种奇异潮和潮流等。

2992

潮汐浅说／叶可松编

上海：商务印书馆，1934 年 3 月初版，1935 年 5 月再版

138 页：图，表；32 开 . —（百科小丛书）

主题：潮汐学

中图分类号：P731.23

概述潮汐力学、中国沿岸的潮汐、潮汐征兆和潮汐表的编纂等。附《长期验潮推算潮汐常数》。

2993

船舶气象观测手册／中央气象局编

[出版地不详]：编者刊，1948 年 5 月出版

16 页：图，表；16 开 . —（中央气象局技术指导丛书）

主题：海洋气象—气象观测—手册

中图分类号：P732.4

包括观测的通则、仪器、电

话、纪录等。附《中国海上风暴信号说明》、《烈风警报》、《中国沿岸地方当地天气信号说明》、《风暴信号》等。

2994

从海洋与国防谈到筹设海洋观象台／吕炯著

南京：中国地理学会，1935 年 9 月出版

15 页；16 开

主题：海洋监测—海洋建筑物

中图分类号：P715.4

《地理学报》第 2 卷第 3 期抽印本。

2995

大块文章，又名，自然的罗曼史：地球及其生命的历史／（英）W. J. P. Burton 著；潘梓年译

上海：北新书局，1927 年 4 月初版

208 页；32 开

主题：地球物理学

中图分类号：P3

原名《自然的罗曼史》。扉页上题：关于自然的故事（地球及其生涯的研究）。

2996

大气压力／（日）国富信一著；沈懋德译

上海：商务印书馆，1935 年 3 月初版

91 页：图；36 开 . —（万有文库）

上海：商务印书馆，1935 年 6 月初版

91 页：图；36 开 . —（自然科学小丛书）

主题：大气压

中图分类号：P424

包含风与气流、大气之循环、海陆风等内容。

2997

地表和山川／郑贞文，江铁等编

重庆：商务印书馆，1943 年 12 月 1 版

39 页：图；36 开 . —（少年自然科学丛书）

主题：自然地理学—少年读物

中图分类号：P9 - 49

讲述地球的概况、山的形成及分布、川河的作用与效用等。

2998

地球／王昌谟编译；任鸿隽，秉志等校订

上海：商务印书馆，1926 年 11 月初版

2 册（231，265 页）：图；32 开 . —（少年百科丛书）

主题：地球物理学

中图分类号：P3

收《地球的成形》、《原子内的世界》、《化合物的三大类》、《星的构造史》、《地球的吸引》、《光是什么做成的》、《时间和潮汐》等 50 篇科学知识文章。

2999

地球／周太玄著

上海：商务印书馆，1930 年 4 月初版

84 页；32 开 . —（万有文库）

上海：商务印书馆，1931 年 8 月初版

84 页；32 开 . —（百科小丛书）

主题：地球物理学

中图分类号：P3

介绍地球的形态、密度、坚度、温度、经纬度、绕日运动、磁、电、气侯、水层、岩石层及生物等。

3000

地球／（日）原田三夫著；许达年译

上海：中华书局，1932 年 10 月初版，1936 年 4 月再版

263 页：图；32 开 . —（通俗科学全集）

上海：中华书局，1935 年 6 月初版，1941 年 1 月 3 版

263 页：图；32 开 . —（初中学生文库）

上海：中华书局，1947 年 12 月初版

263 页：图；32 开 . —（中华文库）

主题：地球物理学

中图分类号：P3

讲述地球的历史和结构、地壳的变动、火山和温泉、山、河、陆、海的形成和变更等。含海底和海面、海水、海水的变动、极海、海和陆的争斗等章节。

3001

地球／（日）松山基范著；王谟译

上海：商务印书馆，1935 年 3 月初版

2 册（371 页）：图，表；32 开 . —（万有文库）

上海：商务印书馆，1935 年 7 月初版

2 册（371 页）：图，表；32 开 . —（自然科学小丛书）

主题：地球

中图分类号：P183

讲述地球的成因、形状大小和运动，地表、地磁、地壳、地震、地热等。含有海陆之配置、海上之重力、海岸之升降等小节。

3002

地球／吕金录著

上海：商务印书馆，1935 年 9 月
初版，1935 年 11 月 3 版

32 页；50 开 . —（民众基本丛
书）

主题：地球

中图分类号：P183

讲述地球的形成、形状与构造
及其运动等。

3003

地球的年龄／李四光著

上海：商务印书馆，1927 年 10
月初版

90 页：图，表；48 开 . —（百科
小丛书）

上海：商务印书馆，1929 年 10
月初版，1937 年 4 月国难后 1 版

78 页：图，表；32 开 . —（万有
文库）

主题：地球年龄

中图分类号：P533

包含由海中所含的盐量求地球
上自有海洋以来的年龄等内容。

3004

地球概论／王安宅著

上海：商务印书馆，1936 年 11
月初版，1947 年 2 月 3 版

408 页：图；36 开

主题：地球科学

中图分类号：P183

包含潮汐、潮汐之原因、潮汐

与月象之关系、潮汐对于地转之影
响、陆与海、海底之凹凸、海底之
状等内容。

3005

地球进化之历史／（英）格列高利
（J. W. Gregory）著；王勤堉译

上海：商务印书馆，1931 年 6 月
初版，1933 年国难后 1 版

172 页：图，表；32 开 . —（百
科小丛书）

主题：地球物理学—地球起源及
演化

中图分类号：P311

讲述地球之原始、地球表面之
成长、地球上水陆之设计、地球预
备期中之生物 4 编，共 13 章。其
中第三编含有大陆与海洋之变迁、
地球上水陆之设计、地球之变形与
其地质史和现今大陆与海洋 4 章。

3006

地图绘制法及读法／葛绥成著

广州：中华书局，1938 年 10 月
初版，1946 年 3 版，1949 年 7 月
4 版

[30]，330 页：图；25 开

主题：地图编绘

中图分类号：P283

包含海底测量、水深测定、扫
海法、海底原图的描写、海岸地形
描法、海图等内容。

3007

地文地理集成／（日）高桥纯一
著；杜季光译

上海：商务印书馆，1931 年 2 月
初版

[346] 页；23 开 . —（地理丛
书）

上海：商务印书馆，1935 年 2 月
国难后 1 版

334 页：图，表；25 开

主题：自然地理学

中图分类号：P9

论述地球的形成、水陆的分
布，以及气温、风、雨等。

3008

地形学／（日）花井重次郎著；谌
亚达译

上海：商务印书馆，1936 年 3 月
初版

291 页：图，表；32 开 . —（万
有文库）

上海：商务印书馆，1936 年 8 月
初版

291 页：图，表；32 开 . —（自
然科学小丛书）

主题：地貌学

中图分类号：P931

论述哈尔斯轮回，冰蚀、干
燥、海蚀、河蚀等轮回，以及火
山、河谷山地、褶曲断层等地形。

其中海蚀轮回论述了海蚀作用，波
浪，海岸的分类、地形等。

3009

地形学／（日）香川干一著；葛绥
成编译

上海：中华书局，1936 年 11 月
初版，1947 年 10 月再版

[10]，208，17 页：图，表；32 开

主题：地貌学

中图分类号：P931

论述地形学、侵蚀地形和构造
地形等。其中含海底地形的分布、
海岸地形、海岸平野等。

3010

地形学／张资平著

上海：开明书店，1937 年 4 月
初版

164 页：图，表；32 开

主题：地貌学

中图分类号：P931

论述地形学、侵蚀地形和构造
地形，其中含海底地形分类，海岸
地形等。

3011

地学通论：数理之部／黄厦千编著

上海：正中书局，1948 年 4 月
初版

194 页；25 开 . —（大学用书）

主题：地球科学—自然地理学

中图分类号：P9

包含海陆域之构成、由海水中盐分推求地球之年龄、潮汐等内容。

3012

地质学浅说／周太玄著

上海：商务印书馆，1926 年初版，1933 年 4 月国难后 1 版

81 页：图；32 开 . —（百科小丛书）

上海：商务印书馆，1929 年 10 月初版

81 页：图；32 开 . —（万有文库）

上海：商务印书馆，1931 年 8 月初版，1947 年 2 月 3 版

81 页：图；32 开 . —（新中学文库）

长沙：商务印书馆，1939 年 9 月简编版

81 页：图；32 开 . —（百科小丛书）

主题：地质学

中图分类号：P5

包含两极之变动、水之物理学的力量、海洋中之积成作用、介壳带、海底带、深海带、山岳成形与海陆变迁等内容。

3013

高等天文学／卢景贵编

上海：中华书局，1937 年 6 月初版；1941 年 5 月再版

2 册（438，544 页）：图，表；23 开

主题：天文学

中图分类号：P1

包含海面因潮汐成长椭圆体、湖潮及岛海之潮等内容。

3014

广东省之气候／吴尚时，何大章著

湖南新化：亚新地学社，1944 年 7 月初版

30 页：图，表；32 开 . —（亚新地学社地学丛书）

主题：气候—广东—民国

中图分类号：P468. 265

综述广东省气候的通性与区域性，并分述海南岛区、粤北区、过渡区、东北部及西南部等气温、雨量、台风等。

3015

海／鲍维汉编

上海：中华书局，1935 年 7 月初版

39 页：图；36 开 . —（科学小丛书）

主题：海洋学

中图分类号：P7

简述海的成因、面积和深度，海水的性质和运动，海中生物等。

3016

海流浅说／蒋丙然著

上海：中国科学社，1926 年 1 月出版

[17] 页：图，表；16 开

主题：海流—研究

中图分类号：P731.21

《科学》第 11 卷第 1 期抽印本。

3017

海水温度／刘靖国编

青岛：青岛市观象台，1931 年 10 月出版

30 页；24 开

主题：海水温度

中图分类号：P731.11

3018

海洋／（日）野满隆治著；张资平，蔡源明译

上海：商务印书馆，1935 年 3 月初版

271 页：图，表；32 开 . —（万有文库）

上海：商务印书馆，1935 年 7 月初版

271 页：图，表；32 开 . —（自然科学小丛书）

主题：海洋学

中图分类号：P7

概述海洋、海水及其运动，海底沉淀物等。

3019

海洋的奇观／管瑞芝著

上海：言行社，1941 年 6 月初版

154 页：图；36 开 . —（科学知识丛书）

主题：海洋学

中图分类号：P7

讲述海底的历史、形状、地质、深度、光线及生物，海水的性质及运动等。

3020

海洋的征服者／李剑白编著

上海：长风出版社，1948 年 5 月初版

50 页；32 开 . —（海洋丛书）

主题：海洋—探险—普及读物

中图分类号：P7－49

收有关郑和、哥伦布、达伽马、麦哲伦、富尔敦、库克、乔爱斯、阿门特生等人的故事 8 篇。

3021

海洋学／国立北平师范大学编

北平：编者刊，1912 年出版

[92] 页；16 开

主题：海洋学

中图分类号：P7

包含绪论：海洋之区划及其肢

节、海底之沉积物、海水之性质、海水之运动等章。

3022

海洋学 ABC ／王益厓著

　　上海：世界书局，1929 年 1 月初版

　　120 页：图，表；32 开 . —（ABC 丛书）

　　主题：海洋学—海洋工程

　　中图分类号：P75

　　讲述海水的性质，被压性和海流，海的光学和音响学，地理学上的海洋等。书后附参考书目。

3023

海洋学纲要／费鸿年编

　　上海：中华书局，1935 年 2 月初版

　　208 页：图，表；32 开

　　主题：海洋学

　　中图分类号：P7

　　讲述海洋、波浪和潮汐、海流、浮游生物、海洋与渔业等。附《中西文名词索引》。

3024

海洋学通论／（日）梶山英二著；许心芸译

　　上海：商务印书馆，1930 年 12 月初版，1934 年 4 月国难后 1 版

　　103 页：图，表；32 开 . —（新知识丛书）

　　主题：海洋学

　　中图分类号：P7

　　论述海洋的地学、气象学和生物学等。书后附《现场比重之不同水温的换算比重》、《换算比重之盐分含量表》、《华氏与摄氏温度换算表》。

3025

海洋学与未来之中国海洋研究所／宋春舫著

　　青岛：青岛特别市观象台，［1928 年 8 月］版

　　16 页；54 开

　　主题：海洋学

　　中图分类号：P7

　　1928 年 9 月 8 日，宋春舫在上海《时事新报》上发表此文，在中国科学界产生重大影响，为此后青岛建设海洋研究所、海滨生物研究所做了舆论准备。

3026

湖与海／郑贞文，江铁等编

　　重庆：商务印书馆，1943 年 12 月 1 版

　　30 页；36 开 . —（少年自然科学丛书）

　　主题：海洋学—少年读物

　　中图分类号：P7 - 49

3027

胶澳商埠观象台概况及计划／蒋
丙然著

[出版地不详]：[出版者不详]，
1926 年 12 月出版

11 页；25 开

主题：天文台

中图分类号：P112.2

1924 年，蒋丙然从北京到青
岛，负责从日本人手中接管胶澳商
埠观象台，随后工作至 1937 年青
岛再次陷落。在主持观象台工作
间，蒋丙然对观象台的现状和未来
发展有清晰的记叙。

3028

近十年中国之气候／蒋丙然著

青岛：青岛市观象台，1930 年 10
月出版

33 页：图，表；16 开

主题：气候—中国

中图分类号：P468.2

1916—1925 年中国气候概况
及各种表格。含有中国地理之大
概、太平洋海流大概、中国气候概
观等。附《中国气候图》。

3029

两极区域志／（英）布隆（Brown，
R.N.R.）著；黄静渊译

上海：商务印书馆，1936 年 11
月初版，1937 年 3 月再版

344 页：图；32 开．—（汉译世
界名著）

主题：极地—自然地理

中图分类号：P941.6

包含北极探险志、南极探险
志、海冰及其自然现象、北冰洋之
海流及冰、南冰洋之海流及冰、两
极之植物、南北两极区域之猎鲸事
业、贸易路线等内容。

3030

民国二十年北方大港港址气象潮位
年报．第 1 期／交通部、铁道部、
北方大港筹备委员会编

天津：编者刊，1933 年 6 月出版

88 页；16 开

主题：海港—潮汐—中国—年
报—1931

中图分类号：P731.23

内有全年分月气象、潮位统计
等内容。

3031

民国二十二年北方大港港址气象潮
位年报．第 3 期／交通部、铁道
部、北方大港筹备委员会编

[天津]：编者刊，1934 年 4 月出
版

83 页：图，表；16 开

主题：海港—潮汐—中国—年
报—1933

中图分类号：P731.23

内有全年分月气象、潮位统计表和变迁图。

3032

民国二十一年青岛市观象台行政报告／青岛市观象台

青岛：青岛市观象台，1932 年版

36 页：图，表；16 开

主题：天文台—行政

中图分类号：P112.2

3033

气候学／胡焕庸著

［重庆］：国立编译馆，1938 年 3 月初版，1944 年 6 月赣第 1 版

256 页：图，表；23 开

主题：气候学

中图分类号：P46

包含地文气候（上）气候与海陆之关系、海陆对于热力之反应、海洋性与大陆性等内容。

3034

气象学／朱炳海著

上海：国立编译馆，1946 年 1 月渝、沪初版

542 页：图，表；25 开 . —（地学丛书）

主题：气象学

中图分类号：P4

包含海陆温度与其上气温之比较、海风与陆风等内容。

3035

气象学 ABC ／陈文熙著

上海：ABC 书社，1931 年 9 月初版，1933 年 5 月再版

101 页：图，表；32 开 . —（ABC 丛书）

主题：气象学

中图分类号：P4

包含地温和海水温、海陆风山谷风等内容。

3036

青岛港潮汐表：中华民国三十六年／青岛市观象台编

青岛：青岛市观象台，1947 年出版

12 页：表；32 开

主题：潮汐—表解

中图分类号：P731.23

1911 年，青岛观象台开始把潮汐观测列入主要业务之一，1928 年，青岛观象台设立海洋科，开始编纂青岛港潮汐表。这是中国近代潮汐观测与潮汐表编纂之始，该表用来预报青岛港在未来一定时期的每天潮汐情况。

3037

青岛气候之大概／蒋丙然著

上海：中国科学社，1925 年 2 月初版

[16] 页：图，表；16 开

主题：气候—青岛—民国

中图分类号：P468.252.3

《科学》第 9 卷第 10 期之抽印本。大同大学科学社发行。

3038

青岛市观象台十周纪念册 / 青岛市观象台

青岛：编者刊，1934 年 2 月初版

172，35 页：图，表；16 开

主题：天文台—青岛

中图分类号：P112.2

包含序、青岛市观象台现行组织统系表、过去的工作与将来的计划、近十年来气象学之进步及本台气象、地质状况、关于潮汐测量事项、关于观测海漫事项、关于海洋生物考察事项等内容。

3039

青岛市观象台五十周年纪念特刊：1989—1948 / 特刊编纂委员会编

青岛：青岛市观象台，1948 年 11 月初版

438 页：图，表；16 开

主题：天文台—青岛

中图分类号：P112.2

包含概况、译述、文艺、记事、资料以及照片、图表等内容。附《中国历代地震纪要》、《中国历代灾荒纪要》、《中国各世纪灾荒统

计》、《中国历代灾荒统计》。

3040

青岛特别市观象台五周纪念册 / 青岛市观象台

青岛：青岛市观象台，1935 年版

27 页；18 开

主题：天文台—青岛

中图分类号：P112.2

介绍青岛特别市观象台 5 年来的情况及取得的业绩。

3041

青岛特别市观象台五周年纪念册 / 青岛特别市观象台

青岛：编者刊，1929 年出版

[118] 页：照片，图，表；18 开

主题：天文台—青岛

中图分类号：P112.2

介绍青岛特别市观象台成立五年来的情况及成绩等。

3042

青岛天气 / 青岛市观象台编

青岛：编者刊，1947 年 8 月初版，1947 年 12 月再版

28 页；16 开 . —（青岛市观象台学术汇刊）

主题：天气—青岛

中图分类号：P459.12

收《青岛天气》（王华文）论文一篇，前有英文摘要。

3043

人类之家 ／ （英） 哈定罕
（B. G. Hardingham）著；胡仲持译

上海：开明书店，1947 年 3 月初
版，1949 年 3 月再版

192 页；36 开 . —（开明少年丛
书）

主题：自然地理学—普及读物

中图分类号：P9 - 49

介绍地球的自转，天气和气
候，以及澳大利亚、亚细亚、欧罗
巴等地。其中地球与水讲述了海洋
的多种作用。

3044

日本与朝鲜之气候／刘象天编著

山东：国立山东大学，1949 年 2
月出版

48 页：图，表；32 开

主题：气候—日本

主题：气候—朝鲜

中图分类号：P468. 313

中图分类号：P468. 312

分日本列岛之气候和朝鲜半岛
之气候。包含气候因子、冬季气
候、夏季气候、春秋气候、气候区
域等内容。

3045

日常气象学／（日）原田三夫著；
许达年译

上海：中华书局，1934 年 9 月
初版

［14］，190 页：图；32 开 . —
（通俗科学全集）

上海：中华书局，1935 年 10 月
初版，1941 年 1 月 4 版

190 页；32 开 . —（初中学生文
库）

主题：气象学

中图分类号：P4

包含海上的雾、海软风和陆软
风等内容。

3046

山·川·海／郑贞文，江铁编

上海：商务印书馆，1926 年 8 月
初版，1933 年 1 月国难后 1 版，
1933 年 6 月国难后 2 版

223 页：图；48 开 . —（少年自
然科学丛书）

主题：自然地理学—少年读物

中图分类号：P9 - 49

根据日本吉田弘、芳泽喜久著
的《自然界之话》编译。

3047

山东半岛飓风记／蒋丙然著

青岛：中国气象学会，1925 年 7
月初版

17 页：图，表；14 开

主题：台风—山东半岛—1924

中图分类号：P444

记述 1924 年 7 月 13 日经过山东半岛的飓风情况。原载《气象学会会刊》第 1 期。

3048

上层气流观测报告. 第 11 卷第 1 号／台湾总督府气象台编

上海：编者刊，1944 年 11 月出版

56 页；16 开

主题：高空—气流—气象资料—台湾—1944

中图分类号：P416.32

记录台北、新竹、阿里山、台南、高雄、恒泰、台东、新港、花莲港、宜兰、彭佳屿、澎湖、新南等地的 1—3 月的风向风速，并有《气象台测候所一览表》。

3049

神奇的天地／周其昌著

上海：大东书局，1927 年 6 月出版

68 页：图，表；50 开 . —（科学丛书）

主题：太阳系—基础知识

中图分类号：P18

分上下编。上编讲述天体，太阳系及历法等；下编讲述地球的生成和运动，地球上的陆界、海洋、气界和生物等。

3050

实用平板仪测量／麦蕴瑜编著

上海：商务印书馆，1937 年 3 月初版，1945 年 1 月蓉 1 版

[11]，347 页：图；32 开

主题：平板仪—测量

中图分类号：P213

包含河海工程测量、海港之水深测量等内容。

3051

实用气象学／蒋丙然著

北京：北京中央气象台，1916 年出版

138 页：图，表；16 开

主题：气象学

中图分类号：P4

讲述各气象要素温度、雨水量、各现象、云、湿度、气压等的观测。附《太平洋风源图》、《大西洋低气压平均次数及低气压平均次数图》、《印度洋与中国海旋风轨道图》等。

3052

实用气象学／徐金南编

上海：商务印书馆，1923 年 1 月初版，1930 年 12 月 4 版，1934 年 3 月国难后 2 版

186 页：图，表；32 开

主题：应用气象学

中图分类号：P49

讲述气象学各要素、天气预报法、海上气象等，供农业、航海及教学用。附《海上气象报告之式样》。自第 4 版改为 166 页。

3053

世界地理／上海法政学院编

上海：上海法政学院，［出版日期不详］

84 页；16 开 . —（上海法政学院讲义）

主题：自然地理—世界—高等学校—教材

中图分类号：P941

内分天体地理学、陆界地理学、海洋地理学、气界地理学、生物地理学 5 部分。

3054

世界气候区述略／斯坦普著；邓启东译

［出版地不详］：［出版者不详］，［出版日期不详］

106 页；16 开

主题：气候区—世界

中图分类号：P462

内分热带气候、热带沙漠气候、地中海气候、暖温海洋性气候、凉温海洋性气候、温带沙漠气候。书后附有与本题无关的诗文。原书无版权页。

3055

世界气候志／（英）甘特鲁（W. G. Kendrew）著；王勤堉译

上海：正中书局，1948 年 9 月初版

2 册（256，337 页）；25 开

主题：气候志—世界

中图分类号：P468.1

内含非洲、亚洲、欧洲、北美洲、南美洲、澳洲、南极洲等世界各地气候志。

3056

水和潜艇／郑贞文，江铁等编辑

重庆：商务印书馆，1943 年 12 月初版

26 页；32 开 . —（少年自然科学丛书）

主题：水—少年读物

中图分类号：P33—49

讲述水的性质、湿气和蒸发、水和人的关系等。

3057

说台风／王应伟著

［出版地不详］：［出版者不详］，［出版日期不详］

24 页；25 开

主题：台风

中图分类号：P444

作者自日本返国后，在吴县①
教会欢迎会上的演讲稿。

3058

谈地／史礼绶编译

上海：中华书局，1916 年 10 月
初版，1933 年 2 月 11 版

184 页；32 开．—（学生丛书）

主题：固体地球物理学

中图分类号：P31

分地球是行星之一、地球之陆
地、水、大气 4 编。主要介绍地学
并涉及天文学。其中，水编含有海
岸和潮汐等章。

3059

天地新学说／张毓祥等著

北京：天地新学社，1917 年 2 月
出版

[98] 页：图，照片；23 开

上海：京都万花楼，1924 年 8 月
再版

[128] 页：图；23 开

主题：太阳系—基础知识

中图分类号：P18

分上、下编。包括辨太阳吸引
诸行星运行之疑、辨地球为圆球之
疑、辨地球有吸引力之疑、辨地球

绕日运动之疑、辨太阳环饶地球运
动之疑、辨日蚀月蚀之疑、辨潮汐
之疑 7 章。著者还有苏中宜、姜
公羽。

3060

天地形象图说／亦英编译

上海：良友图书公司，1933 年 12
月初版

141 页：照片，图；16 开

主题：太阳系—基础知识

中图分类号：P18

大部分材料取自日本朝日新闻
社《最新科学画辑》。图文对照。
包含宇宙、地球的运动、地球的构
造、陆界、水界、气象和征服地球
等。其中，水界含有海岸的变迁、
海的深度和海流等。

3061

天与地的故事／（美）华虚朋
（C. W. Washburne）等著；刘维沂，
谢立达译

上海：世界书局，1939 年 2 月初
版，1948 年 5 月 3 版

304 页；36 开

主题：太阳系—基础知识

中图分类号：P18

---

① 吴县：秦始皇二十六年（前 221），置吴县，为会稽郡治所。后历为吴郡、吴州、苏州、
平江府、苏州府治所。1928 年城区划出设苏州市，1930 年 5 月 16 日，撤苏州市，仍并入吴县。
1949 年划出城区建苏州市。1995 年 6 月撤销吴县，设吴县市（县级），2000 年 12 月撤销吴县市，
改设苏州市吴中区和相城区。

分地球是怎样变成的、水怎样使地球变形、动物是怎样进化的、植物是怎样生长的、太阳、月亮、行星以及其他一切一切怎样来的等。

3062

我们的地球／（法）法布尔（原题：福贝尔，J. H. C. Fabre）著；吕炯译；竺可桢校

上海：商务印书馆，1930 年 8 月初版，1933 年 2 月国难后 1 版

306 页：图；32 开 . —（少年史地丛书）

上海：商务印书馆，1933 年 12 月初版，1935 年 7 月 3 版

4 册（306 页）：图；36 开 . —（小学生文库）

主题：地球物理学

中图分类号：P3

根据毕克纳尔（P. F. Bicknell）英译本 *This Earth of Ours* 转译。以故事体裁介绍天文、地质、结构、山岳、河流、海洋、潮汐等知识。

3063

吴淞、绿华山、基隆、青岛及大沽潮汐表：中华民国三十七年／海军总司令部海道测量局编

上海：编者刊，1948 年出版

86 页；32 开

主题：潮汐表—港口—1948

中图分类号：P731.23

五个港口的逐日潮汐预测表。中、英文对照说明。

3064

五十年台风侵袭台湾之统计：1897—1946／薛钟彝著

台北：台湾省观象所，1948 年 7 月出版

31 页：图，表；16 开

主题：台风—台湾

中图分类号：P444

整理统计了 1897 年至 1946 年的记录（多为日本人所留），将西太平洋上各月飓风发生次数、侵袭台湾次数、飓风路径、与本省各地雨量关系、行进速度等分别列表，并附预防方法。大部分为图表。

3065

西文海岸暨海洋地质文献目录／中国科学院南京地理研究所编

南京：编者刊，[出版日期不详]

2 册；16 开

主题：海洋地质学—专题目录

中图分类号：P736

3066

新编地学通论 . 上册／刘玉峰著

北平：文化学社，1928 年 11 月初版，1933 年 10 月 3 版

[419] 页：图；21 开

主题：自然地理学

中图分类号：P9

　　自然地理学。论述陆地、海洋、气界、生物及数理地理学。

3067

新撰地文学 / 张相文著；胡尔霖校

　　上海：文明书局，1908 年 3 月初版

　　197 页：图；23 开

　　北京：中国地学会，1913 年 8 月修正 3 版

　　197，13 页：图；24 开

　　主题：地文学

　　中图分类号：P90

　　内分星界、陆界、水界、气界、生物界 5 编。其中，水界第一章海水讲述了海水的组成和运动。书末有《中西文名词对照表》、《各国权度对照表》。初版原名《地文学》。

3068

一九一五年七月二十八日之飓风 / （美）劳积勋著；潘肇邦译

　　上海：土山湾印书馆，1916 年出版

　　45 页：14 开

　　主题：台风—1915

　　中图分类号：P444

　　劳积勋，法国传教士，任上海徐家记天文台台长，有"飓风之父"之称。清光绪九年（1883年）来华，致力于飓风研究，在沿海各地设立报风台并规定台风警报新条例使航业获益匪浅。本书详细记录了民国四年（1915年）7 月 25 日台风过境江苏的情况。

3069

应用天文学 / 夏坚白著

　　上海：商务印书馆，1933 年 10 月出版

　　290 页：图；24 开 . —（大学丛书）

　　主题：天文学—应用

　　中图分类号：P128

　　包含海平俯角、航海天文学、视差—半径—海平俯角等内容。

3070

宇宙漫话 / 钱耕莘著

　　上海：文光书店，1948 年 1 月沪初版

　　168 页；36 开 . —（基本知识丛书）

　　主题：宇宙—普及读物

　　中图分类号：P159 - 49

　　包含海陆升沉的奇迹等内容。

3071

远东低气压与飓风 / 蒋丙然著

　　青岛：青岛市观象台，1930 年 11

月初版

37 页；8 开

主题：台风—远东

中图分类号：P444

　　大部分为气象调查图表。单面印。

3072

中国地形研究／许逸超编

　　重庆：中国文化服务社，1943 年 10 月初版

　　2 册（276，236 页）；16 开

　　主题：自然地理学—区域地理学—中国

　　中图分类号：P942

　　分概述、松辽平原与周缘丘陵地、齐鲁丘陵地、华北平原与燕太山麓丘陵地、中央山地与丘陵地、江南丘陵地、扬子泛滥平原、广义的扬子三角洲、东南沿海山地、两广丘陵地、西南分割高原、四川温润盆地、西北黄土高原、陇西分割高原、宣化黄土盆地、康滇纵股山地、西藏高原、青海高原盆地、南疆东疆高燥盆地、北疆西蒙高原盆地、蒙古高原 21 篇。书前有翁文灏序、作者自序。书后附有专门名词简释。

3073

中国海及日本海海面气压分配图／青岛市观象台编

　　青岛：编者刊，1931 年 1 月初版

　　13 页；10 开

　　主题：中国海—日本海—大气压

　　中图分类号：P424.2

　　书前有概论、论述中国海及日本海海面气压变动的原因。其后列 1—12 月份中国海及日本海海面等压线图。

3074

中国海及日本海海水温度分配图／青岛市观象台编

　　青岛：编者刊，1930 年 11 月出版

　　［15］页；10 开

　　主题：海水—温度分布

　　中图分类号：P731.11

　　书前有概论、论述中国海及日本海海水温度的分配及其变动原因，以及两海水温周年变差的大概、其后列 1—12 月份两海等温线图、周年平均等温线图、周年变差等差线图。

3075

中国气候之要素．续／竺可桢著

　　南京：中国地理学会，1935 年 6 月初版

　　［32］页；16 开

　　主题：气候—中国

　　中图分类号：P468.2

　　《地理学报》第 2 卷第 2 期之

抽印本。有英文摘要。

3076

中国自然区域图

　　［出版地不详］：［出版者不详］，

　　［出版日期不详］

　　28 页；横 8 开

　　主题：自然地理图—中国

　　中图分类号：P982

　　　分总图与分图。总图有中国地形图、中国天然区域与政治区域对照图。分图有三角洲、湖区、高原、河流流域、草原、盆地，半岛等区域图，共 23 幅。

3077

自然地理 ABC ／ 王益崖著

　　上海：ABC 丛书社，1929 年 3 月初版

　　115 页：图，表；32 开 . —（ABC 丛书）

　　主题：自然地理学

　　中图分类号：P9

　　　叙述天体、陆界、海洋、气界、生物等地理学。其中，海洋地理学讲述了海洋的分布和深度、海底、海水的性质、波浪、海流和潮汐等。

3078

自然地理学 ／ 张资平著

　　上海：商务印书馆，1923 年 11

月初版，1933 年 9 月国难后 1 版，1935 年 7 月国难后 2 版

　　76 页；48 开 . —（百科小丛书）

　　上海：商务印书馆，1929 年 10 月初版

　　66 页；32 开 . —（万有文库）

　　主题：自然地理学

　　中图分类号：P9

　　　叙述天界、陆界、水界、气界、生物等地理学。水界地理学包含有海洋、海水之性质和海水之运动等小节。

3079

自然地理学 ／（法）马东著；王勤堉译

　　长沙：商务印书馆，1939 年 2 月初版，1940 年 1 月再版，1947 年 4 月 3 版

　　459 页：图；32 开 . —（地理学丛书）

　　主题：自然地理学

　　中图分类号：P9

　　　包含水理、洋、海底地形的性质、洋河海、大洋面部的温度、海洋冰块和冰山、洋流、波浪、潮汐、海的特点、东印度诸海、北冰洋盆地等内容。

3080

自然地理学原理 ／（英）夫赖（G. C. Fry）著；王钧衡译

北平：著者书店，1932 年 8 月初版

206 页：图；32 开

主题：自然地理学

中图分类号：P9

十四　Q　生物科学

Q　生物科学

3081

贝属：植物附 /（英）潘慎文（A. P. Parker）鉴定；陆咏笙译

上海：牛津图书公司，1916 年出版

52 页；32 开 . —（海族志）

主题：贝类

中图分类号：Q959.215

阐述海滨介壳动物、植物以及海滨风景等。

3082

渤海海洋生物研究室第二次年报 / 张修吉著

北平：国立北平研究院总办事处出版课，1937 年 4 月初版

74 页：图，表；16 开 . —（国立北平研究院动物学研究所中文报告汇刊）

主题：海洋生物—研究所—年报

中图分类号：Q178.53 – 54

3083

渤海海洋生物研究室概况 / 张修吉著

北平：国立北平研究院总办事处出版课，1936 年 1 月初版

［30］页：图，表；16 开 . —（国立北平研究院动物学研究所中文报告汇刊）

主题：海洋生物—研究所—概况

中图分类号：Q178.53 – 242

《国立北平研究院院务汇报》第 7 卷第 1 期抽印本。

3084

动物的分类 / 费鸿年编著

上海：商务印书馆，1936 年 6 月初版，1947 年 2 月 4 版

199 页：图，表；32 开 . —（中学生自然研究丛书）

主题：动物学—分类学

中图分类号：Q959

介绍原生动物、海绵动物、腔肠动物、扁形动物、纽行动物、圆形动物、毛颚动物、轮形动物、环形动物、前肛动物、棘皮动物、软体动物、节足动物、原索动物和脊椎动物等，共 16 章。其中棘皮动物有介绍海星类、蛇尾类、海百合类、海胆类和海参类等动物。

3085

动物地理学 / 刘虎如著

上海：商务印书馆，1930 年 10
月初版

110 页：表；32 开 . —（万有文
库）

上海：商务印书馆，1933 年 10
月初版，1934 年 6 月再版

110 页：表；32 开 . —（百科小
丛书）

主题：动物地理学

中图分类号：Q958.2

研究各种动物分布于地球上的
情形，如寒带、温带、热带动物，
山岭、水居、岛屿、蓄养动物等。
全书分 7 章。

3086

动物地理学 ／（日）川村多实二
著；蔡弃民译

上海：商务印书馆，1936 年 9 月
初版

3 册；32 开 . —（万有文库）

长沙：商务印书馆，1940 年 3 月
初版

258 页；32 开 . —（自然科学小
丛书）

主题：动物地理学

中图分类号：Q958.2

分动物地理学之变迁及现况、
生态学的动物地理学和海洋动物地
理学 3 篇。其中，海洋动物地理学
含海洋采集之初期、海洋之动物生
态学的状况、重要海产动物和两栖

地带之动物等 4 章。

3087

动物分类 ／（日）内田亨等著；董
功甫译

长沙：商务印书馆，1939 年 1 月
初版

2 册（515 页）：图；36 开 . —
（自然科学小丛书）

主题：动物学—分类学

中图分类号：Q958

包含海绵动物、软体动物、腔
肠动物、棘皮动物及毛颚动物、鱼
类等内容。

3088

动物分类学 ／ 王修著

上海：商务印书馆，1930 年 4 月
初版

126 页；32 开 . —（万有文库）

上海：商务印书馆，1931 年 8 月
初版

110 页；32 开 . —（百科小丛
书）

主题：动物学—分类学

中图分类号：Q959

介绍原生动物、海绵动物、腔
肠动物、棘皮动物、蠕形动物、软
体动物、拟软体动物、节肢动物、
原索动物、脊椎动物和动物之分布
等，共 11 章。其中棘皮动物有介绍
海百合类、海胆类和海参类等动物。

3089

动物形象图说／（日）朝日新闻
社编

上海：良友图书印刷公司，1933
年 7 月出版

151 页：图；16 开

主题：动物学—图解

中图分类号：Q95 – 64

包含海中的哺乳类、海鸟、栖
于深海的鱼类、章鱼与乌贼、海栗
与海参、海盘车、珊瑚、鲨鱼与海
鹞鱼等内容。

3090

动物学大纲／嵇联晋著

上海：世界书局，1936 年 2 月
初版

20，597 页：图；25 开

主题：动物学

中图分类号：Q95

包含腔肠动物、毛颚动物、拟
软体动物、棘皮动物、软体动物、
海绵动物、海星类、海胆类等
内容。

3091

动物学精义／（日）惠利惠著；杜
亚泉等译

［长沙］：商务印书馆，1939 年 7
月初版

6 册：图；25 开 . —（大学丛书）

主题：动物学

中图分类号：Q95

包含棘皮动物、毛颚动物、海
苹果类、海百合类、海参类、海胆
类等内容。

3092

动物与环境／（日）田中义磨著；
萧百新译

上海：商务印书馆，1936 年 9 月
初版

2 册（308 页）；32 开 . —（万有
文库）

上海：商务印书馆，1940 年 3 月
长沙初版

308 页；32 开 . —（自然科学小
丛书）

主题：动物—关系—非生物环境

中图分类号：Q958.11

论述生物因环境关系所发生的
变迁、动物与环境的各种要素、适
应与后天性的遗传、人工的突然变
动、性与环境的关系和结论 6 章。
其中含鱼类的迁移方式和栖息的水
及其含有物 2 节。

3093

福建省脊椎动物统计续编／郑作
新编著

上海：中国科学社，1941 年 8 月
出版

［10］页；16 开

主题：脊椎动物门—统计资料—福建

中图分类号：Q959.3 - 66

《科学》第25卷抽印本。

3094

海滨生物 ／ 厄尔赫斯特（R. Elmhirst）著；周则岳译

上海：商务印书馆，1928 年 6 月初版

115 页；32 开 . —（新知识丛书）

主题：海滨—海洋生物

中图分类号：Q178.531

介绍原生动物、腔肠动物、软体动物、棘皮动物，蠕虫类、甲壳类、鱼类，以及海藻、海绵、海蜘蛛和石勃足等海洋生物，共 10 章。

3095

海参类标本目录 ／ 张凤瀛著

北平：国立北平研究院，1934 年 9 月初版，1936 年 9 月再版

18 页：图；16 开 . —（国立北平研究院动物学研究所中文报告汇刊）

主题：海参纲—标本—目录

中图分类号：Q959.269 - 34

张凤瀛对中国海岸的海参类、海产棘皮动物在胶州湾及其附近地区的分布状况进行了深入的研究，并在此基础上发表了国立北平研究院动物学研究所《海参类标本目录》。

3096

海绵 ／ 秉志著

上海：中国科学图书仪器公司，1949 年 9 月初版

108 页：图；32 开 . —（中国科学社科学画报丛书）

主题：海绵动物

中图分类号：Q959.12

内分多孔动物之起源、骨骼系统之演化、海绵之生育及生理、海绵之类别及价值等 7 章。

3097

海仙人掌之体量变化及氯化钾、钙、镁、钠与发光之关系 ／ 经利彬等著

北平：国立北平研究院出版课，1935 年 11 月出版

［6］页；16 开

主题：八射珊瑚亚纲—生理

中图分类号：Q959.133.05

《国立北平研究院生理学研究所中文报告汇刊》第 2 卷第 6 号抽印本。

3098

海洋生物 ／（英）准斯吞（J. Johnstone）著；朱建霞译

上海：商务印书馆，1931 年 6 月初版

110 页：图；32 开 . —（新知识丛书）

主题：海洋生物

中图分类号：Q178.53

共 5 章。包含生物的门类，海洋中之节奏的变化，分布的因子，营养的方式和食物的来源等。

3099

海藻酸化学成分之研究 / 汤元吉译

［出版地不详］：化学研究所，1933 年 10 月初版

14 页；16 开

主题：海藻—酸—化学成分

中图分类号：Q949.206

《国立中央研究院化学研究所集刊》第 10 号英文本，附中文摘要。

3100

荷属南洋群岛之蜥蜴数种 / 陆鼎恒编著

北平：国立北平研究院出版部，1934 年 3 月出版

［8］页：图；16 开 . —（国立北平研究院动物学研究所中文报告汇刊）

主题：蜥蜴—南洋群岛

中图分类号：Q959.6

《国立北平研究院院务汇报》第 5 卷第 2 期抽印本。书末附新西

兰摩背蜥等图。

3101

脊椎动物比较解剖学实习指导 / 张松宗著

厦门：国立厦门大学生物系，［1943］年版

［252］页；18 开

主题：脊椎动物门—比较解剖学—实习

中图分类号：Q959.304

3102

脊椎动物分类学 / 张春霖著

北平：北洋图书社生物丛书部，1936 年 10 月初版

249 页：图；24 开

主题：脊椎动物门—分类学

中图分类号：Q959.309

3103

脊椎动物分类学纲要 / 郑作新编著

上海：正中书局，1948 年 5 月初版

116 页；25 开 . —（大学用书）

主题：脊椎动物门—分类学

中图分类号：Q959.3

介绍脊椎动物的特征，圆口纲、鱼纲、两栖纲、爬行纲、鸟纲、哺乳纲等各类脊椎动物，共 8 章。

3104

胶州湾的两种肠鳃类／张玺，顾光
中著

　　北平：国立北平研究院出版课，
1935 年 8 月出版

　　［12］页：图；16 开 . —（国立
北平研究院动物学研究所中文报
告汇刊）

　　主题：肠鳃目—胶州湾

　　中图分类号：Q959. 281

　　《国立北平研究院院务汇报》
第 6 卷第 4 期抽印本。分外部形态
和内部解剖两部分。

3105

胶州湾海蜘蛛类之研究／陆鼎
恒著

　　北平：国立北平研究院总办事处
出版课，1936 年 1 月出版

　　［30］页：图；16 开 . —（国立
北平研究院动物学研究所中文报
告汇刊）

　　主题：海蜘蛛—研究

　　中图分类号：Q959. 22

　　《国立北平研究院院务汇报》
第 7 卷第 1 期抽印本。

3106

胶州湾及其附近海产食用软体动物
之研究／张玺，相里矩著

　　北平：国立北平研究院出版课，

1936 年 3 月初版

　　94 页：图；16 开 . —（胶州湾海
产动物采集团专门论文集）

　　主题：软体动物—研究—山东

　　中图分类号：Q959. 21

　　分别介绍腹足纲、瓣鳃纲、头
足动物纲等动物的形态、产地与采
集、分布及产量等。

3107

胶州湾及其附近之棘皮动物分布概
况／张凤瀛著

　　北平：国立北平研究院出版部，
1935 年 8 月出版

　　12 页：表；16 开 . —（国立北平
研究院动物学研究所中文报告汇
刊）

　　主题：棘皮动物—山东

　　中图分类号：Q959. 260. 8

　　《国立北平研究院院务汇报》
第 6 卷第 4 期抽印本。

3108

鲛之剥制／王秉衡著

　　青岛：青岛特别市观象台，
［1930 年 5 月］出版

　　10 页：50 开

　　主题：鲨鱼—标本制作

　　中图分类号：Q959. 41—34

　　书末有"1930 年 5 月"字样，
是完稿时间。

3109

近世动物学／薛德焴著

上海：商务印书馆，1923 年 6 月
上卷初版，1926 年 12 月 3 版，
1933 年 1 月国难后 1 版

259，19 页：图；24 开

上海：商务印书馆，1924 年下卷
初版，1933 年 1 月国难后 1 版

204，16 页：图；32 开

主题：动物学

中图分类号：Q95

包含海绵动物、腔肠动物、棘
皮动物、环形动物、软体动物等
内容。

3110

兰氏科学常谈／（英）兰克司得
（R. Lankester）著；伍周甫译述

上海：商务印书馆，1927 年 1
月—1928 年 4 月出版

2 册（200，215 页）；32 开．—
（新知识丛书）

主题：生物学—文集

中图分类号：Q-53

著者是英国著名生物学家。此
书为其科学小品集，收《科学及
实用》、《大学教育》、《达尔文之
学说》、《淡水水母》、《鳗》、《近
代之马及其始祖》、《爪哇毒树及
抗衡之毒物》、《蛎》、《心跳脉
搏》、《睡眠》、《蝌蚪及蛙》、《星
宿》、《彗星》、《霍乱》、《精神病

患者》、《死亡率》、《蛛丝》、《动
物及保护色》、《象》、《鲸》等文
章，共 36 篇。

3111

民族地理学／（日）小牧实繁著；
郑震译

上海：商务印书馆，1936 年 3 月
初版

2 册（142 页）：照片；32 开．—
（万有文库）

上海：商务印书馆，1936 年 11
月初版

142 页：照片；32 开．—（自然
科学小丛书）

主题：人种—地理学

中图分类号：Q982

论述地理条件对于人种分化的
影响、人种分布与地理条件的关
系、人种特征与地理条件的关系等
问题。包含主要人种略述之地中海
人、大西洋地中海人和西北海岸美
洲土人等章节。

3112

闽南民间关于文昌鱼之记载与传
说／陈子英著

［厦门］：福建厦门大学理学院海
产生物研究场，1936 年 6 月出版

10 页；16 开．—（海产生物通
俗汇刊）

主题：文昌鱼—研究资料

中图分类号：Q959.287

收录福建南部地区民间有关文昌鱼的记载和传说。

3113

奇异的虾蟹生活 / 陆而天著

桂林：文献出版社，1941 年 12 月初版，1941 年 8 月再版

42 页；36 开

主题：虾类

主题：蟹类

中图分类号：Q959.223

3114

青岛海产生物研究所第一次报告：民国二十三年 / 青岛海产研究所编

青岛：编者刊，1934 年出版

33 页；16 开

主题：海洋生物—研究所—报告—青岛—1934

中图分类号：Q178.53 - 242

报告载有青岛海产生物研究所成立缘起、人员组成暑期讲习班之设立、采集工作的组织与分工、采集地点、时间、目的等内容。

3115

青岛文昌鱼与厦门文昌鱼之比较研究 / 张玺、顾光中著

北平：国立北平研究院总办事处出版课，1937 年 3 月出版

35 页：图，表；16 开 . —（国立北平研究院动物学研究所中文报告汇刊）

主题：文昌鱼—对比研究

中图分类号：Q959.287

论述两种文昌鱼的异同，认为青岛文昌鱼是婆罗洲文昌鱼的新变种，产于青岛。

3116

沙蚕 / 薛德焴著

上海：新亚书店，1933 年 12 月初版

11 页；32 开 . —（动物解剖丛书）

主题：沙蚕

中图分类号：Q959.192

介绍沙蚕的种类、习性、发育，以及对沙蚕的外形和内部观察。

3117

山东沿海之前鳃类 / 张玺，赵汝翼，赵璞著

北平：中法大学，1940 年 4 月出版

[10]，40 页：照片；16 开 . —（北平中法大学理学院特刊）

主题：前鳃亚纲—研究—山东

中图分类号：Q959.212

3118

生命之科学 / ［英］H. G. 韦尔斯
(H. G. Wells) 等著；石沲译

　上海：商务印书馆，1934 年 10
月初版

　2 册（1547 页）：图；23 开

　主题：生命科学—普及读物

　中图分类号：Q1 - 0

　　包含海蜇鱼、珊瑚、海绵、植
物样的动物及海藻等内容。

3119

生命之起原与进化 / （美）奥兹本
著；沈因明译

　上海：商务印书馆，1937 年 3 月
初版

　3 册：图；32 开 . —（万有文库）

　主题：生命起源

　中图分类号：Q10

　　包含盐为海洋年龄之尺度、深
海软泥寒武纪海参与近代海参之比
较等内容。

3120

生物学纲要 / 黄赓祥译

　上海：信华企业公司图书部，
1939 年 8 月初版

　227 页；25 开

　上海：中国文化服务社，1946 年
8 月初版

　618 页：图；25 开 . —（大学文
库）

上海：龙门联合书局，1948 年 3
月出版

　732 页：图；25 开 . —（大学文
库）

　主题：普通生物学

　中图分类号：Q1

　　包含生命之起源、原生质观念、
藻族、海绵动物门、鱼纲等内容。

3121

生物之相互关系 / （日）内田亨
著；梁希，沙俊译

　上海：商务印书馆，1935 年 3 月
初版

　2 册（242 页）：图；32 开 . —
（万有文库）

　上海：商务印书馆，1936 年 3 月
初版

　242 页：图；32 开 . —（自然科
学小丛书）

　主题：生态学

　中图分类号：Q14

　　包含生物之存在、生物之分
布、海、生物之进化、自然之大调
和等内容。

3122

实验无脊椎动物学 / 陈伯康著

　北平：中国生物科学会，1933 年
1 月初版

　130 页；23 开

　主题：无脊椎动物门—实验

中图分类号：Q959.1 - 33

　　包含小壶形海绵、樽形海绵、桃花水母、海葵、海星、海参、蚌、乌贼等动物的实验。

3123

世界哺乳动物志／薛德焴，缪维水编著

　　上海：新亚书店，1934 年 12 月初版

　　18，129，10 页：图；18 开

　　主题：哺乳动物纲—动物志

　　中图分类号：Q959.808

　　包含海獭、海豹科、海象、海牛类、鲸类等内容。

3124

世界植物地理／（英）哈第著；胡先骕译

　　上海：商务印书馆，1933 年 1 月初版

　　213 页；32 开 . —（百科小丛书）

　　上海：商务印书馆，1933 年 12 月初版

　　213 页；32 开 . —（万有文库）

　　上海：商务印书馆，1939 年 12 月长沙简编版

　　213 页；32 开 . —（万有文库）

　　主题：植物地理学—世界

　　中图分类号：Q948.2

　　包含阿穆尔朝鲜库页岛与北海道、马来群岛、北极区域、北极与高山寒原与高原、大西洋沿岸、地中海区等内容。

3125

水底世界／（苏）鲍戈罗夫著；什之译

　　上海：天下图书公司，1947 年 9 月初版，1949 年 4 月华北 1 版

　　72 页；36 开 . —（大众科学丛书）

　　主题：海洋生物—普及读物

　　中图分类号：Q178.53 - 49

　　介绍海草、海绵、水母、水螅、珊瑚、海胆、海星、海百合、海参、海蛇、海豹、鲸鱼等海洋生物。

3126

苏轼与海南动物／冼玉清著

　　[出版地不详]：[出版者不详]，[出版日期不详]

　　[19] 页；16 开

　　主题：动物—岭南

　　中图分类号：Q958.526.5

　　《岭南学报》第 9 卷第 1 期抽印本。辑录苏轼在岭南时所提到的有关动物，分昆虫、鳞介、禽兽等类。

3127

乌贼／薛德焴著

　　上海：新亚书店，1935 年 9 月初版

23 页；32 开．—（动物解剖丛书）

主题：乌贼—动物解剖学

中图分类号：Q959.216.04

　　讲解乌贼的外部形态以及内部构造。

3128

无脊椎动物的智慧／（美）细普力（M. Shipley） 著；陈岳生，邱尼山译

上海：商务印书馆，1934 年 1 月初版，1935 年 5 月再版

64 页；32 开．—（百科小丛书）

主题：无脊椎动物门—研究

中图分类号：Q959.1

　　介绍蚯蚓、星鱼、海葵、软体动物、章鱼、甲壳类、寄居虫、蜘蛛、黄蜂、蜜蜂、白蚁等无脊椎动物的智慧。

3129

无脊椎动物图说／周建人编

长沙：商务印书馆，1939 年 4 月初版

301 页；32 开

主题：无脊椎动物门—图解

中图分类号：Q959.1 – 64

　　内分原生动物、海绵动物、腔肠动物、棘皮动物、扁形动物、圆形动物、毛颚动物、轮形动物、环形动物、前肛动物、软体动物、

节肢动物等。其中有水母、海蜇、海葵、珊瑚、海参、海胆、海燕、海百合等动物图解。

3130

无脊椎动物学实习指导／张松宗著

[厦门]：国立厦门大学生物系，1943 年 6 月出版

[184] 页；16 开

主题：无脊椎动物门—实习

中图分类号：Q959.1 – 45

3131

虾蟹类／（英）邓肯著；（英）潘慎文编译；陆咏笙译

上海：牛津图书公司，1916 年出版

50 页：图；32 开．—（海族志）

主题：虾类

主题：蟹类

中图分类号：Q959.223

　　含龙虾、小龙虾、岸蟹、大海蟹、丝绒蟹、隐居蟹、蜘蛛蟹、长角虾、沙蚱蜢、橡子螺、船螺等。

3132

下等植物分类学／杜亚泉编

上海：商务印书馆，1933 年 1 月初版

193 页；32 开．—（百科小丛书）

上海：商务印书馆，1933 年 12 月初版，1940 年 6 月长沙 3 版

193 页；32 开 . —（万有文库）

主题：植物分类学—低等植物

中图分类号：Q949.109

包含北海藻类 2 科、海索面类 6 科、布海苔类 7 科、硅藻植物 1 科、丝藻类 10 科、绿线藻类 5 科、网管状藻类 6 科等内容。

3133

星鲛 ／ 薛德焴著

上海：新亚书店，1935 年 9 月初版

38 页：图；12 开 . —（动物解剖丛书）

主题：星鲨属—动物解剖学

中图分类号：Q959.410.4

3134

烟台海滨动物之分布 ／ 张玺著

北平：国立北平研究院出版部，1934 年 9 月初版

66 页：图；16 开

主题：海滨—海洋生物—水生动物—动物资源—烟台

中图分类号：Q958.885.31

记述烟台海滨动物之分布，并有分类、形态、解剖及生物图等。

3135

烟台鱼类志 . 第 1 卷 ／ 顾光中著

北平：国立北平研究院出版部，1933 年 12 月初版

235 页：图；16 开 . —（国立北平研究院动物学研究所丛刊）

主题：鱼类—动物志—烟台

中图分类号：Q959.408

采用 D. S. Jordan 氏分类系统，按种作说明及插图，并有纲、目、科、属之定义及检索表。全书分 2 卷。此卷收鱼类 54 种，另有 61 种归入第 2 卷。

3136

鱼类分类纲要 . 上 ／ 张春霖著

北平：著者刊，1933 年 10 月出版

16 页；32 开

主题：鱼类—分类学

中图分类号：Q959.409

3137

鱼类学 ／ 陈兼善，费鸿年著

上海：商务印书馆，1936 年 4 月初版；1947 年 3 月再版

2 册（347 页）：图；32 开 . —（自然科学小丛书）

主题：鱼类学

中图分类号：Q959.4

叙述鱼类的外形、骨骼、消化器官、呼吸器官、循环器官、神经系统、感觉器官、生殖、生长发育、色彩斑纹、习性，以及重要鱼类概

说和鱼类学与人生等，共 13 章。

3138

造礁珊瑚的成长率及其与海水温度的关系 / 马廷英著

国立中央研究院动植物研究所，1937 年 5 月出版

226 页：图；12 开 . —（国立中央研究院动植物研究所动物学专刊）

主题：珊瑚虫纲—生长速度

中图分类号：Q959. 133

1935 年 5—9 月，马廷英率队对东沙群岛考察研究后发表。提出了有关珊瑚生长节律的系统理论，即珊瑚组织内部和外部都有反映年生长现象和季候生长现象的生长线、生长纹，并与海水的温度有关。

3139

中国普通动物 / 乔风等编译

上海：商务印书馆，1936 年 7 月初版

151 页：图；32 开 . —（中学生自然研究丛书）

主题：水生动物—海滨—中国

中图分类号：Q958. 885. 31

介绍中国产的海滨动物。有普通甲壳类、普通软体动物、鱼类和两栖类、爬虫类等。附《本草中的鳞类》、《本草中的禽类》。

3140

中国沿岸之海参类 / 张凤瀛著

北平：国立北平研究院出版部，1934 年 11 月出版

35 页：图；16 开 . —（国立北平研究院动物学研究所中文报告汇刊）

主题：海参纲—中国

中图分类号：Q959. 269

《国立北平研究院院务汇报》第 5 卷第 6 期抽印本。

3141

自然创造史 /（德）赫克尔（E. Haeckel）著；马君武译

上海：商务印书馆，1935 年 9 月初版

8 册：图；32 开 . —（万有文库）

上海：商务印书馆，1936 年 4 月初版

18，901 页；32 开 . —（汉译世界名著）

主题：进化论

中图分类号：Q111

包含动物系统史分类、下等动物系统史、蠕形动物软体动物及星状动物系统史、查伦格之深海放射虫、地中海毒腺动物之一部、海鞘及文昌鱼之胎体等内容。

十五 R 医药、卫生

R 医药、卫生

3142

肺病指南／丁福保编

上海：医学书局，1933年8月初版；1941年4月3版；1948年5月12版

206页；32开．—（世界医学百科全书）

主题：肺病

中图分类号：R256.1

包含海与结核、结核治疗上之海之历史及意义、海之空气、海之气温、海之湿度气压日光光线、海岸空气之特殊成分、海对于生理作用之影响、海岸与治疗结核之关系等内容。

3143

海港检疫管理处报告书／伍连德、伍长耀编

［卫生署］，［1932年］至［1934年7月］出版

3册：图，表；18开

主题：海港—检疫—工作报告—中国

中图分类号：R185.22

1930年，国民政府卫生署在上海设立全国海港检疫管理处，先后将厦门、天津、青岛、秦皇岛、汕头等10多个海港检疫所按收为其直辖机构。各检疫所每年的工作报告连同历年学术论文，由管理处记集编写成报告书。

3144

海港检疫章程／［国民政府内政部重要防疫委员会］编

［出版地不详］：编者刊，1939年7月初版

42页；32开

主题：海港—检疫—章程—中国—1939

中图分类号：R185.22

对海港检疫的定义、区域指定、检疫总则、各种传染病的处置办法、检疫程序等都作了详细的规定。

3145

汉药实验谈／（日）小泉荣次郎原著；晋陵下工译述

上海：医学书局，1914年3月初版，1918年7月再版

17，318页；32开．—（丁氏医学丛书）

主题：中草药—实验

中图分类号：R28－33

包含牡蛎、乌贼骨、海藻、海人草、海带等内容。

气压问题等内容。

3146

荣养论／顾寿白著

上海：商务印书馆，1931 年 9 月初版，1933 年 5 月国难后 1 版，1934 年 2 月国难后 2 版

99 页；32 开 . —（医学小丛书）

主题：营养学

中图分类号：R151

其中动物类食品包含鱼肉类、贝类，植物类食品包含海藻类等内容。

3147

荣养浅说／（日）铃木梅太郎著；孙锡洪译

上海：开明书店，1947 年 1 月初版

211 页；表；32 开

主题：营养学

中图分类号：R151

包含海藻类、鱼介类等内容。

3148

实验疗肺学／丁惠康编纂

上海：医学书局，1936 年 7 月出版

207 页；图；23 开

主题：肺结核—治疗

中图分类号：R521.05

包含德国北海群岛视察记、平地疗养院治疗之结束、高山气候之

3149

食物须知／顾鸣盛编

上海：文明书局，1922 年 1 月初版，1934 年 4 月 5 版

126 页：表；32 开

主题：食物疗法—中国

中图分类号：R247.1

包含海藻等内容。

3150

食物营养分析表／沈石顽编

上海：昌明医药学社，1934 年 7 月出版

59 页：表

主题：食品营养分析—图表

中图分类号：R151.3 - 64

包含鱼介类及制品、海藻类及制品等内容。

3151

食用本草学／陆观豹著

天津：永寿医社，1935 年 8 月初版，1943 年 6 月再版

12，173 页；32 开 . —（中国医学丛书）

主题：食物本草—研究

中图分类号：R281.5

包含海藻、海带、海虾、海参、海蜇、海蜇皮等内容。

3152

营养提要 / 陈朝玉编著

［成都］：国立四川大学出版部发行，1943 年 11 月初版

96 页（粮食部营养改进小丛书）

主题：营养学

中图分类号：R151

包含海藻类、鱼介类等内容。

3153

中国药物标本图影 / 中国医药研究社编辑；陈存仁主编

上海：世界书局，1935 年 4 月初版

13，247 页：图；18 开

主题：中草药—图集

中图分类号：R282.7 - 64

包含海藻、海桐、海马、海龙等内容。

3154

中国药物学集成 / 蒋玉伯著

上海：教育书店，1937 年 5 月初版

［47］，641 页；23 开

主题：中药学

中图分类号：R28

包含腽肭脐（海狗肾）、乌贼（墨鱼附海螵蛸）、海桐、海藻、海带等内容。

十六 S 农业科学

S 农业科学

3155

崇明岛产鱼志 /（日）木村重著

上海：上海自然科学研究所，1935 年 10 月出版

29 页；16 开

主题：水产志—上海

中图分类号：S922.51

3156

肥料学 / 彭家元著

上海：商务印书馆，1936 年 1 月初版；1936 年 8 月再版；1944 年 9 月蓉 1 版

409 页：表；23 开

主题：肥料学

中图分类号：S14

包含氮质海鸟粪、磷质海鸟粪、西沙群岛海鸟粪等内容。

3157

广东建设厅水产实验场一周年纪念册 / 广东建设厅水产试验场编

［出版地不详］：编者刊，1930 年 7 月初版

362 页：图，表；16 开

主题：渔业

中图分类号：S9

目录页书名题：一周年纪念特刊。书前冠照片。内容包括《香港渔业调查报告》、《香港澳门渔具之调查》、《台湾盐业调查》、《广东沿岸渔业概况及计划》、《广东鱼类目录》等文章及《渔业法》、《渔会法》等法规。

3158

国产海藻之成分／魏文德著

　　五通桥：黄海化学工业研究社，1942 年 8 月出版

　　4 页；18 开

　　主题：海水养殖—藻类养殖

　　中图分类号：S968.4

　　主要研究我国不同产地、不同品种、不同季节的海藻所含的成分。

3159

胶州湾海产动物采集团第一期采集报告／张玺著

　　北平：国立北平研究院出版课，1935 年 8 月初版

　　95 页：图，表；16 开

　　主题：水产资源—分布—黄海

　　中图分类号：S992.9

　　《国立北平研究院院务汇报》第 6 卷第 4 期抽印本。内容包括采集团的缘起及组织、采集区域、采集之主要用具、各区采得标本之一斑、海水之理化性质、采集区内所

得主要动物之分布、各站动物之比较等。

3160

胶州湾海产动物采集团第二期及第三期采集报告／张玺，马绣同著

　　北平：国立北平研究院总办事处出版课，1936 年 10 月初版

　　176 页：图；16 开

　　主题：水产资源—分布—黄海

　　中图分类号：S992.9

　　内容包括第二、三期各站获得动物之一斑、采得主要动物之分布、各站动物之多少比较、海水之理化分析、胶州湾海水之温度，第二期与第三期之比较等。

3161

胶州湾海产动物采集团第一、二期测量报告／青岛市观象台

　　[北平]：国立北平研究院，[1936 年]

　　[50] 页：图，表；16 开

　　主题：水产资源—分布—黄海

　　中图分类号：S992.9

　　包括海产动物采集测量仪器使用方法说明、测量日记、测量及分析记录、测量记录表、海水分析表等。

3162

闽中海错疏／（明）屠本畯著；徐悖补疏

上海：商务印书馆，1937 年 3 月
出版

36 页；32 开

主题：水产品—福建

中图分类号：S922.9

　　全书分 3 卷，其中闽海水族、
凡鳞部 2 卷，共 167 种；介绍 1
卷，共 90 种。附非闽产物海粉、
燕窝 2 种。

3163

墨鱼干制实验报告／陈同白编

　　定海：浙江省水产试验场，1935
年 10 月初版

10 页：图；16 开

主题：乌贼—加工—试验报告

中图分类号：S985.9

　　内分原料、制作方法、制品分
析、包装及销售、结论五部分。

3164

墨鱼渔业试验报告／江苏省立渔
业试验场，江苏省立水产学校编

　　[出版地不详]：江苏省立渔业试
验场，江苏省立水产学校，1935
年 12 月初版

90 页：图，表；25 开

主题：乌贼—渔捞作业—试验报
告—江苏

中图分类号：S979

　　包括墨鱼渔业试验之发议与实
施、墨鱼之性状、墨鱼渔业之现

状、中街山群岛之试验经过、马鞍
群岛之试验经过等。

3165

墨鱼渔业试验报告：民国二十四年
八月／江苏省立水产学校编

　　[镇江]：江苏省立水产学校，
1936 年 2 月初版

36 页：图，表；16 开

主题：乌贼—渔捞作业—试验报
告—江苏

中图分类号：S979

　　包括墨鱼渔业试验经过介绍、
渔场试验日志、渔获状况表等。

3166

凝菜制造实验／陈琼璋著

　　定海：浙江省水产试验场，1937
年 2 月初版

6 页；16 开．—（浙江省水产试
验场汇报）

主题：海藻加工

中图分类号：S985.4

　　介绍凝菜试制过程。分本地海
藻、牛毛菜、石花菜 3 种，分别介
绍其形态、采集法与繁殖法，并对
制造方法与成品检定做了说明。

3167

青岛水族馆民国二十一年报告书

　　青岛：青岛水族馆，1932 年出版

24 页；16 开

主题：水族馆—报告—青岛—
1932

中图分类号：S965.8

3168

青岛之附近气候与农作关系 / 蒋
丙然著

[出版地不详]，1940 年 3 月
出版

[26]页；16 开

主题：农业—气候—青岛

中图分类号：S162.225.23

本书含青岛气候受海洋调剂之
内容。

3169

日本统治下的台湾水产 / 中央设
计局台湾调查委员会编

[出版地不详]：中央训练团，
1945 年 3 月出版

28 页：表；32 开

主题：水产志—台湾

中图分类号：S922.58

介绍水产设施、主要鱼族分布
状态、水产业、水产制造业以及制
盐、养殖业等概况，并分析了水产
业的未来等。

3170

上海食用鱼类图志 / 徐季搏编著

上海：上海市立渔业指导所，
1935 年 11 月初版

72 页：图，表；16 开

主题：水产志—上海

中图分类号：S922.51

分 4 编。介绍淡水、海水食用
鱼及虾、蟹、蚌、蛤等 72 种，均
有附图。另附烹调法及索引。

3171

水产动物学 / 江苏省立水产学
校编

上海：商务印书馆，1916 年 12
月初版

248 页：图；32 开

主题：渔业—动物学

中图分类号：S917.4

本书依动物之体制分为八门。
自高等种类顺序列举之于次（海
洋动物与淡水动物均有）。

3172

水产浅话 / 震东著

天津：河北省立水产专科学校出
版委员会，1934 年 10 月初版

24 页；32 开

主题：渔业

中图分类号：S9

主要介绍什么是水产、水产养
殖、渔捞、水产制造、世界水产业
情况和我国水产业情况。

3173

水产物的利用 / 阎月麟编；张崧

冠校

天津：河北省立水产专科学校出版委员会，1935年5月初版

30页：图；32开

主题：水产品—加工

中图分类号：S986

本书包括水产物（包含河海湖沼的水产物）利用的意义、渔获物的临时处理法、水产物利用法的分类、食用品、农用品、工用品和药用品等部分。

3174

水产学／孙钰编著

上海：中华书局，1948年6月初版

102页：图；36开

主题：渔业

中图分类号：S9

本书含鱼之解剖生理、习性、品种、饲养、饵、疾病及害敌等内容，并河海湖沼之水产养殖。

3175

水产学大意／关鹏万编纂

上海：商务印书馆，1919年2月初版

91页：图；27开

主题：渔业—专业学校—教材

中图分类号：S9

本书介绍水产、渔捞均含河海湖沼之水产。

3176

水产养殖法／（日）日暮忠，越田德次郎著；杨占春译

上海：新学会社，1914年4月初版

306页：图，表；23开

主题：水产养殖

中图分类号：S96

分淡水养殖和咸水养殖两篇，其中第二篇咸水养殖共3章，分别介绍鱼类、贝类和海藻之养殖。

3177

养鱼法／陈椿寿著

上海：商务印书馆，1930年4月初版

66页；32开

主题：鱼类养殖

中图分类号：S961

本书讲述养鱼之必要、分类、沿革、场地选择等。其中，第6章为海中养鱼法。

3178

养鱼法／朱碧光编著

重庆：正中书局，1940年3月初版

30页：图；32开

主题：鱼类养殖

中图分类号：S965

内分总论、鱼池之建筑、鱼类

之放殖及养成、饲料、病害防除。其中第一章总论第二节养鱼之类别分为湖中养殖法、海中养殖法、池中养殖法和稻田养殖法 4 种。

3179

养殖真珠①之研究／金之玉编

[海南岛]：农林部真珠贝养殖场，1949 年 4 月初版

26 页：图；32 开

主题：海水养殖—珍珠养殖

中图分类号：S968.35

本书论述河海珍珠之分布、品种、成因、成分及养殖法。

3180

渔捞浅说／徐建安编著

上海：上海市渔业指导所，1935 年 11 月初版

105 页：图，表；32 开

主题：捕捞

中图分类号：S97

本书从海洋、气象、渔场、渔期、渔船、渔具、渔法及渔获物处理法等方面论述渔捞之内容。

3181

浙江省水产试验场概况／浙江省水产试验场编

[出版地不详]：编者刊，1936 年

————————————

① 真珠，即珍珠。

2 月出版

[12] 页；16 开

主题：渔业—试验场—概况—浙江—民国

中图分类号：S9 - 242

包括浙江水产试验场沿革、组织、职员、设备、经费概况，沿海渔业调查、辖内江河渔业调查概况，相关研究、试验、推广、训练等工作概况。

3182

中等水产学／周监殷，鱼华仙编

上海：中华书局，1928 年 5 月初版

156 页：图；32 开

主题：渔业—专业学校—教材

中图分类号：S9

本书除介绍水产、渔捞之外，单列咸水养殖之内容。

十七　T　工业技术

T　工业技术

3183

北戴河海滨建设计划书／北戴河

海滨风景区管理局编

北戴河：北戴河海滨风景区管理局，1938 年 6 月初版

14 页；22 开

主题：城市规划—北戴河

中图分类号：TU984.222.3

本书内容有分区、公路、马路、公共事业、公园系统等 6 部分，介绍北戴河的建设状况。其中公共事业包括增建渔船停泊场灯塔及改建金山嘴灯塔、建设渔船场、海滨市场等。

3184

城市科学／立特尔著；吴廉铭译

昆明：中华书局，1939 年 7 月初版；1940 年 9 月沪再版；1941 年 8 月 3 版

185 页：图；32 开 .—（科学常识丛书）

主题：城市建设学

中图分类号：TU984

包括海边的都市、垃圾倾入海中、科学与船坞、船坞的式样、船坞深度、干式船坞、码头、关栈、潜水夫等内容。

3185

船舶无线电台台名录／交通部国际电信局编

［出版地不详］：交通部国际电信局，1933 年 7 月出版

22 页；16 开

主题：船载电台—世界—名录

中图分类号：TN924 - 61

分 3 部分。每部分按船舶名称、呼号、所属公司、吨数、国籍、电波程式、电力、执照号数 8 项进行统计。

3186

福建永德安南四属工程汇刊／［永德安南警备司令部工程设计处］编

编者刊，1932 年 12 月出版

208 页：图，表；16 开

主题：城市建设—福建—民国—资料

中图分类号：TU984.257

共 9 章。有工程机关、道路、桥梁、市区、学校、筑港、造林等。其中筑港一章包括石井港之交通与形势、石井筑港之进行、石井港工程计划说明书、工程费之预算。

3187

工程团体联合会员录：民国 25—26 年度／［工程团体联合会］编

编者刊，1937 年 4 月出版

149 页；16 开

主题：工业—学术团体—人名录—中国—1936—1937

中图分类号：T - 262

联合会包括中国工程师学会、中国矿冶工程学会、中国化学工程学会、中国水利工程学会（第三组为民船运输成本研究组）、中国电机工程师学会、中国自动机工程学会、中国机械工程学会、中国土木工程学会8个团体。

3188

国立山东大学工学院土木工程系学程指导书／国立山东大学工学院土木工程系编

编者刊，1934 年 12 月出版

16 页：表；16 开

主题：土木工程—高等学校—教学参考资料

中图分类号：TU

内容包括学则、学程一览、学程分配表和学程说明。学程一览中提及该学院设有海港工学的课程。

3189

河工／冯雄著

上海：商务印书馆，1930 年 10 月初版，1939 年 12 月长沙简编版

148 页：图；32 开 . —（工学小丛书）

上海：商务印书馆，1934 年 1 月初版，1934 年 11 月 3 版，1935 年 3 月 4 版

148 页：图；32 开 . —（工学小丛书）

上海：商务印书馆，1947 年 5 月 6 版

111 页；32 开 . —（新中学文库）

主题：河工学

中图分类号：TV81

包含河口、海波、改良河口法等内容。

3190

旧职业与新智识／（英）布拉格（W. H. Bragg）著；林光澂译述；施伯朱校

上海：商务印书馆，1936 年 9 月初版

249 页：图；32 开

主题：工业技术—概论—世界

中图分类号：T－1

论述航海、冶工、织工、染工、陶工、矿工等传统行业与新知识的关系，共分 6 讲。其中，第一讲为航海业。

3191

考察日本市政工程报告／邢契莘编

青岛：青岛市工务局（印），1936 年 7 月初版

242 页：图，表；24 开

主题：市政工程—考察报告—日本—民国

中图分类号：TU984.313

青岛市工务局局长赴日考察报告，共 10 章。其中，第六章港湾河川桥梁，包含东京港、大阪港、神户港、横滨港等的筑堤、填海、船坞等现状。

3192

钱塘江丁坝设计之检讨 ／ 汪胡桢编

［出版地不详］：中国水利工程学会，1937 年出版

9 页：图；16 开

主题：丁坝—设计—钱塘江

中图分类号：TV882.855

中国水利工程学会第 11 届年会论文。该论文包括引言、丁坝著效之原因、钱塘江江流之强悍、盘头之旧制、抗战前所建挑水坝、挑水坝设计之要点等。

3193

钱塘江海塘工程视察团视察报告 ／ 钱塘江海塘工程视察团编

编者刊，1946 年 12 月出版

［53］页：图，表；16 开

主题：海塘—钱塘江

中图分类号：TV882.855

书前有《钱塘江海塘沿革史略》（汪胡桢著）。书末附《钱塘江海塘工程视察团会议记录》。

3194

青岛市公安局消防辑览 ／ 青岛市公安局编辑处编

青岛：青岛市公安局编辑处，1933 年 3 月初版

60 页：图，表；23 开

主题：消防—青岛—民国—资料

中图分类号：TU998.192.523

主要介绍青岛市公安局消防沿革、组织、规则、机车性能、用水供给等。附码头消防。

3195

入海水道计划 ／ 导淮委员会编

南京：导淮委员会，1933 年 5 月初版

18 页：图；16 开

主题：河道整治—规划—淮河

中图分类号：TV882.3

导淮入海的工程计划。附《本会第十二次全体委员会议事录》、《本会呈国民政府文》、《国民政府指令》。附图表 10 幅。

3196

食品化学 ／ 刘纶编

上海：商务印书馆，1927 年 1 月初版，1933 年 4 月国难后第 1 版

230 页：表；23 开

主题：食品分析

中图分类号：TS201.2

包含昆布、紫菜、石花菜、裙

带菜、羊栖菜等藻类和鱼类等内容。

3197

视察台湾水利报告 / 沈百先著

[出版地不详]：[出版者不详]，

1948 年出版

100 页；16 开

主题：水利工程—台湾—民国—

资料

中图分类号：TV-092

报告分地质、土壤、气候、水

文、防洪工程、灌溉工程及海港工

程等。

3198

水利实验谈 / 庄崧甫著作

上海：新学会社，1932 年 5 月初

版，1936 年 6 月再版

50 页；图；25 开

主题：水利建设

中图分类号：TV1

包含筑海堤、障水坝、废田还

湖及导淮入海之管见等内容。

3199

台湾省工业研究所研究报文摘要 /

台湾省工业研究所技术室编

[出版地不详]：台湾省工业研究

所，1946 年 10 月出版

189 页；表；16 开

主题：工业—研究所—台湾—

资料

中图分类号：T-242

包含台湾近海产鱼油之化学的

研究、南方圈海鱼油及肝油之化学

研究等内容。

3200

塘工两年 / 浙江省钱塘江海塘工

程局编

杭州：浙江省钱塘江海塘工程

局，1948 年 7 月初版

8 页：图，地图；32 开

主题：海塘—治河工程—资料—

钱塘江

中图分类号：TV882.855

包含该局海塘工程机构和人事、

经费、工程、效益和瞻望等内容。

附：海宁、富阳等塘工照片、地图。

3201

天工开物 / （明）宋应星著

上海：华通书局，1930 年 6 月

初版

[230] 页：图；16 开

主题：工业技术—技术史—中

国—古代

中图分类号：T-092

记述我国古代生产技术和经

验。含海水盐、漕舫之内容。附

《图目》（陶湘编）、《奉新宋长庚

先生传》（丁文江撰）。

3202

天工开物／（明）宋应星著

上海：商务印书馆，1933 年 12 月初版

3 册（308 页）：图；32 开

主题：工业技术—技术史—中国—古代

中图分类号：T - 092

记述我国古代生产技术和经验。含海水盐、漕舫之内容。附《图目》（陶湘编）、《奉新宋长庚先生传》（丁文江撰）。

3203

天工开物／（明）宋应星著

上海：国学整理社（世界书局），1936 年 12 月出版

323 页：图；32 开

主题：工业技术—技术史—中国—古代

中图分类号：T - 092

记述我国古代生产技术和经验。含海水盐、漕舫之内容。附《图目》（陶湘编）、《奉新宋长庚先生传》（丁文江撰）。

3204

五工程学术团体联合会纪念刊／五工程学术团体联合会筹备委员会编

杭州：五工程学术团体联合会筹备委员会，1936 年 8 月出版

259 页：图，表；16 开

主题：学术团体—年会—中国—民国—纪念文集

中图分类号：T - 262

介绍五个工程学术团体联合举行年会的会议经过。其中有中国工程师学会第六届年会、中国电机工程师学会第二届年会、中华化学工业会第十一届年会、中国自动机工程学会第二届年会、中国化学工程学会第四届年会。该会于 1936 年 5 月在杭州举行。其中含有论文《陇海铁路终点海港》（即连云港工程）。

3205

厦市工程概况／林国赓编

［厦门］：漳厦海军警备司令部，1928 年 11 月出版

36 页：图，表；长 16 开

主题：城市建设—概况—厦门—民国

中图分类号：TU984.257.3

介绍福建厦门市堤工、公园、市内干路以及填滩等工程建设概况。附《厦门及附近群岛图》等。

3206

盐／郑尊法著

上海：商务印书馆，1926 年 1 月初版

125 页：图，表；长 48 开

主题：制盐

中图分类号：TS3

　　概述盐的性质、制法、工业上的应用，以及我国盐业情况等。第四章第三节为海水的浓缩。

3207

有机化学工业／李乔苹著

　　上海：商务印书馆，1929 年 9 月上册初版，1935 年 4 月下册初版

　　2 册（417，881 页）：图；23 开 .—（大学丛书）

　　上海：商务印书馆，1935 年 7 月国难后第 1 版

　　2 册（417，881 页）：图；23 开 .—（大学丛书）

主题：有机化工

中图分类号：TQ2

　　包含海产动物油、鲸油：海狗油、鲸鱼油、甲鱼油、海牛油、黑鱼油、海狸香等内容。

3208

浙江省钱塘江海塘工程局民国卅五年度工程计划书 . 编 238 号／浙江省钱塘江海塘工程局编

　　杭州：浙江省钱塘江海塘工程局，1946 年出版

　　92 页：图，表；横 8 开

主题：海塘—钱塘江—水利规划

中图分类号：TV882.855

　　除缘由、概要外，大部分为工程图表。其中有杭市四堡护岸及盘头工程、海宁爵字号建筑石塘及担水工程、海宁陈文港土备塘加倍工程等。

3209

浙江省钱塘江海塘工程局民国卅五年度工程计划书 . 编 1034 号／浙江省钱塘江海塘工程局编

　　杭州：浙江省钱塘江海塘工程局，1946 年 12 月出版

　　184 页：图，表；横 8 开

主题：海塘—钱塘江—水利规划

中图分类号：TV882.855

　　除缘由、概要外，大部分为工程图表。其中有杭市四堡护岸及盘头工程、海宁爵字号建筑石塘及担水工程、海宁陈文港土备塘加倍工程等。

3210

浙江水利局办理十九二十两季海塘险工之经过／浙江省水利局编

　　杭州：浙江省水利局，1932 年 12 月出版

　　[51] 页：图，表；23cm

主题：治河工程—浙江

中图分类号：TV882.855

　　本书大部分为工程摄影及图表，有文字说明。附《整理海塘工程计划》。

3211

制盐工程学／王善政编著

　上海：正中书局，1946 年 5 月
　1 版

　99 页：图，表；32 开

　主题：制盐

　中图分类号：TS3

　　内分盐水之来源生产及获取、
盐与盐水之性质及其分析、盐水取
得输送及储存、盐水之加浓、盐水
之清净、开口锅式盐液之蒸发及结
晶、真空锅式及其他方法盐液之蒸
发及结晶、盐之干燥过筛压块包装
盐仓及运输、母液之利用问题、盐
之用途世界各国盐业概况等。

3212

中国工程师学会第十四届年会青岛
分会年会纪念刊／中国工程师学
会青岛分会编

　青岛：中国工程师学会青岛分
　会，1947 年 12 月出版

　36 页：图，表；16 开

　主题：工业—学术团体—青岛—
民国—会议资料

　中图分类号：T‑262

　　收机电、土木、化工、矿产、
冶金、纺织等方面的论文 17 篇，大
都与山东地方有关。包括《青岛港
之回顾与前瞻》等论文。

3213

中国工艺沿革史略／许衍灼编

　上海：商务印书馆，1917 年 12
　月初版

　134 页：表；32 开

　主题：工业技术—技术史—中
国—古代

　中图分类号：T‑092

　　叙述太古至清末我国工艺发展
简史。第一章第十节为畜产品及水
产品制造，第四章第四节为造船。

3214

中国水利史／郑肇经著

　长沙：商务印书馆，1939 年 2 月
　初版

　10，347 页：图，表；32 开

　主题：水利史—中国

　中图分类号：TV‑092

　　共 8 章。内容有黄河、扬子江、
淮河、永定河、运河、灌溉、海塘、
水利职员表等。附《黄河变迁图》、
《导淮工程初步设计图》、扬子江、
永定河、运河全图，以及江南、浙
江等海塘形势图等。第七章海塘，
分别论述了江苏和浙江的海塘建设。

3215

中国之水利／郑肇经著

　长沙：商务印书馆，1939 年 7 月
　初版

　207 页：图；32 开．—（文史丛

书）

主题：水利史—中国

中图分类号：TV - 092

包含海河之治标、海塘、江苏海塘、浙江海塘、航运之现状、海港与水力等内容。

3216

最新化学工业大全．第 2 册 /（日）松井元太郎，越智主一郎原著；李敦化，罗雄才译

上海：商务印书馆，1936 年 1 月初版

630 页：图；24 开

主题：化学工业

中图分类号：TQ

包含由海藻灰制碘之方法、海藻灰等内容。

十八　U　交通运输

U　交通运输

3217

北方大港测量报告 / 李书田，张含英编

天津：交通部，铁道部北方大港筹备委员会，1933 年 4 月出版

12 页：图，表；16 开

主题：港口—勘测—中国

中图分类号：U659.2

包括港址区域、市埠区域及铁路区域的测量，附《北方大港测量索引图》、《北方大港地址地形图》。

3218

北方大港港址岸上地质钻探报告 / 李书田，董贻安编

天津：交通部，铁道部北方大港筹备委员会，1935 年 7 月出版

52 页：图，表；16 开

主题：港口—地质勘探—中国

中图分类号：U659.2

包括钻探工作进行之经过、钻探队之组织及其费用、钻探方法及其用具、钻孔之位置及其各层之细述、地层之预测。

3219

船：它的起源和发展 /（英）太勒（G. I. Taylor）著；于渊曾译

上海：中国科学图书仪器公司，1939 年 10 月初版

72 页：图；32 开

主题：船舶

中图分类号：U66

英国太勒教授通俗实验演讲，共 6 讲。分别介绍浮船的几个定律、古代的船和造船家、游艇设计及其模型和水槽试验如何帮助设计家、航海学、机械所带来的进步。

3220

船舶的故事 / 周述文著

北京：新民印书馆，1945 年 3 月初版

87 页；32 开

主题：船舶—基本知识

中图分类号：U66

内有 9 篇科学常识故事。其中包括船舶的故事、航海夜话、月球巡礼、纸的历史等。

3221

船底动物之附着生活与金属物质关系之研究 / 戴笠著

北平：国立北平研究院出版课，1936 年 2 月出版

[12] 页：图，表；16 开

主题：船舶—海洋附着生物—研究

中图分类号：U672.7

主要研究附着在船底的海产动物的品种、生活习性以及它们与海水中金属物质的关系。《国立北平研究院生理学研究所中文报告汇刊》第 2 卷第 7 号抽印本。

3222

船体保存法 / 吴寅编译

上海：海军部海军编译处，1933 年 10 月出版

42 页：表；24 开

主题：船体—军用船—保护

中图分类号：U674.7

3223

船艺学 / 任道远编述

[出版地不详]：军事委员会军事研究所，1929 年 3 月出版

[300] 页：图，表；16 开

主题：船艺

中图分类号：U675

船艺学讲义。

3224

地文航海术 / 蒋凤熹编译

上海：中华书局，1944 年 11 月初版

210 页：图，表；24 开

主题：地文航海

中图分类号：U675

根据《航海学》（酒井进）、《航海表》（松本）编译。内容主要包括地文航海术基本算法、平面航法、潮流航法、日志算法、海图、路测位置等。

3225

发明与文明 / 黄士恒著

上海：商务印书馆，1915 年 11 月初版

154 页：图，表；32 开

主题：交通运输—基本知识

中图分类号：U-49

概述陆上交通、水上交通、空

中交通，以及通信等方面的发明创造。包括船的起源、船的原理、帆船、汽船之进步等内容。

3226

帆布端艇的制造法／陈德馨著

　　北平：中国科学化运动协会北平分会，1936 年出版

　　31 页：图；64 开 . —（通俗科学小丛书）

　　主题：船艇—制造

　　中图分类号：U674.06

　　介绍用于海滨沼池的帆布端艇之制造。包括绪论、设计制图、准备材料、制造程序等。

3227

港湾工学／王新三讲授

　　建设总署土木工程专科学校，1942 年 8 月出版

　　208 页：图，表；16 开

　　主题：港口工程

　　中图分类号：U65

　　分港湾总论、地形、水深、地质、风、潮汐、波浪等 14 章。

3228

港湾经济论／布利逊·坚宁罕（Brysson Cunningham）著；巫忠远译

　　厦门：集美水产航海学校编辑部，1931 年 10 月初版

　　158 页：图；32 开

　　主题：港口工程

　　中图分类号：U65

　　内分港湾名词释义、港内船舶之巡航、便利船舶之港湾设备、便利货物之港湾设备、港湾管理权等 10 章。

3229

共同海损论／魏文翰著

　　重庆：中华书局，1943 年 7 月初版

　　156 页；32 开

　　主题：海损

　　中图分类号：U695.2

　　专论船舶遭遇海难后，有关利害各方如何分担损失的问题。附《1924 年约克安底华浦规则原文及译文对照》、《英国海损理算人公会惯例》等。

3230

国际海上人命安全公约／交通部上海航政局编

　　[上海]：交通部上海航政局，1929 年出版

　　65 页；16 开

　　主题：国际海上人命安全公约

　　中图分类号：U692.1

3231

国际航海路章／刘镇谟编

［重庆］：［重庆税务专校］，1945
年 10 月出版

［54，26］页：图；50 开

主题：航海—避碰规则

中图分类号：U692.1

　　包括号灯、转舵、驾驶等章。

3232

海港 / 萧开瀛著

　　上海：厚生出版社，［出版日期
不详］

　　92 页：图；32 开 . —（中国工程
师手册）

　　主题：海港

　　中图分类号：U658.91

　　分港湾、横码头、直码头、船
坞、我国之航道与商港 5 章。

3233

海军轮机教范 / 唐宝镐编译

　　［出版地不详］：海军部总司令部
编纂处，1948 年 12 月初版

　　［16］，357 页：表；32 开

　　主题：军用船—轮机—教材

　　中图分类号：U674.703

　　译自《日本海军轮机教范》。
分总则、蒸汽主机及其关联装置、
汽锅及其关联装置、内火机、电力
机、补助装置、测计器、燃料、杂
款 9 章。

3234

海上避碰章程释义 / 慎焕琳译释；
袁行恕校订

　　镇江：中国航业学会镇江分会，
1947 年 1 月出版

　　96 页：彩图；32 开

　　主题：航海—避碰规则

　　中图分类号：U692.1

3235

海上救生法 / 顾拯来，范晓六编著

　　上海：世界书局，1932 年 12 月
出版

　　89 页：图；32 开

　　主题：海难救助

　　中图分类号：U676.8

　　分 7 章。介绍船舶遇险失事应
急处变救生方法。

3236

海上救生指南 / 许继祥编

　　［出版地不详］：［出版者不详］，
［出版日期不详］

　　15 页；18 开

　　主题：海难救助

　　中图分类号：U676.8

　　1924 年 8 月"序"末署："全
国海岸巡防处"

3237

海上人命安全国际公约 / 交通
部编

[南京]：交通部，1929 年出版

156 页；16 开

主题：国际海上人命安全公约

中图分类号：U692.1

1929 年 5 月 1 日签于伦敦。签约国有德、奥、比、丹、美、英、法、意、日、苏等 18 国。全文分 8 章，共 66 节。

3238

海员须知 ／ 孙德全，黄迺穆编

上海：上海市航业同业公会，1933 年 4—7 月出版

2 册（438，428 页）：冠像；36 开

主题：海上运输—基本知识

中图分类号：U676.2

分 4 编。论述船员职责、纪律、服务，船长职权及海运防险、营业等。卷首有题词、绪言、陈伯刚、提廷梓序，《孙慎钦先生小传》。

3239

航海罗盘 ／ 黄文沣编著；陈忠杰校

上海：商务印书馆，1936 年 1 月初版

132 页：图；32 开 . —（工学小丛书）

主题：航海—罗盘

中图分类号：U666.151

分磁罗盘、泽脱因特氏式改良液体罗盘、回转罗盘 3 章。

3240

航海生涯

上海：良友图书公司，1936 年 8 月初版

[68] 页：照片；32 开 . —（万画库）

主题：船舶—摄影集

中图分类号：U674 - 64

收各种类型的船只照片 62 幅，有文字说明。

3241

航海术 ／ 熊德极编译；冯玉蕃校订

上海：商务印书馆，1931 年 1 月初版

264 页：图，表；21 开

主题：航海学

中图分类号：U675

分航用仪器、驾驶推测、天文推测 3 部分。

3242

航海术教科书 ／ [中央海军学校]编

上海：中央海军学校，1941 年 5 月出版

57 页：表；25 开

主题：航海学—教材

中图分类号：U675

根据日本海军兵学校《航海术教科书》（卷一）编译。共 8

章，分别为绪论、罗经仪及方位镜、六分仪及三杆分度仪、特许测程仪、水压测程仪、电动测深仪及测锤、L式音箱测深仪和经线仪。

3243

航海学／冯琦编

上海：海军编译处，1930年9月初版

119页：图，表；32开

主题：航海学

中图分类号：U675

分两部分。第1部分驾驶部，主要介绍定义、驾驶法等内容；第2部分天文部，主要介绍航用天文知识。

3244

河海测量指导．卷一，深度测量／张含英编著

天津：交通部，铁道部北方大港筹备委员会，1933年8月出版

116页：图，表；16开

主题：港口—勘测

中图分类号：U652

讲述河海深度测量相关知识，并附《海水比重》等表。

3245

沪港设备指南／许继祥编

上海：商务印书馆，1926年出版

81，87页：图，表；21开

主题：港口设备—上海

中图分类号：U659.2

有商埠名称、经纬度、位置、区域、时刻标准、港道之容量、沪港进口路线等。

3246

江浙渔业公司福海渔轮研究报告／张柱尊著

［出版地不详］：［出版者不详］，1922年出版

52页：图；24开

主题：渔船—研究

中图分类号：U674.4

分10章。介绍该渔轮的历史沿革、性能、成绩概况等。

3247

交通部船员考验各科细目／［交通部］编

［出版地不详］：交通部，［出版日期不详］

40页；21开

主题：船员—考核

中图分类号：U676.2

3248

浚浦总局一九二一年上海港口技术委员会报告书：译件／勃腊克，海德生等著

上海：浚浦总局上海港口技术委员会，1921年11月出版

25 页：图；12 开

主题：港口—上海—1921—资料

中图分类号：U659.2

　　内容有船舰吃水、附近出入海道港口、管理及组织等。

3249

开辟三门湾概略

　　[出版地不详]：[出版者不详]，[出版日期不详]

24 页；32 开

主题：商港—三门县

中图分类号：U659.2

　　介绍三门湾的地理地势、交通、商业、人口。论叙开辟三门湾的理由。

3250

考察欧美海道测量委员报告书／刘德浦等报告；海军部海道测量局编

　　[出版地不详]：编者刊，1926 年 3 月初版

60 页；16 开

主题：海道—勘测—国外

中图分类号：U699.1

　　考察的机构有美国海道测量局，美国海岸水陆兼内地三角水平测量局，英国、法国和德国海道测量局，美国海岸巡防处等。

3251

考察日本海道测量委员报告书／海道测量局编

　　[出版地不详]：编者刊，1926 年 2 月初版

118 页；18 开

主题：海道—勘测—日本

中图分类号：U699.313

　　介绍日本水路部组织、编制、分工及技术、编纂及测量实施概况等。附《1922 年日本调查各国水路部概况》。

3252

连云港工程纪略／陇海铁路管理局工务处编

　　[出版地不详]：编者刊，1934 年出版

　　[114] 页：图；32 开

主题：港口工程—连云港—民国—史料

中图分类号：U659.2

　　中法文本。

3253

轮船／江苏省立教育学院研究实验部编

　　无锡：江苏省立教育学院，1931 年出版

10 页：图；32 开．—（民众科学问答丛书）

主题：船舶

中图分类号：U66

共 8 章。分别为轮船的意义、船的进步经过、轮船的进步、钢板何以不沉、航业上我国的贡献、我国航业、轮船的重要、潜水艇。

3254

轮船／沈鸿模编

上海：商务印书馆，1937 年 5 月初版

115 页：图；32 开

主题：船舶

中图分类号：U66

介绍轮船发展史、轮船种类、造船业知识等。

3255

轮船／葛正慧，朱荣桢编

上海：中华书局，1948 年 7 月初版

22 页；36 开．—（中华文库）

主题：船舶

中图分类号：U674

分从独木船到轮船、轮船的秘密、水上的家、安全第一（乘船须知）、我国和轮船 5 部分。

3256

民国十一年通商各关警船灯浮桩总册／通商海关造册处译

上海：通商海关造册处，1922 年 6 月出版

121 页；14 开

主题：航行浮标—记录—中国

中图分类号：U644.4

各通商口岸灯塔、灯船、灯杆、警船、浮桩等的登记造册。

3257

民国十三年通商各关警船灯浮桩总册／通商海关造册处译

上海：通商海关造册处，1924 年 6 月出版

112 页；14 开

主题：航行浮标—记录—中国

中图分类号：U644.4

据英文造册第 51—52 册摘译。内容为各通商口岸灯塔、灯船、灯杆、警船、浮桩等的登记造册。

3258

民国十六年通商各关警船灯浮桩总册／通商海关造册处译

上海：通商海关造册处，1927 年 12 月出版

172 页；14 开

主题：航行浮标—记录—中国

中图分类号：U644.4

据英文造册第 53—55 册摘译。内容为各通商口岸灯塔、灯船、灯杆、警船、浮桩等的登记造册。

3259

青岛船坞管理处要览／青岛船坞

管理处编

　青岛：青岛船坞管理处，1936 年
6 月出版

　12 页：照片，图；长 18 开

　主题：船坞—青岛—民国—资料

　中图分类号：U673.33

　　内有沿革、建筑计划、工程经
过、组织现状及营业概况等。

3260

虬江码头奠基纪念册 / 吴铁城
等撰

　[出版地不详]：[出版者不详]，
1936 年 6 月出版

　26，[18] 页：照片；16 开

　主题：码头—上海—资料

　中图分类号：U659.2

　　收《上海虬江码头之重要作
用》、《建筑计划》等 3 篇文章。

3261

全国重要港口 / 行政院新闻局编

　南京：编者刊，1927 年 12 月
初版

　96 页；32 开

　主题：港口—简介—中国

　中图分类号：U659.2

　　分海港与内河港两部分。介绍
各港自然环境、一般设备、出入贸
易。公介绍海港 37 处，内河港
19 处。

3262

三门湾辟埠指针 / 方有度调查；王
钟萃编

　上海：三门湾辟埠办事处，1931
年 8 月出版

　46 页；16 开

　主题：交通运输—水路运输

　中图分类号：U659.2

　　分地理形势、交通概况、辟埠
经过和辟埠计划等 9 章。有照片
30 余幅，在海宁、三门两县间的
三门湾地图两幅。

3263

上海市建筑黄浦江虬江口码头计划
书 / 上海市中心区域建设委员
会编

　上海：上海市中心区域建设委员
会，1932 年 6 月出版

　28 页：图；23 开

　主题：码头—规划—上海

　中图分类号：U659.2

　　包括工程计划、估价、经费等。

3264

上海市轮渡北京路外滩钢质双层浮
码头图样照片册 / 张益恭绘图

　上海：上海市轮渡管理处，[出
版日期不详]

　折图 1 页；折 16 开

　主题：码头—上海—民国—资料

　中图分类号：U659.2

内容为上海市轮渡码头图样，分侧面、正面、上层、下层 4 幅。仅见图样，未见照片。

3265

施工规程／基隆港务局编制

　　基隆：基隆港务局，1948 年出版

　　6 页：表；16 开

　　主题：工程施工—港口工程—台湾—规程

　　中图分类号：U659.2

　　为台湾基隆港施工规程。附表格及基隆港务合同等。

3266

水道港口码头仓库之研究讲义／刘济之编辑

　　运输学校，1948 年 8 月初版

　　116 页：图，表；32 开

　　主题：港口工程—研究

　　中图分类号：U65

　　内分水道、港口、码头仓库 3 章。讲述航道概念，港口的性质、设备、管理、码头仓库的作用及其业务等。

3267

司旗司闸司止轮服务章程

　　［出版地不详］：［出版者不详］，［出版日期不详］

　　11 页；50 开

　　主题：导航设备

　　中图分类号：U666.1

　　轮船司旗司闸司止轮服务的规章制度。

3268

塘沽新港工程二年来进展概况／邢契莘著

　　塘沽：交通部塘沽新港工程局，1948 年出版

　　10 页；32 开

　　主题：港口工程—中国—概况

　　中图分类号：U659.2

　　内容包括塘沽新港的兴建经过、三年计划、防波堤等各项工程概述、前瞻等。封面题有"三十七年工程师节纪念"。

3269

塘沽新港工程之过去与现在／邢契莘著

　　塘沽：交通部塘沽新港工程局，1947 年 9 月出版

　　33 页：图，表；16 开

　　主题：港口工程—中国—史料

　　中图分类号：U659.2

　　有本港气象与地文、敌伪时代的新港、接收经过、接收时的工程状况、修正计划等。

3270

天津码头设计之研究／乔福亚著

　　天津：天津工商学院工科土木工

程系，1940 年出版

7 页：图；16 开

主题：码头—设计—天津

中图分类号：U659.2

　附图纸。

3271

通商各关海江警船布告总册．第
48 簿／通商海关造册处译

　上海：通商海关造册处，1930 年
1 月出版

　[38] 页：图，表；12 开

　主题：航行浮标—记录—中国

　中图分类号：U644.4

　　收海关发出警船之布告。

3272

通商各关海江警船布告总册．第
50 簿／通商海关造册处译

　上海：通商海关造册处，1932 年
1 月出版

　[38] 页：图，表；12 开

　主题：航行浮标—记录—中国

　中图分类号：U644.4

　　收海关发出警船之布告。

3273

通商各关海江警船示册．第 32
簿／通商海关造册处译

　上海：通商海关造册处，1914 年
2 月出版

　[28] 页；12 开

主题：船航浮标—记录—中国—
民国

中图分类号：U644.4

　收海关发出警船的布告。

3274

通商各关海江警船示册．第 33
簿／通商海关造册处译

　上海：通商海关造册处，1915 年
2 月出版

　[24] 页；12 开

　主题：船航浮标—记录—中国—
民国

　中图分类号：U644.4

　　收海关发出警船的布告。

3275

通商各关海江警船示册．第 35
簿／通商海关造册处译

　上海：通商海关造册处，1917 年
1 月出版

　[42] 页；12 开

　主题：船航浮标—记录—中国—
民国

　中图分类号：U644.4

　　收海关发出警船的布告。

3276

通商各关海江警船示册．第 41
簿／通商海关造册处译

　上海：通商海关造册处，1923 年
1 月出版

［27］页；12 开

主题：船航浮标—记录—中国—民国

中图分类号：U644.4

收海关发出警船的布告。

3277

通商各关海江警船示册．第 43 簿／通商海关造册处译

上海：通商海关造册处，1925 年 1 月出版

［35］页；12 开

主题：船航浮标—记录—中国—民国

中图分类号：U644.4

收海关发出警船的布告。

3278

我国的商埠：小学校社会科补充读物／马精武，徐学积编

上海：新中国书局，1933 年出版

58 页；32 开

主题：商港—中国—儿童读物

中图分类号：U659.2

简要介绍我国重要的商业中心城市。

3279

无线电罗盘图解／冯琦编译

上海：海军部海军编译处，1931 年 12 月出版

9 页：图；16 开

主题：航海—无线电罗盘—图解

中图分类号：U666.151

航海用无线电罗盘图解。

3280

现代航海学．第 1 集，测推驾驶／杨官缘编著

上海：中国航海学会编辑部，1935 年 4 月初版

226 页：图，表；32 开．—（中国航海学会丛书）

主题：航海学

中图分类号：U675

包含纬度与经度、航海仪、平面航法、航海日志推算法、等距圈航法、中纬航法等内容。

3281

行船预防冲突法／孙德全译

上海：招商局总管理处，1929 年 5 月出版

32 页：图；36 开

主题：船舶避让操纵

中图分类号：U675.96

原文为 1889 年在华盛顿决议的 *Regulations for preventing collisions at sea*。

3282

续办航海科特刊／交大航海学会编

交大航海学会，1947 年出版

14 页：表；32 开

主题：航海—资料

中图分类号：U675

通过论述我国亟须培养航海人才、航海科介绍等内容，呼吁交通大学续办航海、轮机两科。

3283

旋转机罗盘图解／冯琦编译

上海：海军部海军编译处，1931 年 12 月出版

43 页：图；16 开

主题：航道罗盘—图解

中图分类号：U666.151

旋转机罗盘（航海用）图解。

3284

烟台海坝工程概论／（荷）爱似德①著

[出版地不详]：[出版者不详]，1921 年 9 月出版

[8] 页；长 21 开

主题：工程施工—港口外堤—烟台

中图分类号：U659.2

3285

烟台海坝工程会报告书：民国二十

四年／烟台海坝工程会编

烟台：烟台海坝工程会，1936 年 1 月出版

16 页：图，表；23 开

主题：港口外堤—工程施工—烟台—1935—资料

中图分类号：U659.2

分会员及职员、工程报告、会务报告、收支报告 4 部分。

3286

烟台海坝工程会报告书：民国二十五年／烟台海坝工程会编

烟台：烟台海坝工程会，1937 年 1 月出版

20 页：图，表；23 开

主题：港口外堤—工程施工—烟台—1936—资料

中图分类号：U659.2

分会员及职员、工程报告、会务报告、收支报告 4 部分。

3287

引水图说／王传炯编译

[南宋]：海军部，1933 年 10 月出版

84 页：图，表；16 开

主题：引水—航道—规范

---

①　1900 年，外国驻烟台商会会长爱克夫建议修建海坝。1913 年，民国政府派王潜刚到烟台成立海坝工程委员会。整个工程由荷兰治港公司包筑，1913 年 10 月，荷兰治港公司总经理、总工程师瑞立德（Van Lidth de Jeude）和助手爱似德（Van Exter）工程师，到烟台就地进行资料调查和方案研究，1914 年 4 月，二人绘出设计图纸并报呈北京政府和公使团。

中图分类号：U697.1

根据美国海军引水规范编译。共 3 章。第 1 章引水释义，主要介绍海图、引水图、航用书籍、经限仪等；第 2 章测船位，主要介绍物标、无线电罗经方向等；第 3 章船表，主要包括开法、运转等。

3288

造船／胡仁源著

上海：商务印书馆，1933 年 12 月初版

227 页：图，表；32 开．—（万有文库）

主题：造船

中图分类号：U66

内有绪论、船体之计算、稳定率、阻力 4 章。

3289

中国沿海灯塔志／（英）班思德（T. R. Banister）原著；李廷元译

上海：海关总税务司公署统计科，1933 年 10 月出版

327 页：图；12 开

主题：灯塔—中国—研究

中图分类号：U644.42

介绍中国沿海灯塔的起源、发展、构造及位置等。

3290

中国沿海及内河航路标识总册：民国二十三年十二月一日修正．第 63 次／海关海务巡工司编

上海：海关总税务司公署统计科，1935 年 3 月出版

274 页：地图；12 开

主题：航行浮标—记录—中国

中图分类号：U644.4

主要包括中国沿海灯站全图，各关所属灯塔、灯船、浮桩及无线电桩数目表、中国沿海及内河各项浮标所示颜色及位置说明等内容。

3291

中国沿海及内河航路标识总册：民国二十四年十二月一日修正．第 64 次／海关海务巡工司编

上海：海关总税务司公署统计科，1936 年 2 月出版

283 页；12 开

主题：航行浮标—记录—中国

中图分类号：U644.4

主要包括中国沿海灯站全图，各关所属灯塔、灯船、浮桩及无线电桩数目表、中国沿海及内河各项浮标所示颜色及位置说明等内容。

3292

中国沿海及内河航路标识总册：民国二十五年十二月一日修正．第 65 次／海关海务巡工司编

上海：海关总税务司公署统计科，1937 年 2 月出版

326 页；12 开

主题：航行浮标—记录—中国

中图分类号：U644.4

主要包括中国沿海灯站全图，各关所属灯塔、灯船、浮桩及无线电桩数目表、中国沿海及内河各项浮标所示颜色及位置说明等内容。

3293

中国沿海及内河航路标识总册．第66 次／海关海务巡工司编

上海：海关总税务司公署统计科，1938 年 3 月出版

360 页；12 开

主题：航行浮标—记录—中国

中图分类号：U644.4

主要包括中国沿海灯站全图，各关所属灯塔、灯船、浮桩及无线电桩数目表、中国沿海及内河各项浮标所示颜色及位置说明等内容。

3294

中国沿海及内河航路标识总册．第67 次／海关海务巡工司编

上海：海关总税务司公署统计科，1939 年 2 月出版

361 页；12 开

主题：航行浮标—记录—中国

中图分类号：U644.4

主要包括中国沿海灯站全图，各关所属灯塔、灯船、浮桩及无线电桩数目表、中国沿海及内河各项浮标所示颜色及位置说明等内容。

3295

中国沿海及内河航路标识总册．第68 次／海关海务巡工司编

上海：海关总税务司公署统计科，1940 年 3 月出版

363 页；12 开

主题：航行浮标—记录—中国

中图分类号：U644.4

主要包括中国沿海灯站全图，各关所属灯塔、灯船、浮桩及无线电桩数目表、中国沿海及内河各项浮标所示颜色及位置说明等内容。

3296

中国沿海及内河航路标识总册．第69 次／海关海务巡工司编

上海：海关总税务司公署统计科，1941 年 3 月出版

［400］页；12 开

主题：航行浮标—记录—中国

中图分类号：U644.4

主要包括中国沿海灯站全图，各关所属灯塔、灯船、浮桩及无线电桩数目表、中国沿海及内河各项浮标所示颜色及位置说明等内容。

3297

中华民国海军部海道测量局二十五年航船布告目录汇刊／海军部海道测量局编

［出版地不详］：编者刊，［1937
年出版］

39 页；24 开 . —（海军部海道
测量局出版品）

主题：海道—勘测—资料

中图分类号：U699.2

3298

中华民国沿海标杆浮桩表：第 1
版／海军部海道测量局编

上海：海军部海道测量局，1934
年 12 月出版

46，37 页；18 开 . —（海军部海
道测量局出版品）

主题：航行浮标—记录—中国

中图分类号：U644.4

按汉字笔画顺序列出中国沿海
标杆浮桩的名称、位置、颜色、灯
光种类等。

3299

中华民国沿海标杆浮桩表：第 1
版补编 . 第 1 期／海军部海道测量局
编

上海：海军部海道测量局，1936
年出版

［12］页；18 开

主题：航行浮标—记录—中国

中图分类号：U644.4

按汉字笔画顺序列出中国沿海
标杆浮桩的名称、位置、颜色、灯
光种类等。

3300

中华民国沿海标杆浮桩表：第 1 版
补编 . 第 2 期／海军部海道测量局
编

上海：海军部海道测量局，1937
年出版

14，9 页；18 开

主题：航行浮标—记录—中国

中图分类号：U644.4

按汉字笔画顺序列出中国沿海
标杆浮桩的名称、位置、颜色、灯
光种类等。

3301

中华民国沿海灯塔表：第 1 版补
编 . 第1 期／海军部海道测量局编

上海：海军部海道测量局，1935
年 12 月出版

20，10 页；18 开

主题：灯塔—记录—中国—民国

中图分类号：U644.42

按汉字笔画顺序列出中国沿海
灯塔的名称、位置、颜色、灯光种
类等。附《灯船灯桩雾号》。

3302

中西航轮机艺实用问答／王兴富
著译

上海：编译者自刊，1927 年 6 月
初版

348 页：图；24 开

主题：船舶操纵

中图分类号：U675

　　王兴富 16 岁开始学习机艺，从业 20 多年时著译了此书，帮助后人更好地学习航轮机艺。

3303

助航设施及港务概述 / 上海总税务司署统计科编

　　上海：上海总税务司署统计科，1949 年出版

　　17 页 . —（海关制度概略丛刊）

　　主题：助航设备

　　中图分类号：U644

十九　Z　综合性图书

Z　综合性图书

3304

常识百科全书 / 广文书局编辑所编

　　上海：世界书局，1922 年 1 月初版

　　210 页；32 开

　　主题：百科全书—中国—民国

　　中图分类号：Z226

　　分上、下编。上编为专门部，介绍各门科学及其门径。下编为普遍部，介绍日常生活知识。

3305

朝鲜纪事·辅轩纪事·朝鲜志 /（明）倪谦著，（明）姜曰广著，著者不详

　　[出版地不详]：[出版者不详]，1937 年 12 月初版

　　24，72，48 页 . —（初编）

　　主题：古籍—中国—民国—丛书

　　中图分类号：Z121.6

　　《朝鲜纪事》一卷，据《记录汇编》本影印。《辅轩纪事》一卷，据《豫章丛书》本影印。朝鲜志二卷，据艺海珠尘本排印。

3306

东南防守利便·边纪略 /（宋）吕祉纂，（明）郑晓著

　　[出版地不详]：[出版者不详]，1937 年 6 月初版

　　68，12 页 . —（初编）

　　主题：古籍—中国—民国—丛书

　　中图分类号：Z121.6

　　《东南防守利便》三卷，据《学海类编》本排印。《边纪略》一卷，据《百陵学山》本影印。

3307

东西南沙群岛资料目录 / 杜定友编

　　广州：西南沙志编纂委员会，1948 年 5 月初版

　　77，22 页；32 开

主题：专题目录—中国—民国

中图分类号：Z88：K926.57

包括我国南海诸岛的图书、杂志、地图、档案、抄件、影印件及剪报等资料。分一般论著、东沙、西沙、南沙4大类，26小类，532条目。

3308

福建省经济建设参考资料目录索引／协和大学农学院农业经济学系编

邵武：协和大学农学院农业经济学系，1942年11月出版

38页；16开．—（经建资料目录索引）

主题：区域经济—福建—民国—参考资料—索引

中图分类号：Z89：F129.6

分一般经济、工业、农业、林业、渔矿业、交通、商业、财政金融、地政、粮政、合作等12类，共收有关本省经济建设的论文或资料篇目800条。

3309

广西年鉴：第1回／广西省政府统计局编

［出版地不详］：编者刊，1934年5月初版

845页；32开

主题：广西—1933—年鉴

中图分类号：Z526.7

1933年年鉴。分土地、气象、农业、牧蚕蜂、林业、矿业、工业、劳工、商业、金融、交通、财政、教育，司法、宗教、社会问题、政务、保安、外交、其他20类。有杨绰庵序，凡例等。书后有《本省志书概况》。

3310

广西年鉴：第2回．中华民国二十四年／广西省政府统计局编

桂林：编者刊，1935年8月初版

1159页；32开

主题：广西—1935—年鉴

中图分类号：Z526.7

分土地、气象、农业、牧蚕蜂、林业、矿业、工业、劳工、商业、金融、交通、财政、教育、司法、宗教、社会问题、政务、保安、金融、卫生、党务等类。

3311

广西年鉴：第3回／广西省政府统计处编

桂林：编者刊，［1944年］出版

2册（［1640］页）；16开

主题：广西—1935-1942—年鉴

中图分类号：Z526.7

自1935年至1942年底的统计年鉴。分气象、土地、人口、政治组织、省务、考铨，边务、农业、

垦殖、水利、林业、渔业、畜牧、矿业、工业、劳工、商业、合作事业、财政、金融，电讯、铁路、公路、航务等 37 类。有黄旭初、苏希洵、白日新序，编辑例言。附《抗战损失调查统计》，《统计组织沿革及人员动态》，冻寿民跋，自日新编印后记。

3312

广西年鉴散页本：第 1 回／广西省政府统计局编

　[出版地不详]：[出版者不详]，[1933 年 2 月]出版

　[672]页；32 开

　主题：广西—1932—年鉴

　中图分类号：Z526.7

　　分土地、气象、人口、农业、渔牧蚕蜂、林业、矿业、工业 8 部分。

3313

国立北平图书馆中文舆图目录．续编／王庸，茅乃文合编

　北平：编者刊，1937 年 2 月初版

　[426]页；28 开

　主题：中国国家图书馆—地图—图书馆目录—民国

　中图分类号：Z88：K99

　　续编收 1934 年至 1936 年入藏舆图 2300 余种，分区域图与类图两大类。区域图又分世界地图六

种、本国地图 26 种。类图收天文、地形、山脉、沿海、河流、河工水利、名胜古迹建置、地质、产业、交通、行政、图界、军事、民族、历史等 15 类图。

3314

海录·新加坡风土记·日本考略·西方要纪／（清）杨炳南，（清）李钟钰，（明）薛俊辑，（意大利）利类思等著

　[出版地不详]：[出版者不详]，1936 年 12 月初版

　[81]页．—（初编）

　主题：古籍—中国—民国—丛书

　中图分类号：Z121.6

　　《海录》一卷，据《海山仙馆丛书》本排印。《新加坡风土记》一卷，据《灵鹣阁丛书》本排印。《日本考略》一卷，据《得月山房汇钞》本排印。《西方要纪》一卷，据《学海类编》本排印。

3315

基隆年鉴／石廷汉等编

　基隆：基隆市政府，1946 年 12 月初版

　277 页：图，表；32 开

　主题：基隆—1946—年鉴

　中图分类号：Z525.83

　　分沿革、土地、气象、人口、行政、党务团务、自治民意、建

设、财政、经济、教育、社会事业救济、医药卫生、治安消防、日侨日产等 16 部分。有《基隆市街图》。

3316

靖海纪略 ／（明）郑茂，（明）曹履泰著

［出版地不详］：［出版者不详］，1936 年 6 月初版

10，64 页 . —（初编）

主题：古籍—中国—民国—丛书

中图分类号：Z121.6

郑著《靖海纪略》一卷，据《盐邑志林》本排印。曹著《靖海纪略》四卷，据《别下斋丛书》本排印。

3317

坤舆图说·坤舆外纪 ／（泰西）[①]南怀仁著

［出版地不详］：［出版者不详］，1937 年 6 月初版

233，26 页 . —（初编）

主题：古籍—中国—民国—丛书

中图分类号：Z121.6

《坤舆图说》二卷，据《指海》本影印。《坤舆外纪》一卷，据《龙威秘书》本影印。

3318

蠡海集·群物奇制 ／（明）王逵著；（明）周履靖编次

［出版地不详］：［出版者不详］，1939 年 12 月初版

38，58 页 . —（初编）

主题：古籍—中国—民国—丛书

中图分类号：Z121.6

《蠡海集》一卷，据《稗海》本排印。《群物奇制》，据《夷门广牍》本影印。

3319

琉球国志略 ／（清）周煌辑

［出版地不详］：［出版者不详］，1936 年 12 月初版

3 册（208 页）. —（初编）

主题：古籍—中国—民国—丛书

中图分类号：Z121.6

17 卷，据《聚珍版丛书》本排印。主要记载琉球国的历史和地理概况。清乾隆二十一年（1756）五月，周煌同翰林院侍讲全魁受命前往琉球，册封尚穆为琉球国中山王，于次年正月回国。在出使途中，周煌留意当地掌故，随手记录。回国后又参阅大量史籍，整理编辑，手写成书后进呈皇帝御览，以便把握琉球国的历史、地理、风俗和人情等方面的情况从而确定相

---

① 泰西，犹言极西，旧时泛指西洋，一般指欧、美国家。

应的国策。

3320

六学术团体联合年会论文提要：中英文本／中国工程师学会等六个学术团体编

［出版地不详］：编者刊，1935年8月出版

142页：图，表；32开

主题：自然科学—论文—内容提要

中图分类号：Z88：N

为中国工程师学会、中国化学学会、中国地理学会、中国科学社、中国动物学会、中国植物学会等六各学术团体联合年会有关地理、动物、植物、化学、工程等方面的论文提要。

3321

潞水客谈·常熟水论·明江南治水记·西北水利议·导江三议·海道经／（明）徐贞明著，（明）薛尚质著，（清）陈士矿编，（清）许承宣著，（清）王柏心著，（明）著者不详

［出版地不详］：［出版者不详］，1936年12月初版

［82］页．—（初编）

主题：古籍—中国—民国—丛书

中图分类号：Z121.6

《潞水客谈》二卷，据《粤雅堂丛书》本排印。《常熟水论》一卷，据《学海类编》本排印。《明江南治水记》一卷，据《学海类编》本排印。《西北水利议》一卷，据《学海类编本》排印。《导江三议》一卷，据《湖北丛书》本排印。《海道经》一卷，据《借月山房汇抄》本排印。

3322

缅述·交州记·奉使安南水程日记·南翁梦录／（清）彭松毓著，（晋）刘欣期著，（明）黄福著，（明）黎澄著

［出版地不详］：［出版者不详］，1937年6月初版

［84］页．—（初编）

主题：古籍—中国—民国—丛书

中图分类号：Z121.6

《缅述》一卷，据《问影楼舆地丛书》本排印。《交州记》二卷，据《岭南遗书》本排印。《奉使安南水程日记》一卷，据《纪录汇编》本影印。《南翁梦录》一卷，据《纪录汇编》本影印。

3323

平蛮录·西征日录·制府杂录·平濠记·江海歼渠记·广右战功录／（明）王轼，（明）杨一清，（明）杨一清，（明）钱德洪，（明）祝允明，（明）唐顺之著

[出版地不详]：[出版者不详]，
1939 年 12 月初版

[142] 页 . —（初编）

主题：古籍—中国—民国—丛书

中图分类号：Z121.6

　　《平蛮录》一卷，据《纪录汇编》本影印。《西征日录》一卷，据《纪录汇编》本影印。《制府杂录》一卷，据《纪录汇编本》影印。《平濠记》一卷，据《学海类编》本排印。《江海歼渠记》一卷，据《今献汇言》本影印。《广右战功录》一卷，据《借月山房汇钞》本排印。

3324

青岛特别市公署行政年鉴 . 中华民国二十八年度 /（伪）青岛特别市公署总务局编

　　青岛：编者刊，[1939 年] 出版

　　[177] 页：图，表；大 16 开

　　主题：青岛—1939—年鉴

　　中图分类号：Z525.23

　　分总务、社会、警察、财政、教育、建设、卫生、海务、乡政等 9 章。除最后 2 章外，其余每章均有小结文字和图表。

3325

青岛特别市公署行政年鉴 . 中华民国二十九年度 /（伪）青岛特别市公署总务局编

　　青岛：编者刊，[1942 年] 出版

　　[148] 页：图，表；大 16 开

　　主题：青岛—1940—年鉴

　　中图分类号：Z525.23

　　分总务、社会、警察、财政、教育、建设、卫生、海务、乡政、警备、农事合作事业等 11 章。主要为图表。

3326

全国出版物目录汇编 / 生活书店编

　　上海：编者刊，1933 年 2 月出版，1933 年 8 月第 4 版

　　249 页；32 开

　　主题：目录—中国—民国

　　中图分类号：Z83

　　包含海军、海商法、海洋学、航海术、水道学、水道图等内容。

3327

少年百科全书 / 王昌谟等编译

　　上海：商务印书馆，1925 年 1 月初版，1933 年 8 月缩印初版，1933 年 10 月再版

　　9 册（[2912] 页）：图；32 开

　　主题：百科全书—少儿读物

　　中图分类号：Z228.1

　　取材于英美少年读物。分奇象、欧美名著节本、常见事物、世界各国志、自然界、世界名人传、地球、生命现象、游艺 9 类。书前

有王岫庐序。

3328

申报年鉴. 民国二十二年／申报年
鉴社编

　上海：编者刊，1933 年出版
　[1368] 页：表；32 开
　主题：中国—1933—年鉴
　中图分类号：Z52

　　分一年来之国难，土地，历
史，人口、党务、政制，行政、立
法、司法、考试、监察、国防，财
政经济，金融，侨务，交通水利等
类。主编为张梓生、孙怀仁。章
倬汉。

3329

申报年鉴. 民国二十三年／申报年
鉴社编

　上海：编者刊，1934 年 4 月初版
　24，[1347] 页：表；32 开
　主题：中国—1934—年鉴
　中图分类号：Z52

　　分国内外大事概述，土地历
象，党务、政治，外交、国防，财
政、金融，工业，商业及外国贸易
等类。主编为张梓生、章倬汉。版
权页题：第二次申报年鉴。

3330

申报年鉴. 民国二十四年／申报年
鉴社编

　上海：编者刊，1935 年 5 月初版
　22，[1225] 页：表；32 开
　主题：中国—1935—年鉴
　中图分类号：Z52

　　分国内外大事概述，土地历
象，人口、党务。政治、外交、国
防、财政、金融，工业，商业及中
外贸易，农业及农村等类。主编为
张梓生、章倬汉。版权页题；第三
次申报年鉴。

3331

申报年鉴. 民国二十五年／申报年
鉴社编

　上海：编者刊，1936 年 6 月初版
　42，[1458] 页：表；32 开
　主题：中国—1936—年鉴
　中图分类号：Z52

　　分中华民国宪法草案，一年来
国内外大事概述，土地历象人口、
党务、国防、外交、财政公债、工
业、中外贸易、农业及农村、林畜
水产等类。主编为张梓生、章倬
汉。封面题鉴：张通。封里题签：
张蕴和。版权页题：第四次申报
年鉴。

3332

申报年鉴. 民国三十三年度／申报
年鉴社编

　上海：编者刊，1944 年 7 月初版
　38，1527 页：表；32 开

主题：中国—1944—年鉴

中图分类号：Z52

沦陷区出版物。分回顾与检讨、新中国现状，大东亚共荣圈现状3编。附《各州现状》、《中国政府重要职员名录》，《国定纪念日表》、《世界重要度量衡折合表》、《上海新旧路名对照表》、《本年鉴撰稿人略历》等。

3333

申报年鉴补编·民国二十四年／申报年鉴社编

上海：编者刊，1935年出版

[116]页：表；32开

主题：中国—1935—年鉴

中图分类号：Z52

分一年来国内大事概述、国防、二十三年国内外大事日志。

3334

使德日记·英轺私记·澳大利亚洲新志／（清）李凤苞，（清）刘锡鸿著；（清）吴宗濂，赵元益译

[出版地不详]：[出版者不详]，1936年12月初版

50，19，16页．—（初编）

主题：古籍—中国—民国—丛书

中图分类号：Z121.6

《使德日记》一卷，《英轺私记》一卷，《澳大利亚洲新志》一卷，均据《灵鹣阁丛书》本排印。

3335

使琉球纪／（清）张学礼著

[出版地不详]：[出版者不详]，1937年12月初版

13页．—（初编）

主题：古籍—中国—民国—丛书

中图分类号：Z121.6

一卷，据《龙威秘书本排印》。不仅记录了册封使在琉球的所见所闻，同时记录了钓鱼岛及其附属岛屿属于中国版图的历史事实。

3336

使琉球录／（明）陈侃著

[出版地不详]：[出版者不详]，1937年6月初版

2册（98页）．—（初编）

主题：古籍—中国—民国—丛书

中图分类号：Z121.6

一卷，据《纪录汇编本》影印。记录了册封使在琉球的所见所闻，同时记录了钓鱼岛及其附属岛屿属于中国版图的历史事实。

3337

世界年鉴·1931／张安世主编

上海：大东书局，1931年9月初版

3册（[807页]，[937页]，[632页]）：表；32开

主题：世界—年鉴

中图分类号：Z5

分中国之部和世界两部分。中国之部介绍 1927 年后的政治、经济、法制概况。分土地、人口、政治、外交、内政、教育、财政、交通、工商农矿、司法、国防、考试与监察、专载、中国大事记、附录等 15 部分。世界之部介绍一年来国际大观、世界各国重要事件和我国的关系、各地华侨的情况。

3338

世界年鉴．民国二年／神州编译社编辑部编

上海：神州编译社发行部，1913 年 1 月初版

1304 页：图；36 开

主题：世界—1913—年鉴

中图分类号：Z5

分岁时、地舆、国际、政法、教育、军警、经济、农林、工商、交通、人事等类、余类项下收民国元年中外大事记，名人事略（有卢斯福①、袁世凯、黎元洪、伍廷芳、章炳麟、汪兆铭等）。

3339

世界年鉴．民国三年／神州编译社编辑部编

---

① 卢斯福，即罗斯福。

上海：编者刊，1914 年 3 月初版

[789] 页：图，表；36 开

主题：世界—1914—年鉴

中图分类号：Z5

分天时、人事等类。人事中分本国、外国。

3340

台湾年鉴：民国三十六年／台湾新生报社丛书编纂委员会编

台湾：台湾新生报社，1947 年 6 月出版

[980] 页：图，表；25 开

主题：台湾—1947—年鉴

中图分类号：Z525.8

分总论、地理、历史、党务等 28 章。附《光复后大事年表》、《中外度量衡表》。有李万居序和黄玉斋的编纂经过。

3341

台湾随笔·台海使槎录／（清）徐怀祖著，（清）黄叔璥著

[出版地不详]：[出版者不详]，1936 年 12 月初版

2 册（4，164 页）．—（初编）

主题：古籍—中国—民国—丛书

中图分类号：Z121.6

《台湾随笔》一卷，据《学海类编》本排印。《台海使槎录》八

卷，据《畿辅丛书》本排印。

3342

台湾杂记·台湾纪略 / （清）季麟
光著，（清）林谦光著

　　[出版地不详]：[出版者不详]，
1937 年 6 月初版

　　3，10 页. —（初编）

　　主题：古籍—中国—民国—丛书

　　中图分类号：Z121.6

　　《台湾杂记》一卷，《台湾纪
略》一卷，均据《龙威秘书》本
排印。

3343

台湾指南 / 台湾省新闻处编辑

　　[出版地不详]：编者刊，1948 年
4 月初版

　　116 页：表，照片；32 开

　　主题：台湾—概况—民国

　　中图分类号：Z525.8

　　分 8 章。记述台湾的历史、地
理、行政、交通、产业、教育、风
土、城市及名胜。书后附《台湾
省参议院及各县正副议长姓名
表》、《人民团体一览表》、《各报
通讯社一览表》、《重要地方英译
名表》。有插图 46 幅。

3344

倭变事略·明倭寇始末 / （明）采
九德著；（清）谷应泰编

　　[出版地不详]：[出版者不详]，
1936 年 6 月初版

　　106，26 页. —（初编）

　　主题：古籍—中国—民国—丛书

　　中图分类号：Z121.6

　　《倭变事略》四卷，据《盐邑
志林》本影印。《明倭寇始末》一
卷，据《学海类编》本排印。

3345

香港年鉴：第二回 . 1949 年 / 香港
华侨日报出版部编辑

　　香港：香港华侨日报营业部，
1949 年 2 月初版

　　506 页；16 开

　　主题：香港—1949—年鉴

　　中图分类号：Z526.58

　　分土地、人口、地理、名胜、
政治、财政、交通、工商业等
11 编。

3346

香港年鉴 . 1948 年 / 香港华侨日报
年鉴编辑委员会编

　　[香港]：香港华侨日报有限公
司，1948 年 7 月初版

　　372 页；16 开

　　主题：香港—1948—年鉴

　　中图分类号：Z526.58

　　分土地、人口、地理、名胜、
政治、财政、交通、工商业等
11 编。

3347

蟹谱·闽中海错疏·然犀志 /
（宋）傅肱著·（明）屠本畯疏；
徐（火勃）补疏·（清）李调元著

　　[出版地不详]：[出版者不详]，
1939 年 12 月初版

　　16，36，21 页．—（初编）

　　主题：古籍—中国—民国—丛书

　　中图分类号：Z121.6

　　《蟹谱》二卷，据《百川学海》
本排印。《闽中海错疏》三卷，据
《学津讨原》本排印。《然犀志》二
卷，据《函海》本排印。

3348

新国民年鉴．民国十八年 / 新亚书
店编辑

　　上海：编者刊，1928 年 12 月
初版

　　[672] 页：图，表；32 开

　　主题：中国—1928—年鉴

　　中图分类号：Z52

　　介绍 1928 年间中国大事。分
历法、大事记、土地人口、行政组
织、内政、外交、军事、财政、交
通、司法、教育、党务、商务经
济、农工实业等 14 编。附《当代
名人录》。

3349

新时代百科全书 / 新辞书编译社

主编；李白英等编

　　上海：童年书店，1936 年初版

　　2 册（[1263]，[1150] 页）：图，
表；36 开

　　主题：百科全书—中国—民国

　　中图分类号：Z226

　　分社会科学和自然科学两
集。社会科学部分收社会科学总
论、哲学、政治学、文学、军事
学、地理学等 24 分集；自然科学
部分收天文学、地质学、物理
学、生理卫生学等 12 分集，介绍
各学科的基本知识。书前有李白
英《编纂新时代百科全书的旨
趣》。

3350

异鱼图赞·异鱼图赞补·异鱼赞闰
集·鱼经 /（明）杨慎著·（清）
胡世安著·（明）胡世安著·
（明）黄省曾著

　　[出版地不详]：[出版者不详]，
1939 年 12 月初版

　　[86] 页．—（初编）

　　主题：古籍—中国—民国—丛书

　　中图分类号：Z121.6

　　《异鱼图赞》四卷，据《宝颜堂
秘笈》本排印。《异鱼图赞补》三卷，
据《函海》本排印。《异鱼赞闰集》
一卷，据《函海》本排印。《鱼经》
一卷，据《夷门广牍》本影印。

3351

异域志／（元）周致中募集

　[出版地不详]：[出版者不详]，
1936 年 6 月初版

84 页．—（初编）

主题：古籍—中国—民国—丛书

中图分类号：Z121.6

　　二卷，据《夷门广牍》本影印。分上下卷，上卷叙述扶桑国、朝鲜国、日本国、木兰皮国、黑契丹、大罗国、回鹘、吐蕃、于阗国、龟兹国、焉耆国、斯伽里野国、暹罗国、真腊国、天竺国等82 国。

3352

瀛涯胜览／（明）马欢著

　[出版地不详]：[出版者不详]，
1937 年 6 月初版

94 页．—（初编）

主题：古籍—中国—民国—丛书

中图分类号：Z121.6

　　一卷，据《纪录汇编》本影印。马欢曾随郑和于永乐十一年（1413 年）、永乐十九年（1421年）和宣德六年（1431 年）三次下西洋。马欢将郑和下西洋时亲身经历的二十国的航路、海潮、地理、国王、政治、风土、人文、语言、文字、气候、物产、工艺、交易、货币和野生动植物等状况记录下来，从永乐十四年（1416年）开始著书《瀛涯胜览》，经过 35 年修改和整理于景泰二年定稿。

3353

粤行纪事·英吉利广东入城始末·皇朝武功纪盛／（清）瞿昌文，（清）七弦河上的钓叟，（清）赵翼著

　[出版地不详]：[出版者不详]，
1939 年 12 月初版

27，11，58 页．—（初编）

主题：古籍—中国—民国—丛书

中图分类号：Z121.6

　　《粤行纪事》三卷，据《知不足斋丛书》本排印。《英吉利广东入城始末》一卷，据《仰视千七百二十九鹤斋①丛书》本排印。《皇朝武功纪盛》一卷，据《读画斋丛书》本排印。

3354

职方外纪／（意大利）艾儒略著

　[出版地不详]：[出版者不详]，

---

　　①　仰视千七百二十九鹤斋：清赵之谦（1829—1884）的藏书之处。斋名来历说法不一，赵之谦曾在《仰视千七百二十九鹤斋丛书》自序中云：因梦见群鹤翔舞，羽翼蔽天，为数千七百二十有九，故以之名斋寓。

1936 年 12 月初版

142，34 页 . —（初编）

主题：古籍—中国—民国—丛书

中图分类号：Z121.6

《译史纪》四卷，《八纮荒史》1 卷，均据《龙威秘书》本影印。卷五为四海总说及简介，简介包括海名、海岛、海族、海产、海状、海舶、海道等内容，本卷首附《北舆（北极）地图》和《南舆（南极）地图》。

3355

中国科学著作目录／国立中央研究院评议会编

南京：编者刊，1936 年出版

[316] 页；18 开

主题：综合性图书—图书目录

中图分类号：Z88

包括社会学、心理学、语言学考古学及人类学、天文学气象学、地质学、动物学、植物学、生理学、化学、地理学等目录。其中，含海南潮水志、海水之运行、从海洋与国防谈到筹设海洋观象台等。

3356

中国年鉴：第一回／阮湘等编

上海：商务印书馆，1924 年 2 月初版

40，2123 页：表；32 开

主题：中国—民国—年鉴

中图分类号：Z52

介绍清末以后全国各方面情况。分土地人口、政治军事、财政金融、交通水利、农工商业、教育宗教等 6 类。附《20 年来中国大事记》。

3357

中国农书目录汇编／毛雕编

南京：金陵大学图书馆，1924 年6 月出版

214 页；23 开 . —（金陵大学图书馆丛刊）

主题：农业—图书目录—专题目录—中国

中图分类号：Z88：S

分总记类、时令类、占候类、农具类、水利类、水产类等 21 类。附引用书目。

3358

中学世界百科全书：样本／朱麟编

上海：世界书局，1926 年出版

134 页；32 开

主题：百科全书—中国—民国

中图分类号：Z226

包括《中学世界百科全书》的样本、编辑者宣言、全书总目、编校人名单、全书提要。

3359

中央陆军军官学校图书馆军事学图

书目录／中央陆军军官学校图书馆编

　　[出版地不详]：编者刊，1934年6月出版

　　[200]页；横32开

　　主题：军事科学—图书馆目录

　　中图分类号：Z88：E

　　为该馆目录第1分册，截至1934年5月底。分中文、日文、西文3部分，内含总类、军制、军事教育、作战、兵器、交通、步兵、骑兵、炮兵、工兵、空军、海军、杂类13大类。

3360

诸蕃志／（宋）赵汝适著

　　[出版地不详]：[出版者不详]，1937年6月初版

　　44页．—（初编）

　　主题：古籍—中国—民国—丛书

　　中图分类号：Z121.6

　　二卷，据《学津讨原》本排印。记载了东自日本、西至东非索马里、北非摩洛哥及地中海东岸诸国的风土物产及自中国沿海至海外各国的航线里程及所达航期。

题名索引

A

a

阿拉斯加 2704

阿剌伯海的女神 1359

ai

埃及童话集 1545

埃及与阿比西尼亚 2705

爱尔兰名剧选 1546

爱国文选．第三册 1360

爱情的面包 1547

an

安徒生童话集．上册 1548

安徒生童话全集．上册 1549

ao

奥本海国际法：战争与中立 0377

奥德赛 1550

澳门地理 2453

澳洲断面 2706

澳洲建国史 2114

澳洲考察报告书 1781

澳洲历险记：冒险小说 1551

澳洲新西兰南洋诸岛游记 2707

澳洲一瞥 2708

B

ba

八省旅行见闻录 2454

八十日 1552

八十五年之中英 0132

巴尔干半岛 2709

巴尔干现势 2710

巴拉那亚马孙沿途详记 2711

巴拿马运河的故事 2712

bai

白话军人模范 2177

白浪滔天的太平洋问题 0133

白人在亚洲之将来 0014

bao

宝岛 1553

宝岛 1554

宝岛 1555

宝岛 1556

暴日侵华解剖 1936

暴日与美交战最后必败之

自白，原名，日美若战同其他
　　　　　　　　　　　　0134

bei

北戴河海滨导游　　　　　2455
北戴河海滨建设计划书　　3183
北戴河海滨指南　　　　　2456
北戴河海滨志略　　　　　1937
北戴河指南　　　　　　　2457
北方大港测量报告　　　　3217
北方大港港址岸上地质钻探
　　报告　　　　　　　　3218
北方大港港址渔业调查报告　0958
北方大港之现状及初步计划　1028
北方大港之现状及初步计划　1029
北风辞　　　　　　　　　1361
北极新天地　　　　　　　2713
北美洲　　　　　　　　　2714
北欧神话 ABC. 下册　　　1557
北婆罗访问记　　　　　　2715
北太平洋面海水温度分配图　2989
北太平洋面气压分配图　　2990
北新动物学　　　　　　　1277
贝壳　　　　　　　　　　1362
贝属：植物附　　　　　　3081
背影　　　　　　　　　　1363
被包围的日本　　　　　　0135
被侵害之中国，又名，中国
　　最低限度应取消之不平等
　　条约　　　　　　　　0136
被侵害之中国航权　　　　1030

ben

本党五十年来外交奋斗史研讨
　　大纲　　　　　　　　0137
本国地理　　　　　　　　1278
本国地理　　　　　　　　1279
本国地理　　　　　　　　1280
本国地理. 上　　　　　　1281
本国地理表解　　　　　　2458
本国地理大纲　　　　　　2459
本国地理志略　　　　　　2460
本国史　　　　　　　　　1938
本国新游记. 第 1 集　　　2461

bi

笔伐集　　　　　　　　　1364
必然爆发的第二次世界大战
　　及其阵容　　　　　　1782
必胜的信念　　　　　　　1783

bian

变革中的东方　　　　　　2115

bing

槟榔屿开辟史　　　　　　2116
槟榔屿志略　　　　　　　2716
冰岛渔夫　　　　　　　　1558
冰岛渔夫故事　　　　　　1559
冰天渔乐记　　　　　　　1560
兵舰的种种　　　　　　　0486
兵器图说　　　　　　　　0487
兵学辞典粹编. 第 3 辑　　0488
兵学辞典粹编初续　　　　0489

兵学记要汇编　0490

bo

波动　1365

波兰　2717

波兰短篇小说集　1561

波罗的海　2718

玻根维尔吉尔贝特海空战　0491

博物词典　2953

渤海海洋生物研究室第二次
　　年报　3082

渤海海洋生物研究室概况　3083

bu

捕蝶人　1327

不成功便成仁：十大忠烈事略　2178

不列颠三岛和波罗的海诸国　2719

不忘　1939

C

cai

财产保险学　1264

can

参观欧洲大战记　1366

cang

沧波淹谍记　1562

cao

操艇专科　0015

草儿在前集　1367

chang

长期抗战中的国防计划　0492

长夏的南洋　2720

常见事物　2954

常识百科全书　3304

chao

朝鲜地理　2721

朝鲜和台湾　2722

朝鲜和台湾　2723

朝鲜纪事・辑轩纪事・
　　朝鲜志　3305

潮来的时候　1368

潮汐概说　2991

潮汐浅说　2992

潮音　1328

潮州府志略　1940

chen

辰子说林　1369

cheng

成功之路　2179

城塞工程　0493

城市科学　3184

程璧光殉国记　2180

程玉堂先生荣哀录　2181

chong

重归祖国的土地：东北九省
　　台湾省地方志　2462

重庆灵甫接舰专刊　　　　0494

重洋怪杰　　　　　　　　1563

重洋怪杰　　　　　　　　1564

崇明岛产鱼志　　　　　　3155

chu

出发　　　　　　　　　　1370

出席国际军缩筹备会报告　0138

出席日来佛国际军缩大会
　会议报告：中国民国二
　十一年一月至七月　　　0139

初级本国地理．卷上　　　1282

初中本国地理．第2册　　1283

初中外国地理　　　　　　1284

chuan

船：它的起源和发展　　　3219

船舶的故事　　　　　　　3220

船舶法详解　　　　　　　0378

船舶气象观测手册　　　　2993

船舶输送学　　　　　　　0495

船舶输送学　　　　　　　0496

船舶输送应用作业　　　　0497

船舶无线电台台名录　　　3185

船舶运输勤务　　　　　　0498

船舶运输学讲义　　　　　1031

船底动物之附着生活与金属
　物质关系之研究　　　　3221

船体保存法　　　　　　　3222

船艺　　　　　　　　　　0499

船艺学　　　　　　　　　3223

船员名簿．第二期　　　　1032

chuang

创造厚生副业大成　　　　0959

chun

春之烦恼　　　　　　　　1371

cong

从北欧打到西欧　　　　　1784

从法兰西到斯干的那维亚　2724

从海洋与国防谈到筹设海洋
　观象台　　　　　　　　2994

从开罗到乞斯曼　　　　　2725

从原子时代到海洋时代　　2955

从中日战争到太平洋战争　1785

D

da

达达尼尔海峡登陆战史　　0500

达尔文　　　　　　　　　2182

达尔文　　　　　　　　　2183

达尔文　　　　　　　　　2184

达尔文　　　　　　　　　2185

达尔文　　　　　　　　　2186

达尔文　　　　　　　　　2187

达尔文　　　　　　　　　2188

达尔文　　　　　　　　　2189

达尔文传　　　　　　　　2190

达尔文传及其学说　　　　2191

达尔文生活　　　　　　　2192

达尔文自传　　　　　　　2193

达尔文自传　　　　　　　2194

达夫自选集　1372

达衷集　0140

大城市之毁灭　1565

"大东亚共荣圈"的彻底毁灭　1786

大东亚民族解放战之胜利　1787

大东亚战争　1788

大东亚战争的胜利　1789

大东亚战争二周年纪念册　1790

大东亚战争发生史　1791

大东亚战争与日本海军　0501

　大东亚总进军：大东亚战争

　二周年纪念　1792

大江南线　1941

　大块文章，又名，自然的

　罗曼史：地球及其生命的

　历史　2995

大理院判决例全书　0379

大连写真帖　2463

大南洋论　2726

　大炮飞机坦克车，又名，

　新兵器常识　0502

大气压力　2996

大人国　1566

大人国游记　1567

大人国与小人国　1568

大伟人威立特传　1569

大英帝国之基础及其近百年

　来之外交政策　0141

大元仓库、海运记　0960

大战报道　1793

大战侧影　1794

大战后欧陆军务之一瞥　0503

大战前夜的各国军备　0504

大战随军记　1570

大战图解　1795

大战以来的欧洲经济概况　0778

大战与南侨：马来亚之部　0016

大战中的太平洋　1796

大丈夫　2195

大中华福建省地理志　2464

大中华江苏省地理志　2465

大中华山东省地理志　2466

大中华浙江省地理志　2467

大中华直隶省地理志　2468

大众军事知识　0505

dan

丹麦一瞥　2727

dao

岛夷志略校注　2374

到灯塔去　1571

道真来华　1373

de

得意书　1329

德国的实力　0506

德国的远东利益与远东政策　0142

德国地理　2728

德国地志　2729

德国军备　0507

德国全国实业联合会中国考

　查团报告书　0779

德皇统一世界策　0143

德皇雄图秘著	0144	地理哲学	2343
德皇作战计划书	0145	地理政治学	2344
德人青岛谈	1942	地球	2998
德日意的大战准备	1797	地球	2999
德意志时人传	2196	地球	3000
德意志最高统帅	0508	地球	3001
		地球	3002
deng		地球的年龄	3003
登莱旅程日记	2469	地球概论	3004
邓世昌	2197	地球进化之历史	3005
		地图绘制法及读法	3006
di		地文地理集成	3007
敌情研究	0017	地文航海术	3224
敌情研究	0018	地形学	3008
敌情研究	0019	地形学	3009
地表和山川	2997	地形学	3010
地理创造家	2198	地形学教程	0509
地理丛谈	2337	地学通论：数理之部	3011
地理撮要	2375	地质学浅说	3012
地理环境之影响	2338	地质学者达尔文	2199
地理教程	2470	地中海危机论	1798
地理教程	2471	地中海为什么常有风波	0146
地理教程	2472	地中海问题	0147
地理教育：创刊号	2334	帝国主义经济侵略下之中国	0780
地理题解	2335	帝国主义侵略中国史	1943
地理学	2339	帝国主义侵略中国史	1944
地理学	2473	帝国主义侵略中国史	1945
地理学发达史	2340	帝国主义侵略中国史	1946
地理学史	2341	帝国主义侵略中国史	1947
地理学通论	1285	帝国主义侵略中国史	1948
地理与世界霸权	2342	帝国主义侵略中国痛史	1949
地理与中华民族之盛衰	2474	帝国主义侵略中国小史	1950

帝国主义压迫中国史　　　　　　1951
帝国主义压迫中国史　　　　　　1952
帝国主义者在华航业发展史　　　1033
帝国主义者在太平洋上之争霸　　0148
第二次欧战透视　　　　　　　　1799
第二次欧洲大战史略．第一集　　1800
第二次欧洲大战史略．第二集　　1801
第二次世界大战　　　　　　　　1802
第二次世界大战　　　　　　　　1803
第二次世界大战　　　　　　　　1804
第二次世界大战　　　　　　　　1805
第二次世界大战大事记　　　　　1806
　　第二次世界大战东西两洋
海战简史　　　　　　　　　　　0510
第二次世界大战画史　　　　　　1807
第二次世界大战纪：第一年　　　1808
第二次世界大战纪：第二年　　　1809
第二次世界大战纪：第三年　　　1810
第二次世界大战简史　　　　　　1811
第二次世界大战简史　　　　　　1812
第二次世界大战简史：全译本　　1813
第二次世界大战前夜　　　　　　1814
第二次世界大战实录　　　　　　0511
第二次世界大战史　　　　　　　1815
第二次世界大战史　　　　　　　1816
第二次世界大战史　　　　　　　1817
第二次世界大战史　　　　　　　1818
第二次世界大战史图解　　　　　1819
第二次世界大战始末记　　　　　1820
第二次世界大战述要　　　　　　0512
第二次世界大战问题　　　　　　1821
第二次世界大战与各国军备　　　0513

第二次世界大战中美国生产力
　之研究：国际经济的借镜　　　0781
第二次世界战争　　　　　　　　1822
第六、七年倭寇经济侵略　　　　0782
第七次日内瓦国际裁军会议
　之经过　　　　　　　　　　　0149
第三百零三个　　　　　　　　　1374
第五年之倭寇经济侵略　　　　　0783

dian
滇游一月记　　　　　　　　　　2475
点滴　　　　　　　　　　　　　1375

diao
调查东西路自辟七口商埠
　报告书　　　　　　　　　　　1231
调查琼崖实业报告书　　　　　　0784
调查西沙群岛报告　　　　　　　2476

die
喋血太平洋　　　　　　　　　　1823

ding
丁汝昌　　　　　　　　　　　　2200
丁汝昌遗墨　　　　　　　　　　2201
定海县渔业调查报告　　　　　　0961

dong
东北边防形势论　　　　　　　　0020
东北的资源　　　　　　　　　　0785
东北地理　　　　　　　　　　　2477
东北地理大纲　　　　　　　　　2478

东北地理教本	2479	东西洋考察记	2376
东北地理总论	2480	东行三录	0152
东北九省	2481	东行三录	0153
东北考察记	2482	东亚地理	2732
东北史地	2483	东亚地理·上编	2733
东北事变与日本	0150	东亚地理·中编	2734
东北事变之由来	0151	东亚地理纲要	2735
东北视察记	1953	东亚地理教程	2736
东北铁路问题	1034	东洋史要	1286
东北问题	1954	东游散记	2737
东北问题	1955	动荡中的荷属东印度	2738
东北问题·第2集	1956	动物的分类	3084
东北县治纪要	2484	动物地理学	3085
东北要览及名城地志	2485	动物地理学	3086
东北印象记	2486	动物分类	3087
东北游记	2487	动物分类学	3088
东北渔业图志	0962	动物形象图说	3089
东北真面目	2488	动物学大纲	3090
东北之交通	1035	动物学精义	3091
东方大港之曙光	1036	动物与环境	3092
东方大港之现状及初步计划	1037		
东方的撤退	1572	du	
东方的战斗	1330	杜环经行记笺证	2739
东南	2489	渡河	1377
东南防守利便·边纪略	3306		
东南旅行记	2730	dui	
东三省概论	2490	对马	1573
东三省纪略	2491	对马	1574
东三省一瞥	2492	对马，又名，日本海海战	1575
东望集	1376	对倭作战资料·第2辑	0514
东西南沙群岛资料目录	3307		
东西洋考	2731		

E

e

俄德西冒险记　1576

俄国地志　2740

俄罗斯儿童故事　1577

俄罗斯经济状况　0786

俄罗斯浪游散记　1578

俄罗斯名家短篇小说集　1579

恶之华掇英　1580

er

儿童游记：中国之部　2493

二次大战史地图解．第1册　1824

二次大战照片精华　1825

二次大战之前夕与世界军备　0515

二次大战中战术与武器之新
　姿态　0516

二次世界大战简史：地中海
　战争之部　0517

二次世界大战秘密武器荟谭　0518

二次世界大战欧战述评　1826

二次世界大战欧洲战史　1827

二次世界大战史料：第一年　1828

二次世界大战史料：第一年　1829

二次世界大战史料：第二年　1830

二次世界大战史料：第三年　1831

二次世界大战史料：第四年　1832

二次世界大战史料：第五年　1833

二次世界大战史料：第六年　1834

二次世界大战史论　1835

二次世界大战之教训　0519

二次世界大战中美国外交政策　0154

二十二年来之胶州湾　2494

二十九国游记　2377

二十六年来的日苏关系　0155

二十年海上历险记　1581

二十年海上历险记续编　1582

二十年来之中日关系　0156

二十世纪世界大战记．卷一　1836

F

fa

发掘与探险　2956

发明的故事　2957

发明家与发明物　2958

发明与文明　3225

发展福建全省经济之具体
　计划：民国二十二年四
　月拟应福州国光日报征文　0787

发展中国运输四计划　1038

法国地理　2741

法国地志　2742

法国殖民史　2117

fan

帆布端艇的制造法　3226

翻译独幕剧选　1331

fang

房龙世界地理　2378

fei

飞岛游记　1583

飞行人　1332

非澳两洲谈薮	2118	烽火中的南太平洋	0158
非常时期之交通	1039	烽火中之南洋	2748
非常时期之军事知识	0520	冯玉祥胶东游记	2496
非常时期之模范人物	2202		
非洲播道之开祖	2203	fu	
菲列宾研究	2743	浮浪绘	1379
菲列滨新志	2744	福尔摩斯侦探案全集．第七册	1585
菲律宾工商业考察记	1232	福建对外贸易史研究	1234
菲律宾共和国	2745	福建集美学校童子军周年	
菲律宾考察记	2746	纪念刊	0022
菲律宾全面陷落	1837	福建交通：福建省统计年鉴	
菲律宾史	2119	分类．13	1040
菲律宾与东亚解放	1838	福建近代民生地理志	2497
肥料学	3156	福建经济发展的途径	0788
腓尼基与巴力斯坦	2747	福建经济概况	0789
翡冷翠的一夜	1378	福建经济研究	0790
肺病指南	3142	福建省	2498
废人：小说集	1333	福建省的海岸	2499
费利沙海滩	1307	福建省的沿革地形和气候	1287
		福建省地方自治五年计划	0023
fen		福建省概况	2500
分类编辑不平等条约	0157	福建省脊椎动物统计续编	3093
分业商品学	1233	福建省经济建设参考资料目录	
坟场	1584	索引	3308
奋进中的嵊泗列岛	2495	福建省经济建设五年计划：	
愤怒的台湾	1957	草案	0791
		福建省一瞥	2501
feng		福建省渔业调查报告：民国	
封锁海岸与对策	1958	二十三年	0963
疯人	1334	福建省之交通	1041
烽火处处	1335	福建乡土史地	1288
烽火话南洋	0021	福建盐务概况	1265

福建要览	2502	港政纪要．第 3 册	1045
福建永德安南四属工程汇刊	3186	港政纪要．第 4 册	1046
福建之人与地	2503		
福州便览	2504	**gao**	
福州及厦门	2505	高等天文学	3013
福州旅行指南	2506	高尔基创作选集	1590
福州市政建设计划完成与未		高尔基创作选集	1591
完成之概况	0792	高尔基创作选集	1592
福州要览．第 1 辑	2507	高尔基的二三事	1381
拊掌录：滑稽小说	1586	高尔基选集．第四卷，诗歌	1593
拊掌录：滑稽小说	1587	高尔基作品选	1594
拊掌录，一名，欧文见闻记	1588	高加索民间故事	1595
复国轶闻	1589	高雄港纪略	1047
复兴高雄港意见书	1042	高雄港务报告书：中华民国	
		三十六年六月一日	1048
G		高雄市概况	2509
		高雄市要览	2510
gai			
改进南洋华侨计划纲要	0024		
改造外国地理．上编：欧罗		**ge**	
巴洲部	2749	哥仑布	2205
盖基传	2204	哥仑布	2206
		哥仑布	2207
		哥仑布	2208
gan		歌德小曲集	1596
澉浦岬：东方大港	2508	格里佛游记．卷一	1597
绀珠集	1380	格列佛游记	1308
		格列佛游记	1309
		格列佛游记	1598
gang		格列佛游记	1599
港侨须知	0025	格列佛游记	1600
港湾工学	3227	格列佛游记续集	1601
港湾经济论	3228	各国海军概要	0521
港政纪要．第 1 册	1043		
港政纪要．第 2 册	1044		

各国航业竞争　　　　　　　1049

各国航业政策实况与收回航
　　权问题　　　　　　　　1050

各国军备年鉴　　　　　　　0522

各国民族英雄事略　　　　　2209

各省市各项革新与建设：中国
　　国民党中央执行委员会统计
　　处报告，第3类．第3号．
　　第4集，上海特别市　　0793

各省市经济建设一览　　　　0794

各项船舶旗帜图说　　　　　0523

geng

庚子外记　　　　　　　　　1602

更生之南洋　　　　　　　　1839

gong

工程团体联合会员录：民国25—
　　26年度　　　　　　　　3187

工业化与中国交通建设　　　1051

攻欧登陆战纪实　　　　　　1840

共同海损论　　　　　　　　3229

gu

古代南海史地丛考　　　　　2750

古代世界史　　　　　　　　1841

古代世界史纲　　　　　　　1842

古代中日关系之回溯　　　　0159

古代中日关系之研究　　　　0160

古今名将全史　　　　　　　2210

古今名文八百篇　　　　　　1382

古史钩古录　　　　　　　　1310

guan

关东州及满铁附属地之概况　2511

guang

光的闪动　　　　　　　　　1383

光复新加坡特刊　　　　　　1843

广东建设　　　　　　　　　0795

广东建设厅水产实验场一周
　　年纪念册　　　　　　　3157

广东建设统计：十六年十一月　0796

广东建设统计撮要　　　　　0797

广东经济纪实　　　　　　　0798

广东经济年鉴：二十九年度　0799

广东经济年鉴续编：三十年度　0800

广东两年来建设事业之回顾　0801

广东全省地方纪要　　　　　2512

广东全省港务管理局两年来
　　港务工作报告　　　　　1052

广东省各县概况　　　　　　2513

广东省之气候　　　　　　　3014

广东省资料汇集　　　　　　2514

广东十三行考　　　　　　　1235

广东实业投资指南　　　　　0802

广东水产建设计划汇刊．第1集
　　　　　　　　　　　　　0964

广东通志　　　　　　　　　1959

广东文物　　　　　　　　　2333

广东渔业概况　　　　　　　0965

广西：分省地志　　　　　　2515

广西地理　　　　　　　　　2516

广西地理　　　　　　　　　2517

广西概况	2518
广西各县概况	2519
广西各县概况：民国二十一	
年度	2520
广西年鉴：第 1 回	3309
广西年鉴：第 2 回 . 中华民国	
二十四年	3310
广西年鉴：第 3 回	3311
广西年鉴散页本：第 1 回	3312
广西一览	2521
广西指南	2522

gui

归震川全集	1384

guo

国产海藻之成分	3158
国耻地理	2523
国耻史	1960
国耻史要	1961
国耻痛史	1962
国耻小史	1963
国耻小史	1964
国耻之一	0161
国防常识	0524
国防刍议	0525
国防地理	0526
国防地理新论	0527
国防工程	0528
国防基本兵器讲话	0529
国防建设	0530
国防建设刍议	0531

国防论	0532
国防论讲义	0533
国防与海员	1053
国防与交通事业	1054
国防与潜艇	0534
国防与外交	0162
国防与外交	0163
国防原论	0535
国父实业计划研究报告	0803
国父实业计划要义	0804
国籍轮船明细表：中华民国	
二十四年	1055
国际裁军问题	0164
国际大事记 . 第十二集	0026
国际的动乱相	0027
国际地理	2379
国际地理	2380
国际帝国主义史论	0028
国际法 ABC	0380
国际法大纲	0381
国际法概论	0382
国际法要览，公法编	0383
国际法要论 . 战时之部	0384
国际分争与和平	0165
国际公法	0385
国际公法	0386
国际公法纲要	0387
国际公法要略	0388
国际公法原论	0389
国际公法原论	0390
国际海上人命安全公约	3230
国际航海路章	3231

国际航空公法：平时	0391	国民军事常识	0537
国际竞争中之满洲	1965	国民政府法规汇编. 第 6 编：	1934
国际联盟军备年鉴：1933	0536	年份	0393
国际漫写	0029	国民政府外交史. 第 1 集	0173
国际私法新论	0392	国民政府现行法规补录. 第 6 次	
国际条约大全	0166		0394
国际条约分类辑要	0167	国难的故事	1966
国际问题概观	0030	国内大旅行记	2524
国际问题讲话	0168	国人不要忘掉了东北	1967
国际问题研究会通讯：民国		国人仇	1968
二十三年十月	0169	国人对于东北应有的认识	1969
国际问题研究会通讯：民国		国外情报选编. 第 180 期	0805
二十三年十一月	0170	国外游记汇刊	2381
国际现势	0031	国闻译证. 第 1 册	1844
国际现势	0032	国营招商局产业总录	1056
国际现势大纲	0033	国营招商局船舶内容表：	
国际现势的演变与太平洋争		江轮及海轮	1057
霸战的趋向	0171	国营招商局船员服务须知	1058
国际现势教程	0034	国营招商局七十五周年纪念刊	1059
国际现势抉微	0035		
国际重要条约	0172	**H**	
国际纵横谭	0036		
国家论	0037	hai	
国立北平图书馆中国地理		海	1385
图籍丛考	2949	海	1603
国立北平图书馆中文舆图		海	3015
目录. 续编	3313	海滨别墅与公墓	1311
国立海疆学校一览	1289	海滨故人	1386
国立山东大学概览	1290	海滨生物	3094
国立山东大学工学院土木		海参类标本目录	3095
工程系学程指导书	3188	海船法	0395
国立山东大学科学馆概况	1291	海船律案	0396
		海岛奇遇	1604

海岛上	1387	海军江南造船所民国二十一年	
海的渴慕者	1388	工作报告书	1005
海的遥望	1389	海军江南造船所民国二十二年	
海的诱惑	1390	工作报告书	1006
海底的战士	1605	海军进驻后之南海诸岛	1970
海底梦	1391	海军军官日记	1392
海底三杰	1336	海军军缩会议之回顾	0174
海法与空法	0397	海军抗战事迹	0550
海防炮兵笔记	0538	海军联盟	1610
海妇	1606	海军轮机教范	3233
海港	3232	海军庆祝蒋总统李副总统就	
海港检疫管理处报告书	3143	职特刊	0551
海港检疫章程	3144	海军通信辑要	0552
海港与开港计划	1060	海军通语旗书	0553
海国男儿	1607	海军统计：中华民国廿年	0554
海魂	1608	海军统计：中华民国廿一年	0555
海军	1609	海军统计：中华民国廿二年	0556
海军部海岸巡防处二十年工作		海军与渔业	0966
报告书	0539	海军战记	0557
海军部海岸巡防处二十年工作		海军战纪：二次大战间的	
报告书	0540	海军实录	0558
海军部所属各机关编制表	0541	海军战略	0559
海军采访	0542	海军战略讲义．第3编	0560
海军常识	0543	海军战史	0561
海军大事记	0544	海军战术讲义	0562
海军赴日视察团笔记	0545	海军战术讲义	0563
海军监察工作概述：教字		海军战术讲义．第1编	0564
第37号	0546	海客谈瀛录	1312
海军建设：中央训练团党政		海客谈瀛录	1313
训练班讲演录	0547	海寇	1611
海军舰炮操典	0548	海恋，又名，海滨有贝壳	1393
海军舰艇图表	0549	海流浅说	3016

海陆空风云人物：欧亚非战		海商法	0400
场名将剪影	2211	海商法	0401
海陆空军在苏联	0565	海商法	0402
海录·新加坡风土记·日本考略·		海商法	0403
西方要纪	3314	海商法	0404
海录及其他三种	2382	海商法概要	0405
海录注	2383	海商法讲义	0406
海绵	3096	海商法讲义	0407
海南岛	0038	海商法精义	0408
海南岛	2525	海商法论	0409
海南岛：太平洋上之"九·一八"		海商法论．第 1 分册	0410
	1971	海商法释义	0411
海南岛地理	2526	海商法释义	0412
海南岛地志抄：琼州府志	1972	海商法问答	0413
海南岛抗战概观与我的抗战		海商法新论	0414
自写	0566	海商法新论．上册	0415
海南岛旅行记	2527	海商法要论	0416
海南岛事件面面观：半月		海上保险法要论	0417
文摘 3 卷 5 期附册	1973	海上保险学	1266
海南岛新志	1974	海上避碰章程释义	3234
海南岛与太平洋	1975	海上的劳工	1314
海南岛之产业	0806	海上儿女	1612
海南岛之现状	2528	海上夫人	1613
海南岛志	1976	海上国际法	0418
海南岛资源之开发	0807	海上救生法	3235
海宁	2529	海上救生指南	3236
海宁观潮	2530	海上历险记	1614
海宁观潮特辑	2531	海上人命安全国际公约	3237
海宁浙江潮	2532	海上英雄	1337
海沙	1394	海上英雄：短篇小说选	1615
海商法	0398	海上争雄记	1779
海商法	0399	海水温度	3017

海外风光	2384	海夜歌声	1400
海外风光·续集	2385	海与梦	1401
海外军事写真	0567	海员特别党部法规方案汇编	0039
海外奇谈	1616	海员须知	3238
海外小笺	2386	海员之路	1062
海外轩渠录	1315	海运法	0419
海外轩渠录	1316	海葬	1402
海外轩渠录	1617	海藻酸化学成分之研究	3099
海外轩渠录	1618	海战	1621
海外游踪	2387	海战法规宣言	0420
海外杂笔	1395	海战史	0569
海卫侦探案	1619	海之歌	1403
海仙人掌之体量变化及氯化			
钾、钙、镁、钠与发光之		han	
关系	3097	韩国痛史	2120
海行	1396	寒涛飞溅	1622
海行杂记	1397	汉药实验谈	3145
海燕	1620	汉语声纽变转之定律	0002
海燕之恋	1398		
海洋	3018	hang	
海洋·土地·生命	1399	航道网	1063
海洋的奇观	3019	航海安旅会十周纪念特刊	1064
海洋的征服者	3020	航海的故事	2212
海洋国之日本	0568	航海复仇记	1623
海洋生物	3098	航海联义会纪念特刊	1065
海洋学	3021	航海罗盘	3239
海洋学 ABC	3022	航海少年	1624
海洋学纲要	3023	航海少年：冒险小说	1338
海洋学通论	3024	航海生涯	3240
海洋学与未来之中国海洋		航海术	3241
研究所	3025	航海术教科书	3242
海洋运输原理	1061	航海学	3243

航空母舰　0570

航旅之友．第 1 号　1066

航业复员及建设意见书　1067

航业年鉴：中华民国二十四年 1068

航业与航权　1069

航业政策　1070

航运　1071

航政法规　0421

航政法规汇编　0422

航政法规选编　0423

航政特刊　1072

hao

好望号　1625

he

河北省概况　2533

河北省史地概要　1977

河北省渔业志　0967

河冰解冻的时候：云远诗草．
　下卷　1404

河工　3189

河海测量指导．卷一，深度
　测量　3244

荷兰一瞥　2751

荷属东印度　2752

荷属东印度　2753

荷属东印度地理　2754

荷属东印度地理　2755

荷属东印度地名辞典　2756

荷属东印度概况　2757

荷属东印度概况　2758

荷属东印度见闻杂记　2121

荷属东印度历史　2122

荷属马来西亚　2759

荷属南洋群岛之蜥蜴数种　3100

荷属南洋史地补充读本　2760

荷属西印度群岛　2761

hei

黑海海峡问题　0175

黑水手　1626

黑夜的呼喊　1405

hong

红豆的故事　1406

红海的秘密　1627

红海的秘密　1628

红雀：小川未明童话集　1629

红翼东飞　1630

红翼东飞　1631

hou

后方勤务令八种　0571

hu

葫芦岛　2534

葫芦岛建设实录　1073

葫芦岛筑港开工典礼纪念册　1074

湖与海　3026

沪港设备指南　3245

hua

花香街诗集　1407

华会见闻录　　　　　　0176　　黄昏之献　　　　　　　1414

华侨名人故事录　　　　2213

华侨中心之南洋　　　　2762　　**hui**

华生包探案：侦探小说　1632　　回国观光心影集　　　2538

华盛顿会议　　　　　　0177　　回溯南游　　　　　　2764

华盛顿会议小史　　　　0178　　惠余文稿．第 2 辑　　1979

画人行脚　　　　　　　1408

　　　　　　　　　　　　　　　huo

huai　　　　　　　　　　火场　　　　　　　　　1415

淮南盐垦工程初步计划　0808　　火事船中的日本　　　0040

　　　　　　　　　　　　　　　火与手　　　　　　　　2959

huan

环球旅行记　　　　　　2388　　　　　　**J**

环球日记　　　　　　　2389　　**ji**

环球视察记　　　　　　2390　　击灭英美读本　　　　1845

环球游记　　　　　　　2391　　基隆港　　　　　　　1075

环球周游记　　　　　　2392　　基隆港务局业务统计提要：

环游二十九国记　　　　2393　　　三十六年度　　　　1076

环游台湾　　　　　　　2535　　基隆年鉴　　　　　　3315

　　　　　　　　　　　　　　　基隆市港湾起卸业职业公会改

huang　　　　　　　　　　　组成立周年纪念特刊　1077

荒岛孤童记　　　　　　1633　　激流　　　　　　　　1634

荒岛历险记　　　　　　1409　　吉姆爷　　　　　　　1635

荒岛英雄　　　　　　　1410　　集美高级水产航海职业学校

荒凉岛　　　　　　　　1339　　　概况　　　　　　　1292

荒谬的英法海峡　　　　1411　　脊椎动物比较解剖学实习指导　3101

皇明留台奏议．兵防类　1978　　脊椎动物分类学　　　3102

皇明四夷考　　　　　　2763　　脊椎动物分类学纲要　3103

黄海环游记　　　　　　2536　　记者眼中的基隆　　　1416

黄河流域游记　　　　　2537　　季明诗草　　　　　　1417

黄花岗上　　　　　　　1412　　寂寞　　　　　　　　1340

黄昏的观前街　　　　　1413

jia

加力比斯之月 1636

加拿大小史 2123

加拿大一瞥 2765

伽利华游记 1317

嘉靖御倭江浙主客军考 1980

嘉士定 2124

嘉士定侵略印度记 2125

甲午以来中日军事外交大事
　纪要 0179

甲午战前李鸿章的海防建设 0572

甲午战前日本挑战史 1981

甲午战争的教训 0573

甲午之战 1982

甲午中东战事之回溯及余评 0574

甲午中国海军战绩考 0575

甲午中日战争纪要 1983

甲午中日战争摄影集 1984

假如大战爆发 1846

jian

间谍横行的世界 0041

简明世界史 1847

建国方略：总理遗教之四，
　物质建设 0809

建国方略问答．中，物质建设 0810

建设地理 1078

建设法规汇刊 0424

建设海南岛刍议 0811

建设葫芦岛海港合同 1079

建设计划 0812

建设委员会工作计划概要 0813

建设中的新中国 0814

剑腥集 1418

舰队航海术讲义 0576

舰机名目分图初集 0577

谏书稀庵笔记 1419

jiang

江亢虎南游回想记 2766

江南造船所纪要 1007

江苏：分省地志 2539

江苏人文地理 2540

江苏省各县概况一览 2541

江苏省上海市改进渔业宣传会
　纪念册 0968

江苏省乡土志 2542

江苏省乡土志 2543

江苏省沿海渔业保护会议纪录 0969

江苏省盐垦讨论会汇编 1267

江苏图志 2950

江苏物产志略 0815

江亚轮惨案专集 1080

江浙渔业公司福海渔轮研究
　报告 3246

将来的列强海军情势 0578

将校袖珍 0579

jiao

交广印度两道考 2544

交通 1081

交通便览 1082

交通部船员考验各科细目 3247

交通部促进航业讨论会、航政
　讨论会会议汇刊 1083
交通部各种工作竞赛办法汇编.
　第1辑 0425
交通部航政法令汇刊.第1集 0426
交通部人事法令汇编 0427
交通部统计半年报：民国二十
　三年一月至六月 1084
交通部统计年报：二十三年七
　月至二十四年六月 1085
交通部统计图表汇编：中华
　民国二年至五年 1086
交通部统计图表汇编：中华
　民国六年至八年 1087
交通部注册船名录：中华民
　国二十年 1088
交通部注册船名录：中华民
　国二十一年 1089
交通部注册轮船船名录：中华
　民国二十二年 1090
交通部注册轮船船名录：中华
　民国二十三年 1091
交通地理 1092
交通地理学概论 1093
交通法规汇编 0428
交通法规汇编：民国二十年
　四月 0429
交通法规汇编：民国二十年
　四月 0430
交通法规汇编：民国二十一
　年十月十日 0431
交通法规汇编补刊 0432

交通法规汇编续编 0433
交通方案 1094
交通建设 1095
交通经济学 1096
交通经济总论 1097
交通类编.甲集 1098
交通论 1099
交通年鉴 1100
交通史 1101
交通史航政编 1102
交通史略 1103
交通史总务编：民国二十五
　年十月 1104
交通统计简报：民国二十年
　六月 1105
交通文学：交通传习所课本 1106
交通行政：县各级干部人员
　训练教材 1107
交通学附录 0580
交通学教程 0581
交通译粹 1108
交通与经济 1109
交通政策 1110
交通政策 1111
交通政策 1112
交通政策 1113
交通政策 1114
胶澳商埠观象台概况及计划 3027
胶澳商埠现行法令汇纂 0434
胶澳商埠行政纪要续编 0042
胶澳租借始末电存：章高元
　与当道往来电 0180

胶莱运河：中国沿海航运之
　　枢纽　　　　　　　　　2545
胶州湾的两种肠鳃类　　　3104
胶州湾海产动物采集团第一
　　期采集报告　　　　　　3159
胶州湾海产动物采集团第二
　　期及第三期采集报告　　3160
胶州湾海产动物采集团第一、
　　二期测量报告　　　　　3161
胶州湾海蜘蛛类之研究　　3105
胶州湾及其附近海产食用软
　　体动物之研究　　　　　3106
胶州湾及其附近之棘皮动物
　　分布概况　　　　　　　3107
胶州行政　　　　　　　　0043
鲛之剥制　　　　　　　　3108

jie

接收青岛纪念写真　　　　1985
杰克航海记　　　　　　　1637

jin

今日的韩国　　　　　　　2767
今日的苏联　　　　　　　0044
今日的台湾　　　　　　　2546
今日的太平洋　　　　　　0181
今日的厦门　　　　　　　1420
今日的印度　　　　　　　2768
今日之美国　　　　　　　2769
今日之日本　　　　　　　2126
今日之苏联　　　　　　　2770
今晚零落：心丁诗集　　　1421

金银岛　　　　　　　　　1318
金银岛　　　　　　　　　1319
金银岛　　　　　　　　　1638
金银岛　　　　　　　　　1639
金银岛　　　　　　　　　1640
金银岛　　　　　　　　　1641
近百年来中外关系　　　　0182
近百年外交失败史　　　　0183
近百年中国外交史．下卷　0184
近编中华地理分志　　　　2547
近代地理学　　　　　　　2345
近代国难史丛抄　　　　　1986
近代欧洲政治社会史　　　0045
近代人生地理学之发达及其
　　在我国之展望　　　　　2346
近代世界殖民史略　　　　2127
近代外祸史　　　　　　　1987
近代中国边疆宰割史　　　0185
近代中国史　　　　　　　1988
近代中国外交史资料辑要　0186
近代中日关系略史：1971—1924
　　　　　　　　　　　　0187
近代中日关系史纲要　　　0188
近东古代史　　　　　　　2128
近来之国际关系与太平洋大战　1848
近六十年来的中日关系　　0189
近年来的台湾　　　　　　1989
近十年中国之气候　　　　3028
近十五年日本秘史　　　　2129
近世动物学　　　　　　　3109
近世之新发明　　　　　　2960
近世中国史　　　　　　　1990

近世中日国际大事年表　　0190

晋江县志　　1991

jing

经济地理学　　0816

经济地理学大纲　　0817

经济地理学概论　　0818

经济地理学原理　　0819

经济地理与中国问题　　0820

经济法规汇编．第 3 集　　0435

经济海防　　0821

景观地理学　　2347

靖海纪略　　1992

靖海纪略　　3316

jiu

"九一八"后我国之损失　　0822

"九一八"以来之中日关系　　0191

旧俄小说名著　　1642

旧职业与新智识　　3190

jue

决战阶段　　0582

jun

军舰　　0583

军舰及潜水艇之新智识　　0584

军事参考资料选集．第 2 集　　0585

军事工程学　　0586

军事气象学大纲　　0587

军事委员会海军分防计划　　0588

军事委员会海军整编计划　　0589

军事文摘．第 4 辑　　0590

军事学讲话　　0591

军事研究资料．第 1 期　　0592

军事研究资料．第 3 期　　0593

军事研究资料．第 4 期　　0594

军事研究资料．第 5 期　　0595

军事研究资料．第 6 期　　0596

军事要览　　0597

军事知识　　0598

军缩会议之史的检讨　　0192

军缩问题　　0193

军缩问题和列强军备竞争　　0194

军缩战债赔款三大问题　　0195

军政法规．第 3 辑　　0599

浚浦总局一九二一年上海港口
技术委员会报告书：译件　　3248

K

kai

开明新编初级外国地理　　2394

开辟龙口商埠纪事　　1236

开辟三门湾概略　　3249

开辟新世界的故事　　2214

kan

坎拿大及纽芬兰　　2771

kang

抗战文艺选　　1422

抗战以来全国交通概况　　1115

抗战与国际公法　　0436

抗战与交通　　1116

抗战中的海军问题　　　　　0600

kao

考察列强海军报告书　　　　0601
考察欧美各国海军报告　　　0602
考察欧美各国军事报告书　　0603
考察欧美海道测量委员报告书 3250
考察欧美交通报告　　　　　1117
考察日本海道测量委员报告书 3251
考察日本市政工程报告　　　3191

ke

科学大纲　　　　　　　　　2961
科学大纲：汉译．第一册　　2962
科学大纲：汉译．第二册　　2963
科学大纲：汉译．第三册　　2964
科学大纲：汉译．第四册　　2965
科学的改造世界　　　　　　2966
科学的改造世界　　　　　　2967
科学的南洋：荷属东印度编　2772
科学的青岛　　　　　　　　2548
科学的趣味　　　　　　　　2968
科学的趣味．下册　　　　　2969
科学的山东　　　　　　　　2549
科学国防新知识　　　　　　0604
科学家的天才　　　　　　　2215
科学家与发明　　　　　　　2970
科学战争　　　　　　　　　0605
科学战争　　　　　　　　　0606
科学战争　　　　　　　　　0607
科学之军事．第 1 篇，海军篇 0608
克拉维约东使记　　　　　　2773

克利米战血录　　　　　　　1643

kong

空袭下之日本　　　　　　　0609
空中女英雄　　　　　　　　1644
空中女英雄　　　　　　　　1645

kua

跨着东海　　　　　　　　　1341

kun

坤舆图说·坤舆外纪　　　　3317
昆仑及南海古代航行考　　　2774

L

la

拉丁亚美利加史　　　　　　2130

lan

兰氏科学常谈　　　　　　　3110
烂头岛开发　　　　　　　　0823

lao

劳山　　　　　　　　　　　2550
劳山记游　　　　　　　　　2551
劳生集　　　　　　　　　　1423
老上海　　　　　　　　　　1993

lei

雷佛士传　　　　　　　　　2216

li

离散集	1424
黎明	1425
黎明之献	1426
蠡海集·群物奇制	3318
李石曾先生六十岁纪念 论文集	2971
历代民族英雄故事	2217
历代民族英雄故事	2218
历代民族英雄小传	2219
历代名将断	2220
历代名将事略	2221
历代名人的故事	2222
历代贤豪传记	2223
历代征倭文献考	1994
历代中国名人故事	2224
立志复明的郑成功	1427

lian

连云港工程纪略	3252

liang

良辰：世界独幕剧名剧选	1342
两次大战间美国国民经济之 发展	0824
两淮水利	1008
两淮水利盐垦实务	0825
两极区域志	3029
两年来之浙江建设概况	0826
两栖战由船到岸攻击法	0610
2000 年中日关系发展史	0196
两洋海空战报	0611

liao

辽宁省政参考资料．第 1 期： 辽宁省概况	2552

lie

列车	1428
列国海军与其国民	0612
列年海事提纲	1118
列强海军活动范围及其实力 之比较	0613
列强角逐中之荷印	2775
列强军备	0614
列强军备概况	0615
列强军备概略	0616
列强军备概要	0617
列强军备及国情．上卷， 俄日之部	0618
列强军备及国情．下卷， 欧美之部	0619
列强军队比较论	0620
列强军力论	0621
列强军力现势	0622
列强军事实力	0623
列强军缩外交战斗史	0197
列强现在之军势	0624
列强新军器	0625
列强在中国之竞争	1995
列强战备比较论	0626

lin

林文忠公政书	1996

ling

零拣 1429

liu

刘永福 2225
刘永福 2226
刘永福传 2227
刘永福历史草 2228
流犯馀生记 1646
流浪 1430
流浪的一年 1431
琉球 2131
琉球地理志略 2132
琉球概览 2133
琉球国志略 3319
琉球问题 0198
琉球与中国 0199
六十年来之岭东纪略 0827
六十年来中国与日本 0200
六学术团体联合年会论文
　提要：中英文本 3320

lu

卢斯福文集 0046
庐隐创作选 1432
庐隐短篇小说选 1433
庐隐佳作选 1434
庐隐选集 1435
鲁滨孙漂流记 1320
鲁滨孙飘流记 1647
鲁滨孙飘流记 1648

鲁滨孙飘流记 1649
鲁滨孙飘流记 1650
鲁滨孙飘流记 1651
鲁滨孙飘流记 1652
鲁滨孙飘流记 1653
鲁滨孙飘流记 1654
鲁滨孙飘流记：全译本 1655
鲁滨孙飘流续记 1656
鲁滨孙飘流续记 1657
鲁滨逊归航记 1658
鲁滨逊漂流记 1321
鲁闽风云 1436
鲁彦散文集 1437
陆海军警服制图说 0627
陆海空军 0628
陆海空军各种勋表图式简说 0629
陆海空军军队符号 0630
潞水客谈·常熟水论·明
　江南治水记·西北水利
　议·导江三议·海道经 3321
露西亚之恋 1438

lun

伦敦海军裁减会议：东方杂志
　社三十周年纪念刊 0201
伦敦海军会议 0202
伦敦会议记 0203
轮船 3253
轮船 3254
轮船 3255
轮船货物运价表 1119
论太平洋大战 1849

论远东时局 0047

luo

罗芳伯所建婆罗洲坤甸兰芳
　大总制考 2134
罗马史 1850
罗马史 1851
罗马小史 1852
罗马兴亡史 1853

lv

驴子和骡子 1439
旅伴 1659
旅伴及其他 1660
旅大的今昔 2553
旅大概述 2554
旅美见闻录 2776
旅美见闻录 2777
旅途随笔 1440
旅行述异：滑稽小说 1661
旅行向导：国货展览会纪念刊 1120

M

ma

马鞍群岛调查报告书 2555
马伏波平南 1441
马哥孛罗游记 2395
马哥孛罗游记．第 1 册 2396
马哥孛罗游记导言 2397
马凯条约之研究 0204
马可波罗行记 2398
马可波罗游记 2399

马可尼 2229
马来半岛与欧洲之政治关系 0205
马来鸿雪录．上册 2778
马来群岛科学考察记 2972
马来群岛游记 2779
马来血战记 1662
马来亚 2780
马来亚 2781
马来亚的狂人 1663
马来亚的狂人 1664
马来亚历史概要 2135
马来亚印象记 2782
马援 2230
马援 2231
马援 2232
马援平定安南 1442
码头警察服务要则 0048

mai

麦帅治下的日韩 2136
麦哲伦 2233
卖淫妇 1665

man

蛮陬奋迹记：冒险小说 1666
满蒙问题 1997
满洲忧患史 1998
漫游日记 2783
漫游志异 2556

mao

冒险的故事 1293

mei

没有弦的炸弹：通讯报告选　1443

玫瑰　1444

梅花　1445

美国的国防工业　1009

美国的海军　0631

美国的军备　0632

美国的扩张政策　0206

美国地理　2784

美国风云人物　2234

美国工商发达史　0828

美国国防形势及战略　0633

美国海军概况　0634

美国何以能击溃日本？：美日

　国力之对比　1854

美国将星录　2235

美国交通概况：美国运输.

　第 1 期　1121

美国经济地理　0829

美国经济动员及其经济战斗力　0830

美国美洲与世界　0207

美国名人小传　2236

美国内幕　0049

美国社会经济史　0831

美国实业发展史　0832

美国史　2137

美国史　2138

美国史　2139

美国史话　2140

美国手册　0050

美国太平洋的边界　0208

美国谈薮　0051

美国外交政策　0209

美国外交政策史　0210

美国外交政策史　0211

美国一瞥　2785

美国与太平洋　0212

美国远东经济考察团调查

　中国报告书　0833

美国在太平洋上的根据地　0635

美国战时计划经济　0834

美国之盐业　1010

美国之重工业　1011

美拉尼西亚一瞥　2786

美丽的黑海　1446

美日海军比较　0636

美日海战纪要　0637

美日两国海军实力之比较　0638

美日陆海空军实力比较　0639

美日苏三国军备　0640

美日战云　0213

美日争霸太平洋　0214

美印盐业鸟瞰　1012

美英日大战争　1667

meng

蒙古调　1447

孟加拉民间故事　1668

mi

秘密电光艇：科学小说　1669

秘密军港　1670

密苏里受降　1448

mian

缅述·交州记·奉使安南
　　水程日记·南翁梦录　　　　3322

min

民国地志：总论之部　　　　　2557
民国地志总论：地文之部　　　2558
民国二十年北方大港港址气象
　　潮位年报．第 1 期　　　　3030
民国二十二年北方大港港址
　　气象潮位年报．第 3 期　　3031
民国二十五年全国实业概况　　0835
民国二十一年青岛市观象台
　　行政报告　　　　　　　　3032
民国十一年通商各关警船灯
　　浮桩总册　　　　　　　　3256
民国十三年通商各关警船灯
　　浮桩总册　　　　　　　　3257
民国十六年通商各关警船灯
　　浮桩总册　　　　　　　　3258
民国元年交通部统计图表汇编　1122
民间传说　　　　　　　　　　1449
民权军舰特刊　　　　　　　　0641
民治国的危机　　　　　　　　0052
民主国家的兵工厂：美国战时
　　生产　　　　　　　　　　1013
民族地理学　　　　　　　　　3111
民族抗战史略　　　　　　　　1855
民族英雄　　　　　　　　　　2237
民族英雄百人传　　　　　　　2238
民族英雄故事　　　　　　　　2239

民族英雄史话．卷下　　　　　2240
民族英雄史略　　　　　　　　2241
民族英雄唐景崧传　　　　　　2242
闽东八县渔业调查报告　　　　0970
闽海纪要　　　　　　　　　　1999
闽海巡记　　　　　　　　　　2559
闽警　　　　　　　　　　　　2000
闽南民间关于文昌鱼之记载
　　与传说　　　　　　　　　3112
闽南游记　　　　　　　　　　2560
闽浙百粤　　　　　　　　　　2561
闽中海错疏　　　　　　　　　3162

ming

明代的朝贡贸易　　　　　　　1237
明代广州之海舶贸易　　　　　1238
明代两浙倭寇　　　　　　　　2001
明代平倭三杰　　　　　　　　2243
明代倭寇犯华史略　　　　　　2002
明代倭寇考略　　　　　　　　2003
明清散文选　　　　　　　　　1450
明日之世界　　　　　　　　　1294
明史佛郎机传考证　　　　　　0215
明史佛郎机吕宋和兰意大
　　里亚四传注释　　　　　　2004
明亡野史　　　　　　　　　　2005
明延平王台湾海国纪　　　　　2006

mo

模范军人．第 8 册　　　　　　2244
沫若诗集　　　　　　　　　　1451
沫若译诗集　　　　　　　　　1343

沫若译诗集	1344	南行印象记	2566
陌恋	1452	南洋	2792
莫洛博士岛	1671	南洋	2793
墨鱼干制实验报告	3163	南洋	2794
墨鱼渔业试验报告	3164	南洋丛谈	2795
墨鱼渔业试验报告：民国二十		南洋丛谈	2796
四年八月	3165	南洋丛谈	2797
		南洋导游	2798
mu		南洋地理	2799
木偶游海记	1672	南洋地理	2800
牧猪奴	1673	南洋地理	2801
		南洋地理与气候	2802
N		南洋风光	2803
na		南洋风土见闻录	2804
那大嘉积崖县	2562	南洋概况	2805
		南洋各国论	2141
nan		南洋各国史	2142
南北极	1453	南洋荷领东印度地理	2806
南北极	1454	南洋荷属东印度之经济	0836
南北极探险家亚勉纯传	2245	南洋华侨：东方杂志社三十	
南北奇侠传. 第 4 册	1455	周年纪念刊	0053
南非洲一瞥	2787	南洋华侨通史	0054
南国情调：良友散记选	1456	南洋见闻录	2807
南海诸岛地理志略	2563	南洋建设与澳洲危机	0837
南海诸岛新旧名称对照表	2564	南洋经济地理	0838
南极探险记	2973	南洋旅行记	2808
南美洲一瞥	2788	南洋旅行记	2809
南欧地理	2789	南洋旅行漫记	2810
南欧地志	2790	南洋论	2811
南太平洋游记	2400	南洋奇观	2812
南天乐园	2791	南洋群岛：英属之部	2813
南行记	2565	南洋群岛一瞥	2814

南洋群岛游记	2815	**nu**	
南洋三月记	2816	怒海余生	1458
南洋生活	2817		
南洋实地调查录	2818	**nuo**	
南洋史纲要	2143	挪威一瞥	2822
南洋印度之产业	0839	挪威战役	0642
南洋英属海峡殖民地志略	2819	挪威战役	0643
南洋游记	2820	挪威战役纪实	0644
南洋与东南洋群岛志略	2401		
南洋与中国	0055	**O**	
南洋资源论	0840		
		ou	
nie		瓯海渔业志	0971
孽海花本事	1457	欧风东渐史	1856
		欧化东渐史	2007
ning		欧罗巴洲	2823
宁波市政府现行法规汇编	0437	欧美采风记	2402
凝菜制造实验	3166	欧美军事交通考察记	0645
		欧美考察记	0646
niu		欧美名著节本	1345
纽丝纶归程	2821	欧美十六国访问记	2403
		欧美透视	2404
		欧美小说名著精华．卷一	1346
nong		欧人东渐前明代海外关系	1239
农工商业法规汇辑	0438	欧文日本研究书志	2824
农矿法规汇刊．第 1 辑	0439	欧行杂记	2825
农矿法规汇刊．第 2 辑	0440	欧亚大势	0056
农林法规汇编	0441	欧亚风云录	1857
农商法规	0442	欧游纪行	2826
农商法规汇编	0443	欧游经验谈	2827
农业法规汇辑	0444	欧游日记	2828
		欧游散记	2829
		欧战的发展：地中海与东南欧	1858

欧战后暴日与世界　　　　　0057

欧战期间中日交涉史　　　　0216

欧战前十年间国际真相之分析 0217

欧战全史．上卷　　　　　　1859

欧战实录　　　　　　　　　0647

欧战速写　　　　　　　　　1674

欧战小史　　　　　　　　　1860

欧战与地中海形势　　　　　1861

欧战与新潮　　　　　　　　1862

欧战中世界旅行记　　　　　2405

欧洲的向外发展：帝国主义

　　研究之一　　　　　　　2144

欧洲地理　　　　　　　　　2830

欧洲风云　　　　　　　　　0058

欧洲近代现代史　　　　　　2145

欧洲漫游记　　　　　　　　2831

欧洲强者谁？　　　　　　　0648

欧洲与不列颠：人生地理　　2832

欧洲战线　　　　　　　　　1863

欧洲政治地理　　　　　　　2833

P

pao

炮火中的英帝国　　　　　　2146

pei

沛生斯的海盗，或名，义务

　　之仆　　　　　　　　　1675

peng

澎湖群岛科学调查专辑　　　2974

piao

漂泊杂记　　　　　　　　　1459

ping

平蛮录·西征日录·制府

　　杂录·平濠记·江海歼

　　渠记·广右战功录　　　3323

平倭名将戚继光之生活批评　2246

屏周新词集　　　　　　　　1460

pu

葡萄牙一瞥　　　　　　　　2834

蒲寿庚考　　　　　　　　　2247

普式庚逝世百周年纪念集　　1676

普式庚研究　　　　　　　　1677

Q

qi

戚继光　　　　　　　　　　2248

戚继光　　　　　　　　　　2249

戚继光　　　　　　　　　　2250

戚继光　　　　　　　　　　2251

戚继光　　　　　　　　　　2252

戚继光　　　　　　　　　　2253

戚将军平倭　　　　　　　　1461

齐王田横　　　　　　　　　1462

奇象　　　　　　　　　　　2975

奇异的虾蟹生活　　　　　　3113

企鹅岛　　　　　　　　　　1678

气候学　　　　　　　　　　3033

气象学　　　　　　　　　　3034

气象学 ABC　　　　　　　　3035

qian

钱塘江丁坝设计之检讨　3192

钱塘江海塘工程视察团视察
报告　3193

潜航艇　0649

潜水舰　0650

潜水舰的大活动　1679

潜水艇　0651

潜水艇　0652

潜水艇与潜水战．上册　0653

潜艇　0654

qin

秦鲁游记　2567

qing

青春　1680

青岛　2568

青岛　2569

青岛船坞管理处要览　3259

青岛导游　2570

青岛风光　2571

青岛概要　2572

青岛港潮汐表：中华民国三
十六年　3036

青岛港务辑览　1123

青岛港政局统计年表：中华
民国十二年　1124

青岛港政局统计年表：中华
民国十三年　1125

青岛港政局统计年表：中华

民国十四年　1126

青岛港政局统计年表：中华
民国十五年　1127

青岛港政局统计年表：中华
民国十六年　1128

青岛港政局统计年表：中华
民国十七年　1129

青岛海产生物研究所第一次
报告：民国二十三年　3114

青岛漫游　2573

青岛名胜游览指南　2574

青岛气候之大概　3037

青岛市港务规划：中华民国
十九年七月四日公布　1130

青岛市港务行政年刊：中华
民国二十四年度　1131

青岛市公安局消防辑览　3194

青岛市观象台十周纪念册　3038

青岛市观象台五十周年纪念
特刊：1989—1948　3039

青岛市建设成绩概况　0841

青岛市码头规则　1132

青岛市市政法规汇编　0445

青岛市统计年鉴：中华民国
三十五年　0003

青岛市乡区视察纪实　2575

青岛市行政统计汇编：十八
年度．上期　0004

青岛市行政统计汇编：十九
年度　0005

青岛市行政统计汇编：二十
年度　0006

青岛市行政统计汇编：二十
　　一年度．上期　　　　　　0007
青岛市政府行政纪要　　　　0059
青岛市政府行政纪要　　　　0060
青岛市政府三年来行政摘要：
　　自民国二十一年至二十三年　0061
青岛水族馆民国二十一年报
　　告书　　　　　　　　　　3167
青岛特别市公署工作报告．
　　三十年七月份　　　　　　0062
青岛特别市公署施政述要　　0063
青岛特别市公署行政年鉴．
　　中华民国二十八年度　　　3324
青岛特别市公署行政年鉴．
　　中华民国二十九年度　　　3325
青岛特别市观象台五周纪念册　3040
青岛特别市观象台五周年纪念册
　　　　　　　　　　　　　　3041
青岛天气　　　　　　　　　3042
青岛文昌鱼与厦门文昌鱼之
　　比较研究　　　　　　　　3115
青岛一瞥　　　　　　　　　2576
青岛游记　　　　　　　　　2577
青岛在华北之地位及其发展
　　之趋势　　　　　　　　　0842
青岛之附近气候与农作关系　3168
青岛指南　　　　　　　　　2578
青岛指南　　　　　　　　　2579
青岛指南　　　　　　　　　2580
青年海军常识　　　　　　　0655
青年军事常识　　　　　　　0656
轻艇歼倭记　　　　　　　　1681

清稗类钞　　　　　　　　　2008
清初东南沿海迁界考　　　　2581
清代堂子所祀邓将军考　　　2254
清代通史　　　　　　　　　2009
清代鸦片战争前之中西沿海通商
　　　　　　　　　　　　　　1240
清光绪朝外交史料之编纂经过　0218
清季四十年外交与海防，又名，
　　总理各国事务衙门　　　　0219
清季外交史料附图　　　　　0220
清前中日关系论　　　　　　0221
请拨美棉麦借款改进青岛
　　农产水利港务实业方案　　0843

qiong
琼崖　　　　　　　　　　　2582
琼崖纪行　　　　　　　　　2583
琼崖抗战概况　　　　　　　0657
琼崖抗战特刊　　　　　　　2010
琼崖临时政府施政概略　　　0064
琼崖实业调查团报告书　　　0844
琼崖拓殖节略　　　　　　　2584
琼崖应改设行省之重要文件　0065
琼崖志略　　　　　　　　　2011
琼州沦陷区报告　　　　　　2012

qiu
邱吉尔大战回忆录．第1卷，
　　风云紧急　　　　　　　　2255
邱吉尔大战回忆录．第一卷，
　　风云变色　　　　　　　　2256
邱吉尔第二次大战回忆录　　2257

秋山草　1463

求新制造机器厂　1014

虬江码头奠基纪念册　3260

qu

屈巡按使视两浙文告　0066

趣味的物理学　2987

quan

全国场产调查报告书：福建　1015

全国场产调查报告书：淮北　1016

全国场产调查报告书：两浙　1017

全国出版物目录汇编　3326

全国农产地理新书　0972

全国展望：国民地理集　2585

全国重要港口　3261

全国最近盐场录　1018

全世界和平的堡垒：苏联红军　0658

qun

群岛之国：印尼　2835

R

ren

人地学论丛．第1集　2586

人地学原理　2348

人境庐诗草　1464

人境庐诗草　1465

人类的故事　1864

人类史话　1865

人类之家　3043

人生采访　1466

人生地理　1295

人生地理教科书　1296

人生地理学　2349

人生地理学概要　2350

人生地理学史　2351

人同此心　1467

人文地理　2352

人文地理ABC　2353

人文地理概观　2354

人文地理学　2355

人文地理学　2356

人文地理学　2357

人文地理学　2358

人文地理学概论　2359

人文地理学概论　2360

人鱼姑娘　1682

任厂六十自述　2258

ri

日本　2836

日本备战论　0067

日本便览　0068

日本产业概论　0845

日本的产业　0846

日本的海军　0659

日本的海军　0660

日本的海军　0661

日本的交通事业　1133

日本的解剖　2837

日本的解剖　2838

日本的军备　0662

日本的陆海空军　0663

日本的命运	1866	日本果能称霸于太平洋乎	0070
日本的危机	0069	日本还能支持多久	0071
日本地理	2839	日本海海战,又名,对马	1684
日本地理	2840	日本海军	0665
日本地理	2841	日本海军	0666
日本地理大纲	2842	日本海军的发展	0667
日本地理新志	2843	日本海军区及其海军根据地	0668
日本地理研究	2844	日本海外侵略与华侨	0072
日本地志	2845	日本及其他帝国主义者侵略	
日本帝国主义对华经济侵略	0847	中国之事实	2019
日本帝国主义侵略中国史	2013	日本经济地理	0852
日本帝国主义侵略中国史	2014	日本经济地理	0853
日本帝国主义侵略中国史	2015	日本经济概况	0854
日本帝国主义侵略中国史	2016	日本经济论	0855
日本帝国主义与中国	2017	日本军情	0669
日本帝国主义者之野心	2018	日本军人眼中之日美危机	0222
日本对华经济侵略	0848	日本军事要览	0670
日本对华经济侵略之检讨	0849	日本军政界人物评论	2259
日本对华之交通侵略	1134	日本开国五十年史	2147
日本复兴农村经济计划及新		日本联合舰队之战时编制	
生活运动	0973	及其战法之研究	0671
日本概观	2846	日本陆海空军国防观	0672
日本故事	2847	日本陆军大学校满鲜战史	
日本故事集	1683	旅行讲话集	2148
日本国	2848	日本论	2853
日本国防力的剖视	0664	日本面孔	0073
日本国力的剖视	0850	日本南进论	0074
日本国力的再估计	0851	日本南进与太平洋	1867
日本国势概况	2849	日本南进与太平洋形势	1868
日本国势现状	2850	日本南进政策的前瞻	1869
日本国势现状	2851	日本南进政策之新阶段	1870
日本国势之解剖	2852	日本内幕	0075

日本侵华简史	2020	日本舞台之要角	0077
日本侵华领袖人物	2260	日本现代剧选．第一集：菊	
日本侵华痛史	2021	池宽剧选	1686
日本侵略满蒙史	2022	日本现代科学论文集	2976
日本侵略满蒙之研究	0223	日本现代史	2155
日本侵略中国大事年表	2023	日本研究	2857
日本侵略中国年表	2024	日本研究	2858
日本侵略中国史纲	2025	日本研究	2859
日本侵略中国外交秘史	0224	日本研究	2860
日本侵占海南各岛之检讨	2026	日本研究	2861
日本全貌	0076	日本研究丛书	2862
日本全史	2149	日本研究丛书提要	2863
日本人所见之一九三六年	0673	日本研究大纲	2864
日本人文地理	2854	日本研究读本	2865
日本人文地理之特征	2855	日本研究讲授大纲	0078
日本蹂躏山东痛史	0225	日本一瞥	2866
日本闪击下的菲律宾	2150	日本游记	2867
日本商法论，手形编 海商编	0446	日本有多强	0079
日本史：一部军阀专政史	2151	日本与朝鲜	2868
日本视察记	2856	日本与朝鲜之气候	3044
日本铁蹄下的台湾	2027	日本与荷印	0226
日本童话选集	1685	日本在华经济势力	0856
日本统治下的台湾工商交通		日本在太平洋上之经济战	0857
法规辑要．第1辑	0447	日本之产业	0858
日本统治下的台湾工商交通		日本之面面观	0080
法规辑要．第3辑	0448	日本之南生命线	0859
日本统治下的台湾水产	3169	日本之南洋委托治理地	0227
日本统治下的台湾渔业法规		日本之实况	0081
辑要	0449	日本之水产业	0974
日本维新卅年史	2152	日本之透视	2869
日本维新史	2153	日本之研究	2870
日本委任统治岛的社会组织	2154	日本殖民地现况	2871

日本殖民史	2156	日美战争．第3卷：日美果		
日本最近之经济	0860	战乎	0238	
日常气象学	3045	日美战争．第4卷：日美果		
日常问题讲谈集	2977	战乎	0239	
日俄关系概观	0228	日美战争之预测	0240	
日俄关系论	0229	日清战史讲授录	2030	
日俄关系论	0230	日人经营之华北交通事业：		
日俄海战史	0674	铁路·公路·港湾	1135	
日俄侵略东省小史	2028	日射病	1347	
日俄外交之回顾	0231	日苏冲突论	0241	
日俄渔业争霸战	0975	日苏关系论	0242	
日俄怎样大战	0232	日苏未来大战记	1689	
日俄战纪全书	2157	日苏未来大战记	1690	
日俄战争	2158	日苏问题	0243	
日俄战争简史	2159	日苏渔业纠纷之检讨	0976	
日俄战争史	2160	日苏战争预测	0244	
日俄战争与辽东开放	2161	日鲜旅行记：民国八年	2873	
日俄中英美远东政略战略的		日鲜游记	2874	
检讨	0675	日知录集释	2031	
日军登陆作战	0676			
日寇觊觎下的荷属东印度群岛	2872	**rong**		
日寇在沦陷区的经济掠夺	0861	荣养论	3146	
日寇在粤之暴行	2029	荣养浅说	3147	
日美必战论	0233			
日美太平洋大战	1687	**ru**		
日美远东对立之史的考察	0234	如此日本	0082	
日美战乎？日俄战乎？	0235	如此如此	1691	
日美战未来记	1688	入海水道计划	3195	
日美战争．第1卷：可怕的				
日本	0236	**rui**		
日美战争．第2卷：日美可		瑞典一瞥	2875	
战乎	0237	瑞士家庭鲁宾孙	1692	

瑞士家庭鲁滨孙　　　　　　1322

瑞士鲁滨孙家庭漂流记　　　1693

瑞士鲁滨荪家庭飘流记　　　1694

S

san

三百年前倭祸考　　　　　　2032

三公主：挪威民间故事集　　1695

三军喋血记：太平洋海陆空

　　作战实录　　　　　　　0677

三门湾辟埠指针　　　　　　3262

三十八国游记　　　　　　　2406

三十二国风土记　　　　　　2407

三十枢岛　　　　　　　　　1696

三十前集　　　　　　　　　1468

三万里海程见闻录　　　　　2408

三隐士：托尔斯泰故事集　　1697

三周纪要：青岛特别市市公署

　　成立三周纪念　　　　　0083

sang

桑鼎拜德航海遇险记　　　　1698

sha

杀人利器图　　　　　　　　0678

沙蚕　　　　　　　　　　　3116

沙多霞　　　　　　　　　　1699

傻子旅行　　　　　　　　　1700

shan

山·川·海　　　　　　　　3046

山东：分省地志　　　　　　2587

山东半岛飓风记　　　　　　3047

山东产盐区详图　　　　　　1019

山东各县乡土调查录　　　　2588

山东全省沿岸渔业概况　　　0977

山东省　　　　　　　　　　2589

山东省一瞥　　　　　　　　2590

山东省政府建设厅施政纲要　0862

山东省政府建设厅现行各项

　　章则汇编　　　　　　　0863

山东问题汇刊　　　　　　　0245

山东问题始末　　　　　　　0246

山东沿海之前鳃类　　　　　3117

山东盐政汇编　　　　　　　1268

山海经　　　　　　　　　　2591

山海经　　　　　　　　　　2592

山海经　　　　　　　　　　2593

山海经集解　　　　　　　　2594

山海经通检　　　　　　　　2595

山水人物　　　　　　　　　2361

珊瑚岛　　　　　　　　　　1701

汕头近况之一斑　　　　　　0084

汕头市政府施政纪略：汕头市

　　更生二周年纪念　　　　0085

汕头市政概况　　　　　　　0086

汕头指南　　　　　　　　　2596

shang

商船"坚决号"　　　　　　1702

商法，有价证券　船舶　　　0450

商法，有价证券　船舶　　　0451

商法海商　　　　　　　　　0452

商法要览．第三卷，票据编

　　海商编　　　　　　　　　　0453
商品学　　　　　　　　　　　　1241
商品学教本　　　　　　　　　　1242
商业地理　　　　　　　　　　　1243
上层气流观测报告．第 11
　　卷第 1 号　　　　　　　　3048
上古世界史　　　　　　　　　　1871
上海　　　　　　　　　　　　　2597
上海　　　　　　　　　　　　　2598
上海都市地理研究　　　　　　　2599
上海港口大全：译件　　　　　　1136
上海港口将来进步之报告：
　　译件　　　　　　　　　　　1137
上海港之将来　　　　　　　　　1138
上海求新制造及其轮船厂　　　　1020
上海食用鱼类图志　　　　　　　3170
上海市大观　　　　　　　　　　2600
上海市建筑黄浦江虬江口
　　码头计划书　　　　　　　　3263
上海市轮渡北京路外滩钢
　　质双层浮码头图样照片册　　3264
上海市渔轮业之回顾：民国
　　二十一年　　　　　　　　　0978
上海特别市港务局业务报告：
　　十七年十二月二十日至十
　　八年六月底止　　　　　　　1139
上海之农业　　　　　　　　　　0979

shao
少年百科全书　　　　　　　　　3327
少年地理故事　　　　　　　　　2336
少年科学未来战　　　　　　　　0679

少年旅行谭　　　　　　　　　　1348

she
蛇首　　　　　　　　　　　　　1703
社会科学史纲．第 2 册：人
　　生地理学　　　　　　　　　2362

shen
申报年鉴．民国二十二年　　　　3328
申报年鉴．民国二十三年　　　　3329
申报年鉴．民国二十四年　　　　3330
申报年鉴．民国二十五年　　　　3331
申报年鉴．民国三十三年度　　　3332
申报年鉴补编．民国二十四年　　3333
神奇的天地　　　　　　　　　　3049
神枢鬼藏录：侦探小说　　　　　1704

sheng
生命之科学　　　　　　　　　　3118
生命之起原与进化　　　　　　　3119
生物学纲要　　　　　　　　　　3120
生物之相互关系　　　　　　　　3121
省县公营事业　　　　　　　　　0957
圣武记　　　　　　　　　　　　2033
胜利的记录　　　　　　　　　　1469

shi
诗二集　　　　　　　　　　　　1470
施工规程　　　　　　　　　　　3265
十八世纪吕宋一咾哥航船来华记
　　　　　　　　　　　　　　　1244
十二科学家　　　　　　　　　　2261

十个民族英雄	2262	实业计划之理论与实际	0878
十年来之海关	1245	实业计划之综合研究总论.	
十年来之中国经济建设	0864	二，"技术方面之考察"参	
十七世纪南洋群岛航海记两种	2876	考资料	0879
十五年来之交通概况	1140	实业计划综合研究各论.（一）	
十五年来中国经济	0865		0880
十五少年	1705	实业四年计划草案	0881
十五小豪杰	1706	实用平板仪测量	3050
十五小豪杰	1707	实用气象学	3051
十五小豪杰	1708	实用气象学	3052
十五小英雄	1709	食品化学	3196
时谐	1471	食物须知	3149
实验疗肺学	3148	食物营养分析表	3150
实验无脊椎动物学	3122	食用本草学	3151
实业部水产产销管理局周年		史地关系新论	2363
工作概况	0980	使德日记·英轺私记·澳大	
实业大王的故事	2263	利亚洲新志	3334
实业法规	0454	使琉球纪	3335
实业法规续编	0455	使琉球录	3336
实业计划	0866	世界哺乳动物志	3123
实业计划表解	0867	世界成功人传	2264
实业计划汇编	0868	世界大战对于海岸防御与海	
实业计划辑要	0869	岸筑城之教训	0680
实业计划交通篇	1141	世界大战全史	1872
实业计划浅说	0870	世界大战史	1873
实业计划水道要论	0871	世界大战史	1874
实业计划提要	0872	世界大战英国海军秘密舰队	
实业计划演讲集	0873	作战小史	0681
实业计划与国防	0874	世界的海军	0682
实业计划摘要	0875	世界的交通	1142
实业计划摘要	0876	世界的通路	2409
实业计划之解说	0877	世界的重要资源	0882

世界地理	2410	世界名人传	2268
世界地理	2411	世界名人图志	2269
世界地理	3053	世界名人小传	2270
世界地理初步	2412	世界名人言论集.军事篇	0008
世界地理纲要	2413	世界年鉴.1931	3337
世界地理故事	2414	世界年鉴.民国二年	3338
世界地理基础	2415	世界年鉴.民国三年	3339
世界地理讲授新图	2951	世界气候区述略	3054
世界地理十六讲	2416	世界气候志	3055
世界地理问答	1297	世界人生地理	2364
世界地理之改造	2417	世界人物	2271
世界地志	2418	世界三百名人图志	2272
世界地志概要	2419	世界社会史	1877
世界第二次大战的准备问题	1875	世界十大战争	0691
世界短篇小说名作选	1349	世界实业大王	2273
世界改造分国图志	2420	世界实业家列传	2274
世界各国成功人传	2265	世界史.上册	1878
世界各国军备现势	0683	世界史纲	1879
世界各国志	1876	世界史教程：封建社会史	1880
世界海军竞争的现势	0684	世界史要	1881
世界海军军备	0685	世界史之地理因素	2365
世界航海家与探险家历史	2266	世界探险家列传	2275
世界交通状况	1143	世界通史	1882
世界经济地理讲座	0883	世界通史	1883
世界军备	0686	世界王者谁	0088
世界军备竞争的现势	0687	世界文化地理	2366
世界军备与世界大战	0688	世界文化史	1884
世界列国军备现状之调查	0689	世界文化史纲	1885
世界列强战备比较论	0690	世界五大科学名人传记	2276
世界漫游记	1298	世界戏曲名著提要.第2集	1350
世界面面观	0087	世界新形势	0089
世界名人传	2267	世界一周	1710

世界一周	2421
世界游记选	2422
世界战争研究会纪录	0692
世界战争与中国国防新军	0693
世界政治经济概况	0090
世界之水中战	0694
世界之渔业	0981
世界植物地理	3124
世界著名探险家 . 上册	2277
世界最近之局势 . 第 2 卷：	
巴黎和会	0091
视察台湾水利报告	3197

shou

收获期	1472

shu

输送学	0695
输送学讲义	0696
输送学讲义	0697
输送学摘要	0698

shuang

双周纪要：青岛特别市市公署	
成立二周纪念	0092

shui

水产	0982
水产调查报告	0983
水产动物学	3171
水产浅话	3172
水产物的利用	3173

水产学	3174
水产学大意	3175
水产养殖法	3176
水道港口码头仓库之研究讲义	3266
水道运输学	1144
水底世界	3125
水孩	1711
水孩	1712
水孩子	1713
水和潜艇	3056
水晶座	1473
水雷	0699
水雷战	0700
水利实验谈	3198
水上	1714
水上警察概论	0093
水险须知	1269
水险学原理	1270
水险学原理附录七	1271
水婴孩	1715
水婴孩	1716

shuo

说台风	3057

si

司旗司闸司止轮服务章程	3267
思想的国防	0701
四大民族英雄岳文戚史集	1474
四年来的敌情	0094
四年来之航政	1145
四年来之倭寇经济侵略	0884

四夷考　2877

四周纪要　0095

泗礁岛渔业调查　0984

song

松江文献．第一期　2034

宋代之市舶司与市舶条例　1246

宋椠宣和奉使高丽图经校记　2878

su

苏俄的红军　0702

苏俄地理概论　2879

苏俄地理基础　2880

苏俄军备与日俄战争　0247

苏俄视察记　2881

苏格兰　2882

苏格兰一瞥　2883

苏莱曼东游记　2884

苏联的国防　0703

苏联的农工和交通　0885

苏联的远东红军　0704

苏联地理　2885

苏联地理　2886

苏联概观　2887

苏联国力的基础　0886

苏联红军英勇故事　1717

苏联交通　1146

苏联交通概观　1147

苏联经济地理　0887

苏联经济地理　0888

苏联经济生活　0889

苏联力量的基础　0890

苏联名著概说．第一辑　1718

苏联目中的太平洋争霸战　0248

苏联所见之太平洋争霸战　0249

苏联文学　1719

苏联新地理　2888

苏联之资源及远东国防　0891

苏鲁沿海鱼盐之调查　0985

苏门答剌古国考　2162

苏门答腊一瞥　2889

苏轼与海南动物　3126

苏维埃的俄国及帝国主义的日本　0250

苏维埃人群像　1720

苏维埃远东　2890

苏彝士运河　2891

sui

绥远省政府年刊　0096

随思随笔　1475

随踪琐记　1476

岁计法令汇编　0456

穗港旅行手册　2601

sun

孙福熙创作选　1477

孙中山实业计划　0892

suo

所罗门　0705

T

ta

他乡人语　1478

tai

台风及其它　1721

台南市政二年　0097

台湾　2602

台湾　2603

台湾　2604

台湾　2605

台湾：分省地志　2035

台湾，又名，台湾视察报告书　0098

台湾别府鸿雪录．上卷　2606

台湾参观记录　0893

台湾产业界之发达　0894

台湾产业经济梗概　0895

台湾朝鲜与东北　2036

台湾岛　2607

台湾地理　2608

台湾地理　2609

台湾概况介绍　2610

台湾概览　2611

台湾见闻录　2612

台湾交通．第一辑　1148

台湾交通汇报　1149

台湾交通统计汇报　1150

台湾近世史　2037

台湾经济提要　0896

台湾经济展望　0897

台湾郡县建置志　2613

台湾抗日史：节录自台湾民
主国致中外文告　2038

台湾揽胜　2614

台湾旅行指南　2615

台湾轮廓　2616

台湾名胜指南　2617

台湾年鉴：民国三十六年　3340

台湾农林．第1辑　0986

台湾农林法规辑要．第1集　0457

台湾农业与渔业　0987

台湾全貌　2618

台湾全志　2039

台湾省博览会交通馆特辑　1151

台湾省博览会手册　2619

台湾省单行法令汇编．第1辑　0458

台湾省工业研究所研究报文
摘要　3199

台湾省接收工作报告　0099

台湾省经济调查报告　0898

台湾省经济调查初稿　0899

台湾省统计要览．第1期，
接收一年来施政情形专号　0009

台湾省统计要览．第2期　0010

台湾省统计要览．第3期　0011

台湾省统计要览．第4、5期
合刊　0012

台湾省政府交通处主管事项
概况　1152

台湾省主要经济统计　0900

台湾史　2040

台湾史纲　2041

台湾水产有限公司概况：中

华民国三十五年　　　　0988

台湾随笔·台海使槎录　3341

台湾通史　　　　　　　2042

台湾统计地图　　　　　0901

台湾新志　　　　　　　2043

台湾盐业概说　　　　　1021

台湾要览　　　　　　　2620

台湾要览　　　　　　　2621

台湾一年来之交通　　　1153

台湾一年来之农林　　　0989

台湾与琉球　　　　　　2622

台湾杂记·台湾纪略　　3342

台湾郑氏始末　　　　　2278

台湾指南　　　　　　　2623

台湾指南　　　　　　　3343

台湾追纪　　　　　　　2624

台行实录　　　　　　　2625

太平洋大势　　　　　　0251

太平洋大战　　　　　　1722

太平洋大战爆发　　　　1886

太平洋大战秘史　　　　1887

太平洋大战与中国　　　1888

太平洋岛的解剖　　　　0252

太平洋岛屿志要　　　　2892

太平洋的暴风雨　　　　1889

太平洋的新形势怎么样　0253

太平洋风景线　　　　　1723

太平洋各国经济概况　　0902

太平洋各国实力　　　　0706

太平洋国际地理　　　　2423

太平洋国际关系的分析：东方

　　杂志社三十周年纪念刊　0254

太平洋会议面面观　　　0255

太平洋会议与中美俄同盟　0256

太平洋会议之参考资料　0257

太平洋局势之演变　　　0258

太平洋军事地理　　　　0707

太平洋军事地理　　　　0708

太平洋内幕　　　　　　0100

太平洋上的风云　　　　1479

太平洋上的歌声　　　　1480

太平洋上的争霸战　　　0259

太平洋上的争霸战　　　0260

太平洋问题　　　　　　0261

太平洋问题　　　　　　0262

太平洋问题　　　　　　0263

太平洋问题　　　　　　0264

太平洋问题　　　　　　0265

太平洋问题十讲　　　　0266

太平洋问题与中国　　　0267

太平洋问题之解剖　　　0268

太平洋现势手册　　　　0101

太平洋现在及将来　　　0269

太平洋宪章　　　　　　0270

太平洋新形势　　　　　0271

太平洋形势鸟瞰　　　　0272

太平洋巡礼　　　　　　0273

太平洋战场：从爆发到降服　1890

太平洋战场提要　　　　0102

太平洋战斗概要　　　　0709

太平洋战后的世界　　　1891

太平洋战事爆发初卤获文件

　　汇编　　　　　　　1892

太平洋战线：美日战争实录　1724

太平洋战线：美日战争实录　1893

太平洋战争爆发　1894

太平洋战争的分析与展望　1895

太平洋战争第一年　1896

太平洋战争二周年　1897

太平洋战争讲话　1898

太平洋战争速写．第1集　0710

太平洋战争探讨　1899

太平洋战争新局势　1900

太平洋战争展望　1901

太平洋战争战略形势　0711

太平洋战争之研究　1902

太平洋战争之展望　1903

太平洋争霸战　0274

太平洋之风云　0275

太平洋之将来　0276

太平洋之战：第一年　1904

太平洋中的冲突　0277

太平洋诸岛概观　2893

太平洋诸国的经济斗争与

　　二次大战　0903

太平洋资源战　0904

太平洋作战概要　0712

泰国　2894

泰西事物起原　1905

tan

谈地　3058

谭襄敏公年谱　2279

谭襄敏公年谱稿　2280

檀泰琪儿之死　1351

探险家的故事　2281

tang

汤姆逊传　2282

唐代之交通　1154

唐宋贸易港研究　1247

唐宋元时代中西通商史　1248

塘工两年　3200

塘沽新港　1155

塘沽新港工程二年来进展概况　3268

塘沽新港工程之过去与现在　3269

tian

天地新学说　3059

天地形象图说　3060

天工开物　3201

天工开物　3202

天工开物　3203

天津便览　2626

天津的经济地位　0905

天津码头设计之研究　3270

天津市主要统计资料手册　0906

天津特别市港务局业务报告　1156

天津指南　2627

天津志略　2044

天与地的故事　3061

填筑厦门箕笃港报告书　1157

tie

铁蹄下之新加坡　2895

ting

停云集　1481

W

tong

通商各关海江警船布告总册.
　第 48 簿　3271

通商各关海江警船布告总册.
　第 50 簿　3272

通商各关海江警船示册.
　第 32 簿　3273

通商各关海江警船示册.
　第 33 簿　3274

通商各关海江警船示册.
　第 35 簿　3275

通商各关海江警船示册.
　第 41 簿　3276

通商各关海江警船示册.
　第 43 簿　3277

同志及其他　1725

童心　1482

tu

屠格涅夫散文诗集　1726

土耳其的外交政策　0278

土与兵　1727

tuo

讬尔斯泰小说　1728

托尔斯泰短篇小说集　1729

托尔斯泰童话集　1730

托尔斯泰小说集 . 第一集　1731

wai

外国地理　1299

外国地理题解　2424

外国地理问答　1300

外国地理问答　1301

外国地理新编　2425

外国地理志略　2426

外国史 . 第 3 册　1906

外交秘事　1352

外论：两周年纪念刊　0103

外人在华沿岸及内河航行权　1158

wei

危巢坠简　1483

威海卫筹收接管行政工作报
　告书　0279

威海卫管理公署二十三年度
　行政报告　0104

威海卫管理公署二十四年度
　行政报告　0105

威海卫管理公署年报：民国
　二十三年份　0106

威海卫收回第二周年工作报
　告书　2045

威海卫收回第三周年工作报
　告书　2046

威海卫收回周年特刊　2047

威海卫问题往返公文　0280

威海卫指南　2628

威海问题　0281

微波辞　1484

为台湾说话	1485
围炉琐谈	1732
唯物史观日本经济	0907
维多利亚女王传	2283
委任日本统治南洋群岛土人	
社会研究	2163
委托统治制度与日本南洋统	
治地问题	0282
未来的海战	0713
未来的美日战争	0283
未来的美苏战争	0284
未来的日俄大战记	1733
未来日苏战争的透视	0285
未来世界大战之想象	0286
未来之世界大战	1907
未来之世界大战	1908

wen

温台护航记录：民国三十二	
年六月至三十五年六月	1159
温州港航务统计专刊：民国	
二十一年至二十三年六月	1160
文化移动论	1909
文人岛	1734
文人岛游记	1735
文艺家之岛	1736

wo

倭变事略	2048
倭变事略·明倭寇始末	3344
倭变事略及其他一种	2049
倭寇陆海空军战力便览	0714

倭寇内容	0107
倭寇侵华简史	2050
倭寇侵略中之南洋．上编	2896
我的太平洋大战观	1910
我的新生	1737
我的游记	2897
我弟伊凡	1738
我国的商埠：小学校社会科	
补充读物	3278
我国的伟人	2284
我国战后农业建设计划纲要	0990
我看台湾经济	0908
我们的版图	2629
我们的耻辱	2051
我们的地球	3062
我们的海	1486
我们的家乡——福建	2630
我们的世界	2427
我们的手	1487
我是史比上将号的俘虏	1739

wu

乌贼	3127
无脊椎动物的智慧	3128
无脊椎动物图说	3129
无脊椎动物学实习指导	3130
无线电罗盘图解	3279
吴淞、绿华山、基隆、青岛	
及大沽潮汐表：中华民国	
三十七年	3063
五工程学术团体联合会纪念刊	3204
五年来之广东建设	0909

五强海缩会议全史	0287	希腊	2902
五十年台风侵袭台湾之统计：		希腊史	1915
1897—1946	3064	希腊史	1916
武器	0715	希腊小史	1917
武装的欧洲	0716	希腊兴亡史	2164
物质建设	0910	希腊一瞥	2903
物质建设浅说	0911	希腊英雄传	1742
		希腊英雄传	1743

X

xi

		锡兰	2904
		锡兰一瞥	2905
西班牙女王伊萨白尔传	2285	袭厦门好汉建奇功	1489
西班牙童话集	1740		
西班牙一瞥	2898	xia	
西伯利亚出征私史	0717	虾蟹类	3131
西伯利亚地理	2899	下次之太平洋战争，又名，	
西方搜神记	1741	可怕之日本	1918
西湖漫拾	1488	下等植物分类学	3132
西门子自传	2286	厦门大观	2632
西南东北	2631	厦门大学演讲集	0013
西沙岛东沙岛成案汇编	2052	厦门要览	2633
西文海岸暨海洋地质文献目录	3065	厦门指南	2634
西行日记	2900	厦市工程概况	3205
西行逐日记	2053		
西洋古代史	1911	xian	
西洋科学史	2978	暹罗	2906
西洋上古史	1912	暹罗	2907
西洋史表解	1913	暹罗概况	2908
西洋最近五十年史	1914	暹罗一瞥	2909
西域南海史地考证译丛	2054	暹罗之物产	0912
西域南海史地考证译丛四编	2901	暹罗状况全书	2910
西域南海史地考证译丛续编	2055	咸丰朝中国外交概观	0288
西征纪事	2428	咸宁军舰为海军建设之嚆矢	0718

咸宁肃宁崇宁义宁正宁长宁
　六炮舰特刊　0719
现代创作游记选　1490
现代地理学观念　2367
现代独幕剧．第 2 册　1353
现代国际关系史纲　0289
现代国际关系史纲　0290
现代航海学．第 1 集，测推
　驾驶　3280
现代航政问题　1161
现代科学发明史　2979
现代列强之军势　0720
现代美国　2911
现代模范文选　1491
现代欧洲各国侵略史　2165
现代日本　2912
现代日本讲话　0108
现代日本讲话　0109
现代日本小说选集．第 1 集　1744
现代商品学　1249
现代世界地理之话　2429
现代五大强国　2430
现代小品文选　1492
现代印度　2913
现代游记选　1493
现代战争之兵器　0721
现代战争之兵器　0722
现代政略与战略的关系　0723
现代之日本：陆海空实况　0724
现代中国外交史　0291
现代中国小品散文选　1494
现阶段的日本南侵政策　1919

现行六法全书　0459
献曝　1495

xiang

香港 "东方的马尔太"　2635
香港百年史　2056
香港地理　2636
香港和海南岛的危机　2057
香港年鉴：第二回．1949 年　3345
香港年鉴．1948 年　3346
香港如何应变　0110
香港陷落　1496
香港渔民概况　0991
香港指南　2637

xiao

小品文精选　1497
小人国　1745
小人国游记　1323
小人国游记　1324
小说闲话　1498
小仙源：冒险小说　1746

xie

写真中国地理　2638
蟹工船　1747
蟹谱·闽中海错疏·然犀志　3347

xin

新编地学通论．上册　3066
新编高中本国史　2058
新编国耻小史　2059

新编实业法令	0460	新中国经济地理教程	0914
新编中国地理	2639	新中国盐业政策	1272
新编中华民国地理讲义	2640	新中国游记	2648
新兵器丛谈	0725	新中华外国地理	2432
新春	1920	新著东洋史	1303
新大陆：人生地理	2914	新著西洋近百年史	1923
新大陆游记	2915	新撰地文学	3067
新大陆游记节录	2916	信及录	2060
新地学	2368	信及录	2061
新发明与新发现	2980		
新法儿童中国游记	2641	xing	
新国民年鉴．民国十八年	3348	星槎胜览	2433
新海军知识	0726	星槎胜览校注	2434
新海南岛之建设问题	0111	星火：世界短篇杰作选	1354
新加坡陷落	1921	星鲛	3133
新经济地理学	0913	星洲十年	0112
新军与新战略	0727	行船预防冲突法	3281
新科学辞典	2981	行过之生命	1500
新时代百科全书	3349	行知诗歌集	1501
新时代外国史．上册	1922	幸福的船	1749
新时代月刊：无名作家专号	1499		
新世界地理	1302	xiong	
新天津指南	2642	熊经略	2287
新西兰一瞥	2917		
新厦门指南	2643	xiu	
新兴的厦门	2644	朽木舟：冒险小说	1750
新眼界	2431		
新译罗刹因果录	1748	xu	
新游记汇刊	2645	徐志摩创作选	1502
新游记汇刊	2646	徐志摩代表作	1503
新游记汇刊续编	2647	徐志摩诗选	1504
新哲学的地理观	2369	徐志摩选集	1505

续办航海科特刊　3282

xuan

宣和奉使高丽图经　2062
宣统三年邮传部统计图表　1162
旋风二十年　2166
旋转机罗盘图解　3283

xue

学生世界地理．上册　2435
雪上老人：小川未明童话集　1751
雪月梅　1506

xun

训政时期之交通建设　1163

Y

ya

鸦片战后的八十年　2063
鸦片战争　2064
鸦片战争史　2065
鸦片战争史事考　2066
崖山恨　1507
亚俄烽烟　2918
亚细亚洲　2919
亚洲苏联　2920
亚洲之地与人　2921

yan

胭脂　1508
烟台概览　2649
烟台海坝工程概论　3284

烟台海坝工程会报告书：
　　民国二十四年　3285
烟台海坝工程会报告书：
　　民国二十五年　3286
烟台海滨动物之分布　3134
烟台威海游记　2650
烟台鱼类志．第1卷　3135
烟台渔业汇编　0992
烟霞伴侣　1509
沿海一带要塞考查报告书　0728
盐　3206
盐务年鉴：民国十八年　1273
盐业类　1022
盐业资料汇编．第1集　1023
盐政辞典　1274
演变中的远东国际政治　0113
燕痕集　1510

yang

扬子江航业　1164
养鱼法　3177
养鱼法　3178
养殖真珠之研究　3179

yao

要塞灯旗号　0729

ye

野草集　1511
野蔷薇　1752
叶山嘉树集　1753
叶山嘉树选集　1754

yi

一个反间谍对于倭寇的分析　0114

一个喷嚏　1355

一九三〇年伦敦海军会议　0292

一九三六年　0115

一九三六年的国际政治经济
　概况　0116

一九三六年伦敦海军条约全文　0293

一九三六年与日美海军　0730

一九三六年之中日关系　0294

一九三五年的国际政治　0117

一九三五年至三六年伦敦海
　军会议　0295

一九四二年的日本国力　0915

一九四二年的太平洋　1924

一九四四年的世界　1925

一九一八至一九三五年国际
　联盟与法治　0296

一九一四年后之世界　1926

一九一五年七月二十八日之
　飓风　3068

一年来日本在东北新筑的铁路　1165

伊所伯的寓言　1755

伊索寓言　1356

依据实业计划我国可开发之
　富源　0916

夷氛记闻　2067

异鱼图赞·异鱼图赞补·
　异鱼赞闰集·鱼经　3350

异域志　3351

易士诗集　1512

逸仙军舰特刊　0731

意大利大观：插图本　2922

意大利故事　1756

意大利一瞥　2923

yin

因是子游记　2651

引水图说　3287

印第安人兴衰史　2167

印度地理　2924

印度历史故事　2168

印度童话集　1757

印度童话集　1758

印度童话集　1759

印度与缅甸　2925

ying

英德战争未来记：军事小说　1760

英帝国主义侵略中国史　2068

英帝国主义压迫下之中国　2069

英帝国主义与中国　2070

英帝国主义与中国　2071

英国百年来的外交政策　0297

英国产业革命史论　2169

英国大舰队：自 1914 年至
　1916 年　0732

英国的攻势　0733

英国的实力　0917

英国的远东政策　0298

英国地理　2926

英国地志：不列颠群岛　2927

英国发展史纲　2170

英国海军秘史	0734		
英国海军之成绩	0735	yong	
英国扩充军备之计划	0736	永久筑城	0743
英国陆海空军新论	0737	勇士们	1762
英国史	2171		
英国有多么强	0918	you	
英国战争史：英国与世界作		油船"德宾特"号	1763
战之经过	0738	游尘琐记	2652
英国阵中要务令．第2卷	0739	游击区故事	1516
英国之海军	0740	游记第一集	2437
英汉对照短篇小说	1325	游劳随笔	2653
英汉对照名人逸事	1326	游历家葛烈夫	2933
英汉陆海空军军语字典	0741	游欧猎奇印象	2934
英吉利国	2928	游欧通讯	2935
英美的崩溃	1927	游踪	2654
英美日斗争下之太平洋	0299	有机化学工业	3207
英美日海军争霸战	0742	右任诗存	1517
英日必战之趋势	0300		
英日由对立摩擦而将怎样？	0301	yu	
英属马来半岛	2929	鱼雷：蛇首续编	1764
英属马来亚地理	2930	鱼雷讲义	0744
英属马来亚及婆罗洲	2931	鱼类分类纲要．上	3136
英雄	1761	鱼类图谱	1304
英雄肝胆录	2288	鱼类学	3137
英雄磨剑录：历代抗日轶闻	1513	鱼目集	1518
鹰扬大海	1514	俞大猷戚继光合传	2289
营养提要	3152	俞大猷戚继光诗文钞	1519
瀛寰全志：重订本	2436	俞曲园随笔	1520
瀛涯胜览	3352	渔光女	1765
瀛涯胜览校注	2932	渔捞浅说	3180
影儿	1515	渔盐问题	0993
应用天文学	3069	渔业	0994

渔业	0995	月球旅行	2982
渔业登记规则及施行细则	0461	岳文戚史名著集	1524
渔业法规	0462	越南	2938
渔业法规汇刊	0463	越南	2939
渔业经济与合作	0996	越南概观	2940
渔政法规	0464	越南新志	2941
宇宙漫话	3070	粤东笔记	2655
羽书	1521	粤海关志．第7册，贡舶·	
雨天的书	1522	市舶·行商	1250
语体奥特赛	1766	粤海关志．第8册，夷商·	
语体鲁滨孙飘流记	1767	杂识	1251
语体模范文学	1357	粤行纪事·英吉利广东入城	
语体文学读本．下册	1305	始末·皇朝武功纪盛	3353
		粤战场	1525

yuan

元代客卿马哥博罗游记	2438	yun	
元史纪事本末	2072	运价统计	1166
原来如此	1768	运输	1167
远东大战	1769	运输浅说	1168
远东大战：中苏日战争小说	1770	运输勤务．第4篇，船舶输送	0747
远东低气压与飓风	3071	运输须知	1169
远东军备现势	0745	运输学	1170
远东军备现势	0746	运输学：水道编	1171
远东史	2172	运输业概况	1172
远东苏联	2936	运油船：克雷莫夫著油船德	
远东现势与太平洋问题	0302	宾特号通俗本	1772
远东隐忧	0303	运油船德本号	1773
远东政治经济图说	2937		
远讯	1523	**Z**	
		zai	
yue		在北极	1774
约翰沁孤的戏曲集	1771	在火线上：东南线	1526

在前线　0748

在世界之顶上　2983

zao

造船　3288

造礁珊瑚的成长率及其与海
　水温度的关系　3138

zen

怎样把日本武装干涉者赶出
　了远东　2173

zeng

曾国藩与海军　2290

zhai

寨上　1527

zhan

鹊巢记上编　1775

鹊巢记续编　1776

战地零叶　1528

战后各国外交政策　0304

战后交通建设概论　1173

战后南洋经济问题　0919

战后欧游见闻记　2942

战后欧洲经济史　0920

战后日本的实业状况　0921

战后世界各地游记　2439

战后世界各国之军备　0749

战后世界经济政治概观．下　0118

战后世界新形势　0119

战后世界新形势纪要　1928

战后世界政治地理　2440

战后世界政治地理讲话　2441

战后太平洋问题　0305

战后新世界　2442

战后新中国　2656

战后新中国地理总论　2657

战后中国航业建设问题　1174

战后最新世界地理　2443

战黄海　1529

战时八省旅行记　2658

战时的福建　0120

战时的日本动态　0121

战时的中国经济　0922

战时国际法　0465

战时国际法　0466

战时国际法概要　0467

战时国际法论　0468

战时国际法述要　0469

战时国际公法　0470

战时国际公法　0471

战时国际公法　0472

战时国际公法　0473

战时国际公法　0474

战时国际公法　0475

战时国际公法　0476

战时国际公法：朝阳大学法
　律科讲义　0477

战时国际公法表解　0478

战时国际公法问答　0479

战时交通政策　1175

战时交通政策　1176

战时经济论　　　　　　　0923
战时日本农业问题　　　　0997
战时日本全貌　　　　　　0122
战时日本问题十讲　　　　1929
战时世界过眼录　　　　　1930
战时统制经济论　　　　　0750
战时英帝国　　　　　　　0123
战时英国　　　　　　　　2174
战事知识　　　　　　　　0751
战术学教程　　　　　　　0752
战争地理总论　　　　　　0753
战争论　　　　　　　　　1931
战争与和平：第二次世界大
　　战总结　　　　　　　1932
战争与世界：欧战现地报告
　　二集　　　　　　　　1358
湛江建港计划　　　　　　1177
湛蓝的海　　　　　　　　1530

zhang
张苍水先生传略　　　　　2291

zhao
招商局的历史　　　　　　1178
招商局史稿　　　　　　　1179
招商局总管理处汇报　　　1180
招商局最近三年来之革新　1181
爪哇鸿爪　　　　　　　　1531
爪哇一瞥　　　　　　　　2943
爪哇与东印度群岛　　　　2944

zhe
浙江潮　　　　　　　　　2659
浙江观潮指南　　　　　　2660
浙江国防地理史话　　　　0754
浙江经济纪略　　　　　　0924
浙江经济年鉴　　　　　　0925
浙江经济统计　　　　　　1252
浙江抗倭故事　　　　　　1532
浙江省风景区之比较观　　2661
浙江省建设厅法规汇编　　0480
浙江省廿九年度建设工作报告 0926
浙江省钱塘江海塘工程局民
　　国卅五年度工程计划书.
　　编238号　　　　　　3208
浙江省钱塘江海塘工程局民
　　国卅五年度工程计划书.
　　编1034号　　　　　3209
浙江省十九年度农矿事业
　　实施计划　　　　　　0927
浙江省史地纪要　　　　　2662
浙江省水产试验场概况　　3181
浙江省五年来建设工作报告 0928
浙江省现行建设法规汇编　0481
浙江省现行建设法规汇编　0482
浙江省渔业概况与今后发展
　　计划　　　　　　　　0998
浙江史地概要　　　　　　2663
浙江水利局办理十九二十两
　　季海塘险工之经过　　3210
浙江特产　　　　　　　　1253
浙江沿海各县渔盐概况　　0999
浙江渔业建设会议特刊　　1000

浙江之特产	1254	郑和下西洋考	2077
浙史纪要	2073	郑和遗事汇编	2304
浙盐纪要	1275	郑芝龙	2305
		政治地理讲义	2370
zhen		政治地理学	2371
珍珠港突袭目睹记	1933		
阵中勤务令：满文	0755	**zhi**	
阵中勤务令草案	0756	之东	1534
阵中勤务令草案	0757	直隶地理兵要说略	0761
阵中要务令	0758	直隶风土调查录	2664
阵中要务令之参考	0759	职方外纪	3354
震荡中的波罗的海	2945	殖民地·附属国新历史·上卷	
			1935
zheng		制盐工程学	3211
征服日本图说	1934	智利与阿根廷	2946
整理海防案	0760		
郑成功	2292	**zhong**	
郑成功	2293	中等水产学	3182
郑成功	2294	中东铁路与远东问题	2078
郑成功	2295	中俄关系述略	0306
郑成功	2296	中俄交涉论：1929 年至 1930 年	
郑成功	2297		2079
郑成功	2298	中法外交史	0307
郑成功与张苍水	2299	中法战争文学集	1535
郑和	2300	中国阿剌伯海上交通史：原	
郑和	2301	唐宋元时代中西通商史	1255
郑和	2302	中国百名人传	2306
郑和航海图考	2074	中国被侵略之领土与利权	0308
郑和家谱考释	2303	中国边疆	2665
郑和南征记	2075	中国边疆地理	2666
郑和七次下西洋年月考证	2076	中国边疆问题十讲	0309
郑和下南洋	1533	中国耻辱记	2080

中国船员录.第三期　　　　　1182
中国船员名簿　　　　　　　　1183
中国的边疆　　　　　　　　　2667
中国的边疆　　　　　　　　　2668
中国的地理基础　　　　　　　2669
中国的失地　　　　　　　　　0310
中国的水神　　　　　　　　　1536
中国的早年旅行家　　　　　　2307
中国的资源　　　　　　　　　0929
中国地理大纲　　　　　　　　2670
中国地理大势　　　　　　　　2671
中国地理的特色　　　　　　　2672
中国地理概论　　　　　　　　2673
中国地理概要　　　　　　　　2674
中国地理基础　　　　　　　　2675
中国地理基础教程　　　　　　2676
中国地理讲话　　　　　　　　2677
中国地理讲话　　　　　　　　2678
中国地理讲义　　　　　　　　2679
中国地理通论.第1集　　　　2680
中国地理新讲　　　　　　　　2681
中国地理新志　　　　　　　　2682
中国地理形势　　　　　　　　2683
中国地理学史　　　　　　　　2372
中国地理研究所的六年和将来　2373
中国地形研究　　　　　　　　3072
中国东北铁路问题汇论　　　　1184
中国对外三十六大军事家　　　2308
中国对外问题　　　　　　　　0311
中国分省地志　　　　　　　　2684
中国工程师学会第十四届年会
　青岛分会年会纪念刊　　　　3212

中国工商要览　　　　　　　　0930
中国工艺沿革史略　　　　　　3213
中国古代名人逸事　　　　　　2309
中国关税史　　　　　　　　　1256
中国国耻地理　　　　　　　　2685
中国国防论　　　　　　　　　0762
中国国防十年计划　　　　　　0763
中国国际贸易史　　　　　　　1257
中国国际贸易小史　　　　　　1258
中国国民党国民革命军海军
　特别党部第二届执行委员
　会工作总报告　　　　　　　0124
中国国民党国民革命军海军
　特别党部第三届执行委员
　会工作总报告　　　　　　　0125
中国国民党交通政策　　　　　1185
中国国民党五十年来外交奋
　斗的成功　　　　　　　　　0312
中国国民党五十年来外交奋
　斗的成功　　　　　　　　　0313
中国国民党五十年来外交奋
　斗史　　　　　　　　　　　0314
中国国民经济概况　　　　　　0931
中国海的怒潮　　　　　　　　1537
中国海及日本海海面气压分
　配图　　　　　　　　　　　3073
中国海及日本海海水温度分
　配图　　　　　　　　　　　3074
中国海军现状　　　　　　　　0764
中国海军现状及其展望　　　　0765
中国海商法论　　　　　　　　0483
中国海商法论　　　　　　　　0484

中国海事建设协会成立大会
　特刊 1186
中国海洋渔业现状及其建设 1001
中国海员罢工第三周年纪念
　册 2081
中国海员大西洋漂流记 1538
中国航权问题 1187
中国航权问题 1188
中国航业 1189
中国航业（建设专号） 1190
中国航业经营论 1191
中国航业论 1192
中国航业学会草拟复兴航业
　大纲意见 1193
中国航运建设论 1194
中国航政建设 1195
中国回教近东访问团日记 0001
中国疆域拓展史 2686
中国疆域沿革略 2687
中国疆域沿革史 2688
中国交通史 1196
中国交通与外国侵略 1197
中国今日之边疆问题 0315
中国近百年史 2082
中国近百年史 2083
中国近百年史常识 2084
中国近百年史纲要 2085
中国近百年史十讲 2086
中国近百年史资料 2087
中国近百年史资料续编 2088
中国近百年外交史纲 0316
中国近代边疆沿革考 0317

中国近代史 2089
中国近代史．上编 2090
中国近代史．上编 2091
中国近代史参考资料 2092
中国近代外交概要 0318
中国近代外交略史 0319
中国近代外交史 0320
中国近时外交史 0321
中国近世史 2093
中国近世史 2094
中国近世史 2095
中国近世外交史概要 0322
中国经济地理 0932
中国经济地理 0933
中国经济地理 0934
中国经济地理 0935
中国经济地理讲话 0936
中国经济建设概论 0937
中国经济年鉴．1947 0938
中国经济现势讲话 0939
中国境界变迁大势考 0323
中国抗战史 2096
中国抗战形势图解 2097
中国科学著作目录 3355
中国历代民族英雄传 2310
中国历代名将事略 2311
中国历代名人传 2312
中国历代名人传略．第6集 2313
中国历代名人录 2314
中国历代名人录 2315
中国历史上之民族英雄．下卷 2316
中国民族英雄传 2317

中国民族英雄列传　　　2318
中国名将传　　　　　　2319
中国名人传　　　　　　2320
中国名人传　　　　　　2321
中国南海古代交通丛考　0324
中国南洋交通史　　　　0325
中国内部险要地理　　　2689
中国年鉴：第一回　　　3356
中国农书目录汇编　　　3357
中国女海盗：侠义小说　1539
中国普通动物　　　　　3139
中国气候之要素．续　　3075
中国青年怎样应付非常时期　0126
中国区域地理　　　　　2690
中国人生地理　　　　　2691
中国人文地理　　　　　2692
中国人物传选　　　　　2322
中国日本交通史　　　　0326
中国丧地史　　　　　　0327
中国商业史　　　　　　1259
中国商业史　　　　　　1260
中国社会经济结构　　　0940
中国十大名城游记　　　2693
中国石油有限公司业务设备
　现况报告　　　　　　1024
中国实业志：全国实业调查
　报告之二，浙江省　　0941
中国实业志：全国实业调查
　报告之一，江苏省　　0942
中国实业志：浙江省样本　0943
中国史乘中未详诸国考证　2444
中国史鸟瞰　　　　　　2098

中国水利史　　　　　　3214
中国水运之现状　　　　1198
中国丝绸西传史　　　　1261
中国丝绢西传史　　　　1262
中国痛史　　　　　　　2099
中国土地丧失史　　　　0328
中国外交关系略史　　　0329
中国外交年鉴．民国二十四
　年一月至十二月　　　0330
中国外交失败史　　　　0331
中国外交史　　　　　　0332
中国外交史　　　　　　0333
中国外交史　　　　　　0334
中国外交史　　　　　　0335
中国外交史　　　　　　0336
中国外交史纲要　　　　0337
中国外交史及外交问题　0338
中国外交之史的分析　　0339
中国伟人传五种　　　　2323
中国伟人的生活　　　　2324
中国文化输入日本考　　2175
中国现代交通史　　　　1199
中国现代史常识　　　　2100
中国新海军　　　　　　0766
中国新文学大系：散文二集　1540
中国新文学大系：诗集　1541
中国沿岸之海参类　　　3140
中国沿革地理浅说　　　2694
中国沿海灯塔志　　　　3289
中国沿海及内河航路标识总册：
　民国二十三年十二月一日修
　正．第63次　　　　　3290

中国沿海及内河航路标识总册：
　民国二十四年十二月一日修
　　正．第64次　　　　　　3291
中国沿海及内河航路标识总册：
　民国二十五年十二月一日修
　　正．第65次　　　　　　3292
中国沿海及内河航路标识总册．
　第66次　　　　　　　　3293
中国沿海及内河航路标识总册．
　第67次　　　　　　　　3294
中国沿海及内河航路标识总册．
　第68次　　　　　　　　3295
中国沿海及内河航路标识总册．
　第69次　　　　　　　　3296
中国盐业　　　　　　　　　1025
中国盐业述要　　　　　　　1026
中国盐业最近状况．第1编　1027
中国盐政问题　　　　　　　1276
中国药物标本图影　　　　　3153
中国药物学集成　　　　　　3154
中国油轮有限公司概况　　　1200
中国游记选　　　　　　　　2695
中国渔业史　　　　　　　　1002
中国与日本：论中日历史之
　发展　　　　　　　　　0340
中国远征英雄传　　　　　　2325
中国怎样降到半殖民地　　　2101
中国战时经济建设　　　　　0944
中国战时经济教程　　　　　0945
中国战时经济问题　　　　　0946
中国政治地理　　　　　　　2696
中国之边疆　　　　　　　　2697

中国之交通　　　　　　　　1201
中国之旅行家　　　　　　　2326
中国之水利　　　　　　　　3215
中国之渔业　　　　　　　　1003
中国职工运动简史　　　　　2102
中国殖民史　　　　　　　　2103
中国重要都市　　　　　　　2698
中国自然区域图　　　　　　3076
中国最近八十年来的革命与
　外交　　　　　　　　　0341
中国最近三十年史　　　　　2104
中国最近世史　　　　　　　2105
中华博物学会第一次展览会
　报告书　　　　　　　　2984
中华地理全志　　　　　　　2699
中华地理全志　　　　　　　2700
中华舰队首次游巴志　　　　0767
中华景象　　　　　　　　　1780
中华民国二十二年港务统计
　年报　　　　　　　　　1205
中华民国二十二年交通部统
　计年报　　　　　　　　1211
中华民国二十年港务统计年报　1204
中华民国二十年交通部统计
　年报　　　　　　　　　1209
中华民国二十一年交通部统
　计年报　　　　　　　　1210
中华民国海关出口税税则　　1263
中华民国海军部海道测量局
　二十五年航船布告目录汇刊　3297
中华民国海军接受美国舰艇
　典礼纪念特刊　　　　　0768

中华民国海商法　0485
中华民国九年交通部统计图表　1221
中华民国轮船商业同业公会
　联合会议定货物运价表　1222
中华民国轮船商业同业公会
　全国联合会成立大会决议
　案执行情形报告　1223
中华民国轮船商业同业会全
　国联合会成立大会特刊　1224
中华民国轮船商业同业会全
　国联合会第一年度工作报
　告：民国三十六年七月至
　三十七年六月　1225
中华民国轮船同业公会联合
　会、上海市轮船商业同业
　公会议事录汇编　1226
中华民国三十二年交通部统
　计年报　1214
中华民国三十年交通部统计
　年报　1212
中华民国三十三年交通部统
　计年报　1215
中华民国三十四年交通部统
　计年报　1216
中华民国三十五年交通部统
　计年报　1217
中华民国三十一年交通部统
　计年报　1213
中华民国省区全志　2106
中华民国十八年港务统计年报　1202
中华民国十八年交通部统计
　年报　1207

中华民国十二年交通部统计
　图表　1220
中华民国十九年港务统计年报　1203
中华民国十九年交通部统计
　年报　1208
中华民国十年交通部统计图表　1218
中华民国十七年交通部统计
　年报　1206
中华民国十一年交通部统计
　图表　1219
中华民国外交史．卷上　0342
中华民国外交史．一　0343
中华民国沿海标杆浮桩表：
　第1版　3298
中华民国沿海标杆浮桩表：
　第1版补编．第1期　3299
中华民国沿海标杆浮桩表：
　第1版补编．第2期　3300
中华民国沿海灯塔表：第1版
　补编．第1期　3301
中华民族拓殖南洋史　0344
中华民族小史　2107
中华民族英雄传记　2327
中华民族英雄故事集　2328
中华商轮名录　1227
中华四英雄传　2329
中美外交关系　0345
中美洲和西印度群岛　2445
中南半岛　2947
中南半岛经济地理　0947
中南半岛鸟瞰　2948
中南周刊汇编．第1集　0127

中葡外交史　0346
中日的旧恨与新仇　2108
中日俄竞争下之东北铁道网　1228
中日关系简史　0347
中日关系小史　0348
中日国际编年史详目：近代
　部分　0349
中日国际史　0350
中日黄海之战英雄邓世昌殉
　难记　2330
中日甲午战争之外交背景　0351
中日交涉秘史　0352
中日交涉年表　0353
中日交通史　0354
中日历代战史　0355
中日外交史　0356
中日外交史　0357
中日文化交流史话　2109
中日文化之交流　2110
中日战争　2111
中日战争文学集　1542
中日战争之始末与教训　2112
中山实业计划概要　0948
中山实业浅说　0949
中山先生亲征录　2331
中山先生实业计划图解　0950
中外地理大纲　2446
中外地理大全　2447
中外关系：1514—1834　0358
中外交通小史　0359
中外新游记　2448
中外渔业概观　1004

中外舆地纪要　2449
中西航轮机艺实用问答　3302
中西交通史　0360
中西交通史料汇篇　0361
中兴轮船惨案纪念刊　1229
中学世界百科全书：样本　3358
中央暨各省市经济建设事业
　一览　0951
中央陆军军官学校图书馆军
　事学图书目录　3359
中英关系略史　0362
中英国际交涉痛史　0363
中英交涉史　0364
中英交收威海卫专约及协定　0365
中英外交史　0366
中英外交与鸦片战争　0367
钟山本国地理　2701

zhu

珠玑集：从书翰认识历史　2332
诸番志　2450
诸蕃志　3360
诸蕃志校注　2451
助航设施及港务概述　3303
注释中国游记选　1306
驻美军事代表团报告书.
　第2部　0769
筑城学教程. 卷二　0770

zhuang

妆饰集　1777

zhui

缀网劳蛛　　　　　　　　　　1543

zhun

准备对日抗战的苏联　　　　　0368

zi

资源及产业．上　　　　　　　0952
自剖文集　　　　　　　　　　1544
自然创造史　　　　　　　　　3141
自然地理 ABC　　　　　　　　3077
自然地理学　　　　　　　　　3078
自然地理学　　　　　　　　　3079
自然地理学原理　　　　　　　3080
自然科学辞典　　　　　　　　2985

zong

总理实业计划表解　　　　　　0953
总理实业计划表解分图　　　　0954
总理实业计划之研究　　　　　0955

zu

租借地　　　　　　　　　　　0369

zui

最后胜利是我们的　　　　　　0128
最近的国际纠纷：伦敦会议　　0370
最近的日本　　　　　　　　　0129
最近各国军事概况：1932　　　0771

最近列国军备充实状况　　　　0772
最近列强海军政策实力与太
　平洋问题　　　　　　　　0773
最近六十年间中日关系略史　　0371
最近欧洲政治史　　　　　　　0130
最近日本之军备概况　　　　　0774
最近三十年中国外交史　　　　0372
最近太平洋问题　　　　　　　0373
最近太平洋问题：太平洋国
　际学会第四届大会报告书　0374
最近物理学概观　　　　　　　2988
最近之东三省　　　　　　　　2113
最近之交通：中央训练团党
　政训练班讲演录　　　　　1230
最近之日本　　　　　　　　　0131
最近之新发明　　　　　　　　2986
最近中国外交关系　　　　　　0375
最近中日外交史略　　　　　　0376
最新兵器与国防　　　　　　　0775
最新国防地理　　　　　　　　0776
最新化学工业大全．第 2 册　3216
最新陆海空军协同作战　　　　0777
最新汕头一览　　　　　　　　2702
最新世界地图集　　　　　　　2952
最新世界殖民史　　　　　　　2176
最新台湾指南　　　　　　　　2703
最新外国地志　　　　　　　　2452
最新物质建设精解　　　　　　0956
醉男醉女　　　　　　　　　　1778

参考文献

1. 庄文亚编：《全国文化机关一览》，世界书局 1934 年版。

2. 中央人民政府出版总署编译局：《全国翻译图书总目录》，中央人民政府出版总署编译局 1951 年版。

3. 国民党党史会：《中华民国开国五十年文献总目》，台北：台党史会 1969 年版。

4. 杨家骆：《民国以来出版新书总目提要》，台北：中国学典馆复馆筹备处，1972 年。

5. 段木干主编：《中外地名大辞典》，台中：人文出版社 1981 年版。

6. 武汉大学历史系《简明历史辞典》编写组编，阙勋吾主编：《简明历史辞典》，郑州：河南人民出版社 1983 年版。

7. 施宣岑，赵铭忠主编：《中国第二历史档案馆简明指南》，北京：档案出版社 1987 年版。

8. 吴枫主编：《简明中国古籍辞典》，长春：吉林文史出版社 1987 年版。

9. 孙文范编著：《世界历史地名辞典》，长春：吉林文史出版社 1990 年版。

10. 北京图书馆：《民国时期总书目》，北京：书目文献出版社 1991 年版。

11. 章绍嗣等主编：《中国抗日战争大辞典》，武汉：湖北教育出版社 1995 年版。

12. 《东南亚历史词典》编辑委员会编：《东南亚历史词典》，上海：上海辞书出版社 1995 年版。

13. 倪波：《民国时期江苏版图书书目》，南京：江苏人民出版社 1996 年版。

14. 张宪文等主编：《中华民国史大辞典》，南京：江苏古籍出版社 2001 年版。

15. 崔乃夫主编：《中华人民共和国地名大词典》，北京：商务印书馆 2002

年版。

16. 王捷等主编：《第二次世界大战大词典》，北京：华夏出版社 2003 年版。

17. 虎闱：《旧书鬼闲话》，石家庄：河北教育出版社 2005 年版。

18. 张泽贤：《民国出版标记大观》，上海：上海远东出版社 2008 年版。

19. 郭登浩，刘志强：《天津社会科学院图书馆珍贵馆藏图书目录．民国卷》，天津：天津社会科学院出版社 2009 年版。

20. 刘朝辉：《民国史料丛刊总目提要》，郑州：大象出版社 2010 年版。

21. 龙向洋：《美国哈佛大学哈佛燕京图书馆藏民国时期图书总目》，桂林：广西师范大学出版社 2010 年版。

22. 李晓明，国家图书馆典藏阅览部：《国家图书馆藏民国时期抗战图书书目提要》，北京：国家图书馆出版社 2010 年版。

23. 李晓明，国家图书馆典藏阅览部：《民国时期发行书目汇编》，北京：国家图书馆出版社 2010 年版。

24. 刘洪权：《民国时期出版书目汇编》，北京：国家图书馆出版社 2010 年版。

25. 李万健，邓咏秋编：《民国时期私家藏书目录丛刊》，北京：国家图书馆出版社 2012 年版。

26. 张同乐：《华北沦陷区日伪政权研究》，北京：生活·读书·新知三联书店 2012 年版。

27. 张泽贤：《民国出版标记大观．续集》，上海：上海远东出版社 2012 年版。

28. 张美兰：《美国哈佛大学哈佛燕京图书馆藏晚清民国间新教传教士中文译著目录提要》，桂林：广西师范大学出版社 2013 年版。

29. 中国国家图书馆网站：http：//www. nlc. gov. cn/。

30. 上海图书馆网站：http：//www. library. sh. cn/。

31. 广州图书馆网站：http：//www. gzlib. gov. cn/。

32. 重庆图书馆网站：http：//www. cqlib. cn/。

33. 南京图书馆网站：http：//www. jslib. org. cn/。